TEGTMEYER/VAHLE

Polizeigesetz Nordrhein-Westfalen

Polizeigesetz Nordrhein-Westfalen

mit Erläuterungen

von

Dr. Henning Tegtmeyer
Leitender Ministerialrat a.D.,
vormals Ständiger Vertreter des Leiters
der Polizeiabteilung
im Innenministerium Nordrhein-Westfalen

und

Professor Dr. Jürgen Vahle
Fachhochschule für
öffentliche Verwaltung
Nordrhein-Westfalen

11., überarbeitete Auflage, 2014

RICHARD BOORBERG VERLAG

Stuttgart · München · Hannover · Berlin · Weimar · Dresden

Bearbeitung:

Tegtmeyer: §§ 15–42, §§ 47–49, § 68
Vahle: Einführung, §§ 1–14a, §§ 43–46, §§ 50–67

Bibliografische Information der Deutschen Nationalbibliothek | Die Deutsche Nationalbibliothek verzeichnet diese Publikation in der Deutschen Nationalbibliografie; detaillierte bibliografische Daten sind im Internet über www.dnb.de abrufbar.

11. Auflage, 2014
ISBN 978-3-415-05159-1

© 1975 Richard Boorberg Verlag

Das Werk einschließlich aller seiner Teile ist urheberrechtlich geschützt. Jede Verwertung, die nicht ausdrücklich vom Urheberrechtsgesetz zugelassen ist, bedarf der vorherigen Zustimmung des Verlages. Dies gilt insbesondere für Vervielfältigungen, Bearbeitungen, Übersetzungen, Mikroverfilmungen und die Einspeicherung und Verarbeitung in elektronischen Systemen.

Satz: Dörr + Schiller GmbH, Curiestraße 4, 70563 Stuttgart | Druck und Bindung: fgb – freiburger graphische betriebe, GmbH & Co. KG, Bebelstraße 11, 79108 Freiburg im Breisgau

Richard Boorberg Verlag GmbH & Co KG | Scharrstraße 2 | 70563 Stuttgart
Stuttgart | München | Hannover | Berlin | Weimar | Dresden
www.boorberg.de

Vorwort

Seit der 10. Auflage des Kommentars im Jahre 2010 ist das Polizeigesetz Nordrhein-Westfalen zweimal geändert worden. Durch Gesetz vom 18. Dezember 2012 (GV. NRW. S. 670) erhielt § 33 Abs. 6 seine jetzige Fassung. Wesentlicher Bestandteil der Novelle vom 21. Juni 2013 (GV. NRW. S. 375) sind die neuen §§ 20a und 20b. Beide Rechtsänderungen sind beeinflusst durch Entscheidungen des Bundesverfassungsgerichts. Zwar hat sich das höchste deutsche Gericht nicht mit Normen des PolG NRW befasst, sondern mit bundesrechtlichen Vorschriften. Einige hiervon haben aber einen Bezug zur Aufgabenwahrnehmung der Polizei des Landes Nordrhein-Westfalen. Deshalb hat sich der Landesgesetzgeber entschlossen, bei bestehenden polizeirechtlichen Regelungen eine Klarstellung vorzunehmen bzw. neue Rechtsgrundlagen zu schaffen, die im Einklang mit der Verfassung stehen. Alle Rechtsänderungen sind eingearbeitet worden. Im Übrigen wurde der Kommentar überarbeitet, wobei Rechtsprechung und Schrifttum bis Ende Juni, teilweise bis Ende September 2013 ausgewertet wurden.

Die Grundkonzeption des von Herrn Leitenden Ministerialrat Gerd Heise begründeten Kommentars ist nicht verändert worden. In der Einführung wird ein kurzer geschichtlicher Überblick zur Polizei und zum Polizeirecht gegeben. Insbesondere wird aufgezeigt, wie sich beide Bereiche heute in die öffentliche Verwaltung sowie in das geltende Rechtssystem einfügen und welche allgemeinen Regelungen bei der Rechtsanwendung zu beachten sind. Im Übrigen wird auf Gemeinsamkeiten und Unterschiede zwischen dem Recht der Gefahrenabwehr sowie dem Strafverfahrensrecht und dem Ordnungswidrigkeitenrecht hingewiesen, sodass die Leserinnen und Leser sich einen Überblick über Ausmaß und Grenzen polizeilicher Eingriffsbefugnisse verschaffen können. Zahlreiche Beispiele dienen der Veranschaulichung.

Da an etlichen Stellen der Kommentierung auf das Polizeiorganisationsgesetz verwiesen wird, wurde dieses Gesetz im Anhang abgedruckt.

Düsseldorf und Bielefeld, im Herbst 2013   Die Verfasser

Inhalt

Abkürzungsverzeichnis.. 13
Literaturverzeichnis.. 21
Einführung.. 23

Polizeigesetz des Landes Nordrhein-Westfalen (PolG NRW)

in der Fassung der Bekanntmachung vom 25. Juli 2003
(GV. NRW. S. 441/SGV. NRW. 205),
zuletzt geändert durch Gesetz vom 21. Juni 2013 (GV. NRW. S. 375)

mit

Verwaltungsvorschrift zum Polizeigesetz des Landes Nordrhein-Westfalen (VVPolG NRW)

RdErl. d. Innenministeriums v. 19.12.2003 – 44.1 – 2001
(MBl. NRW. 2004, S. 82/SMBl. NRW. 20500),
geändert durch RdErl. d. Ministeriums für Inneres und Kommunales
v. 17.11.2010 – 43 – 57.01.01 (MBl. NRW. 2011, S. 22/SMBl. NRW. 2051)

ERSTER ABSCHNITT
Aufgaben und allgemeine Vorschriften

§ 1	Aufgaben der Polizei..	51
§ 2	Grundsatz der Verhältnismäßigkeit...........................	68
§ 3	Ermessen, Wahl der Mittel...................................	72
§ 4	Verantwortlichkeit für das Verhalten von Personen.............	75
§ 5	Verantwortlichkeit für den Zustand von Sachen................	87
§ 6	Inanspruchnahme nicht verantwortlicher Personen.............	91
§ 7	Einschränkung von Grundrechten............................	95

ZWEITER ABSCHNITT
Befugnisse der Polizei

Erster Unterabschnitt
Allgemeine Befugnisse, Begriffsbestimmung

§ 8	Allgemeine Befugnisse, Begriffsbestimmung...................	96

Zweiter Unterabschnitt
Datenverarbeitung

ERSTER TITEL
Datenerhebung

I. Befragung, Auskunftspflicht, allgemeine Regeln der Datenerhebung, Vorladung

§ 9	Befragung, Auskunftspflicht, allgemeine Regeln der Datenerhebung . .	111
§ 10	Vorladung	122

II. Datenerhebung in bestimmten Fällen

§ 11	Erhebung von Personaldaten zur Vorbereitung für die Hilfeleistung und das Handeln in Gefahrenfällen.	127
§ 12	Identitätsfeststellung	129
§ 13	Prüfung von Berechtigungsscheinen	142
§ 14	Erkennungsdienstliche Maßnahmen	146
§ 14a	Molekulargenetische Untersuchungen zur Identitätsfeststellung	153
§ 15	Datenerhebung bei öffentlichen Veranstaltungen und Ansammlungen	156
§ 15a	Datenerhebung durch den offenen Einsatz optisch-technischer Mittel . .	162
§ 15b	Datenerhebung zur Eigensicherung	170

III. Besondere Mittel der Datenerhebung

§ 16	Schutz des Kernbereichs privater Lebensgestaltung bei der Datenerhebung mit besonderen Mitteln	172
§ 16a	Datenerhebung durch Observation	180
§ 17	Datenerhebung durch den verdeckten Einsatz technischer Mittel	188
§ 18	Datenerhebung durch den verdeckten Einsatz technischer Mittel in oder aus Wohnungen	198
§ 19	Datenerhebung durch den Einsatz von Personen, deren Zusammenarbeit mit der Polizei Dritten nicht bekannt ist	205
§ 20	Datenerhebung durch den Einsatz Verdeckter Ermittler	209
§ 20a	Abfrage von Telekommunikations- und Telemediendaten	215
§ 20b	Einsatz technischer Mittel bei Mobilfunkendgeräten	222
§ 21	Polizeiliche Beobachtung	223

ZWEITER TITEL
Datenspeicherung, Datenveränderung und Datennutzung

§ 22	Allgemeine Regeln über die Dauer der Datenspeicherung	228
§ 23	Zweckbindung bei der Datenspeicherung, Datenveränderung und Datennutzung.	231
§ 24	Speicherung, Veränderung und Nutzung von Daten	236
§ 25	Datenabgleich	246

DRITTER TITEL
Datenübermittlung

I. Allgemeine Regeln der Datenübermittlung
§ 26 Allgemeine Regeln der Datenübermittlung 248

II. Datenübermittlung durch die Polizei
§ 27 Datenübermittlung zwischen Polizeibehörden 254
§ 28 Datenübermittlung an öffentliche Stellen, an ausländische öffentliche Stellen sowie an über- und zwischenstaatliche Stellen 258
§ 29 Datenübermittlung an Personen oder an Stellen außerhalb des öffentlichen Bereichs 263

III. Datenübermittlung an die Polizei
§ 30 Datenübermittlung an die Polizei 268

IV. Rasterfahndung
§ 31 Rasterfahndung 271

VIERTER TITEL
Berichtigung, Löschung und Sperrung von Daten

§ 32 Berichtigung, Löschung und Sperrung von Daten 277

FÜNFTER TITEL
Sicherung des Datenschutzes

§ 33 Errichtung von Dateien, Umfang des Verfahrensverzeichnisses, Freigabe von Programmen, automatisiertes Abrufverfahren 287

Dritter Unterabschnitt
Platzverweisung, Wohnungsverweisung und Rückkehrverbot zum Schutz vor häuslicher Gewalt

§ 34   Platzverweisung 293
§ 34a Wohnungsverweisung und Rückkehrverbot zum Schutz vor häuslicher Gewalt 298

Vierter Unterabschnitt
Gewahrsam

§ 35 Gewahrsam 308
§ 36 Richterliche Entscheidung 317
§ 37 Behandlung festgehaltener Personen 324
§ 38 Dauer der Freiheitsentziehung 327

Fünfter Unterabschnitt
Durchsuchung

ERSTER TITEL
Durchsuchung von Personen

§ 39 Durchsuchung von Personen 330

ZWEITER TITEL
Durchsuchung von Sachen

§ 40 Durchsuchung von Sachen 336

DRITTER TITEL
Betreten und Durchsuchung von Wohnungen

§ 41 Betreten und Durchsuchung von Wohnungen 339
§ 42 Verfahren bei der Durchsuchung von Wohnungen 347

Sechster Unterabschnitt
Sicherstellung und Verwahrung

§ 43 Sicherstellung 351
§ 44 Verwahrung 363
§ 45 Verwertung, Vernichtung 367
§ 46 Herausgabe sichergestellter Sachen oder des Erlöses, Kosten 373

DRITTER ABSCHNITT
Vollzugshilfe

§ 47 Vollzugshilfe 376
§ 48 Verfahren 381
§ 49 Vollzugshilfe bei Freiheitsentziehung 382

VIERTER ABSCHNITT
Zwang

Erster Unterabschnitt
Erzwingung von Handlungen, Duldungen und Unterlassungen

§ 50	Zulässigkeit des Verwaltungszwanges	385
§ 51	Zwangsmittel	391
§ 52	Ersatzvornahme	393
§ 53	Zwangsgeld	399
§ 54	Ersatzzwangshaft	402
§ 55	Unmittelbarer Zwang	403
§ 56	Androhung der Zwangsmittel	407

Zweiter Unterabschnitt
Anwendung unmittelbaren Zwanges

§ 57	Rechtliche Grundlagen	409
§ 58	Begriffsbestimmungen, zugelassene Waffen	412
§ 59	Handeln auf Anordnung	416
§ 60	Hilfeleistung für Verletzte	419
§ 61	Androhung unmittelbaren Zwanges	420
§ 62	Fesselung von Personen	424
§ 63	Allgemeine Vorschriften für den Schusswaffengebrauch	425
§ 64	Schusswaffengebrauch gegen Personen	431
§ 65	Schusswaffengebrauch gegen Personen in einer Menschenmenge	436
§ 66	Besondere Waffen, Sprengmittel	438

FÜNFTER ABSCHNITT
Entschädigungsansprüche

§ 67	Entschädigungsansprüche	440
§ 39 OBG	Zur Entschädigung verpflichtende Maßnahmen	440
§ 40 OBG	Art, Inhalt und Umfang der Entschädigung	442
§ 41 OBG	Verjährung des Entschädigungsanspruchs	444
§ 42 OBG	Entschädigungspflichtiger	444
§ 43 OBG	Rechtsweg für Entschädigungs-, Ersatz- und Erstattungsansprüche	445

SECHSTER ABSCHNITT
Evaluierung

§ 68 Berichtspflicht 445

ANHANG

Verordnung über die Zulassung der Datenübermittlung von der Polizei an ausländische Polizeibehörden (Polizeidatenübermittlungsverordnung – PolDÜV NRW) 447

Gesetz über die Organisation und die Zuständigkeit der Polizei im Lande Nordrhein-Westfalen – Polizeiorganisationsgesetz (POG NRW) – 449

Sachregister 463

Organigramm:
Ministerium für Inneres und Kommunales, Kreispolizeibehörden 473

Abkürzungsverzeichnis

a. A.	anderer Ansicht
a. a. O.	am angegebenen Ort
Abs.	Absatz
AEUV	Vertrag über die Arbeitsweise der Europäischen Union
a. F.	alte Fassung
AG	Aktiengesellschaft, Amtsgericht
AG GlüStV NRW	Gesetz zur Ausführung des Glücksspielstaatsvertrages
AktOPol	Aktenordnung und Aktenplan für die Polizeibehörden und -einrichtungen des Landes Nordrhein-Westfalen
Alt.	Alternative
Anm.	Anmerkung
AO	Abgabenordnung
ArchivG NRW	Gesetz über die Sicherstellung und Nutzung öffentlichen Archivguts im Lande Nordrhein-Westfalen (Archivgesetz Nordrhein-Westfalen)
Art.	Artikel
AsylVfG	Gesetz über das Asylverfahren (Asylverfahrensgesetz)
ATDG	Gesetz zur Errichtung einer standardisierten zentralen Antiterrordatei von Polizeibehörden und Nachrichtendiensten von Bund und Ländern (Antiterrordateiengesetz)
AtomG	Gesetz über die friedliche Verwendung der Kernenergie und den Schutz gegen ihre Gefahren (Atomgesetz)
AufenthG	Gesetz über den Aufenthalt, die Erwerbstätigkeit und die Integration von Ausländern im Bundesgebiet (Aufenthaltsgesetz)
BayObLG	Bayerisches Oberstes Landesgericht
BayPAG	Bayerisches Polizeiaufgabengesetz
BayVBl.	Bayerische Verwaltungsblätter
BDSG	Bundesdatenschutzgesetz
BeamtStG	Gesetz zur Regelung des Statusrechts der Beamtinnen und Beamten in den Ländern (Beamtenstatusgesetz)
BGB	Bürgerliches Gesetzbuch
BGBl.	Bundesgesetzblatt

Abkürzungsverzeichnis

BGH	Bundesgerichtshof
BJagdG	Bundesjagdgesetz
BKA	Bundeskriminalamt
BKAG	Gesetz über das Bundeskriminalamt und die Zusammenarbeit des Bundes und der Länder in kriminalpolizeilichen Angelegenheiten (Bundeskriminalamtgesetz)
Bl.	Blatt
BPolG	Gesetz über die Bundespolizei (Bundespolizeigesetz)
BVerfG	Bundesverfassungsgericht
BVerfGE	Entscheidungen des Bundesverfassungsgerichts
BVerfSchG	Gesetz über die Zusammenarbeit des Bundes und der Länder in Angelegenheiten des Verfassungsschutzes und über das Bundesamt für Verfassungsschutz (Bundesverfassungsschutzgesetz)
BVerwG	Bundesverwaltungsgericht
BVerwGE	Entscheidungen des Bundesverwaltungsgerichts (zitiert nach Band und Seite)
bzw.	beziehungsweise
CEBIUS	Computer-, Einsatz-, Bearbeitungs-, Informations-, Unterstützungssystem
d. h.	das heißt
DÖV	Die Öffentliche Verwaltung
DPolBl.	Deutsches Polizeiblatt
DSG NRW	Gesetz zum Schutz personenbezogener Daten (Datenschutzgesetz Nordrhein-Westfalen)
DVBl.	Deutsches Verwaltungsblatt
DVP	Deutsche Verwaltungspraxis
EGGVG	Einführungsgesetz zum Gerichtsverfassungsgesetz
EGMR	Europäischer Gerichtshof für Menschenrechte
EGStGB	Einführungsgesetz zum Strafgesetzbuch
EMRK	Europäische Menschenrechtskonvention
EU	Europäische Union
evtl.	eventuell
f., ff.	folgende
FamFG	Gesetz über das Verfahren in Familiensachen und in Angelegenheiten der freiwilligen Gerichtsbarkeit

FeV	Verordnung über die Zulassung von Personen zum Straßenverkehr (Fahrerlaubnis-Verordnung)
FRV	Fahrzeugregisterverordnung
FSHG	Gesetz über den Feuerschutz und die Hilfeleistung
FZV	Fahrzeug-Zulassungsverordnung
GBl.	Gesetzblatt
Gesa	Gefangenensammelstelle
GewArch	Gewerbearchiv
GewO	Gewerbeordnung
GewRV	Gewerberechtsverordnung
GewSchG	Gesetz zum zivilrechtlichen Schutz vor Gewalttaten und Nachstellungen (Gewaltschutzgesetz)
GG	Grundgesetz für die Bundesrepublik Deutschland
ggf.	gegebenenfalls
GGO LOBPolNRW	Gemeinsame Geschäftsordnung für das Landesamt für Ausbildung, Fortbildung und Personalangelegenheiten, das Landeskriminalamt und das Landesamt für Zentrale Polizeiliche Dienste der Polizei des Landes Nordrhein-Westfalen
GmbH	Gesellschaft mit beschränkter Haftung
GO KPB	Geschäftsordnung für die Kreispolizeibehörden des Landes Nordrhein-Westfalen
GüKG	Güterkraftverkehrsgesetz
GVBl.	Gesetz- und Verordnungsblatt
GVG	Gerichtsverfassungsgesetz
GV. NRW.	Gesetz- und Verordnungsblatt für das Land Nordrhein-Westfalen
Hs.	Halbsatz
i. d. R.	in der Regel
IMK	Innenministerkonferenz
INPOL	Informationssystem der Polizei
i. S. d.	im Sinne des (der)
IuK	Information und Kommunikation
i. V. m.	in Verbindung mit
JA	Juristische Arbeitsblätter

JGG	Jugendgerichtsgesetz
JR	Juristische Rundschau
JURA	Juristische Ausbildung
JuS	Juristische Schulung
JuSchG	Jugendschutzgesetz
JustG NRW	Gesetz über die Justiz im Land Nordrhein-Westfalen
JVEG	Justizvergütungs- und -entschädigungsgesetz
JZ	Juristenzeitung
Kap.	Kapitel
Kfz	Kraftfahrzeug
KG	Kommanditgesellschaft
KHSt-VO	Verordnung über die Bestimmung von Polizeipräsidien zu Kriminalhauptstellen
KommJur	Kommunaljurist
KpS-RL	Richtlinien für die Führung kriminalpolizeilicher personenbezogener Sammlungen
KR	Kriminalistik
KUG	Gesetz betreffend das Urheberrecht an Werken der bildenden Künste und der Photographie
LBG NRW	Beamtengesetz für das Land Nordrhein-Westfalen (Landesbeamtengesetz)
LDG NRW	Landesdisziplinargesetz für das Land Nordrhein-Westfalen (Landesdisziplinargesetz)
LFischG	Fischereigesetz für das Land Nordrhein-Westfalen (Landesfischereigesetz)
LG	Landgericht
LHundG NRW	Hundegesetz für das Land Nordrhein-Westfalen
LImschG	Gesetz zum Schutz vor Luftverunreinigungen, Geräuschen und ähnlichen Umwelteinwirkungen (Landes-Immissionsschutzgesetz)
LJG NRW	Landesjagdgesetz Nordrhein-Westfalen
LKA	Landeskriminalamt
LOG NRW	Gesetz über die Organisation der Landesverwaltung (Landesorganisationsgesetz)
LT-Drucks.	Landtagsdrucksache
LuftSiG	Luftsicherheitsgesetz

LV NRW	Verfassung des Landes Nordrhein-Westfalen
LZG NRW	Verwaltungszustellungsgesetz für das Land Nordrhein-Westfalen (Landeszustellungsgesetz)
MBl. NRW.	Ministerialblatt für das Land Nordrhein-Westfalen
ME PolG	Musterentwurf eines einheitlichen Polizeigesetzes des Bundes und der Länder
MG NRW	Meldegesetz für das Land Nordrhein-Westfalen
MRK	Konvention zum Schutze der Menschenrechte und Grundfreiheiten
MRRG	Melderechtsrahmengesetz
NdsVBl.	Niedersächsische Verwaltungsblätter
NJW	Neue Juristische Wochenschrift
NPA	Neues Polizeiarchiv
Nr., Nrn.	Nummer, Nummern
NRW	Nordrhein-Westfalen
NStZ	Neue Zeitschrift für Strafrecht
NVwZ	Neue Zeitschrift für Verwaltungsrecht
NVwZ-RR	NVwZ-Rechtsprechungs-Report
NWVBL/NWVBl.	Nordrhein-Westfälische Verwaltungsblätter
NZV	Neue Zeitschrift für Verkehrsrecht
OBG	Gesetz über Aufbau und Befugnisse der Ordnungsbehörden (Ordnungsbehördengesetz)
odgl.	oder dergleichen
OHG	offene Handelsgesellschaft
OLG	Oberlandesgericht
OVG	Oberverwaltungsgericht
OVGE	Rechtsprechungssammlung der Oberverwaltungsgerichte Münster und Lüneburg
OWiG	Gesetz über Ordnungswidrigkeiten
PAG	Gesetz über die Aufgaben und Befugnisse der Bayerischen Staatlichen Polizei (Polizeiaufgabengesetz)
PassG	Passgesetz
PAuswG	Gesetz über Personalausweise
PAuswG NRW	Personalausweisgesetz für das Land Nordrhein-Westfalen
PBefG	Personenbeförderungsgesetz

Abkürzungsverzeichnis

POG NRW	Gesetz über die Organisation und die Zuständigkeit der Polizei im Lande Nordrhein-Westfalen (Polizeiorganisationsgesetz)
PolG	Polizeigesetz
PolG BW	Polizeigesetz Baden-Württemberg
PolG NRW	Polizeigesetz des Landes Nordrhein-Westfalen
PresseG	Landespressegesetz (NRW)
ProstG	Prostitutionsgesetz
PrOVG	Preußisches Oberverwaltungsgericht
PrOVGE	Entscheidungssammlung des preußischen Oberverwaltungsgerichts
PrPVG	Preußisches Polizeiverwaltungsgesetz
PsychKG	Gesetz über Hilfen und Schutzmaßnahmen bei psychischen Krankheiten
PVG	Polizeiverwaltungsgesetz
RdErl.	Runderlass
RdNr., RN, Rdn., Rnr.	Randnummer, Randnummern
RED-G	Gesetz zur Errichtung einer standardisierten zentralen Datei von Polizeibehörden und Nachrichtendiensten von Bund und Ländern zur Bekämpfung des gewaltbezogenen Rechtsextremismus (Rechtsextremismus-Datei-Gesetz)
S.	Seite, Seiten
s.	siehe
SGB I	Sozialgesetzbuch – Allgemeiner Teil
SGB VII	Sozialgesetzbuch – Gesetzliche Unfallversicherung
SGB X	Sozialgesetzbuch – Verwaltungsverfahren
SGV. NRW.	Sammlung des Gesetz- und Verordnungsblattes für das Land Nordrhein-Westfalen
SMBl. NRW.	Sammlung des Ministerialblattes des Landes Nordrhein-Westfalen
sog.	so genannt
SprengG	Gesetz über explosionsgefährliche Stoffe (Sprengstoffgesetz)
StPO	Strafprozessordnung
StGB	Strafgesetzbuch

str.	streitig
StrWG NRW	Straßen- und Wegegesetz des Landes Nordrhein-Westfalen
StV	Strafverteidiger (Fachzeitschrift)
StVG	Straßenverkehrsgesetz
StVO	Straßenverkehrs-Ordnung
StVollZG	Gesetz über den Vollzug der Freiheitsstrafe und der freiheitsentziehenden Maßregeln der Besserung und Sicherung (Strafvollzugsgesetz)
StVZO	Straßenverkehrs-Zulassungs-Ordnung
TKG	Telekommunikationsgesetz
TMG	Telemediengesetz
TV-L	Tarifvertrag für den öffentlichen Dienst der Länder
u.	und
u. a.	unter anderem
u. ä., u. Ä.	und ähnliche, und Ähnliches
usw.	und so weiter
u. U.	unter Umständen
UVollzG NRW	Gesetz zur Regelung des Vollzuges der Untersuchungshaft in Nordrhein-Westfalen (Untersuchungshaftvollzugsgesetz Nordrhein-Westfalen – UVollzG NRW)
UZwG	Gesetz über den unmittelbaren Zwang bei Ausübung öffentlicher Gewalt durch Vollzugsbeamte des Bundes (UZwG)
UZwGBw	Gesetz über Anwendung unmittelbaren Zwanges und die Ausübung besonderer Befugnisse durch Soldaten der Bundeswehr und verbündeter Streitkräfte sowie zivile Wachpersonen
UZwG NW	(ehemaliges) Gesetz über Ausübung und Grenzen des unmittelbaren Zwanges für das Land Nordrhein-Westfalen
v.	vom
VBlBW	Verwaltungsblätter für Baden-Württemberg
VE ME PolG	Vorentwurf zur Änderung des Musterentwurfs eines einheitlichen Polizeigesetzes des Bundes und der Länder
VersammlG	Gesetz über Versammlungen und Aufzüge (Versammlungsgesetz)
VerwArch	Verwaltungsarchiv

Abkürzungsverzeichnis

VG	Verwaltungsgericht
VGH	Verwaltungsgerichtshof
vgl.	vergleiche
VO VwVG NRW	Verordnung zur Ausführung des Verwaltungsvollstreckungsgesetzes für das Land Nordrhein-Westfalen
VR	Verwaltungsrundschau
VRS	Verkehrsrechts-Sammlung
VSG NRW	Gesetz über den Verfassungsschutz in Nordrhein-Westfalen (Verfassungsschutzgesetz Nordrhein- Westfalen)
VVPolG NRW	Verwaltungsvorschrift zum Polizeigesetz des Landes Nordrhein-Westfalen
VwGO	Verwaltungsgerichtsordnung
VwVfG	Verwaltungsverfahrensgesetz
VwVfG NRW	Verwaltungsverfahrensgesetz für das Land Nordrhein-Westfalen
VwVG NRW	Verwaltungsvollstreckungsgesetz für das Land Nordrhein-Westfalen
VwZG	Verwaltungszustellungsgesetz
WaffG	Waffengesetz
WStG	Wehrstrafgesetz
z. B.	zum Beispiel
ZPO	Zivilprozessordnung
ZRP	Zeitschrift für Rechtspolitik
z. T.	zum Teil
ZustVO ArbtG	Verordnung zur Regelung von Zuständigkeiten auf dem Gebiet des Arbeits- und technischen Gefahrenschutzes
z. Zt.	zur Zeit

Literaturverzeichnis

Drews/Wacke/ Vogel/Martens	Gefahrenabwehr, 9. Aufl. 1986
Fischer	StGB, 60. Aufl. 2013
Götz	Allgemeines Polizei- und Ordnungsrecht, 15. Aufl. 2013
Gusy	Polizei- und Ordnungsrecht, 8. Aufl. 2011
Heise/Riegel	ME PolG, 2. Aufl. 1978
Hoebing	Fokus Europa/Öffentliche Ordnung und innere Sicherheit als Spiegel politischer Kultur in Deutschland und in den Niederlanden nach 1945, 2001
Jarass/Pieroth	GG, 12. Aufl. 2012
Kniesel/Vahle	VE ME PolG, 1990
Lisken/Denninger	Handbuch des Polizeirechts, 5. Aufl. 2012
Meyer-Goßner	StPO, 56. Aufl. 2013
Möller/Warg	Allgemeines Polizei- und Ordnungsrecht, 6. Aufl. 2012
von Münch/Kunig	GG, Band 1, 6. Aufl. 2012
Pewesdorf/Söllner/ Tölle	Polizei- und Ordnungsrecht, 2009
Sadler	VwVG.VwZG, 8. Aufl. 2011
Schmidbauer/Steiner	BayPAG, 3. Aufl. 2011
Schütte/Braun/Keller	Polizeigesetz Nordrhein-Westfalen, 1. Aufl. 2012

Einführung

1. Entwicklung des Polizeibegriffs und des Polizeirechts
2. Polizei als Teil der Verwaltung
3. Grundlagen polizeilichen Handelns (Rechtsquellen)
4. Handeln der Polizei
5. Zwangsweise Durchsetzung polizeilicher Maßnahmen
6. Rechtsschutz gegen Maßnahmen der Polizei
7. Entschädigung, Schadensersatz

1. Entwicklung des Polizeibegriffs und des Polizeirechts

Die **Polizei ist Teil der Verwaltung,** das **Polizeirecht ist Teil des Verwaltungsrechts**. Bedeutung und Tragweite dieser Feststellung werden nur verständlich, wenn man die **geschichtliche Entwicklung** des Polizeibegriffs und des Polizeirechts kennt. Sie ist eng verbunden mit dem jeweiligen **Verständnis vom Staat** und seinen Aufgaben.

1.1 Bis zum Ausgang des Mittelalters umfasste der Begriff Polizei die gesamte Staatstätigkeit. Die damalige Bedeutung erklärt sich aus der sprachlichen Herkunft des Wortes Polizei; es geht zurück auf das griechische Wort ‚politeia', das gleichbedeutend mit Staat ist. Als sich der **neuzeitliche Staatsbegriff** unter Überwindung feudalistischer Vorstellungen **im 16. und 17. Jahrhundert** herauszubilden begann, umfasste der Polizeibegriff noch die gesamte innere Staatsverwaltung, während die auswärtigen Angelegenheiten, das Heereswesen, das Finanzwesen und die Justiz gesonderte Verwaltungszweige wurden. In dieser Zeit wurde die „Polizei" zum Inbegriff der absoluten Herrschergewalt des Fürsten über seine Untertanen. Zu den Aufgaben der Polizei gehörte auch die sog. **Wohlfahrtspflege**, insbesondere die Förderung der Wirtschaft (Merkantilismus) und die Förderung der persönlichen Wohlfahrt des Einzelnen, allerdings so, wie sie der fürstliche Souverän verstand. Jene Vorstellung vom Staat und seinen Aufgaben im Zeitalter des **Absolutismus** fand Ausdruck in der Bezeichnung **„Polizeistaat"**. Diese Bezeichnung wird vor dem Hintergrund der geschichtlichen Entwicklung heute noch gebraucht, wenn ein Zustand weitgehender Rechtlosigkeit gegenüber staatlichen Instanzen beschrieben werden soll.

Bereits im **18. Jahrhundert** begann sich das Verständnis vom Staat und seinen Aufgaben zu wandeln, und damit auch das Verständnis von den Aufgaben und Befugnissen der Polizei. Unter dem Einfluss der **Aufklärung** wurde eine Staatstheorie entwickelt, die besonders die Rechte des Einzelnen gegenüber dem Staat betonte und schließlich zum **liberalen Rechtsstaat des 19. Jahrhunderts** führte. Nach dessen Verständnis hatte sich der Staat im Innern im Wesentlichen auf die Wahrung von Sicherheit und Ordnung zu beschränken, um der Gesellschaft, der Wirtschaft und den sonstigen Lebensbereichen freie Entfaltung zu ermöglichen.

Einführung

Dementsprechend wurde die **Aufgabe der Polizei** auf die **Gefahrenabwehr**, wie sie im Prinzip auch heute noch verstanden wird, beschränkt. Das fand seinen gesetzlichen Niederschlag erstmals im **Preußischen Allgemeinen Landrecht** von 1794, dessen § 10 Teil II Titel 17 lautet:

> „Die nöthigen Anstalten zur Erhaltung der öffentlichen Ruhe, Sicherheit und Ordnung und zur Abwendung der dem Publico oder einzelnen Mitgliedern desselben bevorstehenden Gefahr zu treffen, ist das Amt der Polizey."

Ähnlichkeiten mit der heutigen Beschreibung der Aufgaben der Polizei (vgl. § 1 PolG NRW) sind nicht zu verkennen.

Auch hinsichtlich der **Befugnisse der Polizei** setzten sich Vorstellungen durch, wie sie für den heutigen Rechtsstaat selbstverständlich sind. Unter dem Einfluss der staatsrechtlichen Gewaltenteilungslehre wurden Gesetzgebung, Verwaltung und Justiz getrennt und weitgehend voneinander unabhängig. An die Stelle der absoluten Herrschermacht trat ferner die Regelung, dass in die Rechte des einzelnen Staatsbürgers, insbesondere in Leben, Freiheit und Eigentum, nur auf Grund vom Parlament beschlossener Gesetze eingegriffen werden durfte **(Vorbehalt des Gesetzes)**. Der Schutz dieser „Grundrechte" wurde den Gerichten übertragen. Bereits 1863 wurde in Baden der erste Verwaltungsgerichtshof eingerichtet.

Nach einer vorübergehenden Rückentwicklung in Richtung auf polizeistaatliches Denken bestätigte das PrOVG im sog. **Kreuzbergurteil** vom 14.6.1882 (PrOVGE 9 S. 353, abgedruckt auch in DVBl. 1985, S. 216) die Konzeption des Preußischen Allgemeinen Landrechts. Unter dem Einfluss des liberal-rechtsstaatlichen Denkens des 19. Jahrhunderts erklärte das Gericht eine Polizeiverordnung, die zur Wahrung ästhetischer Gesichtspunkte am Kreuzberg in Berlin Bauverbote enthielt, für nichtig, weil die Verordnung nicht der Gefahrenabwehr diente.

Obwohl mit der allmählichen Entwicklung des modernen Sozialstaats staatliche Eingriffe auch zur Förderung der Wohlfahrt der Bürger immer häufiger wurden und z.B. Bauverbote aus gestalterischen Gründen nach geltendem Recht zulässig sind, blieb der Polizeibegriff bis heute auf die Gefahrenabwehr beschränkt. Maßgebend wurde **§ 14 PrPVG** vom 1. Juni 1931:

> „Die Polizeibehörden haben im Rahmen der geltenden Gesetze die nach pflichtmäßigem Ermessen notwendigen Maßnahmen zu treffen, um von der Allgemeinheit oder dem Einzelnen Gefahren abzuwehren, durch die die öffentliche Sicherheit oder Ordnung bedroht wird."

In diesem Gesetz wurde unter Auswertung der Rechtslehre und insbesondere der Rechtsprechung des PrOVG das Polizeirecht rechtsstaatlich so ausgeformt, dass es weitgehend Vorbild für die nachfolgende Gesetzgebung geblieben ist. Zahlreiche Regelungen (z.B. zur Polizeiverfügung und zum Rechtsschutz) sind wesentliche Bestandteile des allgemeinen Verwaltungsrechts geworden.

§ 14 PrPVG enthält sowohl die Aufgabenbeschreibung als auch eine Eingriffsermächtigung in Form einer Generalklausel. Für Nordrhein-Westfalen gilt seit 1969 die Trennung zwischen Aufgabe einerseits und Eingriffsbefugnis andererseits.

1.2 Nach 1945 vollzog sich – unter starkem Einfluss der damaligen Besatzungsmächte – eine weitere Verengung des formellen, organisatorischen Polizeibegriffs. Die **verwaltungspolizeilichen Aufgaben** (z. B. Gesundheits-, Bau-, Gewerbepolizei) gingen auf **kommunale Ordnungsbehörden** oder staatliche Sonderordnungsbehörden über. Die Polizei umfasste nur noch die Polizeivollzugsbeamten der Schutz- und Kriminalpolizei, und zwar in Nordrhein-Westfalen – britischem Vorbild folgend – zunächst in Form der weitgehend selbständigen Stadtkreis-(SK-)Polizeien und Regierungsbezirks-(RB-)Polizeien organisiert, vgl. das Gesetz über den vorläufigen Aufbau der Polizei im Lande Nordrhein-Westfalen vom 9. März 1949 (GV. NRW. S. 143) in der Fassung des Änderungsgesetzes vom 19. Juni 1951 (GV. NRW. S. 73).

Durch das Gesetz über die Organisation und die Zuständigkeit der Polizei im Land Nordrhein-Westfalen vom 11. August 1953 (GV. NRW. S. 330) wurde die Polizei in Nordrhein-Westfalen verstaatlicht und erhielt ihre im Prinzip auch heute noch geltende organisatorische Form. Kennzeichnend ist, dass neben die rein exekutivpolizeilichen Aufgaben wieder einige „verwaltungspolizeilicher" Art getreten sind, und zwar wegen der besonderen Sachnähe zur Polizei. Solche (Verwaltungs-)Aufgaben können der Polizei gemäß § 10 Satz 1 POG NRW durch Gesetz oder – in der Regel – durch Rechtsverordnung übertragen werden. Als **materielles Polizeirecht** galt das PrPVG mit einigen Änderungen weiter. Nachdem 1956 zunächst das OBG Organisation, Aufgaben und Befugnisse der Ordnungsbehörden geregelt hatte, wurden 1969 die gleichen Fragen zusammenfassend für die Polizei normiert, vgl. das PolG in der Fassung der Bekanntmachung vom 28. Oktober 1969 (GV. NRW. S. 740). Während das Organisationsrecht weitgehend unverändert blieb, wurden vor allem die Befugnisse der Polizei in Anpassung an die rechtsstaatliche Entwicklung der Nachkriegszeit neu geregelt.

1.3 Die Innenministerkonferenz (IMK) erteilte 1972 den Auftrag, einen **Musterentwurf eines einheitlichen Polizeigesetzes des Bundes und der Länder (ME PolG)** zu erarbeiten. Der Arbeitskreis II „Öffentliche Sicherheit und Ordnung" der IMK konstituierte den Ad-hoc-Ausschuss „Recht der Polizei", dessen Kommissionsentwurf die IMK 1976 mit der Maßgabe billigte, noch eine Harmonisierung mit der StPO durchzuführen. Am 25. November 1977 beschloss die IMK den ME PolG (Einzelheiten vgl. *Heise/Riegel*).

Nordrhein-Westfalen setzte den Entwurf mit dem Polizeigesetz des Landes Nordrhein-Westfalen (PolG NRW) vom 25. März 1980 (GV. NRW. S. 234) um.

Einführung

1.3.1 Die **wesentlichen Merkmale des PolG NRW von 1980** sind:

Aufgaben, Befugnisse und **Zwangsanwendung** auf dem Gebiet der **Gefahrenabwehr** wurden für die Polizei in **einem Gesetz zusammenfassend geregelt.** Vor allem war für die Anwendung von Zwang im Wesentlichen kein Rückgriff auf das Verwaltungsvollstreckungsgesetz erforderlich und auch nicht auf das UZwG NW, das mit Inkrafttreten des PolG NRW am 1. Juni 1980 aufgehoben wurde. Inhaltlich ergaben sich wenig grundlegende Neuerungen gegenüber dem materiellen Polizeirecht in Nordrhein-Westfalen. Sie waren in erster Linie durch die Notwendigkeit bedingt, neuen Gefahrensituationen wirksam begegnen zu können. Hingewiesen sei insbesondere auf § 12 (Identitätsfeststellung), § 39 (Durchsuchung von Personen), § 41 (Betreten und Durchsuchen von Wohnungen) und die Vorschriften über die zugelassenen Waffen (§ 58) sowie den Schusswaffengebrauch (§§ 63 ff.). Hierbei wurde dem Grundsatz Rechnung getragen, dass die strafrechtlichen und zivilrechtlichen Vorschriften über die Notwehr (Nothilfe) keine Ermächtigungsgrundlage für hoheitliches Handeln der Polizei sind (vgl. § 57 Abs. 2 und die Erläuterungen hierzu).

1.3.2 Durch das **Urteil des BVerfG** vom 15.12.1983 (NJW 1984, S. 419) **zum Volkszählungsgesetz** trat eine neue Entwicklung ein. Darin erkannte das höchste deutsche Gericht das **Recht auf informationelle Selbstbestimmung** als Teil des allgemeinen Persönlichkeitsrechts nach Art. 2 Abs. 1 i. V. m. Art. 1 Abs. 1 GG an. Dieses Recht ermöglicht es dem Einzelnen, grundsätzlich selbst über die Preisgabe und Verwendung seiner personenbezogenen Daten zu bestimmen. **Im überwiegenden Allgemeininteresse** sind **Einschränkungen des Grundrechts** möglich. Hierfür bedarf es aber eindeutiger **Rechtsgrundlagen**, an die das BVerfG eine Reihe von Bedingungen knüpft (s. hierzu *Riotte/Tegtmeyer*, NWVBl. 1990, S. 145).

Bereits im Januar 1984 beauftragte die IMK ihren Arbeitskreis II „Öffentliche Sicherheit und Ordnung" u. a. festzustellen, welche Auswirkungen das Urteil auf die polizeiliche Informationsverarbeitung habe. Der Ad-hoc-Ausschuss „Recht der Polizei" konzipierte Vorschriften zur Ergänzung des ME PolG, die in den **Vorentwurf zur Änderung des ME PolG – VE ME PolG** – einflossen, der am 18. April 1986 von der IMK verabschiedet wurde.

Anzumerken ist in dem Zusammenhang, dass es nach dem Volkszählungsgesetzurteil in Bund und Ländern eine Vielzahl von Gesetzgebungsinitiativen in ganz unterschiedlichen Bereichen gegeben hat, die zum großen Teil auch Auswirkungen auf die polizeiliche Aufgabenerfüllung haben. Zu denken ist etwa an das allgemeine Datenschutzrecht, das Melde-, Pass- und Ausweiswesen, das Recht der Nachrichtendienste, die StPO, das Straßenverkehrsrecht oder das Archivrecht.

Obwohl das materielle Polizeirecht aller 16 Länder auf dem ME PolG von 1978 sowie auf dem VE ME PolG von 1986 fußt und deshalb auch in vielen Bereichen eine weitgehende Einheitlichkeit aufweist, sind im Detail etliche Abweichungen festzustellen.

Beispielsweise sind die verfahrensrechtlichen Regelungen zum Schutz des Rechts auf informationelle Selbstbestimmung unterschiedlich; während gemäß § 20 Abs. 4 PolG NRW für den Einsatz eines Verdeckten Ermittlers eine Behördenleiterentscheidung erforderlich ist, haben einige Länder einen Richtervorbehalt vorgesehen. Der sog. Unterbindungsgewahrsam ist nach § 38 Abs. 1 Nr. 3 PolG NRW auch mit richterlicher Anordnung nur bis zum Ende des folgenden Tages zulässig; einige Länder sehen hingegen eine längere Frist vor, u. a. Bayern und Sachsen bis zu zwei Wochen. § 8 Abs. 3 PolG NRW definiert den Begriff „Straftaten von erheblicher Bedeutung"; diese fehlt in etlichen Ländern. Nordrhein-Westfalen hatte bis zur Novellierung des PolG NRW im Jahre 2010 nicht den § 41 Abs. 2 Satz 2 ME PolG übernommen, dennoch war der finale Rettungsschuss auch hier zulässig (s. dazu die Erläuterungen zu § 63 Abs. 2).

Aus polizeilicher Sicht kann die unterschiedliche Rechtsetzung Probleme bereiten bei Einsätzen, die die Landesgrenze überschreiten, insbesondere bei der Nacheile oder bei der Unterstützung eines Landes durch geschlossene Einheiten, denn am Einsatzort ist das jeweilige Landesrecht anzuwenden. Die Praxis zeigt jedoch, dass man mit diesen Schwierigkeiten zurechtkommt. Die Unterschiede im materiellen Polizeirecht beziehen sich fast ausschließlich auf Befugnisnormen mit einer großen Eingriffstiefe. Zwar sind diese Vorschriften für eine polizeirechtliche Lösung besonderer Fälle erforderlich, aber solche Sachlagen treten zum Glück nur selten ein.

In **Nordrhein-Westfalen** wurde das PolG NRW durch das **Gesetz zur Fortentwicklung des Datenschutzes im Bereich der Polizei und der Ordnungsbehörden (GFDPol)** vom 7. Februar 1990 (GV. NRW. S. 46) um umfangreiche bereichsspezifische Regelungen zur Datenverarbeitung ergänzt, die über § 24 OBG auch Auswirkungen für die Ordnungsbehörden haben (vgl. dazu *Tegtmeyer*, NWVBl. 1989, S. 196). Darüber hinaus wurden etliche Vorschriften des bisherigen Rechts novelliert. Die Neufassung des Polizeigesetzes des Landes Nordrhein-Westfalen (PolG NRW) wurde am 24. Februar 1990 (GV. NRW. S. 70) bekannt gemacht.

Seitdem ist das PolG NRW mehrmals novelliert worden (vgl. hierzu *Gusy*, NWVBl. 2004, S. 1). Neu eingefügt wurden beispielsweise Rechtsgrundlagen für die Videoüberwachung an kriminalitätsbelasteten Orten (§ 15a) und für Wohnungsverweisungen zum Schutz vor häuslicher Gewalt (§ 34a).

Am 8. August 2003 wurde die Neufassung des PolG NRW in der Fassung der Bekanntmachung vom 25. Juli 2003 neu bekannt gemacht (GV. NRW. S. 441).

Mit dem **Gesetz zur Änderung des Polizeigesetzes** vom 9. Februar 2010 (GV. NRW. S. 132) hat der Gesetzgeber es unternommen, insbesondere Vorgaben Rechnung zu tragen, die das BVerfG aufgestellt hat. Das Gericht verlangt hiernach (vgl. die Entscheidungen vom 3. März 2004, NJW 2004, S. 999, und vom

27. Februar 2008, NJW 2008, S. 822) Regelungen zum Schutz des **Kernbereichs** privater Lebensgestaltung bei der Datenerhebung sowie der **Vertraulichkeit und Integrität informationstechnischer Systeme**. Mit dem Urteil vom 27. Juli 2005 (NJW 2005, S. 2603; vgl. dazu die Besprechung von *Puschke/Singelnstein*, NJW 2005, S. 3534) zur präventiven Telefonüberwachung nach dem niedersächsischen Polizeirecht hat das Gericht zudem festgelegt, dass die **Vorsorge** für die **Verfolgung von Straftaten zur Strafverfolgung** i. S. d. Art. 74 Abs. 1 Nr. 1 GG gehört und damit in die (konkurrierende) Gesetzgebungskompetenz des Bundes fällt.

1.3.3 Die Vorschriften über **Organisation und Zuständigkeiten der Polizei** sind im **Polizeiorganisationsgesetz** (POG NRW) enthalten.

1.3.4 Das **Ordnungsbehördengesetz** und das **Verwaltungsvollstreckungsgesetz NRW** wurden bereits 1980 dem damaligen PolG NRW im erforderlichen Umfang angepasst (Gesetz zur Neuordnung des Polizei-, Ordnungs-, Verwaltungsvollstreckungs- und Melderechts vom 25. März 1980 – GV. NRW. S. 234). Dadurch wurde sichergestellt, dass im Recht der Gefahrenabwehr eine gewisse Übereinstimmung bei den Befugnissen besteht und Unterschiede sich nur insoweit ergeben, als das aus der verschiedenartigen Aufgabenstellung heraus notwendig ist. Seitdem sind beide Gesetze mehrfach novelliert worden, jedoch ist stets darauf geachtet worden, dass eine gewisse Einheitlichkeit zum PolG NRW erhalten blieb.

Wichtiger als die beiden vorstehenden Gesetze ist für die polizeiliche Aufgabenerfüllung das **Gesetz zum Schutz personenbezogener Daten** (Datenschutzgesetz Nordrhein-Westfalen – DSG NRW). Nicht nur, dass einige Bestimmungen des PolG NRW darauf verweisen, gemäß § 2 Abs. 3 DSG NRW kommt das Gesetz zur Anwendung, soweit es nicht durch die bereichsspezifischen Regelungen des PolG NRW verdrängt wird. Deshalb gelten beispielsweise die Vorschriften über die Begriffsbestimmungen (§ 3 DSG NRW), über den Anspruch des Betroffenen auf Auskunft und Akteneinsicht (§ 18 DSG NRW) sowie über Aufgaben und Befugnisse des Landesbeauftragten für Datenschutz und Informationsfreiheit (§§ 22 ff. DSG NRW) auch im Anwendungsbereich des PolG NRW.

1.4 Die Polizei ist in der Bundesrepublik Deutschland **grundsätzlich Sache der Länder**. Das gilt sowohl für die Gesetzgebung auf dem Gebiet der Gefahrenabwehr als auch für die Wahrnehmung der polizeilichen Aufgaben durch Länderbehörden (Art. 30 GG). Es gibt aber auch **Bundespolizeibehörden** (s. hierzu *Wagner*, JURA 2009, S. 96), deren wichtigste hier genannt werden:

1.4.1 Das **Bundespolizeipräsidium** ist das Führungszentrum der gesamten Bundespolizei. Ihm sind verschiedene Bundespolizeidirektionen untergeordnet (§ 57 BPolG). Die Zuständigkeit der Bundespolizei umfasst **grenzpolizeiliche** Aufgaben (§ 2 BPolG), **bahnpolizeiliche** Aufgaben (§ 3 BPolG) und **Luftsicherheitsaufgaben** (§ 4 BPolG).

1.4.2 Das **Bundeskriminalamt** ist Zentralstelle für die Kriminalpolizei sowie für das polizeiliche Auskunfts- und Nachrichtenwesen (Art. 87 Abs. 1 GG). Es ermittelt in bestimmten Strafsachen, die ihm durch Gesetz allgemein zugewiesen sind oder im Einzelfall übertragen werden können. Seine Kompetenzen erstrecken sich weiterhin auf die Abwehr von Gefahren des internationalen Terrorismus. Wegen der Einzelheiten wird auf das BKAG verwiesen.

2. Polizei als Teil der Verwaltung

Die Polizei ist Teil der Verwaltung, die nach einer gebräuchlichen Definition negativ von den anderen Staatsgewalten abgegrenzt wird: Verwaltung ist danach diejenige Staatstätigkeit, die nicht Gesetzgebung oder Rechtsprechung ist. Unter den Begriff der Verwaltung fällt demnach eine Fülle von Staatstätigkeiten, die nach verschiedenen Gesichtspunkten systematisch erfasst werden können. Hier sollen nur die wichtigsten erwähnt werden. Man unterscheidet einmal nach hoheitlicher und fiskalischer Verwaltung. Von **hoheitlicher Verwaltung** spricht man dann, wenn die Verwaltung im Rahmen des allgemeinen Gewaltverhältnisses zwischen Staat und Bürger Anordnungen und Entscheidungen treffen kann, wie das z. B. bei der Polizei und der Finanzverwaltung der Fall ist. **Fiskalische Verwaltung** umfasst die Tätigkeit der Verwaltung, die sich der Form des Privatrechts bedient, wenn z. B. Kraftfahrzeuge oder sonstige technische Geräte gekauft werden. Hoheitliche und fiskalische Verwaltung können in einem einheitlichen Lebenssachverhalt zusammentreffen.

> **Beispiel:** Bei einer Geiselnahme in einer Bank benötigt die Polizei zur Beobachtung der Täter einen Raum einer Privatwohnung gegenüber der Bank und für die Bereitstellung von Zugriffskräften die Privatwohnung über der Bank. Während der Inhaber der gegenüberliegenden Wohnung mit der Polizei einen Vertrag über die Nutzung seiner Wohnung eingeht, ist der Wohnungsinhaber über der Bank mit dem Vertragsangebot nicht einverstanden. Mit dem einen Wohnungsinhaber schließt die Polizeibehörde einen (Miet-)Vertrag und handelt damit als Fiskus. d. h. privatrechtlich. Der andere Wohnungsinhaber kann im Weigerungsfall zur Überlassung der Wohnung durch Verwaltungsakt, also hoheitlich verpflichtet werden, wenn dies zur Rettung der Geiseln erforderlich ist.

Von Bedeutung ist auch die Unterscheidung zwischen Eingriffs- und Leistungsverwaltung, weil sie für das heutige Verständnis von den Aufgaben des Staates wesentlich ist. Für die **Eingriffsverwaltung**, die immer hoheitliche Verwaltung ist, sind die Befugnisse der Polizei typisch. Im Prinzip ist die Eingriffsverwaltung vergleichbar mit den Vorstellungen des 19. Jahrhunderts von der Aufgabe des Staates überhaupt; sie ist darauf gerichtet, die Rahmenbedingungen für gesellschaftliches und staatliches Leben zu sichern, also z. B. die öffentliche Sicherheit. Die Polizei darf nur auf Grund gesetzlicher Eingriffsermächtigungen tätig werden, wie sie z. B. als Befugnisnormen im Polizeigesetz enthalten sind **(Vorbehalt des Gesetzes)**.

Einführung

Die **Leistungsverwaltung** (auch Daseinsvorsorge genannt) ist typisch für die Entwicklung des modernen Sozialstaates. Im Rahmen der Leistungsverwaltung greift der Staat aktiv fördernd in vielen Lebensbereichen ein, etwa durch Sozialleistungen (z. B. Arbeitslosengeld, Wohngeld, Ausbildungsförderung) oder durch Subventionen (z. B. durch staatliche Hilfen zur Wirtschaftsförderung). Bei der Leistungsverwaltung kann der Staat sowohl hoheitlich (z. b. bei der Entscheidung über den Antrag eines Studenten auf Ausbildungsförderung) als auch fiskalisch handeln (Gemeinde verkauft Grundstücke zu besonders günstigen Preisen an kinderreiche Familien mit geringem Einkommen). Die Übergänge zwischen Eingriffs- und Leistungsverwaltung sind allerdings fließend. Mit einigem Recht kann man feststellen, dass selbst die Polizei Leistungen im Sinne der Daseinsvorsorge erbringt.

> **Beispiele:** Tätigkeit der kriminalpolizeilichen Beratungsstellen; kriminalpolizeiliche Vorbeugeprogramme; Verkehrslenkung und die Übermittlung von Informationen über Verkehrsstörungen an den Verkehrswarndienst, weil die Leistungsfähigkeit der Wirtschaft auch von einem gut funktionierenden Verkehrswesen abhängig ist.

3. Grundlagen polizeilichen Handelns (Rechtsquellen)

Nach dem **Rechtsstaatsprinzip** ist die Polizei bei ihrem Handeln an rechtliche Voraussetzungen gebunden. Art. 20 Abs. 3 GG lautet: „Die Gesetzgebung ist an die verfassungsmäßige Ordnung, die **vollziehende Gewalt** und die Rechtsprechung **sind an Gesetz und Recht gebunden**." Für die Polizei als Teil der vollziehenden Gewalt bedeutet das insbesondere die Bindung an den sog. **Vorbehalt des Gesetzes**. Sie bedarf danach **für Eingriffe** in Rechte des Bürgers einer **Ermächtigungsgrundlage**. Abweichungen gelten für das sog. schlicht-hoheitliche Handeln (Streifenfahrten, allgemeine Verkehrsüberwachung), durch das – anders als bei Eingriffen (z. B. Ingewahrsamnahme, Durchsuchung, Sicherstellung) – Rechte des Einzelnen nicht unmittelbar berührt werden. Für schlicht-hoheitliche Tätigkeiten reicht die Aufgabenzuschreibung (§ 1 PolG NRW) als Rechtsgrundlage aus.

Die Vorschriften für die Polizei sind in verschiedenen **Rechtsquellen** enthalten, die in einem bestimmten Rangverhältnis zueinander stehen; die höherrangige Rechtsnorm geht der nachrangigen in dem Sinne vor, dass die nachrangige unwirksam ist, wenn sie einer höherrangigen widerspricht (z. B. ist eine Verordnung nichtig, soweit sie einem Gesetz widerspricht).

3.1 An der Spitze der nationalen Rechtsquellen steht die **Verfassung**. Für die Polizei sind dabei besonders die **Grundrechte** von Bedeutung. Die **Grundrechte binden** Gesetzgebung, **vollziehende Gewalt** (Verwaltung, **Polizei**) und Rechtsprechung **als unmittelbar geltendes Recht** (Art. 1 Abs. 3 GG). Für polizeiliche Maßnahmen kommt allerdings ein unmittelbarer Rückgriff auf das Grundgesetz nur ausnahmsweise in Betracht. **Eingriffe in Grundrechte** sind grundsätzlich **nur auf Grund eines Gesetzes zulässig** (vgl. z. B. Art. 2 Abs. 2

Satz 3 GG, Eingriffe in die persönlichen Freiheitsrechte). Es ist Aufgabe und Inhalt der Polizeigesetze, die Voraussetzungen für solche Eingriffe zu regeln; die entsprechende Vorschrift im PolG NRW ist die Ermächtigungsgrundlage, auf die die Polizei ihre Maßnahme stützen kann, s. z. B. § 35 (Ingewahrsamnahme) als Gesetz i. S. d. Art. 2 Abs. 2 Satz 3 GG.

Zu beachten ist, dass das Grundgesetz auch **ungeschriebene Verfassungsgrundsätze** enthält, die sich also nicht aus dem Wortlaut, aber aus den der Verfassung zu Grunde liegenden Prinzipien ergeben. Dazu gehört der für die Polizei wichtige **Grundsatz der Verhältnismäßigkeit**, der Verfassungsrang hat. Für den Bereich der Gefahrenabwehr ist er zwar auch gesetzlich geregelt (§ 2 PolG NRW), sodass insoweit ein unmittelbarer Rückgriff auf die Verfassung nicht nötig ist. Für den Bereich der Strafverfolgung wird der Grundsatz der Verhältnismäßigkeit in der Strafprozessordnung nur bei einzelnen Maßnahmen ausdrücklich erwähnt, z. B. in § 112 Abs. 1 Satz 2 StPO (Untersuchungshaft) i. V. m. § 127 Abs. 2 StPO (Festnahmebefugnis der Polizei) und § 163b Abs. 2 Satz 2 Hs. 1 StPO (Identitätsfeststellung bei Zeugen). Der Grundsatz der Verhältnismäßigkeit gilt jedoch wegen seines Verfassungsranges für alle strafprozessualen Maßnahmen, auch wenn er nicht ausdrücklich erwähnt wird.

3.2 Die (formellen) **Gesetze** sind eine weitere wichtige Rechtsquelle. Neben dem PolG NRW sind alle Gesetze für die Polizei von besonderer Bedeutung, die ihr ausdrücklich Aufgaben und Befugnisse zuweisen, z. B. die StPO, das OWiG, das VersammlG und das WaffG. Im Grunde genommen können aber eine Fülle von anderen Gesetzen für die Polizei eine Rolle spielen, insbesondere dann, wenn sie ein bestimmtes Verhalten gebieten oder verbieten und Verstöße mit Strafe oder Geldbuße bedrohen. Zum Begriff der „öffentlichen Sicherheit", die die Polizei zu schützen hat, gehört auch die Unverletzlichkeit der objektiven Rechtsordnung. Die Verfolgung von mit Strafe oder Geldbuße bedrohten Handlungen ist ebenfalls eine polizeiliche Aufgabe. Hierbei wird allerdings ein ganz anderes Ziel verfolgt, nämlich den Täter/die betroffene Person der staatlichen Sanktion zuzuführen.

3.3 Zahlreiche der bereits erwähnten Gebote und Verbote sind in **Rechtsverordnungen** geregelt, die auch häufig Bußgeldandrohungen für Verstöße vorsehen (z. B. StVO, StVZO, ordnungsbehördliche Verordnungen). Rechtsverordnungen sind im materiellen Sinne auch „Gesetz", weil sie für eine unbestimmte Anzahl von Fällen Rechte und Pflichten für die Bürger begründen. Die Besonderheit besteht jedoch darin, dass die Rechtsverordnung nicht wie das formelle Gesetz vom Parlament selbst beschlossen wird, sondern von der Stelle, die im Gesetz in der sog. Ermächtigungsnorm genannt wird (z. B. Regierung, Ministerium).

Nach dem Grundgesetz muss die Ermächtigungsnorm die Ermächtigung zum Erlass der Rechtsverordnung nach Inhalt, Zweck und Ausmaß näher bestimmen (vgl. Art. 80 GG). Beispiele für solche Ermächtigungsnormen sind § 6 StVG

Einführung

(darauf beruht insbesondere die StVO) und Art. 297 EGStGB in Bezug auf Sperrbezirksverordnungen.

Zuweilen enthalten Rechtsverordnungen neben Geboten, Verboten und der Androhung von Sanktionen auch Befugnisregelungen für die Polizei. So darf die Polizei nach § 36 StVO Zeichen und Weisungen zur Verkehrsregelung geben und Verkehrsteilnehmer zur Verkehrskontrolle anhalten.

Verwaltungsvorschriften dagegen werden nicht zu den Rechtsvorschriften gerechnet, weil sie keine unmittelbaren Rechte und Pflichten für den Bürger begründen, sondern nur die ausführende Verwaltung auf Grund ihrer Weisungsgebundenheit zu bestimmtem Handeln verpflichten. Beispiel dafür ist die **VVPolG NRW**. Sie bindet die Polizei(behörden), nicht aber den Richter, der nach Art. 97 GG unabhängig und nur dem „Gesetz" – einschließlich der Rechtsverordnungen und Satzungen – unterworfen ist.

Verwaltungsvorschriften, auch solche der obersten Bundes- und Landesbehörden, sind für die richterliche Rechtsanwendung unmittelbar ohne Belang. Dies gilt erst recht für solche Verwaltungsvorschriften, die im Widerspruch zu Rechtsvorschriften stehen (OVG Münster, NWVBl. 1992, S. 405 und NVwZ-RR 1995, S. 27). Mittelbar geht von den Verwaltungsvorschriften aber doch eine Rechtswirkung aus, weil ein unbegründetes Abweichen von ihren Regelungen ein Verstoß gegen den Gleichheitsgrundsatz nach Art. 3 GG sein kann. Dies führt oft zu einem fehlerhaften Gebrauch des Ermessens durch die Verwaltung. Entsteht dem Bürger durch Nichtbeachtung einer Verwaltungsvorschrift ein Schaden, kommt zudem ein **Amtshaftungsanspruch** (§ 839 BGB i.V.m. Art. 34 GG in Betracht: vgl. z.B. OLG Karlsruhe, DVP 2010, S. 86).

3.4 Satzungen sind Rechtsvorschriften, die von juristischen Personen des öffentlichen Rechts (z.B. Gemeinden, Universitäten) im Rahmen der ihnen gesetzlich überlassenen Autonomie erlassen werden (z.B. Anschlusszwang an die Kanalisation einer Gemeinde).

Satzungen bilden zwar keine Ermächtigungsgrundlage für polizeiliches Handeln. Verstöße gegen Satzungsregelungen sind aber eine Verletzung der öffentlichen Sicherheit (= Gesamtheit der Rechtsordnung), sodass – gestützt auf das PolG NRW – Maßnahmen zur Gefahrenabwehr in Betracht kommen (z.B. bei Missachtung einer Satzung über die Nutzung gemeindlicher Einrichtungen).

3.5 Rechtsquellen, die über den nationalen Rahmen hinausgehen, sind das Völkerrecht und das supranationale Recht (Europäisches Gemeinschaftsrecht).

3.5.1 Im **Völkerrecht** sind die „allgemeinen Regeln" nach Art. 25 GG Bestandteil des Bundesrechts und binden damit Behörden und Gerichte unmittelbar. Dazu wird man die Regeln der Exterritorialität diplomatischer Vertreter rechnen können, die aber weitgehend in innerstaatlichen Gesetzen enthalten sind (s. z.B. § 18 GVG).

Außerhalb der allgemeinen Regeln muss das Völkerrecht, das zwischen den Staaten vereinbart wird, durch einen besonderen gesetzgeberischen Akt in innerstaatliches Recht umgesetzt („transformiert") werden.

> **Beispiel**: Konvention zum Schutz der Menschenrechte vom 4. November 1950 (BGBl. II S. 685), die ein Bundesgesetz ist.

3.5.2 Zunehmende Bedeutung gewinnt das **supranationale Recht,** das im Rahmen der **Europäischen Union** gesetzt wird (s. zu den Rechtsakten der Union Art. 288 AEUV). Die **Verordnungen** der Gemeinschaft gelten unmittelbar in jedem Mitgliedstaat. Ein für die Polizei wichtiges Beispiel ist die Verordnung Nr. 561/2006 des Europäischen Parlaments und des Rates zur Harmonisierung bestimmter Sozialvorschriften im Straßenverkehr.

Als Beispiel für eine – von den Mitgliedstaaten umzusetzende – **Richtlinie** sei hier die „Führerschein-Richtlinie" 91/439 EWG des Rates vom 29. Juli 1991 genannt; sie wurde durch eine Rechtsverordnung des Bundes umgesetzt.

3.6 Auch **Rechtsvereinbarungen** (Verträge) kommen als Rechtsquellen für polizeiliches Handeln in Betracht. Beispiele hierfür sind die (Verwaltungs-)Abkommen zwischen Bundesländern über die Zuständigkeiten und Befugnisse der Polizei in anderen Ländern (vgl. dazu § 9 Abs. 1 Nr. 5 POG NRW). Hervorzuheben ist das **Abkommen über die erweiterte Zuständigkeit der Polizei der Länder bei der Strafverfolgung** vom 8. November 1991, vgl. die Bekanntmachung vom 20. Januar 1992 (GV. NRW. S. 58/SGV. NRW. 205).

In den meisten Ländern bedürfen solche Abkommen der Zustimmung der jeweiligen Länderparlamente, um innerhalb des Landes wirksam zu werden, so auch in Nordrhein-Westfalen (Art. 66 Satz 2 LV NRW).

> **Beispiel**: Verwaltungsabkommen zwischen den Ländern Niedersachsen und Nordrhein-Westfalen über die Durchführung wasserschutzpolizeilicher Aufgaben auf dem Mittellandkanal und auf der Weser vom 26. April 2005 (GV. NRW. S. 629).

3.7 Die Vielfalt der Rechtsquellen macht eine **Rangordnung** notwendig, damit bei möglichen Widersprüchen geklärt ist, welche Rechtsvorschrift gilt. Innerhalb des Bundes gilt die Rangfolge: Grundgesetz, förmliches Bundesgesetz, Bundesrechtsverordnung. Entsprechendes gilt für das Land: Landesverfassung, förmliches Landesgesetz, Landesrechtsverordnung.

Im Verhältnis von Bundesrecht zu Landesrecht enthält Art. 31 GG den Grundsatz, wonach das Bundesrecht das Landesrecht bricht. Damit gehen Bundesgesetze und auch Bundesrechtsverordnungen selbst der Landesverfassung und erst recht den übrigen Vorschriften des Landesrechts vor.

4. Handeln der Polizei

4.1 Ein zentraler Begriff des Verwaltungshandelns und damit vielfach auch des Handelns der Polizei ist der **Verwaltungsakt (§ 35 VwVfG NRW).** An ihn knüpfen die zwangsweise Durchsetzung polizeilicher Maßnahmen (vgl. unten Nr. 5 und die §§ 50 ff. PolG NRW) und der Rechtsschutz gegen polizeiliche Maßnahmen (vgl. unten Nr. 6) an.

In dem Begriff „Verwaltungsakt" ist der Begriff „**Polizeiverfügung**" aufgegangen, den das nordrhein-westfälische Polizeirecht abweichend vom früheren PrPVG bereits seit 1969 nicht mehr verwendet. Das ist Folge der eingangs geschilderten geschichtlichen Entwicklung des Polizeibegriffs und des Polizeirechts. Vieles, was zur rechtsstaatlichen Ausprägung der Polizeiverfügung entwickelt worden ist, bildet heute wesentliche Bestandteile der gesetzlichen Regelungen und der Lehre zum Verwaltungsakt. Da das VwVfG NRW die Vorschriften über den Verwaltungsakt und für andere Bereiche des allgemeinen Verwaltungsrechts (z. B. Amtshilfe, §§ 4 ff.) enthält, ist das PolG NRW davon entlastet.

Verwaltungsakt ist jede Verfügung, Entscheidung oder andere hoheitliche Maßnahme, die eine Behörde zur Regelung eines Einzelfalles auf dem Gebiet des öffentlichen Rechts trifft und die auf unmittelbare Rechtswirkung nach außen gerichtet ist.

Zur Kategorie der Verwaltungsakte gehören zahlreiche „klassische" **Eingriffe der Polizei** in Ausübung hoheitlicher Gewalt (vgl. oben Nr. 2), z. B. Vorladung (§ 10 PolG NRW) und die Wohnungsverweisung (§ 34a PolG NRW), aber auch Maßnahmen, die gegenüber einem Bürger auf Grund der Generalklausel (§ 8 PolG NRW) oder auf Grund einer Ermächtigung in anderen Gesetzen (z. B. Anhaltegebot zwecks Verkehrskontrolle nach § 36 Abs. 5 StVO) getroffen werden. Bei anderen Maßnahmen – z. B. Ingewahrsamnahme gemäß § 35 PolG NRW, Sicherstellung einer Sache gemäß § 43 PolG NRW – ist jedenfalls dann zweifelhaft, ob ein Verwaltungsakt vorliegt, wenn ihnen keine verbindliche Anordnung („Folgen Sie uns zum Streifenwagen!") vorangeht. Möglich ist in solchen (Grenz-) Fällen, dass eine schlüssige Regelung getroffen wurde, z. B. durch Zeichen (s. hierzu unter Nr. 4.4).

Es fehlt an einem (wirksamen) Verwaltungsakt, wenn der mögliche Adressat geisteskrank und damit **nicht handlungsfähig** ist (§ 12 Abs. 1 Nr. 1 VwVfG); gegen eine solche Person kann ein Verwaltungsverfahren nicht durchgeführt und ein Verwaltungsakt nicht wirksam bekannt gegeben werden (anders bei nur vorübergehendem Ausschluss der freien Willensbestimmung, z. B. bei Volltrunkenheit: OVG Münster, NWVBl. 2010, S. 108).

Das Erfordernis der **Einzelfallregelung unterscheidet den Verwaltungsakt von der Rechtsvorschrift**, die eine unbestimmte Anzahl von Fällen (abstrakt) regelt und sich an eine unbestimmte Anzahl von Personen richtet.

Beispiel: Die durch Zeichen gegebene Anordnung eines Polizeibeamten an Verkehrsteilnehmer, an einer Unfallstelle anzuhalten, ist die Regelung eines (konkreten) Einzelfalles, also ein Verwaltungsakt. Dagegen gilt das Verbot des § 5 Abs. 2 Satz 1 StVO, bei

Behinderung des Gegenverkehrs zu überholen, für alle denkbaren Überholsituationen und für alle der Zahl nach unbestimmten Kraftfahrer.

Die Unterscheidung zwischen Verwaltungsakt und Rechtsvorschrift ist vor allem im Hinblick auf den **gerichtlichen Rechtsschutz** bedeutsam (s. näher unter Nr. 6).

Schwierig ist insbesondere die Abgrenzung zwischen Allgemeinverfügung und Rechtsvorschrift. Als **Allgemeinverfügung** wird ein Verwaltungsakt bezeichnet, der sich an einen nach allgemeinen Merkmalen bestimmten oder bestimmbaren Personenkreis richtet oder die öffentlich-rechtliche Eigenschaft einer Sache oder ihre Benutzung durch die Allgemeinheit betrifft (§ 35 Satz 2 VwVfG NRW).

Die erste Alternative erfasst Verwaltungsakte, die sich an einen nach allgemeinen Merkmalen **bestimmten oder bestimmbaren Personenkreis** richten; die Adressaten werden nicht individuell, sondern nach allgemeinen Merkmalen festgelegt. Entscheidend ist hierbei, dass nicht eine abstrakte Vielzahl von Einzelfällen geregelt wird, sondern ein konkreter Lebenssachverhalt.

Beispiele:
1. Versammlungsverbot
2. Glasverbote im Kölner Karneval (OVG Münster, DVP 2012, S. 432)
3. Untersagung von Sportwetten im Internet (OVG Münster, GewArch 2007, S. 489)
4. Verbot einer Massenparty, zu der auf Facebook aufgerufen wird (s. zu diesem Problemkreis *Lenski*, VerwArch 2012, S. 539, 545)

Durch § 35 Satz 2, 3. Alt. VwVfG NRW ist klargestellt worden, dass **Verkehrszeichen und -einrichtungen Verwaltungsaktsqualität** haben, sofern sie Ge- und Verbote zum Ausdruck bringen.

4.2 Die **Arten der Verwaltungsakte** werden nach vielerlei Gesichtspunkten unterschieden; die wichtigsten werden nachfolgend dargestellt.

4.2.1 Nach dem **Inhalt** gibt es befehlende, gestaltende und feststellende Verwaltungsakte. Die Anordnungen der Polizei sind typisch für die **befehlenden Verwaltungsakte**, die ein bestimmtes Tun, Dulden oder Unterlassen gebieten oder verbieten.

Gestaltende Verwaltungsakte sind solche, mit denen ein Rechtsverhältnis begründet, geändert oder aufgehoben wird, z. B. die Erteilung eines Waffenscheins oder dessen Entziehung.

Feststellende Verwaltungsakte sind insbesondere solche, die die Berechtigung von Ansprüchen feststellen, z. B. die Feststellung, dass jemand rentenberechtigt ist.

4.2.2 Unterschieden wird auch nach dem Grad der **Rechtsgebundenheit**. **Gebundene Verwaltungsakte** sind z. B. Erlaubnisse, die bei Vorliegen der gesetzlichen Voraussetzungen erteilt werden müssen, z. B. Fahrerlaubnis, Baugenehmigung. Anders bei **Ermessensakten,** bei denen der Verwaltung Spielraum bei

Einführung

ihren Entscheidungen eingeräumt wird. Im Bereich der Gefahrenabwehr steht der Polizei grundsätzlich Ermessen zu (**Opportunitätsprinzip**, § 3 PolG NRW).

4.2.3 Vor allem im Hinblick auf die Möglichkeit, Verwaltungsakte zu widerrufen oder zurückzunehmen, ist die Unterscheidung von **begünstigenden** und **belastenden Verwaltungsakten** bedeutsam. Die polizeilichen Maßnahmen sind in aller Regel belastende Verwaltungsakte. Im Bereich der allgemeinen Verwaltungsaufgaben der Polizei, z. B. im Waffenwesen, ist die Erteilung von Erlaubnissen (Waffenbesitzkarte, Waffenschein) ein begünstigender Verwaltungsakt.

4.3 Verwaltungsakte können mit **Nebenbestimmungen** (z. B. Befristung, Bedingung, Auflage) verbunden werden (s. näher § 36 VwVfG NRW).

4.4 Das VwVfG NRW enthält eine Reihe von Vorschriften, die für die **Rechtmäßigkeit von Verwaltungsakten** und damit auch von Maßnahmen der Polizei von Bedeutung sind. Das gilt z. B. für die Vorschrift über **Bestimmtheit und Form des Verwaltungsakts** (§ 37 VwVfG NRW).

Verwaltungsakte müssen **inhaltlich hinreichend bestimmt** sein, d. h. klar, verständlich und in sich widerspruchsfrei. Ein verständiger Adressat muss erkennen können, welchen Inhalt die behördliche Regelung hat und was genau von ihm gefordert wird. Ein Verwaltungsakt kann **schriftlich, elektronisch, mündlich oder in anderer Weise**, z. B. durch Zeichen, erlassen werden. Mündliche Anordnungen oder Anordnungen durch Zeichen sind gerade für die alltägliche Arbeit der Polizei typisch. Soweit Zeichen nicht im Einzelnen durch Rechtsvorschrift geregelt sind, wie z. B. zur Verkehrsregelung in § 36 Abs. 2 StVO, werden durch sie nur selten Anordnungen mit hinreichender Bestimmtheit getroffen werden können. Der Betroffene muss eindeutig erkennen können, was die Polizei von ihm verlangt. Hinreichend bestimmt ist z. B. eine Anordnung, mit der das Betreten eines bestimmten Gebietes unterbunden wird.

Ein mündlicher oder elektronischer **Verwaltungsakt** ist **schriftlich zu bestätigen**, wenn hieran ein berechtigtes Interesse besteht und der Betroffene dies unverzüglich verlangt (§ 37 Abs. 2 Satz 2 und 3 VwVfG NRW; s. *Weidemann/Rheindorf*, DVP 2009, S. 376).

> **Beispiel:** Jemand wird im Rahmen einer Identitätsfeststellung nach § 12 Abs. 2 PolG NRW einige Zeit festgehalten und versäumt dadurch einen wichtigen Termin. Um schwerwiegende berufliche Nachteile zu vermeiden, verlangt er eine Bestätigung der Polizei. Diesem Verlangen ist zu entsprechen.

Schriftliche oder **schriftlich bestätigte Verwaltungsakte sind** grundsätzlich **zu begründen** (§ 39 VwVfG NRW), z. B. eine Vorladung zur erkennungsdienstlichen Behandlung. In der Begründung sind die wesentlichen tatsächlichen und rechtlichen Gründe mitzuteilen, die die Behörde zu ihrer Entscheidung bewogen haben. Bei Ermessensentscheidungen sollen auch die für die Ausübung des Ermessens maßgeblichen Gründe angegeben werden.

Ist die Behörde ermächtigt, nach ihrem **Ermessen** zu handeln, hat sie ihr Ermessen **entsprechend dem Zweck der Ermächtigung** auszuüben und die **gesetzlichen Grenzen des Ermessens** einzuhalten (§ 40 VwVfG NRW). Da die Polizei bei der Gefahrenabwehr nach pflichtgemäßem Ermessen zu handeln hat (§ 3 PolG NRW), ist die Vorschrift für sie von besonderer Bedeutung.

Ein Verwaltungsakt ist bekannt zu geben. Die **Bekanntgabe** (s. zu den einzelnen Bekanntgabeformen *Stein*, DVP 2006, S. 441) erfolgt gegenüber demjenigen, für den er bestimmt ist oder der von ihm betroffen ist. Einzelheiten hierzu enthält § 41 VwVfG NRW. Absatz 5 der Vorschrift bestimmt, dass die Vorschriften über die Bekanntgabe eines Verwaltungsaktes mittels **Zustellung** unberührt bleiben. Insoweit ist das LZG einschlägig.

4.5 Zur **Wirksamkeit des Verwaltungsakts** und zu den Folgen **fehlerhafter Verwaltungsakte** enthält das VwVfG NRW auch die für die Polizei maßgeblichen Vorschriften (§§ 43 ff.).

Die Verwaltung ist bei ihren Handlungen an Gesetz und Recht gebunden (Art. 20 Abs. 3 GG). Ihre Maßnahmen müssen also rechtmäßig sein. Da Menschen irren können und auch sonst die unrichtige Anwendung von Rechtsvorschriften nicht auszuschließen ist, können Verwaltungsakte fehlerhaft und damit rechtswidrig sein. Sie können auch unzweckmäßig sein; das führt jedoch nicht zur Rechtswidrigkeit.

4.5.1 Polizeiliche Maßnahmen sind im Bereich der Gefahrenabwehr als Verwaltungsakte rechtmäßig, wenn die örtlich und sachlich zuständige Behörde verfahrensrechtlich einwandfrei handelt und die materiell-rechtlichen Voraussetzungen für die Maßnahme vorliegen. Zu unterscheiden sind hiernach formelle und materielle Rechtmäßigkeitsvoraussetzungen. Sie lassen sich in Form eines **Schemas** zusammenfassen:

I. Formelle Rechtmäßigkeit(-svoraussetzungen)
1. Zuständigkeit
a) sachliche
  aa) Sonderzuständigkeiten, § 10 Satz 1 POG NRW i.V.m. Gesetz oder Rechtsverordnung, z. B.: Verordnung über Zuständigkeiten nach dem VersammlG; § 1 ZustVO ArbG i.V.m. Anlage 2 Nrn. 4.3 (1.), 4.4.1 (1.), 7.1 (3.), 7.2.1 (3.)
  bb) allgemeine Zuständigkeit zur Gefahrenabwehr, § 11 Abs. 1 Nr. 1 POG NRW i. V. m. § 1 PolG NRW (zugleich instanzielle Zuständigkeit der Kreispolizeibehörden i. S. d. § 2 Abs. 1 POG NRW)
  cc) Überwachung des Straßenverkehrs, § 11 Abs. 1 Nr. 3 POG NRW
  dd) besondere Zuständigkeiten der Autobahnpolizei und des LKA, §§ 12, 13 POG NRW
  ee) außerordentliche, insbesondere bei Gefahr im Verzug, § 14 POG NRW

b) örtliche
   aa) Regelfall: eigener Polizeibezirk, § 7 Abs. 1 POG NRW
   bb) Ausweitungen: § 7 Abs. 2, 3 und 5 POG NRW, §§ 8 und 9 POG NRW

2. Form: § 37 Abs. 2 VwVfG NRW

3. Verfahren, insbesondere
   a) Anhörung (§ 28 Abs. 1 VwVfG NRW, § 9 Abs. 6 PolG NRW); entbehrlich insbesondere in Eilfällen (§ 28 Abs. 2 VwVfG NRW)
   b) Richtervorbehalt, z. B. § 42 Abs. 1 PolG NRW
   c) Behördenleitervorbehalt, vgl. z. B. § 16a Abs. 2 PolG NRW.

Hinweis: 3 b) und 3 c) können auch im Anschluss an die Prüfung der Ermächtigungsgrundlage behandelt werden, wenn dies praktischer erscheint, z. B. bei schwieriger Abgrenzung, ob eine Durchsuchung oder ein bloßes Betreten der Wohnung vorliegt.

II. Materielle Rechtmäßigkeit(-svoraussetzungen)

1. Ermächtigungsgrundlage
   a) in Spezialvorschriften, z. B. § 15 VersammlG
   b) spezielle Befugnis (Standardbefugnis) im PolG NRW, z. B. § 12 Abs. 1 Nr. 2a
   c) Generalklausel, § 8 Abs. 1 PolG NRW

2. Adressat
   a) in Spezialvorschriften, z. B. § 46 Abs. 2 und 3 WaffG (Waffenbesitzer)
   b) speziell geregelt im PolG NRW, z. B. in § 12 Abs. 1 Nr. 2 (derjenige, der sich an einem bestimmten Ort aufhält)
   c) allgemeine Störervorschriften
      aa) Handlungsverantwortlichkeit nach § 4 PolG NRW
      bb) Zustandsverantwortlichkeit nach § 5 PolG NRW
      cc) Notstandsverantwortlichkeit nach § 6 PolG NRW

3. Allgemeine Rechtmäßigkeitserfordernisse
   a) Verhältnismäßigkeitsgrundsatz, § 2 Abs. 1 PolG NRW
      aa) rechtliche und tatsächliche Möglichkeit, § 2 Abs. 1 PolG NRW
      bb) Geeignetheit, § 2 Abs. 1 PolG NRW
      cc) Erforderlichkeit, § 2 Abs. 1 und 3 PolG NRW
      dd) Übermaßverbot (Angemessenheit), § 2 Abs. 2 PolG NRW
   b) Bestimmtheit, § 37 Abs. 1 VwVfG NRW und § 3 Abs. 2 Satz 1 PolG NRW
   c) Austauschmittel, § 3 Abs. 2 Satz 2 PolG NRW

4. Ermessen, § 3 Abs. 1 PolG NRW,
   richtige Handhabung (vgl. § 40 VwVfG NRW) des

a) Entschließungsermessens („Ob" des Eingreifens)
b) Auswahlermessens unter mehreren Mitteln („Wie" des Eingreifens – Überschneidung mit der Prüfung der Verhältnismäßigkeit möglich)
c) Auswahlermessens bei mehreren Störern („wer" soll in Anspruch genommen werden?)

4.5.2 Fehlt es an einer der genannten Voraussetzungen, ist die **Maßnahme (Verwaltungsakt) rechtswidrig**. Die Folgen sind insbesondere nach der Schwere des Fehlers im Verwaltungsverfahrensgesetz unterschiedlich geregelt.

4.5.2.1 Ein Verwaltungsakt ist **nichtig**, wenn er an einem **besonders schwerwiegenden Fehler** leidet und dies **offenkundig** ist (§ 44 Abs. 1 VwVfG NRW). Es kann schwierig sein, nach diesen verhältnismäßig unbestimmten Begriffen zu beurteilen, wann ein Verwaltungsakt nichtig ist. Um diesen Schwierigkeiten zu begegnen, nennt das Gesetz bestimmte Mängel, die immer zur Nichtigkeit führen (§ 44 Abs. 2 VwVfG NRW), z. B. wenn der Verwaltungsakt gegen die guten Sitten verstößt, wenn durch seine Befolgung eine Straftat oder Ordnungswidrigkeit begangen würde oder wenn niemand den Verwaltungsakt aus tatsächlichen Gründen ausführen kann. In § 44 Abs. 3 VwVfG NRW werden die Fehler aufgelistet, die keine Nichtigkeit zur Folge haben, wenn z. B. die Vorschriften über die örtliche Zuständigkeit nicht eingehalten werden. Das führt „nur" zur Anfechtbarkeit (s. unten Nr. 4.5.2.2).

Demgegenüber führt ein schwerer und offenkundiger Verstoß gegen die **sachliche Zuständigkeit** zur Nichtigkeit des Verwaltungsakts.

Beispiel: Eine Polizeibehörde erlässt einen Steuerbescheid.

Gegenbeispiel: Die Polizei stellt ein Verkehrszeichen auf, obwohl keine Gefahr im Verzug vorliegt. Der hier einschlägigen Zuständigkeitsregelung in § 44 Abs. 2 Satz 2 StVO fehlt der ausschließliche Charakter, weil die Polizei zwar nicht im Regelfall, wohl aber in Ausnahmefällen zu verkehrsregelnden Maßnahmen ermächtigt wird. Das von der Polizei aufgestellte Verkehrszeichen ist damit zwar rechtswidrig, aber wirksam und damit von den betroffenen Verkehrsteilnehmern zu beachten (s. unten Nr. 4.5.2.2).

Ein **nichtiger Verwaltungsakt** ist **unwirksam** (§ 43 Abs. 3 VwVfG NRW). Es bedarf weder einer Aufhebung durch die Behörde, die ihn erlassen hat, noch einer Aufhebung durch das Gericht. Die Behörde kann allerdings die Nichtigkeit jederzeit von Amts wegen feststellen; auf Antrag ist sie zu dieser Feststellung verpflichtet, wenn der Antragsteller daran ein berechtigtes Interesse hat (§ 44 Abs. 5 VwVfG NRW).

4.5.2.2 Führt ein rechtswidriger Verwaltungsakt nicht zur Nichtigkeit, bleibt er wirksam, solange und soweit er nicht durch die Behörde selbst zurückgenommen oder anderweitig aufgehoben wird, z. B. durch die Aufsichtsbehörde oder das Verwaltungsgericht (vgl. § 43 Abs. 2 VwVfG NRW). Im Gegensatz zum nichtigen Verwaltungsakt spricht man in diesen Fällen vom **aufhebbaren oder**

anfechtbaren Verwaltungsakt. Rechtswidrig in diesem Sinne sind Maßnahmen der Polizei, wenn die unter Nr. 4.5.1 aufgezählten Rechtmäßigkeitsvoraussetzungen in der einen oder anderen Hinsicht nicht vorliegen. Formell fehlerhafte Verwaltungsakte können jedoch gemäß § 45 VwVfG NRW in erheblichem Umfang **geheilt** werden, z. B. durch Nachholung einer erforderlichen Anhörung. Dadurch wird der ursprünglich rechtswidrige Verwaltungsakt rechtmäßig.

Ein formeller Mangel kann des Weiteren nach § 46 VwVfG NRW unbeachtlich sein. Danach kann die **Aufhebung** eines (nicht nichtigen) Verwaltungsaktes **nicht allein deshalb beansprucht werden**, weil er unter Verletzung von Vorschriften über das Verfahren, die Form oder die örtliche Zuständigkeit zustande gekommen ist, wenn **offensichtlich** ist, dass die Verletzung die **Entscheidung in der Sache nicht beeinflusst** hat.

Im Gegensatz zu § 45 VwVfG NRW bleibt der Verwaltungsakt in den Fällen des § 46 VwVfG NRW rechtswidrig; ausgeschlossen ist lediglich der Aufhebungsanspruch des durch den Verwaltungsakt Betroffenen.

Eine Aufhebung oder Rücknahme kommt bei Maßnahmen der Polizeibeamten allerdings häufig deswegen nicht in Betracht, weil sich typische polizeiliche Maßnahmen vielfach kurzfristig **erledigen.**

> **Beispiel**: Polizeikommissar P führt mit Kollegen Personenkontrollen im Umfeld einer als Treffpunkt von Drogendealern bekannten Diskothek durch (s. § 12 Abs. 1 Nr. 2 a) PolG NRW). Hierbei verlangt P auch von dem Studienrat S, sich auszuweisen. S kommt dieser Forderung unter Protest nach. Mit Feststellung der Identität des S hat sich die polizeiliche Maßnahme erledigt, weil sie keine weiteren Rechtswirkungen hat. Es wäre sinnlos, die Polizeiverfügung („Weisen Sie sich aus!") nach Durchführung der Identitätsfeststellung gemäß § 48 oder § 49 VwVfG NRW aufzuheben.

In solchen Fällen kann die mögliche Rechtswidrigkeit der polizeilichen Maßnahme nur noch nachträglich festgestellt werden (s. näher unter Nr. 6.3).

4.6 Vor allem in den Aufgabenbereichen des **Versammlungs- und Waffenrechts** der Polizei kommen die Vorschriften der §§ 9 ff. VwVfG NRW zum Verwaltungsverfahren zur Anwendung.

4.7 Bei der **Verfolgung von Straftaten und Ordnungswidrigkeiten**, die nach § 1 Abs. 4 PolG NRW i. V. m. § 163 StPO und den §§ 36 oder 53 OWiG der Polizei übertragen ist, trifft die Polizei ebenfalls Maßnahmen. Allerdings findet das VwVfG NRW auf diesem Gebiet gemäß § 2 Abs. 2 Nr. 2 VwVfG NRW keine Anwendung. Der Gesetzgeber geht davon aus, dass die für die Repression notwendigen Verfahrensvorschriften in der StPO und im OWiG abschließend geregelt sind. Dementsprechend werden für diesen Aufgabenbereich Maßnahmen der Polizei auch nicht als Verwaltungsakte i. S. d. § 35 VwVfG NRW klassifiziert.

Für den Bereich der Strafverfolgung gilt § 23 EGGVG. Nach dieser Bestimmung können Anordnungen, Verfügungen oder sonstige Maßnahmen, die von den Justizbehörden zur Regelung einzelner Angelegenheiten u. a. auf dem Gebiet der Strafrechtspflege getroffen werden, gerichtlich auf ihre Rechtmäßigkeit überprüft werden. Die in § 23 EGGVG genannten Maßnahmen werden unter dem Begriff **Justizverwaltungsakt** zusammengefasst. Auch Strafverfolgungsmaßnahmen der Polizei fallen unter den Begriff des Justizverwaltungsakts, weil die **Polizei** zwar nicht organisatorisch, aber doch **funktionell Justizbehörde i. S. d. § 23 EGGVG ist** (s. dazu die Ausführungen zum Rechtsschutz unter Nr. 6.6).

Für die **Rechtmäßigkeit der Justizverwaltungsakte** der Polizei gelten im Prinzip dieselben Voraussetzungen wie für Verwaltungsakte zur Gefahrenabwehr (vgl. oben Nr. 4.5.1 und Nr. 4.7). Allerdings müssen inhaltliche und terminologische Unterschiede berücksichtigt werden. So ist dem Verfolgungsrecht der Begriff des „Adressaten" i. S. d. polizeirechtlichen „Störers" fremd; in diesem Bereich treten an diese Stelle die Begriffe „Beschuldigter", „Verdächtiger" usw.

4.8 Eine Maßnahme eigener Art und von großer Bedeutung für die Polizei vor allem bei der Verkehrsüberwachung ist die **Verwarnung** im Ordnungswidrigkeitenrecht (§§ 56 bis 58 OWiG). Danach kann der Betroffene bei geringfügigen Ordnungswidrigkeiten unter Erhebung eines Verwarnungsgeldes verwarnt werden, wenn eine Verwarnung ohne Verwarnungsgeld unzureichend ist. Damit wird ein Bußgeldbescheid entbehrlich; die Verwarnung dient in erster Linie einer vereinfachten Erledigung sehr häufig vorkommender Verstöße im Straßenverkehr. Sie dient nicht der Gefahrenabwehr.

Die Verwarnung ist nur wirksam, wenn der Betroffene nach Belehrung über sein Weigerungsrecht mit ihr einverstanden ist und das Verwarnungsgeld fristgemäß zahlt (§ 56 Abs. 2 OWiG). **Die Verwarnung** ist ihrer Natur nach ein **Verwaltungsakt**, der – wie andere mitwirkungsbedürftige Verwaltungsakte – allerdings nur mit Zustimmung des Betroffenen wirksam werden kann. Auf diesen Verwaltungsakt findet das VwVfG NRW keine Anwendung, weil es bei der Verfolgung von Ordnungswidrigkeiten nicht gilt.

4.9 Zahlreiche Maßnahmen der Polizei gehören zum Bereich der sog. **Realakte** (= tatsächliches Verwaltungshandeln). Bei diesen Maßnahmen fehlt es an einer Regelung i. S. d. § 35 VwVfG NRW. Diese setzt voraus, dass die Maßnahme unmittelbar – kraft ihres Ausspruchs – rechtliche Wirkungen erzeugt, z. B. etwas anordnet, verbindlich feststellt oder gestaltet. Ein Verwaltungsakt muss zudem (wirksam) gegenüber dem Adressaten oder der betroffenen Personen bekannt gegeben werden (§ 43 Abs. 1 VwVfG NRW); eine fehlende Bekanntgabe schließt die Annahme eines Verwaltungsaktes aus.

Beispiele:
1. Befragung einer Person (*Gusy*, Rn 221, S. 118); anders aber das Gebot, stehenzubleiben („Anhalten")

2. Mitteilung gegenüber einem Bürger, eine bestimmte Person habe ernstzunehmende Drohungen geäußert (anders, wenn dem bedrohten Bürger aufgegeben würde, sein Haus vorübergehend nicht zu verlassen)
3. Inverwahrungnahme einer Fundsache
4. Verdeckte Observation eines mutmaßlichen Drogendealers; hier fehlt es bereits an der Bekanntgabe der Maßnahme
5. Schuss auf einen Angreifer (es wird nichts geregelt); ein Verwaltungsakt läge demgegenüber in der Aufforderung, eine Waffe niederzulegen
6. Abschleppen eines Kraftfahrzeuges in Abwesenheit des Fahrzeugführers
7. Wegräumen eines umgestürzten Baumes

Mit der Einordnung als Realakt ist nicht darüber entschieden, ob es sich um einen **Eingriff** in Rechte des Bürgers handelt. Jede polizeiliche Maßnahme, die nach der Intention der handelnden Person ein (Grund-)Recht des Bürgers nicht nur unerheblich beeinträchtigt, ist ein Rechtseingriff. Auch bloße Maßnahmen der Informationserhebung oder -verarbeitung können grundrechtseingreifend sein (s. näher *Gusy*, JA 2011, S. 641, 642 f.).

Insbesondere nach dem Volkszählungsgesetzurteil des BVerfG (NJW 1984, S. 149) ist anerkannt, dass speziell in **jeglichem Umgang mit personenbezogenen Daten** ein Eingriff (in das Recht auf informationelle Selbstbestimmung, Art. 2 Abs. 1 i. V. m. Art. 1 Abs. 1 GG) liegen kann.

Auch **bloße Warnungen** stellen jedenfalls dann Eingriffsakte dar, wenn sie eine konkrete Person oder einen konkreten Gewerbebetrieb **namentlich** bezeichnen (Eingriff in Art. 2 Abs. 1, 12 Abs. 1, 14 Abs. 1 GG).

Nicht zu den Verwaltungsakten gehört auch die **schlicht-hoheitliche Überwachungstätigkeit** der Polizei. Erst wenn auf Grund dieser Überwachungstätigkeit, z. B. im öffentlichen Verkehrsraum, konkrete Maßnahmen zur Gefahrenabwehr gegenüber Verkehrsteilnehmern getroffen werden, liegt ein Eingriffsakt vor.

Beispiel: Eine Polizeistreife beobachtet einen Verkehrsunfallschwerpunkt (= schlicht-hoheitliches Handeln). Als ein Pkw-Führer sein Fahrzeug im Beobachtungsbereich verkehrsbehindernd parkt, fordern ihn die Beamten auf, sofort wegzufahren (= Verwaltungsakt zur Gefahrenabwehr).

Die **Befugnisnormen des PolG NRW ermächtigen auch zu faktischen Rechtseingriffen.** Das unter 4.5.1 dargestellte **Aufbauschema** kann mithin **entsprechend** angewendet werden.

4.10 Polizeihandeln ist nicht an Befugnisnormen gebunden, wenn und soweit die betroffene Person in die Maßnahme eingewilligt hat. Ein Eingriff liegt nicht vor, wenn eine **wirksame Einwilligung** des betroffenen Rechtsgutsinhabers vorliegt. Die Vorschriften des BGB über Willenserklärungen (§§ 104 ff.) gelten entsprechend. Anwendbar sind damit auch die Vorschriften über Anfechtung und Auslegung (§§ 119, 123, 133, 157 BGB).

Beispiel: Der Inhaber einer Wohnung erklärt sich damit einverstanden, dass die Polizei seine Wohnung betritt und durchsucht. Damit verzichtet er auf die Ausübung seines Grundrechts aus Art. 13 Abs. 1 GG. In einem vom BayObLG entschiedenen Fall (NPA Nr. 703, Bl. 20) hatte die betroffene Wohnungsinhaberin einen „Durchsuchungsbericht" – der die Einwilligungserklärung enthielt – unterschrieben. Ihr späterer Versuch, die Erklärung wegen Irrtums anzufechten (§ 119 Abs. 1 BGB), scheiterte, weil sie den Bericht gar nicht gelesen hatte. Auch hatte die Polizei keinen unzulässigen Zwang zur Abgabe der Einwilligung ausgeübt.

5. Zwangsweise Durchsetzung polizeilicher Maßnahmen

5.1 Es ist einer der systematischen Vorzüge des PolG NRW, dass es auch die Vorschriften über die Zwangsanwendung durch die Polizei enthält.

Für das Verständnis des Vierten Abschnitts „Zwang" (§§ 50 bis 66 PolG NRW) ist es wichtig zu wissen, dass dessen Erster Unterabschnitt „Erzwingung von Handlungen, Duldungen und Unterlassungen" (§§ 50 bis 56 PolG NRW) nur für den Bereich der **Gefahrenabwehr** gilt, nicht dagegen für die Verfolgung von Straftaten und Ordnungswidrigkeiten. Für den „Verfolgungsbereich" besteht der Grundsatz, dass die Befugnisnormen der StPO und des OWiG die Zulässigkeit der Zwangsanwendung einschließen, während im PolG NRW Befugnisse (Zweiter Abschnitt, §§ 8 bis 46 PolG NRW) und Zwang getrennt geregelt sind. Die Gründe hierfür liegen in der unterschiedlichen Entwicklung und gesetzlichen Ausformung des Verwaltungsrechts und der Strafprozessordnung.

Der Zweite Unterabschnitt „**Anwendung unmittelbaren Zwanges**" (§§ 57 bis 66 PolG NRW) gilt dagegen neben der Gefahrenabwehr auch für die Verfolgung von Straftaten und Ordnungswidrigkeiten, wie aus der Eingangsformulierung des § 57 Abs. 1 PolG NRW deutlich wird: „Ist die Polizei nach diesem Gesetz oder **anderen Rechtsvorschriften** zur Anwendung unmittelbaren Zwanges befugt..." Andere Rechtsvorschriften in diesem Sinne sind vornehmlich die Befugnisnormen der StPO, z.B. Festnahme (§ 127 StPO) oder Beschlagnahme (§§ 94 und 98 StPO), die nach dem oben Gesagten auch die Durchsetzung mit unmittelbarem Zwang zulassen.

5.2 Für den **Bereich der Gefahrenabwehr setzt die Anwendung von Zwang** grundsätzlich **einen vorhergehenden Verwaltungsakt** voraus, der auf die Vornahme einer Handlung oder auf Duldung oder Unterlassung gerichtet ist (§ 50 Abs. 1 PolG NRW). Hier wird die zentrale Bedeutung des Verwaltungsakts auch für die Zwangsanwendung deutlich (s. Nr. 4.1).

Beispiel: Um eine Familienstreitigkeit mit starker Bedrohung von Frau und Kindern durch den angetrunkenen Ehemann zu unterbinden, sieht ein Polizeibeamter keine andere Möglichkeit, als den Ehemann in Gewahrsam zu nehmen. Für die Anordnung, mit zur Wache zu kommen, gibt § 35 Abs. 1 Nr. 2 bzw. 4 PolG NRW die erforderliche Befugnis; diese Anordnung ist ein Verwaltungsakt. Weigert sich der Betroffene, der Anordnung zu folgen, kann der Beamte den Verwaltungsakt nach den §§ 50 ff. PolG NRW zwangsweise durchsetzen. Nach den Umständen des Falles kommt hier nur unmittelbarer Zwang (§ 55 PolG NRW) in Betracht. Die Art und Weise, wie der unmittelbare Zwang anzuwenden ist, richtet sich nach den §§ 57 ff. PolG NRW.

Zwang ist zudem nur zulässig, wenn der Verwaltungsakt **unanfechtbar** ist oder wenn die **aufschiebende Wirkung eines Rechtsbehelfs entfällt** (§ 80 Abs. 2 VwGO; s. zum Rechtsschutz im Einzelnen Nr. 6). Für die Polizei ist wichtig, dass die aufschiebende Wirkung einer Anfechtungsklage insbesondere bei unaufschiebbaren Anordnungen und Maßnahmen von Polizeivollzugsbeamten entfällt (§ 80 Abs. 2 Nr. 2 VwGO). Hierzu zählen insbesondere Verwaltungsakte, die „auf der Straße" in **Eilfallsituationen** erlassen werden.

Beispiel: Polizeikommissar P fordert Schaulustige, die Rettungsarbeiten nach einem Unfall behindern, durch Lautsprecher zur Räumung der Straße auf. Diese Aufforderung ist ein Verwaltungsakt gemäß § 34 Abs. 1 PolG NRW. P und seine Kollegen sind berechtigt, diese Platzverweisung notfalls sofort mit Zwang durchzusetzen, weil es sich um eine unaufschiebbare Anordnung eines Polizeivollzugsbeamten handelt.

Verwaltungszwang darf auch ohne vorhergehenden Verwaltungsakt angewendet werden, wenn das zur Abwehr einer gegenwärtigen Gefahr notwendig ist und die Polizei hierbei innerhalb ihrer Befugnisse handelt (§ 50 Abs. 2 PolG NRW). Diese als **„sofortiger Vollzug"** bezeichnete Befugnis der Zwangsanwendung ohne vorhergehenden Verwaltungsakt ist für bestimmte Bereiche der polizeilichen Aufgabenerledigung von besonderer Bedeutung.

Beispiel: Bei einem Wohnungsbrand dringt die Polizei in eine Wohnung ein, bevor die Feuerwehr eintrifft. Die Polizei hat dazu die Wohnungstür mit Gewalt aufgebrochen; es gelingt ihr, ein Kleinkind zu retten und das Feuer zu löschen. Eine Verfügung unterblieb aus Zeitgründen, außerdem waren die Wohnungsinhaber nicht zu Hause. Das zwangsweise Eindringen ohne vorhergehenden Verwaltungsakt war gemäß § 50 Abs. 2 zulässig.

Die **Zwangsmittel** sind im PolG NRW abschließend aufgezählt: **Ersatzvornahme** (§ 52), **Zwangsgeld** (§ 53) und **unmittelbarer Zwang** (§ 55); für die Art und Weise der Anwendung unmittelbaren Zwangs, zu der insbesondere auch der **Schusswaffengebrauch** gehört, sind ergänzend die §§ 57 ff. zu beachten.

5.3 Für den **Bereich der Strafverfolgung** seien die notwendigen rechtlichen Überlegungen bei der Zwangsanwendung an folgendem Beispiel verdeutlicht:

Beispiel: Anlässlich einer Verkehrskontrolle erkennen die Polizeibeamten eine wegen eines am Vortag begangenen Raubes gesuchte Person. Der Gesuchte versucht, sich der Festnahme durch die Flucht zu entziehen. Einem der Beamten gelingt es, den Fliehenden zu Boden zu reißen, sodass er festgenommen werden kann. Die Polizeibeamten waren nach § 127 Abs. 2 StPO zur vorläufigen Festnahme befugt, weil die Voraussetzungen eines Haftbefehls nach § 112 StPO und Gefahr im Verzug vorlagen. Die Befugnis zur Festnahme schließt das Recht zur Anwendung unmittelbaren Zwangs ein. Somit musste der Beamte die Vorschriften der §§ 57 ff. PolG NRW beachten.

6. Rechtsschutz gegen Maßnahmen der Polizei

6.1 Der Rechtsstaat gibt dem Bürger vielfältige Möglichkeiten, die Rechtmäßigkeit und auch die Zweckmäßigkeit polizeilichen Handelns prüfen zu lassen. Dabei wird zwischen **formlosen und förmlichen** Rechtsbehelfen unterschieden.

Formlose bzw. nichtförmliche Rechtsbehelfe (s. dazu *Vahle*, DVP 2007, S. 397) sind dadurch gekennzeichnet, das sie ohne Einhaltung bestimmter Förmlichkeiten (Fristen, Schriftform) geltend gemacht werden können. Ihnen fehlen aber auch bestimmte Rechtswirkungen, die nur den förmlichen Rechtsbehelfen vorbehalten sind; **sie haben insbesondere keine aufschiebende Wirkung**, d. h. der sog. Suspensiveffekt (s. § 80 Abs. 1 VwGO) tritt nicht ein.

Die formlosen Rechtsbehelfe finden ihre rechtliche Grundlage im **Petitionsrecht** (Art. 17 GG). Danach hat jedermann das Recht, sich mit Bitten und Beschwerden an die zuständigen Stellen und an die Volksvertretung zu wenden. Von dem Petitionsrecht kann jedermann – d. h. anders als bei den förmlichen Rechtsbehelfen nicht nur der von der Verwaltungsmaßnahme Betroffene – Gebrauch machen. Der Petent hat **Anspruch auf Bescheidung**, es sei denn, das Petitionsrecht wird missbraucht wie bei Dauereingaben von Querulanten, unverständlichen Eingaben oder solchen grob beleidigenden Inhalts.

Bei den formlosen Rechtsbehelfen unterscheiden sich die sog. **Gegenvorstellung** (Remonstration) und die **Aufsichtsbeschwerde** dadurch, dass die Gegenvorstellung eine Überprüfung durch die handelnde Behörde selbst bezweckt, während die Aufsichtsbeschwerde eine Entscheidung der Aufsichtsbehörde erreichen will.

Inhaltlich können sich die formlosen Rechtsbehelfe sowohl gegen die polizeiliche Maßnahme selbst, also gegen ihre Recht- und Zweckmäßigkeit, als auch gegen das Verhalten der Beamten bei Ausführung der Amtshandlung richten. Bei Aufsichtsbeschwerden unterscheidet man daher zwischen **Fachaufsichtsbeschwerden** und **Dienstaufsichtsbeschwerden**. Die Praxis zeigt jedoch, dass die Beschwerdeführer oft sowohl die Maßnahme der Polizei als auch das Verhalten der einschreitenden Beamten rügen. In solchen Fällen sind die Petenten zu beiden Vorwürfen zu bescheiden.

6.2 Ob ein Beschwerdeführer einen formlosen Rechtsbehelf oder einen der nachfolgend behandelten förmlichen Rechtsbehelfe erheben will, ist – weil die Beschwerdeführer nicht immer rechtskundig sind – nicht nach der äußeren Bezeichnung, sondern danach zu entscheiden, was erkennbar gewollt ist.

Eine **Rechtsbehelfsbelehrung** ist für Verwaltungsakte der Polizei nicht ausdrücklich vorgeschrieben, jedoch im Interesse beider Seiten sinnvoll. Der Inhalt der Rechtsbehelfsbelehrung richtet sich nach § 58 Abs. 1 VwGO. Unterbleibt die schriftliche Belehrung, beeinträchtigt das die Rechtmäßigkeit der Verfügung zwar nicht, jedoch beginnt die Rechtsbehelfsfrist nicht zu laufen. Der Betroffene hat ein Jahr Zeit für die Erhebung des Rechtsbehelfs (§ 58 Abs. 2 VwGO).

Nach § 68 VwGO sind vor Erhebung der Anfechtungsklage und Verpflichtungsklage grundsätzlich **Rechtmäßigkeit und Zweckmäßigkeit des Verwaltungsaktes** in einem Vorverfahren nachzuprüfen. In NRW ist das Widerspruchsverfahren jedoch im Wesentlichen abgeschafft worden (s. § 110 JustG NRW). Das gilt auch für Verwaltungsakte der Polizei. Ein Widerspruchsverfahren ist im Polizeibereich nur noch für Leistungsbewertungen im Rahmen der berufsbezogenen Prüfungen und für vermögensrechtliche Angelegenheiten der Beamten (z. B. Beihilfesachen, Heilfürsorge) vorgesehen (§ 104 Abs. 1 LBG; s. im Einzelnen *Theisen*, DVP 2008, S. 63).

Die Anfechtungsklage (§ 42 Abs. 1, 1. Alt. VwGO) richtet sich regelmäßig gegen einen belastenden, insbesondere in Rechte eingreifenden Verwaltungsakt i. S. d. § 35 VwVfG NRW. Die Klage hat grundsätzlich **aufschiebende Wirkung** (§ 80 Abs. 1 VwGO). Die Bedeutung der aufschiebenden Wirkung liegt darin, dass der Verwaltungsakt zunächst nicht vollziehbar ist und daher auch grundsätzlich nicht zwangsweise durchgesetzt werden kann (§ 50 Abs. 1 PolG NRW).

Die aufschiebende Wirkung entfällt in besonderen Fällen (§ 80 Abs. 2 VwGO), insbesondere **bei unaufschiebbaren** Anordnungen und Maßnahmen von Polizeivollzugsbeamten (§ 80 Abs. 2 Nr. 2 VwGO; s. das Beispiel oben Nr. 5.2), oder wenn die **sofortige Vollziehung** im öffentlichen Interesse besonders angeordnet wird (§ 80 Abs. 2 Nr. 4 VwGO). Diese auf besonderer Anordnung beruhende „sofortige Vollziehung" darf nicht mit dem „Sofortvollzug" nach § 50 Abs. 2 PolG NRW verwechselt werden, für den es einer besonderen Anordnung bei Vorliegen der gesetzlichen Voraussetzungen nicht bedarf. Soweit die aufschiebende Wirkung der Klage entfällt (§ 80 Abs. 2 VwGO), kann sie das Verwaltungsgericht auf Antrag anordnen oder wiederherstellen (§ 80 Abs. 5 VwGO).

Beispiel: Eine Kreispolizeibehörde erfährt am 20.1. von einer öffentlichen Versammlung unter freiem Himmel, die unangemeldet am 21.1. stattfinden soll. Da nach Auffassung der Kreispolizeibehörde die öffentliche Sicherheit durch die Versammlung unmittelbar gefährdet ist, verbietet sie durch Verfügung vom 20.1. nach § 15 Abs. 1 VersammlG die Versammlung und ordnet gleichzeitig im öffentlichen Interesse, das sie näher begründet, die sofortige Vollziehung der Verfügung an (§ 80 Abs. 2 Nr. 4 VwGO). Die Betroffenen haben neben den formlosen Rechtsbehelfen (Gegenvorstellung, Aufsichtsbeschwerde) die Möglichkeit, gegen die Verbotsverfügung Klage zu erheben. Die Anfechtungsklage hat nicht die sonst übliche aufschiebende Wirkung (§ 80 Abs. 1 VwGO), weil die sofortige Vollziehung angeordnet ist (§ 80 Abs. 2 Nr. 4 VwGO). Damit kann die Kreispolizeibehörde ihre Verbotsverfügung am 21.1. mit Zwang durchsetzen (§ 50 Abs. 1 PolG NRW). Um das zu vermeiden, bleibt den Betroffenen nur die Möglichkeit, beim VG die Wiederherstellung der aufschiebenden Wirkung der Klage zu beantragen (§ 80 Abs. 5 VwGO). Darüber hinaus kann die Polizeibehörde die Vollziehung des Verwaltungsaktes – auf Antrag oder von Amts wegen – aussetzen (§ 80 Abs. 4 VwGO).

Einführung

6.3 Ein besonderes, **für die polizeiliche Tätigkeit typisches Rechtsschutzproblem** wird deutlich, wenn die Frage aufgeworfen wird, welche Möglichkeiten in dem vorstehenden Beispiel der Versammlungsveranstalter hat, falls das Gericht die Wiederherstellung der aufschiebenden Wirkung verweigert und die Versammlung am nächsten Tag tatsächlich durch die Polizei unterbunden wird. Der Verwaltungsakt hat sich ggf. vor Erhebung der Klage durch Vollzug **erledigt**. Ein für die alltägliche Arbeit der Polizei typisches Beispiel dieser Art ist ferner der Fall, dass die Polizei jemand zur Feststellung der Personalien mit zur Dienststelle nimmt und ihn anschließend wieder entlässt.

Die Rechtsprechung hat bei solchen „erledigten" Verwaltungsakten die Möglichkeit anerkannt, durch Urteil die **Rechtswidrigkeit** des Verwaltungsaktes festzustellen, wenn der Betroffene hieran ein **berechtigtes Interesse** hat.

Ein berechtigtes Interesse besteht insbesondere bei konkreter **Wiederholungsgefahr** und bei **diskriminierenden** Eingriffen.

Beispiel: Polizeibeamte öffnen gewaltsam eine Wohnungstür und betreten die Wohnung. Die Nachbarn der betroffenen Person sind anwesend. Die betroffene Person gerät durch die polizeiliche Maßnahme in den Verdacht, etwas Illegales begangen zu haben, das den Eingriff rechtfertigen kann. Sie hat daher ein berechtigtes Interesse, sich „offiziell" – durch Richterspruch – zu rehabilitieren.

Das Gericht trifft die Feststellung unter entsprechender Anwendung des § 113 Abs. 1 Satz 4 VwGO (sog. **Fortsetzungsfeststellungsklage**).

6.4 Für bestimmte polizeirechtliche Maßnahmen sieht der Gesetzgeber einen vorbeugenden Grundrechtsschutz durch eine **vorherige richterliche Bestätigung** vor, die in einigen Fällen der **Gefahr im Verzug** zwar nicht obligatorisch ist, dann aber zumindest bei noch andauernden Maßnahmen unverzüglich nachzuholen ist. Von der Verfassung her gesehen besteht die Verpflichtung zur präventiven richterlichen Kontrolle nur für die **Freiheitsentziehung** (Art. 104 Abs. 2 GG), für die **Wohnungsdurchsuchung** (Art. 13 Abs. 2 GG) und für die **Wohnungsüberwachung mit technischen Mitteln** (Art. 13 Abs. 3 und 4 GG). Allerdings sind gerade in diesen Bereichen (Ausnahme: Art. 13 Abs. 3 GG) Sofortmaßnahmen der Polizei bei Gefahr im Verzug zulässig. Die entsprechenden Vorschriften über die richterliche Anordnungskompetenz sind in den §§ 36 und 42 PolG NRW enthalten. Auch die Anordnung des verdeckten Abhörens eines Gesprächs mit technischen Mitteln sowie des Hineinsehens oder Hineinhörens in eine Wohnung mit solchen Mitteln ist regelmäßig einem Richter vorbehalten (§ 18 Abs. 2).

Darüber hinaus enthalten § 21 Abs. 3 PolG NRW (Polizeiliche Beobachtung) sowie § 31 Abs. 4 PolG NRW (Rasterfahndung) jeweils einen **absoluten Richtervorbehalt**, einerseits mit Blick auf die Laufzeit und andererseits wegen der Vielzahl der Betroffenen.

6.5 Während für die Überprüfung polizeirechtlicher Maßnahmen nach § 40 Abs. 1 Satz 1 VwGO der **Verwaltungsrechtsweg** gegeben ist, hat der Landesge-

Einführung

setzgeber für die in Nr. 6.4 aufgeführten Fälle im Einklang mit § 40 Abs. 1 Satz 2 VwGO die **ordentlichen Gerichte (Amtsgericht, Landgericht)** für zuständig erklärt (s. im Einzelnen insbesondere die Erläuterungen zu § 14a, RN 7 bis 9).

6.6 Ähnlich wie auf dem Gebiet der Gefahrenabwehr bestehen hinsichtlich des **Rechtsschutzes bei der Strafverfolgung** Sonderregelungen (z.B. die §§ 23 ff. EGGVG). Die Maßnahmen der Polizei auf diesem Gebiet werden – auf Grund einer funktionalen Betrachtungsweise – als Justizverwaltungsakte i.S.d. § 23 Abs. 1 Satz 1 EGGVG eingestuft. Allerdings bedeutet diese Einordnung nicht, dass damit die Rechtsbehelfe nach den §§ 23 ff. EGGVG einschlägig sind und damit das oft ortsferne OLG entscheiden müsste (§ 25).

Es bietet sich ein weiterer Weg an, der in § 98 Abs. 2 Satz 2 StPO vorgezeichnet ist und für den praktische Gesichtspunkte sprechen. Der Betroffene kann hiernach bei einer **Beschlagnahme** jederzeit die **richterliche Entscheidung** beantragen; bis zur Anklageerhebung ist das Amtsgericht zuständig. Die Vorschrift wendet der **BGH entsprechend** auf die gerichtliche Überprüfung **anderer Maßnahmen** – z.B. der Durchsuchung – an, die von der Staatsanwaltschaft oder ihren Ermittlungspersonen angeordnet worden sind (NJW 1999, S. 730; 1998, S. 3653).

Hat sich die Maßnahme bereits durch **Vollzug erledigt**, ist dieser Rechtsbehelf jedenfalls dann gegeben, wenn wegen der erheblichen Folgen des Eingriffs (auch Nachwirken der „Diskriminierung" des Betroffenen) oder wegen Wiederholungsgefahr ein Bedürfnis für eine richterliche Überprüfung besteht. Die Anforderungen an das **Rechtsschutzinteresse** hat der BGH zu Recht erheblich gesenkt und es insbesondere bei kurzfristig erledigten Maßnahmen – bei denen im normalen Verfahrensgang Rechtsschutz nicht zu erlangen ist – bejaht, soweit es sich um **schwerwiegende Grundrechtseingriffe** handelt. Diese Voraussetzung ist bei Wohnungsdurchsuchungen beispielsweise in der Regel erfüllt.

6.7 Für das **Ordnungswidrigkeitenrecht** ist auf die Sonderregelung des § 62 OWiG hinzuweisen. Danach können die Betroffenen gegen Anordnungen, Verfügungen und sonstige Maßnahmen der Verwaltungsbehörde die Entscheidung des Amtsrichters beantragen.

7. Entschädigung, Schadensersatz

7.1 Eine **Entschädigung** für **rechtmäßige Maßnahmen** der Polizei sieht das PolG NRW vor, wenn jemand einen Schaden erleidet, weil er von der Polizei als **Nichtverantwortlicher** im Falle des polizeilichen Notstandes nach § 6 PolG NRW in Anspruch genommen worden ist. Die Entschädigungsverpflichtung ergibt sich aus § 67 PolG NRW i.V.m. § 39 Abs. 1 a) OBG, s. die Erläuterungen zu § 39 OBG (hinter § 67). Art, Inhalt und Umfang der Entschädigungsleistung, die

Verjährung der Ansprüche, die entschädigungspflichtige Person und der Rechtsweg sind in den §§ 40 ff. OBG geregelt.

7.2 Wer durch **rechtswidrige Maßnahmen** der Polizei einen Schaden erleidet, kann nach § 67 PolG NRW i. V. m. § 39 Abs. 1 b) OBG ohne Rücksicht auf ein Verschulden der Polizei eine **Entschädigung** nach den §§ 39 ff. OBG verlangen, s. das Beispiel in RN 5 zu § 39 OBG (hinter § 67).

Trifft den Polizeibeamten bei rechtswidrigen Maßnahmen ein Verschulden, kommt ferner ein **Schadensersatzanspruch wegen Amtspflichtverletzung** in Betracht (§ 839 BGB i. V. m. Art. 34 GG). Wegen der Einzelheiten s. die Erläuterungen zu § 40 OBG (hinter § 67).

Polizeigesetz des Landes Nordrhein-Westfalen (PolG NRW)

in der Fassung der Bekanntmachung vom 25. Juli 2003
(GV. NRW. S. 441/SGV. NRW. 205),
zuletzt geändert durch Gesetz vom 21. Juni 2013 (GV. NRW. S. 375)

mit

Verwaltungsvorschrift zum Polizeigesetz des Landes Nordrhein-Westfalen (VVPolG NRW)

RdErl. d. Innenministeriums v. 19.12.2003 – 44.1 – 2001
(MBl. NRW. 2004, S. 82/SMBl. NRW. 20500),
geändert durch RdErl. d. Ministeriums für Inneres und Kommunales
v. 17.11.2010 – 43 – 57.01.01 (MBl. NRW. 2011, S. 22/SMBl. NRW. 2051)

ERSTER ABSCHNITT
Aufgaben und allgemeine Vorschriften

§ 1
Aufgaben der Polizei

(1) ¹Die Polizei hat die Aufgabe, Gefahren für die öffentliche Sicherheit oder Ordnung abzuwehren (Gefahrenabwehr). ²Sie hat im Rahmen dieser Aufgabe Straftaten zu verhüten sowie vorbeugend zu bekämpfen und die erforderlichen Vorbereitungen für die Hilfeleistung und das Handeln in Gefahrenfällen zu treffen. ³Sind außer in den Fällen des Satzes 2 neben der Polizei andere Behörden für die Gefahrenabwehr zuständig, hat die Polizei in eigener Zuständigkeit tätig zu werden, soweit ein Handeln der anderen Behörden nicht oder nicht rechtzeitig möglich erscheint; dies gilt insbesondere für die den Ordnungsbehörden obliegende Aufgabe, gemäß § 1 Ordnungsbehördengesetz Gefahren für die öffentliche Ordnung abzuwehren. ⁴Die Polizei hat die zuständigen Behörden, insbesondere die Ordnungsbehörden, unverzüglich von allen Vorgängen zu unterrichten, die deren Eingreifen erfordern.

(2) Der Schutz privater Rechte obliegt der Polizei nach diesem Gesetz nur dann, wenn gerichtlicher Schutz nicht rechtzeitig zu erlangen ist und wenn ohne polizeiliche Hilfe die Verwirklichung des Rechts vereitelt oder wesentlich erschwert werden würde.

§ 1 Aufgaben der Polizei

(3) Die Polizei leistet anderen Behörden Vollzugshilfe (§§ 47 bis 49).

(4) Die Polizei hat ferner die Aufgaben zu erfüllen, die ihr durch andere Rechtsvorschriften übertragen sind.

(5) ¹Maßnahmen, die in Rechte einer Person eingreifen, darf die Polizei nur treffen, wenn dies auf Grund dieses Gesetzes oder anderer Rechtsvorschriften zulässig ist. ²Soweit die Polizei gemäß Absatz 1 Satz 2 Straftaten vorbeugend bekämpft oder die erforderlichen Vorbereitungen für die Hilfeleistung und das Handeln in Gefahrenfällen trifft, sind Maßnahmen nur nach dem Zweiten Unterabschnitt „Datenverarbeitung" des Zweiten Abschnittes dieses Gesetzes zulässig.

VVPolG NRW zu § 1

Aufgaben der Polizei (zu § 1)
1.1 (zu Absatz 1)
1.11
Nach dem Polizeigesetz des Landes Nordrhein-Westfalen ist es Aufgabe der Polizei, Gefahren sowohl für die öffentliche Sicherheit als auch für die öffentliche Ordnung abzuwehren.
Die öffentliche Sicherheit bezieht sich auf die Unversehrtheit der gesamten materiellen Rechtsordnung, von Rechten und Rechtsgütern des Einzelnen und von Einrichtungen und Veranstaltungen des Staates.
Unter öffentlicher Ordnung ist die Gesamtheit jener ungeschriebener Regeln für das Verhalten der Einzelnen in der Öffentlichkeit anzusehen, deren Beachtung nach den jeweils herrschenden Anschauungen als unerlässliche Voraussetzung eines geordneten staatsbürgerlichen Gemeinschaftslebens betrachtet wird.
In Bezug auf die öffentliche Ordnung ist die Polizei legitimiert, im Einzelfall gegen belästigendes Verhalten in der Öffentlichkeit, das noch unter der Schwelle einer Ordnungswidrigkeit gemäß §§ 116ff. OWiG bleibt, einzuschreiten. Sie kann – ebenso wie die Ordnungsbehörden – Verstöße gegen die öffentliche Ordnung, die geeignet sind das Sicherheitsgefühl der Bürgerinnen und Bürger in der Öffentlichkeit zu beeinträchtigen, unterbinden.
Die vorrangige Zuständigkeit der Ordnungsbehörden, Gefahren für die öffentliche Ordnung abzuwehren, bleibt erhalten.
1.12
§ 1 Abs. 1 stellt auf die abstrakte Gefahr ab und umfasst damit auch alle Fälle, in denen bereits eine konkrete Gefahr vorliegt.
1.13
Die Vorsorge für die Verfolgung künftiger Straftaten wurde aus dem Aufgabenkatalog der Polizei entfernt, da sie systematisch zu den Regelungen des gerichtlichen Verfahrens zählt, und damit der Gesetzgebungskompetenz des Bundes unterliegt.

Aufgaben der Polizei § 1

Erläuterungen:

1. Allgemeines zu Aufgaben, Zuständigkeiten und Befugnissen

Ein rechtsstaatlich geprägtes Polizeirecht unterscheidet strikt zwischen **Aufgaben** und **Befugnissen**. Mit der Zuweisung einer Aufgabe sind nicht zugleich die Mittel zur Wahrnehmung der Aufgabe übertragen. **§ 1 stellt eine Aufgabenzuweisungsnorm und keine Eingriffsermächtigung dar.** Eine Aufgabenzuweisung muss aber wegen der Fülle und Vielgestaltigkeit polizeilicher Alltagsarbeit hinreichend weit und elastisch gefasst sein, um auch die nicht im Mittelpunkt öffentlichen Interesses stehenden Tätigkeiten schlichthoheitlicher Natur (z. B. kriminalpolizeiliche Beratungsprogramme) auffangen zu können. § 1 rechtfertigt insbesondere **keine Eingriffe in das (durch Art. 2 Abs. 1 i. V. m. Art. 1 Abs. 1 GG geschützte) informationelle Selbstbestimmungsrecht,** das durch jeglichen Umgang mit personenbezogenen Daten beeinträchtigt werden kann. Eingriffe in Rechte des Bürgers sind nur über eine Befugnisnorm (Generalklausel, Standardmaßnahmen) zu legitimieren. Diesen Grundsatz vom Vorbehalt des Gesetzes bringt § 1 Abs. 5 Satz 1 zum Ausdruck. 1

Aufgaben, Zuständigkeiten und Befugnisse der Polizeibehörden stehen in engem Zusammenhang. Als **Aufgabe** stellt sich dar, was der staatlichen Organisationseinheit (Behörde, Einrichtung) zur Wahrnehmung übertragen worden ist. 2

Die **sachliche Zuständigkeit** betrifft die Berechtigung und Verpflichtung eines Subjekts öffentlicher Verwaltung, bestimmte Aufgaben wahrzunehmen. Mit der Übertragung der Zuständigkeit wird eine Aufgabe einem bestimmten Subjekt zugeordnet. Insoweit ist jede sachliche Zuständigkeit untrennbar mit der ihr zu Grunde liegenden Aufgabe dadurch verbunden, dass sie auf der vorrangigen Aufgabe beruht, der ihrerseits von vornherein ein Stück Kompetenz innewohnt. Aufgabe und sachliche Zuständigkeit sind über den kompetenzmäßigen Aspekt einander nicht nur zugeordnet, sondern überschneiden sich. 3

Befugnisnormen ermächtigen eine Behörde, zur Wahrnehmung einer ihr zugewiesenen Aufgabe in den geschützten Rechtskreis des Bürgers einzugreifen. Fordert das **Prinzip vom Vorbehalt des Gesetzes** hier kein Handeln ohne Gesetz, verlangt das **Prinzip vom Vorrang des Gesetzes** kein Handeln gegen das Gesetz, d. h. Maßnahmen ohne Eingriffscharakter müssen zumindest den Voraussetzungen der Aufgabenzuweisung genügen. 4

Aufgaben werden von Behörden und Einrichtungen wahrgenommen. Zentraler Begriff des Verwaltungsorganisationsrechts ist die **Behörde.** § 1 Abs. 2 VwVfG NRW qualifiziert sie als Stelle, die Aufgaben öffentlicher Verwaltung wahrnimmt. Eine definitorische Einengung ergibt sich indes daraus, dass des VwVfG NRW von vornherein nur solche Verwaltungsverfahren regelt, die ihren Abschluss im Erlass eines Verwaltungsakts oder im Zustandekommen eines Verwaltungsvertrages finden (§ 9 VwVfG NRW). Insoweit wird Behördenqualität 5

53

§ 1 Aufgaben der Polizei

maßgeblich dadurch bestimmt, dass hoheitliche Maßnahmen gegenüber dem Einzelnen getroffen werden können, eine Behörde somit durch ihre Fähigkeit zur Wirkung nach außen konstituiert wird, wobei sich die Außenwirkung durch die Fixierung des VwVfG NRW insbesondere auf den Abschluss des Verwaltungsverfahrens im Erlass eines Verwaltungsakts realisiert. Zu den Polizeibehörden gehören die Kreispolizeibehörden, das Landeskriminalamt, das Landesamt für Zentrale Polizeiliche Dienste sowie das Landesamt für Ausbildung, Fortbildung und Personalangelegenheiten der Polizei (§ 2 Abs. 1 POG NRW).

6 Nach § 14 LOG kann die oberste Landesbehörde in ihrem Geschäftsbereich kraft ihrer Organisationsgewalt **Einrichtungen** schaffen, die einen eigenen Bestand an Personal und sachlichen Mitteln haben. Eine Einrichtung unterscheidet sich von einer Behörde durch ihr Unvermögen zur hoheitlichen Außenwirkung gegenüber Dritten, wenn man einmal von ihrer Kompetenz zur Abwehr von Störungen ihres Betriebs absieht. Zu Dritten gibt es vielfältige fiskalische Beziehungen (z. B. Kauf von Verpflegung). Die Deutsche Hochschule der Polizei in Münster ist eine Einrichtung in diesem Sinne im Geschäftsbereich des Innenministeriums.

7 Die Aufgaben der Gefahrenabwehr und Strafverfolgung lassen sich in organisatorischer Hinsicht nicht den Sparten „**Schutz- und Kriminalpolizei**" zuordnen. Prävention und Repression sind vielmehr eine gemeinsame Aufgabe der Polizeibehörden.

8 Die Polizei überwacht den **Straßenverkehr.** In diesem speziellen Überwachungsauftrag treffen sich ausschnittsweise Gefahrenabwehr, Verfolgung von Straftaten und Ordnungswidrigkeiten sowie die durch die §§ 36 und 44 Abs. 2 StVO zugewiesene Aufgabe zur Regelung des Verkehrs.

9 Die **Wasserschutzpolizei** (§ 3 POG NRW) – eine Organisationseinheit des Polizeipräsidiums Duisburg – ist mehr als eine Verkehrspolizei auf dem Wasser. Bei räumlicher Beschränkung auf Wasserstraßen und andere schiffbare Gewässer wird sie dort umfassend gefahrenabwehrend und in Teilbereichen auch strafverfolgend als Polizeibehörde tätig.

10 Hinsichtlich der **grenzpolizeilichen Kontrollen** und Überwachungsmaßnahmen bildet das **Schengener Durchführungsabkommen** eine bedeutsame rechtliche Grundlage. Es handelt sich hierbei um „Ausgleichsmaßnahmen" für den Wegfall der Grenzkontrollen innerhalb des EU-Raums (s. näher *Mokros*, in: Lisken/Denninger, Kap. O, Rdn. 118 ff., S. 1430 ff.).

11 Die funktionale Sonderstellung der **Bereitschaftspolizei** ist in Nordrhein-Westfalen seit 1996 beseitigt; die vormals eigenständige Polizeieinrichtung ist in die Polizeipräsidien eingegliedert worden. „Bereitschaftspolizeiabteilungen" der Länder stellen das Kräftereservoir, das sich die Bundesregierung in Unglücks- und Katastrophenfällen nach Art. 35 Abs. 3 GG, im inneren Notstand des Art. 91 Abs. 2 GG und im Verteidigungsfall gemäß Art. 115 f Abs. 1 Nr. 2 GG ihren

Aufgaben der Polizei § 1

Weisungen unterstellen kann und dessen sich die Länder in den Fällen des Art. 35 Abs. 2 GG und Art. 91 Abs. 1 GG bedienen können.

2. Allgemeine Gefahrenabwehr

Gefahrenabwehr bedeutet, dass von der Allgemeinheit oder dem Einzelnen Gefahren abzuwehren sind, durch die die öffentliche Sicherheit oder Ordnung bedroht wird. 12

Unter den Begriff der **öffentlichen Sicherheit** fällt die **Unverletzlichkeit der objektiven Rechtsordnung** (also die Gesamtheit des geltenden Rechts)**, der subjektiven Rechte und Rechtsgüter des Einzelnen** (insbesondere der Grundrechte) **sowie der Einrichtungen und Veranstaltungen des Staates und der sonstigen Träger öffentlicher Verwaltung (RdNr. 1.11 VVPolG NRW).** 13

Danach lassen sich drei Teilbereiche der öffentlichen Sicherheit unterscheiden:

– Zum einen zählt hierzu die **Gesamtheit der Rechtsvorschriften** jeder Normebene (Verfassungsnormen, formelle Gesetze des Bundes und der Länder, Rechtsverordnungen, Satzungen). Insbesondere die **Straf- und Ordnungswidrigkeitenvorschriften** sind hier zu nennen.
Im OWiG sind eine Reihe von Verstößen gegen die „öffentliche Ordnung" normiert (§§ 116 ff.). Freilich kann der Normgeber bestimmte Verhaltensweisen auch (wieder) entkriminalisieren und/oder in den Rang rechtlich geschützter Tätigkeiten erheben. Dies gilt etwa für die **Prostitution,** die auf Grund des ProstG nicht (mehr) automatisch als sittenwidrig gilt. Die einschlägigen Strafnormen (§§ 180a, 181a StGB) sind in diesem Zusammenhang auf das – aus Sicht des Gesetzgebers – strafwürdige Maß zurückgeschraubt worden; demgemäß schrumpft auch der Anwendungsbereich des behördlichen Eingriffsinstrumentariums unter Gefahrenabwehrgesichtspunkten.
Auch die Kommunen haben kraft ihres Verordnungsrechts die Befugnis, zur Bekämpfung von Missständen in ihrem Bezirk Vorschriften zu erlassen, die die Polizei auf Grund des PolG NRW durchsetzen kann.
Allerdings ist die Regelungsbefugnis begrenzt; nur (abstrakte) Gefahren (vgl. § 8, RN 12) für Schutzgüter der öffentlichen Sicherheit und Ordnung können Verordnungen legitimieren.

– Des Weiteren gehören die **Individualrechtsgüter** zum Schutzbereich der öffentlichen Sicherheit, also z.B. Leben, Gesundheit, Freiheit, Eigentum, Ehre. Was den (ausschließlichen) Schutz privater Rechte betrifft, so wird auf die Erläuterungen zu RN 27 ff. verwiesen.
Zumindest gegen erhebliche Angriffe sind die meisten Zivilrechtsgüter auch durch das öffentliche (insbesondere Straf- oder Ordnungswidrigkeiten-) Recht geschützt, etwa die körperliche Integrität durch die §§ 223 ff. StGB. Der Schutz des allgemeinen Persönlichkeitsrechts wird zu einem bedeutsa-

55

men Teil durch die Vorschriften über die Beleidigung (§§ 185 ff. StGB) gewährleistet.

Zwar kann auch die (unfreiwillige) Obdachlosigkeit wegen der damit verbundenen Gesundheitsgefahren als Störung der öffentlichen Sicherheit bewertet werden. Sie ist jedoch primär für die Ordnungsbehörden bedeutsam, die regelmäßig verpflichtet sind, den Betroffenen eine (menschenwürdige) Unterkunft zur Verfügung zu stellen (OVG Münster, NWVBl. 1992, S. 258; vgl. speziell zum Merkmal der Unfreiwilligkeit: VGH Mannheim, DVBl. 1996, S. 569).

– Zum dritten Komplex gehören die **Kollektivrechtsgüter** (z. B. die öffentliche Wasserversorgung) und der „**Staat**" – d. h. die **Hoheitsträger – und seine Einrichtungen.**
In erster Linie geht es darum, die Funktionsfähigkeit von Hoheitsträgern/Behörden zu schützen. Dieses Schutzgut gewinnt vor allem dann an Bedeutung, wenn ein Störer nicht gegen Rechtsvorschriften verstößt.

Beispiel: A warnt Autofahrer vor einer „Radarfalle" der Polizei.
Allein durch die Warntätigkeit verletzt A weder straßenverkehrsrechtliche Vorschriften noch Straf- oder Ordnungswidrigkeitennormen. Er beeinträchtigt jedoch den (präventiven) Zweck der Verkehrsüberwachung und damit das Schutzgut des Funktionierens einer staatlichen „Veranstaltung" (OVG Münster, NWVBl. 1997, S. 387; ebenso VG Saarlouis, NPA Nr. 784 Bl. 25).

14 Das Schutzgut **öffentliche Ordnung** umfasst die **Gesamtheit jener ungeschriebenen Regeln für das Verhalten des Einzelnen in der Öffentlichkeit, deren Beachtung nach den jeweils herrschenden Anschauungen als unerlässliche Voraussetzung eines geordneten staatsbürgerlichen Gemeinschaftslebens** betrachtet wird (*Denninger*, in: Lisken/Denninger, Kap. D, Rdn. 35 ff., S. 199 ff.; *Hebeler*, JA 2002, S. 521). Damit soll die Polizei legitimiert werden, auch gegen belästigendes Verhalten in der Öffentlichkeit einzuschreiten, das unter der Schwelle einer Ordnungswidrigkeit gemäß den §§ 116 ff. OWiG bleibt. Es werde „klargestellt", dass die Polizei nicht weniger „dürfe" als die örtlichen Ordnungsbehörden (LT-Drucks. 14/10089, S. 26). Diese Begründung überzeugt nicht und wohl nicht ohne Grund sucht man in der Drucksache vergebens nach konkreten Belegen für die Notwendigkeit, das behauptete Befugnisdefizit der Polizei zu beheben. Die meisten, wenn nicht gar alle der in der Praxis bedeutsamen bzw. als relevant eingestuften Ordnungsstörungen werden durch Rechtsvorschriften, insbesondere durch Ordnungswidrigkeitentatbestände, erfasst, die zum Schutzgut der öffentlichen Sicherheit gehören (*Tegtmeyer*, in: Hoebink, 2001, S. 177; a. A. *Roos*, Die Polizei 2004, S. 281, 284).

Beispiele:
1. Das Einschreiten gegen „Nacktjogger" und ähnliche Nacktauftritte in der Öffentlichkeit lässt sich unter Heranziehung spezieller Rechtsvorschriften (§ 118 OWiG: Belästigung der Allgemeinheit, u. U. § 183 StGB: Exhibitionistische Handlungen) rechtfertigen (OLG Karlsruhe, NStZ 2001, S. 587; VG Karlsruhe, NJW 2005,

S. 3658 mit Anmerkung von *Vahle*, DVP 2006, S. 259); des Rückgriffs auf die öffentliche Ordnung bedarf es insoweit nicht (so aber der Begründungsansatz des OVG Münster, DÖV 1996, S. 1052).
2. Aufdringliche und unzumutbare Werbung für (entgeltliche) sexuelle Handlungen wird durch die §§ 119 und 120 OWiG erfasst (OVG Münster, DVP 2010, S. 81). Entgegen dem Wortlaut des § 120 Abs. 1 Nr. 2 OWiG besteht ein Werbeverbot für sexuelle entgeltliche Dienstleistungen allerdings nur dann, wenn die Werbung konkret geeignet ist, den Schutz der Allgemeinheit – vor allem von Kindern und Jugendlichen – vor den mit der Prostitution generell verbundenen Gefahren und Belästigungen zu beeinträchtigen (BGH, NJW 2006, S. 3490). Im Übrigen kann der Gesetzgeber selbst die Maßstäbe verändern und Verhaltensweisen, die bisher als sittenwidrig eingestuft werden, von diesem Makel befreien. Mit dem ProstG hat der Gesetzgeber einen solchen Paradigmenwechsel vollzogen, dabei aber wohl nur den gewandelten Anschauungen der Bevölkerung Rechnung getragen. Hieraus ergeben sich Konsequenzen sowohl im Hinblick auf das Schutzgut der öffentlichen Ordnung als auch der öffentlichen Sicherheit.
3. Das Aufbringen von Graffiti durch sog. Sprayer – ein gern zitiertes Beispiel für die Notwendigkeit der öffentlichen Ordnung – ist regelmäßig eine Straftat (§§ 303, 304 StGB) und damit eine Störung der öffentlichen Sicherheit.
4. Die Reichskriegsflagge ist zwar kein verbotenes NS-Symbol, jedoch kann das Zeigen dieser Flagge im Zusammenhang mit entsprechenden Parolen den Straftatbestand der Volksverhetzung (§ 130 Abs. 1 StGB) erfüllen (*Fischer*, § 130 Rn. 9). und damit die öffentliche Sicherheit verletzen (OVG Münster, NJW 1994, S. 2909). Fehlt es hingegen an einem politischen Hintergrund, dürfte das bloße Zeigen der Flagge weder strafbar sein noch gegen die öffentliche Ordnung verstoßen (VGH Mannheim, NJW 2006, S. 635). Speziell das BVerfG tritt einer Überstrapazierung der öffentlichen Ordnung entgegen und vertritt – im Gegensatz zum OVG Münster – den Standpunkt, dass eine Gefährdung dieses Schutzgutes i.d.R. kein Versammlungsverbot rechtfertigt (s. z.B. NJW 2001, S. 2075; zu dieser Kontroverse *Beljin*, DVBl. 2002, S. 15).
5. Das von *Roos* (s.o.) angeführte Beispiel des Schildes an einer Gaststätte mit der Aufschrift „Nur für Deutsche" lässt sich auch ohne Rückgriff auf die öffentliche Ordnung lösen. Die Verwehrung des Zutritts zu einem öffentlichen Lokal kann den objektiven Tatbestand einer Beleidigung (§ 185 StGB) erfüllen (BayObLG, GewArch 1983, S. 238) und lässt im Hinblick auf die darin liegende Diskriminierung starke Zweifel an der Zuverlässigkeit des Gastwirts aufkommen. Die Durchführung des Gaststättenrechts obliegt im Übrigen nicht der Polizei, sondern den Ordnungsbehörden.
6. Sog. Rebel-Clowns, d.h. Personen, die pantomimisch-spielerische Aktionen gegenüber Polizeibeamten aufführen und dabei versuchen, diese durch unerwünschte körperliche Kontakte lächerlich zu machen, können – je nach Intensität der „Aktion" – die Persönlichkeitsrechte und damit die öffentliche Sicherheit verletzen (OVG Lüneburg, DVBl. 2011, S. 1303, 1305 zur Rechtmäßigkeit einer versammlungsrechtlichen Auflage, einen bestimmten Abstand zu den eingesetzten Polizeikräften einzuhalten).
7. Angriffe auf religiöse Bekenntnisse, konkrete Störungen der Religionsausübung und von Beisetzungen – in älteren Lehrbüchern oft als Beispiele für die Verletzung der öffentlichen Ordnung genannt – sind nach Maßgabe der §§ 166 ff. StGB unter

§ 1   Aufgaben der Polizei

Strafe gestellt. Soweit die Tatbestände diese Vorschriften (in verfassungskonformer Auslegung: s. z. B. OVG Berlin-Brandenburg, NJW 2012, S. 3116 zu den sog. Mohammed-Karikaturen; s. dazu auch die Besprechung von *Muckel*, JA 2013, S. 157) nicht erfüllt sind, ist in der Regel kein Raum für die öffentliche Ordnung.

Lokale Ordnungsstörungen können durch ordnungsbehördliche **Verordnungen** (§§ 25 ff. OBG) oder **Satzungen** (Benutzungsordnungen für öffentliche Einrichtungen, Sondernutzungssatzungen im Straßenrecht) bekämpft werden. Zur Durchsetzung entsprechender Ge- und Verbote ist in Eilfällen auch die Polizei berechtigt.

Beispiele:
1. In vielen kommunalen Verordnungen wird aggressives Betteln verboten und mit einer Geldbuße bedroht. Überschreitet jemand die Grenze des zulässigen sog. stillen Bettelns, verletzt er die öffentliche Sicherheit. Im Übrigen erfüllt aggressives Betteln in der Regel den Tatbestand des § 118 OWiG.
2. Alkoholverbote auf kommunaler Ebene werden teils in Form von Allgemeinverfügungen (s. Einführung Nr. 4.1), oft auch in Form einer ordnungsbehördlichen Verordnung erlassen (s. näher *Albrecht*, VR 2012, S. 41; *Schoch*, Jura 2012, S. 858, 859 ff.).

Überlegungen, US-amerikanische Ansätze zur (Wieder-)Herstellung „guter Ordnung" – **Null-Toleranz** gegenüber Ordnungsstörern – nach Deutschland zu transportieren, taugen nicht als Beleg für die Notwendigkeit der öffentlichen Ordnung (s. hierzu *Volkmann*, NVwZ 1999, S 225; *Roos*, KR 1999, S. 611). Nicht das Fehlen rechtlicher Normen führt zu zweifellos teilweise bedenklichen Zuständen in etlichen (Groß-)Städten, sondern mangelnder Durchsetzungswille und/oder mangelndes Personal. Wie so oft werden auch hier bloße Vollzugsdefizite mit Normdefiziten verwechselt. Der öffentlichen Ordnung kommt mithin allenfalls eine marginale Auffangfunktion zu. Im Hinblick auf die nur schwer fassbaren und letztlich subjektiv bestimmten Elemente ist ein Rückgriff auf dieses Schutzgut nur unter großer Zurückhaltung und nur in seltenen Fällen möglich. Es dürfte insbesondere regelmäßig kaum möglich sein, in einer pluralistischen Gesellschaft eine verlässliche Mehrheitsmeinung zu einem bestimmten Vorgang zu ermitteln. Demoskopische Untersuchungen werden in Streitfällen (schon aus Kostengründen) in aller Regel nicht in Auftrag gegeben (vgl. zur Konkretisierung verwaltungsrechtlicher Sittlichkeitsklauseln *Kahl*, VerwArch 2008, S. 451). Die Rechtsprechung überspielt dieses empirische Defizit, indem sie das (fiktive) Mehrheitsvotum aus den **Wertmaßstäben des Grundgesetzes** – insbesondere den Grundrechten – ableitet. Dieser rechtliche Ansatz dient insbesondere dazu, gewerbliche Aktivitäten und öffentliche Zurschaustellungen von Menschen zu unterbinden, die Tendenzen der Verrohung in der Gesellschaft fördern.

Beispiele:
1. Die Menschenwürde (Art. 1 Abs. 1 GG), das Recht auf Leben und körperliche Unversehrtheit (Art. 2 Abs. 2 Satz 1 GG) und sogar das staatliche Gewaltmonopol

Aufgaben der Polizei § 1

(Art. 20 GG) wurden herangezogen, um ein Verbot sog. Laserspiele („Laserdrome") zu rechtfertigen (OVG Münster, NWVBl. 2001, S. 94 und 1995, S. 473).

2. Auch die Veranstaltung eines sog. Zwergenweitwerfens – im Diskotheken-Milieu sollte ein kleinwüchsiger Mensch zur Belustigung des Publikums möglichst weit „geworfen" werden – wurde (zu Recht) als menschenunwürdig qualifiziert (VG Neustadt, NVwZ 1993, S. 98).

3. „Ultimate Fighting" eine Art Gladiatorenkampf, wird im Hinblick auf die darin liegende Tendenz zur Bejahung oder zumindest Bagatellisierung der Gewalt (auch) als Gefahr für die öffentliche Ordnung eingestuft (*Müller*, NdsVBl. 2011, S. 30, 62; zweifelhaft aber bei Einhaltung eines Mindestmaßes an sportlichen Regeln: *Jacob*, NVwZ 2013, S. 1131).

Derartige Vorgänge gehören indessen i.d.R. in den Zuständigkeitsbereich der **Ordnungsbehörden**, nicht den der Polizei.

Die polizeiliche Aufgabe zur Gefahrenabwehr ist vom Gefahrenabwehrauftrag der Ordnungsbehörden abzugrenzen. **Die Verantwortung für die öffentliche Sicherheit und Ordnung obliegt Polizei und Ordnungsbehörden;** insoweit stimmen § 1 Abs. 1 Satz 1 PolG NRW und § 1 Abs. 1 OBG inhaltlich überein. Zwischen beiden besteht aber Arbeitsteilung. Mit Ausnahme der Verhütung und vorbeugenden Bekämpfung von Straftaten sowie der Vorbereitung für die Hilfeleistung und das Handeln in Gefahrenfällen ist die **Polizei zur Gefahrenabwehr nur subsidiär zuständig;** sie hat die zur Gefahrenabwehr notwendigen Maßnahmen nur dann zu treffen, wenn ein Handeln der eigentlich zuständigen Ordnungsbehörde nicht oder nicht rechtzeitig möglich erscheint. Dies gilt insbesondere für die Abwehr von Gefahren für die öffentliche Ordnung, die i.d.R. den Ordnungsbehörden obliegt.

In Bereichen, in denen eine originäre Zuständigkeit der Polizei gegeben ist (§ 1 Abs. 1 Satz 2), besteht gleichwohl noch eine Zuständigkeit der **Ordnungsbehörden**.

a) Subsidiarität

Das PolG NRW folgt dem Grundsatz, dass Gefahrenabwehr primär den dafür zuständigen Behörden der Ordnungsverwaltung obliegt. Die Polizei hat demnach nicht alle, sondern nur die Gefahren abzuwehren, die nach der maßgeblichen Einschätzung des im konkreten Fall einschreitenden Polizeibeamten von der eigentlich zuständigen Ordnungsbehörde **nicht** oder **nicht rechtzeitig** abgewehrt werden können.

Handelt die Polizei für die andere Behörde, ist problematisch, ob sie subsidiär in Notkompetenz tätig wird oder eine originäre Aufgabe wahrnimmt. Im Falle der nicht rechtzeitig möglichen Gefahrenabwehr durch die zuständige Behörde, also bei den klassischen unaufschiebbaren Maßnahmen, kann eine originäre Zuständigkeit der Polizei nicht begründet werden. Wird sie anstelle der nur durch mangelnde Präsenz an der Gefahrenabwehr gehinderten Behörde tätig, nimmt sie zwar eine ihr zugewiesene eigene Aufgabe wahr, betätigt sich dabei aber nicht auf einem ihr allein zugeordneten Sektor, sondern handelt in **Not- oder Eilkompetenz**.

18   Keine andere Beurteilung ist geboten, wenn die eigentlich zuständige Behörde überhaupt nicht in Aktion treten kann. Zunächst sind im polizeilichen Alltag häufig beide Fälle nicht zu unterscheiden. Da der zuständigen Behörde wegen ihrer räumlichen Distanz zum Ort des Geschehens ein Tätigwerden i. d. R. nicht möglich ist, wird in Gefahrensituationen die Polizei gerufen. Die Polizei muss aber auch an Wochenenden und außerhalb der normalen Dienstzeiten tätig werden, wenn die zuständigen Behörden keinen Dienst rund um die Uhr verrichten. Beide Fälle weisen somit keine entscheidenden Unterschiede auf, sodass insgesamt von einer Eil- bzw. Notkompetenz auszugehen ist.

19   Aus der Formulierung des Absatzes 1 Satz 3 **nicht** oder **nicht rechtzeitig** möglich „**erscheint**" ergibt sich für die Polizeibehörde bzw. den handelnden Polizeibeamten ein **Einschätzungsspielraum**. Dieser bezieht sich nicht auf die Frage, ob überhaupt Maßnahmen notwendig sind. Es muss ein Fall vorliegen, bei dem **Gefahr im Verzug** gegeben ist. Ob aber die an sich zuständige Behörde erreicht werden und – falls das sogar zu bejahen ist – dann noch die notwendigen Maßnahmen zeitgerecht treffen kann, beurteilt sich nach den Verhältnissen des Einzelfalls und dem Erkenntnisstand im Zeitpunkt der Anordnung der Maßnahme durch die Polizei. Die getroffene Maßnahme kann nur dann erfolgreich beanstandet werden, wenn offensichtlich von unzutreffenden Voraussetzungen ausgegangen worden ist, die im Zeitpunkt der Entscheidung bereits erkennbar waren (VGH Mannheim, DVBl. 1990, S. 1045).

20   Die **Unterrichtungspflicht** nach § 1 Abs. 1 Satz 4 ergänzt die Regeln über das Verhältnis der Polizei zu den anderen Behörden der Gefahrenabwehr, um einen möglichst lückenlosen Schutz der öffentlichen Sicherheit oder Ordnung zu gewährleisten, der unter Zuständigkeitsabgrenzungen mehrerer Behörden nicht leiden soll. Die Unterrichtungspflicht besteht nur bei solchen Vorgängen, die ein weiteres Tätigwerden der in erster Linie zuständigen Behörde erfordern. Auf der Grundlage des § 1 Abs. 1 Satz 4 ist die Unterrichtung aber nur insoweit zulässig, als sachbezogene Daten mitgeteilt werden. Zur Übermittlung **personenbezogener Daten** bedarf es einer **speziellen Ermächtigungsnorm**, s. § 28 Abs. 2 und die Erläuterungen zu § 28, RN 7 ff. Ist die Gefahr mit dem Einschreiten der Polizei beseitigt, erübrigt sich regelmäßig die Unterrichtung der anderen Behörde. Zweckmäßig ist allerdings ein laufender allgemeiner Informationsaustausch zwischen der Polizei und den anderen Behörden.

b) Originäre polizeiliche Zuständigkeit nach § 1 Abs. 1 Satz 2

21   Die Subsidiaritätsregel des § 1 Abs. 1 Satz 3 greift nicht für die Fälle des Satzes 2; **hier besteht eine originäre polizeiliche Zuständigkeit**.

22   Hierzu gehört zum einen die **Verhütung von Straftaten**.

Aufgaben der Polizei § 1

Straftaten verletzen die öffentliche Sicherheit, sodass es zur polizeilichen Gefahrenabwehr gehört, ihre Begehung zu unterbinden. Jede konkret drohende Straftat kann „handfeste" Maßnahmen rechtfertigen.

Beispiele:
1. Bevor ein Mann die Absicht, seine Frau umzubringen, verwirklichen kann, wird er in Gewahrsam genommen.
2. Die Polizei vereitelt einen geplanten Bankraub, indem sie die „Täter" vor dem Geldinstitut abfängt.

In beiden Fällen nimmt die Polizei – je nach Fallgestaltung – auch die Aufgabe der Strafverfolgung wahr, wenn und soweit die Grenze zur (grundsätzlich) straflosen Vorbereitung überschritten ist.

Im Beispielsfall 2 können sich die Beteiligten nach § 30 Abs. 2 StGB wegen Verabredung eines Verbrechens (§ 249 StGB) strafbar gemacht haben, sodass bereits das Eingriffsinstrumentarium der StPO eingreift.

Die **vorbeugende Bekämpfung von Straftaten** ist nach der amtlichen Begründung (LT-Drucks. 14/10089, S. 26) unter Bezugnahme auf *Denninger* (in: Lisken/Denninger, Handbuch des Polizeirechts, 4. Aufl. 2007, Kap. E, Rdn. 199, S. 377) eine Tätigkeit, die es grundsätzlich gar nicht erst zu dem schädigenden Ereignis bzw. der Straftat kommen lassen will. Dieser Gefahrenabwehrauftrag erstreckt sich auch auf das sog. Vorfeld einer konkreten Gefahr. Zu derartigen **Vorfeldbefugnissen** gehören insbesondere die Maßnahmen der verdeckten Datenerhebung gemäß den §§ 16 a ff., jeweils in der Alternative des Absatzes 1 Nr. 2, und die Anlage von Dateien über potenzielle Störer (*Gusy*, Rn 188, S. 93).

Die **Vorsorge für die Verfolgung künftiger Straftaten** ist nicht mehr im Aufgabenkatalog enthalten. Damit hat der Gesetzgeber der Auffassung des BVerfG (NJW 2005, S. 2603; vgl. hierzu die Besprechung von *Lepsius*, JURA 2006, S. 929; kritisch zu dieser Rechtsänderung: *Kniesel/Paeffgen/Keppel/Zenker*, DIE POLIZEI 2011, S. 333) Rechnung getragen, wonach solche Tätigkeiten als Strafverfolgung der Gesetzgebungskompetenz des Bundes unterliegen (vgl. dazu auch Einführung Nr. 1.3.2). 23

Polizeiliche Datensammlungen dürfen damit auf der Grundlage des PolG NRW nicht mehr (ausschließlich) für den Zweck späterer Strafverfolgung geführt werden. Informationen in Kriminalakten können allerdings nach wie vor unmittelbar der Prävention dienen und dürfen selbstverständlich hierfür genutzt werden. 24

Beispiele:
1. Der Blick in die Kriminalakte ist vor der Festnahme eines Verdächtigen zum Zwecke der Eigensicherung geboten.
2. Bei einer Geiselnahme kann die Kriminalakte helfen, das Ausmaß der Gefahr für das Leben der Geiseln richtig einzuschätzen, wenn sie entsprechende Erkenntnisse über den Täter enthält.

Die in Absatz 1 Satz 2 genannte Aufgabe, **Vorbereitungen zu treffen, um künftige Gefahren abwehren zu können**, ermächtigt die Polizei, sich vorbeu- 25 gend auf **Hilfeleistungen und das Handeln** in späteren Gefahrenfällen einzustellen (s. näher *Soiné*, DÖV 2000, S. 173).

26 Will die Polizei Daten von sog. **Risikopersonen** (Betreiber gefährlicher Anlagen) und Polizeihelfern (Notärzte, Dolmetscher, Abschleppunternehmer usw.) erfassen, bedarf sie grundsätzlich einer Rechtsgrundlage. Solche Eingriffsgrundlagen stehen mit den §§ 11, 24 zur Verfügung, sofern nicht auf Grund der Einwilligung in die datenmäßige Speicherung eine Befugnisnorm mangels eines Rechtseingriffs gar nicht erforderlich ist (s. § 11, RN 3 und 4).

3. Schutz privater Rechte

27 Da die Rechtsordnung allgemein zum Schutzgut der öffentlichen Sicherheit zählt, sind Gefahren auch im Bereich des Zivilrechts begrifflich Gefahren für die öffentliche Sicherheit. Jedoch obliegt der Schutz vor diesen Gefahren grundsätzlich den **ordentlichen Gerichten (§ 13 GVG)**. Sind allerdings die privaten Rechte gleichzeitig durch öffentlich-rechtliche Vorschriften geschützt, insbesondere durch Straf- oder Ordnungswidrigkeitennormen, ist die Polizei bereits nach § 1 Abs. 1 für die Abwehr solcher Gefahren zuständig.

Beispiele:
1. Schutz des privaten Hausrechts durch § 123 StGB.
2. Der unbefugte Gebrauch eines Kraftfahrzeuges oder eines Fahrrades verletzt nicht nur das zivilrechtliche Eigentum bzw. den rechtmäßigen Besitz, sondern erfüllt auch den Straftatbestand des § 248 b StGB.
3. Die Verletzung der Unterhaltspflicht wird gemäß § 170 StGB mit Strafe bedroht.

28 Ausnahmsweise ist die Polizei gemäß § 1 Abs. 2 PolG NRW trotz grundsätzlicher Zuständigkeit der ordentlichen Gerichte zum Schutz privater Rechte berufen, **wenn der gerichtliche Schutz nicht rechtzeitig zu erlangen ist und wenn ohne polizeiliche Hilfe die Verwirklichung des Rechts vereitelt oder wesentlich erschwert werden würde** (s. hierzu *Brenneisen*, DIE POLIZEI 2011, S. 171; *Kay*, KR 2011, S. 658). Dabei ist zu berücksichtigen, dass auch die Gerichte kurzfristig tätig werden und zumindest vorläufige Maßnahmen zum Schutz privater Rechte treffen können, so z.B. in Form der einstweiligen Verfügung (§§ 935 ff. ZPO) oder des persönlichen Arrestes (§§ 916, 918 ZPO), wenn sich ein Schuldner ins Ausland absetzen will. Auch diese Möglichkeiten muss ein Betroffener ausschöpfen; die Polizei kann ihn notfalls darauf verweisen.

Beispiel: Eine allein erziehende Mutter (M) erscheint auf der Wache und bittet den Polizeibeamten darum, ihre 16-jährige Tochter (T) aus einer Wohngemeinschaft zu holen, in die T gegen den Willen der M eingezogen ist. Sofern keine Anhaltspunkte für eine Gefährdung der T vorliegen, ist die Polizei nicht befugt, das Aufenthaltsbestimmungsrecht der M zwangsweise durchzusetzen. M kann sich zur Regelung des Personensorgestreits an das Familiengericht wenden.

Aufgaben der Polizei § 1

Gleichwohl gibt es Sachverhalte, in denen auch dieser kurzfristige gerichtliche Schutz nicht zu erlangen ist und nach **polizeilicher Plausibilitätsprüfung** (OVG Lüneburg, NdsVBl. 2009, S. 23) ein zu schützendes privates Recht gefährdet ist. 29

Beispiele:
1. Die Polizei lässt ein rechtswidrig auf Privatgrund abgestelltes Kraftfahrzeug abschleppen, um dem Grundstückseigentümer die Ausfahrt von seinem Grundstück zu ermöglichen. Entsprechendes gilt in dem Fall, dass der zur Nutzung des Privatgeländes Berechtigte seinerseits das falsch geparkte Fahrzeug blockiert, um dem Falschparker einen Denkzettel zu erteilen (OVG Koblenz, NJW 1988, S. 929); insoweit stellt sich allerdings die Frage, ob der Blockierer den Straftatbestand der Nötigung (§ 240 StGB) verwirklicht.
2. Die Polizei stellt die Personalien einer Person fest, um einem Dritten die Durchsetzung eines zivilrechtlichen Schadensersatzanspruchs gegen die Person zu ermöglichen (vgl. § 12, RN 6).
3. Eine Frau (F) wird gegen ihren Willen von einem unbekannten Mann (M) fotografiert. M hat damit in das allgemeine Persönlichkeitsrecht der F eingegriffen, das nach Maßgabe des § 22 KUG (nur) zivilrechtlich geschützt ist. Die von F zu Hilfe gerufene Polizei darf zum Schutz dieses Rechts den „Film" sicherstellen (VGH Mannheim, NVwZ-RR 2008, S. 700).

§ 1 Abs. 2 stellt keine Aufgabenerweiterung dar, sondern eine Beschränkung des Begriffs der öffentlichen Sicherheit, was schon aus der Verwendung des Wortes „nur" folgt. 30

4. Vollzugshilfe

Die **Vollzugshilfe** (§ 1 Abs. 3) ist auf die **Anwendung unmittelbaren Zwanges** beschränkt, wird aber von allen Verwaltungsbehörden und nicht nur den Ordnungsbehörden geleistet. Ziel der begrifflichen Beschränkung der Vollzugshilfe auf den unmittelbaren Zwang ist die Entlastung der Polizei von Aufgaben, die den Einsatz von Polizeivollzugsbeamten nicht unbedingt erfordern (s. die §§ 47 bis 49). 31

5. Verfolgung von Straftaten und Ordnungswidrigkeiten als besonders zugewiesene Aufgaben

a) Gesetzliche Grundlagen

§ 1 Abs. 4 hat nur deklaratorische Bedeutung in Bezug auf die Verfolgung von Straftaten und Ordnungswidrigkeiten, die neben der Gefahrenabwehr zu den Aufgaben der Polizei gehören. Die Aufgabenzuweisungen sind in § 163 StPO, § 53 OWiG und speziellen Verordnungen (z. B. Verordnung zur Bestimmung der für die Verfolgung und Ahndung von Verkehrsordnungswidrigkeiten zuständigen Verwaltungsbehörden, Wasserschutzpolizeiverordnung) enthalten. 32

33 Behörden und Beamte des Polizeidienstes haben nach § 163 Abs. 1 Satz 1 StPO bei der Erforschung von Straftaten alle keinen Aufschub gestattenden Anordnungen zu treffen, um die Verdunkelung der Sache zu verhüten, sog. erster Zugriff. Das Recht zum ersten Zugriff stellt sich zwar als eigene, selbständige Aufgabe der Polizei dar, die Stellung der Polizei zur Staatsanwaltschaft lässt sich indes im Rahmen des § 163 Abs. 1 StPO nicht funktionell von der als Ermittlungsorgan der Staatsanwaltschaft nach § 161 Abs. 1 StPO absetzen. Die Polizei hat auch beim ersten Zugriff keine originäre Zuständigkeit, sondern wird in Eilkompetenz für die Staatsanwaltschaft tätig.

b) Abgrenzung von Gefahrenabwehr und Strafverfolgung

34 Eine begriffliche Trennung zwischen den beiden Hauptaufgaben der Polizei ist aus mehreren Gründen geboten. Die präventive oder repressive Funktion polizeilichen Handelns entscheidet über die Anwendbarkeit des VwVfG NRW und der besonderen Vorschriften der Zwangsanwendung, die Einschlägigkeit der Standardmaßnahmen des PolG NRW bzw. der StPO sowie den einzuschlagenden Rechtsweg. Weisungsgebundenheit der Polizei gegenüber der Staatsanwaltschaft besteht zudem nur im Bereich der Strafverfolgung, nicht im Bereich der Gefahrenabwehr. Gemäß § 2 Abs. 2 Nr. 2 VwVfG des Bundes und der entsprechenden Landesgesetze gelten die Verwaltungsverfahrensgesetze mit ihren besonderen Rechtsförmlichkeiten nicht für die Strafverfolgung. Das Recht der Zwangsanwendung ist nur im Bereich der Gefahrenabwehr besonders geregelt; eine Trennung in Anordnung und zwangsweise Durchsetzung kennt die StPO nicht.

35 Strafverfolgung und Gefahrenabwehr können auch nach Einleitung eines Ermittlungsverfahrens parallel betrieben werden. Kommt es durch eine Straftat zur Störung der öffentlichen Sicherheit, ist die Beseitigung der Störung, solange sie noch eine Gefahr impliziert, Gefahrenabwehr. Das durch die Strafnorm geschützte Rechtsgut kann noch gefährdet und Gefahrenabwehr daher gefordert sein, etwa im Falle eines Bankraubs mit Geiselnahme.

Strafrechtlicher Rechtsgüterschutz setzt nun oft schon vor Erfolgseintritt bzw. Rechtsgutverletzung ein, insbesondere bei den Delikten, durch die Strafrechtsschutz nach vorn verlagert wird und bereits sonst straflose **Vorbereitungshandlungen** tatbestandlich erfasst werden, z. B. § 149 StGB. Hier beginnt mit dem in Form der strafbaren Vorbereitungshandlung verwirklichten Delikt Strafverfolgung; gleichzeitig bleibt aber die Gefahr abzuwehren, die dem dahinterstehenden Rechtsgut nach wie vor droht. Gleiches gilt für Dauerdelikte; wird ein Entführungsopfer gefangen gehalten, um ein Lösegeld zu erpressen, bleibt Raum für Maßnahmen der Gefahrenabwehr, bis die Geisel befreit ist. Da bis dahin für die Geisel eine konkrete Gefahr besteht, kann die Polizei bestimmte Maßnahmen zur Befreiung – z. B. Abhören einer Wohnung – auf die entsprechenden polizeilichen Befugnisnormen stützen. Selbst nach einem beendeten Diebstahl kann noch eine Maßnahme der Gefahrenabwehr vorliegen, wenn die Polizei den durch eine Straftat verursachten Schaden behebt, indem sie dem Eigentümer das gestohlene Gut wieder beschafft.

Demnach sind Maßnahmen der Gefahrenabwehr neben solchen der Strafverfolgung möglich, sofern weitere Gefahren drohen, solange nur ein Handeln zum Schutz des konkreten Rechtsgutes noch sinnvoll erscheint. Erst bei einem irreparablen Schaden ist das nicht mehr der Fall; hier endet mit Gefahrenende auch Gefahrenabwehr. Mit diesem Zeitpunkt wird die Grenzlinie markiert und der bis dahin parallel zur Strafverfolgung laufende Strang der Gefahrenabwehr gekappt. 36

c) Gemengelagen

Bevor eine polizeiliche Maßnahme auf ihre Rechtmäßigkeit hin geprüft werden kann, ist zu klären, ob die für den Eingriff in Betracht kommende Ermächtigungsgrundlage dem Recht der Gefahrenabwehr oder der Strafverfolgung zu entnehmen ist. Bei der Klärung dieser Vorfrage erweist sich die – theoretisch eindeutige – Unterscheidung in Gefahrenabwehr und Strafverfolgung angesichts der vielschichtigen Sachverhalte der Praxis in vielen Fällen als fragwürdig. Zu oft besteht ein so enger Sachzusammenhang zwischen Aufgaben der Strafverfolgung und der Abwehr von Gefahren, dass sich präventive und repressive Maßnahmen kaum noch voneinander trennen lassen. Typisch für diese Gemengelage ist die Überwachung eines mutmaßlichen Straftäters, von dem die Polizei die Begehung weiterer Delikte erwartet. Sie handelt in diesen Mischfällen sowohl zum Zwecke der Verhinderung weiterer Straftaten als auch zur Verfolgung des Täters, wobei sich nicht ohne Weiteres sagen lässt, welcher Zweck im Einzelfall vorrangig sein soll. In Ansehung dieser gerade im Bereich der Bekämpfung der Organisierten Kriminalität gegebenen Entwicklung liegt es nahe, die Trennung in Prävention und Repression als überholte Unterscheidung zu qualifizieren und durch den beide Bereiche erfassenden und die Trennung überwindenden Begriff der **operativen Verbrechensbekämpfung** zu ersetzen. Dieser Versuch begegnet aber der berechtigten Kritik, über die Schaffung von Mischtatbeständen das geltende differenzierte Ermächtigungssystem von PolG NRW und StPO zu unterlaufen und die traditionelle auf Gefahrenabwehr und Tatermittlung ausgerichtete Rechtsbegrifflichkeit ohne zwingenden Grund über Bord zu werfen. 37

Praxisrelevante Gemengelagen ergeben sich bei Aufgabenkollision und Doppelfunktionalität.

Bei der **Aufgabenkollision** sind zwei Maßnahmen denkbar – die eine auf der Grundlage des Rechts der Gefahrenabwehr, die andere nach der StPO –, aber nur eine ist tatsächlich möglich. So kann die zu einem Verkehrsunfall beorderte Kradstreife entweder den Verletzten versorgen oder den flüchtigen Fahrer wegen Unfallflucht verfolgen. 38

39 **Doppelfunktional** nennt man solche Maßnahmen, deren Rechtmäßigkeit sowohl nach Gefahrenabwehrrecht als auch nach Strafprozessrecht begründet werden kann (s. zu solchen Maßnahmen auch *Nolte*, KR 2007, S. 343). Dass polizeiliche Maßnahmen gleichzeitig präventive und repressive Zwecke verfolgen, ist keine Seltenheit, sondern gehört zu den Normalitäten von Polizeieinsätzen. Kontrollstellen können nach § 111 Abs. 1 StPO und nach § 12 Abs. 1 Nr. 4 PolG NRW errichtet werden. Im Vorfeld von Demonstrationen können Durchsuchung und Sicherstellung bzw. Beschlagnahme in repressiver Hinsicht der Gewinnung von Beweismitteln und in präventiver der Verhinderung von Straftaten dienen. Die polizeiliche Beobachtung kann ebenso Instrument der Aufklärung bestimmter Straftaten wie Mittel der zur Gefahrenabwehr zu rechnenden vorbeugenden Bekämpfung von Straftaten sein. Gleiches gilt für die Razzia.

40 Bei Aufgabenkollision und doppelfunktionalen Maßnahmen ist zu klären, welche Aufgabe vorrangig ist bzw. welches Recht Anwendung findet. Diese Entscheidung kann nur unter Berücksichtigung verfassungsrechtlicher Vorgaben getroffen werden. **Der der Polizei übertragene, aus dem Wesen des Staates abgeleitete Gefahrenabwehr- bzw. Schutzauftrag hat Verfassungsrang.** Das Menschenbild des Grundgesetzes sieht den Einzelnen und seine Würde als obersten Wert und verpflichtet die staatliche Gewalt in Art. 1 Abs. 1 Satz 2 GG zu seinem Schutz. **Polizeiliches Handeln ist damit vorrangig auf den Schutz des Einzelnen und seiner Grundrechte auszurichten;** ein schneller Rückzug auf repressive Tätigkeit, ein grundsätzlicher Primat der Strafverfolgung widersprächen dieser Grundentscheidung der Verfassung, die das Schutzgebot im Grundgesetz ausdrücklich verankert.

41 Im Kollisionsfall zwischen Gefahrenabwehr und Strafverfolgung hat eine **Abwägung** zwischen beiden Aufgaben unter Berücksichtigung der jeweils konkret betroffenen Rechtsgüter zu erfolgen. Bei Geiselnahmen etwa ist diese Vorrangentscheidung zu Gunsten der Gefahrenabwehr zu treffen, wenn beide Aufgaben sich nicht gleichzeitig erfüllen lassen. Aufgabenkollisionen sind im Übrigen im polizeilichen Alltag zwangsläufige Folge der i. d. R. gegebenen Gemengelage von Gefahrenabwehr und Strafverfolgung. Sieht z. B. die am Unfallort eintreffende Kradstreife den Unfallverursacher flüchten, kann der Beamte ohne Versorgung des Opfers die Verfolgung aufnehmen, wenn es nur leicht verletzt ist; d. h. die Kollisionsentscheidung fällt nicht grundsätzlich zu Gunsten der Gefahrenabwehr aus.

42 Fällt die Kollisionsentscheidung zu Gunsten der Gefahrenabwehr aus, weil durch Maßnahmen der Strafverfolgung Eskalationen oder neue Gefahren mit schwerwiegenden Verletzungen von Rechtsgütern der betroffenen Personen, der eingesetzten Beamten und insbesondere unbeteiligter Dritter drohen, folgt aus dem Prinzip der Verhältnismäßigkeit ein Eingriffsverbot.

43 Wenn Gefahrenabwehr und Strafverfolgung nebeneinander laufen, weil die Polizei **gleichzeitig präventive und repressive Zwecke** verfolgen will, fallen da-

Aufgaben der Polizei § 1

bei Maßnahmen an, die in keinem der beiden Bereiche einen Schwerpunkt haben oder bei denen die ursprünglich gegebene Zweckrichtung umschlägt, weil die Polizei ihr Standbein wechselt. In diesen Fällen eine klare Zuordnung grundsätzlich offen zu lassen und stattdessen eine doppelte Rechtmäßigkeitsprüfung vorzunehmen, stößt in der Regel (s. zu den Ausnahmen RN 45) auf rechtsstaatliche Bedenken. Eine doppelte Absicherung wäre keine rechtsstaatliche Wohltat, sondern ermöglichte es der Polizei, sich im Moment des Einschreitens ausschließlich an der taktischen Effizienz zu orientieren und sich erst im Nachhinein die passende Rechtsgrundlage auszusuchen. Die Gebote der Eindeutigkeit und Klarheit staatlichen Handelns gerade im Eingriffsbereich erfordern grundsätzlich eine **differenzierende rechtliche Zuordnung.**

Die **Rechtswegproblematik** hat freilich durch die Kompetenz des (zulässigerweise unter einem bestimmten rechtlichen Aspekt angerufenen) Gerichts, den Rechtsstreit unter **allen** in Betracht kommenden Gesichtspunkten zu entscheiden (§ 17 Abs. 2 Satz 1 GVG), an Schärfe eingebüßt.

Für die praktische Behandlung „janusköpfiger" Fälle werden folgende **Grundregeln** vorgeschlagen: Auszugehen ist von dem Prinzip, dass sich die Rechtmäßigkeit einer polizeilichen Maßnahme entweder nach dem Recht der Gefahrenabwehr oder dem der Strafverfolgung beurteilt. Das schließt aber nicht aus, dass sich auch bei einem einheitlichen äußeren Geschehensablauf die Zweckrichtung des Einschreitens, das in einem Bündel von Maßnahmen bestehen kann, laufend zu ändern vermag. So kann ein Verdächtiger nach § 127 oder § 163 b StPO festgenommen, sodann aus Gründen der Eigensicherung nach Polizeirecht durchsucht werden; dabei gefundene gefährliche Gegenstände werden wieder nach Polizeirecht sichergestellt, während Beweismittel nach den §§ 94 ff. StPO zu beschlagnahmen sind. 44

Für die Zuordnung einer Maßnahme kommt es entscheidend darauf an, in welcher konkreten Funktion die Polizei eingeschritten ist. Wird der **Grund** des polizeilichen Handelns gegenüber der betroffenen Person **genannt,** so ist der Würfel in der Regel gefallen. Anders liegen die Dinge hingegen in den (zahlenmäßig häufigeren) Fällen, in denen die Polizei ohne „Bekenntnis" zum Ziel ihres Eingreifens tätig wird. Dann kommt es darauf an, wie sich der konkrete Sachverhalt einem verständigen Bürger in der Lage der betroffenen Person bei natürlicher Betrachtungsweise darstellt. Maßgebend ist der Gesamteindruck oder auch „**Schwerpunkt**" der polizeilichen Maßnahmen. Insoweit können der **Anlass des Einschreitens** und der „rechtliche Rahmen" – etwa Handeln auf Grund einer Strafanzeige – den Ausschlag geben (VGH München, NVwZ 1986, S. 655). 45

Trotz dieser Kriterien ist die Zuordnung im Einzelfall nach wie vor schwierig und zuweilen (fast) unmöglich. Ist eine **nachvollziehbare Abgrenzung** auch im Nachhinein **ausgeschlossen,** so bleibt nichts anderes übrig, als die Maßnahme **sowohl unter polizeirechtlichen als auch unter strafprozessualen Gesichts-**

punkten zu würdigen. Es muss dann genügen, dass sie entweder nach Gefahrenabwehrrecht oder nach Strafverfahrensrecht zulässig ist.

§ 2
Grundsatz der Verhältnismäßigkeit

(1) Von mehreren möglichen und geeigneten Maßnahmen hat die Polizei diejenige zu treffen, die den Einzelnen und die Allgemeinheit voraussichtlich am wenigsten beeinträchtigt.

(2) Eine Maßnahme darf nicht zu einem Nachteil führen, der zu dem erstrebten Erfolg erkennbar außer Verhältnis steht.

(3) Eine Maßnahme ist nur solange zulässig, bis ihr Zweck erreicht ist oder sich zeigt, dass er nicht erreicht werden kann.

VVPolG NRW zu § 2

Grundsatz der Verhältnismäßigkeit (zu § 2)
2.0
Der Grundsatz der Verhältnismäßigkeit hat Verfassungsrang. Er ist bei jeder Maßnahme zu beachten.

Erläuterungen:

1. Allgemeines

1   Der Verhältnismäßigkeitsgrundsatz hat **Verfassungsrang** (s. RdNr. 2.0 VVPolG NRW). Er ist Ausfluss des **Rechtsstaatsprinzips** und ergibt sich im Grunde bereits aus dem Wesen der Grundrechte selbst, die von der öffentlichen Gewalt jeweils nur so weit beschränkt werden dürfen, als es zum Schutze öffentlicher Interessen unerlässlich ist (BVerfGE 19, S. 348). Die Beachtung des Verhältnismäßigkeitsgrundsatzes ist daher die wichtigste Voraussetzung für die Rechtmäßigkeit jedes polizeilichen Eingriffs. Es handelt sich um eine **Rechtsfrage,** nicht um eine Ermessensfrage. Im weitesten Sinne umfasst der Verhältnismäßigkeitsgrundsatz das Erfordernis der Möglichkeit und Geeignetheit der Maßnahmen, den Grundsatz des geringsten Eingriffs (§ 2 Abs. 1) und den Grundsatz, dass Maßnahmen der Polizei nicht zu einem Nachteil führen dürfen, der zu dem beabsichtigten Erfolg erkennbar außer Verhältnis steht (Verhältnismäßigkeitsgrundsatz im engeren Sinne, § 2 Abs. 2).

Grundsatz der Verhältnismäßigkeit § 2

2. Möglichkeit, Geeignetheit und Grundsatz des geringsten Eingriffs (§ 2 Abs. 1)

Eine polizeiliche Maßnahme, insbesondere eine Anordnung, muss **möglich** sein.

An der **tatsächlichen** Möglichkeit fehlt es, wenn der Adressat – oder sogar jedermann – faktisch außerstande ist, einen Verwaltungsakt zu befolgen.

Beispiele:
1. Die Polizei verlangt Auskunft über Informationen, über die der Auskunftspflichtige gar nicht verfügt.
2. Die Polizei verlangt die Rückgabe einer Waffe, die bereits zerstört wurde.

Das gewünschte Verhalten muss dem Betroffenen auch **rechtlich** möglich sein.

Strafbare Handlungen oder Ordnungswidrigkeiten dürfen nicht verlangt werden; entsprechende Verwaltungsakte wären sogar nichtig (§ 44 Abs. 2 Nr. 5 VwVfG NRW).

Beispiel: Die Polizei verlangt von einem Arzt oder Rechtsanwalt, Informationen herauszugeben, die durch das Berufsgeheimnis (§ 203 StGB) geschützt sind.

Es darf des Weiteren grundsätzlich keine Handlung gefordert werden, zu deren Vornahme der Betroffene privatrechtlich nicht befugt ist.

Beispiel: Die Polizei fordert einen Hauseigentümer (H) auf, eine Wohnung nicht mehr „zu benutzen oder nutzen zu lassen", die sich in einem bauordnungswidrigen Zustand befindet. H hat die Wohnung auf Grund eines gültigen Mietvertrages an Dritte überlassen. Die Inanspruchnahme des H ist weder rechtlich möglich noch erforderlich, weil H mietvertraglich gebunden ist und die Gefahr dadurch unmittelbar beseitigt werden kann, dass die baurechtswidrigen Nutzer herangezogen werden (OVG Münster, NWVBL 1993, S. 232). Richtigerweise war eine Räumungsverfügung an die Mieter zu richten.

Private **Rechte Dritter** können jedoch lediglich ein **Vollzugshindernis** darstellen. Dies gilt insbesondere bei mehreren Verantwortlichen (*Sadler*, § 15 VwVG RN. 10, 11).

Beispiel: A und B sind Miteigentümer eines Grundstücks, auf dem ein morscher Baum steht. Die Polizei ordnet wegen Eilbedürftigkeit die Fällung des Baumes gegenüber A an. Das Miteigentum des B berührt die Rechtmäßigkeit des Verwaltungsakts selbst nicht. Wohl aber stellt es ein Vollzugshindernis dar, das bereits eine Zwangsandrohung ausschließt. Dieses Hindernis kann durch eine (vollziehbare) Duldungsverfügung gegenüber B ausgeräumt werden. In Eilfällen (§ 50 Abs. 2) ist naturgemäß auch eine solche ergänzende Verfügung entbehrlich.

Das Erfordernis der **Eignung** setzt voraus, dass die Maßnahme zur Erreichung des (Gefahrenabwehr-)Zwecks **zumindest beitragen kann;** sie muss einen Schritt in die richtige Richtung darstellen.

§ 2 Grundsatz der Verhältnismäßigkeit

Beispiele:
1. Die Aufforderung an den Gastgeber einer Lärm verursachenden Party, die „Musikanlage im Wohnzimmer leiser zu stellen", ist auch dann geeignet, wenn der Lärm zugleich durch eine zweite Anlage im Nebenzimmer hervorgerufen wird, die der Polizeibeamte übersehen hat.
2. Demgegenüber ist die Verbringung einer Gruppe von Randalierern aus dem Innenstadtbereich einer Stadt in einen Vorort sehr problematisch, soweit davon auszugehen ist, dass die Störer ihr Verhalten dort fortsetzen werden (Verdrängungseffekt).
3. Zweifelhaft wäre auch der Einsatz einer sog. Parkkralle zwecks Blockierung von falsch geparkten Pkw, denn hierdurch würde die Dauer des Rechtsverstoßes – Verletzung des § 12 StVO – verlängert.

4 Der Grundsatz der **Erforderlichkeit** verlangt, dass die Polizei von mehreren geeigneten Maßnahmen diejenige trifft, die den Einzelnen und die Allgemeinheit voraussichtlich am wenigsten beeinträchtigt. Zu prüfen ist also, ob zur Bereinigung der Gefahrenlage **mildere** – weniger belastende – **Mittel** zur Verfügung stehen.

Beispiel: Ein Kraftfahrzeug ist vor der Einfahrt einer Feuerwache abgestellt worden. Dadurch kann ein Krankentransportwagen nicht ausfahren. Die Polizei lässt das Fahrzeug zum Sicherstellungsgelände des Abschleppunternehmens abschleppen, obwohl unmittelbar neben der Einfahrt andere Abstellmöglichkeiten bestehen. Dieses Abschleppen ist geeignet, die eingetretene Störung der öffentlichen Sicherheit zu beseitigen. Wenn aber in so unmittelbarer Nähe der Feuerwache andere Abstellplätze vorhanden sind, hätte nach § 2 Abs. 1 nur das Versetzen des Fahrzeugs an einen der anderen Abstellplätze veranlasst werden dürfen (Ermächtigungsgrundlage § 8). Das wäre für den Betroffenen weniger beeinträchtigend gewesen (Kostenersparnis, keine Suche nach dem Fahrzeug), und für die Allgemeinheit ist kein Nachteil erkennbar. Das Abschleppen zum Sicherstellungsgelände war daher wegen Verstoßes gegen § 2 Abs. 1 rechtswidrig.

3. Grundsatz der Verhältnismäßigkeit im engeren Sinn (§ 2 Abs. 2)

5 Auch wenn eine Maßnahme geeignet ist und der Forderung des am wenigsten beeinträchtigenden Eingriffs nach § 2 Abs. 1 entspricht, kann sie im Einzelfall rechtlich unzulässig sein, wenn die Maßnahme zu einem Nachteil führt, der zu dem beabsichtigten Erfolg erkennbar außer Verhältnis steht. Die Beurteilung der Verhältnismäßigkeit setzt eine **Güterabwägung** voraus, die sich an den Umständen des Einzelfalls orientiert. Der Zweck des Eingriffs und die hierdurch bewirkten Belastungen müssen in einem angemessenen Verhältnis stehen; es darf kurz gesagt nicht „mit Kanonen auf Spatzen geschossen" werden.

Beispiele:
1. Unverhältnismäßig wäre es, wenn die Polizei einem Pkw-Fahrer, der ohne Führerschein unmittelbar vor seinem Wohnhaus (Fahrtziel) angehalten wird, das Weiterfahren lediglich wegen Nichtmitführens des Führerscheins verbieten würde.
2. Einer Polizeistreife fällt nachts die defekte Heckbeleuchtung eines Pkw auf. Nachdem die Beamten das Fahrzeug angehalten haben, erklärt der Fahrer glaubhaft, er

habe den Schaden nicht bemerkt und wolle direkt zu seiner nur wenige hundert Meter entfernt liegenden Wohnung fahren. Bei der Güterabwägung (Sicherheit des Straßenverkehrs, Einschränkung der Fortbewegungsfreiheit der betroffenen Person) kommt es darauf an, ob durch die Weiterfahrt mit dem nicht ordnungsgemäßen Fahrzeug ernstliche Gefahren verbunden sind. Dafür können die Beleuchtungsverhältnisse der zu benutzenden Straße (mit-)entscheidend sein. Etwaige Gefahren lassen sich durch Einschaltung der Warnlampen mindestens deutlich verringern. Als bürgerfreundliche „Serviceleistung" kommt auch eine „Polizeibegleitung" in Betracht, wenn es sich nur um eine kurze Restfahrstrecke handelt.
3. Das Verbot der Weiterfahrt eines Lkw mit defekten Bremsen ist fraglos verhältnismäßig im Hinblick auf die damit verbundenen erheblichen Gefahren.

Ob eine Gefahrenabwehrmaßnahme angemessen (verhältnismäßig) ist, hängt entscheidend vom **Ausmaß der wirklichen oder mutmaßlichen Gefahr** ab.

4. Zeitliche Begrenzung von Maßnahmen (§ 2 Abs. 3)

Die Vorschrift verdeutlicht nur die „Notwendigkeit" als Voraussetzung polizeilicher Maßnahmen (s. § 8 Abs. 1: „notwendige" Maßnahmen) im Hinblick auf ihre zeitliche Dauer. Die **Zweckerreichung** deckt sich im Ergebnis mit dem „Wegfall des Grundes" (§ 38 Abs. 1 Nr. 1 – Gewahrsam) und dem „Wegfall der Voraussetzungen" (§ 46 Abs. 1 Satz 1 – Herausgabe sichergestellter Sachen).

6

Beispiel: Ein ausgenüchterter Betrunkener ist aus dem Gewahrsam zu entlassen. Der Grund für die Freiheitsentziehung ist nach § 38 Abs. 1 Nr. 1 entfallen; gleichzeitig ist der Zweck der Maßnahme i. S. d. § 2 Abs. 3 erreicht.

Der Zweckerreichung ist gleichgestellt, dass die **Nichterreichbarkeit** des Zweckes feststeht.

7

Beispiel: Nach einem Familienstreit soll ein Mann in Gewahrsam genommen werden. Die Voraussetzungen des § 35 Abs. 1 Nr. 4 i. V. m. § 34a sind gegeben. Polizeibeamte betreten die Wohnung zu diesem Zweck. Dabei stellt sich heraus, dass der Betroffene sich bereits in einer anderen Wohnung aufhält. Die Maßnahme ist abzubrechen.

5. Verhältnismäßigkeitsgrundsatz bei der Verfolgung von Straftaten und Ordnungswidrigkeiten

Der ungeschriebene Verfassungsgrundsatz gilt im Verfolgungsbereich ebenfalls für alle Maßnahmen der Polizei, obwohl eine allgemeine Vorschrift wie § 2 fehlt und nur in einzelnen Bestimmungen ausdrücklich auf den Grundsatz hingewiesen wird (s. Einführung Nr. 3.1). Bei der entsprechenden Anwendung von Vorschriften der Strafprozessordnung im Bußgeldverfahren (§ 46 OWiG) ist der Verhältnismäßigkeitsgrundsatz besonders zu beachten.

8

6. Der Verhältnismäßigkeitsgrundsatz beim Zwang

9 Der Grundsatz der Verhältnismäßigkeit gilt nicht nur für die Befugnisse der Polizei, sondern **auch für die zwangsweise Durchsetzung ihrer Maßnahmen.** Die Zwangsmittel Ersatzvornahme, Zwangsgeld und unmittelbarer Zwang müssen in einem angemessenen Verhältnis zu dem erstrebten Zweck stehen.

10 Das gilt insbesondere für die **Art und Weise der Anwendung unmittelbaren Zwanges** bei Gefahrenabwehr und Strafverfolgung, insbesondere beim Schusswaffengebrauch (§§ 57 ff.). Für den **Schusswaffengebrauch** hat der Gesetzgeber den Grundsatz der Verhältnismäßigkeit bei der Formulierung der Vorschriften speziell zum Ausdruck gebracht (z. B. in § 63); unabhängig davon muss der Grundsatz in jedem Einzelfall beachtet werden.

§ 3
Ermessen, Wahl der Mittel

(1) Die Polizei trifft ihre Maßnahmen nach pflichtgemäßem Ermessen.

(2) ¹**Kommen zur Abwehr einer Gefahr mehrere Mittel in Betracht, so genügt es, wenn eines davon bestimmt wird.** ²**Der betroffenen Person ist auf Antrag zu gestatten, ein anderes ebenso wirksames Mittel anzuwenden, sofern die Allgemeinheit dadurch nicht stärker beeinträchtigt wird.**

Erläuterungen:

1. Ermessen

1 Im Gegensatz zu dem für die **Strafverfolgung** geltenden **Legalitätsprinzip** (§ 163 StPO) gilt für die Polizei bei der **Gefahrenabwehr** das **Opportunitätsprinzip.** Die Polizei entscheidet grundsätzlich nach **pflichtgemäßem Ermessen** darüber, ob **(Entschließungsermessen)** und wie **(Auswahlermessen)** sie zur Gefahrenabwehr einschreitet. Die Polizei darf allerdings Ermessen nur im Rahmen der Gesetze anwenden. Zu beachten ist insbesondere, dass es sich bei der Prüfung, ob die gesetzlichen Voraussetzungen eines polizeilichen Eingriffs vorliegen, nicht um Ermessens-, sondern um Rechtsfragen handelt, so z. B. bei den – unbestimmten – Rechtsbegriffen Gefahr, öffentliche Sicherheit, öffentliche Ordnung, Erforderlichkeit, Verhältnismäßigkeit. Ermessen ist erkennbar an Formulierungen wie **kann, soll, darf,** gelegentlich auch am Vorhandensein mehrerer Rechtsfolgen, von denen eine auszuwählen ist.

2 Das **Opportunitätsprinzip** hat im Hinblick auf das **Entschließungsermessen** im Wesentlichen folgende Bedeutung: Die Polizei erhält angesichts der Begrenztheit ihrer persönlichen und sachlichen Mittel die Möglichkeit, das Wichtige vor dem weniger Wichtigen zu tun. Sie kann von einem Einschreiten absehen, wenn die öffentliche Sicherheit auf andere Weise gewährleistet wird; unter

Ermessen, Wahl der Mittel § 3

diesem Gesichtspunkt kann es z. B. zulässig sein, den durch Nachbarschaftslärm geplagten Bürger auf den zivilrechtlichen Weg zu verweisen, auch wenn gleichzeitig ein Bußgeldtatbestand und damit eine Störung i. S. d. Gefahrenabwehr vorliegt, vor allem, wenn es sich um eine Dauerlärmquelle handelt.

Dem **Auswahlermessen** kommt insbesondere Bedeutung zu, wenn mehrere rechtlich zulässige Maßnahmen für die Gefahrenabwehr in Betracht kommen; das gilt z. b. dann, wenn mehrere Personen als Störer in Anspruch genommen werden können (s. näher § 4, RN 10).

Ist eine Behörde ermächtigt, nach ihrem **Ermessen** zu handeln, hat sie ihr Ermessen **entsprechend dem Zweck der Ermächtigung** auszuüben und die **gesetzlichen Grenzen des Ermessens** einzuhalten (§ 40 VwVfG NRW; vgl. auch Einführung Nr. 4.4). Diese Vorschrift gilt für die Polizei im Rahmen der Gefahrenabwehr. Ermessensentscheidungen sind nach Maßgabe des § 39 Abs. 1 Satz 3 VwVfG NRW zu begründen. Die Behörde kann ihre Ermessenserwägungen notfalls noch während eines verwaltungsgerichtlichen Verfahrens ergänzen (§ 114 Satz 2 VwGO). 3

Bei der Verfolgung von Ordnungswidrigkeiten, für die das Opportunitätsprinzip ebenfalls anzuwenden ist, ergibt sich das aus § 53 OWiG. Allerdings unterscheiden sich die Prinzipien der Opportunität bei der Gefahrenabwehr und der Ordnungswidrigkeitenverfolgung. Die Gefahrenabwehr orientiert sich hauptsächlich am drohenden Schaden, im Ordnungswidrigkeitsverfahren müssen dagegen der Aufwand der Ermittlungen und die Möglichkeit der Sanktionierung (Bußgeld) berücksichtigt werden.

Ermessensfehler sind die **Ermessensüberschreitung** und der **Ermessensmissbrauch**. Beide Fehler führen zur Rechtswidrigkeit der polizeilichen Maßnahme; insoweit ist auch das Ermessen gerichtlich überprüfbar (§ 114 Satz 1 VwGO). Ermessensüberschreitung liegt vor bei der Nichtbeachtung der rechtlichen Begrenzung des Ermessens (z. B. gesetzliche Festlegung eines Ermessensspielraums: s. etwa den Zwangsgeldrahmen in § 53 Abs. 1). Von Ermessensmissbrauch spricht man dann, wenn „von dem Ermessen in einer dem Zweck der Ermächtigung nicht entsprechenden Weise Gebrauch gemacht wird" (§ 114 Satz 1 2. Alt. VwGO), vor allem also dann, wenn unsachliche Gründe für die Maßnahme der Polizei maßgeblich waren. 4

Beispiel: Ein Polizeibeamter hält einen verfeindeten Nachbarn täglich zum Zweck der Verkehrskontrolle an, um ihn zu schikanieren.

Auch der **Grundsatz der Gleichbehandlung** (Art. 3 GG) setzt dem Ermessen rechtliche Schranken. Die Sachverhalte, die ein Eingreifen der Polizei zur Gefahrenabwehr erfordern, sind allerdings selten völlig gleich. Auch gibt es **keine Gleichheit im Unrecht**. 5

Beispiel: Der Fahrer eines im absoluten Haltverbot stehenden Kfz, das abgeschleppt wird, kann sich nicht auf Art. 3 GG berufen, wenn ein Nachbarfahrzeug pflichtwidrig

§ 3 Ermessen, Wahl der Mittel

(!) nicht abgeschleppt wird. Liegen allerdings unsachliche Gründe für die unterschiedliche Behandlung vor, kann ein Ermessensmissbrauch gegeben sein. Dies ist z.B. der Fall, wenn ein Polizeibeamter aus einer Gruppe falsch geparkter Fahrzeuge lediglich den Pkw seines missliebigen Vermieters „herauspickt".

Das Ermessen kann durch **allgemeine oder Einzelweisungen** der Vorgesetzten oder der Aufsichtsbehörden **eingeschränkt** werden. Auch eine (rechtmäßige) **Verwaltungspraxis** kann i.V.m. dem Gleichheitsgebot (Art. 3 GG) zu einer Ermessensbindung dergestalt führen, dass nicht ohne sachliche Gründe von der geübten Praxis im Einzelfall abgewichen werden darf.

6 Abgesehen von den genannten rechtlichen Schranken für die Betätigung des Ermessens wird eine **Pflicht zum Handeln der Polizei** dann angenommen, wenn akute Gefahren für Leib, Leben oder erhebliche Vermögenswerte drohen. Die Polizei kann dann nicht mehr vom Tätigwerden absehen. In diesen Fällen der **Reduzierung des Ermessens auf Null** muss eingeschritten werden. Dem Bürger steht dann auch ein **Anspruch** auf Einschreiten der Polizei zu. Handelt die Polizei in solchen Fällen nicht, drohen Amtshaftungsansprüche nach § 839 BGB i.V.m. Art. 34 GG.

Beispiel: Polizeibeamte lehnen die Bitte von Tatzeugen ab, sie vor möglichen Angriffen der noch anwesenden Täter zu schützen, insbesondere durch Begleitung bis zur (nahe gelegenen) Wohnung der Zeugen. Kaum hat sich die Polizei entfernt, werden die Zeugen prompt zusammengeschlagen (OLG Bremen, NVwZ-RR 1990, S. 1450).

Gegenbeispiel: Das OLG Hamm (NZV 2000, S. 414, 415) hat einen Schadensersatzanspruch wegen Amtshaftung in einem Fall abgelehnt, in dem Polizeibeamte (entgegen den „Richtlinien des Landes NRW über die polizeiliche Aufnahme von Bagatellunfällen im Straßenverkehr") nicht für den Austausch der Personalien der Unfallbeteiligten gesorgt hatten. Die Personalien des Schädigers hätten sich leicht über das Kfz-Kennzeichen ermitteln lassen, sodass die Hilfe der Polizei bei der Feststellung des Schädigers nicht erforderlich gewesen sei. Eine Verpflichtung zur Identitätsfeststellung habe unter diesen Umständen nicht bestanden. Die Verwaltungsvorschrift führe nicht zu einer Ausdehnung gesetzlicher Schutzpflichten.

Darüber hinaus wird eine Pflicht zum Handeln immer dann anzunehmen sein, wenn **keine vernünftigen Gründe für Untätigkeit** vorliegen. Eine Pflicht zum Einschreiten kann insbesondere entfallen, wenn das polizeiliche Einschreiten zum Rechtsgüterschutz nicht erforderlich ist, weil **anderweitige (Selbst-)Hilfe** in Betracht kommt.

Beispiele:
1. Wird jemand von einer ihm unbekannten Person ohne Grund angegriffen und verletzt, so ist der Geschädigte zur Geltendmachung eines Schadensersatzanspruchs auf die Personalien des Angreifers angewiesen. Diese zu beschaffen ist Aufgabe der Polizei (§ 1 Abs. 2). Unterlassen Polizeibeamte demgemäß die Identitätsfeststellung, so kann der Geschädigte vom Land NRW Ersatz beanspruchen, wenn er mangels Kenntnis der Personalien der ersatzpflichtigen Person seinen Schadensersatzanspruch nicht durchsetzen kann (LG Hagen, NVwZ 2000, S. 479).

2. Wird die Polizei gebeten, ein auf einem Privatgrundstück rechtswidrig abgestelltes Fahrzeug zu entfernen, kann sie zwar zum Schutz des privaten Eigentums- und Besitzrechts einschreiten. Eine Pflicht zum Einschreiten – und damit ein korrespondierender Anspruch des Parkplatzbesitzers – kommt jedoch in der Regel nicht in Betracht (so auch Nr. 2.22 des RdErl. „Sicherstellung von Fahrzeugen durch die Polizei" v. 25. 6. 1979 – IV A 2-2744/SMBl. NRW. 2051). Der Besitzer des Parkplatzes kann sich vielfach selbst helfen, indem er das unbefugt abgestellte Fahrzeug abschleppen lässt (vgl. zu den Selbsthilferechten von Privatpersonen *Vahle*, DVP 2008, S. 403). Die Abschleppkosten kann er regelmäßig als Schadensersatz von dem Falschparker verlangen (BGH, DVP 2010, S. 83). Bei erheblichen Störungen – z. b. Zuparken eines Fahrzeuges (Verdacht der Nötigung gemäß § 240 StGB!) – kann sie indessen pflichtgemäßer Ermessensausübung entsprechen, einem Hilfeersuchen zu entsprechen und zumindest Maßnahmen zur Ermittlung des Halters des störenden Fahrzeuges zu treffen.

2. Austauschmittel (§ 3 Abs. 2)

Nach § 2 Abs. 1 hat die Polizei unter mehreren für die Gefahrenabwehr im Einzelfall geeigneten Mitteln dasjenige zu wählen, das den Einzelnen oder die Allgemeinheit am wenigsten beeinträchtigt. Im Hinblick darauf hat die Regelung in § 3 Abs. 2 viel von ihrer Bedeutung verloren. Gleichwohl soll es dem Betroffenen überlassen bleiben, ein anderes geeignetes Mittel zur Gefahrenabwehr anzubieten. 7

Beispiel: In einem leer stehenden Haus spielen am Wochenende Kinder. Sie sind dadurch gefährdet, dass kein Geländer mehr im Treppenhaus angebracht ist. Die Polizei erteilt dem Hauseigentümer die Verfügung, das Haustürschloss reparieren zu lassen und das Gebäude zu verschließen. Der Hauseigentümer bietet an, Winkeleisen zu installieren und die Tür durch ein Vorhängeschloss zu sichern.

§ 4
Verantwortlichkeit für das Verhalten von Personen

(1) Verursacht eine Person eine Gefahr, so sind die Maßnahmen gegen diese Person zu richten.

(2) [1]**Ist die Person noch nicht 14 Jahre alt oder ist für sie zur Besorgung aller ihrer Angelegenheiten ein Betreuer bestellt, können Maßnahmen auch gegen die Person gerichtet werden, die zur Aufsicht über sie verpflichtet ist.** [2]**Dies gilt auch, wenn der Aufgabenkreis des Betreuers die in § 1896 Abs. 4 und § 1905 des Bürgerlichen Gesetzbuchs bezeichneten Angelegenheiten nicht erfasst.**

(3) Verursacht eine Person, die zu einer Verrichtung bestellt ist, die Gefahr in Ausführung der Verrichtung, so können Maßnahmen auch gegen die Person gerichtet werden, die die andere zu der Verrichtung bestellt hat.

(4) Die Absätze 1 bis 3 sind nicht anzuwenden, soweit andere Vorschriften dieses Gesetzes oder andere Rechtsvorschriften bestimmen, gegen wen eine Maßnahme zu richten ist.

VVPolG NRW zu § 4
Verantwortlichkeit für das Verhalten von Personen (zu § 4)
4.0
Wird eine Gefahr durch die hoheitliche Tätigkeit einer Behörde verursacht, hat die Polizei die Behörde oder deren Aufsichtsbehörde zu unterrichten. Führt dies nicht zum Ziel, kann die Polizei ihre Aufsichtsbehörde unterrichten mit der Bitte, auf eine einvernehmliche Lösung hinzuwirken. Eingriffsmaßnahmen gegen Behörden sind unzulässig; allerdings kann bei Gefahr im Verzug, wenn die Behörde nicht sofort erreichbar ist, die Polizei zur Abwehr einer gegenwärtigen erheblichen Gefahr vorläufige Maßnahmen treffen.
4.2 (zu Absatz 2)
Da durch § 4 Abs. 2 Satz 2 sämtliche Fälle der Betreuung erfasst werden, braucht bei einer Inanspruchnahme nach § 4 Abs. 2 Satz 1 nicht geprüft zu werden, für welche Aufgabenbereiche die Betreuung gilt.

Erläuterungen:

1. Begriff der Verantwortlichkeit (Polizeipflicht)

1 Die Polizei darf zur Gefahrenabwehr ihre eigenen Mittel einsetzen, womit meist Eingriffe in Rechte Dritter vermieden werden. Oftmals kann sie ihre Aufgaben nur erfüllen, indem sie von Personen durch Gebote oder Verbote ein bestimmtes Verhalten verlangt, das zur Abwehr der Gefahr führt bzw. beiträgt. Notfalls kann die Polizei ihre Anordnungen auch zwangsweise durchsetzen. Die §§ 4 bis 6 regeln, welche Personen zum Zweck der Gefahrenabwehr in Anspruch genommen werden dürfen, **wer also polizeirechtlich verantwortlich** ist. Diese polizeipflichtigen Personen werden auch als **Störer** oder **Adressat** bezeichnet. Die Vorschriften über die Verantwortlichkeit treffen nur eine Aussage über die Inanspruchnahme der **richtigen** Person. Sie ersetzen nicht die Aufgabenregelung, insbesondere nicht die Befugnisnorm. Es handelt sich vielmehr um eine weitere Voraussetzung für die Rechtmäßigkeit polizeilichen Handelns.

2 Die mit dem Begriff **Verantwortlichkeit** umschriebene Verantwortung gilt für das Verhalten von Personen **(Verhaltens- oder Handlungshaftung, § 4)** und für den Zustand von Sachen einschließlich von Tieren **(Zustandshaftung, § 5)**, soweit hierdurch eine Gefahr für die öffentliche Sicherheit oder Ordnung verursacht wird. Andere Personen als die genannten Verantwortlichen dürfen nur ausnahmsweise unter den besonderen Voraussetzungen des sog. **polizeilichen Notstandes** (§ 6) in Anspruch genommen werden.

2. Verantwortliche Personen

Als polizeipflichtige Adressaten kommen zum einen alle **natürlichen** Personen 3
in Betracht, des Weiteren auch **juristische Personen** des Privatrechts (z.B. AG,
GmbH, eingetragener Verein; vgl. OVG Münster, NVwZ-RR 1994, S. 386, 387).
Polizeiverfügungen sind ggf. an das vertretungsberechtigte Organ zu richten
(z.B. den Geschäftsführer einer GmbH).

Darüber hinaus können **sonstige Personenmehrheiten** als solche in Anspruch
genommen werden, auch wenn sie keine juristischen Personen sind. Derartige
(teil-)rechtsfähige Personenmehrheiten (z.B. OHG, KG, nicht eingetragener
Verein) müssen aber ein gewisses Maß an körperschaftlicher Struktur aufweisen
(VGH Mannheim, GewArch 1996, S. 36, 37).

Auch die Gesellschaft bürgerlichen Rechts gilt inzwischen jedenfalls dann als
rechtsfähig, wenn sie als Teilnehmerin am Rechtsverkehr eigene Rechte und
Pflichten begründet (BGH, NJW 2001, S. 1056).

Die Polizeipflicht setzt **kein Verschulden** i.S.d. Zivilrechts und erst recht keine 4
Schuld im strafrechtlichen Sinne voraus. Daher können auch **Kinder, Betreute**
und **bewusstlose Personen** polizeirechtlich Adressaten sein.

> **Beispiel:** Ein 13-jähriger Junge fährt mit dem Auto seines Vaters ohne dessen Wissen
> auf einer öffentlichen Straße. Obwohl das ein Vergehen ist (§ 21 Abs. 1 Nr. 1 StVG),
> kann das Kind mangels Schuldfähigkeit nicht bestraft werden (§ 19 StGB). Die Polizei
> kann aber den Jungen an der Weiterfahrt hindern und ihn notfalls auch vorübergehend
> in polizeilichen Gewahrsam nehmen (§ 35 Abs. 1 Nr. 1), um ihn in die Obhut der Erziehungsberechtigten zu übergeben. Der Junge ist Verhaltensstörer nach § 4 Abs. 1.

Die Staatsangehörigkeit beeinflusst die Verantwortlichkeit grundsätzlich nicht. 5
Auch Diplomaten unterliegen der deutschen Rechtsordnung und damit dem Polizei- und Ordnungsrecht. Einschränkungen gelten jedoch nach den allgemeinen
Regeln des Völkerrechts (Art. 25 GG) für **exterritoriale Personen** (z.B. Botschafter) und ihre Grundstücke. Die Polizei darf hiernach insbesondere Grundstücke einer Botschaft oder Gesandtschaft nicht ohne Einwilligung des Missionschefs betreten. Auch dürfen grundsätzlich keine (Zwangs-)Maßnahmen der
Gefahrenabwehr gegen die geschützten Personen ergriffen werden. Ausnahmsweise sind trotz **diplomatischer Privilegien** Maßnahmen der **Gefahrenabwehr**
jedoch zulässig, wenn sie im konkreten Einzelfall zum Schutz höherwertiger
Rechtsgüter erforderlich sind (s. näher *Bolewski/Seidel*, VR 2004, S. 374).

> **Beispiele:**
> 1. Ein Diplomat (D) bedroht einen Gastwirt mit einer Schusswaffe. D darf entwaffnet
>   und vorübergehend in Gewahrsam genommen werden.
> 2. Wird D betrunken am Steuer eines Botschaftsfahrzeugs angetroffen, so darf die Polizei ihm die (Weiter-)Fahrt verbieten und notfalls zwangsweise daran hindern.

Die **Immunität der Abgeordneten** (vgl. Art. 46 GG, Art. 48 LV NRW) gilt 6
grundsätzlich nur für das Strafverfahren und berührt daher die Verantwortlich-

§ 4 Verantwortlichkeit für das Verhalten von Personen

keit nach dem Polizeirecht nicht. Allerdings ist für Freiheitsentziehungen (auch Ingewahrsamnahmen gemäß § 35 PolG NRW), soweit sie nicht im Zusammenhang mit einer strafbaren Handlung beim Betreffenden auf frischer Tat vorgenommen werden, die Genehmigung des Parlaments erforderlich (vgl. Art. 46 Abs. 2 und Abs. 3 GG).

7 Auch **juristische Personen des öffentlichen Rechts** (z. B. Gemeinden) sind an die dem Schutz der öffentlichen Sicherheit dienenden Vorschriften des Bundes- und Landesrechts gebunden. Hoheitsträger können deshalb im Falle von Störungen der öffentlichen Sicherheit oder Ordnung durch ihre Tätigkeit zu Verantwortlichen werden (BVerwG, DVBl. 2003, S. 60; NVwZ 1983, S. 474, 475; zu diesem Problemkreis umfassend *Schoch*, Jura 2005, S. 324). Allerdings stellt sich die Frage, ob Polizeibehörden anderen Behörden gegenüber die Kompetenz haben, Maßnahmen zur Gefahrenabwehr zu treffen.

Es ist zu unterscheiden:

Soweit eine juristische Person des öffentlichen Rechts **hoheitlich** tätig ist, ist die Polizei regelmäßig **nicht befugt, einen Verwaltungsakt** zur Gefahrenabwehr zu erlassen. Dies würde einen Eingriff in die Kompetenzordnung bedeuten und den Dienstbetrieb des störenden Hoheitsträgers bzw. der störenden Behörde beeinträchtigen. Hier bleibt nur die Möglichkeit, sich an die übergeordneten Dienst- und Fachaufsichtsbehörden zu wenden (s. Rdnr. 4.0 VVPolG NRW).

> **Beispiel:** Eine kommunale Einrichtung (z. B. Klärwerk, Müllabladeplatz) verursacht Lärm- und Geruchsbelästigungen, die den Immissionsschutz-Vorschriften widersprechen. Sollte sich ein hierdurch geplagter Bürger hilfesuchend an die Polizei wenden, so wäre diese nicht berechtigt, eine (Verbots-)Verfügung gegen die Gemeinde zu erlassen.

Allerdings sind damit Maßnahmen der Gefahrenabwehr in einem fremden Hoheitsbereich nicht gänzlich ausgeschlossen.

Bei **Gefahr im Verzug** ist die Polizei berechtigt, akute Gefahren für bedeutende Rechtsgüter zu beseitigen, die durch hoheitliche Aktivitäten anderer Hoheitsträger entstehen. In der Regel dürfte es sich hierbei um Situationen handeln, die denen des Sofortvollzugs (§ 50 Abs. 2) entsprechen.

> **Beispiel:** Mitarbeiter einer städtischen Bauaufsichtsbehörde haben im Rahmen einer Abbruchmaßnahme technische Geräte auf einer öffentlichen Straße so abgestellt, dass Verkehrsteilnehmer stark gefährdet werden. Auch wenn es sich bei der Abbruchmaßnahme um hoheitliche Tätigkeit – insbesondere eine vollstreckungsrechtliche Ersatzvornahme – handelt, darf die Polizei die kommunalen Bediensteten dazu verpflichten, die Geräte aus dem Gefahrenbereich zu verbringen. Die Geräte dürfen notfalls zwangsweise entfernt werden.

Dies gilt auch bei Maßnahmen im **Straßenverkehr** (§ 36 StVO). Eine Sonderstellung genießen bestimmte Organisationen (Bundeswehr, Polizei des Bundes und der Länder, Feuerwehr, Katastrophenschutz, Zolldienst), die sich auf Sonderrechte (§ 35 StVO) stützen können.

Verantwortlichkeit für das Verhalten von Personen § 4

In akuten Gefahrenlagen steht auch das **Verbot, Zwangsmittel gegen Behörden und juristische Personen des öffentlichen Rechts** anzuwenden (§ 76 VwVG NRW analog), der polizeilichen Gefahrenabwehr nicht entgegen. Dabei ist unerheblich, ob mit dem OVG Münster (DVBl. 1986, S. 784) bereits begrifflich eine Vollstreckungsmaßnahme abgelehnt oder eine immanente Ausnahme vom generellen Verbot angenommen wird.

Beispiel: Die Polizei löscht einen brennenden Müllcontainer einer Gemeinde. Das OVG lehnt einen Kostenerstattungsanspruch der Polizei – der sich nur unter vollstreckungsrechtlichen Gesichtspunkten (vgl. § 52 PolG NRW) ergeben kann – ab, weil die Polizei gehindert gewesen sei, Vollstreckungsmaßnahmen zu ergreifen (§ 76 VwVG NRW). Vielmehr habe sie eine eigene Aufgabe der Gefahrenabwehr (§ 1 PolG NRW) wahrgenommen, die nicht kostenpflichtig sei.

Die genannten Einschränkungen gelten nicht, wenn die juristischen Personen des öffentlichen Rechts **fiskalisch** handeln. Das gilt vor allem dann, wenn sie wie Personen des Privatrechts als Eigentümer polizeipflichtig sind.

Beispiel: Ein gemeindeeigenes Gebäude ist baufällig und droht einzustürzen.

Die **Polizeipflicht im Zusammenhang mit Kraftfahrzeugen** wirft eine Reihe von Problemen auf. Hier können insbesondere hinsichtlich der Verantwortlichkeit für den Zustand des Fahrzeugs und für sein Abstellen (Halten, Parken) Schwierigkeiten auftreten, wenn Führer, Halter und Eigentümer verschiedene Personen sind. Zwar kann hinsichtlich der Polizeipflicht ergänzend auf das allgemeine Polizeirecht zurückgegriffen werden, doch müssen die Besonderheiten des Straßenverkehrsrechts mit Begriffen wie Führer, Halter, Verfügungsberechtigter, Verantwortlicher besonders berücksichtigt werden (s. im Übrigen § 43, RN 10 ff.). **8**

Die Verantwortlichkeit endet **für den Störer** mit seinem **Tod**. Fraglich ist, ob sie auf seine **Rechtsnachfolger** übergehen kann, also „vererblich" ist (s. hierzu *Markus*, JURA 2000, S. 37). Für den Bereich der **Zustandshaftung** wird das überwiegend wegen der engen Verbindung mit der Sache angenommen. Zumindest analog den §§ 1922, 1967 BGB wirkt eine gegenüber dem Erblasser ergangene Polizeiverfügung auch gegenüber dem Erben. **Nicht übergangsfähig** ist allerdings eine **Zwangsmittelandrohung**, weil sie – als Beugemittel – an das persönliche Verhalten des Pflichtigen anknüpft; sie muss gegenüber einem Erben notfalls wiederholt werden, wenn dieser dem Verwaltungsakt nicht Folge leistet. **9**

Die **Verhaltensverantwortlichkeit** kann nur dann auf die Erben übergehen, soweit es um eine **vertretbare Handlung** des Verstorbenen geht.

Keinen Übergang der Polizeipflicht gibt es bei **unvertretbaren Handlungen**, weil diese höchstpersönlicher Natur sind. Sollten jedoch Erben oder Vermächtnisnehmer dazu übergehen, ein pflichtwidriges Verhalten wie der Erblasser zu zeigen, sind ihnen gegenüber neue, eigenständige Verfügungen zu erlassen.

3. Mehrheit von Verantwortlichen

10 Mehrere Personen können nebeneinander polizeipflichtig sein. So sind Sorgeberechtigte neben strafunmündigen Kindern (§ 4 Abs. 2), Auftraggeber neben Verrichtungsgehilfen (§ 4 Abs. 3) und Inhaber der tatsächlichen Gewalt neben Eigentümern (§ 5) verantwortlich. Außerdem können Personen sowohl unter dem Gesichtspunkt der Verhaltens- als auch der Zustandsverantwortlichkeit für eine Gefahr verantwortlich sein.

Beispiel: Ein Kraftfahrer stellt sein Fahrzeug, das er einer Bank sicherungsübereignet hat, für mehrere Tage unverschlossen verkehrsbehindernd auf einem Gehweg ab. Die Polizei lässt das Fahrzeug abschleppen. Für die Kosten haftet der Kraftfahrer unter dem Gesichtspunkt der Handlungsverantwortlichkeit (§ 4 Abs. 1), weil er das Fahrzeug dort abgestellt hat, aber auch unter dem Gesichtspunkt der Zustandshaftung (§ 5), weil von dem unverschlossenen Fahrzeug eine Gefahr ausgeht, die der Kraftfahrer als Inhaber der tatsächlichen Gewalt zu verantworten hat. Sind die Kosten bei ihm nicht eintreibbar (etwa weil er vermögenslos ist), kann sich die Polizei auch an die Bank halten. Auch sie ist als Eigentümerin für die von dem Zustand des Fahrzeugs ausgehenden Gefahren verantwortlich (§ 5 Abs. 2).

Leistet bei einer **Mehrheit von Störern** (s. zur Problematik der Störermehrheit *Schoch*, JURA 2012, S. 685) jeder einen eigenständigen Beitrag zur Verursachung der Gefahr, kann jeder in Anspruch genommen werden (**kumulative** Inanspruchnahme von Störern). Das ist z. B. der Fall, wenn mehrere Personen durch gemeinschaftliches lautes Singen eine nächtliche Ruhestörung begehen. Fraglich ist, wer heranzuziehen ist, wenn mehreren Störern die Gefahr zurechenbar ist, aber nur einer in Anspruch genommen werden muss, um der Gefahr zu begegnen (**alternative** Inanspruchnahme von Störern). Insoweit steht der Polizei ein **Auswahlermessen** zu. Nicht entscheidend ist es, wie sich für die Polizei im Zeitpunkt der Auswahl ein ggf. vorhandenes privatrechtliches Vertragsverhältnis zwischen Störern darstellt. Vielfach dürfte für die einschreitenden Beamten die zivilrechtliche Verantwortlichkeit zuverlässig gar nicht zu beurteilen sein. Vielmehr kommt es darauf an, den polizeiwidrigen Zustand möglichst rasch und effektiv zu beenden (VGH München, NVwZ 2001, S. 485). Deshalb sollte der Störer herangezogen werden, der die Gefahr (bzw. die eingetretene Störung) **am schnellsten und wirkungsvollsten** beseitigen kann. Das wird vielfach derjenige sein, der am ehesten zu ermitteln ist, aber auch derjenige, der wirtschaftlich am besten in der Lage ist, die auferlegten Handlungen auszuführen. Wenn die vorstehenden Gesichtspunkte bei der Störerauswahl zu keinem eindeutigen Ergebnis führen, mag der Grundsatz gelten, dass der sog. **Doppelstörer** (der zugleich Handlungs- und Zustandsstörer ist) vor dem sog. einfachen Störer heranzuziehen ist. Einer generellen Vorgehensweise, die gelegentlich in Literatur und Rechtsprechung favorisiert wird, wonach eine Heranziehung des Handlungsstörers vor dem Zustandsstörer in Betracht kommt, kann nicht beigepflichtet werden, denn es geht allein um eine effektive Gefahrenabwehr (vgl. VGH Mannheim, DVBl. 1990, S. 1046). Allerdings ist ein der Polizei bekannter

Verhaltensstörer vor dem Zustandsstörer in Anspruch zu nehmen, soweit das polizeiliche Interesse an einer wirksamen und schnellen Gefahrenabwehr nicht beeinträchtigt wird (OVG Koblenz, DÖV 1990, S. 844, 845).

Beispiel: Mieter M sprüht Parolen auf die Außenwand des Hauses seines Vermieters V, die eine grobe Verleumdung eines Politikers enthalten (vgl. § 188 StGB). Sowohl M als auch V sind polizeirechtlich verantwortlich, der eine (M) als Verhaltensstörer, der andere (V) als Eigentümer des „Trägers" der beleidigenden Aufschrift. M hat aber den größten Anteil an der Gefahrenlage und es entspricht daher dem Gebot gerechter Störerauswahl, ihn auf Beseitigung der Parolen in Anspruch zu nehmen. Dies gilt zumindest dann, wenn V gegen den Zugriff auf sein Eigentum keine Einwendungen erhebt. Wäre der kriminelle Urheber der Störung freilich nicht zu ermitteln, müsste V die Aufschrift auf eigene Kosten beseitigen (lassen). Das Beispiel belegt erneut, dass es im Polizeirecht grundsätzlich auf ein Verschulden nicht ankommt.

Vielfach stellt sich das Problem der „Störerauswahl" erst **nach** einer polizeilichen Maßnahme,

Beispiel: Bei einem Verkehrsunfall wird eines der Fahrzeuge auf ein an der Straße gelegenes Grundstück geschleudert und schwer beschädigt; es droht Benzin auszulaufen und das Grundwasser zu beeinträchtigen. Das Fahrzeug wird im Sofortvollzug (§ 50 Abs. 2) abgeschleppt. Neben dem Fahrer des Unglücksfahrzeuges kommt – im Hinblick auf die Grundwassergefährdung – auch der Eigentümer des Grundstücks, auf dem sich das Fahrzeug befindet, als Verantwortlicher in Betracht.

Überlegungen zur effektiven Gefahrenabwehr spielen in dieser Phase keine Rolle (mehr), vielmehr stellt sich die Frage, an wen der Bescheid über die **Kosten** für die Beseitigung des Fahrzeugs zu richten ist. Auf dieser (**Sekundär-)Ebene** kommt es maßgeblich auf einen gerechten Ausgleich an. Das **Gebot der gerechten Lastenverteilung** (*Schoch*, JURA 2012, S. 685, 690) orientiert sich insbesondere an Art. 3 Abs. 1 GG und verlangt eine sachgerechte Differenzierung. Maßgeblich ist danach zunächst, wer den größten Anteil an der Gefahrenverursachung hat. Im Übrigen ist die finanzielle Leistungsfähigkeit der verantwortlichen Personen zu berücksichtigen.

Im **Beispielsfall** ist der Kraftfahrzeugführer – Zahlungsfähigkeit vorausgesetzt – in Anspruch zu nehmen, nicht der „unschuldige" Grundstückseigentümer (vgl. VG Berlin, NZV 2000, S. 473).

4. Nichtanwendbarkeit der §§ 4 bis 6 bei Sonderregelungen

Die Vorschriften über die Verantwortlichkeit (§§ 4 bis 6) sind nicht anzuwenden, soweit **andere Vorschriften dieses Gesetzes** oder **andere Rechtsvorschriften** bestimmen, gegen wen eine Maßnahme zu richten ist (vgl. § 4 Abs. 4, § 5 Abs. 4, § 6 Abs. 3). Dies ist nach der allgemeinen Regel, dass die spezielle Vorschrift der allgemeinen vorgeht, an sich nicht regelungsbedürftig. Dennoch hat der Gesetzgeber die Vorschrift zur Klarstellung aufgenommen.

11

12 Eine **Sonderregelung** der Verantwortlichkeit ist auch vielfach deswegen erforderlich, weil eine konkrete Gefahr, wie sie in der Generalklausel (§ 8) und in den §§ 4 bis 6 vorausgesetzt wird, oftmals nicht als Eingriffsvoraussetzung verlangt wird. Etliche Vorschriften des PolG NRW normieren die verantwortliche Person abschließend, sodass es eines Rückgriffs auf die §§ 4 ff. nicht bedarf.

> **Beispiel:** Die Polizei darf bei einer Razzia die Identität nach § 12 Abs. 1 Nr. 2 bei jedem feststellen, der sich an einem der genannten „gefährlichen Orte" aufhält. Ein Rückgriff auf § 4 ist nicht erforderlich und wäre auch deswegen nicht möglich, weil von den kontrollierten Personen regelmäßig keine konkrete Gefahr ausgeht.

13 Sonderregelungen in **anderen Rechtsvorschriften** sind z. B. die in RN 8 erwähnten Vorschriften des Straßenverkehrsrechts.

5. Verhaltens- oder Handlungsverantwortlichkeit

14 Als **Störer** i. S. d. § 4 kann nur herangezogen werden, wer durch eigenes Verhalten **die Gefahr oder Störung verursacht hat,** oder wer kraft dieser Vorschrift für die Verursachung durch einen anderen **neben** diesem verantwortlich ist. Auf ein Verschulden kommt es nicht an (vgl. RN 4).

Ein **Unterlassen** kann nur dann die Störereigenschaft begründen, wenn eine spezielle **öffentlich-rechtliche Rechtsvorschrift** zu einem Handeln verpflichtet.

> **Beispiele:** Streupflicht kraft einer Straßenreinigungssatzung; Leinen- und Maulkorbzwang bei gefährlichen Hunden (§ 5 Abs. 2 LHundG NRW).

15 Die Verursachung i. S. d. § 4 Abs. 1 setzt einen Kausalzusammenhang zwischen dem Verhalten und der Gefahr voraus. Der (kausale) Beitrag des Störers darf nicht hinweggedacht werden können, ohne dass der Erfolg (= Gefahr) entfiele. Ein bloß kausales Verhalten im physikalisch-naturwissenschaftlichen Sinne kann jedoch nicht genügen, um die polizeirechtliche Verantwortlichkeit zu begründen. Anderenfalls würde der Kreis der Verantwortlichen über jedes Maß hinaus ausgeweitet: Streng genommen wären hiernach die Großeltern eines Randalierers ebenso polizeipflichtig wie der Verkäufer eines später falsch geparkten Pkw. Die Verantwortlichkeit muss daher sachgerecht eingegrenzt werden.

Hierfür werden hauptsächlich zwei Theorien verwendet.

Nach der **Theorie der unmittelbaren Verursachung** ist Störer nur derjenige, der die unmittelbare Ursache für den Eintritt der Gefahr gesetzt und damit die „Gefahrengrenze" überschritten hat. Der unmittelbare Störer ist derjenige, der der Gefahr/Störung am nächsten steht.

> **Beispiel:** Ein Maler stellt mit Erlaubnis der zuständigen Behörde auf dem Gehweg seine Bilder zum Verkauf aus. Außer den erwarteten Käufern sammeln sich „kritische Kunstfreunde" an, die die Ausstellung mit Gewalt verhindern wollen und dabei auch Verkehrsstörungen bewirken. Obwohl der Maler (auch) Verursacher der Störungen ist,

Verantwortlichkeit für das Verhalten von Personen § 4

kann er nicht als Verhaltensverantwortlicher nach § 4 Abs. 1 in Anspruch genommen werden, da er nicht unmittelbarer Verursacher ist. Das sind vielmehr die „Kunstfreunde", gegen die dementsprechend auch die Polizei ihre Maßnahmen richten muss.

Zum selben Ergebnis kommt man, wenn darauf abgestellt wird, wer die Gefahr **rechtswidrig verursacht (Theorie der rechtswidrigen Verursachung)**. Im „Malerbeispiel" ist danach nicht der Kunstmaler als Störer einzustufen – seine Tätigkeit ist behördlich genehmigt und daher rechtens –, sondern die Gruppe der „kritischen Kunstfreunde", die die Grenzen der Grundrechtsausübung überschreiten.

Verantwortlich i. S. d. § 4 Abs. 1 ist auch derjenige, der nur den Anschein oder den Verdacht einer Gefahr (vgl. zu diesen Begriffen § 8, RN 19, 21) verursacht hat (sog. **Anscheins- oder Verdachtsstörer**).   **16**

In diese Kategorie fallen auch Personen, die nur dem Anschein nach für eine objektiv vorliegende Gefahr verantwortlich sind.

Beispiel: Stellt Kraftfahrer K seinen Pkw ordnungsgemäß ab, wird er nicht dadurch zum Verhaltensstörer, dass ein anderer auf der anderen Straßenseite parkt und damit den Durchgangsverkehr behindert. Lässt sich die Sachlage (zeitliche Reihenfolge des Abstellens der Pkw) vor Ort nicht klären, könnte K als Anscheinsstörer (zur Anscheinsgefahr s. § 8, RN 19) in Anspruch genommen werden (wegen der Kosten für eine Abschleppmaßnahme s. § 52, RN 13).

Als Ausnahme vom Grundsatz der Unmittelbarkeit wird vielfach der sog.   **17**
Zweckveranlasser genannt. Das ist derjenige, der zwar nicht selbst stört, dem jedoch das störende Verhalten eines Dritten zugerechnet wird. Bereits das PrOVG hat im Jahre 1901 diese Rechtsfigur verwendet (PrOVGE 85, S. 270). Eine aktuelle Variante des historischen Falles wäre etwa folgendes

Beispiel: Ein Kaufhaus lässt aus Werbegründen in einem Schaufenster, dessen Scheiben teilweise zurückgeschoben sind, eine (Bade-)Modenschau aufführen. Der (erhoffte) starke Andrang der Zuschauer führt zu Verkehrsstörungen auf der Straße. Die Verkehrsstörungen werden zwar zunächst durch die Zuschauer veranlasst. Sie sind Verhaltensstörer i. S. d. § 4 Abs. 1 PolG NRW. Störer soll aber auch der Verantwortliche des Kaufhauses sein, weil er das Stehenbleiben der Passanten bezweckt habe und damit eine unmittelbare Ursache für die Störung setze.

Die Lösung des Beispielsfalles ist problematisch. Es erscheint bereits zweifelhaft, ob der Inhaber des Kaufhauses eine Verkehrsstörung „bezweckt"; es dürfte ihm nur darum gehen, eine möglichst große Werbewirkung zu erzielen. Schwerer wiegt, dass die innerörtliche Werbung nicht verboten ist (vgl. § 33 Abs. 1 Nr. 3 StVO), sondern als notwendiger Außenkontakt des Gewerbebetriebes sogar verfassungsrechtlichen Schutz genießt (Art. 12, 14 GG). Dies bedeutet freilich nicht den vollständigen Abschied von der Figur des Zweckveranlassers (in diesem Sinne auch *Weidemann/Barthel*, VR 2007, S. 217; a. A. *Beaucamp/Seifert*, JA 2007, S. 577). Ihr liegt folgender, grundsätzlich überzeugender Gedanke zu Grunde: Nicht immer ist eine effektive Gefahrenabwehr gewährleistet, wenn der unmittelbar Handelnde in Anspruch genommen wird. Dies gilt vor allem dann, wenn hinter diesem ein „Dritter" steht, der im Hintergrund die Fäden zieht oder gar den „Vordermann" für seine (rechtswidrigen) Zwecke missbraucht. Das Problem besteht darin, die Kriterien festzulegen, unter denen das unmittelbar störende Verhalten dem „Hintermann" zugerechnet wird. Um eine bedenkliche Ausweitung der Verantwortlichkeit zu vermeiden, kann das Verhalten eines Mitverursachers unter dem Gesichtspunkt des Zweckveranlassers nur unter engen **Voraussetzungen** polizeirechtlich bedeutsam sein.

- Als Zweckveranlasser (und damit als Störer i. S. d. § 4 Abs. 1) kann eine Person qualifiziert werden, die eine **Gefahr/Störung subjektiv, also mit Kenntnis und Willen bezweckt** („echter" Zweckveranlasser im Wortsinne).
- Eine Zweckveranlassung kann darüber hinaus angenommen werden, wenn das Verhalten, das die Gefahr durch Dritte auslöst, in einem **untrennbaren Zusammenhang mit ihr steht und sie somit zwangsläufig verursacht** (VGH Mannheim, NVwZ-RR 1995, S. 663). Das Verhalten des Zweckveranlassers und der durch das Verhalten des Dritten eintretende Erfolg (Gefahr bzw. Störung) müssen eine für den Zweckveranlasser erkennbare **natürliche Einheit** bilden. Eine derartige natürliche Einheit besteht typischerweise dann, wenn jemand die durch den (unmittelbaren) Verursacher bewirkte Gefahr bzw. Störung gezielt ausgelöst hat (OVG Münster, KommJur 2008, S. 80).

Beispiele:
1. Der Inhaber eines Supermarktes (S) händigt dem Lieferanten L Schlüssel aus, damit dieser notfalls auch zur Nachtzeit anliefern kann. Hierdurch kommt es zu Beeinträchtigungen der Nachtruhe. Diese Störungen sind S zumindest dann zuzurechnen, wenn S erkennt, dass sein Lieferant gegen immissionsschutzrechtliche Bestimmungen verstößt, und er in dieser Situation die Schlüssel nicht von L zurückfordert.
2. Ein Kioskbesitzer, der Glasflaschen während des Straßenkarnevals in einer rheinischen Großstadt verkauft, bezweckt zwar nicht subjektiv, dass die Flaschen ordnungswidrig entsorgt oder als Waffen zweckentfremdet werden. Er trägt aber objektiv mit dazu bei, dass derartige Störungen der öffentlichen Sicherheit entstehen. Seine Inanspruchnahme als Zweckveranlasser ist daher gerechtfertigt (OVG Münster, DVP 2012, S. 432, 434).

Auch weitere polizeilich relevante Fallkonstellationen lassen sich anhand der dargestellten Maßstäbe zufriedenstellend lösen:

1) Schaufensterwerbung u. Ä.: Es ist in der Regel nicht vertretbar, in einer attraktiven oder auch aggressiven Werbung eine Zweckveranlassung zu erblicken, wenn als Folge hiervon Verkehrsstörungen bzw. -gefahren entstehen. Der werbende Geschäftsinhaber überschreitet in der Regel nicht die Gefahrengrenze, wenn und soweit er nicht gegen Rechtsvorschriften verstößt. Störer sind demgemäß nur die sich verkehrswidrig verhaltenden Passanten.

2) Provozierendes Auftreten: Bloß verbale oder körperliche „Provokationen" begründen regelmäßig (noch) keine polizeirechtliche Verantwortlichkeit, wenn Dritte sich hierdurch zu Übergriffen oder sonstigem Fehlverhalten veranlasst sehen.

Beispiele:
1. Hält ein Politiker eine aggressive Rede – ohne strafbaren Gehalt –, so macht er lediglich von seinem Grundrecht aus Art. 5 Abs. 1 GG Gebrauch.
2. Ebenso wenig können Minirock-Trägerinnen polizeirechtlich verantwortlich sein, wenn Autofahrer deshalb ihren Blick vom Straßenverkehr abwenden und hierdurch eine Gefahr für andere Verkehrsteilnehmer verursachen. Für diese Gefahr ist allein der Autofahrer verantwortlich.

3) Bewusstes Reizen anderer zu Störungen: Bei dieser Konstellation schlägt das bloß provokante Auftreten in ein polizeirechtlich relevantes Verhalten um. Es handelt sich um eine Variante des sog. agent provocateur, bei welcher der Hintermann sich „an sich" rechtens verhält, aber es darauf anlegt, andere zu einem Angriff auf ein Rechtsgut zu verleiten.

Beispiele:
1. Reizt der Bewohner eines Hauses, das als Sitz einer radikalen Gruppe bekannt ist, Demonstranten vor dem Anwesen durch Gesten – etwa: Drohen mit Gegenständen –, um diese aufzustacheln, so ist die Polizei befugt, dem Hausbewohner aufzugeben, die Provokation einzustellen.
2. Der Sänger einer Musikband veranlasst die Konzertbesucher durch seine Musik bzw. seine Lieder, rassistische Texte zu singen und den sog. Hitler-Gruß zu entbieten (OVG Bremen, Beschluss v. 26. 11. 2011 – 1 B 309/11 mit Anmerkung von *Hebeler*, JA 2012, S. 718).

Dies hat das OVG Münster auch in einem Fall angenommen, in dem der Veräußerer eines Pkw sich nicht über den Namen und die Anschrift des Erwerbers vergewissert hatte. Damit sei der frühere Halter des Pkw für die spätere illegale „Entsorgung" des Fahrzeugs – als Zweckveranlasser – verantwortlich, weil er den entsprechenden Entschluss des (anonym gebliebenen) Erwerbers mit verursacht habe, denn dieser habe so nicht mit Konsequenzen rechnen müssen (NWBl. 2003, S. 320). Diese Konstruktion ist allerdings ersichtlich von dem festen Entschluss getragen, ein praktisches und für die Ordnungs- und Polizeibehörden günstiges Ergebnis zu erzielen.

4) Sonderfall: Versammlungen radikaler Parteien u. ä. Gruppen: Derartige Veranstaltungen rufen vielfach (Gegen-)Demonstranten auf den Plan, sodass die Gefahr gewaltsamer Auseinandersetzungen entsteht. Einige Versammlungsbehörden tendier(t)en in solchen Fällen dazu, die – politisch unerwünschte – Veranstaltung kurzerhand zu verbieten. Ein Verbot ist zweifellos legitim, wenn die – anders nicht abwendbare – Gefahr besteht, dass durch die Veranstaltungsteilnehmer strafbare Handlungen (z.B. Volksverhetzung, § 130 StGB) begangen werden. Ist diese Prognose gerechtfertigt, so ist der Veranstalter als Handlungsstörer verantwortlich. Anders liegen die Dinge, wenn die Veranstaltung für sich gesehen rechtlich bedenkenfrei ist, die Gefahren also durch Dritte verursacht werden (z. B. durch Randalierer). Politische Parteien und deren Funktionäre dürfen mit allgemein erlaubten Mitteln an der Bildung des politischen Willens des Volkes mitwirken. Dies gilt auch für radikale Ziele verfolgende Parteien, solange sie nicht vom BVerfG für verfassungswidrig erklärt worden sind (Art. 21 Abs. 2 GG). Gefahren, die durch das Verhalten solcher Parteien nur „provoziert" werden, können Einschränkungen der Handlungsfreiheit grundsätzlich nicht rechtfertigen (vgl. z. B. VGH Kassel, VR 1993, S. 283). Als Zweckveranlasser darf ein Veranstalter nur dann qualifiziert werden, wenn konkrete Tatsachen dafür vorliegen, dass die Provokation von (Gegen-) Gewalt der eigentliche Zweck der Versammlung ist (*Ullrich*, DVBl. 2012, S. 666, 668). Ansonsten sind Versammlungsverbote nur unter den (engen) Voraussetzungen des **polizeilichen Notstandes** (§ 6) zulässig.

Kein Problem des „Zweckveranlassers" ist es, wenn der **„Mann im Hintergrund" selbst (straf- oder bußgeldrechtlich) verantwortlich** ist, z. B. als Anstifter oder sog. Einheitstäter (§ 14 OWiG). Dann erfüllt er zugleich das Kriterium des (unmittelbar und rechtswidrig handelnden) Verhaltensstörers i. S. d. § 4 Abs. 1 PolG NRW. Es ist somit eine mehr terminologische Frage, ob diese Konstellation unter dem Gesichtspunkt der Zweckveranlassung behandelt wird.

6. Verantwortlichkeit für fremdes Verhalten (§ 4 Abs. 2 und 3)

18 Ein Kind ist **strafunmündig,** wenn es das 14. Lebensjahr noch nicht vollendet hat (§ 19 StGB). Auch Kinder sind jedoch verhaltensverantwortlich (vgl. RN 4). **Neben ihnen** ist es aber auch derjenige, dem die **Aufsicht kraft Gesetzes** (Personensorge) oder **aus Vertrag** oder **tatsächlicher Übernahme** obliegt.

19 Hinsichtlich der Verantwortlichkeit für Betreute geht § 4 Abs. 2 auf das Gesetz zur Reform des Rechts der Vormundschaft und der Pflegschaft für Volljährige zurück, durch das die Vorschriften über die **Betreuung** (§§ 1896 ff. BGB) geschaffen wurden. Der auf den ersten Blick recht komplizierte Text des § 4 Abs. 2 enthält eine einfache Rechtsfolge: Die Maßnahme kann sich stets auch gegen den Betreuer richten, auch wenn die Bereiche der Kommunikation gemäß § 1896 Abs. 4 BGB und der Sterilisation (§ 1905 BGB) ausgenommen sind. Diese Regelung ist unter Gesichtspunkten der Rechtssicherheit zu begrüßen; sie dient ebenso dem Schutz der betreuten Person, denn hierdurch wird ein Streit darüber vermieden, ob er die Verfügung, die der Maßnahme zu Grunde liegt, überhaupt verstanden hat und ihr Folge leisten konnte.

20 Beim sog. **Verrichtungsgehilfen** (§ 4 Abs. 3, der § 831 BGB nachgebildet ist) kommt es nicht darauf an, in welchem rechtlichen Verhältnis der Verrichtungsgehilfe zum Geschäftsherrn steht. Es kann sich um einen **Dienst- oder Arbeitsvertrag** (§§ 611 ff. BGB) handeln oder um ein **Lehr-, Anlern- oder Volontärverhältnis.** Es kann aber auch **rein tatsächlich** sein (Gefälligkeitsverhältnis). Entscheidend ist, dass der Geschäftsherr Weisungen für die Verrichtung erteilen kann. Die bloße Weisungsmöglichkeit genügt im Übrigen nicht, um die Ver-

antwortlichkeit gemäß § 4 Abs. 3 PolG NRW zu begründen; der Geschäftsherr muss die **Weisung** auch **tatsächlich erteilt** haben (OVG Münster, OVGE 34, S. 50, 54). Entsprechend den zu § 831 BGB entwickelten Rechtsgrundsätzen ist der Geschäftsherr allerdings nur dann neben dem Verrichtungsgehilfen verantwortlich, soweit dieser **bei Ausführung** der Verrichtung die polizeiliche Gefahr oder Störung herbeigeführt hat. Für die Gefahren oder Störungen, die der Verrichtungsgehilfe **nur bei Gelegenheit** der Verrichtung verursacht, trägt der Geschäftsherr keine Verantwortung.

> **Beispiel:** Wenn der Fahrer eines Kurierdienstes mit seinem Firmen-PKW verunglückt, sodass der Straßenverkehr gefährdet ist, kann die Polizei auch den Arbeitgeber (Unternehmer) zur Gefahrenbeseitigung (oder Kostentragung) heranziehen.
> Anders ist es, wenn der Fahrer während seiner Arbeitszeit mit dem Fahrzeug eine Gefälligkeitsfahrt für seinen Nachbarn unternimmt und dabei den Unfall verursacht.

Der Geschäftsherr kann sich von seiner Verantwortung nicht mit der Begründung befreien, er habe bei der Auswahl und Leitung des Verrichtungsgehilfen die im Verkehr erforderliche Sorgfalt beachtet, denn bei der Polizeipflicht spielt das Verschulden – anders als bei der Schadenersatznorm des § 831 BGB – keine Rolle.

§ 5
Verantwortlichkeit für den Zustand von Sachen

(1) ¹Geht von einer Sache oder einem Tier eine Gefahr aus, so sind die Maßnahmen gegen den Inhaber der tatsächlichen Gewalt zu richten. ²Soweit nichts anderes bestimmt ist, sind die nachfolgenden für Sachen geltenden Vorschriften entsprechend auf Tiere anzuwenden.

(2) ¹Maßnahmen können auch gegen den Eigentümer oder einen anderen Berechtigten gerichtet werden. ²Das gilt nicht, wenn der Inhaber der tatsächlichen Gewalt diese ohne den Willen des Eigentümers oder Berechtigten ausübt.

(3) Geht die Gefahr von einer herrenlosen Sache aus, so können die Maßnahmen gegen denjenigen gerichtet werden, der das Eigentum an der Sache aufgegeben hat.

(4) § 4 Abs. 4 gilt entsprechend.

VVPolG NRW zu § 5
Verantwortlichkeit für den Zustand von Sachen (zu § 5)
5.0
Wird im hoheitlichen Tätigkeitsbereich einer Behörde eine Gefahr durch eine

§ 5 Verantwortlichkeit für den Zustand von Sachen

Sache verursacht, hat die Polizei die Behörde oder deren Aufsichtsbehörde zu unterrichten. RdNr. 4.0 Sätze 2 und 3 gelten entsprechend.

5.1 (zu Absatz 1)
Wirken sich Maßnahmen auf Tiere aus (z. B. bei Sicherstellung, Ersatzvornahme oder Anwendung unmittelbaren Zwanges), sind insbesondere die Vorschriften des Tierschutzgesetzes (TierSchG) zu beachten. Der Schutz von Menschen hat Vorrang vor dem Schutz des Tieres.

Erläuterungen:

1. Zustandsverantwortlichkeit

1 Die Verantwortlichkeit für den **Zustand einer Sache** einschließlich der Verantwortlichkeit für das Verhalten und den Zustand eines Tieres trifft den **Eigentümer** und den **Inhaber der tatsächlichen Gewalt.** Sie sind Störer, wenn **unmittelbar** von der Sache eine Gefahr für die öffentliche Sicherheit ausgeht. Die Theorie der unmittelbaren Verursachung (s. näher § 4, RN 15) gilt auch hier.

Beispiele:
1. Von der Brandruine eines Hauses drohen Teile auf die Straße zu stürzen.
2. Von Tierkadavern gehen Gefahren für die Wasserversorgung aus.
3. Ein tollwütiger Hund droht einen Menschen anzufallen.

Gegenbeispiel: Der Eigentümer eines Bauwerks wird nicht dadurch zum Zustandsstörer, dass sich Tauben darin einnisten und erhebliche Mengen Kot absondern, der Gesundheitsgefahren verursacht: die Gefahr geht unmittelbar von den Vögeln aus (OVG Münster, DVBl. 2005, S. 17, 18).

Der **Begriff der Sache** entspricht dem des bürgerlichen Rechts (§ 90 BGB) und umfasst daher nur **körperliche Gegenstände,** somit Grundstücke und bewegliche Sachen. § 90 a BGB besagt zwar, dass **Tiere** keine Sachen sind; sie werden durch besondere Gesetze geschützt. Allerdings sind danach – wie auch § 5 Abs. 1 Satz 2 formuliert – die für Sachen geltenden Vorschriften auf Tiere entsprechend anzuwenden, soweit nichts anderes bestimmt ist. Tierschützende Normen sind von der Polizei bei der Gefahrenabwehr, insbesondere bei den zu treffenden (Zwangs-)Maßnahmen, zu beachten.

2 Für die Zustandshaftung ist es unbeachtlich, wodurch der gefährliche Zustand der Sache verursacht worden ist und ob ein Verschulden des Verursachers vorliegt. Für die Zustandshaftung kommt es allein darauf an, ob von der Sache selbst eine Gefahr ausgeht, und zwar unabhängig davon, ob das mit oder ohne Zutun des Störers erfolgt. Ebenso spielt keine Rolle, ob der Gefahrenherd auf höherer Gewalt – z. B. Natureinflüssen – beruht (OVG Koblenz, DÖV 1998, S. 162). Überlegungen der **Billigkeit** können nur ganz ausnahmsweise die Zustandsverantwortlichkeit ausschließen, etwa bei **wirtschaftlich ruinöser Inanspruchnahme** (abgelehnt z. B. vom OVG Münster hinsichtlich der Haftung für Kampfmittel auf Grundstück: NWVBl. 1998, S. 64; zu den aus Art. 14 Abs. 1

Verantwortlichkeit für den Zustand von Sachen § 5

GG folgenden Grenzen der Zustandshaftung s. BVerfG, DVBl. 2000, S. 1275).
Wegen des **Zusammentreffens von Verhaltens- und Zustandshaftung** s. das Beispiel bei § 4, RN 10.

2. Verantwortung des Inhabers der tatsächlichen Gewalt (§ 5 Abs. 1)

Inhaber der tatsächlichen Gewalt ist derjenige, der die tatsächliche Sachherrschaft hat. Entscheidend ist nicht der zivilrechtliche Besitzbegriff (vgl. § 854 BGB), vielmehr ist darauf abzustellen, wer tatsächlich über die Sache „herrscht" (*Denninger*, in: Lisken/Denninger, Kap. E, Rdn. 111, S. 233). Auch sog. Besitzdiener (§ 855 BGB) – wie z. b. ein Angestellter hinsichtlich eines Firmenfahrzeuges – sind danach Inhaber der tatsächlichen Gewalt (*Götz*, § 9 Rdnr. 53, S. 87). Unerheblich ist, ob die Sachherrschaft rechtmäßig ausgeübt wird.

3

Zu den hiernach polizeipflichtigen Personen gehören nicht nur Pächter, Mieter, Verwahrer – also Personen, die eine Sache legal besitzen –, sondern auch Diebe und Straftäter i. S. d. § 248b StGB (Unbefugter Gebrauch eines Fahrzeuges).

Der für die Sachherrschaft bedeutsame **Herrschaftswille** muss nicht ständig psychisch aktualisiert werden (*Denninger*, a.a.O., Rdn. 112, S. 348), sodass auch ein schlafender oder anderweitig beschäftigter Besitzer Inhaber der tatsächlichen Gewalt bleibt.

Ein „**aufgedrängter**" Besitz" begründet keine Verantwortlichkeit, wenn die Sache nach üblicher Anschauung nicht in den Herrschaftsbereich der möglicherweise verantwortlichen Person gelangt ist.

> **Beispiel:** Ein Unbekannter stellt heimlich ein Autowrack in einem Privatwald ab. Spielende Kinder verletzen sich an dem Wrack.
> Die Polizei lässt es deshalb entfernen und stellt dem Eigentümer des Waldes die Kosten in Rechnung. Der Waldeigentümer ist indessen nicht Inhaber der tatsächlichen Gewalt über das abgelagerte Autowrack. Wegen des Waldbetretungsrechts kann er sein Grundstück rechtlich und tatsächlich dem Zutritt der Allgemeinheit nicht entziehen (OVG Münster, DVP 2007, S. 80). Wird der Verhaltensstörer nicht ermittelt, kann dies dazu führen, dass die Polizei die Kosten selbst zu tragen hat.

Der Inhaber der tatsächlichen Gewalt ist grundsätzlich neben dem Eigentümer verantwortlich (§ 5 Abs. 2 Satz 1); wegen des Auswahlermessens der Polizei in diesem Fall wird auf § 4, RN 10 verwiesen. Er ist jedoch allein verantwortlich, wenn er die tatsächliche Gewalt **gegen den Willen des Eigentümers ausübt**, z.B. bei gestohlenen Sachen (§ 5 Abs. 2 Satz 2; vgl. RN 6). Demgegenüber bleibt der Eigentümer verantwortlich, wenn er einem anderen die Sache – z.B. ein Fahrzeug – zum Gebrauch überlässt und dieser sie sodann in eine ordnungswidrige Lage bringt (z.B. falsch parkt). Dies gilt auch bei abredewidrigem Gebrauch der Sache.

89

3. Verantwortlichkeit des Eigentümers (§ 5 Abs. 2)

4 **Der Begriff des Eigentümers** richtet sich nach dem bürgerlichen Recht (VGH Mannheim, DÖV 1996, S. 1057). Nach den Regeln über Erwerb und Verlust von Eigentum bestimmt sich also, wer Eigentümer ist (für Grundstücke vgl. die §§ 925 bis 928 BGB, für bewegliche Sachen die §§ 929 bis 984 BGB). Demgemäß endet die Zustandshaftung des (bisherigen) Eigentümers beim Grundstücksverkauf erst mit der Eintragung des neuen Eigentümers (VGH Mannheim, DÖV 1996, S. 1057). Für die Polizei, die in erster Linie unaufschiebbare Maßnahmen zu treffen hat, kann es im Einzelfall schwierig sein, in der gebotenen Eile den Eigentümer festzustellen. In diesen Fällen ist es hilfreich, dass auch der Inhaber der tatsächlichen Gewalt verantwortlich ist, der leichter zu ermitteln ist.

5 **Andere Berechtigte,** die dem Eigentümer gleichstehen, sind vor allem dinglich Verfügungsberechtigte (z. B. Erbbauberechtigte, Nießbraucher; s. zur Zustandsverantwortlichkeit des Erbbauberechtigten OVG Berlin-Brandenburg, NJW 2012, S. 3673). Es genügt aber auch eine schuldrechtliche Verfügungsbefugnis (z. B. Miete, Pacht, Verwahrung). Diese Berechtigten sind regelmäßig auch Inhaber der tatsächlichen Gewalt.

6 Der Eigentümer oder sonstige Berechtigte ist für den Zustand einer Sache nicht verantwortlich, wenn der Inhaber der tatsächlichen Gewalt diese **ohne den Willen des Eigentümers oder Berechtigten** ausübt.

> **Beispiel:** Eigentümer E ist nicht verantwortlich für den Zustand seines von D vor längerer Zeit gestohlenen Personenkraftwagens, wenn der verkehrswidrige Zustand nach der Tat eingetreten ist.
> Gibt der Täter allerdings die Sachherrschaft auf, so lebt die Eigentümerverantwortlichkeit des Berechtigten wieder auf (VG Berlin, NJW 2000, S. 603). E ist somit (wieder) verantwortlich gemäß § 5 Abs. 2 Satz 1 PolG NRW, wenn D das Fahrzeug unter Verstoß gegen abfallrechtliche Vorschriften im Straßengraben „entsorgt" oder es ungesichert im öffentlichen Verkehrsraum abstellt.

7 Die **Aufgabe des Eigentums** (Dereliktion gemäß den §§ 928 Abs. 1, 959 BGB) befreit den Eigentümer nicht von der Verantwortung (§ 5 Abs. 3).

> **Beispiel:** Wegen finanzieller Schwierigkeiten sieht sich A außer Stande, sein unfallbeschädigtes Kraftfahrzeug reparieren zu lassen. Er meldet es bei der Zulassungsbehörde ab und stellt es vor seinem Haus auf der Fahrbahn ab. Als er hört, dass solche Fahrzeuge auf Kosten der Eigentümer abgeschleppt werden, gibt er sein Eigentum (nach § 959 BGB) auf. Damit erlischt seine Zustandshaftung nicht.

Die Bestimmung sieht ein Fortbestehen der Zustandsverantwortlichkeit für die Aufgabe lediglich des Besitzes, d. h. der tatsächlichen Sachherrschaft, nicht vor. Diese Lücke ist jedoch hinnehmbar, weil vielfach schon **in der Besitzaufgabe eine Handlungsstörung** liegt. Die praktische Bedeutung des § 5 Abs. 3 ist daher begrenzt. Im vorgenannten Beispiel hat A eine Ordnungswidrigkeit begangen, indem er das nicht mehr zugelassene Fahrzeug auf der Fahrbahn abstellte; dies erfüllt den Tatbestand einer – nicht genehmigten – Sondernutzung (§§ 59 Abs. 1

Nr. 1 und 18 Abs. 1 StrWG NRW). A ist deshalb (auch) verantwortlich i. S. d. § 4 Abs. 1.

Die Anwendbarkeit des § 5 ist ausgeschlossen, wenn **Sondervorschriften** die Verantwortlichkeit regeln (§ 5 Abs. 4; vgl. dazu § 4, RN 11 bis 13). Sondervorschriften in diesem Sinne können Bestimmungen des Straßenverkehrsrechts sein, die die Verantwortlichkeiten des Führers oder Halters eines Kraftfahrzeuges regeln. Ein Waffenverbot nach § 41 WaffG ist beispielsweise an denjenigen zu richten, der im „Besitz" von Waffen oder Munition ist.

8

§ 6
Inanspruchnahme nicht verantwortlicher Personen

(1) Die Polizei kann Maßnahmen gegen andere Personen als die nach den §§ 4 oder 5 Verantwortlichen richten, wenn
1. **eine gegenwärtige erhebliche Gefahr abzuwehren ist,**
2. **Maßnahmen gegen die nach den §§ 4 oder 5 Verantwortlichen nicht oder nicht rechtzeitig möglich sind oder keinen Erfolg versprechen,**
3. **die Polizei die Gefahr nicht oder nicht rechtzeitig selbst oder durch Beauftragte abwehren kann und**
4. **die Personen ohne erhebliche eigene Gefährdung und ohne Verletzung höherwertiger Pflichten in Anspruch genommen werden können.**

(2) Die Maßnahmen nach Absatz 1 dürfen nur aufrechterhalten werden, solange die Abwehr der Gefahr nicht auf andere Weise möglich ist.

(3) § 4 Abs. 4 gilt entsprechend.

VVPolG NRW zu § 6
Inanspruchnahme nicht verantwortlicher Personen (zu § 6)
6.2 (zu Absatz 2)
Eine Maßnahme gegen eine nicht verantwortliche Person darf nur für den Zeitraum getroffen werden, bis die Polizei mit eigenen oder anderen Kräften und Mitteln die Gefahr beseitigen kann. Hat die Anordnung Dauerwirkung, muss die Polizei das Geschehen fortlaufend überwachen, damit die Inanspruchnahme des Nichtstörers zum frühestmöglichen Zeitpunkt beendet werden kann.

Erläuterungen:

1. Voraussetzungen für die Inanspruchnahme des Nichtverantwortlichen (Nichtstörers)

Die Inanspruchnahme des Nichtverantwortlichen ist nur in einer **Ausnahmesituation** zulässig, die als **polizeilicher Notstand** bezeichnet wird (s. hierzu

1

§ 6 Inanspruchnahme nicht verantwortlicher Personen

Schoch, JURA 2007, S. 676). Die Inanspruchnahme von Dritten in solchen Situationen richtet sich nach § 6. Dieser nennt aber nur die Voraussetzungen für den Adressaten. Darüber hinaus muss eine Befugnisnorm für den Eingriff gegeben sein. Deshalb können Maßnahmen nie mit § 6 allein begründet werden, sondern nur die Inanspruchnahme einer bestimmten Person (§ 4, RN 1). Die in § 6 Abs. 1 normierten Voraussetzungen müssen **sämtlich** erfüllt sein, um einen Notstandseingriff zu rechtfertigen.

2 Nur eine **gegenwärtige erhebliche** Gefahr rechtfertigt die Inanspruchnahme. Wegen des Begriffs s. § 8, RN 13, 14 und 15.

3 **Es muss nicht oder nicht rechtzeitig möglich sein oder keinen Erfolg versprechen, die Gefahr durch Maßnahmen gegen Verantwortliche nach den §§ 4 oder 5 abzuwehren.**

Das kann der Fall sein, wenn Verantwortliche entweder nicht vorhanden sind (z. B. bei Naturkatastrophen wie Überschwemmungen) oder wenn Verantwortliche nicht oder nicht rechtzeitig erreichbar sind. Der längere Anfahrtsweg eines Verantwortlichen kann die rechtzeitige Gefahrenabwehr in Frage stellen. Keinen Erfolg verspricht die Inanspruchnahme eines Verantwortlichen, wenn er angesichts der Größe der Gefahr im Verhältnis zu seinen Möglichkeiten zur Gefahrenabwehr überfordert ist, z. B. der Hauseigentümer beim Brand seines Hauses. Drohen Gewalttaten als Gegenreaktion auf eine **Versammlung**, so ist es Aufgabe der Polizei, die bedrohte Versammlung gegen Angriffe zu schützen und damit die Verwirklichung der Versammlungsfreiheit zu gewährleisten (BVerfG, NVwZ-RR 2007 S. 641). Eine Inanspruchnahme der Veranstalter der (friedlichen) Versammlung unter dem Aspekt der Notstandsverantwortlichkeit scheidet in aller Regel aus (s. auch RN 5).

4 **Die Polizei darf nicht in der Lage sein, die Gefahr selbst oder durch Beauftragte zu beseitigen.**

Beispiel: Zur Bergung eines Lastzuges wird ein Spezialgerät benötigt, über das weder die Polizei noch die Feuerwehr verfügt. Die Polizei kann nun versuchen, eine entsprechend ausgerüstete Bergungsfirma vertraglich zu verpflichten, um im Wege der Ersatzvornahme das Fahrzeug zu bergen. Ist die Bergungsfirma dazu nicht bereit und stehen andere Möglichkeiten nicht zur Verfügung, kann diese Firma nach § 6 als Nichtstörerin in Anspruch genommen werden (s. aber auch RN 7 f.).

5 Problematisch ist die Frage, von welcher Belastung an sich die Polizei darauf berufen kann, selbst zur Abwehr der Gefahr nicht in der Lage zu sein oder einen unverhältnismäßigen, ihr nicht zumutbaren Aufwand betreiben zu müssen.

Beispiele:
1. Der Parteitag einer radikalen, aber nicht verbotenen Partei droht wegen der Ankündigung politischer Gegner, die zu massiven Gegenaktionen aufgerufen haben, zu einer erheblichen Gefahr für die öffentliche Sicherheit zu werden. Die Polizei macht geltend, sie sei angesichts ihrer sonstigen Belastungen nicht in der Lage, die öffentliche Sicherheit zu gewährleisten; daraufhin wird die Abhaltung des Parteitages un-

tersagt. Eine derartige gegen den Nichtstörer gerichtete Verfügung ist bedenklich, wenn nicht besondere Umstände dazu zwingen, denn die Polizei ist verpflichtet, rechtmäßige Veranstaltungen zu schützen. Notfalls müssen Polizeikräfte aus anderen Polizeibezirken oder aus anderen Ländern zur Unterstützung angefordert werden. Genügt auch dies nicht, kommt als weitere Reserve die Bundespolizei in Betracht. Im Regelfall dürfte die Berufung auf den Notstand deshalb rechtlich nicht haltbar sein.

2. Die Polizei geht davon aus, dass es bei einem Fußballspiel zu gewalttätigen Ausschreitungen der Anhänger beider Vereine kommen wird. Die Behörde verbietet deshalb die Abgabe von Karten an den Gastverein. Diese Notstandsmaßnahme hat das OVG Hamburg im Eilverfahren des § 80 Abs. 5 VwGO – also nach nur summarischer Prüfung – gebilligt (DVBl. 2012, S. 784,787 f.): Es handele sich um ein Hochrisikospiel in einem im innerstädtischen Großstadtbereich gelegenen Stadion und in unmittelbarer Nachbarschaft zu einem weiteren Großereignis mit Zehntausenden von Besuchern. Es erscheine nicht ausgeschlossen, dass die Polizei in dieser besonders unübersichtlichen Gefährdungslage ausreichende eigene Kräfte und Mittel nicht zur Verfügung haben könnte, um die sich abzeichnenden Gefahren für die öffentliche Sicherheit an einer Vielzahl unterschiedlicher Stellen ausreichend abzuwehren. Ins Gewicht fiel schließlich zu Gunsten der Polizei, dass eine konkrete Einsatzplanung erst wenige Tage vor dem Spielbeginn erfolgen konnte.

3. Kurz vor Beginn eines Demonstrationszuges mit mehreren Tausend Teilnehmern hängt der Bewohner eines Hauses, das an der Straße liegt, durch den sich der Zug bewegt, eine Fahne eines anderen Staates aus dem Fenster. Hierdurch fühlen sich die Demonstranten provoziert und machen Anstalten, gewaltsam in das Haus einzudringen, zudem werfen sie Gegenstände gegen das Haus und gefährden anwesende Dritte. Da die Polizei die Versammlung als unproblematisch eingestuft hat, stehen in der Nähe des Hauses nur wenige Beamte zur Verfügung. Der Einsatzleiter ordnet daher an, die Fahne zu entfernen, worauf sich die Masse beruhigt (sog. Duisburger Flaggenstreit, s. www.landtag.nrw.de/portal/WWW/Webmaster/GB_II/II.2/Dokumentenarchiv/Parlamentspapiere/suche_nrw.jsp; s. auch die Fallbearbeitung von *Thye*, JuS 2011, S. 618, der allerdings von anderen faktischen Voraussetzungen ausgeht). Das Eindringen in die Wohnung zwecks Entfernung der Flagge war gerechtfertigt, weil die Polizeikräfte vor Ort viel zu schwach waren, um eine Eskalation der Lage mit nicht übersehbaren Folgen – auch für Unbeteiligte – wirksam zu unterbinden. Selbstverständlich darf die Polizei eine Notstandssituation nicht „künstlich" herbeiführen, indem sie den Kräftebedarf bewusst zu niedrig veranschlagt.

Liegen die Voraussetzungen des polizeilichen Notstandes nach § 6 Abs. 1 Nr. 1 bis 3 vor, darf ein Nichtstörer dennoch nicht in Anspruch genommen werden, wenn dadurch sein Leben oder seine Gesundheit gefährdet würden oder wenn er an der Erfüllung höherwertiger anderer Pflichten gehindert würde. Entscheidend ist damit, ob die mit dem Eingriff verbundenen Belastungen für die in Anspruch zu nehmende Person **zumutbar** sind (§ 6 Abs. 1 Nr. 4). Zu berücksichtigen ist insoweit, dass die nicht verantwortliche Person nach Maßgabe des § 67 PolG NRW i.V.m. § 39 Abs. 1 a) OBG einen Anspruch auf Entschädigung hat. Drohende Vermögensschäden schließen die Zumutbarkeit daher im Regelfall nicht aus. Anders liegen die Dinge, wenn ernsthafte Beeinträchtigungen der körperli-

6

chen Unversehrtheit drohen. Ggf. sind die betroffenen Interessen und Schutzgüter gegeneinander abzuwägen.

Beispiele:
1. Für die Mitbewohner einer Wohnanlage können die polizeilichen Personen- und Objektschutzmaßnahmen zugunsten eines mit dem Tode bedrohten Staatsanwalts auch dann zumutbar sein, wenn sie als hochgradig belastend empfunden werden. Die Alternative, gegenüber dem bedrohten Staatsanwalt die Aufgabe der Wohnung anzuordnen, wäre unverhältnismäßig (OVG Koblenz, NJW 2006, S. 1830).
2. Ob die Herbeiführung eines künstlichen Staus auf einer Autobahn als Notstandsmaßnahme gegenüber den unbeteiligten Verkehrsteilnehmern zulässig ist, hängt insbesondere davon ab, ob hierdurch Leben und Gesundheit der nicht verantwortlichen Personen erheblich gefährdet sind. Eine solche Gefährdungslage – die diese polizeiliche Strategie ausschließt – kann vorliegen, wenn damit zu rechnen ist, dass verfolgte Personen versuchen werden, mit ihrem Fahrzeug den Stau zu durchbrechen (bejaht vom LG Bückeburg, NJW 2005, S. 3014; die Insassen des Fluchtfahrzeuges waren der Polizei als hoch aggressiv bekannt; s. im Übrigen *Hoffmeyer*, DIE POLIZEI 2007, S. 51).

2. Verhältnis des polizeilichen Notstandes zur Hilfeleistungspflicht nach § 323 c StGB und zu Befugnissen der Feuerwehr

7   Bei **Unglücksfällen** oder gemeiner Gefahr oder Not ist **jedermann zur Hilfeleistung verpflichtet,** wenn dies erforderlich und ihm den Umständen nach zuzumuten ist, ihm also insbesondere ohne erhebliche eigene Gefahr und ohne Verletzung anderer wichtiger Pflichten möglich ist (§ 323 c StGB). Diese strafbewehrte Hilfeleistungspflicht besteht kraft Gesetzes. Es bedarf also keiner Heranziehung durch die Polizei; die Verpflichtung soll ja gerade auch gelten, wenn keine andere Hilfe zu erlangen ist. Der Anwendungsbereich der Vorschrift (Unglücksfälle, gemeine Gefahr oder Not) ist dagegen enger als beim polizeilichen Notstand, der grundsätzlich bei jeder Gefährdung oder Störung der öffentlichen Sicherheit eintreten kann. Eine Inanspruchnahme wegen Störung der öffentlichen Ordnung kommt angesichts der Wertigkeit dieses Rechtsgutes nicht in Betracht. Hinsichtlich der sog. **Opfergrenze** (keine Hilfeleistungspflicht bei eigener Gefährdung oder bei Verletzung anderer wichtiger Pflichten) besteht Übereinstimmung zwischen § 6 PolG NRW und § 323 c StGB.

8   In den Fällen des § 323 c StGB – also z. B. bei einem Verkehrsunfall mit Schwerverletzten – besteht eine **öffentlich-rechtliche Handlungspflicht,** sodass die Polizei Dritte als Verantwortliche i. S. d. § 4 Abs. 1 PolG NRW in Anspruch nehmen kann (s. auch *Gusy*, Rn 381, S. 224, wonach § 323 c StGB als Sondervorschrift dem allgemeinen Polizei- und Ordnungsrecht vorgeht).

Beispiel: Ein schwer Betrunkener bricht beim Überqueren einer Straße zusammen. Ein Polizeibeamter fordert einen Passanten auf, ihm zu helfen, den Betrunkenen auf den Bürgersteig zu tragen.

Einschränkung von Grundrechten § 7

Zur Frage der **Entschädigung des Polizeihelfers** s. RN 2 und 4 zu § 39 OBG (hinter § 67).

Nach § 27 FSHG kann der Einsatzleiter der **Feuerwehr** unter den Voraussetzungen des § 19 OBG ebenfalls Personen zur Hilfeleistung oder zur Gestellung von Hilfsmitteln oder Fahrzeugen heranziehen. § 19 OBG ist deckungsgleich mit § 6 PolG NRW.

9

§ 7
Einschränkung von Grundrechten

**Durch dieses Gesetz werden die Grundrechte auf
informationelle Selbstbestimmung (Artikel 2 Absatz 1 in Verbindung mit Artikel 1 Absatz 1 des Grundgesetzes),
Leben und körperliche Unversehrtheit (Artikel 2 Abs. 2 Satz 1 des Grundgesetzes),
Freiheit der Person (Artikel 2 Abs. 2 des Grundgesetzes),
Fernmeldegeheimnis (Artikel 10 Absatz 1 des Grundgesetzes),
Freizügigkeit (Artikel 11 des Grundgesetzes) und
Unverletzlichkeit der Wohnung (Artikel 13 des Grundgesetzes)
eingeschränkt.**

Erläuterungen:

Nach **Art. 19 Abs. 1 Satz 2 GG** muss ein Gesetz, das ein Grundrecht einschränkt, das eingeschränkte Grundrecht unter Angabe des Artikels nennen, der dieses Grundrecht enthält. Eine Einschränkung kommt nur dann in Betracht, wenn das Grundrecht selbst vorsieht, dass das Grundrecht durch Gesetz oder auf Grund eines Gesetzes eingeschränkt werden kann (Art. 19 Abs. 1 Satz 1 GG). § 7 bezeichnet die Grundrechte, die durch das PolG NRW eingeschränkt werden.

1

Das **informationelle Selbstbestimmungsrecht** (Art. 2 Abs. 1 i.V.m. Art. 1 Abs. 1 GG) wird insbesondere durch Maßnahmen der Datenverarbeitung eingeschränkt. Besonders eingriffsintensiv sind die in den §§ 16a ff. PolG NRW normierten verdeckten Eingriffe.
Der Schutzbereich dieses Rechts umfasst auch die „Vertraulichkeit und Integrität informationstechnischer Systeme" (BVerfG, NJW 2008, S. 822).

2

In die Grundrechte auf **Leben und körperliche Unversehrtheit** (Art. 2 Abs. 2 Satz 1 GG) wird insbesondere durch polizeiliche Zwangsmaßnahmen eingegriffen. Ein tödlich wirkender Schuss wird durch § 63 Abs. 2 Satz 2 PolG NRW ausdrücklich erlaubt.

3

Das Recht auf **Freiheit** (Art. 2 Abs. 2 Satz 2 GG) wird insbesondere durch die Befugnisse der Polizei berührt, eine Person nach § 35 in Gewahrsam zu nehmen.

4

| § 8 | Allgemeine Befugnisse, Begriffsbestimmung |

Es wird aber auch von Maßnahmen nach § 10 Abs. 3 und § 12 Abs. 2 Satz 3 betroffen (vgl. § 36 Abs. 1).

4a Die Einschränkung des Grundrechts auf **Fermmeldegeheimnis** (Art. 10 Abs. 1 GG) erfolgte zeitgleich mit dem Inkrafttreten der §§ 20a und 20b und ausschließlich im Hinblick auf die in den beiden Vorschriften genannten Maßnahmen der Polizei. Aus diesem Grunde sind weitere Eingriffe in das Grundrecht aus präventiv-polizeilichen Gründen nach dem PolG NRW nicht möglich. Insbesondere kann eine dem § 100a StPO vergleichbare Telefonüberwachung angesichts der Eingriffstiefe in das Grundrecht nicht auf die Generalklausel des § 8 Abs. 1 gestützt werden. Im Übrigen wird auf die Erläuterungen zu § 8, RN 27 und § 17, RN 4 verwiesen.

5 Die **Freizügigkeit** (Art. 11 GG) wird insbesondere durch Aufenthaltsverbote (§ 34 Abs. 2) und die Verweisung einer Person aus ihrer Wohnung und deren näherem Umfeld (§ 34a) beeinträchtigt.

6 Das Grundrecht auf **Unverletzlichkeit der Wohnung** (Art. 13 GG) wird durch die Befugnisse zum Betreten und zur Durchsuchung von Wohnungen berührt (s. § 41 und die Erläuterungen dazu).

7 Das Grundrecht auf **Eigentum** (Art. 14 GG) ist in § 7 nicht erwähnt. Die nach dem PolG NRW möglichen Eingriffe im Rahmen der Sicherstellung (§§ 43 ff.) und selbst die Vernichtung von Sachen (§ 45) sind keine entschädigungspflichtige Enteignung, sondern Anwendungsfälle des Art. 14 Abs. 1 Satz 2 GG, wonach Inhalt und Schranken des Eigentums durch die Gesetze bestimmt werden. Insofern liegt keine Grundrechtsbeschränkung vor: demgemäß entfällt die Zitierpflicht nach Art. 19 Abs. 1 Satz 2 GG.

ZWEITER ABSCHNITT
Befugnisse der Polizei

Erster Unterabschnitt
Allgemeine Befugnisse, Begriffsbestimmung

§ 8

Allgemeine Befugnisse, Begriffsbestimmung

(1) Die Polizei kann die notwendigen Maßnahmen treffen, um eine im einzelnen Falle bestehende, konkrete Gefahr für die öffentliche Sicherheit oder Ordnung (Gefahr) abzuwehren, soweit nicht die §§ 9 bis 46 die Befugnisse der Polizei besonders regeln.

Allgemeine Befugnisse, Begriffsbestimmung § 8

(2) ¹Zur Erfüllung der Aufgaben, die der Polizei durch andere Rechtsvorschriften zugewiesen sind (§ 1 Abs. 4), hat sie die dort vorgesehenen Befugnisse. ²Soweit solche Rechtsvorschriften Befugnisse der Polizei nicht regeln, hat sie die Befugnisse, die ihr nach diesem Gesetz zustehen.

(3) Straftaten von erheblicher Bedeutung sind insbesondere Verbrechen sowie die in § 138 des Strafgesetzbuches genannten Vergehen, Vergehen nach § 129 des Strafgesetzbuches und gewerbs- oder bandenmäßig begangene Vergehen nach
1. den §§ 243, 244, 260, 261, 263 bis 264a, 265b, 266, 283, 283a, 291 oder 324 bis 330 des Strafgesetzbuches,
2. § 52 Abs. 1 Satz 1 Nr. 2 Buchstabe c) oder d) des Waffengesetzes,
3. §§ 29 Abs. 3 Satz 2 Nr. 1 oder 29a Abs. 1 Nr. 2 des Betäubungsmittelgesetzes,
4. §§ 96 und 97 des Aufenthaltsgesetzes.

VVPolG NRW zu § 8
Allgemeine Befugnisse, Begriffsbestimmung (zu § 8)
8.0
Auf die Generalklausel des § 8 Abs. 1 darf nicht zurückgegriffen werden, wenn es sich um Maßnahmen zur Gefahrenabwehr nach den §§ 9 bis 46 handelt. Die Voraussetzungen für diese Maßnahmen sowie deren Art und Umfang sind in den genannten Vorschriften abschließend geregelt.
8.1 (zu Absatz 1)
8.11
Zur konkreten Gefahr gehört auch die Anscheinsgefahr, also eine Sachlage, die bei verständiger Würdigung eines objektiven Betrachters den Anschein einer konkreten Gefahr erweckt.
8.12
Die Polizei kann auch die zur Beseitigung einer bereits eingetretenen Störung der öffentlichen Sicherheit oder Ordnung erforderlichen Maßnahmen treffen, wenn von der Störung eine fortwirkende Gefährdung ausgeht (z. B. bei Dauerdelikten).
8.2 (zu Absatz 2)
Von den Vorschriften dieses Gesetzes haben im Bereich der Strafverfolgung nur die Bestimmungen über die Anwendung unmittelbaren Zwanges Gültigkeit, soweit keine speziellen Regelungen in der StPO enthalten sind.
8.3 (zu Absatz 3)
Hierzu können auch andere Straftaten zählen, soweit sie gewerbs- oder bandenmäßig oder in anderer Weise organisiert begangen werden und dementsprechend einen erheblichen materiellen oder immateriellen (Gesamt-)Schaden verursachen.

§ 8 Allgemeine Befugnisse, Begriffsbestimmung

Erläuterungen:

1. Allgemeines

1 Nach dem aus Art. 20 GG fließenden Prinzip des Vorbehalts des Gesetzes darf der Staat in Rechte natürlicher oder juristischer Personen nur auf Grund einer ausdrücklichen Ermächtigung in einem Rechtssatz (Ermächtigungsgrundlage) eingreifen. Eine **Einschränkung von Grundrechten** (s. Einführung Nr. 3.1) kommt nur dann in Betracht, wenn das Grundrecht durch Gesetz oder auf Grund eines Gesetzes eingeschränkt werden kann (Art. 19 Abs. 1 Satz 1 GG). Wegen der durch das PolG NRW einschränkbaren Grundrechte und der Grundrechte unter Gesetzesvorbehalt s. § 7, RN 1 ff. Allein die gesetzliche Zuweisung einer Aufgabe berechtigt die Polizei nicht zu Eingriffen in Rechte. Es bedarf vielmehr für den Eingriff einer Befugnisnorm, wie sie in den §§ 8 ff. oder in anderen Vorschriften enthalten ist. Lediglich für das schlicht-hoheitliche Handeln genügt die gesetzliche Aufgabenzuweisung, da nicht in Rechte eingegriffen wird.

> **Beispiel:** Ein Kradfahrer der Polizei überwacht bei seiner Streifenfahrt den reibungslosen Ablauf des abendlichen Spitzenverkehrs (schlicht-hoheitliche Tätigkeit auf der Grundlage des gesetzlichen Verkehrsüberwachungsauftrags, § 1 Abs. 4 PolG NRW i.V.m. § 11 Abs. 1 Nr. 3 POG NRW). Als an einer Kreuzung eine Ampel ausfällt, übernimmt der Beamte die Verkehrsregelung (Eingriff, für den sich die Ermächtigungsgrundlage aus § 36 Abs. 1 StVO ergibt).

2 § 8 enthält die **Generalklausel** für die Eingriffsbefugnisse der Polizei bei der Gefahrenabwehr. Die Gefahr muss der öffentlichen Sicherheit oder Ordnung drohen. Diese Generalermächtigung gilt jedoch nicht, soweit spezialgesetzliche Ermächtigungen bestehen. Solche **spezialgesetzlichen Ermächtigungsgrundlagen** enthält das PolG selbst für die meisten der sog. **Standardmaßnahmen** (§§ 9 ff.), d.h. für polizeitypische und daher typisierte Eingriffe (vgl. zur dogmatischen Einordnung *Heintzen*, DÖV 2005, S. 1038).

Daher darf z.B. eine Person nur unter den besonderen, im Einzelnen aufgezählten Voraussetzungen des § 35 in Gewahrsam genommen werden. Liegen diese Voraussetzungen nicht vor, ist ein Rückgriff auf die Generalermächtigung des § 8 nicht zulässig. Dasselbe gilt, wenn Befugnisse der Polizei in **anderen Rechtsvorschriften** enthalten sind (§ 8 Abs. 2), wie z.B. Verkehrsregelungsbefugnisse nach § 36 StVO und die Ermächtigung zum Verbot oder zur Auflösung einer Versammlung gemäß § 15 VersammlG.

3 Gewisse Zweifel über die richtige Ermächtigungsgrundlage bestehen dann, wenn die Rechtsvorschriften sich darauf beschränken, ein bestimmtes Verhalten zu gebieten oder zu verbieten und einen Verstoß gegen das Ge- oder Verbot mit Strafe oder Geldbuße zu bedrohen, **ohne** jedoch eine **Befugnis** zur Verhütung derartiger Delikte zu regeln.

> **Beispiel:** Ein Jugendlicher benutzt ein Fahrrad, dessen Handbremse nicht ordnungsgemäß funktioniert. Ein Polizeibeamter weist ihn an, das Fahrrad zu schieben und darauf nicht mehr zu fahren, bis der Defekt an der Handbremse behoben ist.

Allgemeine Befugnisse, Begriffsbestimmung § 8

Da weder die StVO noch die StVZO eine ausdrückliche Ermächtigungsgrundlage für die Anordnungen des Beamten enthalten, werden sie auf § 8 Abs. 1 PolG NRW gestützt. Die erforderliche konkrete Gefahr liegt in dem fortdauernden Verstoß gegen § 65 StVZO. Daher ist der Einwand unbeachtlich, durch das Fehlverhalten sei kein anderer Verkehrsteilnehmer konkret gefährdet worden. Als konkretisierende Verfügung fällt die Anordnung unter den Begriff der **selbständigen Verfügung**, wie sie in § 8 geregelt ist. Unselbständige Verfügungen sind dagegen nur solche, die auf einer Vorschrift beruhen, die ausdrücklich Befugnisse einräumt, wie z. B. das Kontrollrecht der Polizei nach § 36 Abs. 5 StVO und die Spezialermächtigungen der §§ 9 ff. Eine Straf- oder Bußgeldvorschrift allein gibt der Polizei keine Ermächtigungsgrundlage zur Verhinderung oder Unterbindung von Verstößen. Wegen des **Vorbehalts des Gesetzes** (Art. 20 Abs. 3 GG) bedarf es vielmehr einer ausdrücklichen Befugnisregelung, wie sie z. B. in § 8 in Form der Generalklausel gegeben ist. Die Generalklausel behält trotz der Tendenz zu immer mehr Spezialermächtigungen auch weiterhin ihre praktische Bedeutung.

Soweit Maßnahmen der Polizei auf § 8 gestützt werden, gelten für die Bestimmung des Adressaten die §§ 4 bis 6, während bei den Spezialermächtigungen sich die Personen, gegen die sich eine Maßnahme richten darf, vielfach aus dieser Vorschrift selbst ergeben (§ 4 Abs. 3, § 5 Abs. 4 und § 6 Abs. 3). 4

Die Maßnahmen der Polizei, die sie auf Grund des § 8 oder anderer Befugnisnormen trifft und die von dem Pflichtigen ein bestimmtes Handeln, Dulden oder Unterlassen verlangen, sind **Verwaltungsakte** i. S. d. § 35 VwVfG NRW (s. Einführung Nr. 4.1). 5

Aus dem Grundsatz des Vorbehalts des Gesetzes folgt, dass **straf- und zivilrechtliche Notrechte**, insbesondere das **Notwehr-(Nothilfe-)recht, keine Befugnis, d. h. keine Ermächtigungsgrundlage** für polizeiliches Handeln enthalten. Obwohl nur beim unmittelbaren Zwang ausdrücklich geregelt, gilt dieser Grundsatz für jede Eingriffsmaßnahme der Polizei (s. im Einzelnen § 57 Abs. 2 sowie die Erläuterungen zu § 57, RN 4 und das dort aufgeführte Beispiel). 6

2. Voraussetzungen für Maßnahmen nach § 8

Die Maßnahme dient der Abwehr einer **konkreten Gefahr** für die **öffentliche Sicherheit oder Ordnung** (zu letzteren Begriffen s. § 1, RN 13 u. 14). 7

a) Begriff der konkreten Gefahr

Bei der Gefahr muss es sich um eine im einzelnen Fall bestehende, d. h. konkrete Gefahr handeln. 8

Gefahr ist eine Sachlage, die bei ungehindertem Ablauf des Geschehens mit **hinreichender Wahrscheinlichkeit** zu einem **Schaden**, d. h. einer Beeinträchtigung der öffentlichen Sicherheit führt.

Die **konkrete** Gefahr setzt voraus, dass auf Grund der Gesamtumstände in Bezug auf Ort, Zeit, Personen, Verhalten im Einzelfall ein Schadenseintritt wahrscheinlich ist. Nicht ausreichend ist die bloß entfernte Möglichkeit eines Schadenseintritts, allerdings ist absolute Gewissheit nicht erforderlich. Der für die Gefährlichkeitsannahme geforderte Grad der Wahrscheinlichkeit (hinreichend) hängt von dem **gefährdeten Rechtsgut** und der **Art der zu befürchtenden Schäden** ab. An die Wahrscheinlichkeit des Schadenseintritts sind demgemäß umso geringere Anforderungen zu stellen, je hochwertiger das Sicherheitsgut und je größer der mögliche Schaden ist (BVerwG, NJW 1970, S. 1890). Es gilt damit ein variabler Maßstab bezüglich der Gefahrenprognose.

9 Der polizeirechtlich bedeutsame Schaden ist von **bloßen Belästigungen, Unbequemlichkeiten und Nachteilen** zu unterscheiden. Beispielsweise fallen schlampige oder aufreizende Kleidung und mangelhafte Körperpflege regelmäßig in den Bereich der hinnehmbaren Alltagsbelästigungen. Eine exakte Grenzziehung zwischen einem polizeirechtlich relevanten „Schaden" und bloßen Bagatellbeeinträchtigungen ist freilich allgemein kaum möglich. Auch hat der Gesetzgeber z. T. einen Belästigungsschutz normiert, der ein rechtliches Eingreifen ermöglicht (s. z. B. § 118 OWiG).

b) Andere Gefahrenbegriffe

10 Die unterschiedlichen Gefahrenbegriffe (*Schoch*, JURA 2003, S. 472, 474) spielen hinsichtlich ihrer beiden Aspekte Gefahrengrad (zeitlicher Aspekt) und Gefahrenart (inhaltlich qualitativer Aspekt) – abgesehen von § 6 – nur als tatbestandliche Voraussetzung in den Befugnisnormen eine Rolle.

11 Die **allgemeine Gefahr** – nicht zu verwechseln mit der abstrakten Gefahr, obwohl oft so genannt (s. dazu unten RN 12) – bezeichnet das **Vorfeld der konkreten Gefahr,** deren Entstehung vorgebeugt werden soll (*Denninger,* in: Lisken/Denninger, Kap. D, Rdn. 63, S. 212; *Rachor,* in dies., Kap. E, Rdn. 642, S. 500). Zu diesen – unproblematischen – Vorbeugemaßnahmen gehören z. B. Streifenfahrten als faktisches Verwaltungshandeln ohne Eingriffsqualität. Soweit allerdings **Eingriffe** in Rechte anderer vorgenommen werden sollen, ist dies nur auf Grund **spezieller gesetzlicher Ermächtigung** zulässig. Die besondere Bedeutung des Begriffs liegt im Bereich der **Datenerhebung zur Straftatenprävention.** Bei der Formulierung der entsprechenden Eingriffsnormen im PolG NRW (s. z. B. § 16a Abs. 1 Nr. 2 und § 17 Abs. 1 Satz 1 Nr. 2) war der Gesetzgeber bedacht, das Spannungsverhältnis zwischen Sicherheit und Freiheit gerade für die Vorfeldtätigkeit der Polizei sachgemäß auszubalancieren. Demgemäß sind in den einschlägigen Befugnisnormen weitere Anforderungen festgelegt worden. So liegen die genannten Maßnahmen teilweise zwar im Vorfeld der konkreten Gefahr, es müssen aber Tatsachen vorhanden sein, welche die Annahme rechtfertigen, dass z. B. bei § 15 Straftaten oder Ordnungswidrigkeiten

Allgemeine Befugnisse, Begriffsbestimmung § 8

und bei den §§ 16a bis 21 erhebliche Straftaten (§ 8 Abs. 3) begangen werden. Für die Wahrscheinlichkeit i. S. d. konkreten Gefahr müssen sich die Umstände in der Person oder dem Verhalten des Adressaten allerdings noch konkretisieren.

Von der allgemein bestehenden Gefahr ist die **abstrakte Gefahr** zu unterscheiden. Sie ist Voraussetzung für den Erlass einer Verordnung zur Gefahrenabwehr (s. insbesondere die §§ 25 ff. OBG). Eine abstrakte Gefahr liegt vor, wenn bestimmte Arten von Verhaltensweisen oder Zuständen unter Berücksichtigung der – etwa im Geltungsbereich einer ordnungsbehördlichen Verordnung – bestehenden örtlichen Verhältnisse nach der Lebenserfahrung zu Schäden für ein Rechtsgut der öffentlichen Sicherheit oder Ordnung führen können. Stets erforderlich ist auch bei dieser Gefahrenlage eine **hinreichende Wahrscheinlichkeit** des Schadenseintritts, sodass ein bloßer Gefahrenverdacht oder die bloße Möglichkeit einer Schädigung polizeilicher Schutzgüter insoweit nicht genügt; Maßnahmen der **Gefahrenvorsorge** unterhalb der Schwelle einer abstrakten Gefahr darf nur der Gesetzgeber treffen (BVerwG, DÖV 2003, S. 81).

12

Beispiele:
1. Eine Verordnung, die es untersagt, in einem Sperrgebiet zu (weiblichen) Personen Kontakt aufzunehmen, um sexuelle Handlungen gegen Entgelt zu vereinbaren, dient der Abwehr einer abstrakten Gefahr. Denn das fragliche Verhalten führt nach der Lebenserfahrung mit hinreichender Wahrscheinlichkeit zu konkreten unzumutbaren Belästigungen für unbeteiligte Frauen und Mädchen. Zwar dürfen in einem solchen Gebiet keine Prostituierten tätig werden, jedoch lassen sich insbesondere drogenabhängige Frauen auch durch eine Sperrbezirksverordnung nicht davon abhalten, der (Beschaffungs-)Prostitution nachzugehen. Damit ihr Verstoß nicht offen zutage tritt, sind sie bemüht, sich in ihrem äußeren Erscheinungsbild nicht von anderen jungen Frauen und Mädchen zu unterscheiden, sodass die Möglichkeit von Fehleinschätzungen durch Freier nicht von der Hand zu weisen ist (VGH Mannheim, DÖV 2001, S. 213).
2. Eine Verordnung zur Begrenzung des Alkoholkonsums im öffentlichen Straßenraum enthielt die Verbote, in einem bestimmten Innenstadtgebiet Alkoholika zu konsumieren und alkoholische Getränke jeglicher Art mit sich zu führen, wenn die Absicht erkennbar sei, diese im Geltungsbereich der Verordnung konsumieren zu wollen. Das fragliche Innenstadtgebiet war aus Sicht der Behörde ein Ort mit überproportional hoher Gewaltkriminalität und starkem Alkoholkonsum in der Öffentlichkeit. Die Überlegung der Behörde, Alkoholgenuss führe generell zu Aggressivität und stelle daher zumindest an einem solchen Ort eine abstrakte Gefahr dar, wurde vom VGH Mannheim (DVP 2010, S. 124) nicht geteilt. Die Annahme widerspreche der Lebenserfahrung. Es hänge vielmehr von den äußeren Umständen, den individuellen Gegebenheiten und Befindlichkeiten sowie den situativen Einflüssen ab, welche Wirkungen Alkohol bei dem Einzelnen zeige. Das Gericht hat die Verordnung daher im Normenkontrollverfahren für nichtig erklärt. Allein der Landesgesetzgeber sei berechtigt, eine Regelung zur Eindämmung des Alkoholkonsums zu treffen.

Verstöße gegen Gefahrenabwehrverordnungen sind **konkrete Störungen** der öffentlichen Sicherheit, die zumindest auf Grund des § 8 Abs. 1 PolG NRW unterbunden werden können.

Der Begriff der abstrakten Gefahr ist im Zusammenhang mit polizeilicher Vorfeldtätigkeit unangebracht. Denn hiernach wäre z. b. die Streifentätigkeit in einem völlig unproblematischen Bereich eines Polizeibezirks bedenklich, weil nach der „Lebenserfahrung" Beeinträchtigungen der öffentlichen Sicherheit nicht hinreichend wahrscheinlich sind.

13   Die **gegenwärtige Gefahr** ist eine konkrete Gefahr mit zeitlicher Steigerung. Sie liegt vor, wenn der Schadenseintritt unmittelbar bevorsteht, also jederzeit eintreten kann, oder den Umständen nach mit an Sicherheit grenzender Wahrscheinlichkeit eintritt. Soweit ein Schaden schon eingetreten ist (Störung) und durch den eingetretenen Zustand weitere Schäden drohen (Schadensausweitung), besteht ebenfalls eine gegenwärtige Gefahr. Das ist insbesondere der Fall, wenn eine Straftat bereits ausgeführt, aber noch nicht beendet ist (z. B. bei einem Dauerdelikt wie der Geiselnahme). Häufig ist die gegenwärtige Gefahr Voraussetzung für Standardmaßnahmen (vgl. z. B. § 16a Abs. 1 Satz 1 Nr. 1, § 34a Abs. 1, § 35 Abs. 1 Nrn. 2 und 4, § 43 Nr. 1).

14   Außer der zeitlichen Differenzierung gibt es bei den Gefahrenbegriffen eine Abstufung nach inhaltlichen Merkmalen. Bei der **erheblichen Gefahr** droht der Schaden einem bedeutsamen Rechtsgut. Hierzu zählen wichtige Gemeinschaftsgüter (Sicherheit des Bundes oder eines Landes, Funktionsfähigkeit des Staates und seiner Einrichtungen) und wesentliche Individualgüter (Leben, Gesundheit, Freiheit einer Person, bedeutende Sachwerte). In manchen Vorschriften stellt das PolG NRW lediglich auf Gefahren für bestimmte Rechtsgüter ab (vgl. z. B. die §§ 31, 41 und 64). Dann kann nicht im Wege der Analogie geschlossen werden, dass die Maßnahme auch zulässig ist, wenn andere als die genannten Rechtsgüter bedroht sind, die im Übrigen unter den Begriff der erheblichen Gefahr fallen.

15   Bei der **gegenwärtigen erheblichen Gefahr** wird dem Zeitfaktor ein qualitatives Element hinzugefügt.

16   **Lebensgefahr** liegt vor, wenn in einer bestimmten Situation der Tod mindestens eines Menschen droht. Jede leichte Körperverletzung erfüllt diese Anforderungen nicht. Allerdings sind in bestimmten Fällen bereits relativ geringfügige Beeinträchtigungen der körperlichen Integrität geeignet, eine Lebensgefahr hervorzurufen. Der Grund hierfür kann in der Person des Betroffenen liegen (z. B. Bluter, Herzkranker), kann sich aber auch aus den Umständen des Einzelfalles ergeben (besondere Stresssituationen wegen brutaler Drohung des Geiselnehmers gegenüber der Geisel, Verhinderung der ordnungsgemäßen Versorgung einer vergleichbar leichten Verletzung durch einen Arzt mit der Möglichkeit der Infizierung der Wunde usw.).

Allgemeine Befugnisse, Begriffsbestimmung § 8

Bei einer **Gemeingefahr** sind Leib, Leben, Gesundheit oder bedeutende Sachwerte einer **Vielzahl von Personen** bedroht. Diese müssen nicht individuell bestimmbar sein. Bei Katastrophen ist die Gemeingefahr regelmäßig gegeben, jedoch ist die förmliche Erklärung, dass ein Katastrophenfall vorliegt, nicht Voraussetzung. Die gemeine Gefahr wird in unterschiedlichen Kodifikationen genannt, s. beispielsweise Art. 13 Abs. 4 und Abs. 7 GG, § 323 c StGB und § 31 PolG BW. Das PolG NRW enthält den Begriff in § 20 a Abs. 1 Satz 2 Nr. 2 (Einzelheiten dazu unter § 20 a, RN 3). 17

Die **dringende Gefahr**, die in Art. 13 Abs. 4 und 7 GG genannt wird, ist auch in § 41 Abs. 3 aufgeführt. Wegen der Einzelheiten s. § 41, RN 23. 18

Eine **Anscheinsgefahr** ist gegeben, wenn sämtliche erkennbaren Anhaltspunkte bei verständiger Würdigung des Betrachters auf eine reale Gefahr hindeuten, sich nachträglich aber herausstellt, dass in Wirklichkeit keine Gefahr vorlag. Solange dies nicht zu erkennen ist, sind die notwendigen polizeilichen Maßnahmen zulässig. 19

Auch bei einer Anscheinsgefahr dürfen Personen in Anspruch genommen werden, obwohl sie der Sache nach „unbeteiligt" sind. Der Begriff der Anscheinsgefahr ist – jedenfalls auf der „Primärebene" (Frage nach der Rechtmäßigkeit insbesondere eines Eingriffs) – verzichtbar, weil es stets auf eine Gefahrenprognose im Zeitpunkt der polizeilichen Maßnahme ankommt (so auch *Götz*, § 7 Rdnr. 39, S. 50). Nachträgliche Erkenntnisse spielen hinsichtlich der Annahme einer zum Einschreiten berechtigenden Gefahr keine Rolle.

Die Unterscheidung zwischen „wirklicher" Gefahr und Anscheinsgefahr wirkt sich nur auf der „Sekundärebene" (Entschädigung) aus; einer in Anspruch genommenen Person können Entschädigungsansprüche zustehen. Haben Anscheinsstörer allerdings selbst die Ursache für den Anschein der Gefahr gesetzt, bestehen für sie keine derartigen Ansprüche (s. näher RN 6 zu § 39 OBG – hinter § 67).

Die **Scheingefahr** (sog. Putativgefahr, abgeleitet von putare = vermuten, schätzen) ist streng von der Anscheinsgefahr zu unterscheiden. Bei der Scheingefahr nimmt die Behörde nur subjektiv eine Gefahr an, ohne die Sachlage zureichend objektiv gewürdigt zu haben. Die Gefahrenprognose beruht – im Gegensatz zur Anscheinsgefahr – **nicht auf ausreichenden tatsächlichen Anhaltspunkten.** Die Behörde hätte vielmehr bei pflichtgemäßer Beurteilung erkennen können und müssen, dass keine Gefahr bestand. 20

Beispiel: Ein anonymer Anrufer teilt der Polizei mit, aus einem bestimmten Haus werde mit einer scharfen Waffe auf Passanten geschossen.
Am Einsatzort befragen die Polizeibeamten Personen, die zur fraglichen („Tat"-)Zeit anwesend waren. Die Zeugen erklären, keine Schüsse vernommen zu haben. Ein Nachbar teilt allerdings mit, im Garten des Hauses den 14-jährigen Sohn der Hauseigentümerin mit einer „großen Pistole" gesehen zu haben. Der Einsatzleiter entschließt sich daraufhin, mit seinen Beamten gewaltsam in das Haus einzudringen. Im Rahmen der

Hausdurchsuchung – in Abwesenheit der verreisten Hausbewohner – finden die Beamten lediglich eine Luftpistole. Das Beispiel belegt, dass die Grenzen zwischen Anscheins- und Scheingefahr fließend sind. Es lagen immerhin gewisse Anhaltspunkte für die vermutete Gefahrenlage vor (Anruf, Erklärung des Nachbarn). Demgegenüber mussten aber gewichtige Bedenken berücksichtigt werden: Der Anrufer war anonym (geblieben) und damit in seiner Glaubwürdigkeit gemindert, vor allem aber hatten die Zeugen keine Schüsse vernommen, obwohl dies nahegelegen hätte, wenn wirklich geschossen worden wäre. Dass ein Schalldämpfer verwendet worden war, war sehr unwahrscheinlich.

Trifft die Polizei bei einer bloßen Scheingefahr (Eingriffs-)Maßnahmen, so sind diese **rechtswidrig** und können gemäß § 67 PolG NRW i. V. m. § 39 Abs. 1 b) OBG oder § 839 BGB i. V. m. Art. 34 GG Entschädigungs- und Schadensersatzansprüche auslösen, unabhängig von der strafrechtlichen oder disziplinarrechtlichen Wertung der Handlung.

21 Beim **Gefahrenverdacht** müssen – wie bei der Anscheinsgefahr (RN 19) – tatsächliche Anhaltspunkte vorliegen, die auf eine reale Gefahr hindeuten. Im Unterschied zur Anscheinsgefahr begründen diese Anhaltspunkte – aus Sicht des Beurteilers – jedoch nur den dringenden Verdacht einer Gefahr. Der einschreitende Beamte leitet aus den ihm bekannten Tatsachen lediglich die (ernstliche) **Möglichkeit** ab, dass die Situation gefährlich ist; er ist sich also bewusst, dass die Sachlage auch harmlos sein könnte. Diese Gefahrenlage berechtigt in erster Linie zu **Aufklärungsmaßnahmen,** z. B. durch Befragung nach § 9 Abs. 1.

Falls weitere Ermittlungen indessen aus behördlicher Sicht die effektive Gefahrenabwehr vereiteln oder unzumutbar verzögern würden, kann **ausnahmsweise** auch ein **„endgültiger" Eingriff** zulässig sein.

Beispiel: Ein Polizeibeamter erblickt einen Hund, der Symptome von Tollwut aufweist, obwohl das Tier in Wirklichkeit nur Seifenwasser getrunken hat und die unliebsame Flüssigkeit herauswürgt.
Trotz der Unsicherheit hinsichtlich der Tollwuterkrankung darf der Beamte den Hund notfalls erschießen, wenn er keine hinreichende Möglichkeit sieht, sich zuvor über den Zustand des Hundes zu informieren oder ihn zwecks Untersuchung einfangen zu lassen. Dies ist z. B. der Fall, wenn der Hund im Falle einer wirklichen Tollwut Menschen gefährden könnte. Abzustellen ist hinsichtlich der anzustellenden Diagnose- oder Prognoseentscheidung auf das Erkenntnisvermögen eines pflichtgemäß handelnden (Durchschnitts-)Beamten. Dieser muss also nicht etwa über spezielle Kenntnisse im Bereich der Veterinärmedizin verfügen.
Bei pflichtgemäßer Beurteilung der Sachlage handelt der Beamte somit rechtmäßig.

22 Der Begriff **latente („verborgene") Gefahr** wird im PolG NRW nicht verwandt. Die latente Gefahr spielt im allgemeinen Polizeirecht keine Rolle mehr. Früher war sie ein Denkmodell zur Regelung eines als gefahrenträchtig angesehenen Zustandes, der zunächst keine Auswirkungen zeigte, weil andere, allerdings oftmals erlaubtermaßen hinzutretende Umstände noch nicht vorlagen.

Allgemeine Befugnisse, Begriffsbestimmung § 8

Beispiel: „Schweinemästerfall" – OVG Münster, DVBl. 1957, S. 867: Die enormen Geruchsbelästigungen, die von einer Schweinemästerei ausgingen, machten diesen Betrieb nach Ansicht des Gerichts „latent gefährlich", wobei die konkrete Gefahr erst einsetzte, als ein Wohngebiet in unmittelbarer Nähe des Betriebes entstand.

Der unter Rückgriff auf den Begriff der „latenten Gefahr" getroffenen Entscheidung ist in der Literatur zu Recht widersprochen worden. Der Streit kann jedoch als erledigt betrachtet werden, denn heute regeln solche Fälle Normen des Umweltschutz-, Gewerbe- und Baurechts.

Gefahr im Verzug ist ein Begriff, der mit der Abwehr von Gefahren für die öffentliche Sicherheit oder Ordnung nur indirekt in Beziehung steht. Er wird auch vielfach außerhalb des PolG NRW benutzt und umschreibt eine Situation, in der **sofortiges Handeln** erforderlich wird. Gebraucht wird der Begriff im PolG NRW, wenn Maßnahmen, für die eigentlich eine richterliche Anordnung notwendig ist, in **zeitlich dringenden Ausnahmefällen** sofort durchzuführen sind (§ 10 Abs. 3 Satz 2, § 17 Abs. 2 Satz 5, § 18 Abs. 2 Satz 5, § 42 Abs. 1 Satz 1), weil anderenfalls ein nicht mehr wieder gutzumachender Schaden eintreten würde oder zumindest wahrscheinlich wird. Insoweit muss, obwohl das PolG NRW das nicht ausdrücklich vorschreibt, eine gegenwärtige Gefahr vorliegen.   23

3. Maßnahmen nach § 8 Abs. 1

Die Maßnahme muss der Abwehr einer Gefahr für die öffentliche Sicherheit   24
oder Ordnung dienen. Die Gefahr kann objektiv vorliegen, es genügt aber die Anscheinsgefahr oder der Gefahrenverdacht. Die zur Gefahrenfeststellung notwendigen **Sachverhaltsermittlungen** muss die Polizei **von Amts wegen** vornehmen (§ 24 VwVfG NRW). Sie kann die Ermittlung des Sachverhalts nicht auf denjenigen abwälzen, der erst bei nachgewiesener Gefahr zur Abwehr der Gefahr als Störer in Anspruch genommen werden dürfte (OVG Münster, NWVBl. 1990, S. 159).

Auf der Grundlage der Generalklausel darf die Polizei andererseits die nötigen Maßnahmen treffen, um einen Gefahrenverdacht (s. dazu RN 21) weiter abzuklären. Dieser sog. **Gefahrerforschungseingriff** ist ggf. der erste notwendige Schritt zur Bekämpfung der Gefahr. Auch Zwangsmaßnahmen können unter diesem Gesichtspunkt gerechtfertigt sein.

Beispiel: Eine Polizeistreife wird zu einem Haus gerufen, weil dort seit Tagen Hundegebell vernehmbar sei. Nachbarn teilen mit, die Bewohner, die sich z.Zt. auf einer Urlaubsreise befänden, besäßen einen Hund. Sie hätten allerdings einen unbekannten Mann im Vorgarten des Hauses gesehen, möglicherweise kümmere sich dieser Mann um das Tier. Die Polizeibeamten haben den Verdacht, dass der Hund unversorgt zurückgelassen worden ist. Infolge der verschlossenen Fensterläden können die Beamten keinen Blick in das Innere des Hauses werfen. Sie entfernen deshalb gewaltsam einen Rolladen. Anschließend stellen sie fest, dass für den Hund Wasser und Futter bereitstehen.

§ 8 Allgemeine Befugnisse, Begriffsbestimmung

25 Auf § 8 Abs. 1 können nur sog. **untypische Maßnahmen** (s. hierzu *Nimtz*, KR 2008, S. 66) gestützt werden, d.h. solche, die nicht in den §§ 9ff. oder in anderen Rechtsvorschriften i.S.d. § 8 Abs. 2 speziell und damit abschließend geregelt sind. Entscheidend ist, ob die jeweilige **Rechtsfolge** der Norm durch **besondere Merkmale** bestimmt ist. Bei dieser Konstellation darf die Behörde diesen („vertypten") Eingriff nur vornehmen, wenn die Tatbestandsvoraussetzungen dieser speziellen Norm erfüllt sind.

Beispiele:
1. Ein Aufenthaltsverbot – z.B. zur Bekämpfung der offenen Drogenszene – darf nur auf Grund der Spezialermächtigung in § 34 Abs. 2 verhängt werden. Die Heranziehung des § 8 Abs. 1 würde dazu führen, dass die Behörde die spezielle Rechtsfolge des § 34 konkretisiert, ohne dass die hierfür geltenden besonderen Voraussetzungen erfüllt sind.
2. Durchsuchungen einer Person sind in § 39 PolG NRW geregelt. Eine körperliche Untersuchung – gestützt auf die Generalklausel – ist damit grundsätzlich als systemfremd abzulehnen. Untersuchungen zur Gefahrenabwehr können nur unter strikter Beachtung des Grundsatzes der Verhältnismäßigkeit – also insbesondere bei Lebensgefahr – angeordnet werden. Die Untersuchung selbst ist in der Regel – schon im Hinblick auf die erforderliche Sachkunde – durch Ärzte oder ihnen insoweit gleichgestellte Personen (z.B. Rettungsassistenten, vgl. auch § 70 VwVG NRW) vorzunehmen (s. zur Entnahme einer Blutprobe bei Verdacht einer Infektionskrankheit *Kühn*, DIE POLIZEI 1997, S. 252; zur Erzwingung eines sog. AIDS-Tests *Tegtmeyer/Vahle*, KR 1987, S. 560).

Die Gefahrenabwehr mit Hilfe der Generalklausel schließt auch ungewöhnliche und „kreative" Maßnahmen ein. Voraussetzung ist lediglich, dass die thematisch einschlägigen Spezialvorschriften der Generalklausel nicht vorgehen.

Beispiel: Meldeauflage gegenüber einem sog. Hooligan: Die Auflage war dazu bestimmt, den Betroffenen zu zwingen, sich an bestimmten Tagen und zu bestimmten Zeiten bei der Behörde vorzustellen, um der Gefahr zu begegnen, die betroffene Person werde im Ausland – im Rahmen von hooligantypischen Ausschreitungen – Straftaten begehen (BVerwG, DÖV 2008, S. 28; OVG Lüneburg, NVwZ-RR 2006, S. 613; VGH Mannheim, NJW 2000, S. 3658; s. auch *Bramow/Wegner*, DIE POLIZEI 2010, S. 213, 217ff.).

Bei **besonders schwer** in die Rechte der betroffenen Person eingreifenden Maßnahmen ist allerdings – schon mit Blick auf den Grundsatz der Verhältnismäßigkeit – Vorsicht geboten. Das BVerfG hat beispielsweise bei der **Dauerbeobachtung** eines aus der Sicherungsverwahrung Entlassenen, der nach wie vor als gefährlich eingeschätzt wird, den Rückgriff auf die polizeiliche Generalklausel zwar gebilligt, zugleich aber darauf hingewiesen, dass es sich wohl um eine neue Form der polizeilichen Maßnahme handele, die bisher vom Landesgesetzgeber nicht eigens erfasst worden sei. Auf Grund der weitreichenden Folgen bedürfe diese Maßnahme möglicherweise einer ausdrücklichen detaillierten Ermächtigungsgrundlage (Beschluss v. 8.11.2012 – 1 BvR 22/12; s. hierzu *Linke*, DVBl. 2013, S. 559).

Maßnahmen auf Grund der Generalklausel sind zumeist Ge- und Verbote und damit Verwaltungsakte i. S. d. § 35 VwVfG NRW. Die Vorschrift ermächtigt darüber hinaus auch zu **tatsächlichen Eingriffen (Realakten)** in Freiheitsrechte. Zu den Realakten gehören beispielsweise **Gefährderansprachen** bzw. **Gefährderschreiben** (vgl. dazu *Deusch*, DIE POLIZEI 2006, S. 145; *Jötten/Tams*, JuS 2008, S. 436: Fallbearbeitung; *Engelbrecht*, JA 2007, S. 197: Fallbearbeitung). Die Polizei nimmt mündlich oder schriftlich Kontakt zu Personen auf, von denen nach polizeilicher Einschätzung Gefahren – in der Regel Straftaten – drohen. Dem Adressaten wird deutlich gemacht, dass er im Visier der Polizei steht und mit polizeilichen Maßnahmen bzw. Sanktionen rechnen muss, falls er sich in einer bestimmten Weise verhält. Die Einsatzmöglichkeiten sind umfassend. Gefährderansprachen kommen auch in Betracht, wenn eine Straftatenserie (z. B. Brandanschläge auf Autos, s. dazu *Meyer*, KR 2011, S. 595, 597) vorliegt und ein potenzieller Täter (dem eine Täterschaft allerdings nicht nachzuweisen ist) von weiteren Taten abgehalten werden soll.

26

Ob darin ein Grundrechtseingriff liegt, hängt davon ab, wie die Polizei im Umfeld des Betroffenen auftritt und welche konkreten Formulierungen sie wählt. Beschränkt sich die Polizei auf bloße allgemeine Hinweise auf die Rechtslage – die Grenze zum Grundrechtseingriff ist freilich fließend –, so genügt die **Aufgabenzuweisung** (§ 1 Abs. 1 PolG NRW) zur Rechtfertigung (a. A. grundsätzlich *Kießling*, DVBl. 2012, S. 1210, wonach für diese Maßnahme eine Spezialnorm erforderlich sei, weil unter Gefährderansprache sehr unterschiedliche Maßnahme fielen, denen ein „komplexes Verfahren" zu Grunde liege und die auf ganz unterschiedliche Art durchgeführt werden können. Gerade dieses Argument spricht allerdings gegen eine neue Standardbefugnis – sie müsste ggf. sehr umfangreich sein – und für die „flexible" Generalklausel).

Beispiele:
1. Die Polizei legt dem Betroffenen (B) nahe, nicht an einer bestimmten Versammlung teilzunehmen, weil B bereits früher als gewalttätiger Demonstrant aufgefallen ist. Anderenfalls setze sich B der Gefahr präventiver polizeilicher Maßnahmen oder strafprozessualer Maßnahmen aus. Damit übt die Polizei Druck aus und greift in die grundgesetzlich (Art. 8 Abs. 1 GG) geschützte Willensentschließungsfreiheit ein. Der Eingriff kann aber nach § 8 Abs. 1 PolG NRW gerechtfertigt sein, wenn die hinreichende Wahrscheinlichkeit besteht, dass B Straftaten begehen wird (s. dazu OVG Lüneburg, NJW 2006, S. 391).
2. Im Rahmen „fanorientierter" Maßnahmen (vgl. dazu umfassend *Deusch*, DIE POLIZEI 2006, S. 145; *Franz* u. *Günther*, NWVBl. 2006, S. 201) suchen Polizeibeamte szenebekannte oder in polizeilichen Daten gespeicherte Hooligans auf, informieren sie darüber, dass sie identifiziert sind, und „warnen" sie eindringlich davor, bei einem bevorstehenden Bundesligaspiel „mitzumischen". Solche Gespräche können schlichtes Verwaltungshandeln ohne Eingriffsqualität sein, wenn sie diskret verlaufen und kein gezielter Druck dahingehend ausgeübt wird, Fußballspiele nicht aufzusuchen. Ein Eingriff kann wiederum vorliegen, wenn das Gespräch am Arbeitsplatz geführt wird, sodass der Angesprochene als Hooligan bekannt gemacht wird. Je

schwächer der Verdacht gegen den Betroffenen, um so rufschonender hat die Polizei vorzugehen.

3. Der Geschäftsführer eines Inkassounternehmens wird darauf hingewiesen, dass sein Unternehmen erkennbar nicht bestehende Ansprüche aus verbotenem (Internet-) Glücksspiel geltend gemacht habe, sodass die Polizei ein Ermittlungsverfahren wegen Beihilfe zum Betrug einleiten werde, falls das Unternehmen auch künftig Mahnungen zu Gewinnspielforderungen verschicke (VGH Kassel, DIE POLIZEI 2012, S. 116).

Polizeiliche **Warnungen** vor Produkten oder Personen (vgl. auch Einführung Nr. 4.9), durch die in Rechte (z. B. Berufsfreiheit, Art. 12 Abs. 1 GG) eingegriffen wird, lassen sich ebenfalls auf die Generalklausel stützen. Voraussetzung ist daher eine **konkrete Gefahr**. Im Übrigen müssen die Warnungen dem Sachlichkeitsgebot und dem Verhältnismäßigkeitsgrundsatz entsprechen. Insbesondere müssen Tatsachenbehauptungen der Wahrheit entsprechen (s. z. B. VG Arnsberg, GewArch 2012, S. 397).

27 § 8 Abs. 1 kann nur Eingriffe in Grundrechte rechtfertigen, die durch das PolG NRW einschränkbar sind (s. insoweit § 7).

28 Maßnahmen nach § 8 sind häufig darauf gerichtet, **Straftaten oder Ordnungswidrigkeiten zu verhindern oder zu unterbinden** (s. auch die Möglichkeit der Ingewahrsamnahme zu diesem Zweck, § 35 Abs. 1 Nr. 2).

Beispiele:
1. Die Polizei fordert den Kaufmann K auf, eine von diesem veranstaltete nicht genehmigte Lotterie sofort einzustellen. K befindet sich – auf Grund einer falschen behördlichen Auskunft – in einem unvermeidbaren Verbotsirrtum (§ 17 StGB). Ist der einschlägige Straftatbestand (§ 287 StGB: Unerlaubte Veranstaltung einer Lotterie) erfüllt, so stellt das Verhalten des Gewerbetreibenden eine Gefahr für die öffentliche Sicherheit i. S. d. § 8 Abs. 1 PolG NRW dar. Auf die strafrechtlich bedeutsame Irrtumsfrage kommt es bei der Gefahrenabwehr nicht an.
2. Als eine Sommerparty auch nach Mitternacht in höchster Lautstärke fortgesetzt wird, beschweren sich die Nachbarn insbesondere über den Lärm, der durch die Musikanlage des Gastgebers (G) verursacht wird. Verstöße gegen den Nachtruheschutz und störende Benutzung von „Tongeräten" sind bußgeldbewehrt (vgl. § 17 Abs. 1 Buchst. d, e LImschG). Polizeibeamte können von G daher verlangen, die Lautstärke der Musikanlage zu verringern (s. auch § 35 Abs. 1 Nr. 2: Gewahrsam zur Verhinderung einer Ordnungswidrigkeit von erheblicher Bedeutung).

Gemäß § 8 Abs. 1 muss die Maßnahme **notwendig** sein. Hierdurch wird nochmals darauf hingewiesen, dass das **Prinzip des geringsten Eingriffs** nach dem Grundsatz der Verhältnismäßigkeit im weiteren Sinne gilt. Da § 2 aber bei jeder Maßnahme zu beachten ist, handelt es sich nicht um ein eigenständiges Tatbestandsmerkmal des § 8 Abs. 1.

29 Die Generalklausel kann – mangels einer für die Polizei maßgeblichen Spezialbefugnis – eine taugliche Ermächtigung für Anordnungen gegenüber **Telediensten (z. B. beim Online-Handel)** sein, wenn Internetseiten Inhalte aufweisen, die

Allgemeine Befugnisse, Begriffsbestimmung § 8

mit der öffentlichen Sicherheit nicht vereinbar sind (z. B. Kinderpornographie). Zuständig für die Überwachung der Einhaltung des Telemediengesetzes ist in NRW die Bezirksregierung Düsseldorf (§ 1 Telemedienzuständigkeitsgesetz). Die Polizei darf nur tätig werden, wenn die zuständigen Jugendschutz- und sonstigen Aufsichtsbehörden nicht rechtzeitig tätig werden können (*Schmidbauer/Steiner*, Art. 11 Rn. 156). Als Mittel zur Abwehr internetspezifischer Gefahren kommt insbesondere die Entfernung oder Sperrung des Internetinhaltes in Betracht.

Unbedenklich sind – mangels Eingriffs in Rechte – im Übrigen sog. **Streifenfahrten auf den öffentlich zugänglichen Seiten im Internet**. Da die Inhalte frei zugänglich sind, ist von der Einwilligung in die Kenntnisnahme auszugehen. Auch die Teilnahme eines Polizeibeamten **unter falscher Identität** an einem „Chat" bzw. einer „Newsgroup" ist in der Regel kein Eingriff in Grundrechte und daher durch den **Gefahrenabwehrauftrag** des § 1 Abs. 1 PolG NRW gedeckt (so auch *Müller*, KR 2012, S. 295, 301; *Brenneisen* u. *Staack*, KR 2012, S. 627, 630; *Henrichs*, KR 2012, S. 632, 635; str., a. A. z. B. *Levin/Schwarz*, DIE POLIZEI 2012, S. 72, 73–75). Insbesondere Informationen aus sog. **Sozialen Netzwerken** (z. B. Facebook) können zur Gefahrenabwehr beitragen.

Beispiele: Verhinderung eines dort angekündigten Suizids; Bewältigung von Problemen durch verabredete Party oder Versammlung.

Werden die so gewonnenen Informationen gespeichert bzw. durch Heranziehung weiterer Daten ausgewertet, handelt es sich um Eingriffe in das Recht auf informationelle Selbstbestimmung, die einer Ermächtigungsgrundlage (s. insoweit insbesondere § 24 PolG NRW) bedürfen (so für den Bereich der Strafverfolgung *Müller*, KR 2012, S. 295, 302).

Soweit verdeckte Ermittlungen im Internet der **Strafverfolgung** dienen, können sie auf die Ermittlungsgeneralklauseln der §§ 161, 163 StPO gestützt werden.

4. Befugnisse bei zugewiesenen Aufgaben (§ 8 Abs. 2)

Die Vorschrift ist im Zusammenhang mit § 1 Abs. 4 zu sehen. Sie will sicherstellen, dass bei der Erfüllung besonders zugewiesener Aufgaben der Polizei nach Möglichkeit keine Lücken hinsichtlich der Befugnisse entstehen. 30

Die Regelung gilt nur, soweit die Rechtsvorschriften, die der Polizei Aufgaben zuweisen, Befugnisvorschriften nicht oder nur teilweise enthalten. So weist § 44 Abs. 2 StVO der Polizei die Aufgabe zu, bei Gefahr im Verzug anstelle der Straßenverkehrsbehörde zu handeln. Darüber hinaus sieht § 36 StVO Befugnisse der Polizei zur Verkehrsregelung und -kontrolle vor. Zur Verhinderung oder zur Unterbindung von Verkehrsverstößen können die Befugnisse nach dem PolG NRW angewandt werden. 31

Beispiel: Die Polizei lässt ein im Haltverbot abgestelltes Fahrzeug nach Maßgabe der polizeirechtlichen Vorschriften abschleppen bzw. sicherstellen (§§ 8, 43, 50, 52).

32 Ein **Rückgriff auf** § 8 Abs. 2 ist jedoch dann **unzulässig**, wenn eine Rechtsvorschrift, die der Polizei Aufgaben zuweist, als **abschließende Regelung** anzusehen ist. Das **VersammlG** hat weitgehend abschließenden Charakter (VGH Mannheim, DÖV 1998, S. 650, 651), sodass z. B. das Verbot oder die Auflösung einer öffentlichen Versammlung unter freiem Himmel nur auf § 15 VersammlG gestützt werden darf. Als mildere Mittel kommen gemäß § 15 Abs. 1 „Auflagen" in Betracht. Zu diesen **beschränkenden Maßnahmen** gehören auch Eingriffe nach dem PolG NRW, sofern sie einen § 15 VersammlG identischen (engen) Gefahrentatbestand aufweisen. Das VersammlG verdrängt das allgemeine Polizeirecht deshalb nicht vollständig.

Beispiele:
1. Die Sicherstellung eines von Versammlungsteilnehmern mitgeführten beleidigenden Transparents kann auf § 15 Abs. 2 VersammlG i. V. m. § 43 Nr. 1 PolG NRW gestützt werden (BVerwG, NJW 1982, S. 1008).
2. Auf dem Weg zu einer Versammlung dürfen Identitätsfeststellungen und (notfalls) Durchsuchungen vorgenommen werden. Das VersG schließt polizeiliche Maßnahmen nach den Vorschriften des allgemeinen Polizeirechts im Vorfeld einer Versammlung nicht aus (s. z. B. VG Lüneburg, NVwZ-RR 2005, S. 248).

Ein Rückgriff auf das Polizeirecht lässt sich in Bezug auf die **Strafverfolgung und Verfolgung von Ordnungswidrigkeiten nicht** damit begründen, die Vereitelung des staatlichen Strafanspruchs stelle eine Störung der öffentlichen Sicherheit dar. Der Gesetzgeber hat die zulässigen Maßnahmen zur Durchsetzung des Strafanspruchs und zur Verfolgung von Ordnungswidrigkeiten in der StPO und im OWiG abschließend geregelt; die Polizei hat demgemäß insoweit nur die dort vorgesehenen Befugnisse (so zutreffend RdNr. 8.2 VVPolG NRW).

33 Für einige Vorschriften des PolG NRW ist ausdrücklich vorgesehen, dass sie auch im Geltungsbereich anderer Gesetze Anwendung finden. Das gilt für § 13 (Aushändigung von Berechtigungsscheinen), § 39 Abs. 2 (Durchsuchung von Personen zum Schutz von Polizeibeamten und Dritten), § 43 Nr. 3 (Sicherstellung von Sachen festgehaltener Personen), § 57 Abs. 1 (Geltung der Vorschriften über die Art und Weise der Ausübung unmittelbaren Zwanges, wenn die Anwendung dieses Zwangsmittels nach anderen Rechtsvorschriften, z. B. nach der StPO, zugelassen ist) und § 62 (Fesselung).

5. Straftaten von erheblicher Bedeutung (§ 8 Abs. 3)

34 § 8 Abs. 3 ist eine bloße **Definitionsnorm**. Der unbestimmte Rechtsbegriff „Straftaten von erheblicher Bedeutung" ist bei etlichen Befugnisnormen Eingriffsvoraussetzung (s. z. B. § 16a Abs. 1 Nr. 2, § 20 Abs. 1 Nr. 2). Die Legaldefinition des Begriffs in § 8 Abs. 3 hat den Vorteil, dass unnötige Wiederholungen vermieden werden.

Die Aufzählung in § 8 Abs. 3 ist **nicht abschließend**, was sich aus dem Wort „**insbesondere**" ergibt. Auch nicht aufgeführte Vergehen können daher unter bestimmten Voraussetzungen Straftaten von erheblicher Bedeutung i.S.d. § 8 Abs. 3 sein, jedoch müssen gewisse Parallelen zu den genannten Vergehen hinsichtlich der Strafandrohung und des eintretenden Schadens bestehen. Dies gilt insbesondere im Hinblick auf das Merkmal „gewerbs- oder bandenmäßig". Eine Sachbeschädigung ist beispielsweise regelmäßig keine Straftat i.S.d. § 8 Abs. 3. Anders kann das sein, wenn es sich um **Serientaten** handelt, die erhebliche Schäden verursachen und an deren Verhinderung ein großes öffentliches Interesse besteht (z.B. Inbrandsetzen von Autos).

35

§ 8 Abs. 3 hat keine Auswirkungen auf § 35 Abs. 1 Nr. 2. Die in der letztgenannten Vorschrift enthaltene Einschränkung „von erheblicher Bedeutung für die Allgemeinheit" bezieht sich nur auf Ordnungswidrigkeiten, welche es zu unterbinden gilt. Hierdurch wird lediglich bei Ordnungswidrigkeiten der Verhältnismäßigkeitsgrundsatz konkretisiert, doch gilt dies nicht für Straftaten.

36

Zweiter Unterabschnitt
Datenverarbeitung

ERSTER TITEL
Datenerhebung

I. Befragung, Auskunftspflicht, allgemeine Regeln der Datenerhebung, Vorladung

§ 9
**Befragung, Auskunftspflicht,
allgemeine Regeln der Datenerhebung**

(1) ¹Die Polizei kann jede Person befragen, wenn Tatsachen die Annahme rechtfertigen, dass sie sachdienliche Angaben machen kann, die für die Erfüllung einer bestimmten polizeilichen Aufgabe erforderlich sind. ²Für die Dauer der Befragung kann die Person angehalten werden.

(2) ¹Eine Person, deren Befragung nach Absatz 1 zulässig ist, ist verpflichtet, auf Frage Namen, Vornamen, Tag und Ort der Geburt, Wohnanschrift und Staatsangehörigkeit anzugeben. ²Sie ist zu weiteren Auskünften verpflichtet, soweit gesetzliche Handlungspflichten bestehen.

(3) ¹Die Befragung richtet sich an die betroffene Person. ²Ist deren Befragung nicht oder nicht rechtzeitig möglich oder würde sie die Erfüllung der

polizeilichen Aufgabe erheblich erschweren oder gefährden, können die Daten auch ohne Kenntnis der betroffenen Person erhoben werden, wenn dies zur Aufgabenwahrnehmung gemäß Absatz 1 erforderlich ist.

(4) Befragung und Datenerhebung sind offen durchzuführen; eine verdeckte Datenerhebung ist nur zulässig, wenn dies durch Gesetz zugelassen ist.

(5) [1]Die Erhebung personenbezogener Daten zu unbestimmten oder noch nicht bestimmbaren Zwecken ist unzulässig. [2]Eine Datenerhebung über nicht gefahren- oder tatbezogene Merkmale sowie über Erkrankungen oder besondere Verhaltensweisen der betroffenen Person ist nur zulässig, soweit dies für Identifizierungszwecke oder zum Schutz der betroffenen Person, von Polizeivollzugsbeamten oder Dritten erforderlich ist.

(6) Werden durch Befragung Daten bei der betroffenen Person oder bei Personen oder Stellen außerhalb des öffentlichen Bereichs erhoben, sind diese in geeigneter Weise über die Rechtsvorschriften für die Datenerhebung sowie entweder über die bestehende Auskunftspflicht oder über die Freiwilligkeit der Auskunft aufzuklären, es sei denn, dies ist wegen besonderer Umstände offenkundig nicht angemessen oder die Erfüllung der polizeilichen Aufgaben wird hierdurch erheblich erschwert oder gefährdet.

VVPolG NRW zu § 9

Befragung, Auskunftspflicht, allgemeine Regeln der Datenerhebung (zu § 9)
9.0
§ 9 gilt für die Erhebung von Daten durch die Polizei für die in § 1 genannten Aufgaben, falls nicht bereichsspezifische Regelungen bestehen. Die in § 9 geregelten Grundsätze wirken sich auch auf die §§ 11 bis 21 aus, soweit sich aus den letztgenannten Vorschriften keine Besonderheiten ergeben. Gemäß § 3 Abs. 2 Satz 2 Nr. 1 des Datenschutzgesetzes Nordrhein-Westfalen (DSG NRW) ist unter Datenerhebung das Beschaffen von Daten über die betroffene Person zu verstehen. Nach § 3 Abs. 1 DSG NRW sind personenbezogene Daten Einzelangaben über persönliche oder sachliche Verhältnisse einer bestimmten oder bestimmbaren natürlichen Person (betroffene Person).
9.1 (zu Absatz 1)
9.11
Eine Person kann unabhängig davon befragt werden, ob die Voraussetzungen der §§ 4 bis 6 vorliegen. Eine Befragung ist für die Erfüllung der Aufgabe erforderlich, wenn ohne Kenntnisse der zu erhebenden Daten die Aufgabe nicht oder zumindest nicht mehr zeit- oder sachgerecht wahrgenommen werden kann.
9.12
Die Dauer der Befragung ist auf das notwendige Maß zu beschränken.

Befragung, Auskunftspflicht, allgemeine Regeln der Datenerhebung § 9

9.2 (zu Absatz 2)
9.21
Angaben zur Person sollten nur erfragt werden, wenn Gründe vorliegen, die eine spätere erneute Kontaktaufnahme möglich erscheinen lassen. Aus dem Sinn des § 9 Abs. 2 Satz 1 ergibt sich, dass unter den Begriff „Namen" nicht nur Familiennamen fallen, sondern auch Geburtsnamen, Künstlernamen und sonstige Namen. Da § 9 Abs. 2 Satz 1 nicht auf eine Identitätsfeststellung abzielt, sind Maßnahmen nach § 12 Abs. 2 und § 14 nicht zulässig. Verweigert die betroffene Person die Angaben, bedarf es einer besonders sorgfältigen Prüfung, ob der Verstoß gegen § 111 OWiG verfolgt werden soll und deshalb eine Identitätsfeststellung gemäß § 46 OWiG in Verbindung mit § 163 StPO notwendig ist.
9.22
Gesetzliche Handlungspflichten i. S. d. § 9 Abs. 2 Satz 2 sind nur Offenbarungspflichten, die sich direkt aus einem Gesetz ergeben (z. B. § 138 StGB). Aus § 8 in Verbindung mit den §§ 4 bis 6 lassen sich keine Handlungspflichten i. S. d. § 9 Abs. 2 Satz 2 herleiten.
9.3 (zu Absatz 3)
Eine Datenerhebung kann ohne Kenntnis der betroffenen Person u. a. bei öffentlichen Stellen oder Dritten sowie aus allgemein zugänglichen Quellen erfolgen. Eine Datenerhebung durch Befragung Dritter oder durch Auskunftsersuchen bei einer anderen Behörde ist nicht schon deshalb eine verdeckte Maßnahme, weil sie ohne Kenntnis der betroffenen Person erfolgt.
9.4 (zu Absatz 4)
Eine verdeckte Datenerhebung liegt vor, wenn getarnte Maßnahmen zur Datenerhebung vorgenommen werden, insbesondere die Zugehörigkeit zur Polizei bewusst verschleiert wird. Um ein verdecktes Vorgehen handelt es sich nicht schon, wenn Polizeivollzugsbeamtinnen oder Polizeivollzugsbeamte Dienst in Zivilkleidung verrichten oder ein äußerlich nicht als solches zu erkennendes Dienstfahrzeug benutzen.
9.5 (zu Absatz 5)
Für die Datenerhebung gilt der Zweckbindungsgrundsatz. Eine Datenerhebung auf Vorrat ist unzulässig, soweit sie nicht ausdrücklich geregelt ist. Die Erhebung der abschließend in Satz 2 aufgezählten Daten ist nur ausnahmsweise zulässig.
9.6 (zu Absatz 6)
Der Hinweis auf die Rechtsvorschriften sowie über die Freiwilligkeit oder Auskunftspflicht bzw. auf ein eventuell bestehendes Aussage- oder Auskunftsverweigerungsrecht ist nur dann verzichtbar, wenn die Aufklärung im Einzelfall auf Grund bestimmter Umstände offenkundig entbehrlich ist (z. B. Befragung eines Spaziergängers nach einem vermissten Kind) oder dadurch die polizeiliche Aufgabenerfüllung erheblich erschwert oder gefährdet wird.

§ 9　Befragung, Auskunftspflicht, allgemeine Regeln der Datenerhebung

Erläuterungen:

1. Bedeutung der Vorschrift

1 § 9 ist die grundlegende Norm für die Erhebung personenbezogener Daten durch die Polizei zu präventiven Zwecken. Sie enthält eine generalklauselartige Befugnis zur Befragung von Personen und zur Datenerhebung. Darüber hinaus enthält sie Einschränkungen, die aber zum großen Teil nicht nur für die Befragung nach Absatz 1 und die Datenerhebung nach Absatz 3 gelten, sondern auch Auswirkungen haben auf die speziell geregelten Bereiche „Datenerhebung in bestimmten Fällen (§§ 11 bis 15 b)" sowie „Besondere Mittel der Datenerhebung (§§ 16 bis 21)".

2 Eine **Legaldefinition** für die Datenerhebung ist in § 9 wie im gesamten PolG NRW nicht enthalten; sie ergibt sich auch für das Polizeirecht aus § 3 Abs. 2 Satz 2 Nr. 1 DSG NRW. Danach ist unter **Datenerhebung** das Beschaffen von Daten über die betroffene Person zu verstehen. In diesem Zusammenhang ist die Begriffsbestimmung des § 3 Abs. 1 DSG NRW von Bedeutung, wonach **personenbezogene Daten** Einzelangaben über persönliche oder sachliche Verhältnisse einer bestimmten oder bestimmbaren natürlichen Person (betroffene Person) sind. Daher bedeutet die Frage gegenüber einer natürlichen Person z. B. nach der Größe einer ihr gehörenden Sache die Erhebung personenbezogener Daten. Sachbezogene Daten werden bei einer Person nur dann erhoben, wenn sie in keiner rechtlichen oder tatsächlichen Beziehung zu der Sache steht.

Beispiel: Während eines Sturmes teilt ein Bürger der Polizei mit, dass die Kreisstraße infolge umgefallener Bäume nicht befahrbar ist. Daraufhin fragt die Polizei, bei welchem Straßenkilometer der Bürger die umgestürzten Bäume festgestellt hat.

2. Befragung von Personen

3 Die Polizei benötigt zu ihrer Aufgabenerfüllung Informationen, die beinahe immer auch personenbezogene Daten umfassen. Ohne Kenntnis dieser Informationen, die häufig nur durch die Befragung von Personen erlangt werden können, kann sie regelmäßig keine wirksamen Maßnahmen zur Gefahrenabwehr treffen. Alle Versuche, die einzelnen Anlässe einer Befragung im Sinne einer normenklaren Gesetzgebung genau auszuformulieren, führen zu umfangreichen, kaum überschaubaren kasuistischen Regelungen, die oftmals nur schwer voneinander abzugrenzen sind. Deshalb hat sich der Landtag Nordrhein-Westfalen entschlossen, anstelle einer sehr ausgefächerten Regelung in § 9 Abs. 1 Satz 1 eine eingeschränkte Generalklausel zu erlassen.

4 Eine **Befragung** ist **auf die Erlangung von personen- oder sachbezogenen Daten durch Auskunft oder Aussage der befragten Person gerichtet.**

Beispiel: Ein Kind wird vermisst. Es soll nach Aussage von Spielkameraden in den Wald gelaufen sein. Nachdem die Eltern die Polizei informiert haben, befragt diese

Befragung, Auskunftspflicht, allgemeine Regeln der Datenerhebung § 9

Spaziergänger, die aus dem Wald kommen, ob sie das Kind gesehen haben. Um die Suchtrupps sinnvoll einsetzen zu können, fragt die Polizei die Spaziergänger darüber hinaus noch, in welchem Teil des Waldes sie waren und wie lange der Spaziergang gedauert hat.

Eine Befragung liegt nicht vor, wenn sich die Polizei mit einem **allgemein gehaltenen Aufruf zur Mithilfe** an die Bevölkerung wendet.

Beispiel: Nachdem die Suche nach dem vermissten Kind im Wald ergebnislos geblieben ist, fährt die Polizei mit Lautsprecherwagen durch den Stadtteil, gibt eine Personenbeschreibung und bittet um Hinweise, ob jemand das Kind nach einem bestimmten Zeitpunkt gesehen hat.

Außer Lautsprecherdurchsagen kommen auch andere Maßnahmen wie die Verbreitung von Handzetteln oder die Einschaltung der Medien in Betracht. Neben polizeitaktischen Überlegungen (Zeitfaktor!) ist zu prüfen, welche Auswirkungen eine solche „Öffentlichkeitsfahndung" auf die Rechtsposition des Kindes hat. Aus der Sicht der „Adressaten" ist die Art eines solchen Aufrufs gleichgültig, denn es liegt keine Befragung vor. Die kann erst beginnen, wenn sich ein Hinweisgeber bei der Polizei meldet.

Die Befugnis zur Befragung beinhaltet nur ein **Fragerecht der Polizei** und regelt nicht, ob und in welchem Umfang der Befragte eine Auskunftspflicht hat. Diese richtet sich nach § 9 Abs. 2.

Danach darf die Polizei **jede Person** befragen, und zwar unabhängig davon, ob 5 sie Störer (§§ 4 und 5) ist oder ob die Voraussetzungen für die Inanspruchnahme einer nicht verantwortlichen Person (§ 6) vorliegen. Bei der befragten Person muss es sich nicht um diejenige handeln, deren personenbezogene Daten die Polizei eigentlich in Erfahrung bringen will, s. § 9 Abs. 3 und die dazu unten aufgeführten Erläuterungen. Bei solchen Datenerhebungen kann es sich um ganz einfache Fälle handeln, die tagtäglich in der Praxis vorkommen.

Beispiel: Ein Fahrzeugbesitzer, der eine dringende Fahrt antreten muss, kann aus seiner Garage nicht herausfahren, weil die Ausfahrt zugeparkt ist. Als auf entsprechenden Anruf die Polizei erscheint, stellt sie fest, dass der verkehrswidrig abgestellte Pkw in einer weit entfernt liegenden Stadt zugelassen ist. Bevor der Abschleppunternehmer bestellt wird, sagt ein zufällig anwesender Junge von sich aus: „Ich weiß, wem das Auto gehört." Auf die Frage des Polizeibeamten: „Wem denn?", kommt die Antwort: „Seinen Namen kenne ich nicht, aber das ist ein Student, der besucht öfters seine Freundin." Nun fragt die Polizei, wer denn die Freundin sei, und erfährt, dass es sich um Beate Schön handelt, die in dem Haus auf der anderen Straßenseite wohnt. Danach begibt sich der Polizeibeamte zu dem Haus, klingelt bei Schön, fragt – nachdem geöffnet wurde – ob denn der Fahrzeugbesitzer anwesend sei, und fordert ihn auf, zwecks Vermeidung von weiteren Maßnahmen seinen Pkw sofort wegzufahren.

Bei der Prüfung, ob in dem Beispielsfall nach dem **Grundsatz des geringst-** 6 **möglichen Eingriffs** (§ 2 Abs. 1) gehandelt worden ist, kann man feststellen, dass von mehreren möglichen Maßnahmen (nämlich entweder sofortige Bestellung des Abschleppwagens oder aber weitere Nachfrage der Polizei) diejenige getroffen wurde, die den Einzelnen (der Student braucht keine Abschleppkosten zu bezahlen) und die Allgemeinheit am wenigsten beeinträchtigt, wenn man unterstellen kann, dass von der Bestellung des Abschleppwagens bis zum Freischleppen der Grundstücksausfahrt mehr Zeit vergeht, als benötigt wurde, bis der Student seinen Wagen wegfährt.

7 Zu berücksichtigen bleibt in dem Beispiel freilich, dass die getroffenen Maßnahmen erst auf Grund von Eingriffen in das Recht auf informationelle Selbstbestimmung des Jungen und der Frau Schön möglich waren. Verfehlt wäre es, die polizeilichen Maßnahmen allein rückschauend zu betrachten und hier lediglich den unstreitig eingetretenen Erfolg in den Vordergrund zu stellen. Entscheidend ist vielmehr, ob die **Datenerhebung bereits bei ihrer Vornahme zulässig war.**

8 Hinsichtlich der Erfolgsaussichten der Befragung des Jungen lässt sich für den Beispielsfall feststellen, dass er weder den Namen der Beate Schön kennen noch wissen musste, wo sie wohnt. Selbst wenn man das einmal unterstellt, war es weiterhin nicht sicher, dass der Polizeibeamte Beate Schön bzw. den Studenten antraf, denn sie konnten ja auch ausgegangen sein – und dann hätte der Abschleppwagen doch bestellt werden müssen.

9 Der simple Beispielsfall macht aber eines deutlich: **Es gibt grundsätzlich keine belanglosen personenbezogenen Daten.** Die Tatsache, dass ein Junge jemanden kennt, der sein Fahrzeug falsch parkt, wird normalerweise keine negativen Auswirkungen für das Kind haben, falls es den Betroffenen nur zufällig und zudem noch oberflächlich kennt. Aber ganz anders stellt sich die Situation dar, wenn der Junge auf Befragen der Polizei wahrheitsgemäß angibt, dass das Fahrzeug seinem Vater oder einem „Onkel" gehört, der gerade seine Mutter besucht. Dies sollte man nicht nur unter dem Gesichtspunkt eines Zeugnisverweigerungsrechts im Ordnungswidrigkeitenverfahren sehen (vgl. dazu § 10, RN 18).

10 In dem Beispielsfall ist hinsichtlich der Beate Schön festzuhalten, dass sie keinerlei Ursache i. S. d. Polizeirechts für das verbotswidrige Abstellen des Fahrzeuges gesetzt hat. Sie kann auch nicht als Nichtstörerin gemäß § 6 in Anspruch genommen werden. Abgesehen davon, dass keine erhebliche Gefahr vorliegt, hat die Polizei die Möglichkeit, die eingetretene Störung durch die Beauftragung des Abschleppunternehmers zu beseitigen.

11 Vielleicht ist Beate Schön ja sehr froh, dass die Polizei bei ihr nachgefragt hat, denn das erspart ihrem Freund die Abschleppkosten. Zu Beginn der Befragung des Jungen weiß die Polizei das aber nicht – und es kann ja auch ganz anders sein: Wenn etwa Beate Schön erst 17 Jahre alt wäre, ihre Eltern ihr den Umgang mit dem Studenten verboten hätten und der Polizeibeamte bei seiner Nachfrage den Vater getroffen hätte, könnte das unangenehme Folgen für das Mädchen haben. Der Fantasie sind keine Grenzen gesetzt, was weitere Fallvariationen betrifft: Wie wäre es beispielsweise, wenn Beate Schön verheiratet wäre und der

Befragung, Auskunftspflicht, allgemeine Regeln der Datenerhebung § 9

Polizeibeamte an der Wohnungstür ihren Ehemann nach dem Studenten gefragt hätte?

§ 9 Abs. 1 Satz 1 enthält **Voraussetzungen** für die Befugnis der Polizei zur Befragung von Personen. Diese Voraussetzungen müssen kumulativ erfüllt sein. Einschränkungen ergeben sich insbesondere aus § 9 Abs. 5, aber auch aus dem Verhältnismäßigkeitsgrundsatz. **12**

Zunächst muss eine **bestimmte polizeiliche Aufgabe** zu erfüllen sein. Darunter sind von der Polizei auf Grund der Aufgabenzuweisung konkret wahrzunehmende Aufgaben zu verstehen. Es sind deshalb alle in § 1 Abs. 1 genannten Aufgaben erfasst. Auf das Vorliegen einer konkreten Gefahr kommt es nicht an. Soweit es allerdings Aufgaben sind, die der Polizei gemäß § 1 Abs. 4 durch andere Rechtsvorschriften übertragen worden sind, ergeben sich die Befugnisse der Polizei gemäß § 8 Abs. 2 Satz 1 aus diesen Rechtsvorschriften. Das hat zur Folge, dass auf § 9 Abs. 1 nicht mehr zurückgegriffen werden kann, wenn die anderen Rechtsvorschriften ausdrücklich oder ihrem Sinn und Zweck nach abschließenden Charakter haben. Anders ist das nur in Fällen des § 8 Abs. 2 Satz 2. **13**

Eine weitere sich aus § 9 Abs. 1 Satz 1 ergebende Voraussetzung besteht darin, dass die erwarteten Angaben der zu befragenden Person für die Aufgabenerfüllung der Polizei **erforderlich** sein müssen. Der Grundsatz der Erforderlichkeit beherrscht das gesamte Datenschutzrecht und besagt, dass die Kenntnis der Daten zur Erreichung des konkreten Zweckes objektiv geeignet und im Verhältnis zum angestrebten Zweck auch notwendig sein muss. Notwendig sind die Angaben, wenn ohne Kenntnis der zu erhebenden Daten die Aufgabe nicht oder zumindest nicht zeit- oder sachgerecht wahrgenommen werden kann. **14**

Voraussetzung ist schließlich, dass **Tatsachen die Annahme rechtfertigen,** wonach sachdienliche Angaben für die polizeiliche Aufgabenerfüllung erwartet werden können. Bei den geforderten Tatsachen muss es sich um Fakten handeln, die den Schluss zulassen, dass die zu befragende Person Kenntnis über einen Sachverhalt oder andere Personen hat, die auch die Polizei haben muss. Dieser Rückschluss muss sich nicht mit an Sicherheit grenzender Wahrscheinlichkeit ziehen lassen, jedoch muss die Annahme nachvollziehbar sein (vgl. das Beispiel oben in RN 4). Eine allgemeine „Ausforschung" ist jedoch untersagt. **15**

Die in § 9 Abs. 5 Satz 1 enthaltene allgemeine Regel der Datenerhebung, wonach die Erhebung personenbezogener Daten zu unbestimmten oder noch nicht bestimmbaren Zwecken unzulässig ist, begrenzt die Zulässigkeitsvoraussetzungen des § 9 Abs. 1 Satz 1. Der mit der Wahrnehmung der **bestimmten** polizeilichen Aufgabe verfolgte Zweck sollte möglichst so konkret gefasst sein, dass er sich auf einen konkreten Vorgang bzw. Einzelanlass bezieht. Darüber hinaus gibt es eine Begrenzung der Erhebung besonders sensibler Daten, die außerhalb der Gefahrenabwehr im engeren Sinne liegen und sich auf **Erkrankungen** oder besondere Merkmale beziehen, welche Aufschluss über die **Persönlichkeits-** **16**

§ 9 Befragung, Auskunftspflicht, allgemeine Regeln der Datenerhebung

struktur des **Betroffenen** zulassen. Insoweit ist eine Datenerhebung nur zu den in § 9 Abs. 5 Satz 2 genannten Zwecken zulässig.

17 Immer dann, wenn die Polizei im Laufe der Befragung einer Person feststellt, dass sich die Befragung – was zunächst nicht anzunehmen war – einem sensiblen Bereich nähert, ist unter Anwendung des Verhältnismäßigkeitsgrundsatzes zu entscheiden, ob die Befragung fortzuführen oder abzubrechen ist. Je größer die Gefahr oder die bereits eingetretene Störung ist, umso eher darf die Befragung fortgeführt werden.

3. Anhalten bei Befragung

18 Nach § 9 Abs. 1 Satz 2 kann der Befragte **für die Dauer der Befragung angehalten** werden. Es handelt sich hierbei nicht um eine Freiheitsentziehung i. S. d. Art. 104 GG, sondern um eine kurzfristige Freiheitsbeschränkung. Sinn der Vorschrift ist es, zu verhindern, dass der Polizeibeamte gezwungen wäre, ggf. die Befragung im Laufschritt durchführen zu müssen.

19 Die **Dauer** der Befragung hängt von den Umständen des Einzelfalles ab; die Befragung ist aber auf das unumgängliche Maß zu beschränken und zügig durchzuführen. Ergibt sich, dass eine Befragung nur auf der Dienststelle möglich ist (weil dem Betroffenen z. B. Fotos vorgelegt werden sollen), kann eine **Vorladung** unter den Voraussetzungen des § 10 ausgesprochen werden. Vielfach bedarf es solcher Maßnahmen jedoch nicht, weil die Bürger bereit sind, die Polizei zu unterstützen und deshalb freiwillig einer Bitte der Polizei nachkommen, mit zur Dienststelle zu fahren oder dort vorzusprechen.

4. Auskunftspflicht nach § 9 Abs. 2

20 Der relativ weitreichenden Befugnis der Polizei, Personen zu befragen, steht eine sehr eingeschränkte Auskunftspflicht der befragten Personen gegenüber. Voraussetzung ist für diese Verpflichtung, dass die Befragung der Person nach § 9 Abs. 1 zulässig ist.

21 Die Auskunftspflicht bezieht sich in allen Fällen auf die in § 9 Abs. 2 Satz 1 aufgeführten **Angaben zur Person,** allerdings müssen diese Daten nur **auf Frage** genannt werden. Da die Bestimmung von „Namen" spricht, sind ggf. Familienname, Geburtsname, Geschiedenenname, Verwitwetenname, Ordens- oder Künstlername anzugeben. Darüber hinaus sind erforderlichenfalls sämtliche Vornamen zu benennen. Bei **rechtmäßiger** Befragung kann eine falsche Angabe oder die Verweigerung der Angabe hiernach mit **Geldbuße** bedroht sein. Zu beachten ist insoweit, dass der Datenkanon des § 111 OWiG etwas anders ausfällt.

22 Die in § 9 Abs. 2 Satz 2 angesprochenen **gesetzlichen Handlungspflichten,** die die betroffene Person zu weiterer Auskunft auch ohne direkte Frage der Polizei

Befragung, Auskunftspflicht, allgemeine Regeln der Datenerhebung   § 9

verpflichten, sind rar (s. RdNr. 9.22 VVPolG NRW). Zu nennen sind in erster Linie § 138 StGB (Nichtanzeige drohender Verbrechen) und § 323 c StGB (Unterlassene Hilfeleistung).

Als Zwangsmittel zur Durchsetzung der Auskunftsverpflichtung kommt nur **Zwangsgeld** (§ 53) in Betracht, weil unmittelbarer Zwang zur Abgabe einer Erklärung nach § 55 Abs. 2 ausgeschlossen ist. Ein Einschreiten der Polizei wegen einer begangenen Ordnungswidrigkeit oder Straftat hindert nach § 51 Abs. 3 Satz 1 nicht die Anwendung des Zwangsgeldes, doch ist dieses Zwangsmittel wegen des langen Verfahrensganges ein stumpfes Schwert.   23

Von besonderer Bedeutung ist das Verhältnis des § 9 Abs. 2 Satz 1 zu § 12, weil es in beiden Bestimmungen um Angaben zur Identitätsfeststellung geht. Allerdings sind die Zielrichtungen der Maßnahmen unterschiedlich. Bei § 12 ist Ziel der Maßnahme die Identifizierung einer Person; das Ergebnis ist vielfach sachliche Grundlage für weitere Maßnahmen der Polizei. Bei der Befragung geht es nicht zielgerichtet um Angaben zur Feststellung der Identität der befragten Person, sondern **um andere sachdienliche Angaben,** die für die Erfüllung einer bestimmten polizeilichen Aufgabe erforderlich sind. Einer Personenfeststellung gemäß § 9 Abs. 2 Satz 1 bedarf es nur, falls die Polizei wegen möglicher späterer Rückfragen den Betroffenen kennen muss. Deshalb besteht eine **ungeschriebene Voraussetzung** für die Frage der Polizei nach den Angaben zur Person des/der Betroffenen: Es müssen Gründe vorliegen, die eine spätere Kontaktaufnahme möglich erscheinen lassen. Keineswegs sollte sich das polizeiliche Vorgehen danach ausrichten, in jedem Fall zuerst die Personalien der betroffenen Person zu erfragen. Sowohl die nach § 12 Abs. 2 vorgesehenen Maßnahmen als auch die erkennungsdienstliche Behandlung nach § 14 sind in Fällen des § 9 Abs. 2 Satz 1 nicht zulässig.   24

5. Durchführung der Datenerhebung

§ 9 Abs. 3, 4 und 5 enthalten grundsätzliche Bestimmungen für die Durchführung der Datenerhebung, wobei die Befragung als besondere Form der Datenerhebung anzusehen ist.   25

§ 9 Abs. 3 Satz 1 legt fest, dass die benötigten Daten grundsätzlich **bei der betroffenen Person** zu erheben sind. Das ist diejenige Person, über die personenbezogene Daten erhoben werden (§ 3 Abs. 1 DSG NRW). § 9 Abs. 3 Satz 2 sieht jedoch **Ausnahmen** vor. Immer dann, wenn die Befragung der betroffenen Person tatsächlich unmöglich ist oder im Hinblick auf die Eilbedürftigkeit der zu erfüllenden Aufgabe nicht rechtzeitig erfolgen kann oder wenn das Wissen der betroffenen Person von der beabsichtigten Datenerhebung die Erfüllung der Aufgabe erheblich erschweren oder gefährden würde, können die benötigten Daten erforderlichenfalls auch erhoben werden, ohne dass die betroffene Person davon im Zeitpunkt der Datenerhebung etwas erfahren muss. Die personenbezo-   26

§ 9 Befragung, Auskunftspflicht, allgemeine Regeln der Datenerhebung

genen Daten dürfen einerseits bei Privatpersonen oder juristischen Personen des Privatrechts, andererseits bei Behörden des In- und Auslands erfragt werden. Bestehende einschränkende Übermittlungsregelungen (z. B. des SGB X) sind zu beachten, vgl. auch § 30 Abs. 2. Erhebt die Polizei ohne Kenntnis der betroffenen Person ihre Daten, liegt allein deswegen **kein verdecktes Vorgehen** vor, sofern sie bei der Befragung des Dritten oder Stellung des Auskunftsersuchens an Behörden offen vorgeht. Spezielle Vorschriften über das Vorzeigen des Dienstausweises (§ 55 Abs. 3) bleiben unberührt.

27 § 9 Abs. 4 sieht als Grundsatz die **offene Datenerhebung** vor. Der Gegensatz dazu ist die **verdeckte Datenerhebung;** sie darf nur angewandt werden, wenn dies durch Gesetz – auch außerhalb des PolG NRW – zugelassen ist. Typische verdeckte Maßnahmen sind in den §§ 17 bis 20 aufgeführt; auch die Observation nach § 16a wird ebenfalls vielfach verdeckt durchgeführt. Ein verdecktes Vorgehen liegt vor, wenn heimliche oder getarnte Maßnahmen zur Datenerhebung vorgenommen werden, insbesondere die Zugehörigkeit eines Polizeibeamten zur Polizei bewusst verschleiert wird. Demnach handelt es sich nicht um eine verdeckte Maßnahme, wenn ein Polizeibeamter, der in Zivilkleidung Dienst versieht oder ein äußerlich nicht als solches zu erkennendes Dienstfahrzeug benutzt, wegen der besonderen Umstände des Einzelfalles vor einer Datenerhebung nicht ausdrücklich darauf hinweist, dass er Polizeibeamter ist. Insoweit fehlt es an einer bewussten Verschleierung oder Verheimlichung der Zugehörigkeit zur Polizei, die aber Voraussetzung für ein verdecktes Handeln nach diesem Gesetz ist. Eine verdeckte Befragung ist nur unter den Voraussetzungen des § 20 zulässig.

28 § 9 Abs. 5 Satz 1 beinhaltet als allgemeine Regel der Datenerhebung den im Volkszählungsgesetzurteil des BVerfG (NJW 1984, S. 419) festgelegten Grundsatz, dass das Erheben personenbezogener Daten **zu unbestimmten Zwecken unzulässig** ist. Der Zweck der Datenerhebung soll sich auf einen konkreten Vorgang oder Einzelanlass beziehen. Deshalb ist die Erhebung personenbezogener **Daten auf Vorrat,** um sie später für den Fall zur Verfügung zu haben, polizeiliche Aufgaben zu erledigen, **unzulässig.**

6. Aufklärungspflicht der Polizei

29 § 9 Abs. 6 regelt die **Aufklärungspflicht** der Polizei **gegenüber Privatpersonen und privaten Stellen,** bei denen die Polizei personenbezogene Daten erheben will. Für **Auskunftsersuchen gegenüber Behörden** ist eine Begründung im Einzelfall nach § 30 Abs. 2 vorgesehen, soweit die Datenübermittlungsregelungen nach anderen Gesetzen nicht besondere Anforderungen stellen. Die Unterrichtungspflicht besteht demnach unabhängig davon, ob die Polizei die betroffene Person selbst befragt, deren Daten sie erheben will, oder ob sie einen Dritten bzw. eine private Stelle nach diesen Daten fragt. Unterrichtet werden müssen diese Personen über die **Rechtsvorschriften zur Datenerhebung** (hier

kommen insbesondere § 9 Abs. 1 und die §§ 11 und 12 in Betracht) sowie über eine evtl. bestehende **Auskunftspflicht** (diese kann sich nur im Rahmen des § 9 Abs. 2 ergeben) oder die **Freiwilligkeit der Auskunft**. Es ist nicht erforderlich, dass der Polizeibeamte die betroffene Person über den genauen Paragraphen informiert und die Tatbestandsmerkmale im Einzelnen benennt. Mit einem bloßen Hinweis auf „§ 9 PolG NRW" könnte der Adressat im Regelfall wenig anfangen. Entscheidend ist, dass ihm der **tatsächliche Anlass der Befragung** mitgeteilt wird. Selbst wenn der Befragte freiwillig Auskunft erteilt, benötigt die Polizei eine Befugnis für die Befragung und Datenerhebung. Eine solche ist nur bei Einwilligung der betroffenen Person entbehrlich (§ 4 DSG NRW).

Die Unterrichtung hat **in geeigneter Weise** stattzufinden. Ein bestimmtes Verfahren ist damit nicht vorgeschrieben. Schriftform kann angemessen sein in den relativ seltenen Fällen, in denen die Polizei – wie andere Behörden häufig – mit der betroffenen Person korrespondiert, so z. B. bei einer schriftlichen Vorladung nach § 10 Abs. 1 Nr. 1. In den übrigen Fällen genügt eine mündliche Unterrichtung. Selbst darauf kann unter den in § 9 Abs. 6 genannten Voraussetzungen verzichtet werden. Wegen besonderer Umstände **offenkundig nicht angemessen** ist die Unterrichtung beispielsweise, wenn die Polizei einen Volltrunkenen aufgreift, von dem sie mit Mühe Namen und Anschrift erfährt, damit er nach Hause gebracht werden kann. Eine **erhebliche Erschwerung oder Gefährdung** der polizeilichen Aufgabe wäre infolge einer Aufklärung dann gegeben, wenn sofortige Hilfeleistungen bei einem Verletzten erforderlich sind, sein Abtransport mit dem Rettungswagen durch eine datenschutzrechtliche Belehrung der Polizei verzögert würde, die seinen Namen und seine Anschrift zwecks Unterrichtung der Angehörigen erfragen will. 30

Der **Verstoß** gegen die Belehrungspflicht führt zur (formellen) **Rechtswidrigkeit der Datenerhebung**. Da es grundsätzlich keine Verpflichtung gibt, sich ohne hinreichenden Grund gegenüber einer staatlichen Stelle auszuweisen (OLG Hamm, NVwZ 1982, S. 156) oder sonstige (personenbezogene) Daten zu offenbaren, kommt der Belehrungspflicht ein entsprechend hohes Gewicht zu. Im Hinblick darauf, dass sich derartige Datenerhebungen mit ihrer Vornahme erledigen, scheidet regelmäßig auch eine Heilung des Verstoßes gemäß § 45 Abs. 1 Nr. 3 VwVfG NRW aus. 30a

Wendet sich eine Person oder Stelle, die die Polizei rechtmäßig ohne entsprechende Unterrichtung befragt hat, nach Abschluss der Maßnahme an die Polizeibehörden mit der Bitte um Aufklärung, kann die Unterrichtung auch danach erfolgen. Eine Verpflichtung, eine solche Belehrung von Amts wegen vorzunehmen, besteht im Gegensatz zu den Maßnahmen nach den §§ 16a bis 21 nicht. 31

§ 10
Vorladung

(1) Die Polizei kann eine Person schriftlich oder mündlich vorladen, wenn
1. Tatsachen die Annahme rechtfertigen, dass die Person sachdienliche Angaben machen kann, die für die Erfüllung einer bestimmten polizeilichen Aufgabe erforderlich sind,
2. das zur Durchführung erkennungsdienstlicher Maßnahmen erforderlich ist.

(2) ¹Bei der Vorladung soll deren Grund angegeben werden. ²Bei der Festsetzung des Zeitpunkts soll auf den Beruf und die sonstigen Lebensverhältnisse der betroffenen Person Rücksicht genommen werden.

(3) ¹Leistet eine betroffene Person der Vorladung ohne hinreichenden Grund keine Folge, so kann sie zwangsweise durchgesetzt werden,
1. wenn die Angaben zur Abwehr einer Gefahr für Leib, Leben oder Freiheit einer Person erforderlich sind,
2. zur Durchführung erkennungsdienstlicher Maßnahmen.

²Die zwangsweise Vorführung darf nur auf Grund richterlicher Anordnung erfolgen, es sei denn, dass Gefahr im Verzug vorliegt.

(4) § 136 a der Strafprozessordnung gilt entsprechend.

(5) Für die Entschädigung von Personen, die auf Vorladung als Zeugen erscheinen, und für die Vergütung von Personen, die als Sachverständige herangezogen werden, gilt das Justizvergütungs- und -entschädigungsgesetz entsprechend.

VVPolG NRW zu § 10

Vorladung (zu § 10)
10.0
§ 10 regelt die Vorladung zum Zwecke der Gefahrenabwehr. Die Vorladung durch die Polizei in Straf- oder Bußgeldverfahren richtet sich nach § 163 a StPO.
10.1 (zu Absatz 1)
Die Vorladung ist unzulässig, wenn die erforderliche Aufklärung auf anderem Wege ohne unverhältnismäßigen Aufwand rechtzeitig erreicht werden kann oder die Personalien der betroffenen Person bekannt sind und nach den Umständen zu erwarten ist, dass sie zur Sache keine Angaben macht.
10.3 (zu Absatz 3)
Mittel zur Durchsetzung der Vorladung sind das Zwangsgeld und die Vorführung. Soweit zur Durchsetzung der Vorführung unmittelbarer Zwang angewendet werden soll, ist eine richterliche Entscheidung im Rahmen des § 10 Abs. 3 Satz 2 erforderlich. Unmittelbarer Zwang zur Abgabe einer Erklärung ist gemäß § 55 Abs. 2 ausgeschlossen.

Vorladung § 10

10.5 (zu Absatz 5)
Eine Entschädigung gemäß § 10 Abs. 5 PolG NRW bzw. § 59 OWiG oder § 26 Abs. 3 des Verwaltungsverfahrensgesetzes für das Land Nordrhein-Westfalen (VwVfG NRW) in Verbindung mit dem Justizvergütungs- und -entschädigungsgesetz (JVEG) darf nur gezahlt werden, wenn die Zeugin oder der Zeuge auf Vorladung bei der Polizei erscheint. Bei einer Anhörung an Ort und Stelle (z. B. bei Verkehrsverstößen) und bei einer schriftlichen Anhörung kommt die Zahlung einer Entschädigung grundsätzlich nicht in Betracht.

Erläuterungen:

1. Anwendungsbereich der Vorschrift

Die **Vorladung** und die damit verbundene Aufforderung an eine bestimmte Person, zu einem bestimmten Zeitpunkt an einem bestimmten Ort zu erscheinen, ist **keine Freiheitsentziehung** i. S. d. Art. 104 Abs. 2 GG und bedarf daher keiner richterlichen Entscheidung. Auch die zwangsweise Durchsetzung der Vorladung **(Vorführung)** ist grundsätzlich keine Freiheitsentziehung (BVerwG, DÖV 1990, S. 7), jedenfalls dann nicht, wenn das unter Zwang durchgeführte Verbringen des Betroffenen von seinem Aufenthaltsort zur Dienststelle nur den Zeitraum in Anspruch nimmt, den man normalerweise bis zum Erreichen der Dienststelle benötigt. § 10 Abs. 3 Satz 2 trifft eine hiervon abweichende Regelung. Die zwangsweise Durchsetzung der Vorladung nach § 10 mittels Vorführung wird unter **Richtervorbehalt** gestellt und damit besonderen rechtsstaatlichen Sicherungen (vgl. die §§ 36 bis 38) unterworfen. Die Vorschrift, die bis auf § 10 Abs. 3 Satz 2 mit § 11 ME PolG übereinstimmt, ist nach der Konzeption des ME PolG auf die **Gefahrenabwehr** beschränkt. 1

Die Befugnisse der Polizei, Beschuldigte, Zeugen und Sachverständige im straf- 2 prozessualen Ermittlungsverfahren vorzuladen, ist in der StPO nicht spezialgesetzlich geregelt. Aus dem Recht, diese Personen zu vernehmen (§ 163a StPO), kann jedoch hergeleitet werden, dass auch eine Befugnis zur Vorladung besteht. Eine Befugnis der Polizei zur Vorführung dieser Personen gibt es allerdings nicht. Eine Anwendung dieses Gesetzes kommt nicht in Betracht (vgl. § 8 Abs. 2 Satz 1).

Das gilt prinzipiell auch, soweit die Polizei Ordnungswidrigkeiten verfolgt. Al- 3 lerdings besteht hier eine Ausnahme in den Fällen, in denen die Polizei selbst **Verwaltungsbehörde** i. S. d. **§ 35 OWiG** ist, denn nach § 46 Abs. 2 OWiG hat die Verwaltungsbehörde im Bußgeldverfahren dieselben Rechte und Pflichten wie die Staatsanwaltschaft bei der Verfolgung von Straftaten. Dabei kommt es nicht darauf an, ob die Polizei für das gesamte Bußgeldverfahren die zuständige Verwaltungsbehörde ist oder diese Rechtsstellung nur solange hat, bis sie das Verfahren an die zuständige Verwaltungsbehörde bzw. an die Staatsanwaltschaft abgibt. Letzteres ist insbesondere auf Grund verschiedener Rechtsverordnungen für den Verkehrsbereich der Fall. Dann kann die Polizei betroffene Personen nach § 46 OWiG i.V.m. § 163a StPO, Zeugen sowie Sachverständige nach § 46 OWiG i.V.m. § 161a StPO vorladen. Betroffene, Zeugen und Sachverständige sind zum Erscheinen verpflichtet; Zeugen sind ferner verpflichtet, zur Sache auszusagen, Sachverständige müssen ihr Gutachten erstatten. Eine Vorführung der betroffenen Personen und der Zeugen darf allerdings im Bußgeldverfahren nur durch den Richter angeordnet werden (§ 46 Abs. 5 OWiG).

2. Voraussetzungen der Vorladung und Formvorschriften

4   Die **Vorladung ist zulässig**, wenn entweder Tatsachen die Annahme rechtfertigen, dass die vorgeladene Person Angaben machen kann, **die für die Erfüllung einer bestimmten polizeilichen Aufgabe erforderlich sind**, oder wenn das **zur Durchführung erkennungsdienstlicher Maßnahmen erforderlich ist**.

5   Hieraus wird deutlich: § 10 ist keine Datenerhebungsvorschrift für die Polizei. Vielmehr müssen die Voraussetzungen weiterer Befugnisnormen vorliegen, um eine Vorladung aussprechen zu können. Soweit die Befragung der betroffenen Person erfolgen soll, müssen insbesondere die Voraussetzungen des § 9 Abs. 1 vorliegen; soweit es um die Durchführung erkennungsdienstlicher Maßnahmen geht, müssen die Voraussetzungen des § 14 gegeben sein.

6   Die **Vorladung eines Zeugen** (Auskunftsperson) ist unter dem Gesichtspunkt der Erforderlichkeit nicht zulässig, wenn die Polizei die notwendigen Angaben einfacher oder gleich wirksam auf andere Weise beschaffen kann, z.B. aus eigenen Unterlagen oder im Wege der Amtshilfe durch Auskünfte anderer Behörden. Für die Vorladung einer betroffenen Person i.S.d. § 9 Abs. 3 Satz 1 gilt die vorstehende Aussage wegen § 9 Abs. 3 Satz 2 nicht im gleichen Umfang.

7   Eine Vorladung darf **nicht der allgemeinen Ausforschung** dienen. Es müssen vielmehr **Tatsachen** die Annahme rechtfertigen (Vermutungen genügen also nicht), dass gerade die vorgeladene Person die erforderlichen sachdienlichen Angaben machen kann.

>   **Beispiel:** Bei der Polizei wird Klage darüber geführt, dass Jugendliche in einem bestimmten Stadtviertel durch lautstarkes Hin- und Herfahren mit ihren Mopeds die Anwohner belästigen. Es ist nicht zulässig, zur näheren Klärung des Sachverhalts wahllos eine Reihe von Bewohnern vorzuladen in der Hoffnung, durch die erwünschten Aussagen Aufschlüsse zur Abwehr der Gefahr zu erhalten. Hier fehlt es an den Tatsachen, die darauf schließen lassen, dass gerade die vorgeladenen Personen sachdienliche Angaben machen können.

8   Da **erkennungsdienstliche Maßnahmen** grundsätzlich nur auf der Dienststelle sachgerecht durchgeführt werden können (s. § 14, RN 3), kann der Betroffene auch zu diesem Zweck vorgeladen werden. § 10 Abs. 1 Nr. 2 bezieht sich jedoch nur auf die erkennungsdienstlichen Maßnahmen nach § 14. Für erkennungs-

Vorladung § 10

dienstliche Maßnahmen auf der Grundlage des § 81b StPO ergibt sich die Befugnis zur Vorladung aus der Bestimmung selbst.

Vorladungen sind **nicht** an eine **bestimmte Form** gebunden; sie können daher insbesondere schriftlich oder mündlich verfügt werden. Sie sollen den Grund der Vorladung angeben und bei der Festsetzung des Zeitpunkts auf den Beruf und die sonstigen Lebensverhältnisse (z. B. Verhinderung durch andere wichtige Termine, Verkehrsverhältnisse) Rücksicht nehmen (§ 10 Abs. 2). Die Rücksichtnahme findet ihre Grenzen in der Notwendigkeit der polizeilichen Aufgabenerfüllung. 9

3. Zwangsweise Durchsetzung der Vorladung

Die Befugnis zur zwangsweisen Durchsetzung einer Vorladung nach § 10 Abs. 3 gilt nur für die **Gefahrenabwehr** nach dem PolG NRW. Die Vorladung ist ein **Verwaltungsakt,** für dessen zwangsweise Durchsetzung – z. b. mittels eines Zwangsgeldes – die §§ 50 ff. gelten (OVG Münster, DVBl. 1982, S. 658). Allerdings ist zu berücksichtigen, dass eine Vorladung, die der Erlangung sachdienlicher Angaben i. S. d. § 10 Abs. 1 Nr. 1 dienen soll, nur dann zwangsweise durchgesetzt werden darf, wenn die Angaben zur Abwehr einer Gefahr für Leib, Leben oder Freiheit einer Person erforderlich sind, s. § 10 Abs. 3 Nr. 1. 10

> **Beispiel:** Die Polizei hat sichere Anhaltspunkte dafür, dass die zu befragende Person den Aufenthaltsort einer entführten Person kennt.

Die Zwangsanwendung ist nach § 50 Abs. 1 zulässig, wenn die Vorladung unanfechtbar ist oder wenn ein Rechtsmittel keine aufschiebende Wirkung hat. Bei den Tatbeständen des § 10 Abs. 3 Nr. 1 wird die aufschiebende Wirkung regelmäßig deshalb entfallen, weil wegen der besonderen Gefahrenlage in der mündlichen Vorladung eine **unaufschiebbare Anordnung eines Polizeivollzugsbeamten** nach § 80 Abs. 2 Nr. 2 VwGO liegt. 11

Anders liegen die Dinge bei Vorladungen zu einer erkennungsdienstlichen Behandlung nach § 14 Abs. 1 Nr. 2. Insoweit kommt die **Anordnung der sofortigen Vollziehung** (§ 80 Abs. 2 Nr. 4 VwGO) in Betracht, wenn die Maßnahme keinen Aufschub verträgt. Das die Anordnung rechtfertigende **öffentliche Interesse** – das gemäß § 80 Abs. 3 VwGO regelmäßig zu begründen ist – kann sich insbesondere daraus ergeben, dass mit (weiteren) Delikten des Betroffenen zu rechnen ist und die Polizei demgemäß auf **aktuelle erkennungsdienstliche Unterlagen** angewiesen ist. Prüfstein ist die Frage, ob die Polizei es hinnehmen kann, dass sie erst nach einem – u. U. lang dauernden – Verwaltungsstreitverfahren über die erforderlichen Unterlagen verfügt. Das gilt auch bei der Vorladung zur erkennungsdienstlichen Behandlung nach **§ 81b 2. Alt. StPO**, weil es sich hierbei um materielles Polizeirecht handelt (s. § 14, RN 9f.).

Ein „sofortiger Vollzug" nach § 50 Abs. 2 dürfte in keinem Falle möglich sein. Die zwangsweise Durchsetzung der Vorladung setzt voraus, dass die betroffene 12

125

Person der Vorladung ohne hinreichenden Grund keine Folge leistet. Somit bestand zumindest Gelegenheit, eine mündliche Vorladung auszusprechen, die in der einfachen Aufforderung bestehen kann, „mit zur Wache zu kommen". Dann ist lediglich zu prüfen, ob die Weigerung „ohne Grund" erfolgte.

13 Dies ist unter Abwägung der Interessen der betroffenen Person und der Notwendigkeit der Gefahrenabwehr zu beurteilen. Als Zwangsmittel kommen **Zwangsgeld** (§ 53) und **unmittelbarer Zwang** (§ 55, Vorführung) in Betracht. In der Praxis wird das Zwangsgeld wegen des längeren Verfahrensganges jedoch allenfalls für die schriftliche Vorladung zur Durchführung erkennungsdienstlicher Maßnahmen anzuwenden sein. Die besonderen Gefahrenlagen in Fällen des § 10 Abs. 3 Nr. 1 werden in aller Regel die Anwendung unmittelbaren Zwanges nach § 55 im Wege der „Vorführung" rechtfertigen.

14 Für die Vorführung nach § 10 Abs. 3 Satz 2 bedarf es einer **richterlichen Anordnung,** es sei denn, es liegt Gefahr im Verzug vor. Hat die Polizei bei Gefahr im Verzug gehandelt, ist wegen der nachträglichen richterlichen Entscheidung § 36 zu beachten. Obwohl § 10 Abs. 3 Satz 2 keinen Hinweis auf die bei der richterlichen Entscheidung anzuwendenden Verfahrensvorschriften enthält, muss aus § 36 Abs. 2 Satz 2 geschlossen werden, dass für dieses Verfahren auch die §§ 415 ff. FamFG über das Verfahren in Freiheitsentziehungssachen einschlägig sind. Für die Behandlung des „Vorgeführten" gilt § 37, für die Dauer der Freiheitsentziehung § 38. Wegen des Begriffs „Gefahr im Verzug" s. § 8, RN 23.

4. Aussage- bzw. Auskunftspflicht der vorgeladenen Personen gegenüber der Polizei

15 Die Befugnis der Polizei, eine Person vorzuladen, begründet keine Verpflichtung für diese Person, sich gegenüber der Polizei zu äußern. Eine Pflicht zur Aussage besteht nur insoweit, als es sich um Daten bzw. Angaben i. S. d. § 9 Abs. 2 handelt. Daraus ergibt sich zugleich, dass die Vorladung nicht nur auf Störer bzw. Nichtstörer beschränkt ist.

16 Soweit eine Auskunftspflicht der Polizei gegenüber besteht, kann diese Verpflichtung auch zwangsweise durchgesetzt werden. Die Vollstreckung richtet sich wie bei jeder Polizeiverfügung nach den §§ 50 ff. Als Zwangsmittel kommt jedoch nur ein **Zwangsgeld** in Betracht (§ 53). Unmittelbarer Zwang zur Abgabe einer Erklärung ist ausgeschlossen (§ 55 Abs. 2). Auch sind verbotene Methoden i. S. d. § 136a StPO für die Erlangung von Auskünften zur Gefahrenabwehr durch die Verweisung in § 10 Abs. 4 ausdrücklich untersagt.

17 Die Verweigerung der Angaben zur Person kann zugleich ein Ordnungswidrigkeitentatbestand nach § 111 OWiG, die Nichtanzeige drohender Straftaten nach § 138 StGB zugleich ein Straftatbestand sein.

18 Ist der Tatbestand, von dem eine Gefahr ausgeht, gleichzeitig eine Straftat oder eine Ordnungswidrigkeit, kann sich eine Konfliktsituation ergeben, wenn der

Beschuldigte/Betroffene sich mit der Auskunft selbst belastet (§ 136 Abs. 1 StPO) bzw. ein Zeuge sich durch die Auskunft der Gefahr einer Verfolgung wegen einer Straftat oder Ordnungswidrigkeit aussetzt (§ 55 StPO) oder wenn er ein Zeugnisverweigerungsrecht hat (§§ 52 ff. StPO). Sachverständige stehen gemäß § 72 StPO insoweit Zeugen gleich. Ob sich in solch einem Fall der Beschuldigte/Betroffene, Zeuge bzw. Sachverständige zu einer Aussage entschließt, hängt von ihm ab. Eine Auskunftspflicht gemäß § 9 Abs. 2 Satz 2 besteht in solchen Fällen nicht. Da die Polizei unter dem Gesichtspunkt der **Gefahrenabwehr** die Auskunft erbittet, besteht für sie nicht die Verpflichtung, den Vorgeladenen auf das Auskunftsverweigerungsrecht bzw. das Zeugnisverweigerungsrecht hinzuweisen. Gemäß § 9 Abs. 6 ist er allerdings über die Freiwilligkeit der Auskunft aufzuklären. Unterlässt die Polizei diese Aufklärung, können sich hieraus **Beweisverwertungsverbote** für das Strafverfahren oder Ordnungswidrigkeitenverfahren ergeben.

5. Entschädigung von Zeugen und Sachverständigen

Für die Entschädigung von Personen, die als Zeuge vorgeladen werden oder als Sachverständige tätig werden, sieht § 10 Abs. 5 eine **Entschädigung** analog den Vorschriften des JVEG vor. Eine solche Verweisung ist jedoch bereits in § 26 Abs. 3 Satz 2 VwVfG NRW normiert. § 10 Abs. 5 hat daher nur eine Klarstellungsfunktion (s. im Übrigen RdNr. 10.5 VV PolG NRW).   19

II. Datenerhebung in bestimmten Fällen

§ 11
Erhebung von Personaldaten zur Vorbereitung für die Hilfeleistung und das Handeln in Gefahrenfällen

Die Polizei kann über

1. **Personen, deren Kenntnisse oder Fähigkeiten zur Gefahrenabwehr benötigt werden,**
2. **Verantwortliche für Anlagen oder Einrichtungen, von denen eine erhebliche Gefahr ausgehen kann,**
3. **Verantwortliche für gefährdete Anlagen oder Einrichtungen**

Namen, Vornamen, akademische Grade, Anschriften, Telefonnummern und andere Daten über die Erreichbarkeit sowie nähere Angaben über die Zugehörigkeit zu einer der genannten Personengruppen erheben, soweit dies zur Vorbereitung für die Hilfeleistung und das Handeln in Gefahrenfällen erforderlich ist.

§ 11 Erhebung von Personaldaten zur Vorbereitung für die Hilfeleistung

VVPolG NRW zu § 11
Erhebung von Personaldaten zur Vorbereitung für die Hilfeleistung und das Handeln in Gefahrenfällen (zu § 11)
11.01
Die Polizei soll auf die freiwillige Mitarbeit der betroffenen Personen und damit auf das Einverständnis zur Speicherung der in § 11 genannten Daten hinwirken. § 4 DSG NRW ist zu beachten.
11.02
Die Anwendung des § 11 ist auf die Fälle beschränkt, in denen das Einverständnis der betroffenen Person zur Datenerhebung nicht oder nicht rechtzeitig erlangt werden kann. § 11 begründet keine Auskunftspflicht für die Betroffenen. Ggf. ist darauf hinzuweisen, dass die Daten auch ohne ihre Einwilligung erhoben werden können. Die §§ 23 Abs. 1 und 27 Abs. 1 sind zu beachten.

Erläuterungen:

1 Die Polizei hat immer schon personenbezogene Daten in Listen, Karteien oder Dateien (Einsatzleitrechnern CEBIUS) zur Vorbereitung auf die Hilfeleistung und das Handeln in Gefahrenfällen vorgehalten. Diese Daten wurden der Polizei überwiegend freiwillig mitgeteilt, z. T. aber ohne Kenntnis der Betroffenen auch aus allgemein zugänglichen Quellen (z. B. Telefonbuch) entnommen. Das Vorhalten solcher Daten war und ist erforderlich zur **Vorbereitung auf Gefahrenlagen,** die nach sachgerechter Bewertung der vorliegenden Erkenntnisse (Prognoseentscheidung) eintreten können, ohne dass sie örtlich und zeitlich genau vorhersehbar sind. Für solche Fälle benötigt die Polizei bereits vor Eintritt der Gefahrenlage die Daten, weil deren Erhebung erst danach zu einer nicht angemessenen Verzögerung bei der Gefahrenabwehr führen würde. Das gilt insbesondere von den Daten der Personen und Firmen, die von der Polizei – meist auf Grund eines zivilrechtlichen Vertrages – mit der Vornahme einzelner Handlungen bei der Gefahrenabwehr beauftragt werden. Hierzu zählen beispielsweise Abschleppunternehmer, Bestattungsunternehmer, Sachverständige und Dolmetscher.

2 Auch in Zukunft sollte an der **freiwilligen Mitarbeit** der Betroffenen festgehalten werden, wobei sich die Polizei die Einwilligung zur Speicherung der genau festzulegenden Daten geben lassen sollte. Die Formalien des § 4 DSG NRW sind dabei zu beachten. Dem **Prinzip der Freiwilligkeit** ist schon deshalb der **Vorzug** zu geben, weil die Personen oder Firmen, die mit der Polizei einen zivilrechtlichen Vertrag abschließen, aus eigenem Interesse eher geneigt sein dürften, die vertragsgemäßen Leistungen auszuführen, als wenn sie nach § 6 in Anspruch genommen werden. Ferner ist zu berücksichtigen, dass § 11 keine Auskunftspflicht begründet.

3 Mit Einwilligung der Betroffenen können, soweit das zur Erfüllung der polizeilichen Aufgabe im Rahmen der Vorbereitung für die Hilfeleistung und das Han-

deln in Gefahrenfällen erforderlich ist, auch Daten von Personen erhoben (und gemäß § 24 gespeichert) werden, die nicht in § 11 genannt sind. In solchen Fällen sollte aber auch eine Regelung über die Nutzungsbegrenzung bzw. Löschung der Daten vereinbart werden.

§ 11 hat insbesondere für die Fälle Bedeutung, in denen die Einwilligung der betroffenen Person zur Erhebung (und Speicherung) ihrer Daten nicht oder nicht rechtzeitig herbeigeführt werden kann (s. RdNr. 11.02 VVPolG NRW). Wird beispielsweise in der örtlichen Tagespresse veröffentlicht, welcher Arzt am Wochenende Notdienst versieht, darf die Polizei diese Information aus der Zeitung entnehmen, um anrufenden Bürgern unter Beachtung des § 29 Abs. 2 Auskunft zu geben. Über § 11 i.V.m. § 24 Abs. 1 wird jedoch auch ermöglicht, dass diese Daten jeweils vorübergehend in einer Datei gespeichert werden können. 4

Der nach § 11 betroffene Personenkreis ist auf das unabweisbare Maß begrenzt worden. Darüber hinaus ist der Kanon der zu erhebenden Daten festgeschrieben. Die so erhobenen Daten unterliegen einer besonderen **Zweckbindung** (vgl. § 23 Abs. 1 Satz 3) und dürfen gemäß § 27 Abs. 1 Satz 3 nur unter Zweckwahrung an andere Polizeibehörden übermittelt werden. Eine solche Datenübermittlung wird eine Ausnahme bilden und lediglich dann vorkommen, wenn in einem besonderen Notfall eine Hilfeleistung in einem angrenzenden Polizeibezirk dringend erforderlich ist und mit den dort zur Verfügung stehenden Personen nicht bewältigt werden kann. 5

§ 12
Identitätsfeststellung

(1) **Die Polizei kann die Identität einer Person feststellen,**
1. **zur Abwehr einer Gefahr,**
2. **wenn sie sich an einem Ort aufhält, von dem Tatsachen die Annahme rechtfertigen, dass**
   a) **dort Personen Straftaten von erheblicher Bedeutung verabreden, vorbereiten oder verüben,**
   b) **sich dort Personen treffen, die gegen aufenthaltsrechtliche Strafvorschriften verstoßen,**
   c) **sich dort gesuchte Straftäter verbergen,**
3. **wenn sie sich in einer Verkehrs- oder Versorgungsanlage oder -einrichtung, einem öffentlichen Verkehrsmittel, Amtsgebäude oder einem anderen besonders gefährdeten Objekt oder in dessen unmittelbarer Nähe aufhält und Tatsachen die Annahme rechtfertigen, dass in oder an Objekten dieser Art Straftaten begangen werden sollen, durch die Personen oder diese Objekte gefährdet sind, und dies auf Grund der Gefährdungslage oder auf die Person bezogener Anhaltspunkte erforderlich ist,**

§ 12 Identitätsfeststellung

4. an einer Kontrollstelle, die von der Polizei eingerichtet worden ist, um eine Straftat nach § 129a des Strafgesetzbuches, eine der in dieser Vorschrift genannten Straftaten oder eine Straftat nach § 250 Abs. 1 Nr. 1 Buchstabe a) oder b), Abs. 2 Nr. 1, nach § 255 des Strafgesetzbuches in den vorgenannten Begehungsformen oder nach § 27 des Versammlungsgesetzes zu verhüten. Die Einrichtung der Kontrollstelle ist nur mit Zustimmung des Innenministeriums oder einer von diesem beauftragten Stelle zulässig, es sei denn, dass Gefahr im Verzug vorliegt.

(2) ¹Die Polizei kann die zur Feststellung der Identität erforderlichen Maßnahmen treffen. ²Sie kann die betroffene Person insbesondere anhalten, sie nach ihren Personalien befragen und verlangen, dass sie Angaben zur Feststellung ihrer Identität macht und mitgeführte Ausweispapiere zur Prüfung aushändigt. ³Die betroffene Person kann festgehalten werden, wenn die Identität auf andere Weise nicht oder nur unter erheblichen Schwierigkeiten festgestellt werden kann. ⁴Unter den Voraussetzungen des Satzes 3 können die betroffene Person sowie die von ihr mitgeführten Sachen durchsucht werden.

VVPolG NRW zu § 12
Identitätsfeststellung (zu § 12)
12.0
§ 12 regelt die Identitätsfeststellung zur Gefahrenabwehr. Die Identitätsfeststellung in Straf- oder Bußgeldverfahren richtet sich nach den §§ 163b f. StPO.
12.1 (zu Absatz 1)
12.11
§ 12 Abs. 1 Nr. 1 setzt eine konkrete Gefahr i. S. d. § 8 Abs. 1 voraus.
12.12
Identitätsfeststellungen nach § 12 Abs. 1 Nrn. 2 bis 4 sind bei Personen, die offensichtlich in keiner Beziehung zu dem mit der Maßnahme verfolgten Zweck stehen, nicht vorzunehmen.
12.13
In § 12 Abs. 1 Nr. 2 a) ist der Kreis der Anlassstraftaten auf solche von „erheblicher Bedeutung" i. S. d. § 8 Abs. 3 begrenzt, so dass der Verhältnismäßigkeitsgrundsatz jetzt unmittelbar zum Ausdruck kommt.
12.14
§ 12 Abs. 1 Nr. 2 c) setzt voraus, dass Tatsachen die Annahme rechtfertigen, dass sich an dem Ort Personen verbergen, die wegen einer Straftat verurteilt wurden und aus diesem Grunde zur Strafvollstreckung gesucht werden.
12.15
§ 12 Abs. 1 Nr. 4 regelt die Einrichtung von Kontrollstellen zur Gefahrenabwehr. Für den Bereich der Strafverfolgung gilt § 111 StPO. Kontrollstellen nach Nummer 4 sind auf das notwendige Maß zu beschränken. Sie sollen nur eingerichtet

Identitätsfeststellung § 12

werden, wenn eine durch hinreichende Tatsachen begründete Wahrscheinlichkeit besteht, dass die genannten Straftaten durch die Identitätsfeststellung, evtl. in Verbindung mit sonstigen polizeilichen Maßnahmen, verhütet werden können.
12.16
Beauftragte Stelle i. S. d. § 12 Abs. 1 Nr. 4 Satz 2 ist das Landesamt für Zentrale Polizeiliche Dienste (LZPD). Bei Gefahr im Verzug können Kreispolizeibehörden Kontrollstellen ohne Zustimmung einrichten; hierüber haben sie dem LZPD unverzüglich zu berichten.
12.2 (zu Absatz 2)
12.21
Bei der Entscheidung, ob die betroffene Person zur Dienststelle gebracht werden soll, ist zu prüfen, ob dies zu dem beabsichtigten Erfolg nicht außer Verhältnis steht.
12.22
Die Durchsuchung nach § 12 Abs. 2 Satz 4 hat sich darauf zu beschränken, die Identität einer Person festzustellen; liegen jedoch die Voraussetzungen des § 39 oder des § 40 vor, kann sich die Durchsuchung auch auf die dort angegebenen Zwecke erstrecken.

Erläuterungen:

1. Allgemeines

Die Identitätsfeststellung dient dazu, die **Personalien** einer **unbekannten** Person festzustellen oder zu prüfen, ob eine Person mit einer Person, deren Personalien bereits bekannt sind, **identisch** ist. Wegen der Problematik der Abgrenzung zu § 9 Abs. 2 vgl. die Erläuterungen zu § 9, RN 24. 1

Identitätsfeststellungen nimmt die Polizei hauptsächlich im Bereich der Gefahrenabwehr sowie zur Verfolgung von Zuwiderhandlungen (Straftaten und Ordnungswidrigkeiten) vor. Für die Verfolgung von Zuwiderhandlungen ist ein Rückgriff auf das Polizeirecht nicht zulässig, da die §§ 163b, 163c StPO eigenständige Regelungen für die Verfolgung von Straftaten und gemäß § 46 Abs. 1 OWiG auch für die Verfolgung von Ordnungswidrigkeiten enthalten. Bei der Maßnahme handelt es sich um einen Eingriff in das informationelle Selbstbestimmungsrecht, der selbstverständlich nur aus gesetzlich legitimierten Gründen vorgenommen werden darf. Das private Kontaktbedürfnis eines Polizeibeamten ist kein rechtfertigender Grund (OLG Oldenburg, NPA Nr. 336, Bl. 108). 2

In Absatz 1 werden zunächst die Voraussetzungen der Identitätsfeststellung genannt und dann in Absatz 2 die zulässigen Maßnahmen aufgezählt, die zur Durchführung einer Identitätsfeststellung vorgenommen werden können. Außerhalb des § 12 ist die erkennungsdienstliche Behandlung zur Identitätsfeststellung in § 14 geregelt. 3

Inhaltlich ist § 12 Abs. 1 durch die starke Differenzierung in den Voraussetzungen gekennzeichnet. Rechtspolitische Probleme bestehen insbesondere dort, wo 4 das Vorliegen einer konkreten Gefahr nicht Voraussetzung ist und sich die Maßnahmen unabhängig von einer Störereigenschaft gegen alle Personen richten können. Durch diese Vorschrift wird aber der Notwendigkeit Rechnung getragen, im Interesse einer wirksamen Gefahrenabwehr im **Vorfeld** konkreter Gefahren wirksame Kontrollmaßnahmen gegenüber jedermann durchführen zu können. Darin liegt aber auch eine besondere rechtsstaatliche Problematik, die dazu verpflichtet, von diesen Möglichkeiten nur im zwingend notwendigen Umfang Gebrauch zu machen.

2. Identitätsfeststellung zur Abwehr einer Gefahr

5 Nach § 12 Abs. 1 Nr. 1 ist eine Identitätsfeststellung zur Abwehr einer Gefahr zulässig, wobei es sich entsprechend der in § 8 Abs. 1 enthaltenen Legaldefinition um eine **konkrete Gefahr** handeln muss. Die Identitätsfeststellung allein ist zwar selten geeignet, die konkrete Gefahr abzuwehren, z. B. eine Straftat zu verhüten. Durch die Maßnahme wird ein (potenzieller) Störer allerdings aus seiner **Anonymität gerissen**; er weiß nun, dass er für eine Gefahr verantwortlich gemacht werden kann. Dieses Wissen kann ihn davon abhalten, die geplante Handlung oder Tat zu begehen (VGH Mannheim, DVBl 2011, S. 245, 246; VG Göttingen, DIE POLIZEI 2013, S. 121).

Die Identitätsfeststellung ist im Übrigen vielfach Voraussetzung dafür, dass weitere notwendige Maßnahmen, ggf. auch durch andere Behörden oder Stellen, durchgeführt oder veranlasst werden können.

> **Beispiel:** Die Polizei greift eine hilflose, offensichtlich geistig verwirrte Person auf. Die Feststellung der Identität dieser Person dient dem Zweck, etwaige Familienangehörige zu ermitteln, die nähere Angaben zu der Person und ihrem regelmäßigen Aufenthalt machen können.

6 Die Identitätsfeststellung kann zudem **zum Schutz privater Rechte** dienen (§ 1 Abs. 2).

> **Beispiel:** Ein Mann stolpert aus Unachtsamkeit auf dem Gehweg und drückt dabei eine Schaufensterscheibe eines bereits geschlossenen Geschäftes ein. Ein Polizeibeamter beobachtet den Vorfall und fordert den Mann, der sich offenbar unbemerkt entfernen will, auf, sich auszuweisen. Eine fahrlässige Sachbeschädigung ist nicht strafbar und auch der Tatbestand des § 142 StGB ist hier nicht erfüllt. Damit scheidet eine Identitätsfeststellung zwecks Strafverfolgung aus. Der Geschädigte hat jedoch einen Schadensersatzanspruch nach § 823 Abs. 1 BGB gegen den Schädiger. Ohne die Personalien des Schädigers kann der Anspruch allerdings nicht geltend gemacht werden. Damit würde i. S. d. § 1 Abs. 2 die Verwirklichung des Rechts des Geschädigten vereitelt, sodass die Polizei sachlich zuständig ist. Die Befugnis (Ermächtigungsgrundlage) für die Identitätsfeststellung ergibt sich aus § 12 Abs. 1 Nr. 1, denn die Gefahr, dass der Geschädigte seinen Anspruch nicht geltend machen kann, ist eine konkrete Gefahr für die öffentliche Sicherheit (Schutzgut: Vermögen in Form eines Schadensersatzanspruchs). Die Identitätsfeststellung ist zur Abwehr dieser Gefahr erforderlich.

Identitätsfeststellung § 12

3. Identitätsfeststellung nach § 12 Abs. 1 Nr. 2

Die Identitätsfeststellung an sog. **gefährlichen** oder **verrufenen Orten** regelt 7
§ 12 Abs. 1 Nr. 2. Damit besteht eine Rechtsgrundlage für die **Razzia** (Sammelkontrolle), bei der sich rechtliche Probleme stellen, weil sie regelmäßig ereignisunabhängig (ohne Vorliegen einer Straftat oder einer konkreten Gefahr) durchgeführt wird und die überprüften Personen weder Verdächtige einer Straftat noch Verantwortliche (Störer) nach den §§ 4 und 5 sind. Die Vorschrift verselbständigt die Voraussetzung dieses Eingriffs. Eine konkrete Gefahr i. S. d. § 8 braucht – anders als § 12 Abs. 1 Nr. 1 – nicht vorzuliegen. Wegen des Verantwortlichen ist ein Rückgriff auf die §§ 4, 5 oder 6 nicht erforderlich, weil ausschließlich darauf abgestellt wird, ob sich die Person an einem solchen Ort aufhält. Die Identitätsfeststellung ist daher nicht nur im Rahmen von Sammelkontrollen, sondern auch bei einzelnen Personen zulässig, die sich an den beschriebenen Orten aufhalten. Ein die Identitätsfeststellung rechtfertigendes „**Aufhalten**" an dem fraglichen Ort setzt entgegen der Auffassung des OVG Hamburg (NVwZ 2003, S. 276) nicht voraus, dass die betroffene Person dort für eine mehr oder weniger lange Zeit verweilt. Auch Personen, die zügig den Kontrollbereich passieren (wollen), dürfen kontrolliert werden, wenn sie nicht offenkundig in keiner Beziehung zu dem ins Visier gefassten Personenkreis gehören (vgl. OVG Lüneburg, KR 2010, S. 448). Ob ein „zielgerichtetes Gehen" oder ein bloßes „Schlendern" bzw. „Pendeln" (so die sprachlichen Differenzierungen des OVG Hamburg) vorliegt, wäre vielfach gar nicht oder nur unter unverhältnismäßigen Schwierigkeiten festzustellen. Notfalls müsste der ganze Vorgang sogar videotechnisch festgehalten werden.

Tatsachen müssen die Annahme rechtfertigen, dass die dort genannten Hand- 8
lungen ausgeübt werden. Es muss sich durch Fakten belegen lassen, dass die in Rede stehenden Handlungen dort aller Voraussicht nach in Zukunft begangen werden. Die Tatsachen müssen sich aus konkreten polizeilichen Erkenntnissen ergeben. Eine sog. **Ausforschungsrazzia** ist unzulässig.

Beispiel: Es ist nicht zulässig, im Rahmen eines sog. Fahndungstages mit dem allgemeinen Ziel, gesuchte Straftäter zu fassen, an beliebigen Orten Identitätsfeststellungen durchzuführen. Wegen der Kontrollstellen s. RN 24 ff.

Die **Tatsachen** brauchen sich nicht auf bestimmte Personen oder Straftaten zu 9
beziehen; sie sind vielmehr rein ortsbezogen.

Als **Orte** kommen u. a. Bahnhöfe (OVG Hamburg, NVwZ-RR 2003, S. 276: Umfeld eines U-Bahnhofs), Parkanlagen, bestimmte Plätze, Straßenzüge, Wohnheime und Lokale sowie deren Umfeld (OVG Berlin, NJW 1986, S. 3223) in Betracht. Es wird nicht vorausgesetzt, dass im Augenblick der Kontrolle die im Gesetz genannten Verhaltensweisen tatsächlich ausgeübt werden bzw. festzustellen sind. Es genügt die objektive Erkenntnis, dass an diesen Orten entsprechende Handlungen bereits mehrfach vorgekommen sind und eine Wahrschein-

133

lichkeit dafür spricht, dass sie auch in Zukunft vorkommen. Diese Prognose ist durch hinreichende **Dokumentation** zu untermauern.

10 Die Identitätsfeststellung nach § 12 Abs. 1 Nr. 2 a) kann nur an Orten stattfinden, an denen **Straftaten von erheblicher Bedeutung** i. S. d. § 8 Abs. 3 verabredet, vorbereitet oder verübt werden. Zu diesen kriminogenen Orten können Vergnügungsstätten im Rotlichtmilieu gehören, des Weiteren auch öffentlich zugängliche Straßen, Wege und Plätze, wenn sie eine besonders hohe Kriminalitätsbelastung aufweisen. **Bordelle** fallen andererseits **nicht automatisch** in diese Kategorie. Der nordrhein-westfälische Gesetzgeber hat – anders als der bayerische (s. Art. 13 Abs. 1 Nr. 2 b) PAG – derartige Begegnungsstätten nicht in den Katalog der Ortshaftung aufgenommen. Entscheidend ist insoweit die Erkenntnislage in Bezug auf das konkrete Etablissement. Milieutypische Verstöße gegen aufenthaltsrechtliche Bestimmungen im Zusammenhang mit Prostitution erfüllen nicht stets den Tatbestand einer Straftat von erheblicher Bedeutung (VG Frankfurt a. M., NVwZ-RR 2004, S. 748).

11 **Zielrichtung** der Maßnahme ist es nicht, bereits verübte und – soweit eine strafrechtliche Relevanz vorliegt – verabredete bzw. vorbereitete Straftaten von erheblicher Bedeutung aufzuklären. Ergeben sich allerdings anlässlich einer Identitätsfeststellung gemäß § 12 Abs. 1 Nr. 2 a) zureichende tatsächliche Anhaltspunkte für eine Straftat (ggf. auch für eine Straftat, die nicht im Katalog des § 8 Abs. 3 aufgeführt ist), muss diese nach den Bestimmungen der StPO verfolgt werden. Beim Verdacht einer Ordnungswidrigkeit ist nach dem OWiG vorzugehen. Insofern ist eine Parallele gegeben zu der allgemeinen Verkehrskontrolle nach § 36 Abs. 5 StVO beim Übergang zur Verfolgung von Straftaten und Ordnungswidrigkeiten.

12 Unter den **„aufenthaltsrechtlichen Strafvorschriften"** sind insbesondere die einschlägigen Straftatbestände des AufenthG und des AsylVfG zu verstehen.

13 **Straftäter** i. S. d. § 12 Abs. 1 Nr. 2 c) sind Personen, die wegen einer Straftat verurteilt sind – wobei auch ein Strafbefehl reicht – und **zur Strafvollstreckung gesucht** werden.

4. Identitätsfeststellung nach § 12 Abs. 1 Nr. 3

14 Die Identitätsfeststellung nach § 12 Abs. 1 Nr. 3 dient dem **Schutz gefährdeter Orte**. Sie ist nicht an das Vorliegen einer konkreten Gefahr gebunden und als Einzel- oder Sammelkontrolle möglich (s. RN 7).

15 § 12 Abs. 1 Nr. 3 enthält mehrere Voraussetzungen, die kumulativ vorliegen müssen: Es müssen Tatsachen die Annahme rechtfertigen, dass in oder an den in der Vorschrift genannten Objekten Straftaten begangen werden sollen, durch die Personen oder die Objekte gefährdet sind, und zudem müssen sich die zu kontrollierenden Personen innerhalb oder in unmittelbarer Nähe der Objekte aufhalten. Die weitere Voraussetzung enthält zwei Alternativen: Entweder muss sich

die Erforderlichkeit für die Maßnahmen aus der Gefährdungslage **oder** aus den auf die Person bezogenen Anhaltspunkten ergeben. In Bezug auf die Notwendigkeit der Identitätsfeststellung muss also nur eine der beiden letztgenannten Voraussetzungen vorliegen.

Zu den **gefährdeten Objekten** gehören solche Anlagen und Einrichtungen, die im weitesten Sinne für die Versorgung der Bevölkerung von besonderer Bedeutung sind und häufig durch stark fluktuierende Publikumskonzentrationen gekennzeichnet sind, welche Anschläge begünstigen können. 16

Dazu zählen insbesondere **Verkehrsanlagen und -einrichtungen sowie öffentliche Verkehrsmittel** (z. B. Bahnhöfe, Bahnanlagen und Züge, Busbahnhöfe und Verkehrsmittel der anderen Verkehrsträger). Allerdings muss die gefährdete Verkehrsanlage bzw. -einrichtung eine gewisse Bedeutung für den öffentlichen Personen- und Güterverkehr haben. Dabei ist ihr finanzieller Wert weniger entscheidend. Alle Anlagen und Einrichtungen, die für die Durchführung und die Sicherheit des öffentlichen Verkehrs notwendig sind, fallen darunter, nicht jedoch beispielsweise Papierkörbe an Haltestellen oder Gleisanlagen zu einer nicht mehr bestehenden Fabrik (ungeachtet der Strafbarkeit, wenn diese Sachen beschädigt werden). Der Schutz vor Angriffen auf die Sicherheit des Luftverkehrs insbesondere auf Flughäfen ist in erster Linie Sache der Luftfahrtbehörden, die nach § 5 LuftSiG die erforderlichen Maßnahmen treffen können. Gemäß § 5 Abs. 6 LuftSiG bleiben die Aufgaben und Befugnisse der Polizei unberührt. 17

Zu den **Versorgungsanlagen und -einrichtungen** gehören z. B. Energielieferungsbetriebe (Elektrizitätswerke, Kernkraftwerke, Gaswerke einschließlich deren Leitungsnetze), Wasserwerke, Großmärkte, Schlachthöfe, auch soweit sie sich noch im Bau befinden. 18

Amtsgebäude sind alle Gebäude, in denen sich Dienststellen der obersten Staatsorgane, der Verwaltung und der Justiz befinden. **Andere besonders gefährdete Objekte** können Rundfunkanstalten, militärische Anlagen, diplomatische Missionen, Konsulate, Zeitungsverlage, Parteigeschäftsstellen, Banken, Fabriken, Arbeitsstätten oder Privatwohnungen besonders gefährdeter Persönlichkeiten usw. sein. 19

Es muss ein wie auch immer gearteter Anschlag auf Objekte dieser Art drohen, d. h. konkrete Hinweise darauf müssen vorliegen. Der typische Anwendungsfall ist die Androhung von Anschlägen, wobei sich die Drohung nicht nur aus wörtlichen Ankündigungen, sondern auch aus bereits ausgeführten Anschlägen gegen vergleichbare Objekte ergeben kann. Es braucht keine Androhung eines Anschlages auf eine bestimmte Anlage (Bahnhof in X-Stadt) vorzuliegen, es genügt, dass Anschläge in der jüngsten Vergangenheit auf Bahnhöfe erfolgt sind und sich Erkenntnisse – z. B. aus „Bekennerschreiben" – ergeben, wonach solche Handlungen weiterhin vorgenommen werden sollen. Ob dabei die Zerstörung des Objektes – ggf. unter Inkaufnahme von Personenschäden – das Motiv 20 des Täters ist oder der beabsichtigte Tod eines Menschen durch die Beschädigung des Objektes, ist rechtlich unerheblich.

21 Die Entscheidung, ob eine Gefährdung für Personen und/oder Objekte gegeben ist, muss unter Berücksichtigung aller Erkenntnisse und Umstände erfolgen. Im Einzelfall wird nur schwer abzugrenzen sein, ob z. B. ein bei der Polizei eingehender Anruf, dass eine Schule gesprengt würde, eine ernstzunehmende Drohung ist oder nur der Versuch, eine schwierige Mathematikarbeit nicht schreiben zu müssen. Sehr allgemein gehaltene Äußerungen beispielsweise von Umweltschützern, man würde alles tun, damit „Genehmigungen zum Einleiten von giftigen Stoffen in den Fluss nicht verlängert werden", geben in der Regel keine Hinweise darauf, dass auch tatsächlich gewalttätige Aktionen beabsichtigt sind. Anders kann das sein, wenn militante Gruppen, die in der Vergangenheit schon durch Gewalttätigkeiten aufgefallen sind, zu einem „Spaziergang" an den Zaun eines im Bau befindlichen Flughafens aufrufen.

22 Wo die „Ortshaftung" räumlich einsetzt bzw. wo sie aufhört, kann nicht generell gesagt werden; sie ist abhängig von der baulichen Gestaltung der Anlage oder Einrichtung. Was den Aufenthalt **in** solchen Objekten betrifft, ist die Auslegung relativ einfach, doch muss dabei berücksichtigt werden, dass ein angedrohter Anschlag beispielsweise auf eine Bankfiliale in einem großen Einkaufszentrum auch dort eine räumliche Begrenzung möglich machen kann. Die **unmittelbare Nähe** ist schwieriger einzugrenzen. Zu berücksichtigen bleibt auch die Möglichkeit von Anschlägen mit Raketenwerfern usw., jedoch sind insoweit die Gefährdungsanalyse und die örtlichen Verhältnisse im Einzelfall ausschlaggebend.

23 Ausschlaggebend für diese Alternative ist der **Objektbezug:** die in oder an den Objekten befindlichen Personen oder die Objekte selbst müssen **unmittelbar** gefährdet sein, also die Bedrohung des Objektes teilen. Schlägereien auf Bahnhöfen kommen vor und verursachen Körperverletzungen, rechtfertigen aber keine Identitätsfeststellung nach § 12 Abs. 1 Nr. 3. Durch solche Delikte wird nicht das „Objekt Bahnhof" selbst unmittelbar bedroht und erst recht befinden sich die Bahnhofsbenutzer nicht in einer Bedrohungslage, die den Bahnhof als Angriffsobjekt betrifft.

5. Identitätsfeststellung nach § 12 Abs. 1 Nr. 4

24 Nach § 12 Abs. 1 Nr. 4 ist die Identitätsfeststellung an einer **Kontrollstelle** zulässig, die die Polizei **zur Verhütung von Straftaten** einrichtet. Es können nur die Straftaten verhütet werden, die in der Vorschrift aufgeführt sind.

25 Die bloße **Einrichtung** einer Kontrollstelle ist ein Realakt. Es handelt sich dabei um eine schlicht-hoheitliche Maßnahme, die nicht in Rechte Dritter eingreift, soweit sie im öffentlichen Verkehrsraum durchgeführt wird. Zu ihrer Einrichtung bedarf es weder des Einsatzes von Sperrgerät noch eines sonstigen techni-

§ 12 Identitätsfeststellung

schen Aufwandes; an einer Kontrollstelle brauchen nur wenige Polizeibeamte – im Extremfall nur einer – tätig zu werden.

Zur Einrichtung der Kontrollstelle – abgesehen von Fällen der Gefahr im Verzug – ist die Zustimmung des **Innenministeriums** oder einer von ihm **beauftragten Stelle** notwendig. Die Beauftragung der Stelle kann allgemein durch eine Verwaltungsvorschrift erfolgen (s. Nr. 12.16 VVPolG NRW). 26

Materielle Voraussetzung für die Einrichtung einer Kontrollstelle ist eine gewisse Wahrscheinlichkeit, dass Personen, die eine der aufgeführten Straftaten begehen wollen, an der Kontrollstelle festgestellt und dadurch an der Begehung der Straftat gehindert werden können, denn die Kontrollstelle i. S. d. § 12 Abs. 1 Nr. 4 dient der Verhütung von Straftaten und nicht deren Verfolgung, wie die vergleichbare Vorschrift des § 111 StPO. 27

> **Beispiel:** Die Polizei erhält zuverlässige Hinweise, dass Teilnehmer einer Demonstration gefährliche Gegenstände i. S. d. § 27 VersammlG mitbringen wollen. Deshalb errichtet sie vor dem eigentlichen Versammlungsort Kontrollstellen nach § 12 Abs. 1 Nr. 4, um dort die Personen anzuhalten und die Personalien zu überprüfen. Sofern gefährliche Gegenstände mitgeführt werden, können diese nach § 43 sichergestellt werden, falls nicht weitere Maßnahmen nach den Bestimmungen der StPO oder des VersammlG erfolgen.

Wie in den Fällen des § 12 Abs. 1 Nr. 2 und 3 ist auch bei der Identitätsfeststellung an einer Kontrollstelle nach § 12 Abs. 1 Nr. 4 im Hinblick auf die **Adressaten** ein Rückgriff auf die §§ 4 bis 6 nicht erforderlich, weil an der Kontrollstelle die Identität **jeder Person** festgestellt werden darf. Allerdings kann die Maßnahme im Einzelfall nach dem Verhältnismäßigkeitsgrundsatz unzulässig sein (z. B. bei Kindern). 28

Angesichts dieser **weitreichenden Kontrollrechte** bis hin zum Festhalten und Durchsuchen nach § 12 Abs. 2, in die auch letztlich Unbeteiligte einbezogen werden können, ist unter dem **Gesichtspunkt der Verhältnismäßigkeit (§ 2) Zurückhaltung** bei der Einrichtung von Kontrollstellen und Durchführung der Kontrollmaßnahmen geboten. Sie kommen daher nur aus triftigem Anlass in Betracht, wobei sämtliche Umstände des Einzelfalles berücksichtigt werden müssen (z. B. Gesamtzahl der Demonstrationsteilnehmer). 29

6. Maßnahmen zur Identitätsfeststellung

Unter den Voraussetzungen des § 12 Abs. 1 kann die Polizei die in Absatz 2 aufgeführten Maßnahmen treffen. Bei einer Personalienfeststellung gemäß § 9 Abs. 2 Satz 1 sind nur die dort aufgeführten Maßnahmen zulässig, d. h. es besteht nur ein Fragerecht (§ 9 Abs. 1 Satz 1) und das Recht zum Anhalten der Person (§ 9 Abs. 1 Satz 2). Verweigert die befragte Person allerdings Angaben zur Identität, kann gegen sie wegen einer Ordnungswidrigkeit (§ 111 OWiG) nach 30

Maßgabe des § 163 b Abs. 1 StPO i. V. m. § 46 Abs. 1 OWiG eingeschritten werden (vgl. § 9, RN 21).

31 § 12 Abs. 2 Satz 1 enthält eine generalklauselartige Ermächtigung, denn es werden die zur Identitätsfeststellung **erforderlichen Maßnahmen** zugelassen. Diese auf den ersten Blick sehr allgemein gehaltene Befugnisnorm wird durch die nachfolgenden Sätze **eingeschränkt**, weil das Wort „**insbesondere**" in § 12 Abs. 2 Satz 2 die möglichen Maßnahmen begrenzt. Andere, d. h. dort nicht aufgeführte Maßnahmen dürfen – wenn sie nicht wie die erkennungsdienstliche Behandlung gemäß § 14 Abs. 1 Nr. 1 besonders genannt werden – nur dann getroffen werden, wenn sie denen in § 12 Abs. 2 vergleichbar sind. In Betracht kommt beispielsweise, dass die Polizei nicht die betroffene Person, sondern einen Dritten nach den Identitätsdaten der betroffenen Person befragt. Hier ist allerdings zu berücksichtigen, dass sich verschiedenartige Eingriffsmaßnahmen überschneiden. Das Fragerecht gegenüber Dritten ergibt sich aus § 9 Abs. 1. Weiterhin ist statthaft, die von den betroffenen Personen oder von dem Dritten gemachten Angaben zu überprüfen, z. B. durch eine Nachfrage beim Einwohnermeldeamt. Insoweit müssen jedoch § 30 Abs. 2 bzw. die bereichsspezifischen Regelungen über die Datenübermittlung im Recht der anderen Behörden, die personenbezogene Daten an die Polizei weitergeben sollen, beachtet werden. Es können jedoch auch andere Erkenntnisse benutzt werden, um zu einer Identitätsfeststellung zu kommen.

Beispiel: Halterfeststellung anhand des Kfz-Kennzeichens beim Straßenverkehrsamt oder beim Kraftfahrt-Bundesamt.

32 Nach § 12 Abs. 2 Satz 2 kann die betroffene Person **angehalten** werden, und zwar für die Dauer der normalen Identitätsfeststellung am Ort des Geschehens. Hierbei handelt es sich um eine kurzfristige Freiheitsbeschränkung (vgl. die Erläuterungen oben zu § 9, RN 18). Der Zeitraum des Anhaltens hängt von den Umständen des Einzelfalles ab. Die Identitätsfeststellung ist zügig durchzuführen, sodass das Anhalten auf das unumgängliche Maß begrenzt wird. Erst wenn das nicht möglich ist – was sich auch während der Durchführung der Maßnahme ergeben kann –, ist zu prüfen, ob die Voraussetzungen für ein Festhalten i. S. d. § 12 Abs. 2 Satz 3 gegeben sind (s. dazu unten RN 36 und § 36 Abs. 1).

33 § 12 Abs. 2 Satz 2 ermächtigt die Polizei weiterhin, die betroffene Person nach ihren **Personalien zu befragen.** Der **Umfang** dieser Befragung richtet sich nach der konkreten polizeilichen Aufgabe. Vielfach werden die in § 9 Abs. 2 Satz 1 aufgeführten Daten ausreichen (s. dazu oben § 9, RN 21). Beruf und Familienstand sind im Allgemeinen wenig geeignet, die Identität einer unbekannten Person festzustellen. Anders kann das gelegentlich sein, wenn die Polizei überprüft, ob eine Person mit einer gesuchten Person identisch ist.

Beispiel: Ein Junge wird bei einem Verkehrsunfall verletzt. Ehe er mit dem Rettungswagen ins Krankenhaus gebracht wird, sagt er den Polizeibeamten, er heiße Clemens Milde und wohne in der Bahnhofstraße 26. Sein Fahrrad würde sein Vater schon wie-

Identitätsfeststellung § 12

der in Ordnung bringen, denn der sei Schlosser. Stellt die Polizei, die die Eltern unterrichten will, fest, dass mehrere Familien namens Milde in dem Haus wohnen, ist es sinnvoll, sich nach dem Schlosser Milde zu erkundigen.

Weiterhin kann die Polizei verlangen, dass die betroffene Person die **mitgeführ-** 34
ten Ausweispapiere aushändigt. Ist die Identitätsfeststellung auch auf andere Weise möglich – weil z. B. einer der Polizeibeamten die Person kennt –, darf die Aushändigung von Ausweisen allerdings nicht gefordert werden.

§ 12 Abs. 2 Satz 2 begründet keine generelle Verpflichtung zum Mitführen von 35
Ausweisen bzw. sonstigen Legitimationspapieren. Eine solche Pflicht ergibt sich auch nicht aus dem PassG (s. § 1 Abs. 1 Satz 1) und dem PAuswG (s. § 1 Abs. 1 Satz 1) bzw. aus dem PAuswG NRW. Nach § 12 Abs. 2 Satz 2 besteht daher nur die **Pflicht zum Aushändigen von tatsächlich mitgeführten Ausweispapieren.** Das Wort „Ausweispapiere" weist darauf hin, dass nicht nur (Reise-) Pass oder Personalausweis ausgehändigt werden müssen. In Betracht kommen sämtliche anderen Ausweise – und nicht nur die in § 13 genannten Berechtigungsscheine –, die der Polizei vorzulegen sind. Gleichwohl besagt die Vorschrift nicht, dass sämtliche mitgeführten Ausweise auch auszuhändigen sind. Wird ein Personalausweis übergeben und kann damit die Identitätsfeststellung durchgeführt werden, darf zusätzlich weder die Vorlage des Führerscheins oder der Scheckkarte verlangt werden.

Nach § 12 Abs. 2 Satz 3 kann die Polizei den Betroffenen **festhalten,** wenn die 36
Identität auf andere Weise nicht oder nur unter erheblichen Schwierigkeiten festgestellt werden kann.

Ein Festhalten liegt immer dann vor, wenn die normale zeitliche Dauer für die 37
Befragung und die Ausweiskontrolle nicht ausreicht, um die Identitätsfeststellung zum Abschluss zu bringen. Wenn die Polizei planmäßig Razzien nach § 12 Abs. 1 Nrn. 2 oder 3 vornimmt oder Kontrollstellen gemäß § 12 Abs. 1 Nr. 4 einrichtet, hat sie nach dem Grundsatz der Verhältnismäßigkeit alles zu tun, damit Identitätsfeststellungen an Ort und Stelle durchgeführt werden können (z. B. durch Abfragen bei den Registerbehörden).

Materielle Voraussetzung für das Festhalten ist, dass die Identität auf an- 38
dere Weise nicht oder nur unter erheblichen Schwierigkeiten festgestellt werden kann. Zum erstgenannten Kriterium zählen die Fälle, in denen die betroffene Person keine Angaben macht und sich weigert, mitgeführte Ausweispapiere auszuhändigen. Dann darf die Polizei sie festhalten und sie sowie die von ihr mitgeführten Sachen nach § 12 Abs. 2 Satz 4 durchsuchen. Legt die betroffene Person ihren Personalausweis vor, so scheiden weitergehende Maßnahmen – insbesondere ein Festhalten zwecks Mitnahme zur Dienststelle – regelmäßig aus. Die bloße Möglichkeit, dass die in dem Ausweis enthaltenen Angaben (z. B. die Anschrift) falsch sind, rechtfertigt ein solches Vorgehen grundsätzlich nicht.

Das Gesetz bestimmt, dass **diese Durchsuchung nach Art und Umfang ausschließlich auf das Auffinden von Ausweispapieren gerichtet sein muss.** Hinsichtlich weiterer Durchsuchungsmaßnahmen vgl. unten die RN 46 ff. Erhebliche Schwierigkeiten für die Identitätsfeststellung sind z. B. bei ungünstigen Licht- oder Witterungsverhältnissen gegeben, können aber auch vorliegen, wenn andere Personen die Identitätsfeststellungen behindern und weder eine Platzverweisung gemäß § 34 noch eine Absperrung des Kontrollortes Erfolg versprechend sind.

39 Typisch für das Festhalten ist die **Mitnahme zur Dienststelle,** allerdings kann das Festhalten auch dergestalt erfolgen, dass die betroffene Person für einen längeren Zeitraum als für die normale Überprüfung am Ort des Geschehens verbleiben muss, z. B. in einem Streifenwagen.

40 Ein kurzfristiges Festhalten zur Identitätsfeststellung ist zwar keine Freiheitsentziehung i. S. d. Art. 104 Abs. 2 bis 4 GG (*Jarass/Pieroth,* Art. 104 Rn. 12). Wird eine Person jedoch auf Grund von § 12 Abs. 2 Satz 3 festgehalten, so muss die Polizei unverzüglich eine **richterliche Entscheidung** über Zulässigkeit und Fortdauer der Freiheitsentziehung herbeiführen (vgl. näher § 36, RN 2). In der Praxis wird allerdings das vorübergehende Festhalten in der Regel nicht zu einer Entscheidung nach § 36 Abs. 1 Satz 1 führen, weil der richterliche Beschluss häufig erst nach der durchgeführten Identitätsfeststellung ergehen könnte, s. § 36 Abs. 1 Satz 2.

41 Die betroffene Person darf nicht länger als notwendig (vgl. § 2 Abs. 3) und **in keinem Fall länger als 12 Stunden** festgehalten werden (§ 38 Abs. 2). Damit folgt das PolG NRW der Regelung des § 163 c StPO, wonach bei der Strafverfolgung und damit ebenfalls bei der Verfolgung von Ordnungswidrigkeiten (§ 46 OWiG) die Höchstdauer des Freiheitsentzuges zur Identitätsfeststellung auf 12 Stunden festgelegt wird. Die Polizei ist generell gehalten, die Identitätsfeststellung zügig und ohne zeitliche Verzögerung durchzuführen (OLG Schleswig, NPA Nr. 510, Bl. 33).

42 Möglich ist jedoch, dass neben dem Grund zum Festhalten zur Identitätsfeststellung ein anderer Grund zum Festhalten vorliegt, sodass die Frist des § 38 Abs. 2 nicht ausschlaggebend ist.

> **Beispiel:** Die Polizei greift einen verirrten Jugendlichen auf, dessen Identität wegen seiner Sprachbehinderung und fehlender Ausweispapiere nicht an Ort und Stelle festgestellt werden kann. Sie nimmt ihn mit zur Dienststelle, wo eine Identitätsfeststellung erfolgen soll. Die Ingewahrsamnahme kann auf § 35 Abs. 2 gestützt werden, sodass die höchstzulässige Dauer für das Festhalten sich aus § 38 Abs. 1 Nr. 3 und nicht aus § 38 Abs. 2 ergibt.

43 Denkbar ist auch, dass ein anderer Grund für eine Freiheitsentziehung außerhalb des PolG NRW vorliegt, dieser aber erst nach der Identitätsfeststellung, beispielsweise auf Grund eines Datenabgleichs gemäß § 25 Abs. 1 Satz 3, bekannt wird.

> **Beispiel:** Bei einer Razzia nach § 12 Abs. 1 Nr. 2 a) kann die Identität einer Person nicht an Ort und Stelle festgestellt werden, sodass die betroffene Person nach § 12

Identitätsfeststellung § 12

Abs. 2 Satz 3 zur Dienststelle gebracht wird. Nach der Personalienfeststellung stellt sich heraus, dass die Person mit Haftbefehl gesucht wird.

7. Maßnahmen zur Identitätsfeststellung außerhalb des § 12 Abs. 2

Eine typische Maßnahme zur Identitätsfeststellung außerhalb des § 12 Abs. 2 ist die **erkennungsdienstliche Behandlung** gemäß § 14 Abs. 1 Nr. 1. Wegen der dabei zu beachtenden verfahrensrechtlichen Regelungen wird auf die Erläuterungen zu § 14 verwiesen. 44

Eine **Vorladung** zur Durchführung erkennungsdienstlicher Maßnahmen gemäß § 10 Abs. 1 Nr. 2 zu Zwecken der Identitätsfeststellung nach § 12 ist nur in ganz seltenen Fällen des Absatzes 1 Nr. 1 möglich. 45

Beispiel: Eine Person steht im Verdacht, unter falschem Namen zu leben. Zur Abwehr einer konkreten Gefahr ist es erforderlich, die Identität dieser Person festzustellen, sodass sie – da anders ihre richtigen Personalien nicht zu erhalten sind – zur Durchführung erkennungsdienstlicher Maßnahmen vorgeladen wird.

8. Korrespondierende Maßnahmen zur Identitätsfeststellung

Im **materiellen Zusammenhang** mit der Identitätsfeststellung stehen einige Bestimmungen über die Durchsuchung von Personen (§ 39) und Sachen (§ 40) sowie über die Fesselung (§ 62). Wegen der Einzelheiten wird auf die Erläuterungen zu diesen Vorschriften verweisen; an dieser Stelle soll nur ein Überblick gegeben werden: 46

Vorab ist nochmals festzuhalten (vgl. RN 38), dass sich die Durchsuchung von Personen und Sachen gemäß § 12 Abs. 2 Satz 4 nur auf das **Auffinden von Ausweispapieren** erstreckt. Wird ein Ausweis, der zur Identitätsfeststellung geeignet ist, gefunden, ist die Durchsuchung zu beenden. 47

§ 39 Abs. 2 Satz 1 bietet grundsätzlich die Möglichkeit, bei jeder Identitätsfeststellung aus Gründen der **Eigensicherung** den Betroffenen nach Waffen, anderen gefährlichen Werkzeugen und Explosivmitteln unter den aufgeführten Voraussetzungen zu durchsuchen. In einem solchen Fall können gemäß § 40 Abs. 1 Nr. 1 auch die von der Person mitgeführten Sachen im gleichen Umfang durchsucht werden. 48

Wird die Person zum Zwecke der Identitätsfeststellung gemäß § 12 Abs. 2 Satz 3 **festgehalten,** dürfen sie und die von ihr mitgeführten Sachen gemäß § 39 Abs. 1 Nr. 1 bzw. § 40 Abs. 1 Nr. 1 durchsucht werden, wobei der Zweck der Durchsuchung weitergehend ist und sich nicht nur auf das Auffinden von Ausweispapieren bzw. Waffen usw. bezieht. Unter den Voraussetzungen des § 62 Satz 1 darf die Person auch gefesselt werden. 49

Einige Regelungen über die Durchsuchung von Personen (§ 39 Abs. 1 Nrn. 4 und 5), über die Durchsuchung von Sachen (§ 40 Abs. 1 Nrn. 4 bis 6) sowie über 50

§ 13   Prüfung von Berechtigungsscheinen

das Betreten von Wohnungen (§ 41 Abs. 3 Nr. 1) weisen hinsichtlich ihrer Voraussetzungen **Ähnlichkeiten mit § 12 Abs. 1 Nrn. 2 bis 4** auf. Die genannten Befugnisse in den §§ 39 bis 40 können, aber müssen nicht zugleich mit der Identitätsfeststellung vorgenommen werden.

§ 13
Prüfung von Berechtigungsscheinen

Die Polizei kann verlangen, dass ein Berechtigungsschein zur Prüfung ausgehändigt wird, wenn die betroffene Person auf Grund einer Rechtsvorschrift oder einer vollziehbaren Auflage in einem Erlaubnisbescheid verpflichtet ist, diesen Berechtigungsschein mitzuführen.

VVPolG NRW zu § 13
Prüfung von Berechtigungsscheinen (zu § 13)
13.01
Die betroffene Person darf für die erforderliche Dauer der Überprüfung angehalten werden.
13.02
Eine Anordnung nach § 13 setzt voraus, dass die betroffene Person die Tätigkeit, für deren Ausübung der Berechtigungsschein erforderlich ist, ausübt oder nach den Umständen erkennbar ist, dass sie diese beginnen wird oder beendet hat.
13.03
Regelungen im Bundes- und Landesrecht, nach denen Berechtigungsscheine zur Prüfung auszuhändigen bzw. vorzulegen sind, gehen als Spezialvorschriften § 13 vor. Wenn das Bundesrecht nur ein Mitführen oder Vorzeigen vorschreibt, ist § 13 ebenfalls nicht anzuwenden. Eine Aushändigung von Berechtigungsscheinen auf Grund des § 13 kann nur verlangt werden, soweit sich eine Pflicht zum Aushändigen nicht schon aus den Regelungen des Landesrechts ergibt, die zum Mitführen des Berechtigungsscheines verpflichten.

Erläuterungen:

1. Bedeutung der Vorschrift

1   Die Prüfung von Berechtigungsscheinen ist in einer eigenständigen Vorschrift geregelt. Die Maßnahme ist damit schon regelungstechnisch von der Identitätsfeststellung (§ 12) abgesetzt.

2   Zwar handelt es sich in beiden Fällen um Maßnahmen der Personenkontrolle im weitesten Sinne, aber eine Gemeinsamkeit entsteht selbst nicht dadurch, dass die Polizei sich in bestimmten Fällen bei einer Identitätsfeststellung nach § 12 oder anderen Vorschriften damit zufrieden gibt, wenn die betroffene Person, die we-

der einen Personalausweis noch einen Pass bei sich hat, einen Berechtigungsschein vorweist, auf Grund dessen ihre Identität mit hinreichender Sicherheit festgestellt werden kann.

Ebenso wenig, wie § 12 Abs. 2 eine Verpflichtung zum Mitführen von Personalausweis oder Pass begründet, ergibt sich aus § 13 die Pflicht, einen Berechtigungsschein mitzuführen. Eine solche Verpflichtung kann nur aus den **spezialgesetzlichen Bestimmungen** über den jeweiligen Berechtigungsschein oder aus einer **vollziehbaren** (s. insbesondere § 80 Abs. 2 Nr. 4 VwGO) **Auflage** in einem Erlaubnisbescheid usw. erwachsen, wobei im letztgenannten Fall weiterhin Voraussetzung ist, dass die Behörde, die die Erlaubnis erteilt, auch berechtigt ist, eine entsprechende Auflage auszusprechen. Bei unanfechtbaren Auflagen ist aber die Rechtmäßigkeit der Auflagenerteilung keine Voraussetzung für die Kontrolle. 3

2. Zielrichtung der Vorschrift

Ziel der Maßnahme ist es, zu überprüfen, ob die Person, die eine bestimmte erlaubnispflichtige Tätigkeit **ausübt,** Inhaber der entsprechenden Erlaubnis ist, bzw. ob für das Betreiben einer zulassungspflichtigen Sache eine ggf. personenunabhängige Betriebserlaubnis erteilt worden ist. Eine Überprüfung setzt demnach voraus, dass die betroffene Person von der Polizei bei der Ausübung der Tätigkeit **angetroffen** wird oder dass das Eingreifen der Polizei noch in einem **engen zeitlichen Zusammenhang** mit dem Beginn bzw. dem Ende der Tätigkeit steht. 4

Die Überprüfung nach § 13 setzt **keine konkrete Gefahr** voraus. 5

Lediglich dann, wenn sich – insbesondere bei Berechtigungsscheinen mit Lichtbild, die bereits vor längerer Zeit ausgestellt worden sind – Zweifel ergeben, ob die betroffene Person auch der/die Berechtigte ist, kann zur Vermeidung weiterer Maßnahmen um die Vorlage anderer Identifikationspapiere gebeten werden. 6

Die Überprüfung nach § 13 (oder anderen Vorschriften) **kann Anlass für weitere Maßnahmen** sein. Das Nichtmitführen bzw. Nichtaushändigen eines Berechtigungsscheins ist regelmäßig eine Ordnungswidrigkeit (s. z. B. § 145 Abs. 3 Nrn. 3, 10, 11 GewO), so dass Maßnahmen nach dem OWiG getroffen werden können. 7

Ergibt sich der Verdacht, dass der Berechtigungsschein gefälscht ist, kann ein Verfahren wegen der Urkundenfälschung und ggf. wegen einer weiteren Straftat (z. B. § 21 StVG) eingeleitet werden. Daneben kommt die Untersagung der weiteren Betätigung aus Gründen der Gefahrenabwehr (z. B. gemäß § 60 c GewO) in Betracht (s. Nr. 1.38 der Anlage zu § 2 GewRV u. RN 8).

8 Was zu tun ist, wenn die betroffene Person den mitzuführenden Berechtigungsschein nicht vorweisen kann, weil sie – wie sie behauptet – vergessen hat, ihn mitzunehmen, muss im Einzelfall unter Berücksichtigung aller Umstände entschieden werden. Die Polizei darf die Glaubwürdigkeit der Behauptung überprüfen, z. B. durch weiteres Nachfragen. Andere kurzfristig zu realisierende Prüfungsmöglichkeiten, etwa ein Anruf bei der Behörde, die die Erlaubnis erteilt hat, sind vor einer endgültigen Entscheidung der Polizei zulässig. Lässt sich der Sachverhalt nicht schnell verifizieren, ist nach den einschlägigen gesetzlichen Bestimmungen (z. B. kann gemäß § 60c GewO die weitere Tätigkeit untersagt werden, bis die Reisegewerbekarte oder eine Zweitschrift bzw. eine beglaubigte Kopie „herbeigeschafft" ist) und den dazu ergangenen Richtlinien zu verfahren (z. B. Aufforderung an die betroffene Person, innerhalb einer zu bestimmenden Frist den Berechtigungsschein bei einer Polizeibehörde oder anderen Behörde vorzulegen). Je gefahrenträchtiger eine erlaubnispflichtige Tätigkeit für die Allgemeinheit ist, umso eher muss die betroffene Person damit rechnen, dass sie ihr untersagt wird, wenn sie den Berechtigungsschein nicht vorweist.

9 Das Nichtmitführen (ggf. auch das Nichtaushändigen) eines Berechtigungsscheins erfüllt oftmals den Tatbestand einer Ordnungswidrigkeit (s. RN 7). Diese kann vielfach durch Erheben eines Verwarnungsgeldes (§ 56 OWiG) geahndet werden.

3. Subsidiarität des § 13

10 Die meisten Vorschriften im Bundes- und Landesrecht bestimmen, dass bei der Ausübung einer erlaubnispflichtigen Tätigkeit der Berechtigungsschein mitzuführen und zuständigen Behörden oder Beamten – in einigen Bestimmungen werden Polizeibeamte sogar ausdrücklich genannt – zur Prüfung **auszuhändigen** bzw. **vorzulegen** ist. Solche Regelungen gibt es z. B. für:

– Führerscheine (§ 4 Abs. 2 Satz 2 FeV)
– Führerscheine zur Fahrgastbeförderung (§ 48 Abs. 3 Satz 2 FeV)
– Fahrzeugscheine – Zulassungsbescheinigungen (§ 11 Abs. 5 FZV)
– Ausnahmegenehmigungen nach der StVO (§ 46 Abs. 3 Satz 3 StVO)
– Genehmigungsurkunden für Personenbeförderung (§ 17 Abs. 4 Satz 1, § 20 Abs. 4 PBefG)
– Erlaubnisurkunden für gewerblichen Güterkraftverkehr (§ 7 Abs. 2 GüKG)
– Erlaubnisurkunden für Umgang mit explosionsgefährlichen Stoffen (§ 23 SprengG)
– Waffenbesitzkarten bzw. Waffenschein einschließlich weiterer Personalpapiere (§ 38 WaffG)
– Fischereischeine (§ 31 Abs. 1 LFischG)

Soweit solche Regelungen das Aushändigen bzw. Vorlegen der Berechtigungsscheine vorsehen, gehen sie als Spezialvorschriften dem § 13 vor.

Demgegenüber regeln Vorschriften nur, dass der Berechtigungsschein mitzuführen und **vorzuzeigen** ist, z. B.: 11
- Jagdschein (§ 15 Abs. 1 BJagdG)
- Reisegewerbekarte (§ 60c Abs. 1 GewO)
- Genehmigungsbescheid für die Beförderung von Kernbrennstoffen (§ 4 Abs. 5 AtomG).

Nur bei der letztgenannten Fallgruppe ist es denkbar, dass die betroffene Person 12 ihrer Verpflichtung gemäß den Spezialgesetzen nachkommt, wenn sie den mitgeführten Berechtigungsschein etwa nur aus der Brieftasche nimmt und ihn hochhält, aber nicht aus den Händen gibt. § 13 wird von einer Spezialvorschrift jedenfalls dann vollständig verdrängt, wenn diese – ggf. i. V. m. ergänzenden Zuständigkeitsvorschriften – der Polizei die Befugnis zur Überprüfung des Berechtigungsscheins einräumen und die Verpflichtung zur Aushändigung des Scheins zu Kontrollzwecken regeln (vgl. RN 10). Fraglich ist, ob § 13 **ergänzend** in den Fällen angewendet werden darf, in denen das Spezialgesetz lediglich eine **Vorzeigepflicht** begründet (RN 11). Dies wird z. T. – wohl aus Gründen der Praktikabilität – angenommen (*Schmidbauer/Steiner*, Art. 13, RN 42). Eine solche Erweiterung der Eingriffsbefugnisse ist im Bereich des **Landesrechts** unproblematisch. Dies gilt z. B. für die Überprüfung eines Jagderlaubnisscheins, den der Jagdgast bei Jagdausübung ohne Begleitung des Jagdausübungsberechtigten oder eines von diesem beauftragten Jagdschutzbeauftragten lediglich mitzuführen hat (§ 12 Abs. 7 LJG NRW). Mit Blick auf Art. 31 GG darf die Polizei auf Grund des § 13 jedoch nicht die Aushändigung von Berechtigungsscheinen verlangen, wenn im **Bundesrecht** nur eine Verpflichtung zum Vorzeigen vorgeschrieben ist.

4. Befugnis zur Überprüfung

§ 13 ist nach seiner Stellung im Gesetz keine Aufgabenzuweisungsnorm, besagt 13 aber doch etwas über die **Zuständigkeit** der Polizei zur Durchführung und Überprüfung der Berechtigungsscheine. Aus der Tatsache, dass der Gesetzgeber der Polizei diese Befugnis eingeräumt hat, ist zu folgern, dass die Polizei hierfür auch zuständig ist.

Allerdings gilt auch insoweit für § 13 der Subsidiaritätsgrundsatz. Ausdrückliche Zuständigkeitsregelungen für die Polizei zur Überprüfung von Berechtigungsscheinen auf bestimmten Gebieten nach Bundes- und Landesrecht gehen vor. Das gilt z. B. für die Überwachung des Straßenverkehrs, s. § 36 Abs. 5 StVO i. V. m. den §§ 11 Abs. 1 Nr. 3 und 12 POG NRW. Ein weiteres Beispiel ist etwa die Überprüfung von Reisegewerbekarten; insoweit ist die Kreispolizeibehörde gemäß § 2 Abs. 1 GewRV (Anlage lfd. Nr. 1.36) neben der örtlichen Ordnungsbehörde zuständig. 14

§ 14   Erkennungsdienstliche Maßnahmen

Selbst wenn keine spezielle Aufgabenzuweisungsnorm besteht, aber sich aus der bundes- oder landesrechtlichen Regelung über das Mitführen und Aushändigen von Berechtigungsscheinen ergibt, dass diese auch Polizeibeamten auf Verlangen auszuhändigen (oder vorzulegen) sind, ist diese Norm dem § 13 vorrangig. Nur wenn entsprechende Vorschriften fehlen, greift § 13 auch für die Zuständigkeit der Polizei ein.

5. Umfang der Kontrollbefugnis

15   § 13 bestimmt nur, dass der Berechtigungsschein der Polizei zur Prüfung auszuhändigen ist, woraus folgt, dass die Polizei den ausgehändigten Berechtigungsschein auch auf Echtheit prüfen darf. Bei personengebundenen Erlaubnissen darf die Polizei weiterhin prüfen, ob die Person, die den Berechtigungsschein vorweist, auch die berechtigte Person ist.

16   Obwohl nicht ausdrücklich geregelt, muss aus dem Sinn der Vorschrift geschlossen werden, dass die betroffene Person für die normale Dauer der Überprüfung **angehalten** werden darf.

Nicht zulässig sind auf Grund des § 13 die in § 12 Abs. 2 genannten Maßnahmen, insbesondere darf die betroffene Person nicht festgehalten oder zur Dienststelle gebracht werden. Unzulässig sind weiterhin ihre Durchsuchung und eine erkennungsdienstliche Behandlung. Zulässig ist hingegen der Abgleich der erhobenen Daten mit dem Fahndungsbestand gemäß § 25 Abs. 1 Satz 3.

§ 14
Erkennungsdienstliche Maßnahmen

(1) Die Polizei kann erkennungsdienstliche Maßnahmen vornehmen, wenn
1. **eine nach § 12 zulässige Identitätsfeststellung auf andere Weise nicht oder nur unter erheblichen Schwierigkeiten möglich ist,**
2. **das zur vorbeugenden Bekämpfung von Straftaten erforderlich ist, weil die betroffene Person verdächtig ist, eine Tat begangen zu haben, die mit Strafe bedroht ist und wegen der Art und Ausführung der Tat die Gefahr der Wiederholung besteht.**

(2) Ist die Identität festgestellt, sind in den Fällen des Absatzes 1 Nr. 1 die im Zusammenhang mit der Feststellung angefallenen erkennungsdienstlichen Unterlagen zu vernichten, es sei denn, ihre weitere Aufbewahrung ist nach Absatz 1 Nr. 2 oder anderen Rechtsvorschriften zulässig.

(3) Die betroffene Person ist bei Vornahme der Maßnahme darüber zu belehren, dass sie die Vernichtung der erkennungsdienstlichen Unterlagen verlangen kann, wenn die Voraussetzungen für ihre weitere Aufbewahrung entfallen sind.

(4) Erkennungsdienstliche Maßnahmen sind insbesondere
1. die Abnahme von Finger- und Handflächenabdrücken,
2. die Aufnahme von Lichtbildern,
3. die Feststellung äußerer körperlicher Merkmale,
4. Messungen.

VVPolG NRW zu § 14

Erkennungsdienstliche Maßnahmen (zu § 14)

14.0
§ 14 regelt die Durchführung erkennungsdienstlicher Maßnahmen für den Bereich der Gefahrenabwehr. § 81 b, 2. Alternative StPO bleibt unberührt und geht als Bundesrecht § 14 Abs. 1 Nr. 2 vor.
14.1 (zu Absatz 1)
Erkennungsdienstliche Maßnahmen nach § 14 Abs. 1 Nr. 1 sind nur vorzunehmen, wenn andere Möglichkeiten der Identitätsfeststellung mit zumutbarem Aufwand nicht bestehen. Auf § 14 Abs. 1 Nr. 2 kann nur zurückgegriffen werden, wenn § 81 b, 2. Alternative StPO nicht anwendbar ist.
14.2 (zu Absatz 2)
Die Richtlinien für die Führung kriminalpolizeilicher personenbezogener Sammlungen (KpS-RL) sind zu beachten.
14.3 (zu Absatz 3)
Die Belehrung über den Anspruch auf Vernichtung erkennungsdienstlicher Unterlagen nach Wegfall der Voraussetzungen hat in allen Fällen – auch in denen des § 81 b StPO – zu erfolgen.
14.4 (zu Absatz 4)
Andere Maßnahmen sind nur zulässig, wenn und soweit sie hinsichtlich der Beeinträchtigung der betroffenen Person den Maßnahmen des § 14 Abs. 4 vergleichbar sind.

Erläuterungen:

1. Bedeutung der Vorschrift

§ 14 regelt, unter welchen Voraussetzungen erkennungsdienstliche Maßnahmen nach **diesem Gesetz** zulässig sind. Die beiden in Absatz 1 geregelten Fälle weisen lediglich insoweit eine Gemeinsamkeit auf, als die betroffenen Personen erkennungsdienstlich behandelt werden können und sich für das jeweilige Verfahren eine einheitliche Handhabung ergibt hinsichtlich der Absätze 3 und 4. Nur selten dürften auf eine Person die Voraussetzungen nach Absatz 1 Nrn. 1 und 2 gleichzeitig zutreffen.

Zur **Vorladung** zur Durchführung erkennungsdienstlicher Maßnahmen bzw. die zwangsweise Durchsetzung der Vorladung **(Vorführung)** s. § 10.

§ 14 Erkennungsdienstliche Maßnahmen

2. Erkennungsdienstliche Maßnahmen als Mittel der Identitätsfeststellung nach § 12

3   § 14 Abs. 1 Nr. 1 ergänzt die Maßnahmen, die nach § 12 Abs. 2 zur **Identitätsfeststellung** zulässig sind. Deshalb ist für die Durchführung erkennungsdienstlicher Maßnahmen nach § 14 Abs. 1 Nr. 1 zunächst erforderlich, dass eine Identitätsfeststellung gemäß § 12 Abs. 1 zulässig ist. Es muss aber noch eine weitere Voraussetzung hinzukommen, nämlich dass die beabsichtigte Identitätsfeststellung auf andere Weise (als durch erkennungsdienstliche Maßnahmen) nicht oder nur unter erheblichen Schwierigkeiten möglich ist. Das wird in § 14 Abs. 1 Nr. 1 ausdrücklich gesagt, ergibt sich aber auch bereits aus § 12 Abs. 2 Satz 1 i. V. m. Satz 3, denn die in § 14 Abs. 4 aufgeführten Maßnahmen können regelmäßig nur auf der Dienststelle durchgeführt werden. Das bedeutet, dass die Person **festgehalten** werden darf i. S. d. § 12 Abs. 2 Satz 3. Ein solcher Eingriff in die Freiheit der Person ist aber nur zulässig, wenn andere, d. h. minderschwere Maßnahmen nicht zum Erfolg geführt haben.

4   Zu beachten ist, dass gemäß § 38 Abs. 2 eine Freiheitsentziehung zur Identitätsfeststellung – auch mit richterlicher Entscheidung nach § 36 – **zwölf Stunden** nicht überschreiten darf, sodass die erkennungsdienstlichen Maßnahmen innerhalb dieses Zeitraums, gerechnet vom Beginn des Festhaltens zur Identitätsfeststellung, abgeschlossen sein müssen. Die betroffene Person ist also auch dann zu entlassen, wenn mit Hilfe der erkennungsdienstlichen Unterlagen in dem genannten Zeitraum ihre Identität **nicht** festgestellt werden kann. Allerdings braucht die betroffene Person nicht freigelassen zu werden, wenn sich – z. B. auf Grund weiterer Überprüfung – ergibt, dass ein anderer Grund für eine Freiheitsentziehung vorliegt.

3. Erkennungsdienstliche Maßnahmen als Hilfsmittel der Identitätsfeststellung außerhalb des § 12

5   Als Strafverfolgungsbehörde kann die Polizei gemäß § 163 b Abs. 1 Satz 1 StPO die Identität **eines Verdächtigen** auch mittels erkennungsdienstlicher Behandlung feststellen. Eine Parallele zum PolG NRW besteht insofern, als nach der StPO andere Maßnahmen ebenfalls nicht zum Ziel führen und die Dauer des Festhaltens gleichfalls auf zwölf Stunden begrenzt ist. Über § 46 OWiG gilt § 163 b StPO für das Bußgeldverfahren entsprechend. Jedoch ist hier der Verhältnismäßigkeitsgrundsatz in noch stärkerem Maße zu berücksichtigen. Da Ordnungswidrigkeiten nach pflichtgemäßem Ermessen zu verfolgen sind (§§ 47 und 53 OWiG), werden zumindest bei geringfügigen Ordnungswidrigkeiten erkennungsdienstliche Maßnahmen unverhältnismäßig sein.

6   Bei **Unverdächtigen** (insbesondere Zeugen) eines Strafverfahrens darf deren Identität zwar festgestellt werden, erkennungsdienstliche Maßnahmen sind aber gegen den Willen der betroffenen Person nicht zulässig (§ 163 b Abs. 2 Satz 2

StPO). Gibt allerdings ein möglicher Zeuge entgegen § 111 OWiG seine Personalien nicht an, wird er insoweit zum „Verdächtigen" einer Ordnungswidrigkeit (vgl. RN 5).

Im Wege der **Amtshilfe** wird die Polizei vielfach von Kommunalbehörden ersucht, erkennungsdienstliche Behandlungen durchzuführen, da diese Behörden in bestimmten Fällen zwar erkennungsdienstliche Maßnahmen anordnen dürfen, aber nicht über das erforderliche Personal und die technischen Möglichkeiten verfügen, um eine erkennungsdienstliche Behandlung selbst durchführen zu können. Hinsichtlich der Verpflichtung der Polizei zur Amtshilfeleistung s. die Erläuterungen zu § 47 Abs. 3. Die erkennungsdienstliche Behandlung von Asylbewerbern gemäß § 19 Abs. 2 i. V. m. § 16 Abs. 1 AsylVfG gehört zu den eigenen Aufgaben der Polizei. 7

Welche erkennungsdienstlichen Maßnahmen die Polizei bei einem Amtshilfeersuchen vorzunehmen hat, richtet sich **nach dem Recht der ersuchenden Behörde** bzw. nach **deren Anordnungen** gegenüber der betroffenen Person im Einzelfall. Ausweisbehörden richten gelegentlich entsprechende Amtshilfeersuchen an die Polizei. Da § 14 Abs. 4 gemäß § 5 Abs. 5 Satz 1 PAuswG NRW für die **Ausweisbehörden** entsprechend gilt, können die in § 14 Abs. 4 aufgeführten Maßnahmen bei einer entsprechenden Anordnung der Ausweisbehörde durchgeführt werden. Außerdem ist die Polizei bei Amtshilfeersuchen der nordrhein-westfälischen Ausweisbehörden berechtigt, die gewonnenen erkennungsdienstlichen Unterlagen mit polizeilichen (erkennungsdienstlichen) Dateien abzugleichen, um zu versuchen, auf diese Weise die Identität der Person, die einen Ausweis beantragt, festzustellen (vgl. § 5 Abs. 5 Satz 2 PAuswG NRW). Über die Besonderheit, dass u. U. die Polizei die im Wege der Amtshilfeleistung erhobenen erkennungsdienstlichen Unterlagen nach eigenem Recht aufbewahren darf, vgl. RN 17. 8

4. Erkennungsdienstliche Maßnahmen zur vorbeugenden Bekämpfung von Straftaten

Für erkennungsdienstliche Maßnahmen mit **präventivem** Einschlag (also nicht zur Sicherung des Strafverfahrens, vgl. dazu RN 12 bis 14) stellt sich die Frage nach der Ermächtigungsgrundlage. Zur Auswahl stehen § 81b 2. Alt. StPO und § 14 Abs. 1 Nr. 2 PolG NRW. Für letztere Vorschrift verbleibt nach der Zuordnung der Strafverfolgungsvorsorge durch das BVerfG (s. Einführung Nr. 1.3.2 und § 1, RN 23) und der Änderung des § 1 Abs. 1 Satz 2 nur ein deutlich reduzierter Anwendungsbereich. 8a

Nach § 81b 2. Alt. StPO sind erkennungsdienstliche Maßnahmen zulässig, wenn sie **für Zwecke des Erkennungsdienstes notwendig sind.** Solche Unterlagen werden nicht Teil des strafprozessualen Ermittlungsvorganges, sondern Teil der **„Kriminalpolizeilichen personenbezogenen Sammlungen"**, die dem Zweck dienen, bei **künftigen Ermittlungen** die Aufklärung des Sachverhalts zu 9 unterstützen und die Feststellung von Tatverdächtigen zu fördern sowie Hinweise auf mögliche künftige Straftaten zu geben (vgl. im Einzelnen die KpS-RL). § 81 b 2. Alt. StPO ist damit eine Ermächtigung zu Maßnahmen der **Strafverfolgungsvorsorge** (BVerwG, DVBl. 2006, S. 923, 925).

Die – zur Anwendbarkeit des § 81 b 2. Alt. StPO führende – **Beschuldigteneigenschaft** liegt dann vor, wenn im Zeitpunkt des Ergehens der Anordnung zur Durchführung erkennungsdienstlicher Maßnahmen ein strafprozessuales Verfahren gegen einen Tatverdächtigen betrieben wird (OVG Bautzen, DÖV 2001, S. 211).

10 Wegen der in die Zukunft gerichteten Zweckbestimmung erkennungsdienstlicher Maßnahmen nach § 81 b 2. Alt. StPO werden sie in der Literatur (vgl. z. B. *Meyer-Goßner*, § 81 b, Rn. 3) und nach überwiegender Meinung der Verwaltungsgerichtsbarkeit (vgl. z. B. BVerwG, StV 2012, S. 7; s. dazu die Anm. von *Hebeler*, JA 2011, S. 959; OVG Lüneburg, NdsVBl. 2010, S. 52; VGH Mannheim, NJW 2008, S. 3082) der **Gefahrenabwehr** zugerechnet. Bei § 81 b 2. Alt. StPO handelt es sich nach dieser Lesart um materielles Polizeirecht, das nur wegen des Sachzusammenhangs zur Strafverfolgung in die Kompetenz des Bundes fällt. Für Klagen gegen Maßnahmen nach dieser Alternative wird demgemäß der **Verwaltungsrechtsweg** (§ 40 Abs. 1 Satz 1 VwGO) bejaht. Mit der Neuausrichtung der Strafverfolgungsvorsorge (vgl. RN 8 a) ist diese Annahme allerdings nur schwer vereinbar (so auch *Baumanns*, DIE POLIZEI 2008, S. 79, 82; a. A. aber das BVerwG, a. a. O.).

11 Die erkennungsdienstliche Behandlung nach § 14 Abs. 1 Nr. 2 PolG NRW dient nicht (mehr) demselben Ziel wie § 81 b 2. Alt. StPO, sondern (nur) der vorbeugenden Bekämpfung von Straftaten i. S. d. § 1 Abs. 1 Satz 2 PolG NRW. Die Voraussetzungen sind nicht mehr identisch (so aber noch VG Minden, NPA Nr. 716 Bl. 12). Als Mittel der Strafverfolgungsvorsorge scheidet eine Maßnahme nach § 14 Abs. 1 Nr. 2 somit aus. Sie ist nur dann zulässig, wenn sie der **Wiederholung** von Straftaten entgegenwirkt oder zumindest **entgegenwirken kann**.

Nach Art und Ausführung der Tat, deren die betroffene Person verdächtig ist, muss eine hinreichende **Wiederholungsgefahr** bestehen. Für die Beantwortung dieser Frage ist auf kriminologische Erkenntnisse und kriminalistische Erfahrungen zurückzugreifen. Wiederholungsgefahr kann z. B. grundsätzlich bei Triebtätern angenommen werden (s z. B. VGH Mannheim, NJW 2008, S. 3082) Auch im Bereich der Rauschmittelkriminalität ist – zumal bei selbst drogenabhängigen Tätern – die Rückfallwahrscheinlichkeit sehr hoch.

Unerheblich ist in diesem Zusammenhang, ob die betroffene Person wegen der Delikte, derer sie verdächtig ist bzw. war, (rechtskräftig) **verurteilt** worden ist. Entscheidend ist allein, ob ein **hinreichender Verdacht** besteht, die betroffene Person werde künftig wieder straffällig werden. Ein solcher (Rest-)Verdacht kann auch dann vorliegen, wenn alle Strafverfahren gegen die betroffene Person eingestellt worden sind (VGH Mannheim, NVwZ 2001, S. 1289; DÖV 1988,

S. 83). Erst recht spielt es keine Rolle, dass die Vollstreckung der Strafe, die den Anlass der erkennungsdienstlichen Maßnahme bildet, zur Bewährung ausgesetzt worden ist (BVerwG, NJW 1983, S. 772).

Bereits die Existenz von erkennungsdienstlichen Unterlagen kann diesen **Abschreckungseffekt** entfalten, weil die betroffene Person damit rechnen muss, bei erneuter Begehung eines Delikts ermittelt zu werden (*Pewestorf/Söllner/ Tölle*, § 23 ASOG Rdn. 28; NdsOVG, NdsVBl. 2009, S. 202 mit Anmerkung von *Pahlke*, NdsVBl. 2010, S. 82). Dieser Effekt darf andererseits nicht überschätzt und pauschal unterstellt werden. Es bedarf einer einzelfallbezogenen Begründung im Hinblick auf die betroffene **Person** und die ihr zur Last gelegte **Tat**.

Ausschlaggebend ist in Grenzfällen der Maßstab der **Verhältnismäßigkeit**, sodass auch die **Schwere der erwarteten (künftigen) Delikte** in die Abwägung einzubeziehen ist. Bei einem Beleidigungsdelikt ist beispielsweise eine erkennungsdienstliche Anordnung im Regelfall unzulässig (VGH München, KR 1999, S. 56).

5. Erkennungsdienstliche Maßnahmen zur Sicherung des Strafverfahrens nach § 81 b 1. Alt. StPO

Nach § 81 b 1. Alt. StPO kann die Polizei erkennungsdienstliche Maßnahmen „für die Zwecke der Durchführung des Strafverfahrens" gegenüber Beschuldigten durchführen. **12**

§ 81 b StPO sagt nichts über Art und Umfang der erkennungsdienstlichen Behandlung aus. Von der Zielrichtung der Maßnahme her gesehen sind bei der ersten Alternative nur die Maßnahmen zulässig, die zur **Beweisführung** notwendig sind. **13**

Beispiel: Die Fingerabdrücke eines Beschuldigten werden abgenommen, um sie mit den nach einem Einbruch am Tatort gesicherten Fingerabdrücken zu vergleichen. Damit werden Beweismittel gesichert, die zur Überführung des Täters und somit zur Aufklärung der Straftat im konkreten Strafverfahren beitragen können.

Diese erkennungsdienstlichen Unterlagen werden Bestandteil der strafprozessualen Ermittlungsakte und teilen deren Schicksal.

Zur Frage, ob die nach § 81 b 1. Alt. StPO erhobenen Unterlagen, d. h. ein Doppel der Unterlagen, auch nach anderen Vorschriften aufbewahrt werden dürfen außerhalb der strafprozessualen Ermittlungsakte, vgl. RN 18. **14**

6. Aufbewahrung und Vernichtung erkennungsdienstlicher Unterlagen

Nach dem Grundsatz der Erforderlichkeit müssen erkennungsdienstliche Unterlagen vernichtet werden, wenn die gesetzlichen Voraussetzungen für ihre wei- **15**

§ 14 Erkennungsdienstliche Maßnahmen

tere Aufbewahrung entfallen sind. § 32 regelt die Löschungs- oder Vernichtungsverpflichtungen allgemein. § 14 Abs. 2 ist also ein typischer Fall des § 32 Abs. 2 Satz 1 Nr. 1.

16 Die Unterlagen müssen nach Zweckerreichung der Maßnahme, nämlich nach der Identitätsfeststellung auf Grund der erkennungsdienstlichen Behandlung, nicht mehr aufbewahrt werden und sind dementsprechend zu vernichten. Allerdings lässt die Vorschrift eine Ausnahme zu. Die anlässlich der Identitätsfeststellung angefallenen erkennungsdienstlichen Unterlagen brauchen dann nicht vernichtet zu werden, wenn ihre weitere Aufbewahrung nach § 14 Abs. 1 Nr. 2 oder nach anderen Rechtsvorschriften zulässig ist.

17 Konnte die Identität der betroffenen Person insbesondere deshalb festgestellt werden, weil bereits über sie erkennungsdienstliche Unterlagen in polizeilichen Sammlungen vorhanden waren, und stellt sich beim Vergleich heraus, dass sich z. B. das Aussehen der betroffenen Person seit der ersten erkennungsdienstlichen Behandlung verändert hat oder dass nunmehr Narben an einzelnen Fingern vorhanden sind, ist es auch im Interesse der betroffenen Person sinnvoll, die von ihr zum Zwecke der Identitätsfeststellung abgenommenen erkennungsdienstlichen Unterlagen nicht zu vernichten. Anderenfalls müsste man sie zu einer erneuten erkennungsdienstlichen Behandlung zur vorbeugenden Bekämpfung von Straftaten vorladen. Deshalb lässt § 14 Abs. 2 in diesen Fällen **zur Berichtigung** oder **zur Ergänzung** – ggf. auch **zur erstmaligen Aufnahme** solcher Unterlagen in die erkennungsdienstlichen Sammlungen der Polizei – die weitere Nutzung zu. Voraussetzung ist jedoch, dass die Aufbewahrung der Unterlagen zur vorbeugenden Bekämpfung von Straftaten i. S. d. § 14 Abs. 1 Nr. 2 oder nach § 81 b 2. Alt. StPO weiterhin bzw. erstmalig zulässig ist. Dem § 14 Abs. 2 entspricht insoweit § 5 Abs. 5 Satz 4 PAuswG NW.

18 Unterlagen (ggf. ein Doppel hiervon) über erkennungsdienstliche Behandlungen nach § 81 b 1. Alt. StPO bzw. nach § 163 b StPO, die der Identitätsfeststellung dienten, können für Zwecke künftiger Strafverfahren gemäß § 484 Abs. 4 StPO grundsätzlich nach Landespolizeirecht weiterhin aufbewahrt werden. Insofern erfolgt hier eine einmalige **Datenerhebung** und deren **mehrfache Nutzung**, wobei der betroffenen Person eine zweite erkennungsdienstliche Behandlung erspart bleibt.

19 Werden die erkennungsdienstlichen Unterlagen zur vorbeugenden Bekämpfung von Straftaten nach § 81 b 2. Alt. StPO oder nach § 14 Abs. 1 Nr. 2 aufgehoben, **entfallen die Voraussetzungen für eine weitere Aufbewahrung,** wenn eine der beiden Voraussetzungen, nämlich **Tatverdacht oder Wiederholungsgefahr, oder beide nicht mehr vorliegen.** Dabei ist das öffentliche Interesse, zur Verhütung von Straftaten auf diese Erkenntnisse zurückgreifen zu können, abzuwägen gegen das aus dem verfassungsrechtlich gewährleisteten Schutz der Persönlichkeit hergeleitete Interesse des Einzelnen, solchen Einwirkungen der

öffentlichen Gewalt nicht ausgesetzt zu sein (OVG Koblenz, DÖV 2001, S. 212; OVG Münster, DÖV 1999, S. 522; VGH München, NVwZ-RR 1998, S. 496).

Sind die Voraussetzungen für die weitere Aufbewahrung der Unterlagen entfallen, hat die betroffene Person einen **Anspruch auf Vernichtung der Unterlagen bzw. Löschung von entsprechenden Hinweisen in Dateien.** 20

§ 14 Abs. 3 sieht eine entsprechende **Belehrungspflicht** der Polizei vor. Diese Belehrungspflicht betrifft dem Wortlaut der Vorschrift nach nur Fälle der erkennungsdienstlichen Behandlung nach § 14 Abs. 1 Nr. 1 und 2. Für § 81 b StPO ist eine solche Belehrung in der StPO nicht vorgesehen. Die Belehrung ist jedoch geboten, insbesondere dann, wenn eine längerfristige Aufbewahrung für Zwecke des Erkennungsdienstes vorgesehen ist.

7. Zulässige erkennungsdienstliche Maßnahmen

§ 14 Abs. 4 nennt die Maßnahmen, die am häufigsten in Betracht kommen. Die Aufzählung ist, wie sich aus dem Wort „insbesondere" ergibt, nicht abschließend. Andere als die genannten Maßnahmen sind nur zulässig, wenn sie keinen schwerwiegenderen Eingriff in die körperliche Integrität der betroffenen Person darstellen, keine Daten des absolut geschützten Intimbereichs betreffen und die Durchführung der Maßnahme keine „schimpfliche" Behandlung ist. 21

Es kommen demnach nur „äußerliche" Maßnahmen in Betracht wie z. B. Feststellungen über Körpergröße, Farbe der Augen und Haare, vorhandene Narben oder Tätowierungen. Die Entnahme von Körperzellen einschließlich von Blutproben ist nicht statthaft. 22

Der Einsatz der **DNA**-Analytik ist nach § 81 g StPO bei Beschuldigten, die einer Straftat von erheblicher Bedeutung oder einer Straftat gegen die sexuelle Selbstbestimmung verdächtig sind, zulässig, wenn mit künftigen Straftaten zu rechnen ist. Die Maßnahmen nach dieser Vorschrift dürfen auch bei Personen durchgeführt werden, die wegen einer Straftat i. S. d. § 81 g Abs. 1 StPO rechtskräftig verurteilt oder nur wegen erwiesener oder nicht ausschließbarer Schuldfähigkeit, auf Geisteskrankheit beruhender Verhandlungsunfähigkeit oder wegen fehlender oder nicht ausschließbarer Verantwortlichkeit (§ 3 JGG) nicht verurteilt worden sind (§ 81 Abs. 4 StPO). 23

§ 14 a
Molekulargenetische Untersuchungen zur Identitätsfeststellung

(1) ¹Zur Feststellung der Identität einer Leiche oder einer hilflosen Person können deren DNA-Identifizierungsmuster mit denjenigen einer vermissten Person abgeglichen werden, wenn die Feststellung der Identität auf andere

§ 14 a Molekulargenetische Untersuchungen zur Identitätsfeststellung

Weise nicht oder nur unter erheblichen Schwierigkeiten möglich ist. ²Zu diesem Zweck dürfen
1. der hilflosen Person oder der Leiche Körperzellen entnommen werden,
2. Proben von Gegenständen mit Spurenmaterial der vermissten Person genommen und
3. die Proben nach den Nummern 1 und 2 molekulargenetisch untersucht werden.

³Für die Entnahme gilt § 81 a Absatz 1 Satz 2 der Strafprozessordnung entsprechend. ⁴Die Untersuchungen nach Satz 2 Nummer 3 sind auf die Feststellung des DNA-Identifizierungsmusters und des Geschlechts zu beschränken. ⁵Entnommene Körperzellen sind unverzüglich zu vernichten, wenn sie für die Untersuchung nach Satz 2 nicht mehr benötigt werden. ⁶Die DNA-Identifizierungsmuster können zum Zweck des Abgleichs in einer Datei gespeichert werden. ⁷Die in der Datei gespeicherten DNA-Identifizierungsmuster dürfen ausschließlich zum Zweck der Gefahrenabwehr verwendet werden. ⁸Sie sind unverzüglich zu löschen, wenn sie zur Identitätsfeststellung nach Satz 1 nicht mehr benötigt werden.

(2) ¹Molekulargenetische Untersuchungen werden auf Antrag der Polizei durch das Amtsgericht angeordnet, in dessen Bezirk die Polizeibehörde ihren Sitz hat. ²Für das Verfahren gelten die Vorschriften des Gesetzes über das Verfahren in Familiensachen und in den Angelegenheiten der Freiwilligen Gerichtsbarkeit entsprechend. ³Für die Durchführung der Untersuchungen gilt § 81 f Absatz 2 der Strafprozessordnung entsprechend.

VVPolG NRW zu § 14 a

Molekulargenetische Untersuchungen zur Identitätsfeststellung (zu § 14 a)
14 a.1 (zu Absatz 1)
Zur sicheren Identifizierung kann eine Gewinnung von Körperzellen sowie die Sicherstellung und molekulargenetische Untersuchung von DNA-Material erfolgen. Insbesondere bei unbekannten Toten mit längerer Liegezeit ist häufig eine Identifizierung mit anderen Methoden (z. B. anhand von Fotos, Fingerabdrücken oder Gebissbefunden) nicht möglich. Die DNA bleibt dagegen theoretisch unbegrenzt haltbar und bietet zudem die Möglichkeit, auch Leichenteile sicher zuzuordnen. Nicht identifizierbare, hilflose Personen sind solche, die sich auf Grund eines Unglücksfalls (Großschadensereignis, Naturkatastrophe) oder einer schweren Erkrankung in einem die freie Willensbestimmung ausschließenden Zustand oder sonst in hilfloser Lage befinden. Die Speicherung der DNA-Identifizierungsmusters lässt den Datenabgleich mit anderen Proben zu. Die enge Zweckbindung und die Pflicht zur unverzüglichen Löschung der Daten, wenn diese zur Identitätsfeststellung nicht mehr benötigt werden, sind zu beachten.

Molekulargenetische Untersuchungen zur Identitätsfeststellung §14a

14a.2 (zu Absatz 2)
Die Durchführung der molekulargenetischen Untersuchungen ist einem Richtervorbehalt unterstellt. Die Anordnung kann nur auf Antrag der Polizei erfolgen. Durch Verweis auf § 81f Abs. 2 der Strafprozessordnung werden besondere Anforderungen an die Untersuchungsinstitute gestellt und datenschutzrechtliche Vorkehrungen zur Einhaltung der Anforderungen dieses Absatzes getroffen.

Erläuterungen:

1. Voraussetzungen

Durch § 14a wird klargestellt, dass die Polizei zur Identifizierung unbekannter Toter und zur Vermisstensachbearbeitung auf **molekulargenetische Untersuchungen** (DNA-Analyse) zurückgreifen kann. Die rechtliche Regelung ist erforderlich, um die Identität unbekannter Toter und das Schicksal vermisster Personen **außerhalb strafrechtlicher Ermittlungsverfahren** klären zu können. Auch wenn DNA-Material von Angehörigen der vermissten Personen in der Regel freiwillig zur Verfügung gestellt wird, besteht bisher das Problem, dass eine Analyse des Materials nicht durchgeführt werden kann, da die Sachverständigen einen richterlichen Beschluss verlangen, der aber nicht eingeholt werden kann, wenn kein Strafverfahren anhängig ist. 1

Nach Absatz 1 Satz 1 und 2 kann zur sicheren Identifizierung eine Gewinnung von Körperzellen sowie die Sicherstellung und molekulargenetische Untersuchung von DNA-Material erfolgen. Insbesondere bei unbekannten Toten mit längerer Liegezeit ist häufig eine Identifizierung mit anderen Methoden, z.B. anhand von Fotos oder körperlichen Merkmalen (Fingerabdrücke, Gebissbefund), nicht möglich. Die DNA bleibt dagegen theoretisch unbegrenzt haltbar und bietet zudem die Möglichkeit, auch Leichenteile sicher zuzuordnen. 2

Nicht identifizierbare, **hilflose Personen** sind solche, die sich auf Grund eines Unglücksfalls (Großschadensereignis, Naturkatastrophe) oder einer schweren Erkrankung in einem die freie Willensbestimmung ausschließenden Zustand oder sonst in hilfloser Lage befinden. 3

Die **Speicherung** des DNA-Identifizierungsmusters gemäß Satz 6 ist erforderlich, da ein Datenabgleich mit anderen Proben sonst nicht möglich wäre. 4

Die neue Regelung enthält eine ausdrückliche enge **Zweckbindung** in Satz 7 (Verwendung nur zur Gefahrenabwehr). 5

DNA-Material und DNA-Identifizierungsmuster sind gemäß Satz 5 bzw. Satz 8 unverzüglich nach der Untersuchung bzw. Identitätsfeststellung zu **vernichten sowie aus der Datei zu löschen**. 6

2. Verfahren

7 Die Zulässigkeit bestimmter präventivpolizeilicher Maßnahmen nach diesem Gesetz steht unter **Richtervorbehalt**. Das ergibt sich zum einen bereits aus dem Grundgesetz (für die Durchsuchung von Wohnungen aus Art. 13 Abs. 2 GG, für die verdeckte Datenerhebung aus Wohnungen aus Art. 13 Abs. 4 und 5 GG sowie für die Freiheitsentziehung aus Art. 104 Abs. 2 GG), für weitere Fälle der verdeckten Datenerhebung aus der Schwere des Rechtseingriffs, von dem ein Betroffener zunächst jedenfalls nichts erfährt. Obwohl es sich bei den genannten Maßnahmen um solche auf dem Gebiet des öffentlichen Rechts handelt, für deren richterliche Entscheidung grundsätzlich die Verwaltungsgerichte zuständig sind, kann der Landesgesetzgeber auf Grund des § 40 Abs. 1 Satz 2 VwGO andere Gerichte für zuständig erklären. Das ist hier erfolgt. Die Zuständigkeit für präventive richterliche Entscheidungen erhielten die **Amtsgerichte** (§ 14a Abs. 2).

8 Die Übertragung der Zuständigkeit an die Amtsgerichte folgt daraus, dass sie sich in der ganz überwiegenden Zahl der Fälle räumlich viel näher am Ort des Geschehens befinden (also am Sitz der Polizeibehörde, am Ort der Freiheitsentziehung bzw. am Ort der zu durchsuchenden Wohnung) als das Verwaltungsgericht. Zudem entscheiden die Amtsgerichte auch über vergleichbare Maßnahmen nach der StPO, nach dem PsychKG und anderen Kodifikationen. Die den Amtsgerichten übergeordneten Gerichte können eine Zuständigkeit erlangen, soweit die Beschlüsse der ersten Instanz angefochten werden.

9 Als Verfahrensvorschrift kommt das FamFG zur Anwendung. Wichtig ist insbesondere, dass in dem gerichtlichen Verfahren der **Untersuchungsgrundsatz** gilt, d. h. das Gericht wird zwar nur auf Antrag tätig, ermittelt aber den Sachverhalt gemäß § 26 FamFG von Amts wegen.

§ 15
Datenerhebung bei öffentlichen Veranstaltungen und Ansammlungen

(1) ¹**Die Polizei kann bei oder im Zusammenhang mit öffentlichen Veranstaltungen oder Ansammlungen, die nicht dem Versammlungsgesetz unterliegen, personenbezogene Daten, auch durch den Einsatz technischer Mittel zur Anfertigung von Bild- und Tonaufzeichnungen, von Teilnehmern erheben, wenn Tatsachen die Annahme rechtfertigen, dass dabei Straftaten oder Ordnungswidrigkeiten begangen werden.** ²**Dabei dürfen auch personenbezogene Daten über andere Personen erhoben werden, soweit dies erforderlich ist, um eine Datenerhebung nach Satz 1 durchführen zu können.** ³**Bild- und Tonaufzeichnungen, in Dateien suchfähig gespeicherte personenbezogene Daten sowie zu einer Person suchfähig angelegte Akten sind spätestens einen Monat nach der Datenerhebung zu löschen oder zu ver-**

Datenerhebung bei öffentlichen Veranstaltungen und Ansammlungen § 15

nichten, es sei denn, sie werden zur Verfolgung von Straftaten oder Ordnungswidrigkeiten benötigt oder Tatsachen rechtfertigen die Annahme, dass die Person künftig Straftaten begehen wird, und die Aufbewahrung ist zur vorbeugenden Bekämpfung von Straftaten von erheblicher Bedeutung erforderlich.

(2) § 24 Abs. 6 und 7 sowie § 32 Abs. 5 und 6 bleiben unberührt.

VVPolG NRW zu § 15
Datenerhebung bei öffentlichen Veranstaltungen und Ansammlungen
(zu § 15)
15.1 (zu Absatz 1)
15.11
Die Datenerhebung über teilnehmende Personen bei oder im Zusammenhang mit öffentlichen Versammlungen richtet sich nach den §§ 12a und 19a VersammlG. Bis zum Erlass eines Versammlungsgesetzes des Landes NRW gilt das Versammlungsgesetz des Bundes fort.
15.12
Öffentliche Veranstaltungen i.S.d. § 15 Abs. 1 sind beispielsweise Volksfeste, Sport- oder Kulturveranstaltungen. Eine Ansammlung liegt vor, wenn Menschen zufällig zusammentreffen, denen das gemeinsame Wollen des Zusammenseins und damit ein verbindender Zweck der Zusammenkunft fehlt.
15.13
Das BVerfG hat in einer Entscheidung zum Versammlungsrecht (Beschluss vom 17.02.2009, 1BvR 2492/08) festgestellt, dass auf Grund der heutigen Technik auch Übersichtsaufnahmen einen Grundrechtseingriff in das Recht auf informationelle Selbstbestimmung darstellen. Insofern bedarf es auch für diese einer Rechtsgrundlage.
15.14
§ 15 Abs. 1 Satz 3 ist eine Bestimmung i.S.d. § 32 Abs. 2 Satz 1 Nr. 1. Personenbezogene Daten, die zur Verfolgung von Straftaten oder Ordnungswidrigkeiten benötigt werden, sind in die Ermittlungsvorgänge zu übernehmen. Daten aus solchen Strafverfahren können auch nach § 24 Abs. 2 verarbeitet werden.

Erläuterungen:

1. Allgemeines

Mit § 12a VersammlG – und vergleichbaren Landesvorschriften – hat das Versammlungsrecht eine eigenständige Regelung über die Datenerhebung und weitere -verarbeitung der Polizei bei öffentlichen Versammlungen in geschlossenen Räumen; die Vorschrift gilt über § 19a VersammlG auch für öffentliche Versammlungen unter freiem Himmel und für Aufzüge. Die Polizei kann deswegen eine Datenerhebung **von Teilnehmern bei oder im Zusammenhang mit öf-** 1

§ 15 Datenerhebung bei öffentlichen Veranstaltungen und Ansammlungen

fentlichen Versammlungen nach dem Versammlungsgesetz nur gemäß den §§ 12 a und 19 a VersammlG vornehmen, wobei die bloße Videobeobachtung einer Versammlung ohne Aufzeichnung des Bildmaterials durch die Polizei bereits einen Eingriff in die Versammlungsfreiheit bedeutet und daher einer Rechtsgrundlage bedarf (OVG Münster, DVBl. 2011, S. 175). Ein Rückgriff auf das PolG NRW ist ausgeschlossen.

2. Datenerhebung nach § 15 Abs. 1

2   Die Datenerhebung nach § 15 Abs. 1 richtet sich gegen **Teilnehmer** öffentlicher Veranstaltungen und Ansammlungen, **die nicht dem Versammlungsgesetz unterliegen** und damit in keinem Fall den Schutz des Art. 8 GG genießen. Öffentliche Veranstaltungen sind beispielsweise Sportwettkämpfe, kulturelle Veranstaltungen oder Volksfeste. Während die Teilnahme an einer öffentlichen Versammlung oder einem Aufzug **Anteilnahme** voraussetzt, ist Teilnehmer i. S. d. § 15 Abs. 1 jede physisch anwesende Person. Ihre innere Einstellung zu der öffentlichen Veranstaltung ist daher nicht entscheidend. Als Adressaten kommen aber im Allgemeinen weder die Veranstalter selbst noch die eigentlich handelnden Akteure wie Fußballspieler, Rockmusiker oder Feuerwerker in Betracht, obwohl gerade eine vermeintlich ungerechte Entscheidung des Schiedsrichters der – ungewollte – Auslöser für Ausschreitungen der **Zuschauer** sein kann. Veranstalter von Sportwettkämpfen, Volksfesten usw. haben etliche Bestimmungen zu beachten, die teilweise dem Schutz der Allgemeinheit dienen (beispielsweise Umweltbelange), zum Großteil aber die Sicherheit von Teilnehmern und Zuschauern bezwecken (etwa bau- oder feuerschutzrechtliche Vorschriften). Der letztgenannten Zielrichtung dienen daneben zahlreiche verbandsinterne Richtlinien von internationalen oder nationalen (Sport-)Verbänden, die z. B. die Zuschauerzahl in Stadien bei Spielen der UEFA Europa League begrenzen. Hierdurch wird das **Polizeirecht jedoch nicht ausgeschlossen** (s. dazu *Nolte,* NVwZ 2001, S. 147, 148 f.).

3   Unter einer **Ansammlung** ist eine eher zufällig zusammengekommene Menschenmenge zu verstehen. Diese Menschen, die alle Teilnehmer i. S. d. § 15 Abs. 1 sind, haben möglicherweise dasselbe Ziel, aber sie wollen es individuell erreichen und nicht über eine Gruppenbildung mit einem ausgeprägten „Wir-Gefühl". Ansammlungen entstehen oft aus Neugierde oder Sensationslust der Menschen, die spektakuläre Ereignisse sehen wollen (Staatsbesuche gekrönter Häupter, Auftritt der Prominenz bei Filmfestspielen, schwere Verkehrsunfälle, Brände usw.). Im Einzelfall ist allerdings zu prüfen, ob die Menschenmenge z. B. bei einem Staatsbesuch lediglich eine Ansammlung darstellt oder eine Demonstration durchführt, weil die Teilnehmer bewusst Beifall oder Missfallen ausdrücken wollen.

4   Die Formulierung „**bei oder im Zusammenhang**" macht deutlich, dass hier ein einheitlicher Lebenssachverhalt gemeint ist. Wie leidvolle Erfahrungen in der

Vergangenheit gezeigt haben, werden Straftaten und Ordnungswidrigkeiten – die es zu verhindern gilt – nicht nur während der öffentlichen Veranstaltungen (also z. B. während des Fußballspiels) begangen, sondern auch vor und nach der Veranstaltung sowie während der Veranstaltung im Nahbereich des Veranstaltungsraumes (also z. b. beim An- oder Abmarsch einer Gruppe von Fußballrowdies zum bzw. vom Stadion). So kann die Polizei solche Gruppen unter den Voraussetzungen des § 15 Abs. 1 von deren Treffpunkt ab beobachten, bis sie sich nach der Veranstaltung wieder auflösen.

Materielle Voraussetzung für die Datenerhebung ist, dass **Tatsachen die Annahme rechtfertigen,** dass bei oder im Zusammenhang mit den Veranstaltungen von den zu beobachtenden Teilnehmern Straftaten oder Ordnungswidrigkeiten begangen werden. Allgemeines Erfahrungswissen der Polizei genügt insoweit nicht, vielmehr müssen Fakten vorliegen, die die entsprechende Schlussfolgerung zulassen. Das können ebenso einschlägige Straftaten und Ordnungswidrigkeiten aus nicht zu lange zurückliegender Zeit sein wie auch ernstzunehmende Hinweise aus der Szene, gegenüber dem anderen Club oder seinen Fans sei noch „eine Rechnung offen", die man begleichen wolle. Die Situation kann sich aber auch erst während eines Spiels ergeben, wenn die „eigene" Mannschaft in letzter Minute auf Grund einer zweifelhaften Schiedsrichterentscheidung – noch dazu bei einem „Schicksalsspiel" – verliert und hierdurch die Gemüter erregt werden. Sofern auch andere Personen von der Datenerhebung betroffen sind, vgl. dazu § 15, RN 8.

Für die Frage, wann eine **Datenerhebung** vorliegt, ist § 3 Abs. 2 Nr. 1 DSG NRW maßgebend, d. h. darunter ist das **Beschaffen** von Daten über die betroffene Person zu verstehen. Beschaffen setzt eine bewusste und gezielte Wahrnehmung voraus. Deshalb liegt **keine Datenerhebung** vor, wenn ein Polizeibeamter, der anlässlich eines Fußballspiels in der Nähe des Stadions zur Verkehrslenkung eingeteilt ist, eine Vielzahl von Veranstaltungsbesuchern, die durch Kleidung, „Schlachtgesänge" und mitgeführte Fahnen auszumachen sind, ebenso zwangsläufig zur Kenntnis nehmen muss wie Kennzeichen der mit Pkw anreisenden Stadionbesucher. Erkennt er allerdings den bekannten Rädelsführer X und beobachtet diesen weiter, liegt eine Datenerhebung vor.

Auch liegt nicht allein deshalb eine Datenerhebung i. S. d. § 15 vor, wenn Bild- und Tonaufnahmen erfolgen und diese zur Einsatzleitung übertragen werden. Vielmehr ist hier eine differenzierte Beurteilung geboten. Sofern es sich dabei lediglich um Übersichtsaufnahmen handelt, die eine Identifizierung von Personen nicht ermöglichen, kann man nicht von einer Datenerhebung sprechen. Ist jedoch eine Identifizierung von Personen möglich, kommt es entscheidend darauf an, ob nunmehr eine **bewusste und gezielte Wahrnehmung** (vgl. RN 6) erfolgt oder die Bilder bei der Einsatzleitung über einen Monitor „durchlaufen", ohne dass sie zur Kenntnis genommen werden. Nur bei bewusster und gezielter Wahrnehmung handelt es sich um eine Datenerhebung. Insoweit ist die Verwendung von Übertragungstechnik vergleichbar mit Situationen, in denen Polizei-

§ 15 Datenerhebung bei öffentlichen Veranstaltungen und Ansammlungen

beamte Ferngläser oder Nachtsichtgeräte zur Beobachtung benutzen. Werden Bild- und Tonaufzeichnungen gefertigt, liegt ein Eingriff nicht vor, wenn lediglich Übersichtsaufnahmen, die auf Grund der technischen Möglichkeiten eine Identifizierung von Personen nicht zulassen, aufgezeichnet werden.

8 Daten dürfen nach § 15 Abs. 1 Satz 2 auch von anderen Personen als den Teilnehmern nach § 15 Abs. 1 Satz 1 (vgl. RN 5) erhoben werden, soweit dies erforderlich ist, um eine solche Datenerhebung nach § 15 Abs. 1 Satz 1 durchzuführen. Bei „anderen Personen" kann es sich um Teilnehmer handeln, bei denen nicht Tatsachen die Annahme rechtfertigen, dass sie Straftaten oder Ordnungswidrigkeiten begehen wollen, oder um völlig unbeteiligte Personen handeln. Dies kann der Fall sein, wenn die Polizei von einer Gruppe Fußballrowdies, die sich auf dem Abmarsch vom Stadion befindet, Bildaufzeichnungen anfertigt, auf denen auch unbeteiligte Passanten zu sehen sind. Dadurch wird die Maßnahme nicht rechtswidrig (so auch *Nolte*, NVwZ 2001, S. 147, 151).

9 Zulässig ist nach § 15 nur eine **offene Datenerhebung**. Allerdings können sich die Datenerhebung nach § 15 Abs. 1 und verdeckte Maßnahmen nach den § 16 a ff. überschneiden, wenn z. B. die observierte Person ein Fußballspiel besucht, um sich dort mit einem potenziellen Mittäter zu treffen, und dabei von Observationskräften fotografiert wird. Die dabei gewonnenen Erkenntnisse können grundsätzlich nicht im Rahmen des § 15 Abs. 1 genutzt werden. Eine Zweckänderung kommt nur unter den Voraussetzungen des § 23 Abs. 1 Satz 2 in Betracht.

10 Die Benutzung einer relativ kleinen Videokamera auf dem Stadiondach, die nicht von jedem Stadionbesucher in der Südkurve auf den ersten Blick bemerkt werden muss, stellt keine verdeckte Datenerhebung dar, da insoweit keine bewusste Verschleierung durch die Polizei erfolgt (vgl. dazu § 9, RN 27).

3. Zweck der Maßnahme

11 Zweck der Maßnahme ist es, in der Entstehung begriffene Straftaten und Ordnungswidrigkeiten rechtzeitig zu erkennen, um diese verhüten zu können. Entsprechende frühzeitige Erkenntnisse ermöglichen einen sachgerechten Kräfteeinsatz der Polizei oder auch andere Maßnahmen wie z. B. Lautsprecherdurchsagen, die zur Beruhigung der aufgebrachten Personen führen.

4. Löschung und Vernichtung der erhobenen Daten

12 § 15 Abs. 1 Satz 3 enthält eine besondere Regelung i. S. d. § 32 Abs. 2 Satz 1 Nr. 1 über die Löschung bzw. Vernichtung der nach dieser Vorschrift erhobenen Daten. Soweit nicht besondere, unten aufgeführte Ausnahmen von der Löschungs- oder Vernichtungsverpflichtung vorliegen, sind folgende Daten betroffen:

— Sämtliche Bild- und Tonaufzeichnungen, die eine Individualisierung der Teilnehmer zulassen, und zwar unabhängig davon, ob die Polizei versucht hat oder beabsichtigt, die Identität der einzelnen Personen festzustellen.
— Sämtliche **suchfähig** in Dateien gespeicherte personenbezogene Daten oder **suchfähig** zu einer Person angelegten Akten. Der Begriff der Suchfähigkeit ist deshalb eingeführt worden, weil z. T. auch in Dateien, oftmals aber auf Karteikarten oder in Akten personenbezogene Daten enthalten sein können, die nur dann festzustellen sind, wenn die Datei nach anderen personen- oder sachbezogenen Daten abgefragt bzw. die Karteikarte oder die Akte aus anderem Anlass gezogen wird. Für personenbezogene Daten, die nicht durch gezieltes Suchen, sondern nur gelegentlich einer anderweitigen Bearbeitung festzustellen sind, ergibt sich die Vernichtungs- bzw. Löschungsverpflichtung aus § 32 Abs. 2 Satz 1 Nr. 3, 2. Alt., aus § 32 Abs. 2 Satz 2 oder aus § 32 Abs. 3 (s. im Übrigen die Erläuterungen zu § 32, RN 15).

Von der Art der Datenträger hängt es ab, ob man im Einzelfall zur Löschung oder Vernichtung der personenbezogenen Daten die Datenträger löscht (z. B. bei Disketten oder Bändern) oder ob man die Datenträger selbst physikalisch vernichtet (z. B. Papier in den Reißwolf gibt). 13

Die Vernichtung oder Löschung der personenbezogenen Daten hat **spätestens einen Monat** nach der Datenerhebung zu erfolgen. Diese Fristsetzung resultiert aus der Tatsache, dass nach Ablauf einer Veranstaltung noch Straftaten oder Ordnungswidrigkeiten angezeigt bzw. sonst bekannt werden können, von denen die Polizei bei der Datenerhebung keine Kenntnis hatte. 14

Personenbezogene Daten – auch von Zeugen oder Geschädigten –, die zur Verfolgung von Straftaten oder Ordnungswidrigkeiten benötigt werden, unterliegen nicht dem Löschungs- bzw. Vernichtungsgebot. Diese Daten sind in die **Ermittlungsvorgänge** zu übernehmen und teilen deren Schicksal. Personenbezogene Daten **aus solchen Strafverfahren** können über § 24 Abs. 2 **auch in die Kriminalakten aufgenommen** werden. 15

Die zweite Alternative des Satzes 3 über Ausnahmen vom Löschungs- bzw. Vernichtungsgebot dürfte in der Praxis relativ selten vorliegen. Voraussetzung ist nämlich, dass **keine Straftat begangen** worden ist, aber Tatsachen die Annahme rechtfertigen, dass die betroffene Person künftig Straftaten begehen wird und dass die Aufbewahrung der Unterlagen zur vorbeugenden Bekämpfung der in § 8 Abs. 3 genannten Straftaten erforderlich ist. Da die Straftaten, die bei öffentlichen Veranstaltungen und Ansammlungen typischerweise begangen werden (Körperverletzung, Bedrohung, Sachbeschädigung usw.), nicht zu den Straftaten von erheblicher Bedeutung zählen, kann es sich nur um Fälle handeln, in denen die Polizei zufällig und anlässlich einer solchen Veranstaltung Erkenntnisse über Personen erhält, die als Besucher von Sportereignissen weniger von Interesse sind und bei solchen Veranstaltungen nicht durch Straftaten in Erscheinung treten. 16

§ 15 a Datenerhebung durch den offenen Einsatz optisch-technischer Mittel

17 § 15 Abs. 2 erlaubt durch die Verweisung auf § 24 Abs. 6 und 7, dass die erhobenen Daten zu statistischen Zwecken oder zur polizeilichen Aus- und Fortbildung (z. B. der Einübung des richtigen Einsatzverhaltens bei solchen Veranstaltungen) benutzt werden dürfen. Durch den Hinweis auf § 32 Abs. 5 und 6 wird klargestellt, dass die Löschung und Vernichtung der Unterlagen unter den dort genannten Voraussetzungen (insbesondere Nutzung zu wissenschaftlichen Zwecken oder Abgabe an ein Staatsarchiv) unterbleiben kann.

§ 15 a
Datenerhebung durch den offenen Einsatz optisch-technischer Mittel

(1) ¹Zur Verhütung von Straftaten kann die Polizei einzelne öffentlich zugängliche Orte, an denen wiederholt Straftaten begangen wurden und deren Beschaffenheit die Begehung von Straftaten begünstigt, mittels Bildübertragung beobachten und die übertragenen Bilder aufzeichnen, solange Tatsachen die Annahme rechtfertigen, dass an diesem Ort weitere Straftaten begangen werden. ²Die Beobachtung ist, falls nicht offenkundig, durch geeignete Maßnahmen erkennbar zu machen.

(2) Nach Absatz 1 gewonnene Daten dürfen höchstens für die Dauer von 14 Tagen gespeichert werden, es sei denn, sie werden zur Verfolgung von Straftaten benötigt oder Tatsachen rechtfertigen die Annahme, dass eine Person künftig Straftaten begehen wird, und die Aufbewahrung ist zur vorbeugenden Bekämpfung von Straftaten erforderlich.

(3) Über die Einrichtung der Datenerhebung durch den offenen Einsatz optisch-technischer Mittel entscheidet die Behördenleiterin oder der Behördenleiter.

(4) ¹Maßnahmen nach Absatz 1 sind zu dokumentieren. ²Sie sind jeweils auf ein Jahr befristet. ³Rechtzeitig vor Fristablauf ist zu überprüfen, ob die Voraussetzungen gemäß Absatz 1 weiter vorliegen. ⁴Eine Verlängerung um jeweils ein Jahr ist in diesem Fall zulässig.

(5) ¹§ 15a tritt am 31. Juli 2018 außer Kraft. ²Die Auswirkungen dieser Vorschrift und die praktische Anwendung werden durch die Landesregierung unter Mitwirkung einer oder eines unabhängigen wissenschaftlichen Sachverständigen geprüft. ³Die Landesregierung berichtet dem Landtag über das Ergebnis der Evaluierung.

VVPolG NRW zu § 15 a

Datenerhebung durch den offenen Einsatz optisch-technischer Mittel
(zu § 15 a)
15a.0
Die Videoüberwachung ist an Kriminalitätsbrennpunkten im Sinne des § 15 a zu-

Datenerhebung durch den offenen Einsatz optisch-technischer Mittel § 15 a

lässig, das heißt an einzelnen öffentlich zugänglichen Orten, an denen wiederholt Straftaten begangen wurden und deren Beschaffenheit die Begehung von Straftaten begünstigt. Durch diese Maßnahme können Straftaten verhütet, die Aufklärung von Straftaten gesteigert und das Sicherheitsgefühl verbessert werden. Die Videoüberwachung ist im Rahmen eines Gesamtkonzepts einzusetzen, das auf die spezifischen Gegebenheiten abgestimmt ist und ergänzende Maßnahmen vorsieht. Vor einem Einsatz dieser Maßnahme ist zu prüfen, ob die Videoüberwachung aller Wahrscheinlichkeit nach nur zu einem Verdrängungseffekt führt; in diesem Fall ist die Videoüberwachung unzulässig. Im Übrigen ist § 10 DSG NRW zu beachten.

15a.1 (zu Absatz 1)
15a.11
Die Norm stellt auf Straftaten ab, um die an Kriminalitätsbrennpunkten typischen Delikte der Straßenkriminalität wie z. B. Diebstahl, Körperverletzung und Sachbeschädigung besser bekämpfen zu können.
15a.12
Die Videoüberwachung ist auf Kriminalitätsbrennpunkte beschränkt. Eine flächendeckende Videoüberwachung aller öffentlich zugänglichen Orte ist unzulässig.
15a.13
Die Beschaffenheit der Örtlichkeit muss günstige Tatgelegenheiten bieten und somit für potenzielle Straftäter als attraktiver Tatort nicht ohne Weiteres austauschbar sein. Das kann neben den baulichen Gegebenheiten der Fall sein durch die Tätererwartung eines erhöhten Aufkommens geeigneter Opfer, schwach ausgeprägter Anzeigebereitschaft der Opfer oder einer verspäteten Erstattung der Strafanzeige oder eines geringen Entdeckungsrisikos. Damit soll eine Videoüberwachung an Orten verhindert werden, an denen ausschließlich mit Verdrängungseffekten zu rechnen ist.
15a.14
Grundsätzlich sind die übertragenen Bilder zur Ermöglichung der Rekonstruktion von Geschehensabläufen aufzuzeichnen.
15a.15
Durch ausreichende und eindeutige Beschilderung ist gut sichtbar auf die Videoüberwachung hinzuweisen.
15a.2 (zu Absatz 2)
Absatz 2 regelt die Speicherungsdauer der Daten. Die Zulässigkeit der weiteren Verwendung der Daten richtet sich nach den dafür geltenden Vorschriften im PolG NRW oder in der StPO.
15a.3 (zu Absatz 3)
Die Anordnung obliegt stets der Behördenleiterin oder dem Behördenleiter. Bei deren Abwesenheit oder Verhinderung nimmt die ständige/allgemeine Vertreterin oder der ständige/allgemeine Vertreter die Behördenleitungsfunktion wahr.
15a.4 (zu Absatz 4)

§ 15 a   Datenerhebung durch den offenen Einsatz optisch-technischer Mittel

15 a.41
Die Maßnahmen sind zu dokumentieren. Die Dokumentation dient als Grundlage für die Entscheidung über die Aufrechterhaltung und Verlängerung der Maßnahme. Sie sollte dazu folgende Angaben enthalten: Ort, soziale Umstände, Kriminalität, Gesamtkonzept, Veränderungen während und ggf. nach der Maßnahme. Den Abschluss der Dokumentation bildet eine Bewertung über Geeignetheit und Erfolg der Maßnahme.

15 a.42
Die Überprüfung nach Fristablauf von jeweils einem Jahr bezweckt eine in regelmäßigen Abständen durchzuführende Bewertung der Erforderlichkeit der Maßnahme. Die Voraussetzungen für eine Fortsetzung entfallen nicht allein durch einen Rückgang der registrierten Kriminalität. Die Bewertung muss vielmehr auch eine begründete Prognose umfassen, ob ein Fortfall der Videoüberwachung zu einem erneuten Kriminalitätsanstieg führen wird. Die Prüfung ist so zeitgerecht vorzunehmen, dass eine Fortsetzung der Maßnahme nach Ablauf der Jahresfrist ohne Unterbrechung möglich ist.

15 a.5 (zu Absatz 5)
Die Verlängerung und erneute Befristung der Norm erfolgte durch Artikel 1 des Gesetzes v. 10. Juni 2008 (GV. NRW. S. 473).

Erläuterungen:

1. Entstehungsgeschichte der Norm

1   § 15 a a. F. wurde während der parlamentarischen Beratungen des Gesetzentwurfs zur Änderung des DSG NRW konzipiert und ist am 31. Mai 2000 in Kraft getreten. Der Gesetzgeber ließ sich von der zutreffenden Auffassung leiten, allgemeine Befugnisse der Polizei bereichsspezifisch im PolG NRW zu regeln. Für die Datenerhebung der Polizei durch den offenen Einsatz optisch-technischer Mittel **an öffentlich zugänglichen Orten** sollte nicht § 29 b DSG NRW, der in der Entwurfsfassung viel weitergehender war, maßgeblich sein. Sämtliche rechtlichen Bedenken gegen § 15 a a. F. sind inzwischen Rechtsgeschichte, denn § 15 a erhielt durch die Novellierung des PolG NRW vom 25. Juli 2003 einen neuen Wortlaut. Die Ansicht von *Schewe (*NWVBl. 2004, S. 415), diese Rechtsänderung sei wie weitere Eingriffsmöglichkeiten der Polizei mit dem Kampf gegen den Terrorismus begründet worden, ist unverständlich. Angesichts der vordem bestehenden Rechtslage war es nicht überraschend, dass nur eine Polizeibehörde in NRW, nämlich das Polizeipräsidium Bielefeld, eine Videoüberwachung gemäß § 15 a a. F. durchgeführt hat (vgl. dazu aus kriminologischer Sicht *Boers,* Polizeiliche Videoüberwachung in Bielefeld, Münsterische Juristische Vorträge, Band 12, 2004). Zur Rechtmäßigkeit der Videoüberwachung nach baden-württembergischen Polizeirecht s. VGH Mannheim, DIE POLIZEI 2003, S. 331.

2. Bedeutung des § 29 b DSG NRW für die Polizei

Dennoch hat § 29 b DSG NRW auch Bedeutung für die Polizei, wenn nämlich 2
eine Polizeibehörde oder -einrichtung **zur Wahrnehmung des Hausrechts** eine
offene optisch-technische Überwachung an ihren Dienstgebäuden bzw. Liegenschaften vornimmt, und zwar auch insoweit, als hiervon ein öffentlich zugänglicher Bereich insbesondere vor den Eingängen betroffen sein kann. Im Hinblick
auf § 29 b DSG NRW ergeben sich für Polizeibehörden und -einrichtungen keine
Besonderheiten im Vergleich zu anderen Landesbehörden oder Privatpersonen.

3. Voraussetzungen des § 15 a

Auf den ersten Blick scheint § 15 a Abs. 1 Satz 1 weit gefasst zu sein, wird doch 3
sehr allgemein von der Verhütung von Straftaten an öffentlich zugänglichen Orten gesprochen, an denen wiederholt Straftaten begangen wurden. Eine **Einschränkung** erfolgt durch den Zusatz „und deren Beschaffenheit die Begehung
von Straftaten begünstigt". Die **Örtlichkeit,** an denen eine Videoüberwachung
zulässig ist, wird unter dem Gesichtspunkt des erforderlichen Gefahrenpotenzials ausreichend beschrieben und entspricht dem gesetzgeberischen Motiv, die
Maßnahme auf **Kriminalitätsbrennpunkte** zu begrenzen. Durch die vorstehend genannte gesetzliche Formulierung soll die **Nachhaltigkeit** der Wirkung
der Videoüberwachung gewährleistet werden. Eine **bloße Verdrängung der
Kriminalität,** d. h. das ausschließliche Ausweichen der kriminellen Szene, soll
vermieden werden. Dabei ist von der Annahme auszugehen, dass die Kriminalitätszahlen in ihrer Gesamtheit tatsächlich reduziert werden, wenn die Örtlichkeit für Straftäter als Tatort nicht mehr besonders anziehend ist, z. B. wegen einer geringen Anzahl an potenziellen Opfern, besserer Einsehbarkeit der Fläche
oder anderen Faktoren, die ungünstigere Tatgelegenheiten schaffen.

Zu den **öffentlich zugänglichen Orten** zählen unzweifelhaft Straßen, Plätze, 4
Brücken, Grünanlagen und Parks, zu denen Menschen gelangen können. Die
verkehrsrechtlichen Nutzungsmöglichkeiten sind nicht von entscheidender Bedeutung; auch ein Autobahnparkplatz ist ein öffentlich zugänglicher Ort. Auf
die Eigentumsverhältnisse an dem jeweiligen Grundstück kommt es nicht an,
ebenso nicht darauf, ob das Betretungsrecht (z. B. für einen Park) nur tagsüber
gewährt wird. Daneben können im Ausnahmefall auch umzäunte Anlagen, die
nur nach Entrichtung eines Eintrittsgeldes zu betreten sind, zu den in Rede stehenden Orten gehören. Allerdings ist dort vor Maßnahmen nach § 15 a zu prüfen, ob z. B. eine etablierte offene Drogenszene nicht durch verschärfte Eingangskontrollen des Veranstalters beseitigt werden kann.

Die **Dauer der Maßnahme** wird durch § 15 a Abs. 1 begrenzt. Sie ist nur für 5
den Zeitraum zulässig, solange Tatsachen die Annahme rechtfertigen, dass am
überwachten Ort weitere Straftaten begangen werden. Gemeint ist damit nicht
die tägliche Dauer der Überwachung, denn schon aus Erforderlichkeitsgesichts-

§ 15 a   Datenerhebung durch den offenen Einsatz optisch-technischer Mittel

punkten wird die Polizei die Kameras nicht rund um die Uhr eingeschaltet lassen und die in einer Polizeidienststelle auf den Monitor übertragenen Bilder betrachten, wenn sich das erfahrungsgemäß zu bestimmten Tages- oder Nachtzeiten nicht lohnt. Die Begrenzung der Überwachung bezieht sich vielmehr auf den **Gesamtzeitraum** der Maßnahme. Hierbei ist zu berücksichtigen, dass die Beobachtung offen erfolgt und dies nach § 15 a Abs. 1 Satz 2 offenkundig sein muss oder erkennbar zu machen ist (vgl. dazu unten RN 7). Ein Kriminalitätsrückgang an dem videoüberwachten Ort ist allein kein Anlass, die Maßnahme einzustellen, auch dann nicht, wenn Anhaltspunkte dafür bestehen, dass sich der Kriminalitätsbrennpunkt verlagert haben könnte (vgl. dazu *Röger/Stephan*, NWVBL 2001, S. 202, 207). Entscheidend ist vielmehr die Prognose darüber, ob bei Beendigung der Videoüberwachung nach polizeilicher Erfahrung der Kriminalitätsbrennpunkt erneut entstehen würde. Ist das nicht der Fall, sind die Kameras abzubauen. Anderenfalls kommt eine Verwendung der Videoüberwachungsanlage an einem anderen Ort (ggf. auch außerhalb des Polizeibezirks der bisher nutzenden Polizeibehörde) in Betracht, wenn sich herausstellt, dass der Einsatz dort notwendig wird. Hinsichtlich der Überprüfung der Maßnahme gemäß § 15 a Abs. 4 vgl. RN 15.

6   Damit der Einsatz der optisch-technischen Mittel **offen** erfolgt, ist gemäß § 15 a Abs. 1 Satz 2 die Beobachtung durch geeignete Mittel erkennbar zu machen, wenn sie nicht bereits offenkundig ist. Die Polizeibehörde soll regelmäßig vor Beginn der Maßnahme durch Presseerklärungen auf das beabsichtigte Vorhaben hinweisen. Es ist davon auszugehen, dass die örtlichen Medien darüber berichten und sich oftmals zumindest auf Ortsebene eine öffentliche Diskussion anschließt. Hierdurch wird die Maßnahme jedoch nicht offenkundig. Das kann sich im Einzelfall nur dadurch ergeben, dass jedermann bei Betreten des überwachten Ortes die – schwenkbaren – Kameras in Aktion sieht. Dies wird aber nicht in jedem Fall, insbesondere nicht von Ortsfremden wahrgenommen. Deshalb empfiehlt es sich regelmäßig, an Stellen, an denen der Wirkungsbereich der installierten Kameras beginnt, Schilder aufzustellen mit dem Hinweis, der Ort werde von der Polizei videoüberwacht. Da die Amtssprache deutsch ist, wird der Hinweis in deutscher Sprache (vgl. *Röger/Stephan*, a. a. O., S. 205) als ausreichend angesehen. Besser erscheint, wenn durch Piktogramm und mehrsprachig auf die Videoüberwachung hingewiesen wird.

7   Es wird an der Auffassung festgehalten, dass bloße Übersichtsaufnahmen, bei denen Personen nicht zu identifizieren sind, keinen Grundrechtseingriff darstellen (vgl. dazu § 15, RN 7). Das ist nicht unbestritten (vgl. etwa *Röger/Stephan*, a. a. O., S. 206; *Dolderer,* NVwZ 2001, S. 130, 131; *Roggan,* NVwZ 2001, S. 134, 135 f.). Der Rechtsstreit kann jedoch für Maßnahmen nach § 15 a dahingestellt bleiben, denn die Norm erlaubt nicht nur inzident das **Schwenken der Kameras** und ein **Heranzoomen** von Bildern, sondern auch deren **Aufzeichnung.** Die beobachteten Bilder sind regelmäßig für die Dauer der Beobachtung aufzuzeichnen. Die Beobachtung allein führt bei vielen der in Rede stehenden

Datenerhebung durch den offenen Einsatz optisch-technischer Mittel § 15a

Straftaten nicht immer dazu, dass die unmittelbar bevorstehende Tat erkannt wird. Oft läuft das Tatgeschehen so schnell ab, dass in Echtzeit nicht sicher festgestellt werden kann, ob eine Straftat verübt werden soll und von wem bzw. gegen wen. Erst eine Zeitlupenwiederholung ermöglicht eine sichere Wahrnehmung und Bewertung des Geschehens.

§ 15a gehört seiner Rechtsnatur nach zum präventivpolizeilichen Bereich, denn die Vorschrift dient – wie sich aus den ersten Wörtern des Absatzes 1 ergibt – der **Verhütung von Straftaten.** Von der Gesetzgebungskompetenz des Landesgesetzgebers her gesehen bestehen keine Schwierigkeiten, da bei einer **bevorstehenden Straftat oft noch kein strafrechtlich relevanter Versuch einer Straftat, wohl aber eine Gefahr für die öffentliche Sicherheit** vorliegt. Im Rahmen einer rechtspolitischen Abwägung ist es dem Landesgesetzgeber unbenommen, die Aufzeichnung der Bilder in diesen Fällen zu gestatten (*Ellermann,* DIE POLIZEI 2006, S. 271). Wenn ein Polizeibeamter am Monitor feststellt, dass eine Straftat unmittelbar bevorsteht, kann versucht werden, Polizeikräfte mittels einer weiteren Beobachtung der übertragenden Bilder an den Ort des Geschehens heranzuführen, um die Ausführung der Straftat zu verhindern (*Roggan,* a.a.O., S. 173f.). Das muss allerdings schnell erfolgen, denn sonst ist der präventive Zweck kaum zu erreichen (vgl. dazu *Zöller,* NVwZ 2005, S. 1235, 1239). Dabei kann es hilfreich sein, nochmals auf die aufgezeichneten Bilder zuzugreifen. Hat die Polizei keinen Erfolg, d.h. wird die Straftat ausgeführt, können die Aufzeichnungen gemäß § 15a Abs. 2 zur Strafverfolgung genutzt werden. 8

Anders verhält es sich, falls sich aus der Beobachtung der **Verdacht einer begangenen Straftat** ergibt. Selbst wenn man wohlwollend unterstellt, der Landesgesetzgeber habe Fälle des **strafrechtlich relevanten Versuchs** im Blick gehabt, in denen durch den Einsatz der Polizei die Vollendung des Delikts verhütet werden könne, wird die Polizei nunmehr (zumindest auch) auf dem Gebiet der Strafverfolgung (§ 163 StPO) tätig. Der allgemeine Grundsatz (zum doppelfunktionalen Handeln s. *Dörschuck,* KR 1997, S. 740), nach dem im Zweifelsfall die Gefahrenabwehr Vorrang vor der Strafverfolgung hat, kommt bei den Fallkonstellationen des § 15a nur ganz selten zur Anwendung, weil sich dann aus der Beobachtung schon ergeben müsste, dass es sich z.B. um den Beginn einer Geiselnahme handelt. 9

Die Grenzen zwischen Prävention (Verhütung einer bevorstehenden Straftat) und Repression (Verfolgung einer begonnenen Straftat) verwischen keineswegs (wie *Roggan,* a.a.O., S. 139, unterstellt), allerdings kann der Übergang von einer Maßnahme zur anderen zeitlich sehr nahe liegen. Das ergibt sich aus den Umständen des Einzelfalls, wobei die Polizei bei Dauerdelikten eine Doppelzuständigkeit hat. Für Maßnahmen der Repression besteht die konkurrierende Gesetzgebungszuständigkeit gemäß Art. 74 Abs. 1 Nr. 1 GG, von der der Bundesgesetzgeber (vgl. § 100h Abs. 1 Nr. 1 StPO = § 100c Abs. 1 Nr. 1 StPO a.F.) Gebrauch gemacht hat (so auch *Roggan,* a.a.O., S. 138; insbesondere *Vahle,* KR 2000, S. 542 und NVwZ 2001, S. 165, 166f.). Der Versuch von *Röger/Stephan* 10

167

§ 15 a   Datenerhebung durch den offenen Einsatz optisch-technischer Mittel

(a. a. O., S. 206 f.), für den Landesgesetzgeber eine Residualkompetenz (= Restkompetenz) zu reklamieren, weil jeder präventiven Maßnahme „stets ein ‚Stück' möglicher Sanktionen immanent sei", kann nicht überzeugen. Deshalb wird die Polizei auch die Bilder aufzeichnen, die den Verdacht von Straftaten begründen, denn insoweit kommt § 100 h Abs. 1 Nr. 1 StPO als Rechtsgrundlage für die Aufzeichnung der Bilder in Betracht (s. dazu *Gehrlein/Schüble,* NJW 1999, S. 104 f.). Es liegt ein repressiver Nebenerfolg vor, der aber nicht bewirkt, die mit der Maßnahme verfolgte primäre Zweckrichtung der Strafverhütung zu verdrängen.

4. Kritik

10a   Oftmals wird unter dem Gesichtspunkt der Verhältnismäßigkeit ins Feld geführt, der beabsichtigte Zweck der Maßnahme, nämlich die Verhinderung von Straftaten, könne nicht erreicht werden; es würde lediglich eine Verdrängung der Kriminalität erzielt (s. zu diesem Aspekt RdNr. 15a.0 Satz 4 VVPolG NRW). Richtig ist allerdings, dass manchmal bereits die Ankündigung der Polizei genügt, ein bestimmtes Gebiet werde demnächst videoüberwacht, und die kriminelle Szene verlagert sich. Nur zur Verdrängung der Kriminalität von einem Stadtbezirk in den anderen benötigt man nicht die Videoüberwachung. Dies kann auch mit einem starken Personaleinsatz der Polizei erreicht werden, aber daran fehlt es oft (*Collin,* Jus 2006, S. 494). Ein Verdrängungseffekt findet sicher in gewissem Umfang statt, jedoch wird dadurch die Kriminalität keinesfalls erhöht, sondern nach allgemeiner Lebenserfahrung eingeschränkt. Genauere Ergebnisse muss bei jeder Maßnahme die Überprüfung nach § 15 a Abs. 4 ergeben. Ein Allheilmittel der Kriminalprävention ist die in Rede stehende Videoüberwachung selbstverständlich nicht, und deshalb sollte sie, da sie auch mit Kosten verbunden ist, rechtzeitig evaluiert werden (s. dazu Schröder, DIE POLIZEI 2004, S. 262).

5. Anordnungskompetenz des Behördenleiters

11   Für einige polizeirechtliche Maßnahmen, die einen schwerwiegenden Eingriff in das Recht auf informationelle Selbstbestimmung bedeuten, hat der Gesetzgeber verfahrensrechtliche Vorkehrungen getroffen, damit solche Eingriffe nur nach gründlicher Prüfung der Sach- und Rechtslage erfolgen (vgl. dazu BVerfG, NJW 1984, S. 419). Die Schwere des Eingriffs kann sich zum einen daraus ergeben, dass eine Vielzahl von unbeteiligten Personen betroffen ist, zum anderen daraus, dass Maßnahmen verdeckt oder ohne Wissen der betroffenen Personen durchgeführt werden. Das PolG NRW sieht einerseits **Entscheidungen der Behördenleitung** (die unterschiedlich ausgestaltet sind) und/oder andererseits (präventive) **richterliche Anordnungen** vor, die (z. T. beide) vorliegen müssen, ehe bestimmte Maßnahmen erfolgen dürfen.

Maßnahmen, für die eine **Anordnungskompetenz der Behördenleitung** vorgesehen ist, werden zumeist von den sachbearbeitenden Organisationseinheiten einer Polizeibehörde angeregt. Der **Behördenleitervorbehalt** bewirkt, dass der Antrag auf Zustimmung zu der Maßnahme regelmäßig durch die jeweils vorhandene Hierarchieebenen läuft und dabei geprüft wird, ob sämtliche Voraussetzungen erfüllt sind sowie der Verhältnismäßigkeitsgrundsatz beachtet wird. Durch die Zentralisierung der Entscheidung auf Behördenleitungsebene wird diese Kontrollfunktion sichergestellt (s. auch *Lisken/Mokros,* NVwZ 1991, S. 604, 613). Bei Fällen von Gefahr im Verzug (vgl. § 17 Abs. 2 Sätze 5 bis 7 sowie § 18 Abs. 2 Sätze 5 bis 7) gibt es zeitlich befristet nur Ausnahmen für die richterliche Anordnung, nicht aber für den Behördenleitervorbehalt. Auch § 20a Abs. 3 Satz 4 bildet keine Ausnahme, weil nur bestimmt wird, dass bei Gefahr im Verzug eine mündliche Anordnung der Behördenleitung zunächst ausreicht, die geforderte Schriftform der Anordnung jedoch innerhalb von drei Tagen nachzuholen ist.

12

Folgende unterschiedliche Fallgruppen sind vorhanden:

13

– Eine Delegation der Entscheidung der Behördenleiterin bzw. des Behördenleiters auf bestimmte Beamte („Leitungspersonen des höheren Polizeivollzugsdienstes!") ist ausdrücklich nur in den § 17 Abs. 4 und 19 Abs. 2 vorgesehen. Wegen der Einzelheiten s. die Erläuterungen zu diesen Vorschriften.
– Bei allen anderen Behördenleitervorbehalten ist durch Auslegung zu entscheiden, inwieweit eine Vertretungsregelung in Betracht kommt. Bei allen Maßnahmen, für die keine besondere Dringlichkeit besteht oder die nicht sofort durchgeführt werden können, weil sie noch technischer und/oder personeller Vorbereitungen bedürfen, kommt eine Vertretung der Behördenleitung nur in eingeschränkter Weise in Betracht, d. h. nur dann, wenn die Stelle des Behördenleiters vakant ist oder er z. B. durch längere Krankheit, Urlaub oder Dienstreise nicht in allernächster Zeit entscheiden kann. Deshalb ist auch nur der Behördenleiter und ausnahmsweise der in § 8 Abs. 2 und 3 GO KPB genannte Vertreter bzw. beim LKA der in § 12 GGO LOBPolNRW aufgeführte Ständige Vertreter anordnungsbefugt. Das gilt grundsätzlich für die Maßnahmen nach § 15a, § 20 und § 31 sowie für die Delegationsentscheidungen gemäß den §§ 17 Abs. 4 und 19 Abs. 2.
– Die Handlungsfähigkeit einer Polizeibehörde zur Abwehr schwerwiegender Gefahren für erhebliche Rechtsgüter muss allerdings „rund um die Uhr" gegeben sein. Deshalb kann ausnahmsweise in Fällen der §§ 16a Abs. 2, 17 Abs. 2 Sätze 5 bis 7 und 18 Abs. 2 Sätze 5 bis 7 bei besonderer zeitlicher Dringlichkeit und Abwesenheit der Behördenleitung (Behördenleiter sowie Allgemeiner bzw. Ständiger Vertreter) die ranghöchste anwesende Mitarbeiterin bzw. der ranghöchste anwesende Mitarbeiter die Anordnung treffen. Diese Mitarbeiter sollten allerdings unverzüglich die Behördenleitung unterrichten, welche die betroffene Entscheidung bestätigt oder ändert.

§ 15 b   Datenerhebung zur Eigensicherung

6. Bedeutung der Absätze 4 und 5

14 § 15 a Abs. 4 Satz 1 verlangt keineswegs, dass sämtliche Beobachtungen – separat von Ermittlungsvorgängen usw. – in einer Dokumentation festgehalten werden, denn das würde der Verpflichtung zur Löschung nicht mehr benötigter Daten gemäß § 15 Abs. 2 zuwider laufen. Gemeint ist, dass **alle Erkenntnisse über die Kriminalitätslage** (in anonymer Form) und deren Bewertung vor Einrichtung der Videoüberwachung festgestellt werden ebenso wie vergleichbare Erkenntnisse **während der Maßnahme**; dazu müssen sämtliche verwaltungsmäßigen Anordnungen, z. b. über die normalen täglichen Einschaltzeiten der Kameras an Werk-, Sonn- und Feiertagen, dokumentiert werden.

15 Die Jahresfrist nach § 15 a Abs. 4 Satz 2 ist nicht in jedem Fall auszuschöpfen. Stellt sich heraus, dass die Videoüberwachung **nicht mehr erforderlich** ist – z. B. infolge baulicher Veränderungen des überwachten Gebiets –, ist die Überwachung zu **beenden**. Die Prüfung, ob die Maßnahme verlängert werden soll, muss rechtzeitig vor Ablauf eines Jahres vorgenommen werden.

16 Die Verpflichtung der Landesregierung zur **Evaluierung** der Auswirkungen des § 15 a und seiner praktischen Anwendung ist – im Gegensatz zur vergleichbaren Bestimmung des § 20 a Abs. 7 – an keine Frist gebunden. Das Ergebnis der Evaluierung muss jedoch so rechtzeitig vorliegen, dass der Landtag unterrichtet werden kann, bevor er über die Weitergeltung des § 15 a entscheidet.

§ 15 b
Datenerhebung zur Eigensicherung

[1]Die Polizei kann zur Abwehr einer Gefahr im Sinne des § 1 Abs. 1 zum Zwecke der Eigensicherung bei Personen- oder Fahrzeugkontrollen Bildaufnahmen und -aufzeichnungen durch den Einsatz optisch-technischer Mittel in Fahrzeugen der Polizei herstellen. [2]Der Einsatz der optisch-technischen Mittel ist, falls nicht offenkundig, durch geeignete Maßnahmen erkennbar zu machen oder der betroffenen Person mitzuteilen. [3]Die Bildaufzeichnungen sind am Tage nach dem Anfertigen zu löschen. [4]Dies gilt nicht, wenn die Aufzeichnungen zur Verfolgung von Straftaten oder Ordnungswidrigkeiten benötigt werden. [5]§ 24 Abs. 6 und 7 bleibt unberührt.

VVPolG NRW zu § 15 b

Datenerhebung zur Eigensicherung (zu § 15 b)
15 b.0
Mein RdErl. zur Datenerhebung zur Eigensicherung ist zu beachten.

Datenerhebung zur Eigensicherung § 15 b

Erläuterungen:

Ausweislich der Überschrift dient die Vorschrift der **Eigensicherung** von Polizeibeamten **bei der Vornahme von Personen- und Fahrzeugkontrollen.** Da es bei der ganz überwiegenden Zahl solcher Kontrollen nicht zu Angriffen auf die einschreitenden Polizeikräfte und insoweit auch nicht zu einer konkreten Gefahr i. S. d. § 8 Abs. 1 kommt, stellt § 15 b auf eine Gefahrenlage nach § 1 Abs. 1 ab. Zulässig ist es, mit einem am oder im Polizeifahrzeug angebrachten Aufzeichnungsgerät Bildaufnahmen oder Bildaufzeichnungen anzufertigen, die den **gesamten Kontrollvorgang dokumentieren.** Das Aufzeichnungsgerät darf demnach erst dann eingeschaltet werden, wenn betroffene Personen, die oder deren Fahrzeuge kontrolliert werden sollen, wussten oder hätten wissen können, dass eine polizeiliche Kontrolle durchgeführt werden soll. 1

§ 15 b Satz 2 ist die entscheidende Bestimmung dieser Norm. Nur dann, wenn **die betroffenen Personen davon Kenntnis haben, dass der Kontrollvorgang aufgezeichnet wird,** also ihr Verhalten durch die Aufzeichnungen dokumentiert und ggf. leicht beweisbar ist, **kann der gewünschte Effekt eintreten,** dann nämlich können Überreaktionen vermieden werden. Ob beim Einschalten des Aufzeichnungsgerätes zugleich optische bzw. akustische Signale, die das Einschalten des Gerätes verdeutlichen, ausgesendet werden, ist ein mehr technisches Problem; rechtlich ist ausreichend, dass die Polizeibeamten die betroffenen Personen auf die Maßnahme hinweisen, solange nicht jedes typische Polizeifahrzeug mit einem Aufzeichnungsgerät ausgestattet ist und deshalb noch nicht allgemein bekannt ist, dass bei Kontrollen dieser Art ständig entsprechende Aufzeichnungen stattfinden. 2

Zum Unterschied zwischen Bildaufnahmen und Bildaufzeichnungen vgl. § 17, RN 1. Zwar ermöglicht § 15 b Satz 1, dass Bildaufnahmen angefertigt werden, jedoch kann es sich dabei lediglich um ganz seltene Fälle handeln, in denen die Bilder beispielsweise zur Einsatzleitung überspielt werden. Normalerweise wird nur die Streifenwagenbesatzung „ihren" Einsatz bei der Personen- oder Fahrzeugkontrolle **aufzeichnen.** Das korrespondiert mit der grundsätzlichen Löschungspflicht für die Aufzeichnungen nach § 15 b Satz 3 in der ganz überwiegenden Mehrzahl aller Fälle, in denen es keine Probleme bei den Kontrollen gibt. 3

Die Löschung unterbleibt nach § 15 b Satz 4, soweit die Aufzeichnungen als Beweismaterial für ein Straf- oder Bußgeldverfahren in Betracht kommen. Das gilt auch insoweit, als ein Vorwurf gegen Polizeibeamte erhoben wird. Darüber hinaus können die Aufzeichnungen zu statistischen Zwecken (auch für polizeieigene Statistiken) gemäß § 24 Abs. 6 genutzt werden. Besonders markante Aufzeichnungen stehen nach § 24 Abs. 7 für die polizeiliche Aus- und Fortbildung zur Verfügung, jedoch erscheint es generell möglich, dass hierfür nicht die Originalaufzeichnungen, sondern nachgestellte Szenen benutzt werden. 4

III. Besondere Mittel der Datenerhebung

§ 16
Schutz des Kernbereichs privater Lebensgestaltung bei der Datenerhebung mit besonderen Mitteln

(1) Die Erhebung personenbezogener Daten, die dem Kernbereich privater Lebensgestaltung zuzurechnen sind, ist unzulässig.

(2) ¹Eine Erhebung ist unverzüglich zu unterbrechen, wenn sich tatsächliche Anhaltspunkte dafür ergeben, dass Daten, die dem Kernbereich privater Lebensgestaltung zuzurechnen sind, erfasst werden; dies gilt nicht, soweit die Erhebung aus zwingenden informations- oder ermittlungstechnischen Gründen nicht unterbleiben kann. ²Die Erhebung darf fortgesetzt werden, wenn zu erwarten ist, dass die Gründe, die zur Unterbrechung geführt haben, nicht mehr vorliegen. ³Die anordnende Stelle ist über den Verlauf der Maßnahme unverzüglich zu unterrichten. ⁴Liegen die Voraussetzungen der Anordnung nicht mehr vor, so hat sie den Abbruch der Maßnahme anzuordnen.

(3) ¹Bestehen Zweifel hinsichtlich der Kernbereichsrelevanz der erhobenen Daten, sind diese unverzüglich dem oder der behördlichen Datenschutzbeauftragten und einer von dem Behördenleiter oder der Behördenleiterin besonders beauftragten Leitungsperson des höheren Polizeivollzugsdienstes zur Durchsicht vorzulegen. ²Im Falle des § 17 Absatz 2 Satz 3 erfolgt die Durchsicht durch das zuständige Amtsgericht. ³§ 18 Absatz 4 bleibt unberührt.

(4) ¹Wurden Daten erfasst, die dem Kernbereich privater Lebensgestaltung zuzurechnen sind, dürfen sie nicht verwendet werden. ²Aufzeichnungen hierüber sind unverzüglich zu löschen. ³Die Tatsache ihrer Erlangung und Löschung ist zu dokumentieren.

(5) Der Kernbereich umfasst auch das durch das Berufsgeheimnis geschützte Vertrauensverhältnis zu den in §§ 53 und 53a der Strafprozessordnung genannten Berufsgeheimnisträgern.

VVPolG NRW zu § 16

Schutz des Kernbereichs privater Lebensgestaltung bei der Datenerhebung mit besonderen Mitteln (zu § 16)
16.0
§ 16 enthält eine allgemeine Kernbereichsschutzregelung, die auf die besonderen Mittel der Datenerhebung durch verdeckte polizeiliche Maßnahmen (§§ 16a bis 20 PolG NRW) Anwendung findet.

Schutz des Kernbereichs privater Lebensgestaltung § 16

Bei allen verdeckten Überwachungsmaßnahmen staatlicher Stellen muss ein unantastbarer Kernbereich privater Lebensgestaltung gewahrt werden, dessen Schutz sich aus Artikel 1 Abs. 1 GG ergibt.

Zur Entfaltung der Persönlichkeit im Kernbereich privater Lebensgestaltung gehört nach höchstrichterlicher Rechtsprechung die Möglichkeit, innere Vorgänge wie Empfindungen und Gefühle sowie Überlegungen, Ansichten und Erlebnisse höchstpersönlicher Art ohne Angst vor staatlicher Überwachung zum Ausdruck zu bringen; vom Schutz umfasst sind auch Gefühlsäußerungen, Äußerungen des unbewussten Erlebens sowie Ausdrucksformen der Sexualität (s. BVerfG, 1 BvR 2378/98, 1084/99, vom 3.3.2004, Absatz-Nr. 120, http://www.bverfg.de). Ob es sich um eine Offenbarung der innersten Vorgänge einer Person handelt, ist situationsbedingt und im Einzelfall anhand von Kommunikationsinhalten und -umständen (besonderes Vertrauensverhältnis der kommunizierenden Personen, Ort, erkennbarer Geheimhaltungswille) zu beurteilen.

Kommunikationsinhalte höchstpersönlicher Art können insbesondere sein
– Gespräche mit Vertrauenspersonen bzw. engsten Familienangehörigen über existenzielle Fragen (z. B. Todesangst, Suizidgedanken), über schwere physische oder psychische Erkrankungen sowie über privateste familiäre Angelegenheiten (z. B. Abtreibung, Enterbung) sowie die Äußerung tief empfundener Emotionen;
– verbale und nonverbale Äußerungen des Intimlebens (intensive Liebesbezeugungen und Ausdrucksformen der Sexualität);
– vertrauliche Gespräche mit Berufsgeheimnisträgern (s. 16.5).
Die Norm setzt das vom Bundesverfassungsgericht entwickelte „zweistufige Schutzkonzept" (s. BVerfG, 1 BvR 370/07, 595/07, Urt. vom 27.2.2008, Absatz-Nr. 280 ff., http://www.bverfg.de) um.
§ 16 setzt zunächst voraus, dass eine rechtmäßige Erhebung personenbezogener Daten auf Grundlage der polizeilichen Standardbefugnisse gemäß §§ 16 a ff. PolG erfolgt. Die Absätze 1 und 2 des § 16 befassen sich mit der Umsetzung der ersten Stufe des Schutzkonzepts, der Vermeidung der Erhebung kernbereichsrelevanter Daten. Dazu stellt Absatz 1 den Grundsatz der Datenvermeidung auf, der in Absatz 2 konkretisiert wird. Absatz 2 regelt, dass eine zunächst zulässige Erhebung personenbezogener Daten zu unterbrechen ist, wenn tatsächliche Anhaltspunkte für die Erfassung von Kernbereichsinhalten bestehen. Allerdings darf – innerhalb des angeordneten Zeitraums der verdeckten Maßnahme – die Datenerhebung fortgesetzt werden, wenn neue Anhaltspunkte dafür sprechen, dass die Unterbrechungsgründe nicht mehr vorliegen.

16.1 (zu Absatz 1)
16.11
Bei den Maßnahmen außerhalb der Wohnung besteht generell eine geringere Wahrscheinlichkeit, dass der Kernbereich betroffen sein kann, da die von der Überwachung betroffene Person sich grundsätzlich in der Öffentlichkeit bewegt bzw. in der Öffentlichkeit mit anderen Personen kommuniziert und damit ein Sozialbezug gegeben ist. Gleichwohl kann der Kernbereich privater Lebensgestal-

tung auch durch das verdeckte Erheben von Daten außerhalb von Wohnungen berührt werden, wenn die Person nicht damit rechnen muss, von anderen wahrgenommen zu werden, z. B. an abgelegenen Orten oder in einem Fahrzeug. Sollte eine Situation eintreten, in der mit der heimlichen Erfassung innerer Zustände oder gegenüber engsten Vertrauten geäußerten Gefühlsregungen zu rechnen ist, ist daher die Datenerhebung gemäß Abs. 2 Satz 1 unverzüglich zu unterbrechen.

16.12
Gespräche mit engsten Vertrauten, die Angaben über polizeilich abzuwehrende Gefahren enthalten, gehören schon ihrem Inhalt nach nicht zu dem unantastbaren Kernbereich privater Lebensgestaltung, und führen daher nicht zur Unterbrechung. Zwar reicht nicht jede Verknüpfung zwischen einer Gefahr und den Äußerungen der betroffenen Person zur Bejahung des Sozialbezugs aus. Ein hinreichender Sozialbezug besteht aber jedenfalls bei Äußerungen, die sich unmittelbar auf eine konkrete Gefahr beziehen, insbesondere wenn die kommunizierenden Personen für die Gefahren nach Absatz 1 verantwortlich sind.
Wird erkennbar, dass Kernbereichsdaten betroffen sind und bestehen konkrete Anhaltspunkte dafür, dass diese Daten gerade dem Zweck der Herbeiführung eines Erhebungsverbots bzw. einer Unterbrechung dienen sollen, bleibt die Datenerhebung insoweit zulässig.

16.2 (zu Absatz 2)
16.21
In Abs. 2 Satz 1 wird im letzten Halbsatz geregelt, dass die Pflicht zur Unterbrechung der Datenerhebung nicht besteht, soweit dies aus informations- oder ermittlungstechnischen Gründen nicht möglich ist. Diese Regelung ist vor dem Hintergrund zu sehen, dass z. B. bei verdeckten Maßnahmen außerhalb des Wohnraums auch automatisierte Aufzeichnungen zulässig sind; bei diesen Maßnahmen kann – je nach eingesetzter Technik – eine Unterbrechung nicht zu jedem Zeitpunkt erfolgen. Andere Gründe, die gegen eine sofortige Unterbrechung sprechen, können gegenwärtige Gefahren für Leib und Leben verdeckt eingesetzter Personen sein. Mit dieser eng auszulegenden Ausnahmeregelung wird anerkannt, dass es unter bestimmten Umständen praktisch unvermeidbar ist, Informationen zur Kenntnis zu nehmen, bevor ihr Kernbereichsbezug bewertet werden kann. Dies führt jedoch nicht dazu, dass der Kernbereichsschutz leerläuft, sondern dass er auf die zweite Stufe des Schutzkonzepts (abgesichert durch ein Datenverwendungsverbot und ein -löschungsgebot) verlagert wird.

16.22
Absatz 2 Satz 2 bestimmt, dass die Datenerhebung fortgesetzt werden kann, wenn zu erwarten ist, dass die Unterbrechungsgründe nicht mehr vorliegen. Tatsächliche Anhaltspunkte dafür bestehen z. B., wenn Erkenntnisse vorliegen, dass andere Personenkonstellationen eintreten (Familienangehörige entfernen sich, andere Personen, mit denen die Zielperson ausschließlich geschäftlich verkehrt, kommen hinzu), so dass im Weiteren von einem Sozialbezug der Kommunikation auszugehen ist.

16.3 (zu Absatz 3)
Zur Absicherung des Kernbereichsschutzes auf der zweiten Stufe wird das Verfahren näher geregelt. Die qualifizierte Bewertung der erhobenen Daten wird mittels einer Durchsicht nach dem Vier-Augen-Prinzip durch besonders geeignete bzw. geschulte Bedienstete der zuständigen Polizeibehörde gewährleistet. Die Vorlage hat unverzüglich, d. h. ohne schuldhafte Verzögerung zu erfolgen. Besonders beauftragte Leitungsperson des höheren Polizeivollzugsdienstes ist der zuständige Abteilungsleiter bzw. Direktionsleiter (oder der Vertreter im Amt). Für die Tätigkeit des Datenschutzbeauftragten gilt § 32 a DSG NRW; insbesondere wird auf die Weisungsfreiheit und das Benachteiligungsverbot hingewiesen. Im Falle des Abhörens oder der Aufzeichnung des gesprochenen Wortes außerhalb der Wohnung obliegt gemäß Satz 2 dem anordnenden Richter die Durchsicht. Die bereichsspezifischen Verfahrensvorschriften zur Wohnraumüberwachung bleiben gemäß Satz 3 unberührt.

16.4 (zu Absatz 4)
Absatz 4 regelt den Kernbereichsschutz auf der zweiten Stufe. Wurden im Ausnahmefall entgegen den Geboten in den Absätzen 1 und 2 unbeabsichtigt Kernbereichsdaten erfasst, so dürfen diese gemäß Absatz 4 Satz 1 nicht verwendet werden. Alle Aufzeichnungen hierüber sind unverzüglich zu löschen. Zusätzlich ist die Tatsache ihrer Erlangung und Löschung zu dokumentieren.

16.5 (zu Absatz 5)
Über das Verhältnis zu engsten Vertrauten (Ehegatte, Partner, Verwandten, Freunden) hinaus gehört auch das durch ein Berufsgeheimnis geschützte Vertrauensverhältnis zu Berufsgeheimnisträgern im Sinne der §§ 53 und 53 a StPO zum geschützten Kernbereich. Abweichend von § 160 a StPO genießen alle Berufsgeheimnisträger denselben rechtlichen Status.

Erläuterungen:

1. Geltungsbereich der Norm

§ 16 soll nach dem Willen des Gesetzgebers die vom BVerfG in verschiedenen Entscheidungen (NJW 2004, S. 999; DVBl. 2007, S. 569 und NJW 2008, S. 822) aufgestellte Anforderung gewährleisten, dass bei einer verdeckten Datenerhebung nicht in den **Schutz des Kernbereichs privater Lebensgestaltung** eingegriffen wird. Dieser Grundsatz gilt nicht nur für die Polizei des Landes Nordrhein-Westfalen, sondern für die gesamte Verwaltungstätigkeit von Bund, Ländern und Kommunen; er bezieht sich keineswegs nur auf den Bereich einer verdeckten Datenerhebung, obwohl ihm gerade bei dieser Art der Informationsbeschaffung besondere Bedeutung zukommt. Das folgt daraus, dass eine betroffene Person in Anwesenheit einer fremden Person – insbesondere, wenn es sich dabei um einen Polizeibeamten handelt – im Allgemeinen nichts aus dem Kernbereich ihrer privaten Lebensgestaltung offenbart. Meint die betroffene Person allerdings, sie befinde sich unbeobachtet und unbelauscht in ihrem privaten Um-

1

feld, wird sie sich darin so verhalten, wie es ihr und anderen Personen, die zu ihrem Umfeld gehören, beliebt. Dieses Verhalten soll nach ihren Vorstellungen Bestandteil der Privatsphäre sein und bleiben und Dritten, insbesondere staatlichen Stellen, nicht bekannt werden.

2 Die Überschrift des § 16 spricht vom Schutz des Kernbereichs privater Lebensgestaltung bei der Datenerhebung mit besonderen Mitteln. Damit findet die Vorschrift ihrem Wortlaut und ihrer Stellung im Gesetz nach nur Anwendung auf **verdeckte Maßnahmen** nach den §§ 16a bis 21 (so auch RdNr. 16.0 VVPolG NRW). Im Gesetzgebungsverfahren – vgl. Beschlussempfehlung und Bericht des Innenausschusses vom 29.1.2010, (LT-Drucks. 14/10603, S. 8) – ist davon gesprochen worden, man habe § 16 „vor die Klammer gezogen", jedoch ist anzumerken, dass z. B. § 18 Abs. 3 und 4 weitere bereichsspezifische Schutzregeln enthält. Aus dem Voranstellen des § 16 darf keinesfalls der Schluss gezogen werden, diese Bestimmung habe lediglich Bedeutung für den Schutz des Kernbereichs privater Lebensgestaltung im Rahmen der verdeckten Datenerhebung. § 16 Abs. 1 ist im Gegensatz zu vielen ausführlichen und verschachtelten Regelungen auf dem Gebiet der Datenerhebung und -verarbeitung, die man wohl anders nicht formulieren kann, von einer bemerkenswerten Kürze – und darüber hinaus von einer beachtlichen Tragweite! Auch bei einer **offenen Datenerhebung** sind die Grundgedanken des § 16 zu beachten: Daten, die zum Kernbereich privater Lebensgestaltung gehören, sind in keinem Fall zu erheben, und wenn dies versehentlich geschehen ist, müssen sie, soweit eine Speicherung erfolgte, sofort gelöscht werden. Einige Verfahrensregeln des § 16 können dabei entsprechend angewandt werden.

2. Kernbereich privater Lebensgestaltung

3 In der Diskussion um eine effektive Gewährleistung des Grundrechts auf informationelle Selbstbestimmung und dessen verfahrensmäßige Absicherung wird gemeinhin die Forderung nach dem Schutz des Kernbereichs privater Lebensgestaltung vor staatlichen Eingriffen erhoben. So sehr dieses Verlangen allgemein Zustimmung findet, ist doch schon die Frage gestellt worden, ob selbst nach der Rechtsprechung des BVerfG der angeblich unantastbare Kernbereich nicht längst antastbar geworden ist (vgl. *Volkmann*, DVBl. 2008, S. 593). Jedenfalls wird in der Praxis der Streit darüber entbrennen, ob im Einzelfall dieses Verhalten oder jene Äußerung noch dem Kernbereich privater Lebensgestaltung zuzurechnen ist oder eben gerade nicht mehr. Leider ist es nicht gelungen, einen ganz überwiegenden Konsens darüber zu finden, wo die Abgrenzung für alle Lebensbereiche entlang läuft. Die richtige Rechtsanwendung ist durch Auslegung zu finden. Man kann nur relativ wenige Anhaltspunkte dafür im Gesetz finden. Zum einen wird gemäß § 16 Abs. 5 festgelegt, dass zum geschützten Kernbereich das durch das **Berufsgeheimnis** geschützte Vertrauensverhältnis zu den in den §§ 53 und 53a StPO genannten Berufsgeheimnisträgern gehört. Zum ande-

ren enthält § 18 Abs. 3 Regelungen für die Datenerhebung durch den verdeckten Einsatz technischer Mittel in oder aus **Wohnungen**. Angesichts des weiten Wohnungsbegriffes (vgl. dazu § 41, RN 5 ff.) sind Wohnungen allerdings nicht ausnahmslos ausgenommen. Zwar steht zu vermuten, dass normalerweise in Betriebs- und Geschäftsräumen von Personen keine Gespräche geführt werden, die Kernbereichsrelevanz haben. Jedoch sind davon z. B. selbstverständlich die Räume der Anwaltskanzlei ausgenommen, in denen der Rechtsanwalt Gespräche mit seinen Mandanten führt (vgl. § 18 Abs. 3 Satz 3 und 4). Für Wohnungen im eigentlichen Sinn gibt es keine generelle Ausnahme beim sog. Lauschangriff. Es ist stets eine Prognoseentscheidung zu treffen, die sich an § 18 Abs. 3 Satz 1 und 2 auszurichten hat. So wird man durchgängig die Datenerhebung im Schlafzimmer ausnehmen. Fraglich ist aber, ob das zur Folge haben kann, dass sich ganz hartgesottene Störer i. S. d. § 18. Abs. 1 ins Schlafgemach zurückziehen können in der Gewissheit, dort unbelauscht zu bleiben bei der Beratung darüber, ob sie eine in einer Kiste eingegrabene Geisel frei lassen oder nicht.

3. Zweistufiger Verfahrensschutz

Die **erste Stufe eines verfahrensrechtlichen Schutzes des Kernbereichs privater Lebensgestaltung** besteht darin, personenbezogene Daten aus diesem Bereich überhaupt nicht zu erheben. Darauf zielt § 16 Abs. 1 ab. Der folgende Absatz berücksichtigt, dass während einer zulässigen Datenerhebung sich die Sachlage ändern kann. Dies ist beispielsweise der Fall, wenn sich eine typische Schlafzimmerszene plötzlich im belauschten Wohnzimmer ereignet. Zweifelhaft kann nicht sein, dass das bewusste Herbeiführen einer solchen Situation, die nur dem Zweck dient, eine Kernrelevanz vorzutäuschen, für die Polizei unbeachtlich ist. Liegt hingegen Kernrelevanz vor, hat sie die Datenerhebung unverzüglich zu unterbrechen. Allerdings besteht insoweit eine Einschränkung, falls die Unterbrechung aus **zwingenden informations- oder ermittlungstechnischen Gründen** nicht erfolgen kann. Der erstgenannte Fall liegt beispielsweise vor, wenn eine automatisierte Aufzeichnung vorgenommen wird (bei der Observation zugelassen, bei der Wohnraumüberwachung hingegen gemäß § 18 Abs. 1 Satz 4 nicht) und das Aufzeichnungsgerät nicht sogleich abgeschaltet werden kann. Öfter werden wohl ermittlungstechnische Gründe vorliegen. Das ist immer dann der Fall, wenn ein Verdeckter Ermittler oder eine Person i. S. d. § 19 zum Schutz von Leib und Leben nicht sofort zurückgezogen werden kann. Nach Wegfall des Grundes für die Unterbrechung der Datenerhebung kann diese gemäß § 16 Abs. 2 Satz 2 fortgesetzt werden. Nach einer Unterbrechung der Maßnahme ist die anordnende Stelle, d. h. das Gericht, die Behördenleiterin oder der Behördenleiter bzw. die von diesen beauftragte Leitungsperson des höheren Polizeivollzugsdienstes, über den Verlauf der Maßnahme zu unterrichten. Aus Absatz 2 Satz 4 ist inzident zu entnehmen, dass die anordnende Stelle den Bericht nicht nur zur Kenntnis zu nehmen hat, sondern ihn auch bewerten muss.

Wird dabei festgestellt, dass die Voraussetzungen der Anordnung entfallen sind, muss der Abbruch der Maßnahme angeordnet werden. Das ist, soweit eine polizeiinterne Überprüfung erfolgt, selbstverständlich; die Vorschrift hat demnach allenfalls Bedeutung für das Gericht, das einen entsprechenden Beschluss erlassen muss.

5 Die **zweite Stufe eines verfahrensrechtlichen Schutzes des Kernbereichs privater Lebensgestaltung** befasst sich mit den Maßnahmen, die vorgenommen werden müssen, wenn der Verdacht besteht, dass Daten erhoben wurden, welche möglicherweise oder bestimmt Kernrelevanz aufweisen. Ob der zu Grunde liegende Sachverhalt durch Polizeikräfte gesehen bzw. gehört und danach protokolliert worden ist oder ihn technische Geräte erfasst haben, spielt insoweit keine Rolle. Sobald sich Zweifel ergeben, ob der Schutz des Kernbereichs verletzt sein kann, ist eine **Überprüfung vorzunehmen**. Die Übermittlung der zu prüfenden Daten hat unverzüglich zu erfolgen, obwohl sich diese expressis verbis lediglich aus § 16 Abs. 3 Satz 1 ergibt. Der Sinn des Gesetzes zwingt aber zu dieser Auslegung. Wie schnell die zu prüfenden Stellen zu entscheiden haben, wird nicht gesagt, obwohl für die polizeiinterne Überprüfung eine Regelung statthaft und durchaus empfehlenswert gewesen wäre.

Für die Überprüfung gibt es unterschiedliche Verfahrensregeln, wie sich bereits aus § 16 Abs. 3 Satz 2 und 3 durch Vorverweisungen auf nachfolgende Bestimmungen ergibt. Die möglicherweise kernrelevanten Daten sind dem **Amtsgericht** gemäß § 17 Abs. 2 Satz 3 bzw. nach § 18 Abs. 4 vorzulegen, und zwar immer dann, wenn verdeckt Bildaufnahmen und Bildaufzeichnungen i. S. d. § 17 angefertigt wurden oder die Daten gemäß § 18 in oder aus Wohnungen erhoben wurden. Dabei spielt es weder eine Rolle, ob eine noch wirksame Anordnung des Behördenleiters wegen Gefahr im Verzug besteht oder ob ein Personenschutzmittel eingesetzt war, wozu eine richterliche Anordnung nicht vorgesehen ist (§ 17 Abs. 4 und § 18 Abs. 5). Für die Durchsicht selbst besteht eine Sonderregelung bei Gefahr im Verzug. In allen übrigen Fällen, d. h. bei der polizeiinternen Kontrolle, ist § 16 Abs. 3 Satz 1 einschlägig.

Im Gegensatz zum Amtsgericht, bei dem anordnende und prüfende Stelle gleichsam personenidentisch sind, erfolgt im Polizeibereich eine Delegation auf eine neuartige Instanz, die gemeinsam aus dem **behördlichen Datenschutzbeauftragten** sowie aus einer von dem Behördenleiter oder der Behördenleiterin **besonders beauftragten Leitungsperson des höheren Polizeivollzugsdienstes** besteht. Die Angelegenheit wird also nicht der Stelle im Polizeibereich vorgelegt, die die Maßnahme angeordnet hat.

6 Im Gesetzgebungsverfahren ließ man sich – vgl. Beschlussempfehlung und Bericht des Innenausschusses vom 29.1.2010 (LT- Drucks. 14/10603, S. 8) – offensichtlich davon leiten, gewährleistet werden müsse nur eine Durchsicht der erhobenen Daten auf Kernrelevanz nach dem Vier-Augen-Prinzip „durch besonders geeignete bzw. geschulte Personen der zuständigen Polizeibehörde",

Schutz des Kernbereichs privater Lebensgestaltung § 16

dann würde ein ausreichender Grundrechtsschutz bereits vorhanden sein. Sicher sehen vier Augen mehr als zwei, aber durch diese Feststellung sind nicht alle Probleme gelöst. Wer als Datenschutzbeauftragte bzw. Datenschutzbeauftragter zumindest einige Zeit dieses Amt ausgeübt hat, wird die erforderlichen Kenntnisse haben, um als jemand angesehen zu werden, der besonders geeignet bzw. geschult ist i. S. d. Gesetzesbegründung. Welche Voraussetzungen die von dem Behördenleiter oder der Behördenleiterin – nunmehr in dieser Reihenfolge im Gesetzestext – besonders beauftragte Leitungsperson des höheren Polizeivollzugsdienstes erfüllen muss, wird nicht klar. Ist man der Auffassung, sie müsse, bevor die besondere Beauftragung erfolgen könne, noch eine oder mehrere Fortbildungsveranstaltungen besuchen, sollte man das veranlassen. Geht man hingegen davon aus – wofür vieles spricht –, dass nach erfolgreichem Abschluss der Ausbildung zum höheren Polizeivollzugsdienst deren Angehörige per se entsprechende Kenntnisse haben, dann ist in den Gesetzestext eine überflüssige Worthülse geraten, indem von einer **Leitungsperson** des höheren Polizeivollzugsdienstes gesprochen wird. Auszugehen ist wohl davon, dass sämtliche Polizeivollzugsbeamte des höheren Dienstes bei den Polizeibehörden Leitungsfunktionen innehaben, selbstverständlich in unterschiedlichem Umfang und meist abhängig von der Besoldungsgruppe. Falls das einmal nicht der Fall ist, sind sicher organisatorische Veränderungen erwägenswert.

Dieselbe Problematik ergibt sich aus den gleichlautenden Formulierungen der §§ 17 Abs. 4 und 19 Abs. 2. Das wiederum führt zu einer weiteren Schwierigkeit, denn jede Polizeibehörde muss zumindest zwei Leitungspersonen des höheren Polizeivollzugsdienstes haben, weil diejenigen nach § 16 Abs. 3 Satz 1 nicht personenidentisch sein können mit denen der §§ 17 Abs. 4 und 19 Abs. 2.

Einen Sinn der Delegation der polizeiinternen Durchsicht möglicherweise kernbereichsrelevanter Daten auf die neue Instanz könnte man in der Entlastung der Behördenleitung sehen. Ob die eintritt, ist zumindest in vielen Fällen fraglich. Zum einen ist nicht gesagt, ob sich der behördliche Datenschutzbeauftragte und die besonders beauftragte Leitungsperson des höheren Polizeivollzugsdienstes in ihrer Bewertung einig sind. Ist das nicht der Fall, wird wohl eine Behördenleiterentscheidung notwendig, zumal der behördliche Datenschutzbeauftragte in Datenschutzangelegenheiten ein direktes Vorspracherecht bei der Behördenleitung hat. Im Übrigen sollte sich die Behördenleitung rechtzeitig darüber in Kenntnis setzen lassen, wenn die Möglichkeit einer Verletzung des geschützten Kernbereichs privater Lebensgestaltung durch ihre Polizeibehörde vorgenommen worden sein kann. Durch die Unterrichtung des Betroffenen von der Maßnahme wird die Angelegenheit ohnehin publik, und da ist es manchmal besser, sich bei Betroffenen zu entschuldigen, als zu versuchen, den Verstoß zu vertuschen.

§ 16 Abs. 4 bestimmt klar und eindeutig, was mit **zu Unrecht erhobenen Daten**, die dem Kenbereich privater Lebensgestaltung zuzurechnen sind, zu geschehen hat. Schwierigkeiten bereitet eventuell die **Dokumentation** gemäß

179

§ 16a Datenerhebung durch Observation

Satz 3. Daraus sollen sich nicht sämtliche verbotswidrig erlangten Daten, also auch alle Aufnahmen und Aufzeichnungen ergeben, sondern nur die Tatsache der Erlangung sowie der Löschung. Damit diese Dokumentation zugeordnet werden kann, sind die erforderlichen Personalien des Betroffenen sowie Erhebungsort und -zeitraum und der Löschungszeitpunkt festzuhalten. Diese Dokumentation ist getrennt von der Verfahrensakte sicher zu verwahren.

§ 16a
Datenerhebung durch Observation

(1) ¹Die Polizei kann personenbezogene Daten erheben durch eine durchgehend länger als 24 Stunden oder an mehr als an zwei Tagen vorgesehene oder tatsächlich durchgeführte und planmäßig angelegte Beobachtung (längerfristige Observation)

1. über die in den §§ 4 und 5 genannten und unter den Voraussetzungen des § 6 über die dort genannten Personen, wenn dies zur Abwehr einer gegenwärtigen Gefahr für Leib, Leben oder Freiheit einer Person erforderlich ist,
2. über Personen, soweit Tatsachen die Annahme rechtfertigen, dass diese Personen Straftaten von erheblicher Bedeutung begehen wollen, sowie über deren Kontakt- oder Begleitpersonen, wenn die Datenerhebung zur vorbeugenden Bekämpfung dieser Straftaten erforderlich ist.

²Dabei dürfen auch personenbezogene Daten über andere Personen erhoben werden, soweit dies erforderlich ist, um eine Datenerhebung nach Satz 1 durchführen zu können. ³Als Kontaktpersonen gelten nur die Personen, die enge persönliche, dienstliche oder geschäftliche Beziehungen zu den Personen gemäß Absatz 1 Satz 1 Nummer 2 unterhalten. ⁴Begleitpersonen sind Personen, die nicht nur kurzfristig mit diesen Personen angetroffen werden, ohne jedoch enge persönliche, dienstliche oder geschäftliche Beziehungen zu diesen zu unterhalten. ⁵Berufsgeheimnisträger gemäß § 53 der Strafprozessordnung gehören, soweit das geschützte Vertrauensverhältnis reicht, nicht zu den Kontakt- oder Begleitpersonen.

(2) ¹Eine längerfristige Observation darf nur durch die Behördenleiterin oder den Behördenleiter angeordnet werden. ²Nach Absatz 1 erlangte personenbezogene Daten sind besonders zu kennzeichnen. ³Nach einer Übermittlung an eine andere Stelle ist die Kennzeichnung durch diese aufrechtzuerhalten.

(3) ¹Über die Datenerhebung ist die betroffene Person zu unterrichten, sobald dies ohne Gefährdung des Zwecks der Maßnahme erfolgen kann. ²Im Übrigen gilt § 17 Absatz 5 und 6 entsprechend.

Datenerhebung durch Observation § 16a

(4) ¹Auf eine Observation, die nicht die in Absatz 1 genannten Voraussetzungen erfüllt (kurzfristige Observation), finden die Absätze 1 bis 3 keine Anwendung. ²Durch eine kurzfristige Observation kann die Polizei personenbezogene Daten über die in den §§ 4 und 5 genannten und andere Personen nur erheben, soweit dies zum Zwecke der Gefahrenabwehr (§ 1 Abs. 1) erforderlich ist und ohne diese Maßnahme die Erfüllung der polizeilichen Aufgabe gefährdet wird.

VVPolG NRW zu § 16a
Datenerhebung durch Observation (zu § 16a)
16a.0
Soweit Belange der Strafverfolgung berührt sein können, sind nach Möglichkeit Observationen gemäß § 16 mit der Staatsanwaltschaft abzustimmen.
16a.1 (zu Absatz 1)
16a.11
Erfasst werden von der Legaldefinition in § 16a Abs. 1 Satz 1 Maßnahmen (verdeckte und offene Observationen) mit größerer Eingriffsintensität, die einen nicht unerheblichen organisatorischen, personellen und sachlichen Aufwand erfordern.
16a.12
Bei der suchfähigen Speicherung der Daten von Kontakt- und Begleitpersonen in Dateien ist § 24 Abs. 4 zu beachten.
16a.13
Keine Begleitpersonen, sondern allenfalls andere Personen i. S. d. Abs. 1 Satz 2, sind z. B. Verkäufer, Bedienungspersonal oder Taxifahrer, da sie nur kurzfristig mit Zielpersonen zusammentreffen.
16a.2 (zu Absatz 2)
16a.21
Die Anordnungskompetenz geht bei Abwesenheit oder Verhinderung der Behördenleiterin oder des Behördenleiters auf denjenigen über, der in diesen Fällen die Behördenleitungsfunktion wahrnimmt.
16a.22
Die Anordnung der längerfristigen Observationen gemäß § 16a Abs. 1 Satz 1 Nr. 1 wird grundsätzlich durch die Leiterin oder den Leiter der nach § 7 Abs. 1 POG NRW zuständigen Polizeibehörde getroffen. Soweit das zur Kriminalhauptstelle bestimmte Polizeipräsidium seine Aufgaben (Zuständigkeit) gemäß Kriminalhauptstellenverordnung (KHSt-VO) wahrnimmt, obliegt die Anordnung dessen Behördenleiterin oder Behördenleiter. Eine zuvor von der örtlich zuständigen Behördenleiterin oder dem Behördenleiter getroffene Anordnung wirkt bei Übernahme durch das zur Kriminalhauptstelle bestimmte Polizeipräsidium solange fort, bis sie von dessen Behördenleiterin oder Behördenleiter bestätigt oder aufgehoben wird.

§ 16 a — Datenerhebung durch Observation

16a.23
In den Fällen des § 9 Abs. 1 POG NRW trifft die Behördenleiterin oder der Behördenleiter der für die überörtliche Observation zuständigen Kriminalhauptstelle, in deren Zuständigkeitsbereich die längerfristige Observation in Nordrhein-Westfalen zuerst beginnt, die Anordnung nach § 16 a Abs. 2.
16a.24
Die RdNrn. 16a.21 bis 16a.23 gelten für das Landeskriminalamt entsprechend.
16a.25
In Satz 2 ist geregelt, dass die gemäß Absatz 1 erlangten Daten zur Gewährleistung der strengen Zweckbindung der gewonnenen Informationen besonders zu kennzeichnen sind. Dies gilt auch bei einer Weiterübermittlung der Daten.
16a.3 (zu Absatz 3)
16a.31
Zur Unterrichtungspflicht wird auf die Nummern 17.51 ff. verwiesen.
16a.32
Unterrichtungspflichtig ist grundsätzlich die sachbearbeitende Polizeibehörde. Die Unterrichtungspflicht bezieht sich auf die Mitteilung, dass gegen die zu informierende Person eine Maßnahme durchgeführt worden ist, auf Beginn und Ende der Maßnahme sowie deren Rechtsgrundlage. Eine weitergehende Auskunft kann nach Einzelfallprüfung auf Antrag gemäß § 18 DSG NRW erteilt werden. Die sachbearbeitende Polizeibehörde kann erweiterte Auskünfte, die sich auf die ausführende Polizeibehörde beziehen, nur mit deren Zustimmung geben.
16a.4 (zu Absatz 4)
Eine kurzfristige Observation ist abzubrechen, sobald sie die in § 16a Abs. 1 vorgegebenen Zeitkriterien überschreitet und nicht zwischenzeitlich die materiellen und formellen Voraussetzungen für die längerfristige Observation erfüllt werden.

Erläuterungen:

1. Allgemeines

1 Es handelt sich bei der **längerfristigen Observation** um besonders intensive Eingriffe in das Recht auf informationelle Selbstbestimmung. Die Observation muss zwar nicht ausschließlich verdeckt erfolgen. Sie kann in bestimmten – wenngleich seltenen – Fällen dergestalt vorgenommen werden, dass die betroffene Person die Beobachtung bemerken soll bzw. sie ihr sogar angekündigt wird. Da eine **offene** längerfristige Observation ebenfalls eine Maßnahme mit hohem Eingriffsgrad ist, sind die Voraussetzungen gleich hoch wie bei der verdeckten Form. Die **kurzfristige Observation,** offen oder verdeckt, ist jedoch von geringer Eingriffsintensität. Deshalb sind die Voraussetzungen für die Zulässigkeit auch nicht so hoch.

2. Begriff der längerfristigen Observation

§ 16a Abs. 1 gibt eine **Legaldefinition** für die längerfristige Observation. Unter Observation ist das Beobachten einer Person zwecks Erhebung personenbezogener Daten zu verstehen. Voraussetzung für eine längerfristige Observation i. S. d. Gesetzes ist zunächst, dass eine **planmäßig angelegte Beobachtung** vorliegt. Nur solche Maßnahmen haben eine hohe Eingriffsqualität. Die Beobachtung muss also einen bestimmten organisatorischen, personellen und sachlichen Aufwand erfordern. Zum Einsatz satellitengestützter Ortungstechnik vgl. *Sewing*, der kriminalist, 2006, S. 505. Von einer längerfristigen Observation kann man nicht sprechen, wenn sich ein Polizeibeamter vornimmt oder dazu beauftragt wird, über einen längeren Zeitraum auf seinem Weg zur Dienststelle beispielsweise festzustellen, ob in einer bestimmten Wohnung Licht brennt. Vielmehr muss sich die Maßnahme darauf erstrecken, durch sie möglichst viele Erkenntnisse über eine Person zu sammeln, d. h. wohin sie geht, mit wem sie sich trifft usw. 2

Weitere Voraussetzung im Sinne der Legaldefinition ist, dass die Observation entweder von ihrer Planung her **durchgehend länger als 24 Stunden** oder **an mehr als zwei Tagen** vorgesehen ist oder aber für einen kürzeren Zeitraum geplant, jedoch **tatsächlich länger durchgeführt** wird. Sobald sich zeigt, dass eine zunächst als kurzfristige Maßnahme (§ 16a Abs. 4) angelegte Observation die von § 16a Abs. 1 vorgegebenen Zeitkriterien überschreiten wird, ist sie abzubrechen, es sei denn, es werden nunmehr (z. B. auf Grund der gewonnenen Erkenntnisse) die materiellen und formellen Voraussetzungen für die längerfristige Observation erfüllt. 3

3. Eingriffsvoraussetzungen für die längerfristige Observation

Die materiellen Voraussetzungen für eine längerfristige Observation sind gleich denen in den §§ 17 sowie 19 und ähnlich wie bei § 20. 4

Nach § 16a Abs. 1 Satz 1 **Nr. 1** muss eine gegenwärtige (konkrete) Gefahr für Leib, Leben oder Freiheit einer Person vorliegen. Dann richtet sich die längerfristige Observation gegen **Handlungs- oder Zustandsstörer** (§§ 4 und 5) und, falls die Voraussetzungen des § 6 gegeben sind, auch gegen sog. **Nichtstörer**. Beobachtet werden dürfen zum Zweck der Gefahrenabwehr also z. B. die Personen, die im Verdacht stehen, eine Geisel genommen oder ein Entführungsopfer versteckt zu haben – unabhängig von den strafprozessualen Aufgaben der Polizei in solchen Fällen. Deshalb sind die Maßnahmen grundsätzlich mit der Staatsanwaltschaft abzustimmen. Angehörige der Geiselnehmer oder Entführer, die nicht als Mittäter in Betracht kommen, können dann beobachtet werden, wenn die Möglichkeit besteht, über sie den Aufenthaltsort der Störer (Täter) herauszufinden oder das Versteck der Geisel ausfindig zu machen. 5

6 Gemäß § 16a Abs. 1 Satz 1 **Nr. 2** kann die längerfristige Observation gerechtfertigt sein, wenn **Tatsachen die Annahme rechtfertigen,** dass die Betroffenen **Straftaten i. S. d. § 8 Abs. 3** begehen wollen und wenn die auf Grund der Observation erfolgende Datenerhebung **zur vorbeugenden Bekämpfung dieser Straftaten** erforderlich ist. Hierdurch wird Folgendes klar gestellt: Es gibt Straftaten von erheblicher Bedeutung, die erfolgreicher als mit Mitteln der Observation durch andere Maßnahmen verhütet werden. Macht sich also jemand mit dem Beil in der Hand auf den Weg, um seine Schwiegermutter umzubringen, dann wird das beabsichtigte Tötungsdelikt am besten dadurch verhindert, dass der Betroffene nach § 35 Abs. 1 Nr. 2 in Gewahrsam genommen und das mitgeführte Beil gemäß § 43 Nr. 3 b) sichergestellt wird.

Anders liegen die Dinge, wenn lediglich tatsächliche Anhaltspunkte für eine künftige Straftat vorliegen, ohne dass diese Möglichkeit näher konkretisiert ist. In diesem **Vorfeld** einer konkreten Gefahr kann eine präventive Überwachung sinnvoll und geboten sein.

> **Beispiel**: Observation eines Sexualstraftäters, der nach wie vor als hochgefährlich eingeschätzt wird (VG Aachen, JA 2011, S. 394; s. umfassend zu dieser Konstellation *Greve* u. *von Lucius*, DÖV 2012, S. 97).

Zwar ist die längerfristige Observation keine Maßnahme, durch die ausschließlich Straftaten vorbeugend bekämpft werden sollen, die von mehreren Tätern gemeinschaftlich, insbesondere bandenmäßig oder organisiert, begangen werden, doch wird es sich überwiegend um solche Fälle handeln. Deshalb ist es auch zulässig, dass **Kontakt- und Begleitpersonen** in die Beobachtung mit einbezogen werden dürfen. Die Sätze 3 und 4 enthalten eine Legaldefinition dieser Kontakt- und Begleitpersonen.

Kontaktpersonen sind solche, die enge persönliche, berufliche oder geschäftliche Beziehungen zur Zielperson unterhalten.

Begleitpersonen müssen diese engen Beziehungen nicht haben. Es reicht aus, dass sie gemeinsam mit der Zielperson angetroffen werden.

Personen, die allerdings nur kurzfristig mit der Zielperson zusammentreffen (z. B. Verkäufer, Bedienungspersonal), sind keine Begleitpersonen (s. RdNr. 16a.13 VVPolG NRW). Abgesehen davon, dass es sinnlos ist, eine Observation durchzuführen, wenn es verboten wäre festzustellen, mit wem sich die sog. Zielperson trifft, bietet § 16a Abs. 1 Satz 1 Nr. 2 die Möglichkeit für die Polizei, die Kontakt- und Begleitpersonen einer Zielperson in die Observation einzubeziehen, um herauszufinden, ob es sich dabei um potenzielle Mittäter, Gehilfen usw. handelt oder um Personen, die nichts mit den Planungen und der beabsichtigten Begehung von Straftaten zu tun haben. Sollten Tatsachen die Annahme rechtfertigen, dass auch diese Personen Straftaten i. S. d. § 8 Abs. 3 begehen wollen, können sich beim Vorliegen der sonstigen Voraussetzungen weitergehende Observationsmaßnahmen auch gegen sie richten. Für die suchfähige **Speicherung der Daten** von Kontakt- und Begleitpersonen in Dateien sind ge-

Datenerhebung durch Observation § 16a

mäß § 24 Abs. 4 kurze Fristen vorgesehen. Zur Rechtsproblematik s. BVerfG (DIE POLIZEI 2001, S. 241), das Verfassungsbeschwerden von drei Hamburger Bürgern (Rechtsanwalt, Pastor, Polizeibeamter) nicht zur Entscheidung angenommen hat. Die Beschwerdeführer befürchteten, bei Observationen gemäß einer dem § 16a PolG NRW vergleichbaren Vorschrift als Kontakt- und Begleitperson erfasst und dadurch in ihren Rechten verletzt zu werden. Zur Nichtannahme der Verfassungsbeschwerde wird ausgeführt, die nachträgliche Unterrichtung (s. dazu RN 11 f.) ermögliche Kontakt- und Begleitpersonen, effektiven Rechtsschutz zu beantragen.

Der Zweck des § 16a Abs. 1 Satz 5 wird nicht deutlich. Zum einen fällt auf, dass nur die **Berufsgeheimnisträger** i. S. d. § 53 StPO aufgeführt werden und nicht deren Mitarbeiter nach § 53a StPO. Daraus muss der Schluss gezogen werden, dass Berufsgeheimnisträger gemäß § 53a StPO Kontakt- bzw. Begleitpersonen sein können. Diese Regelung ist inkonsequent. Zum anderen ist unverständlich, welche Folge es z. B. für eine längerfristige Observation hat, wenn die Zielperson sich mit ihrem Rechtsanwalt in einem Park trifft. Die Vermutung liegt nahe, dass es dabei auch um eine Rechtsberatung gehen kann, und die unterfällt dem geschützten Vertrauensverhältnis. Der Rechtsanwalt ist in einem solchen Fall gemäß § 16a Abs. 1 Satz 5 weder Kontakt- noch Begleitperson. In das zu schützende Vertrauensverhältnis zwischen ihm und seinen Mandanten wird bereits in dem Augenblick eingegriffen, in dem die Observationskräfte das Zusammentreffen bemerken. Das soll aber nicht geschehen. Rechtsfolge davon könnte sein, dass nun entsprechend § 16 Abs. 2 bis 4 vorzugehen ist, d. h. die observierenden Beamten solange in die Luft schauen müssen, bis sie irgendwie bemerkt haben, dass die Unterredung der Zielperson und dem Rechtsanwalt beendet ist. Berufsgeheimnisträger i. S. d. § 53 StPO sind normalerweise keine Zielpersonen; zu den Kontakt- und Begleitpersonen gehören sie gemäß § 16a Abs. 1 Satz 5 nicht, und zu den anderen Personen gemäß § 16a Abs. 1 Satz 2 darf man sie bestimmt nicht zählen. Es bleibt nur der Schluss, dass der Gesetzgeber sie als Personen sui generis ansieht. Wichtig erscheint, dass über die Berufsgeheimnisträger und die Zielperson, soweit deren Vertrauensverhältnis betroffen ist, im Rahmen einer Observation keine Daten erhoben werden. Erfolgt das zwangsläufig doch, hat eine Datenspeicherung zu unterbleiben (s. § 16 Abs. 4). Eine nachträgliche Unterrichtung des Berufsgeheimnisträgers ist erforderlich.

6a

Bei einer Observation werden oftmals zwangsläufig auch **personenbezogene Daten von anderen Personen** erhoben, die nicht zu den Kontakt- und Begleitpersonen gehören, bei denen aber von vornherein klar ist, dass sie in keiner Beziehung zu den beabsichtigten Straftaten stehen. § 16a Abs. 1 Satz 2 gestattet diese Datenerhebung, soweit sie erforderlich ist, um die Datenerhebung über Zielpersonen sowie deren Kontakt- und Begleitpersonen durchführen zu können (s. dazu *Schönstedt*, KR 1996, S. 503).

7

§ 16 a — Datenerhebung durch Observation

8 **4. Anordnungskompetenz für die längerfristige Observation**

Vgl. zunächst die grundlegenden Erläuterungen zur Anordnungskompetenz des Behördenleiters in § 15 a, RN 11 bis 13. Da sich die Notwendigkeit für eine längerfristige Observation ggf. kurzfristig ergeben kann, darf die Entscheidung hierüber in besonders gelagerten Fällen auch von der Beamtin bzw. dem Beamten getroffen werden, die bei Abwesenheit des Behördenleiters bzw. seines allgemeinen Vertreters die Behördenleiterfunktion wahrnehmen.

5. Kennzeichnung gewonnener Daten

8a § 16 a Abs. 2 Satz 2 verlangt eine Kennzeichnung der durch eine längerfristige Observation erhobenen Daten. Sinn dieser Regelung ist es, alle Bearbeiter des entstandenen Vorganges sowie alle Datennutzer, die die gespeicherten Daten aus Dateien abrufen können, zur Gewährleistung der strengen Zweckbindung anzuhalten. Für die wünschenswerte Einheitlichkeit der Kennzeichnung sollte tunlichst eine Regelung erfolgen, ggf. sogar über Landesgrenzen hinweg. Bei einer Übermittlung dieser Daten ist nach Satz 3 die empfangende Stelle verpflichtet, die Kennzeichnung fortbestehen zu lassen. Evaluiert werden sollte später, ob diese Regelungen in Einzelfällen auch einen unerwünschten Nebeneffekt haben können. Infolge der Anwendbarkeit dieser Normen bei allen Maßnahmen nach den §§ 16 a bis 21 wird bei einer Kennzeichnung eventuell für Betroffene, gegen die ein Strafverfahren eingeleitet ist, deutlich erkennbar, dass bestimmte gekennzeichnete Daten durch eine V-Person oder durch einen Verdeckten Ermittler beschafft worden sind, wodurch diese nicht nur auffliegen, sondern zudem gefährdet sein können.

6. Korrespondierende Maßnahmen

9 Eine längerfristige Observation kann mit Maßnahmen nach den §§ 17 oder 18 einhergehen. Das ist insbesondere dann der Fall, wenn die Observationskräfte versuchen sollen, die Kontaktaufnahme der Zielperson mit anderen, ggf. noch unbekannten Personen zu fotografieren. Sollen solche **„kombinierten"** Maßnahmen durchgeführt werden, ist darauf zu achten, dass für sämtliche Eingriffe die Voraussetzungen erfüllt sind und die jeweiligen Anordnungen des Behördenleiters oder des Gerichts (§ 16 a Abs. 2, § 17 Abs. 2, § 18 Abs. 2) vorliegen.

10 Eine Observation kann nur außerhalb einer Wohnung stattfinden. Sobald das Betreten von Wohnungen beabsichtigt ist, müssen die Voraussetzungen des § 41 erfüllt sein. Ist vorgesehen, anlässlich einer Observation personenbezogene Daten mittels technischer Geräte in oder aus Wohnungen zu erheben, sind die erhöhten Voraussetzungen des § 18 Abs. 2 sowie der grundsätzliche Richtervorbehalt für solche Maßnahmen zu beachten.

7. Nachträgliche Unterrichtung

Aus dem Wesen der Maßnahmen folgt – das gilt auch für die seltenere offene Observation –, dass die **Unterrichtung der betroffenen Person** nicht gemäß § 9 Abs. 6 erfolgen kann, sondern erst nachträglich nach Abschluss der Maßnahme. Die Unterrichtung betrifft allerdings nur die Personen i.S.d. § 16a Abs. 1 Satz 1 (sog. Zielpersonen, Kontakt- und Begleitpersonen), da sich die Maßnahmen gegen diese richteten. Vorzunehmen ist die Unterrichtung nach § 16a Abs. 3 Satz 1, sobald das ohne Gefährdung der Maßnahme erfolgen kann. Nach Satz 2 gilt § 17 Abs. 5 und 6 entsprechend. Wegen Formerfordernissen und der Möglichkeit der Zurückstellung einer Unterrichtung s. § 17, RN 8. 11

Eine Unterrichtung der in § 16a Abs. 1 Satz 2 genannten anderen Personen, von denen personenbezogene Daten erhoben wurden, ist nicht erforderlich. Abgesehen davon, dass die Beobachtung sich nicht gegen sie richtete, müssten diese „anderen Personen" für eine Unterrichtung vielfach erst identifiziert werden. Das ist zwar manchmal möglich, würde sie aber eher mehr belasten, als wenn ihre Unterrichtung unterbleibt, zumal aus der erfolgten „Beobachtung" keinerlei Rückschlüsse für diese Personen herzuleiten sind, denn aus Datenschutzgesichtspunkten darf ihnen keinesfalls offenbart werden, wer die Zielperson war und warum sie observiert worden ist. 12

Beispiel: In einem Observationsbericht wird festgehalten, dass sich die Zielperson zu einem bestimmten Zeitpunkt in das Hofcafé begab, bei der Verkäuferin ein Stück Kuchen aussuchte, sich dann an einen Tisch am Fenster setzte und bei der Kellnerin ein Kännchen Tee bestellte. Selbstverständlich wäre es auf Grund der Dienstpläne der Angestellten möglich, die Identität der Verkäuferin und der Kellnerin festzustellen, aber das wäre nur mit neuen, unnötigen Eingriffen verbunden, die zu etwaigen Vorteilen, die für die anderen Personen in einer Unterrichtung liegen könnten, außer Verhältnis stehen.

8. Kurzfristige Observation

Alle Observationen, die nicht unter die Legaldefinition des § 16a Abs. 1 fallen, sind gemäß § 16a Abs. 4 **kurzfristige Observationen.** Beobachtungen, die nicht durch bewusste und gezielte Wahrnehmung erfolgen, sind allerdings keine Datenerhebungen (s. § 15, RN 6). Für kurzfristige Observationen gelten die einschränkenden Voraussetzungen der Absätze 1 bis 3 **nicht.** 13

Voraussetzung für die kurzfristige Observation ist, dass sie zum Zweck der in **§ 1 Abs. 1 genannten Aufgabe der Gefahrenabwehr erforderlich** ist, also auch zur vorbeugenden Bekämpfung von Straftaten, und dass **ohne diese Maßnahme die Erfüllung der polizeilichen Aufgabe gefährdet** ist. 14

Betroffen sein kann letztlich jedermann, d.h. sowohl Personen, die der Polizei namentlich bekannt sind, als auch solche, die die Polizei nicht kennt und deren Identität **nicht** festgestellt wird. 15

§ 17 Datenerhebung durch den verdeckten Einsatz technischer Mittel

Beispiel: Die Polizei observiert verdeckt einen Parkplatz, auf dem in der Vergangenheit häufig Fahrzeuge aufgebrochen wurden. Von Observationskräften werden alle Personen, die auf den Parkplatz gehen oder dort aussteigen, beobachtet. Diejenigen, die auf ihr Fahrzeug zugehen, einsteigen und wegfahren, werden normalerweise nicht weiter beachtet. Wer sich aber längere Zeit dort aufhält, einzelne Wagen genauer betrachtet oder sich sonst „auffällig" verhält, wird hingegen das Interesse der Polizei finden und zu Recht weiter beobachtet, selbst wenn sich später herausstellt, dass er nur auf Angehörige oder Freunde wartete, die sich verspätet haben.

§ 17
Datenerhebung durch den verdeckten Einsatz technischer Mittel

(1) ¹Die Polizei kann personenbezogene Daten erheben durch den verdeckten Einsatz technischer Mittel zur Anfertigung von Bildaufnahmen und Bildaufzeichnungen sowie zum Abhören und Aufzeichnen des gesprochenen Wortes

1. über die Personen, die in den §§ 4 und 5 genannt werden, sowie unter den Voraussetzungen des § 6 über die dort genannten Personen, wenn dies zur Abwehr einer gegenwärtigen Gefahr für Leib, Leben oder Freiheit einer Person erforderlich ist,
2. über Personen, soweit Tatsachen die Annahme rechtfertigen, dass diese Personen Straftaten von erheblicher Bedeutung begehen wollen, sowie über deren Kontakt- oder Begleitpersonen, wenn die Datenerhebung zur vorbeugenden Bekämpfung dieser Straftaten erforderlich ist.

²Dabei dürfen auch personenbezogene Daten über andere Personen erhoben werden, soweit dies erforderlich ist, um eine Datenerhebung nach Satz 1 durchführen zu können. ³§ 16a Absatz 1 Satz 3 bis 5 gilt entsprechend.

(2) ¹Der verdeckte Einsatz technischer Mittel zur Anfertigung von Bildaufnahmen und Bildaufzeichnungen darf nur durch die Behördenleiterin oder den Behördenleiter angeordnet werden. ²Die Anordnung bedarf der Schriftform und ist auf höchstens einen Monat zu befristen; soweit die Voraussetzungen der Anordnung fortbestehen, sind Verlängerungen um jeweils einen weiteren Monat zulässig. ³Der Einsatz der Mittel zum Abhören und Aufzeichnen des gesprochenen Wortes bedarf der Anordnung durch das Amtsgericht, in dessen Bezirk die Polizeibehörde ihren Sitz hat; hinsichtlich einer Verlängerung gilt § 18 Absatz 2 Satz 4 entsprechend. ⁴Für das Verfahren gelten die Vorschriften des Gesetzes über das Verfahren in Familiensachen und in den Angelegenheiten der freiwilligen Gerichtsbarkeit entsprechend. ⁵Bei Gefahr im Verzug kann die Maßnahme durch die Behördenleiterin oder den Behördenleiter angeordnet werden. ⁶Die richterliche Bestätigung ist unverzüglich zu beantragen. ⁷Die Anordnung nach Satz 5 tritt spätestens mit Ablauf des dritten Tages nach ihrem Erlass außer Kraft, wenn sie bis dahin nicht richterlich bestätigt wird. ⁸Erfolgt keine richterliche Bestätigung, dürfen bereits erhobene Daten nicht verwendet werden. ⁹Die Daten sind unverzüglich zu löschen.

(3) Hinsichtlich der Datenkennzeichnung gilt § 16a Absatz 2 Satz 2 und 3 entsprechend.

(4) ¹Wenn das technische Mittel gemäß Absatz 1 ausschließlich zum Schutz der bei einem polizeilichen Einsatz tätigen Personen mitgeführt und verwendet wird, kann die Maßnahme durch die Behördenleiterin oder den Behördenleiter oder eine von ihnen beauftragte Leitungsperson des höheren Polizeivollzugsdienstes angeordnet werden. ²Eine anderweitige Verwertung der erlangten Erkenntnisse ist nur zum Zwecke der Strafverfolgung oder der Gefahrenabwehr und nur zulässig, wenn zuvor die Rechtmäßigkeit der Maßnahme richterlich festgestellt ist; bei Gefahr im Verzug ist die richterliche Entscheidung unverzüglich nachzuholen. ³Aufzeichnungen, die nicht im Sinne des Satzes 2 verwendet werden, sind unverzüglich nach Beendigung des Einsatzes zu löschen. ⁴§ 24 Absatz 7 sowie § 32 Absatz 5 Nummer 1 und 2 bleiben unberührt.

(5) ¹Über die Datenerhebung ist die betroffene Person zu unterrichten, sobald dies ohne Gefährdung des Zwecks der Maßnahme erfolgen kann. ²Dies gilt nicht, wenn zur Durchführung der Unterrichtung in unverhältnismäßiger Weise weitere Daten der betroffenen Person erhoben werden müssten. ³Auf die Möglichkeit nachträglichen Rechtsschutzes ist hinzuweisen. ⁴Ist wegen desselben Sachverhalts ein strafrechtliches Ermittlungsverfahren gegen die betroffene Person eingeleitet worden, ist die Unterrichtung in Abstimmung mit der Staatsanwaltschaft nachzuholen, sobald dies der Stand des Ermittlungsverfahrens zulässt. ⁵Die Unterrichtung wird zurückgestellt, solange durch das Bekanntwerden der Datenerhebung Leib, Leben oder Freiheit einer Person gefährdet werden oder der Unterrichtung überwiegend schutzwürdige Belange einer anderen betroffenen Person entgegenstehen.

(6) ¹Erfolgt eine Unterrichtung gemäß Absatz 5 Satz 1 nicht binnen sechs Monaten nach Abschluss der Maßnahme, bedarf die weitere Zurückstellung der Unterrichtung der richterlichen Zustimmung. ²Die richterliche Entscheidung ist jeweils nach einem Jahr erneut einzuholen. ³Über die Zustimmung entscheidet das Gericht, das für die Anordnung der Maßnahme zuständig gewesen ist. ⁴Bedurfte die Maßnahme nicht der richterlichen Anordnung, ist für die Zustimmung das Amtsgericht, in dessen Bezirk die Polizeibehörde ihren Sitz hat, zuständig. ⁵Nach zweimaliger Verlängerung ist die Zustimmung des für die Einlegung einer Beschwerde zuständigen Gerichts einzuholen. ⁶§ 68 Absatz 4 des Gesetzes über das Verfahren in Famili-

§ 17 Datenerhebung durch den verdeckten Einsatz technischer Mittel

ensachen und in den Angelegenheiten der freiwilligen Gerichtsbarkeit findet keine Anwendung. [7]**Fünf Jahre nach der erstmaligen Entscheidung gemäß Satz 5 darf dieses Gericht allein wegen Vorliegens der Zurückstellungsgründe des § 19 Absatz 3 und des § 20 Absatz 5 keine Zustimmung erteilen.**

(7) Bild- und Tonaufzeichnungen, die ausschließlich Personen betreffen, gegen die sich die Maßnahme nicht richtete, sind unverzüglich zu vernichten; es sei denn, sie werden zur Verfolgung von Straftaten jener Personen, gegen die sich die Maßnahme richtete, benötigt.

VVPolG NRW zu § 17
Datenerhebung durch den verdeckten Einsatz technischer Mittel (zu § 17)
17.0
§ 17 erfasst sowohl die optische als auch die akustische Erhebung personenbezogener Daten durch den verdeckten Einsatz technischer Mittel außerhalb von Wohnungen. Die Eingriffsvoraussetzungen haben sich gegenüber der Altfassung von § 17 nicht geändert. Der bei Maßnahmen gemäß § 17 zu beachtende Kernbereichsschutz ergibt sich aus § 16.
17.1 (zu Absatz 1)
Hinsichtlich der Kontakt- und Begleitpersonen gelten gemäß § 17 Abs. 1 Satz 2 die Regelungen in § 16a Abs. 1 Sätze 3 bis 5 entsprechend.
17.2 (zu Absatz 2)
Die Anordnungsbefugnis bei der akustischen Überwachung ist wegen des schwerwiegenderen Eingriffs dem Amtsgericht übertragen. Wie bei der Wohnraumüberwachung kann in Eilfällen die Behördenleitung entscheiden. Die Entscheidung bedarf dann der richterlichen Bestätigung. Satz 4 verweist bezüglich des Verfahrens des Gerichts auf die Vorschriften des Gesetzes über das Verfahren in Familiensachen und in Angelegenheiten der freiwilligen Gerichtsbarkeit (FamFG). Gemäß Art. 112 des Gesetzes zur Reform des Verfahrens in Familiensachen und in Angelegenheiten der freiwilligen Gerichtsbarkeit (FGG-Reformgesetz) vom 17.12.2008 (BGBl. I S. 2586) ist das Gesetz über die Angelegenheit der freiwilligen Gerichtsbarkeit (FGG) außer Kraft getreten; gleichzeitig ist das FamFG in Kraft getreten.
17.3 (zu Absatz 3)
Zur Gewährleistung der Zweckbindung der erhobenen Daten verweist Abs. 3 auf das Datenkennzeichnungsgebot gemäß § 16a Abs. 2 Sätze 2 und 3.
17.4 (zu Absatz 4)
17.41
Der personen- und funktionsbezogene Auftrag an Polizeivollzugsbeamte, über den Einsatz der technischen Geräte gemäß § 17 Abs. 4 zu entscheiden, bedarf der Schriftform. Der Auftrag ist auf höchstens zwei Jahre zu befristen; Verlängerungen sind zulässig.

Datenerhebung durch den verdeckten Einsatz technischer Mittel   § 17

17.42
Eine Maßnahme nach § 17 Abs. 4 setzt eine hohe Wahrscheinlichkeit für eine Gefährdung der eingesetzten Person voraus.
17.43
Die Zulässigkeit der weiteren Verwendung der Daten richtet sich nach den dafür geltenden Vorschriften im PolG oder in der StPO.
17.5 (zu Absatz 5)
17.51
Grundregel ist gemäß Absatz 5 Satz 1, dass die Unterrichtung zu erfolgen hat, sobald dies ohne Gefährdung des Zwecks der Maßnahme geschehen kann.
17.52
Die Unterrichtungspflicht entfällt gemäß Satz 2 dann, wenn zur Unterrichtung zunächst weitere Daten (z. B. Identität und Anschrift) erhoben werden müssten und der Eingriff in das informationelle Selbstbestimmungsrecht dadurch noch vertieft würde (s. Bundesverfassungsgericht, 1 BvR 2378/98, 1084/99, Urt. vom 3.3.2004, Nr. 297, http://www.bverfg.de). In der Praxis wird sich dieser Ausnahmetatbestand im Zweifel nur auf die Unterrichtung Dritter, also nicht auf die bereits bekannte Zielperson beziehen.
17.53
Bei jeder Unterrichtung ist auf die Möglichkeit der Inanspruchnahme nachträglichen Rechtsschutzes hinzuweisen; je nach Charakter der Anordnung zur Datenerhebung kommt dabei der verwaltungsgerichtliche (behördliche Anordnung) oder der ordentliche Rechtsweg (bei richterlicher Anordnung) in Betracht.
17.54
Wenn auf Grund desselben Sachverhalts ein strafrechtliches Ermittlungsverfahren gegen die betroffene Person eingeleitet worden ist, ist gemäß Satz 4 die Unterrichtung, anders als nach bisherigem Recht, in Abstimmung mit der Staatsanwaltschaft durchzuführen, sobald dies der Stand des Ermittlungsverfahrens zulässt.
17.55
Satz 5 regelt die weiteren Fälle, in denen aus Gründen der Gefahrenabwehr oder wegen schutzwürdiger Belange anderer Personen eine Unterrichtung zurückgestellt wird.
17.6 (zu Absatz 6)
17.61
Im Hinblick auf die Gewährleistung des nachträglichen Rechtsschutzes wird die grundsätzliche Verpflichtung zur Unterrichtung durch weitere Verfahrensregelungen ausgestaltet: Wird die Unterrichtung länger als sechs Monate aufgeschoben, bedarf die weitere Zurückstellung gemäß Absatz 6 Satz 1 der richterlichen Zustimmung. Gemäß Satz 2 muss bei weiterem Aufschub jeweils nach einem Jahr erneut eine richterliche Überprüfung erfolgen.

§ 17 Datenerhebung durch den verdeckten Einsatz technischer Mittel

17.62
Zur zusätzlichen Absicherung der Überprüfung der Zurückstellungsgründe wird in Satz 5 geregelt, dass nach zweimaliger Verlängerung der Zurückstellungsentscheidung eine Entscheidung durch das für die Einlegung einer Beschwerde zuständige Gericht erfolgt. Gemäß Satz 6 ist eine Übertragung dieser Entscheidung auf den Einzelrichter (§ 68 Abs. 4 FamFG) nicht zulässig. Ein endgültiges Absehen von der Benachrichtigung ist nicht möglich.

Satz 7 trifft eine besondere Regelung hinsichtlich des Zurückstellungsgrundes der Gefährdung des weiteren Einsatzes einer Vertrauensperson oder eines Verdeckten Ermittlers (§§ 19 Abs. 3 bzw. § 20 Abs. 5). Im Hinblick auf den erheblichen Aufwand, der erforderlich ist, um eine Legende aufzubauen und aufrechtzuerhalten (§ 20 Abs. 2 PolG NRW), und um eine Person in eine kriminelle Szene einzuschleusen, als auch wegen der im Regelfall sehr langen Zeitdauer, die erforderlich ist um kriminelle Strukturen aufzudecken, wird eine Sonderregelung getroffen. Sie ermöglicht einerseits eine längerfristige Zurückstellung, andererseits bestimmt sie zur Gewährleistung der Rechtsweggarantie gemäß Art. 19 Abs. 4 GG einen Endzeitpunkt, zu dem die Benachrichtigung erfolgen muss. Dieser Zeitpunkt darf nur überschritten werden, wenn die zusätzlichen Zurückstellungsgründe der Gefährdung von Leib und Leben dieser Personen nachweisbar vorliegen.

17.7 (zu Absatz 7)
Absatz 7 enthält die bisherigen Regelungen der §§ 17 Abs. 6 und 18 Abs. 6 zur Löschung von Bild- und Tonaufzeichnungen; anders als bisher gilt die Regelung nicht nur für automatisierte Aufzeichnungen. Der einschränkende Zusatz im letzten Halbsatz betrifft lediglich den Fall, dass die unbeteiligte Person als Zeuge einer Straftat der Person, gegen die sich die Maßnahme richtete (Zielperson), in Betracht kommen kann.

Erläuterungen:

1. Allgemeines

1 § 17 regelt einerseits den **verdeckten Einsatz** von technischen Geräten, mit denen **Bildaufnahmen** und/oder **Bildaufzeichnungen** dergestalt gemacht werden, dass einzelne Personen zu erkennen sind, andererseits den verdeckten Einsatz von technischem Gerät zum **Abhören und Aufzeichnen des gesprochenen Wortes**. Von den Voraussetzungen her gesehen beurteilt der Gesetzgeber beide Varianten als gleich schwer, allerdings wird für das Abhören bzw. das Aufzeichnen des gesprochenen Wortes eine erhöhte verfahrensrechtliche Sicherung geschaffen, denn gemäß § 17 Abs. 2 Satz 3 ist insoweit der grundsätzliche Richtervorbehalt vorgesehen. Das hat seinen Grund darin, dass durch das Abhören eines Gesprächs regelmäßig mehr Daten in Erfahrung zu bringen sind als durch die optische Erfassung einer Person bzw. mehrerer Personen. Im Übrigen müssen bei der Gesprächserfassung die Polizeikräfte meist näher an die Zielperson

Datenerhebung durch den verdeckten Einsatz technischer Mittel § 17

heran, als wenn mit guten Kameras fotografiert wird. Liegt eine rechtmäßige Datenerhebung i. S. d. § 17 hinsichtlich des Abhörens und Aufzeichnens des gesprochenen Wortes vor, bedeutet das zugleich, dass die Polizei hierzu befugt war, sodass keine Straftat nach § 201 StGB gegeben ist.

Zur Abgrenzung von verdeckten zu offenen Maßnahmen ist Folgendes festzuhalten: 2

– Bei § 17 handelt es sich um **verdeckte Maßnahmen**, d. h. der Einsatz der Technik muss heimlich oder getarnt erfolgen (s. dazu § 9, RN 27). Nur solche Maßnahmen unterfallen den hohen Voraussetzungen der Vorschrift. Der **offene Einsatz** der Geräte ist möglich, insbesondere gemäß den §§ 15 bis 15 b, aber auch bei der offenen Observation nach § 16 a Abs. 1 oder Abs. 4. Ob und ggf. wann solche Geräte verdeckt oder offen zu anderen Zwecken eingesetzt werden dürfen, richtet sich nach **bereichsspezifischen Regelungen,** zum Schutz öffentlicher Versammlungen nach den §§ 12 a und 19 a VersammlG, zur Strafverfolgung nach den § 100 c und 100 f StPO.
– § 17 Abs. 1 Satz 1 differenziert zwischen Bildaufnahmen und Bildaufzeichnungen. **Bildaufzeichnungen** liegen vor, wenn Bilder auf einem Datenträger manifestiert werden; dann handelt es sich um eine Speicherung (s. § 24, RN 1). Sie setzen damit immer eine **Bildaufnahme** voraus. Bei der im Sprachgebrauch häufig verwendeten Fotoaufnahme oder Filmaufnahme handelt es sich um eine Bildaufzeichnung. Mit Fotoapparaten und Filmkameras im herkömmlichen Sinn sind daher nur Bildaufzeichnungen gemäß § 17 herzustellen, während man mit Videokameras entweder Bildaufzeichnungen (das Videoband wird bespielt) oder Bildaufnahmen (die aufgenommenen Bilder werden z. B. zur Einsatzleitung übertragen und sind dort auf einer Leinwand zu sehen, ohne dass sie wiederholt werden können) erlangen kann. Eine **Datenerhebung** i. S. d. § 17 Abs. 1 Satz 1 kann dabei nur dann vorliegen, wenn die Polizei personenbezogene Daten beschafft, d. h. eine bewusste und gezielte Wahrnehmung der betroffenen Person erfolgt (s. § 15, RN 6). Bei Bildaufzeichnungen liegt regelmäßig eine Datenerhebung vor, da die Bildaufzeichnungsgeräte fast ausschließlich gegen Personen eingesetzt werden, die der Polizei bereits bekannt sind, oder an Objekten, die von bestimmbaren Personen betreten werden. Deshalb kann es sich dabei regelmäßig auch nicht um sog. Übersichtsaufnahmen handeln (s. § 15, RN 7). Werden lediglich Bildaufnahmen übertragen, ohne dass sie aufgezeichnet werden, liegt ein Eingriff vor, wenn die Bilder von Polizeikräften bewusst und gezielt wahrgenommen werden.
– Eine vergleichbare Unterscheidung besteht auch zwischen dem Abhören und dem Aufzeichnen des gesprochenen Wortes, d. h. eine **Aufzeichnung** liegt erst dann vor, wenn man sich das Gespräch mehrmals anhören kann. Eine Aufzeichnung bedingt also, dass vorher ein Gespräch abgehört und auf einen Tonträger konserviert worden ist.

§ 17 Datenerhebung durch den verdeckten Einsatz technischer Mittel

3   Auf welche Weise der Einsatz des technischen Mittels erfolgt, wird durch § 17 nicht vorgegeben. Möglich ist demnach, ein Aufnahmegerät vorab an einer Stelle zu installieren, an der sich Zielpersonen vermutlich treffen (z. B. unter Sitzplätzen in einem Stadion), oder Geräte zu verwenden, die noch über eine relativ große Entfernung wirken. Auch darf ein **Aufnahmegerät an oder in einem Fahrzeug** angebracht werden. Der Pkw ist keine Wohnung, aber solange er sich in einer Garage oder auf einem umfriedeten Grundstück befindet, sind Abhörmaßnahmen nur zulässig, wenn die Voraussetzungen des § 18 Abs. 1 erfüllt sind.

Bei der Rechtsfindung sind die zu § 100c Abs. 1 Nr. 2 StPO a. F. ergangenen Entscheidungen zu berücksichtigen. Das LG Freiburg (NStZ 1996, S. 508) und der BGH (NJW 1997, S. 2189) kommen zum Ergebnis, ein Pkw dürfe zwar (z. B. mit einem Nachschlüssel) geöffnet werden, nicht aber heimlich für einen kurzen Zeitraum in eine Werkstatt gebracht werden, um das technische Mittel einzubauen. Warum in der Befugnis zum Abhören zugleich die stillschweigende Ermächtigung zum Öffnen des Pkw enthalten ist, nicht hingegen die Befugnis zur kurzfristigen Verbringung in einer Werkstatt, wird nicht recht deutlich. Zur Kritik an dieser Rechtsprechung sowie zum Nachbesserungsbedarf durch Bundes- und Landesgesetzgeber s. *Vahle* (KR 1997, S. 556) und *Janker* (NJW 1998, S. 269).

4   In § 17 Abs. 1 wird zwar allgemein formuliert, dass die Polizei personenbezogene Daten durch den verdeckten Einsatz technischer Mittel zum Abhören und Aufzeichnen des gesprochenen Wortes erheben kann, dennoch ist die **präventive Telefonüberwachung unzulässig**. Das ergibt sich aus der Entstehungsgeschichte der Vorschrift. Die Vorläufer der jetzigen Regelung (§ 18 PolG NRW in der Fassung der Bekanntmachung vom 24. Februar 1990 sowie § 17 PolG NRW in der Fassung der Bekanntmachung vom 8. Februar 2010) traten in Kraft, ohne dass Art 10 Abs. 1 GG in § 7 PolG NRW enthalten war (s. dazu *Mann/Müller*, ZRP 1995, S. 180).

Nunmehr wird zwar in § 7 PolG NRW auch Art. 10 Abs. 1 GG aufgeführt und damit das Grundrecht auf Fernmeldegeheimnis eingeschränkt, aber das erfolgt lediglich im Hinblick auf die neuen §§ 20a und 20b. Insoweit gilt die Einschränkung des Grundrechts nach Art. 10 Abs 1 GG nur partiell und ausschließlich bezogen auf Datenabfragen nach den §§ 20a und 20b, also keinesfalls für andere, weitere Eingriffe in dieses Grundrecht.

5   Maßnahmen nach § 17 können eigenständig durchgeführt werden, sind aber auch in **Kombination mit anderen Maßnahmen** möglich. Insbesondere werden auf der Grundlage von § 16a Abs. 1 eingesetzte Observationskräfte oftmals den Auftrag erhalten, von einem Zusammentreffen der Zielperson mit anderen Personen Bild- oder Tonaufzeichnungen herzustellen. Diese Maßnahmen sind – wie § 17 Abs. 4 und § 18 Abs. 4 zeigen – ebenso beim Einsatz einer V-Person oder eines Verdeckten Ermittlers möglich.

Es wird verwiesen auf die Erläuterungen zu 6
- § 16a, RN 5 und 6 hinsichtlich der allgemeinen Voraussetzungen des § 17 Abs. 1 Satz 1,
- § 16a, RN 6 hinsichtlich der unumgänglichen Einbeziehung der „anderen Personen" gemäß § 17 Abs. 1 Satz 2 und 3,
- § 16a, RN 8a hinsichtlich der Datenkennzeichnungspflicht nach § 17 Abs. 3.

2. Anordnungskompetenz für Maßnahmen i. S. d. § 17 Abs. 1

Zunächst wird auf die grundlegenden Erläuterungen zur Anordnungskompetenz 7 des Behördenleiters in § 15a, RN 11 bis 13 verwiesen. Speziell für Maßnahmen nach § 17 Abs. 1 kommt es darauf an, welche technischen Mittel verdeckt eingesetzt werden sollen. Sollen Bildaufnahmen oder -aufzeichnungen gewonnen werden, muss die Anordnung gemäß § 17 Abs. 2 Satz 1 durch die Behördenleitung erfolgen. Sind hingegen das Abhören und Aufzeichnen des gesprochenen Wortes vorgesehen, bedarf es grundsätzlich einer richterlichen Anordnung (§ 17 Abs. 2 Satz 3). Durch die Novellierung der Sätze 2 und 3 in § 17 Abs. 2 können angeordnete Maßnahmen beim Fortbestehen der Voraussetzungen durch die Behördenleitung bzw. auf Antrag der Polizeibehörde durch das Amtsgericht für jeweils einen weiteren Monat verlängert werden.

Maßnahmen nach § 17 Abs. 1 können unter zeitlicher Dringlichkeit stehen. Bei 8 Abwesenheit der Behördenleiterin bzw. des Behördenleiters und der Vertreterin bzw. des Vertreters sind die Beamtin oder der Beamte zur Entscheidung befugt, die gerade die Behördenleiterfunktion wahrnehmen. Der Antrag auf **richterliche Entscheidung** braucht nicht – s. aber im Gegensatz dazu § 31 Abs. 4 Satz 1 sowie § 31, RN 12 – von der Behördenleitung unterzeichnet zu werden, schon gar nicht in Fällen, in denen Gefahr im Verzug (s. § 8, RN 23) vorliegt. Jedoch ist die richterliche Entscheidung unverzüglich, d. h. ohne schuldhaftes Zögern herbeizuführen. Wird sie nicht innerhalb des dritten Tages nach der behördlichen Anordnung bestätigt, erlischt gemäß § 17 Abs. 2 Satz 7 Letztgenannte mit der Folge, dass alle bereits erhobenen Daten zu löschen sind (§ 17 Abs. 2 Satz 9).

3. Bedeutung des § 17 Abs. 4

§ 17 Abs. 4 gestattet, dass Polizeibeamte, aber auch V-Personen i. S. d. § 19 und 9 ggf. weitere Personen (z. B. Verwandter einer Geisel, die das Lösegeld überbringen soll) zum Schutz bei ihrem Einsatz mit Personenschutzmitteln ausgestattet werden, durch die verdeckte Bildaufnahmen bzw. -aufzeichnungen oder verdeckte Aufnahmen bzw. Aufzeichnungen des gesprochenen Wortes ermöglicht werden. Soweit der Einsatz der Geräte nur außerhalb von Wohnungen erfolgt, ist dieser angesichts der Regelungstiefe des § 17 Abs. 4 unproblematisch. Diese

§ 17 Datenerhebung durch den verdeckten Einsatz technischer Mittel

Norm hat allerdings seit der Rechtsänderung von 2003 stark an Bedeutung verloren. Die Polizei kann den Ablauf eines Einsatzes, bei dem die Verwendung eines Personenschutzsenders dringend erforderlich ist, oftmals nicht in allen Einzelheiten planen und vorhersehen, zumal die Betroffenen auch ihrerseits gelegentlich dergestalt einzugreifen versuchen, als z. B. kurzfristig eine Zusammenkunft in einer **Wohnung** verlangt wird. Damit ein Einsatz nicht plötzlich abgebrochen werden muss, weil nur eine Maßnahme nach § 17 Abs. 4 angeordnet ist und keine nach § 18 Abs. 5, sollte man gleich gemäß der letztgenannten Bestimmung vorgehen (s. im Weiteren § 18, RN 10).

10 Die Anordnung für Maßnahmen nach § 17 Abs. 4 kann der Behördenleiter erlassen. Zulässig ist es jedoch auch, dass er eine oder mehrere Leitungspersonen des höheren Polizeivollzugsdienstes besonders beauftragt. Die Delegation der Befugnis auf die genannten Personen selbst ist nicht besonders eilbedürftig, sodass sie vom Behördenleiter vorgenommen werden kann. Sie ist in der Praxis notwendig, weil ggf. entsprechende Maßnahmen sehr schnell eingeleitet werden müssen.

11 Die Rechtsfolge bei einer Datengewinnung gemäß § 17 Abs. 4 ist jedoch, dass diese Daten einer **Zweckbindung** unterliegen. Allerdings können sie zur Strafverfolgung oder zur Gefahrenabwehr genutzt werden, wenn gemäß § 17 Abs. 4 Satz 2 vor ihrer anderweitigen Verwendung richterlich festgestellt worden ist, dass die zu Grunde liegende Maßnahme – nämlich z. B. der Einsatz des Personenschutzsenders – rechtmäßig war. Diese – als **„Richterband"** bezeichnete Feststellung (dazu *Perne*, DVBl. 2006, S. 1486) – ist nicht eine richterliche Vorkontrolle eines beabsichtigten polizeilichen Rechtseingriffes (wie z. B. ein Beschluss darüber, ob eine künftige verdeckte Maßnahme nach dem Vortrag der Polizei zulässig ist), sondern eine nachträgliche Bewertung des Einsatzes des Mittels zur verdeckten Erhebung sowohl von Bild- als auch von Tonaufzeichnungen. Obwohl der Einsatz von Bildaufnahme- und -aufzeichnungsgeräten gemäß § 17 Abs. 2 nicht unter Richtervorbehalt steht, wird bei einer Zweckänderung der erhobenen Daten nun doch eine richterliche Erlaubnis notwendig. Das dient zweifelsohne einem erhöhten Datenschutz, denn selbstverständlich konnten sich die Behördenleitung bzw. die von dieser besonders beauftragte Leitungsperson des höheren Polizeivollzugsdienstes in ihrer Einschätzung irren. Allerdings kommt noch etwas hinzu: Nunmehr ist die eigentliche Datenerhebung abgeschlossen, was bedeutet, dass im gerichtlichen Verfahren über die Frage, ob eine Zweckänderung der Daten in Betracht kommt, auch Betroffene, bei der Art der Maßnahme gemeinhin also mehrere Personen, gehört werden, wodurch bis zur Rechtskraft der Entscheidung gemäß § 17 Abs. 4 Satz 2 einige Zeit vergeht. Aber auch hierfür hat der Gesetzgeber Vorsorge getroffen, denn bei Gefahr im Verzug können durch eine Behördenleiterentscheidung die in Rede stehenden Daten zu den genannten Zwecken genutzt werden, nur ist die richterliche Entscheidung unverzüglich nachzuholen, ohne dass vorgeschrieben wird, bis wann sie zu erfolgen hat. Werden die Aufzeichnungen nicht mehr benötigt,

also auch nicht mehr zur Strafverfolgung oder zur Gefahrenabwehr, sind sie unverzüglich zu löschen, aber selbst hiervon gibt es wiederum datenschutzkonform eine Ausnahme, denn § 24 Abs. 7 sowie § 32 Abs. 5 Nrn. 1 und 2 bleiben unberührt.

4. Nachträgliche Unterrichtung

Die nachträgliche Unterrichtung gemäß § 17 Abs. 5 und 6 hat nicht nur für Maßnahmen nach § 17 Bedeutung, denn auf diese beiden Absätze wird in einigen andern Vorschriften verwiesen. Die **grundlegende Norm ist in Absatz 5 Satz 1** enthalten, die jedoch durch den nachfolgenden Satz eine generelle Ausnahme erhält. Die Verpflichtung zur Information entfällt, wenn die Person zwar zu den Betroffenen zählt, aber nur sehr kurzzeitig oder nur ganz zufällig, d. h. über sie lediglich so wenige Daten bei der Polizei bekannt sind, dass erst eine weitere Datenerhebung erfolgen müsste, um z. B. ihre Namen und Anschrift festzustellen, damit die Unterrichtung erfolgen kann. In so einem wahrscheinlich seltenen Fall wäre die weitere Datenerhebung unverhältnismäßig; sie hat daher zu unterbleiben, wodurch als Konsequenz auch die Benachrichtigung unterbleibt.

12

Die Unterrichtung ist gemäß Absatz 5 Satz 1 (erst) dann vorzunehmen, wenn das **ohne Gefährdung der Maßnahme** erfolgen kann. Aus dieser Vorschrift sowie aus § 17 Abs. 6 Satz 1 ist zu folgern, dass die Polizei in jedem Fall die Befugnis hat, zunächst einmal zu prüfen, ob durch eine Bekanntgabe der durchgeführten Maßnahme eine Gefährdung ihres Zweckes zu befürchten ist. Diese Prüfung ist unverzüglich vorzunehmen und alsbald, spätestens aber sechs Monate nach Beendigung der Maßnahme zum Abschluss zu bringen. Liegen keine Gründe für die Annahme der Zweckgefährdung vor, hat die Unterrichtung zu erfolgen.

Ein Grund für die Zurückstellung der Unterrichtung ist vielfach die Einleitung eines Strafverfahrens gegen den Betroffenen wegen desselben Sachverhalts. Die aus präventiven Gründen gewonnenen Daten sind in ein strafrechtliches Ermittlungsverfahren eingeflossen, dessen Herrin die Staatsanwaltschaft ist. Nach § 17 Abs. 5 Satz 4 ist die Unterrichtung in **Abstimmung mit der Staatsanwaltschaft** nachzuholen, sobald dies der Stand der Ermittlungen zulässt. Was diese Formulierung bedeutet, kann nicht zweifelhaft sein: Die Staatsanwaltschaft gibt ihr Plazet, wenn aus ihrer Sicht die Unterrichtung unbedenklich ist, und die Polizei nimmt sie dann vor. Dabei wird die Staatsanwaltschaft nicht an die in § 17 Abs. 6 Satz 1 genannte Frist gebunden sei. Demzufolge ist sie auch nicht abhängig von einer richterlichen Zustimmung zur Zurückstellung der Unterrichtung nach den folgenden Sätzen dieses Absatzes, denn für eine hierdurch erfolgende Einschränkung der staatsanwaltschaftlichen Betätigung fehlt dem Landesgesetzgeber die Gesetzgebungskompetenz.

§ 18 Verdeckter Einsatz technischer Mittel in oder aus Wohnungen

Die Zurückstellung der Unterrichtung wird sich wohl in den meisten Fällen auf der Grundlage des § 17 Abs. 5 Satz 5 vollziehen. Geschützt werden können so z. B. Verdeckte Ermittler und V-Personen (s. § 19, RN 1), die gegen einen Betroffenen eingesetzt waren, aber auch Zeugen, die eine für den Betroffenen belastende Aussage gemacht haben, falls nun mit erheblichen Repressalien des Betroffenen gegen diese Personen zu rechnen ist.

Hochkomplizierte Regelungen über die zeitlich abgestuften Schritte zur **gerichtlichen Zustimmung** zur Zurückstellung der Unterrichtung enthält § 17 Abs. 6. Dessen Satz 7 enthält eine Regelung, die man an dieser Stelle eigentlich gar nicht vermutet: Fünf Jahre nach ihrem Einsatz sind Verdeckte Ermittler und V-Personen grundsätzlich zu enttarnen. Eine Ausnahme kann es nur geben, wenn im Einzelfall noch eine Gefahrenlage nach § 17 Abs. 5 Satz 5 besteht.

An **Formvorschriften** gibt das Gesetz wenig her; zwingend ist nur, dass der Betroffene gemäß § 17 Abs. 5 Satz 3 auf die Möglichkeit nachträglichen Rechtsschutzes hinzuweisen ist. Das muss in geeigneter Weise geschehen, d. h. es sind das zuständige Gericht und der richtige Rechtsbehelf zu nennen. Im Übrigen gilt, dass die Unterrichtung selbstverständlich schriftlich erfolgen muss. Die vorgenommenen Maßnahmen sind nicht in aller Ausführlichkeit darzustellen, aber aus dem Schreiben muss sich ergeben, was für personenbezogene Daten und in welchem Zeitraum sie erhoben worden sind.

§ 18
Datenerhebung durch den verdeckten Einsatz technischer Mittel in oder aus Wohnungen

(1) ¹**Die Polizei kann personenbezogene Daten in oder aus Wohnungen (§ 41 Absatz 1 Satz 2) durch den verdeckten Einsatz technischer Mittel gemäß § 17 Absatz 1 über Personen, die in den §§ 4 und 5 genannt werden, sowie unter den Voraussetzungen des § 6 über die dort genannten Personen erheben, wenn dies zur Abwehr einer gegenwärtigen Gefahr für Leib, Leben oder Freiheit einer Person erforderlich ist und diese auf andere Weise nicht abgewendet werden kann. ²Dabei dürfen auch personenbezogene Daten über andere Personen erhoben werden, soweit dies erforderlich ist, um eine Datenerhebung nach Satz 1 durchführen zu können. ³§ 16a Absatz 1 Satz 3 bis 5 gilt entsprechend. ⁴Eine ausschließlich automatisierte Datenerhebung ist unzulässig.**

(2) ¹**Die Datenerhebung nach Absatz 1 bedarf der Anordnung durch die in § 74a Absatz 4 des Gerichtsverfassungsgesetzes genannte Kammer des Landgerichts, in dessen Bezirk die Polizeibehörde ihren Sitz hat. ²Sie bedarf der Schriftform und ist auf höchstens einen Monat zu befristen. ³Sie muss, soweit bekannt, Name und Anschrift der Person, gegen die sich die Datenerhebung richtet, Art und Umfang der zu erhebenden Daten sowie**

die betroffenen Wohnungen bezeichnen und ist zu begründen. ⁴Soweit die Voraussetzungen der Anordnung fortbestehen, sind auf Antrag Verlängerungen um jeweils einen weiteren Monat zulässig. ⁵Bei Gefahr im Verzug kann die Maßnahme durch die Behördenleiterin oder den Behördenleiter angeordnet werden. ⁶Die richterliche Bestätigung ist unverzüglich zu beantragen. ⁷Die Anordnung nach Satz 6 tritt spätestens mit Ablauf des dritten Tages nach ihrem Erlass außer Kraft, wenn sie bis dahin nicht richterlich bestätigt wird. ⁸Erfolgt keine richterliche Bestätigung, dürfen bereits erhobene Daten nicht verwendet werden. ⁹Die Daten sind unverzüglich zu löschen.

(3) ¹Die Maßnahme darf nur angeordnet werden, soweit auf Grund tatsächlicher Anhaltspunkte anzunehmen ist, dass durch die Erhebung Daten, die dem Kernbereich privater Lebensgestaltung zuzurechnen sind, nicht erfasst werden. ²Dabei ist insbesondere auf die Art der zu überwachenden Räumlichkeiten und das Verhältnis der dort anwesenden Personen zueinander abzustellen. ³Der Kernbereich umfasst auch das durch Berufsgeheimnis geschützte Vertrauensverhältnis der in §§ 53 und 53a der Strafprozessordnung genannten Berufsgeheimnisträger. ⁴Gespräche in Betriebs- und Geschäftsräumen sind, soweit sie nicht zur Berufsausübung bestimmte Räume von Berufsgeheimnisträgern gemäß §§ 53 und 53a der Strafprozessordnung sind, in der Regel nicht dem Kernbereich privater Lebensgestaltung zuzurechnen.

(4) ¹Die Datenerhebung ist unverzüglich zu unterbrechen, sofern sich während der Überwachung tatsächliche Anhaltspunkte dafür ergeben, dass Daten, die dem Kernbereich privater Lebensgestaltung zuzurechnen sind, erfasst werden. ²Bestehen insoweit Zweifel, darf statt der unmittelbaren Wahrnehmung nur noch eine automatisierte Aufzeichnung erfolgen. ³Nach einer Unterbrechung oder einer Aufzeichnung gemäß Satz 2 darf die Erhebung fortgesetzt werden, wenn zu erwarten ist, dass die Gründe, die zur Unterbrechung oder zur Aufzeichnung geführt haben, nicht mehr vorliegen. ⁴Die automatisierte Aufzeichnung ist unverzüglich dem anordnenden Gericht zur Entscheidung über die Verwertbarkeit und Löschung der Daten vorzulegen. ⁵Für die nicht verwertbaren Teile ordnet das Gericht die unverzügliche Löschung an. ⁶Das Gericht unterrichtet die Polizeibehörde unverzüglich über den Inhalt der verwertbaren Teile der Aufzeichnung. ⁷Die Tatsachen der Datenerfassung und der Löschung sind zu dokumentieren. ⁸Die Maßnahme ist abzubrechen, wenn die Voraussetzungen des Absatzes 1 nicht mehr vorliegen.

(5) ¹Werden technische Mittel ausschließlich zum Schutz der bei einem polizeilichen Einsatz in Wohnungen tätigen Personen verwendet, kann die Datenerhebung nach Absatz 1 durch die Behördenleiterin oder den Behördenleiter angeordnet werden. ²Eine anderweitige Verwertung der gemäß Satz 1 erlangten Erkenntnisse ist nur zum Zwecke der Strafverfolgung oder der

§ 18 Verdeckter Einsatz technischer Mittel in oder aus Wohnungen

Gefahrenabwehr und nur zulässig, wenn zuvor die Rechtmäßigkeit der Maßnahme richterlich festgestellt ist; bei Gefahr im Verzug ist die richterliche Entscheidung unverzüglich nachzuholen. ³Aufzeichnungen, die nicht im Sinne des Satzes 2 verwendet werden, sind unverzüglich nach Beendigung des Einsatzes zu löschen. ⁴§ 24 Absatz 7 sowie § 32 Absatz 5 Nummer 1 und 2 bleiben unberührt.

(6) ¹Nach Absätzen 1 und 5 erlangte personenbezogene Daten sind besonders zu kennzeichnen. ²Nach einer Übermittlung an eine andere Stelle ist die Kennzeichnung durch diese aufrechtzuerhalten.

(7) § 17 Absätze 5 bis 7 gilt entsprechend.

VVPolG NRW zu § 18

Datenerhebung durch den verdeckten Einsatz technischer Mittel zum Abhören und Aufzeichnen des gesprochenen Wortes (zu § 18)
18.0
§ 18 enthält die speziellen Vorschriften für die präventive Wohnraumüberwachung, die bisher in den §§ 17 und 18 (a. F.) jeweils in den Absätzen 2 und 3 enthalten waren.
18.1 (zu Absatz 1)
18.11
Absatz 1 entspricht, abgesehen von der Zusammenfassung der Datenerhebung (Bild- und Tonaufzeichnungen), im Wesentlichen den bisherigen Regelungen (§ 17 Abs. 2 i. V. m. Abs. 1 Nr. 1 sowie § 18 Abs. 2 i. V. m. Abs. 1 Nr. 1).
Die Maßnahme der präventiven Wohnraumüberwachung ist wie bisher nur zur Abwehr einer gegenwärtigen Gefahr für Leib, Leben oder Freiheit einer Person zulässig. Die Änderung des 2. Halbsatzes trägt dem Umstand Rechnung, dass die Wohnraumüberwachung einen besonders schwerwiegenden Grundrechtseingriff darstellt, der aus Gründen der Verhältnismäßigkeit nur als äußerste Möglichkeit der Gefahrenabwehr in Betracht kommt.
Mit Satz 2 wird klargestellt, dass die Wohnraumüberwachung jedoch nicht dadurch unzulässig wird, dass sich dort unbeteiligte Dritte aufhalten.
18.12
Um zu gewährleisten, dass der Schutz des Kernbereichs nach dem zweistufigen Schutzkonzept primär bereits auf der ersten Stufe greift, erfolgt die Wohnraumüberwachung gemäß Satz 4 grundsätzlich im Wege der unmittelbaren Wahrnehmung (durch Live-Mithören/Schauen), eine parallele technische Aufzeichnung ist zulässig. Dies ist bei der Wohnraumüberwachung der mildere Eingriff, da dadurch ein sofortiges Unterbrechen bei Auftreten kernbereichsrelevanter Inhalte gewährleistet ist (s. BVerfG, 1 BvR 2378/98, 1084/99, Urt. vom 3.3.2004, Absatz- Nr. 151, http://www.bverfg.de).

18.2 (zu Absatz 2)
18.21
Die Datenerhebung bedarf gemäß Satz 1 einer richterlichen Anordnung durch die in § 74a Abs. 4 des Gerichtsverfassungsgesetzes genannte Kammer des Landgerichts, in dessen Bezirk die Polizeibehörde ihren Sitz hat. Diese Kammer ist auch zuständig für die Anordnung und sonstige Entscheidungen bei der strafprozessualen Wohnraumüberwachung gemäß §§ 100c, 100d StPO. Wegen der besonderen Schwere des Eingriffs wird die Entscheidung durch ein richterliches Kollegialorgan getroffen. Die Geltung der richterlichen Anordnung ist gemäß Satz 2 auf einen Monat befristet. Soweit die Voraussetzungen nach Abs. 1 und 2 vorliegen, können gemäß Satz 4 Verlängerungen um jeweils ebenfalls nicht mehr als einen Monat angeordnet werden.

18.22
Gerade bei der Anordnung von Überwachungsmaßnahmen zur Abwehr von Gefahren für Leib und Leben ist eine Regelung für Eilanordnungen bei Gefahr im Verzug notwendig: Deshalb enthält Satz 5 eine Eilanordnungskompetenz für die Behördenleitung. Die Eilanordnung muss unverzüglich richterlich bestätigt werden. Erfolgt die Bestätigung nicht binnen drei Tagen, tritt sie gemäß Satz 7 außer Kraft und die bereits erhobenen Daten dürfen nicht verwendet werden; sie sind unverzüglich zu löschen.

18.3 (zu Absatz 3)
18.31
Absatz 3 Satz 1 sieht vor, dass eine Datenerhebung in und aus Wohnungen nur dann angeordnet werden darf, soweit auf Grund tatsächlicher Anhaltspunkte anzunehmen ist, dass durch die Überwachung keine Daten erfasst werden, die dem Kernbereich privater Lebensgestaltung zuzurechnen sind. Hinsichtlich der zulässigen Typisierung wird in Absatz 3 Satz 2 ausgeführt, dass dabei insbesondere auf die Art der zu überwachenden Räumlichkeiten und das Verhältnis der dort anwesenden Personen abzustellen ist. Allerdings dürfen Daten von Gesprächen mit Sozialbezug, insbesondere wenn die Inhalte die nach Abs. 1 abzuwehrenden Gefahren oder andere geplante Straftaten betreffen, erhoben werden (so auch BVerfG, 1 BvR 2378/98, 1084/99, Urt. vom 3.3.2004, Abs.-Nr. 137, http:// www.bverfg.de).

18.32
Gemäß Satz 3 umfasst die Schutzwirkung des Kernbereichs die Kommunikation innerhalb des besonders geschützten Vertrauensverhältnisses mit den in §§ 53 und 53a der Strafprozessordnung genannten Berufsgeheimnisträgern. Bei Gesprächen in Betriebs- und Geschäftsräumen spricht die Regelvermutung des Satzes 4 gegen eine Kernbereichszurechnung, soweit es sich nicht um solche der vorgenannten Berufsgeheimnisträger handelt.

§ 18 Verdeckter Einsatz technischer Mittel in oder aus Wohnungen

18.4 (zu Absatz 4)
18.41
Gemäß dem Grundsatz der Datenvermeidung ist die Datenerhebung unverzüglich zu unterbrechen, wenn sich während der laufenden Maßnahme herausstellt, dass die überwachten Gespräche oder die aufgenommenen Situationen entgegen der ursprünglichen Prognose dem Kernbereich privater Lebensgestaltung zuzurechnen sind.
Während der angeordneten Dauer einer verdeckten Datenerhebungsmaßnahme kann lageangepasst sowohl eine Unterbrechung gemäß Satz 1 als auch das „Umschalten" auf eine automatisierte Aufzeichnung gemäß Satz 2 erfolgen.
Satz 3 verdeutlicht, dass eine Fortsetzung der Datenerhebung ohne erneute richterliche Anordnung zulässig ist, wenn auf Grund veränderter tatsächlicher Umstände (z. B. Veränderung der Personenkonstellation in der überwachten Wohnung) eine Erfassung kernbereichsrelevanter Inhalte nicht mehr zu erwarten ist. Außerdem wird dadurch die jederzeitige Möglichkeit zur „Rückkehr" zum Live-Mithören als weniger schwerwiegendem Eingriff geklärt.
18.42
Sobald Zweifelsfälle auftreten, darf nur noch automatisiert aufgezeichnet werden. Im Rahmen des zweistufigen Schutzkonzepts ist die Aufzeichnung unverzüglich dem Gericht, das die Anordnung getroffen hat, zur Bewertung der Daten und zur Entscheidung über die Verwertbarkeit und Löschung der erhobenen Daten vorzulegen. Der Umgang des Gerichts mit dem sog. Richterband ist in den weiteren Sätzen 5 und 6 geregelt.
18.5 (zu Absatz 5)
Die Maßnahme eines Einsatzes technischer Mittel ausschließlich zum Schutz der bei einem polizeilichen Einsatz in Wohnungen tätigen Personen wird durch die Behördenleitung angeordnet.
18.6 (zu Absatz 6)
Die gemäß Absatz 1 oder 5 erlangten Daten zur Gewährleistung der strengen Zweckbindung der gewonnenen Informationen sind besonders zu kennzeichnen. Dies gilt gemäß Satz 2 auch bei einer Weiterübermittlung der Daten.
18.7 (zu Absatz 7)
Auf Grund der Verweisung kommen die Regeln über die Unterrichtungsverpflichtung (§ 17 Abs. 5), die besonderen Verfahrensvorschriften hinsichtlich der richterlichen Überprüfung bei einer längerfristigen Zurückstellung (§ 17 Abs. 6) und die Datenlöschung nichtbetroffener Personen (§ 17 Abs. 7) zur Anwendung.

Erläuterungen:

1. Allgemeines

1 § 18 enthält dieselben Voraussetzungen und im Prinzip dieselben Rechtsfolgen wie § 17 Abs. 1 Nr. 1. Deshalb kann zunächst auf die Erläuterungen zu der letztgenannten Vorschrift verwiesen werden. Eine bedeutende Abweichung gibt es

allerdings hinsichtlich der richterlichen Anordnung der Maßnahmen nach § 18 Abs. 1. Gemäß § 18 Abs. 2 bedarf es hierzu eines Beschlusses der in § 74 a Abs. 4 GVG genannten Kammer des Landgerichts, in dessen Bezirk die Polizeibehörde ihren Sitz hat. Insoweit ist eine gewisse inhaltliche Übereinstimmung mit § 100 d StPO erzielt worden. Ansonsten gibt es allerdings große Abweichungen zu sonstigen Richtervorbehalten bzw. richterlichen Erlaubnissen nach dem Polizeirecht, denn für die sog. Staatsschutzkammer gilt als Verfahrensrecht die StPO und nicht das FamFG.

In § 18 Abs. 1 wird zwar allgemein formuliert, dass die Polizei personenbezogene Daten durch den verdeckten Einsatz technischer Mittel zum Abhören und Aufzeichnen des gesprochenen Wortes erheben kann, dennoch ist die **präventive Telefonüberwachung unzulässig**. Das folgt zum einen aus der Entstehungsgeschichte der Vorschrift, zum anderen daraus, dass der Gesetzgeber Art. 10 Abs. 1 GG in § 7 nicht genannt hat (*Mann/Müller*, ZRP 1995, S. 180). 2

Gemäß Art. 13 Abs. 6 Satz 3 GG wird der Landtag Nordrhein-Westfalen jährlich über präventive Überwachungen von Wohnungen mit technischen Mitteln unterrichtet. Zur Problematik des Art. 13 Abs. 6 GG s. *Braun* (NVwZ 2000, S. 375, 379). Erlassgemäß berichten die Polizeibehörden zum 1. Februar dem Innenministerium über die im zurückliegenden Jahr durchgeführte Maßnahmen nach den § 18. Abs. 1. 3

2. Datenerhebung in oder aus Wohnungen

§ 18 ist Art. 13 Abs. 3 bis 5 GG angeglichen worden. Gemäß § 18 Abs. 1 dürfen technische Geräte zum Anfertigen von Bildaufnahmen und Bildaufzeichnungen sowie zum Abhören und Aufzeichnen des gesprochenen Wortes **in oder aus Wohnungen der betroffenen Person** nur verwendet werden, wenn dies zur Abwehr einer gegenwärtigen Gefahr für Leib, Leben oder Freiheit einer Person erforderlich ist. Folglich gelten dieselben Voraussetzungen, gleichgültig, ob die Kamera oder das Mikrofon in oder außerhalb der Wohnung angebracht ist, also im letztgenannten Fall auch dann, wenn von außen (d. h. durch Fensterscheiben oder durch ein geöffnetes Fenster bzw. eine geöffnete Tür) Aufnahmen in der Wohnung gemacht werden. 4

Den Schutz des Art. 13 GG genießt nur der **berechtigte Wohnungsinhaber** (vgl. dazu § 41, RN 10). Ein Straftäter, der in eine fremde Wohnung eindringt und den dort anwesenden Wohnungsinhaber oder dessen Gäste als Geiseln nimmt, zählt nicht zu dem geschützten Personenkreis, sodass § 18 insoweit keine Anwendung findet. 5

Durch die Verweisung auf § 41 Abs. 1 Satz 2 gilt der **weite Wohnungsbegriff**. Dazu gehören Wohn-, Betriebs- und Geschäftsräume, so auch ein Vereinsbüro (BGH, NStZ 1997, S. 195, mit zustimmender Anmerkung von *Scholz*, S. 196). § 41 Abs. 1 Satz 2 stellt allerdings auf das Betreten und Durchsuchen von Woh- 6 nungen ab. Soweit die Polizei ein befriedetes Besitztum betreten will, um dort eine Kamera zu installieren bzw. zu betreiben, müssen die Voraussetzungen des § 18 erfüllt sein, denn die Umfriedung eines Hausgrundstücks mit einer auch nur kniehohen Hecke zeigt den Willen des Berechtigten, dass er nicht jeden auf sein Grundstück lassen will. Fraglich ist allerdings, ob verdeckte Bildaufzeichnungen über einen kniehohen Zaun, über den jedermann zumindest einen Teil des Vorgartens einsehen kann, nur unter den Voraussetzungen des § 18 zulässig sind (BGH, NJW 1997, S. 2189 für strafprozessuale Maßnahmen nach § 100c Abs. 1 Nr. 2 StPO a. F.). Die private Abgeschiedenheit des Hauseigentümers ist hier gerade nicht gegeben, weil jeder, der am Grundstück vorbeigeht, sehen kann, was dort geschieht. Anders ist es, wenn für die verdeckten Bildaufnahmen künstliche oder natürliche Sichtsperren überwunden werden müssen.

3. Mitführen eines Personenschutzsenders

7   Die verdeckte Datenerhebung durch Bildaufnahmen bzw. -aufzeichnungen bzw. durch Aufnahme und Aufzeichnung des gesprochenen Wortes in oder aus einer Wohnung, von der der Wohnungsinhaber nichts ahnt, ist ein stärkerer Eingriff als die Durchsuchung der Wohnung. Der verdeckte Einsatz solcher Geräte in der Wohnung durch eine Person, der Einlass gewährt wurde, ist zwar immer noch ein schwerer Eingriff, allerdings weiß hier der Wohnungsinhaber, dass sich ein Fremder in seiner Wohnung befindet. Er kann sich deshalb darauf einstellen. Der Eingriff besteht also nicht darin, dass dieser Fremde etwas erfährt, was sich für ihn wahrnehmbar in der Wohnung abspielt oder gesprochen wird, sondern darin, dass es sich um eine bei einem polizeilichen Einsatz eingesetzte Person handelt und zugleich noch weitere (am Einsatz beteiligte) Personen davon etwas erfahren – und zwar schneller und möglicherweise genauer, als wenn sie darüber nachträglich in Kenntnis gesetzt werden.

Art. 13 Abs. 5 GG sieht für Maßnahmen i. S. d. § 18 Abs. 5 generell keinen Richtervorbehalt vor. Damit die erhobenen Daten zur Strafverfolgung und anderweitig zur Gefahrenabwehr genutzt werden können, schreibt das PolG NRW vor, dass eine richterliche Entscheidung vorab herbeigeführt, bei Gefahr in Verzug nachgeholt wird.

8   Beim Mitführen eines Personenschutzsenders, z. B. durch einen Polizeibeamten, wird der Wohnungsinhaber zwar über die Absichten seines Besuchers getäuscht, er ist sich aber bewusst, dass er einem Dritten den Zutritt zu seiner Wohnung gestattet hat. Insofern gibt er einen Teil des geschützten Kernbereichs privater Lebensgestaltung auf, denn er und seine Angehörigen wissen, dass ein Fremder in der Wohnung ist und können sich darauf einstellen.

9   Die **Verwertung von Erkenntnissen** aus einer Maßnahme nach § 18 **in einem Strafverfahren** ist grundsätzlich zulässig. Dabei haben die Gerichte, die z. B. eine strafprozessuale Durchsuchung oder Beschlagnahme anordnen, nicht die Beschlüsse des Gerichts i. S. d. § 18 Abs. 5 Satz 2 zu überprüfen (s. BGH, NJW

1996, S. 405). Konnte die gegenwärtige Gefahr für Leib, Leben oder Freiheit einer Person nicht abgewehrt werden, d. h. kommt es zu einer Straftat, können die nach § 18 Abs. 5 rechtmäßig erlangten Daten aus der Wohnraumüberwachung in ein Strafverfahren einfließen. Zu diesem Ergebnis kommt man insbesondere mit Blick auf Art. 13 Abs. 5 GG. Wenn die Rechtmäßigkeit der Datenerhebung durch einen Personenschutzsender richterlich festgestellt ist oder bei Gefahr im Verzug die richterliche Entscheidung unverzüglich nachgeholt wird (§ 18 Abs. 5 Satz 2), dürfen die in Wohnungen mittels Personenschutzsenders mitgehörten Gespräche auch zu Zwecken der Strafverfolgung oder der Gefahrenabwehr genutzt werden.

4. Anordnungskompetenz

Die **Anordnungskompetenz für das Mitführen von Personenschutzmitteln in Wohnungen**, insbesondere eines Personenschutzsenders, liegt gemäß § 18 Abs. 5 Satz 1 beim Behördenleiter, wobei zwar die nicht im PolG NRW ausdrücklich geregelte Vertretung für den Einzelfall besteht, aber nicht die generelle Delegationsmöglichkeit auf die besonders beauftragte Leitungsperson des höheren Polizeivollzugsdienstes vorgesehen ist. Das hat zur Folge, dass bei allen Einsatzarten, für die die Anordnungskompetenz einer Leitungsperson des höheren Polizeivollzugsdienstes vorgesehen ist (längerfristige Observation nach § 16a, Einsatz einer V-Person nach § 19) genau diese Anordnungskompetenz entfällt, falls die Mitnahme eines Personenschutzsenders in eine Wohnung in Betracht zu ziehen ist. 10

§ 19
Datenerhebung durch den Einsatz von Personen, deren Zusammenarbeit mit der Polizei Dritten nicht bekannt ist

(1) ¹Die Polizei kann personenbezogene Daten erheben durch den Einsatz von Personen, deren Zusammenarbeit mit der Polizei Dritten nicht bekannt ist,

1. über die in den §§ 4 und 5 genannten und unter den Voraussetzungen des § 6 über die dort genannten Personen, wenn dies zur Abwehr einer gegenwärtigen Gefahr für Leib, Leben oder Freiheit einer Person erforderlich ist,
2. über Personen, soweit Tatsachen die Annahme rechtfertigen, dass diese Personen Straftaten von erheblicher Bedeutung begehen wollen, sowie über deren Kontakt- oder Begleitpersonen, wenn die Datenerhebung zur vorbeugenden Bekämpfung dieser Straftaten erforderlich ist.

²Dabei dürfen auch personenbezogene Daten über andere Personen erhoben werden, soweit dies erforderlich ist, um eine Datenerhebung nach

§ 19   Datenerhebung durch den Einsatz von Personen

Satz 1 durchführen zu können. ³§ 16 a Absatz 1 Satz 3 bis 5 sowie § 17 Absatz 7 gelten entsprechend.

(2) ¹Der Einsatz von Personen, deren Zusammenarbeit mit der Polizei Dritten nicht bekannt ist, darf nur durch die Behördenleiterin oder den Behördenleiter oder eine von ihnen beauftragte Leitungsperson des höheren Polizeivollzugsdienstes angeordnet werden. ²§ 16 a Absatz 2 Satz 2 und 3 gilt entsprechend.

(3) Bezüglich der Unterrichtung über die Maßnahme gilt § 17 Absatz 5 und 6 entsprechend mit der Maßgabe, dass sie auch zurückgestellt werden kann, wenn durch das Bekanntwerden der Datenerhebung der weitere Einsatz dieser Personen, deren Zusammenarbeit mit der Polizei Dritten nicht bekannt ist, gefährdet wird.

VVPolG NRW zu § 1

Datenerhebung durch den Einsatz von Personen, deren Zusammenarbeit mit der Polizei Dritten nicht bekannt ist (zu § 19)
19.01
RdNr. 16a.0 gilt entsprechend.
19.02
Mit „Personen, deren Zusammenarbeit mit der Polizei Dritten nicht bekannt ist", werden die V-Personen begrifflich umschrieben. Maßgeblich ist, dass die Zusammenarbeit von V-Personen und Polizei Dritten nicht bekannt werden soll.
19.03
Für die Zusicherung der Vertraulichkeit/Geheimhaltung durch die Polizei gilt der RdErl. d. Justizministeriums u. d. Innenministeriums v. 17.2.1986 (MBl. NRW. S. 203), geändert durch RdErl. v. 15.08.1996 (MBl. NRW. S. 1562), entsprechend.
19.1 (zu Absatz 1)
19.11
Die Polizei muss der V-Person den speziellen Auftrag erteilen, gezielt Daten über bestimmte oder bestimmbare Personen zu beschaffen.
19.12
V-Personen haben und erhalten keine hoheitlichen Befugnisse. In Ausnahmefällen kann es notwendig sein, ihnen einen Personenschutzsender oder entsprechende andere Geräte zum Schutz nach Maßgabe der §§ 17 und 18 mitzugeben.
19.13
Die RdNrn. 16a.13 und 17.7 gelten entsprechend.
19.2 (zu Absatz 2)
19.21
Der personenbezogene und funktionsbezogene Auftrag an Polizeivollzugsbeamtinnen oder Polizeivollzugsbeamte, über den Einsatz von V-Personen zu entscheiden, bedarf der Schriftform. Der Auftrag ist auf höchstens zwei Jahre zu be-

Datenerhebung durch den Einsatz von Personen § 19

fristen; Verlängerungen sind zulässig. Wer eine V-Person führt, ist einer strengen Aufsicht zu unterwerfen.

19.22 Der Einsatz einer V-Person, die gewerbsmäßig Nachforschungen betreibt, ist der Behördenleiterin oder dem Behördenleiter unverzüglich anzuzeigen. Ihr Einsatz darf für den Einzelfall über den Zeitraum von drei Monaten hinaus nur mit Genehmigung der Behördenleiterin oder des Behördenleiters erfolgen.
19.23
RdNr. 16a.25 gilt entsprechend.
19.3 (zu Absatz 3)
Die RdNrn. 16a.3, 17.51ff. und 17.6 gelten entsprechend.

Erläuterungen:

1. Bedeutung der Vorschrift

§ 19 regelt die Erhebung personenbezogener Daten **durch den Einsatz von Personen, deren Zusammenarbeit mit der Polizei Dritten nicht bekannt ist.** Diese Personen werden oftmals **V-Personen** (= Vertrauenspersonen) genannt. 1

Aus der Formulierung im Gesetzestext „durch den Einsatz" wird deutlich, was gemeint ist. Die Polizei muss der V-Person einen speziellen Auftrag erteilen, gezielt Daten über bestimmte oder bestimmbare Personen **zu beschaffen.** Es geht also nicht um Aussagen über zurückliegende Sachverhalte, die einer von der Polizei befragten Person bekannt sind oder nach Auffassung der Polizei bekannt sein könnten. Unter § 19 fällt daher nicht das Befragen von Hinweisgebern durch die Polizei, wobei gleichgültig ist, ob die Polizei auf diese zugeht oder ob diese von sich aus zur Polizei kommen und die Polizei ggf. noch weitere Einzelheiten erfragt. 2

Da es sich im Rahmen des § 19 um einen **gezielten Einsatz** handeln muss, fallen unter diese Bestimmung keine allgemein gehaltenen Bitten der Polizei z. B. gegenüber Hinweisgebern, auch in Zukunft „Augen und Ohren offen zu halten" und ggf. sachdienliche Hinweise zu geben. Die Zusage der Polizei, Aussagen vertraulich zu behandeln, betrifft nicht § 19. 3

Die V-Person muss **bereit** sein, mit der Polizei zusammenzuarbeiten. Das Motiv für diese Bereitschaft ist in diesem Zusammenhang unwichtig. Es kann darin liegen, dass die V-Person einem ihr nahestehenden Menschen helfen will. Das ist z. B. der Fall, wenn ein Familienangehöriger nach einer erpresserischen Geiselnahme das Lösegeld überbringt, ohne dass der Täter von der Zusammenarbeit des Geldüberbringers mit der Polizei Kenntnis hat. 4

Gelegentlich mag es geboten sein, eine V-Person nach dem Verpflichtungsgesetz zu verpflichten, jedoch sollte von dieser Möglichkeit nur in besonderen Einzelfällen Gebrauch gemacht werden. V-Personen haben und erhalten **keine Ho-** 5

207

heitsbefugnisse und schon deshalb darf keinesfalls der Eindruck entstehen, sie seien Teil der Polizei.

Zum Schutz der V-Personen kann es notwendig werden, ihnen in Einzelfällen einen **Personenschutzsender** oder entsprechende andere technische Geräte mitzugeben (s. dazu § 17, RN 9 ff. und insbesondere § 18, RN 7 ff.). Selbstverständlich darf eine V-Person zur Informationsbeschaffung grundsätzlich **keine Straftat** begehen.

6   Wenngleich die V-Person nicht verdeckt i. S. d. § 9 Abs. 4, sondern offen vorgeht, handelt es sich im Hinblick auf den Eingriff gegenüber der betroffenen Person um eine verdeckte Maßnahme **der Polizei,** denn jener ist die Zusammenarbeit der V-Person mit der Polizei nicht bekannt.

7   Wegen der allgemeinen Voraussetzungen des § 19 s. die Erläuterungen zu den §§ 16a und 17.

2. Anordnungskompetenz

8   S. zunächst die grundlegenden Erläuterungen zur Anordnungskompetenz des Behördenleiters in § 15a, RN 11 bis 13. Grundsätzlich ist in Fällen des § 19 der Behördenleiter (und in seiner Abwesenheit sein Vertreter) für die Beauftragung einer V-Person zuständig, jedoch besteht für ihn gemäß § 19 Abs. 2 – ähnlich wie nach § 17 Abs. 4 – die Möglichkeit, diese Befugnis **generell** auf eine von ihm beauftragte Leitungsperson des höheren Polizeivollzugsdienstes zu übertragen. Der Übertragungsakt selbst ist keine eilbedürftige Angelegenheit, sodass die Übertragung nur durch die Behördenleiterin bzw. den Behördenleiter und lediglich in besonderen Ausnahmefällen durch die Vertreterin bzw. den Vertreter ausgeübt werden kann. Das Gesetz enthält keinerlei Ausführungen über Form und Umfang der Übertragung.

9   Mit der Übertragung muss eine Regelung einhergehen, nach der der sog. V-Mann-Führer einer strengen **Aufsicht** unterliegt.

Sobald für die V-Person ein Personenschutzsender vorgesehen ist und in einer Wohnung des Betroffenen zum Einsatz kommen soll, bedarf es gemäß § 18 Abs. 5 einer Anordnung des Behördenleiters, sodass tunlichst von vornherein diese herbeigeführt wird.

3. Unterrichtungspflicht

10   Für die nachträgliche **Unterrichtung** einer betroffenen Person gilt gemäß § 19 Abs. 3 Satz 1 die allgemeine Regel des § 17 Abs. 5 und 6. Anders als in den Fällen der längerfristigen Observation, des Einsatzes technischer Geräte oder der Polizeilichen Beobachtung kann die Unterrichtung allerdings zusätzlich dann zurückgestellt werden, wenn Gefahr besteht, dass durch die Unterrichtung die V-Person „verbrennt". Zwar erfolgt die Unterrichtung niemals dergestalt, dass

die Polizei bekannt gibt, wer die V-Person war, jedoch ist sorgfältig zu prüfen, ob durch das Bekanntwerden der Maßnahme offenkundig wird, wer als V-Person eingesetzt war. Auf § 17 Abs. 6 Satz 7 wird hingewiesen. In einem Verwaltungsstreitverfahren kann, wenn ausreichende Gründe für die Geheimhaltung der Identität der V-Person vorliegen, eine **Sperrerklärung** gemäß § 99 VwGO abgegeben werden. **Vertraulichkeit** darf entsprechend der Regelung des unter RdNr. 19.03 VVPolG N RW erwähnten RdErl. nur dann zugesichert werden, wenn die V- Person bei Bekanntwerden ihrer Zusammenarbeit mit der Polizei erheblich gefährdet wäre oder unzumutbare Nachteile zu erwarten hätte. Es müssen ggf. dem Gericht die einschlägigen Aktenstücke nicht vorgelegt werden; eine Auskunftserteilung unterbleibt. Beim Einsatz von V-Personen aus strafprozessualen Gründen ergibt sich die Möglichkeit der Sperrerklärung aus § 96 StPO.

§ 20
Datenerhebung durch den Einsatz Verdeckter Ermittler

(1) Die Polizei kann durch einen Polizeivollzugsbeamten, der unter einer ihm verliehenen, auf Dauer angelegten Legende eingesetzt wird (Verdeckter Ermittler), personenbezogene Daten über die in den §§ 4 und 5 genannten und andere Personen erheben, wenn

1. **dies zur Abwehr einer gegenwärtigen Gefahr für Leib, Leben oder Freiheit einer Person erforderlich ist,**
2. **Tatsachen die Annahme rechtfertigen, dass Straftaten von erheblicher Bedeutung begangen werden sollen, und dies zur vorbeugenden Bekämpfung dieser Straftaten erforderlich ist.**

(2) ¹Soweit es für den Aufbau und zur Aufrechterhaltung der Legende unerlässlich ist, dürfen entsprechende Urkunden hergestellt oder verändert werden. ²Ein Verdeckter Ermittler darf unter der Legende zur Erfüllung seines Auftrages am Rechtsverkehr teilnehmen.

(3) ¹Ein Verdeckter Ermittler darf unter der Legende mit Einverständnis der berechtigten Person deren Wohnung betreten. ²Das Einverständnis darf nicht durch ein über die Nutzung der Legende hinausgehendes Vortäuschen eines Zutrittsrechts herbeigeführt werden. ³Im Übrigen richten sich die Befugnisse eines Verdeckten Ermittlers nach diesem Gesetz oder anderen Rechtsvorschriften.

(4) ¹Der Einsatz eines Verdeckten Ermittlers darf nur durch die Behördenleiterin oder den Behördenleiter angeordnet werden. ²§ 16a Absatz 2 Satz 2 und 3 sowie § 17 Absatz 7 gelten entsprechend.

(5) Bezüglich der Unterrichtung über die Maßnahme gilt § 17 Absatz 5 und 6 entsprechend mit der Maßgabe, dass sie auch zurückgestellt werden

§ 20   Datenerhebung durch den Einsatz Verdeckter Ermittler

kann, wenn durch das Bekanntwerden der Datenerhebung der weitere Einsatz des Verdeckten Ermittlers gefährdet wird.

VVPolG NRW zu § 20
Datenerhebung durch den Einsatz Verdeckter Ermittler (zu § 20)
20.01
RdNr. 16a.0 gilt entsprechend.
20.02
Als Verdeckte Ermittler dürfen nur für diese Funktion ausgebildete und bestimmte Polizeivollzugsbeamtinnen und Polizeivollzugsbeamte eingesetzt werden.
20.1 *(zu Absatz 1)*
20.11
§ 20 Abs. 1 enthält die Legaldefinition für Verdeckte Ermittler. Voraussetzung für den Einsatz eines Verdeckten Ermittlers ist, dass die Aufgabenerfüllung i. S. d. § 20 Abs. 1 Nrn. 1 oder 2 ohne seinen Einsatz wesentlich erschwert oder entscheidend verzögert würde.
20.12
Der Verdeckte Ermittler unterliegt dem Legalitätsprinzip. Erhält er im Rahmen seiner Tätigkeit Kenntnis von Straftaten, hat er unverzüglich seine Dienststelle zu unterrichten. Die Dienststelle hat sodann – ggf. im Einvernehmen mit der Staatsanwaltschaft – die erforderlichen Maßnahmen zur Strafverfolgung zu treffen. Dabei ist die Gefährdung des Verdeckten Ermittlers zu berücksichtigen. Im Einzelfall hat der Verdeckte Ermittler im Wege der Rechtsgüterabwägung und unter Berücksichtigung seiner Gefährdung zu entscheiden, ob er unter Preisgabe seiner Legende notwendige Sofortmaßnahmen vornimmt.
20.2 *(zu Absatz 2)*
20.21
Nach § 20 Abs. 2 ist es zulässig, dass andere Behörden auf Ersuchen der Polizeibehörde entsprechende Urkunden verändern oder ausstellen, die für den Aufbau und die Aufrechterhaltung der Legende des Verdeckten Ermittlers unerlässlich sind. Die Ersuchen sind an die Leiterin oder den Leiter der ersuchten Behörden unter Hinweis auf § 20 Abs. 2 zu richten.
20.22
Der Verdeckte Ermittler darf zur Erfüllung seines Auftrages unter der Legende bei öffentlichen Stellen auftreten und privatrechtliche Vereinbarungen treffen.

Datenerhebung durch den Einsatz Verdeckter Ermittler § 20

Durch die unter der Legende erfolgte Teilnahme am Rechtsverkehr darf den Vertragspartnern kein wirtschaftlicher Schaden entstehen.
20.3 (zu Absatz 3)
Das Betretungsrecht des § 20 Abs. 3 Satz 1 beinhaltet keine Befugnis zur Durchsuchung der Wohnung.
20.4 (zu Absatz 4)
20.41.
RdNr. 15a.3 gilt entsprechend.
20.42
Die RdNrn. 16a.13 und 17.7 gelten entsprechend.
20.5 (zu Absatz 5)
Die RdNrn. 16a.3, 17.51 ff, 17.6 gelten entsprechend.

Erläuterungen:

1. Legaldefinition

§ 20 Abs. 1 enthält eine Legaldefinition für den **Verdeckten Ermittler**. Im präventiv-polizeilichen Bereich können danach **nur Polizeivollzugsbeamte** als Verdeckte Ermittler eingesetzt werden. Ihnen muss eine **auf Dauer angelegte Legende** verliehen worden sein. 1

2. Dauer des Einsatzes

Das Gesetz selbst sieht keine Mindest- oder Höchstfrist für den Einsatz eines Verdeckten Ermittlers vor. Entscheidend ist auch nicht die tatsächliche Einsatzdauer. Voraussetzung des § 20 ist vielmehr, dass **die Legende auf Dauer** angelegt wird. Deshalb kann es sich selbst dann um eine Maßnahme nach § 20 handeln, wenn sie infolge unglücklicher Umstände nur kurzfristig durchgeführt wird, weil der Verdeckte Ermittler alsbald „verbrennt". 2

Zeitliche Begrenzungen ergeben sich aus beamtenrechtlichen Gesichtspunkten. Plötzlich erkennbare Gegebenheiten, die auf eine Enttarnung und damit auf eine Gefährdung des Verdeckten Ermittlers hindeuten, können dazu führen, dass sein Einsatz zu beenden ist. Im Übrigen gebietet die Fürsorgepflicht des Dienstherrn, über eine Befristung bzw. Beendigung zu befinden. Dabei gibt es keine starren Regelungen, vielmehr sind die Umstände des Einzelfalles und die persönliche Situation des Verdeckten Ermittlers maßgebend. 3

3. Legende des Verdeckten Ermittlers

Eine Maßnahme nach § 20 ist nur dann gegeben, wenn für den Polizeibeamten eine Legende aufgebaut wird, die es ihm auf Dauer ermöglicht, unter dieser Legende aufzutreten. Für seinen Einsatz erhält er beispielsweise andere Identitätsdaten. Die dazu notwendigen **Urkunden und Papiere** sind auf Verlangen der 4

§ 20 Datenerhebung durch den Einsatz Verdeckter Ermittler

Polizei gemäß § 20 Abs. 2 Satz 1 von den zuständigen Behörden auszustellen bzw. zu verändern und der Polizeibehörde zu übergeben. Dabei muss die ersuchte Behörde sicherstellen, dass ihre Maßnahme geheim bleibt. Welche Papiere auszufertigen sind, hängt vom Einzelfall ab und richtet sich nach den Einzelheiten der Legende, die wiederum von dem Auftrag abhängig ist.

5   § 20 Abs. 2 Satz 2 erlaubt dem Verdeckten Ermittler, **zur Erfüllung seines Auftrages am Rechtsverkehr** teilzunehmen. Soll der Verdeckte Ermittler beispielsweise als Kellner in einem Lokal arbeiten, muss der Wirt nicht zu den Personen gehören, über die der Verdeckte Ermittler in erster Linie Daten erheben soll. Dennoch muss es möglich sein, dass der Verdeckte Ermittler unter seiner falschen Identität ein Arbeitsverhältnis begründet. Das gilt auch insoweit, als unter seinem falschen Namen ein Zimmer mietet, einen Pkw kauft und anmeldet usw. Durch die Täuschung darf insbesondere zivilrechtlichen Vertragspartnern kein wirtschaftlicher Schaden entstehen.

6   Da die Legende auf Dauer angelegt sein muss und auch im Umfeld des Verdeckten Ermittlers keiner etwas von seinem Auftrag wissen darf, handelt es sich nicht um den Einsatz eines Verdeckten Ermittlers, wenn ein Polizeibeamter beispielsweise die Kleidung eines Tankwarts anzieht und sogar einen auf einen anderen Namen lautenden Flughafenausweis an den Overall heftet, um nach einer Flugzeugentführung Daten über Geiselnehmer in dem Flugzeug zu erfahren, das auf einem Flughafen steht und dort aufgetankt werden soll. Insoweit liegt eine kurzfristige Observation gemäß § 16a Abs. 4 vor und keine Maßnahme i. S. d. § 20, denn es mangelt an der Legendenbildung. Hierzu muss – wie auch aus § 20 Abs. 2 herzuleiten ist – mehr geschehen als eine Verschleierung der Identität des Polizeibeamten gegenüber der betroffenen Person.

4. Rechtsstellung des Verdeckten Ermittlers

7   Da der Verdeckte Ermittler seinen Beamtenstatus behält, bleiben seine Rechte und Pflichten als Beamter bestehen. So unterliegt er weiterhin im vollen Umfang dem **Legalitätsprinzip** des § 163 StPO (s. RdNr. 20.12 VVPolG NRW). Wenngleich er also nicht vom Strafverfolgungsauftrag freigestellt wird, bedeutet das nicht, dass er jede erkannte Straftat persönlich und auf der Stelle verfolgen muss, denn das wird vom Legalitätsprinzip nicht verlangt. Der Auftrag für seine Tätigkeit, die einer strengen Dienstaufsicht unterliegt, wird regelmäßig enthalten, dass er seine Dienststelle unverzüglich über den Verdacht einer Straftat unterrichtet, von der er im Rahmen seiner Tätigkeit gemäß § 20 Kenntnis erhält. Die Dienststelle wird sodann in Absprache mit der Staatsanwaltschaft und ggf. nach deren Weisung die weiteren Maßnahmen zur Strafverfolgung durchführen. Nur in besonders gelagerten Fällen – insbesondere bei Gefahr im Verzug – kann es erforderlich sein, dass der Verdeckte Ermittler unter Preisgabe seiner Legende die **notwendigen Sofortmaßnahmen** trifft. Das gilt sowohl für die Strafverfolgung als auch für die Gefahrenabwehr.

Datenerhebung durch den Einsatz Verdeckter Ermittler § 20

Beispiele:
1. Der Haupttäter ist dabei, sich aus dem Bundesgebiet abzusetzen.
2. Es droht eine schwere, nicht wieder gutzumachende Rechtsgutverletzung, insbesondere eine schwere Körperverletzung oder ein Tötungsdelikt.

Dann muss – wenn möglich in Absprache mit der Dienststelle, ggf. aber durch den Verdeckten Ermittler allein – im Wege der **Rechtsgüterabwägung** entschieden werden, ob er einschreiten soll. Dabei kann die offenkundig werdende Tatsache, dass er der Polizei angehört, eine untergeordnete Rolle spielen.

5. Befugnisse des Verdeckten Ermittlers

§ 20 Abs. 1 enthält für den Verdeckten Ermittler die Ermächtigung, **personenbezogene Daten zu erheben**. Hinsichtlich der allgemeinen Voraussetzungen des § 20 Abs. 1 Nrn. 1 und 2 wird auf die Erläuterungen zu § 16a, RN 5 und 6 verwiesen. Anders als bei den §§ 16 bis 19 sind hier keine bestimmten Personengruppen genannt, über die Daten erhoben werden dürfen. Personenbezogene Daten darf der Verdeckte Ermittler sowohl von den in den §§ 4 und 5 genannten als auch von anderen Personen, letztlich also über **jedermann** erheben. Weitere Einschränkungen dazu sind im Gegensatz zu den Regelungen in den §§ 16a bis 19 nicht vorgesehen. Diese Regelung ist insbesondere deshalb notwendig, weil beim Einsatz von Verdeckten Ermittlern – im Gegensatz zur Durchführung von Observationen und dem verdeckten Einsatz von Technik – von vornherein oftmals nicht differenziert werden kann zwischen etwaigen Zielpersonen und sonstigen Personen (z. B. Kontakt- und Begleitpersonen). Während sich die längerfristige Observation und der Einsatz technischer Mittel zielgerichtet gegen bestimmte oder bestimmbare Personen richtet (wobei Unbeteiligte mittelbar betroffen sein können) und sich die Beauftragung der V-Person – damit ein Eingriff überhaupt vorliegt – ebenfalls nur mit einem Personenbezug denkbar ist, muss der Verdeckte Ermittler eine Vielzahl personenbezogener Daten von erkennbar Unbeteiligten entweder zwangsläufig mit zur Kenntnis nehmen oder erfragen, um Informationen über bestimmte Personen zu erhalten. Gemeint sind hier nicht die Trivialgespräche, die ein Verdeckter Ermittler, der als Kellner arbeitet, mit einem Gast führt, also beispielsweise die Aufnahme einer Bestellung oder die floskelhafte Frage, ob das Essen auch geschmeckt habe. Zieht der Verdeckte Ermittler allerdings einen Gast ins Gespräch, um zu erfahren, was dieser vorher mit einer Zielperson geredet hat, liegt eine Datenerhebung vor, selbst wenn der von dem Verdeckten Ermittler angesprochene Gast – legt man einmal strafprozessuale Kategorien zu Grunde – nur als Zeuge und nicht als Täter oder Teilnehmer in Betracht kommt. Sofern sich aber Datenerhebungen gegen bestimmte Personen richteten, sind sie nach § 20 Abs. 5 darüber zu unterrichten (s. § 20, RN 17).

Es ist nicht zwingend erforderlich, dass ein Verdeckter Ermittler jeweils „neu" eingesetzt wird, wenn eine gegenwärtige Gefahr i. S. d. Nummer 1 vorliegt oder

8

9

die Voraussetzungen der Nummer 2 eintreten. Ein bereits aus anderen Gründen eingesetzter Ermittler kann beauftragt werden, nun auch in den neuen Fällen tätig zu werden. Selbstverständlich müssen die Voraussetzungen für den Einsatz in dem anderen Fall vorgelegen haben. Unzulässig ist es, Polizeibeamte „auf Verdacht" in die Szene einzuschleusen, um ihnen beim Vorliegen der Voraussetzungen den Auftrag zu erteilen, nunmehr als Verdeckte Ermittler zu arbeiten.

10 Verdeckte Ermittler dürfen zur Informationsgewinnung **grundsätzlich keine Straftaten begehen.** Fraglich ist allerdings, ob ein Verdeckter Ermittler im Falle des § 20 Abs. 1 Nr. 2 an einer Straftat, die es letztlich zu verhindern gilt, unter Aufsicht der Strafverfolgungsbehörden zeitweilig mitwirken darf, damit ein Zugriff möglich wird.

> **Beispiel**: Ein Verdeckter Ermittler erhält von seinem „Arbeitgeber" den Auftrag, im Ausland einen Lkw zu übernehmen und ins Bundesgebiet zu fahren, wobei ersichtlich ist, dass sich in dem Fahrzeug eine Menge Rauschgift befindet. Da das unbefugte Verbringen von Rauschgift nach Deutschland einen Straftatbestand erfüllt, muss sich die Antwort, ob eine solche Handlung gerechtfertigt sein kann, aus dem StGB ergeben. Insoweit gelten auch die Rechtfertigungs- und Entschuldigungsgründe der §§ 32 ff. Im Beispielsfall kommt eine Rechtfertigung wegen Notstandes (§ 34 StGB) in Betracht.

6. Weitere Befugnisse

11 Außer der in § 20 Abs. 1 aufgeführten Befugnis, die der verdeckten Datenerhebung dient, hat der Verdeckte Ermittler sämtliche **anderen Befugnisse,** die ihm als Polizeibeamten zustehen. Das stellt § 20 Abs. 3 Satz 3 klar. Allerdings wird ein Verdeckter Ermittler von ihnen grundsätzlich nur Gebrauch machen, wenn das im Einzelfall zwingend erforderlich ist, denn falls er als Polizeibeamter auftritt, gibt er seine Legende preis.

7. Betreten von Wohnungen

12 Bei der dem Verdeckten Ermittler von § 20 Abs. 3 Satz 1 eingeräumten Möglichkeit, unter seiner Legende **mit Einverständnis der berechtigten Person deren Wohnung zu betreten,** handelt es sich nicht um eine eigentliche Befugnisnorm. Ein Betretungsrecht für die Wohnung nach § 41 Abs. 3 dürfte im Allgemeinen dann nicht vorliegen, wenn z. B. ein als Kellner arbeitender Verdeckter Ermittler von einem Gast oder einem „Kollegen" – dabei muss es sich keineswegs um Zielpersonen handeln – aufgefordert wird, noch mit in die Wohnung zu kommen, um dort ein Bier zu trinken.

13 Da die berechtigte Person einverstanden ist, liegt **kein Eingriff** vor. Dennoch lässt sich feststellen, dass dieses Einverständnis vielfach nicht erteilt würde, wenn sie wüsste, dass sie einen Verdeckten Ermittler in ihre Wohnung einlädt. Doch ist ein solcher Irrtum insofern unbeachtlich, als niemand genau weiß, ob ein vermeintlich „guter Kumpel", den der Wohnungsinhaber beispielsweise zur

Verabredung einer Straftat in die Wohnung mitnimmt, die geplante Tat noch vor der Ausführung der Polizei anzeigt.

§ 20 Abs. 3 Satz 2 verbietet, das **Einverständnis zum Betreten der Wohnung** durch das Vortäuschen eines Zutrittsrechts herbeizuführen, welches **über die Nutzung der Legende hinausgeht**. 14

Beispiel: Ein Verdeckter Ermittler darf nicht zwischenzeitlich in die Rolle eines Mitarbeiters eines Telekommunikationsdienstes schlüpfen, der das Telefon überprüfen muss.

Nach § 20 Abs. 3 Satz 1 wird nur die Möglichkeit eröffnet, dass der Verdeckte Ermittler eine Wohnung betritt. Dort kann er sich in dem Rahmen bewegen, wie ihm das gestattet wird. Eine **Durchsuchung** der Räume, in denen sich der Verdeckte Ermittler aufhält oder die er erlaubtermaßen betritt, **ist nicht zulässig**. 15

Eine kurzfristige Abwesenheit des Wohnungsinhabers darf nicht dazu benutzt werden, Schränke und Schubladen zu öffnen oder Einblick in das auf dem Schreibtisch liegende Notizbuch zu nehmen. Ist allerdings ersichtlich, dass die an den Wänden hängenden Bilder aus einem Einbruch stammen, kann diese Erkenntnis an die Dienststelle weitergegeben werden, damit diese die notwendigen strafprozessualen Maßnahmen trifft. 16

8. Anordnungskompetenz und Unterrichtung

S. zunächst die grundlegenden Erläuterungen zur Anordnungskompetenz des Behördenleiters in § 15a, RN 11 bis 13. Über den Einsatz eines Verdeckten Ermittlers muss nicht aus aktuellem Anlass „rund-um-die-Uhr" entschieden werden. 17

Für die Unterrichtungsverpflichtung der Polizei nach Abschluss der Maßnahme gemäß § 20 Abs. 5 s. die Erläuterungen zu § 19, RN 11.

§ 20a

Abfrage von Telekommunikations- und Telemediendaten

(1) ¹**Die Polizei kann soweit erforderlich von jedem, der geschäftsmäßig Telekommunikationsdienste oder Telemediendienste erbringt oder daran mitwirkt (Diensteanbieter), Auskunft verlangen über**
  1. **Bestandsdaten im Sinne der §§ 95, 111 Telekommunikationsgesetz und § 14 Telemediengesetz; die Auskunft darf auch anhand einer zu**

bestimmten Zeitpunkten zugewiesenen Internetprotokoll-Adresse verlangt werden (§ 113 Absatz 1 Satz 3 Telekommunikationsgesetz[*]),

2. folgende Verkehrsdaten im Sinne des § 96 Telekommunikationsgesetz:
   a) die Nummer oder Kennung der beteiligten Anschlüsse oder der Endeinrichtungen, personenbezogene Berechtigungskennungen, bei Verwendung von Kundenkarten auch die Kartennummer, bei mobilen Telekommunikationsendgeräten auch die Standortdaten,
   b) den Beginn und das Ende der jeweiligen Verbindung nach Datum und Uhrzeit,
3. folgende Nutzungsdaten im Sinne des § 15 Telemediengesetz:
   a) Merkmale zur Identifikation der Nutzerin oder des Nutzers,
   b) Angaben über den Beginn und das Ende sowie den Umfang der jeweiligen Nutzung nach Datum und Uhrzeit.

[2]Die Maßnahmen nach Satz 1 sind nur zulässig
1. wenn die hohe Wahrscheinlichkeit eines Schadens für Leben, Gesundheit oder Freiheit einer Person besteht oder
2. zur Abwehr einer gemeinen Gefahr

und nur, soweit die Erreichung des Zwecks der Maßnahme auf andere Weise aussichtslos oder wesentlich erschwert wäre. [3]Die Daten sind der Polizei unverzüglich zu übermitteln. [4]Dritten dürfen die Daten nur mit Zustimmung der betroffenen Person zugänglich gemacht werden.

(2) [1]Bei Maßnahmen nach Absatz 1 dürfen personenbezogene Daten Dritter nur erhoben werden, wenn dies aus technischen Gründen unvermeidbar ist. [2]Sämtliche nach Absatz 1 erhobene personenbezogene Daten Dritter sind nach Beendigung der Maßnahme unverzüglich zu löschen.

(3) [1]Maßnahmen nach Absatz 1 bedürfen der Anordnung durch die Behördenleiterin oder den Behördenleiter. [2]Der Antrag bedarf der Schriftform. [3]In der schriftlichen Anordnung sind
1. die tragenden Erkenntnisse für das Vorliegen der Gefahr nach Absatz 1 und die Begründung der Verhältnismäßigkeit der Maßnahme,
2. die Art der Maßnahme anzugeben sowie, soweit vorhanden,
3. der Name und die Anschrift der Betroffenen, gegen die sich die Maßnahme richtet und
4. eine Kennung des Telekommunikationsanschlusses oder Endgerätes.

---

[*] Amtliche Fußnote: In der Fassung des Gesetzentwurfes der Bundesregierung vom 2. 11. 2012, BR-Drs. 664/12; die Schlussfassung des Klammerzusatzes steht in Abhängigkeit vom Ausgang des Gesetzgebungsverfahrens des Bundes.

⁴Abweichend von Satz 1 bis 3 können Antrag und Anordnung bei Gefahr im Verzug fernmündlich erfolgen; die Schriftform ist binnen drei Tagen nachzuholen.

(4) ¹Sind die nach dieser Vorschrift durchgeführten Maßnahmen abgeschlossen, sind die Betroffenen zu unterrichten, sobald dies ohne Gefährdung des Zweckes der Maßnahme geschehen kann. ²§ 17 Absatz 5 und 6 gilt entsprechend. ³Im Anschluss an die Unterrichtung der Betroffenen sind die personenbezogenen Daten unverzüglich zu löschen, es sei denn, sie werden zur Verfolgung von Straftaten durch oder zum Nachteil jener Personen benötigt, gegen die sich die Maßnahme richtete.

(5) Die in Anspruch genommenen Diensteanbieter werden entsprechend § 23 des Justizvergütungs- und -entschädigungsgesetzes vom 5. Mai 2004 (BGBl. I S. 718, 776), zuletzt geändert durch Artikel 13 des Gesetzes vom 5. Dezember 2012 (BGBl. I S. 2418), entschädigt.

(6) Die Landesregierung unterrichtet den Landtag jährlich über die nach Absatz 1 erfolgten Maßnahmen.

(7) ¹Die Auswirkungen dieser Vorschrift und die praktische Anwendung werden nach einem Erfahrungszeitraum von drei Jahren durch die Landesregierung unter Mitwirkung einer oder eines unabhängigen wissenschaftlichen Sachverständigen geprüft. ²Die Landesregierung berichtet dem Landtag über das Ergebnis der Evaluierung.

Erläuterungen:

1. Allgemeines

Durch die Entscheidung des BVerfG vom 24. Januar 2012 (1 BvR 1299/05) bedarf es für Auskünfte von personenbezogenen Daten Dritter durch geschäftsmäßige Telekommunikationsdienste oder Telemediendienste bzw. daran Mitwirkende (Diensteanbieter) gegenüber Strafverfolgungsbehörden, Sicherheitsbehörden oder Nachrichtendiensten unterschiedlicher Rechtsgrundlagen. Nach dem sog. **Doppeltürmodell** ist zum einen durch Bundesrecht festzulegen, welche personenbezogenen Daten die Diensteanbieter von ihren Telekommunikationskunden erheben und speichern dürfen bzw. müssen, wie lange eine Datenspeicherung zu erfolgen hat und welcher Art von Behörden sie auf Verlangen Auskunft erteilen müssen. Die entsprechenden Regelungen sind im TKG und im TMG erfolgt. Die zweite Tür, nämlich unter welchen **Voraussetzungen** eine Behörde eine Auskunft verlangen kann, sind bereichsspezifisch in den einschlägigen Gesetzen des Bundes (z. B. StPO, BKAG, BVerfSchG) und der Länder (z. B. Polizeirecht) vorzunehmen.

Die §§ 20 a und 20 b PolG NRW sind die entsprechenden Normen. 1

2. Art der zu erhebenden Daten

2 § 20a führt die abfragefähigen Daten der Diensteanbieter auf und bezieht sich dabei weitgehend auf die im TKG bzw. TMG verwandten Begriffe. Nach Satz 1 Nr. 1 sind das **Bestandsdaten** i. S. d. §§ 95 und 111 TKG bzw. § 14 TMG, d. h. Daten, die das Vertragsverhältnis zwischen Diensteanbieter und Kunden betreffen und deshalb von den Diensteanbietern zu speichern sind. Dass Polizeibehörden der Länder zur Abwehr von Gefahren für die öffentliche Sicherheit und Ordnung derartige Daten bei den Diensteanbietern erfragen können, ergibt sich grundsätzlich aus § 113 TKG. Welche Voraussetzungen im Einzelnen vorliegen müsssen, bestimmt § 20a Abs. 1 Satz 2 PolG NRW.

Nach § 20a Abs. 1 Satz 1 Nr. 2 kann auch Auskunft über **Verkehrsdaten** i. S. d. § 96 TKG verlangt werden, d. h. über solche Daten, die bei der Nutzung von Telekommunikationsdiensten entstehen.

Die Regelung des § 20a Abs. 1 Satz 1 Nr. 3 war auch deshalb notwendig, weil die Verkehrsdaten i. S. d. § 96 TKG in § 15 TMG **Nutzungsdaten** genannt werden.

Ausgeschlossen ist damit, dass auf der Grundlage des § 20a Telefongespräche abgehört werden können.

Zugriffscodes für ein Endgerät wie PIN (Personal Identification Number), PUK (Personal Unblocking Key) oder Passwörter können nicht in Erfahrung gebracht werden, wohl aber ein „Nickname".

3. Voraussetzungen

3 Die in § 20a Abs. 1 Satz 2 **Nr. 1** geregelten Tatbestandsvoraussetzungen weisen zu den sonstigen Gepflogenheiten des PolG NRW eine Besonderheit auf, denn es ist expressis verbis nicht mehr von einer Gefahr die Rede. Dennoch ist davon ausgehen, dass eine Gefahr vorliegen muss. Diese bezieht sich auf drei Schutzgüter, nämlich auf Leben, Gesundheit oder Freiheit einer Person. Solche Gefahren gehören im PolG NRW zur **erheblichen Gefahr,** obgleich unter diesen Begriff noch weitere Gefahren fallen können (s. § 8, RN 14). Insoweit weist § 20a keine grundlegende Neuerung auf, denn an vielen Stellen wird nur auf Gefahren für bestimmte Rechtsgüter abgestellt. Warum keine Formulierung etwa dergestalt *„zur Abwehr einer Gefahr für Leben, Gesundheit oder Freiheit einer Person"* gewählt worden ist, die systemimmanent gewesen wäre, wird auch nicht aus der Begründung ersichtlich. Allerdings ergibt sich aus der Begründung des Gesetzesentwurfs (LT-Drucks. 16/2256, S. 23) etwas, was man beim Lesen der Vorschrift auf den ersten Blick kaum vermutet. Die hohe Wahrscheinlichkeit des Schadenseintritts bezieht sich nur darauf, **dass ein Schaden eintritt**, nicht jedoch darauf, dass der Schadenseintritt zeitlich unmittelbar bevorsteht oder bereits begonnen hat. Insoweit ist davon auszugehen, dass eine **konkrete Gefahr** (s. dazu § 8, RN 8 f.) verlangt wird.

Abfrage von Telekommunikations- und Telemediendaten § 20a

Das in § 20a Abs. 1 Satz 2 Nr. 2 genannte Erfordernis einer **gemeinen Gefahr**, 4
entspricht – rechtstechnisch gesehen – dem bisherigen Aufbau des PolG NRW,
wonach verdeckte Datenerhebungen grundsätzlich nur zulässig sind zur Abwehr
von Gefahren, die allerdings von unterschiedlicher Art sein können und auch
eine differenzierte Nähe zum prognostizierten Schadenseintritt haben können
(wegen der Einzelheiten zur gemeinen Gefahr s. § 8, RN 17). Die in der Begründung zum Gesetzentwurf (LT-Drucks. 16/2256, S. 23) enthaltene Formulierung,
wonach § 20a Abs. 1 Satz 2 Nr. 2 eine eigenständige Bedeutung gegenüber
§ 20a Abs. 1 Satz 2 Nr. 1 insoweit habe, dass auch Datenerhebungen gemäß
§ 20a bei Anschlagsdrohungen zulässig sein können, die nicht mit einer Lebens-
oder Gesundheitsgefahr verbunden sind, ist zutreffend.

Beispiel: Die Drohung eines Erpressers bezieht sich darauf, die Pumpstation
eines Wasserwerkes werde bei Nichterfüllung seiner Forderungen gesprengt.

Allerdings darf die vorstehend genannte Formulierung nicht zu dem Rückschluss verleiten, bei Gefahr für Leben oder Gesundheit von Personen ergäben
sich die Voraussetzungen für eine Datenerhebung ausschließlich aus § 20a
Abs. 1 Satz 2 Nr. 1. Kündigt ein Erpresser z. B. an, dem Trinkwasser eines Wasserwerkes ein lebens- oder gesundheitsgefährdendes Gift beizumischen, besteht
regelmäßig (auch) eine gemeine Gefahr.

Der in § 20a Abs. 1 Satz 2, 2. Halbsatz enthaltene **Erforderlichkeitsgrundsatz** 5
verdeutlicht, dass andere polizeiliche Mittel mit einer weniger großen Eingriffstiefe als die Erhebung von personenbezogenen Daten nach § 20a Vorrang haben.
Eine ähnliche Regelung weist § 18 Abs. 1 Satz 1 auf, allerdings in einer restriktiveren Form, was angesichts der höheren Eingriffintensität bei Maßnahmen gemäß § 18 im Vergleich zu solchen i. S. d. § 20a gerechtfertigt ist.

4. Erhebung von personenbezogenen Daten Dritter

Soweit es aus **technischen Gründen** unvermeidbar ist, dürfen nach § 20a Abs. 2 6
personenbezogene Daten **Dritter (mit-)erhoben** werden. Solche Daten sind
nach Beendigung der Maßnahme unverzüglich, d. h. ohne schuldhaftes Zögern,
zu löschen. Dritte (bzw. dritte Personen nach § 20b Satz 3) sind nicht diejenigen
Kommunikationspartner des Betroffenen, die – im strafrechtlichen Sinne – Mittäter, Anstifter oder Gehilfen sind. Dritte oder dritte Personen, deren Daten aus
technischen Gründen (mit-)erhoben wurden, sind **nicht** zu unterrichten, denn
§ 20a Abs. 4 stellt nur auf die „Betroffenen" ab, d. h. diejenigen, deren Daten gewollt erhoben worden sind.

5. Anordnung der Maßnahme

Für die Anordnung einer Maßnahme nach § 20a Abs. 1 sieht § 20a Abs. 3 ein 7
zweistufiges Verfahren vor. Die sachbearbeitende Dienststelle der Polizeibehörde hat den Antrag **auf dem Dienstweg** an die Behördenleitung zu richten.

§ 20 a Abfrage von Telekommunikations- und Telemediendaten

Der Antrag, der grundsätzlich der Schriftform bedarf (§ 20 a Abs. 3 Satz 2), muss die in 20 a Abs. 3 Satz 3 Nrn. 1 und 2 aufgeführten Angaben enthalten und – soweit vorhanden – auch diejenigen nach den Nummern 3 und 4. Entsprechend dem Behördenaufbau und der Geschäftsordnung haben Vorgesetzte und eventuell Dienststellen, die zur Mitzeichnung berufen sind, den Antrag zu billigen, können ihn jedoch auch zurückweisen, weil die Voraussetzungen für eine Datenerhebung nicht vorliegen, bzw. die sachbearbeitende Dienststelle auffordern, den Antrag nachzubessern. Die Ausnahme nach § 20 a Abs. 3 Satz 4, wonach bei Gefahr im Verzug Antrag und Anordnung auch fernmündlich erfolgen können, bedeutet keine generelle Ausnahme von der Schriftform, denn sowohl der Antrag als auch die Anordnung sind innerhalb von drei Tagen schriftlich abzufassen. Die Schriftform für beide Dokumente ist auch dann erforderlich, wenn die Auskunft innerhalb der Frist von drei Tagen erfolgt ist und sich die polizeilichen Maßnahmen vor schriftlicher Abfassung von Antrag und Anordnung erledigt haben (s. hierzu auch unten die Erläuterungen zu RN 8).

Hinsichtlich der **Anordnungskompetenz der Behördenleitung** wird auf die Erläuterungen zu § 15 a, RN 11 ff. verwiesen.

6. Benachrichtigung der Betroffenen und Löschung der Daten

8 § 20 a Abs. 4 Satz 1 enthält keine Besonderheiten gegenüber anderen Vorschriften des PolG NRW (z. B. § 16 a Abs. 3 Satz 1 oder § 21 Abs. 4 Satz 2), wonach Betroffene über die durch die Polizei erfolgte verdeckte Datenerhebung zu unterrichten sind, sobald dies ohne Gefährdung des Zwecks der Maßnahme erfolgen kann. Auch die entsprechende Anwendung des § 17 Abs. 5 und 6 erfolgt in vergleichbaren Fällen.

Schwierigkeiten in der Rechtsanwendung bereitet allerdings § 20 a Abs. 4 Satz 3 in mehrfacher Hinsicht.

Zum einen ist der letzte Halbsatz der Vorschrift sehr kompliziert formuliert. Man kann die Norm so lesen, wie sie wahrscheinlich gemeint ist: „... es sei denn, sie werden zur Verfolgung von Straftaten benötigt, die a) durch Personen begangen worden sind, gegen die sich die Maßnahme richtete, oder b) zum Nachteil von Personen begangen wurden, gegen die sich die Maßnahme richtete." Wenn man dergestalt die Formulierungsklippe umschifft hat, stellt sich die Frage, warum der Gesetzgeber von dem sonst gebräuchlichen und bewährten Passus abgewichen ist, wonach die Unterrichtung unterbleibt, falls die Daten zur Strafverfolgung benötigt werden. Soweit der Gesetzgeber beabsichtigt haben sollte, die bei Maßnahmen nach § 20 a sicher nicht häufig vorkommenden, aber letztlich nicht auszuschließenden Erkenntnisse von sog. Zufallsfunden in Bezug auf andere Straftaten auszuschließen, ist die Frage berechtigt, ob ein Landesgesetzgeber die Kompetenz für ein solches Verwertungsverbot hat; insoweit bestehen eindeutige Regelungen in den §§ 161 Abs. 2 und 100 g StPO.

Zum anderen ist in § 20a Abs. 4 Satz 3 im Gegensatz zu allen anderen vergleichbaren Regelungen des PolG NRW vorgesehen, dass die personenbezogenen Daten **unverzüglich** im Anschluss an die Unterrichtung der Betroffenen zu löschen sind. Eine Auslegung des Gesetzes dahingehend, dass bei allen anderen vergleichbaren Vorschriften des PolG NRW die Löschung auf den Sankt-Nimmerleins-Tag verschoben werden darf, wäre sicher rechtsfehlerhaft. Dennoch darf die Löschung, was technisch möglich wäre, nicht zeitgleich mit der Benachrichtigung erfolgen, denn § 17 Abs. 5 wird für entsprechend anwendbar erklärt. In dessen Satz 3 ist vorgesehen, dass die Polizei den Betroffenen auf die Möglichkeit des nachträglichen Rechtsschutzes hinweist (s. dazu § 17, RN 12). Macht der Betroffene von dieser Möglichkeit Gebrauch, ist seine Rechtsposition erheblich geschmälert, wenn die Polizeibehörde erklärt, man habe (gemäß § 20a Abs. 4 Satz 3 PolG NRW) bereits alle seine personenbezogenen Daten gelöscht, also z. B. den Antrag und die Anordung i. S. d. § 20a Abs. 3 sowie die Anfrage an die Diensteanbieter. Deshalb sollte die Polizei bei der Unterrichtung des Betroffenen nicht nur auf die Möglichkeit des nachtäglichen Rechtsschutzes hinweisen, sondern auch darauf, dass die Daten des Betroffenen gemäß § 32 Abs. 5 Satz 1 Nr. 1 für eine bestimmte Frist gesperrt worden sind und unverzüglich gelöscht werden, wenn sich der Betroffene nicht innerhalb der Frist meldet. Die Frist sollte in Analogie zu den §§ 70 und 74 VwGO mindestens einen Monat betragen.

Antrag und Anordnung der Maßnahmen sind in anonymisierter Forn im Hinblick auf die in § 20a Abs. 6 und 7 getroffenen Regelungen vorzuhalten, können aber auch in dieser Weise zu anderen statistischen Zwecken gemäß § 24 Abs. 6 oder zur Aus- und Fortbildung nach § 24 Abs. 7 genutzt werden.

7. Weitere Regelungen

§ 20a Abs. 5 verweist hinsichtlich der **Entschädigung der Diensteanbieter** auf 9 § 23 JVEG und enthält damit eine bereichsspezifische Regelung, Andere Entschädigungsvorschriften, insbesondere § 67 PolG NRW i. V. m. § 39 OBG, werden dadurch verdrängt.

Eine dem § 20a Abs. 6 vergleichbare Bestimmung über die Verpflichtung der 10 Landesregierung zur jährlichen **Unterrichtung des Landtags** enthält Art. 13 Abs. 6 Satz 1 GG in Bezug auf den Einsatz technischer Mittel zur Wohnraumüberwachung.

Durch § 20a Abs. 7 ist die Landesregierung gehalten, nach einem Erfahrungs- 11 zeitraum von drei Jahren die Auswirkungen und die praktische Anwendung des § 20a (und des § 20b) zu **evaluieren** und das Ergebnis dem Landtag vorzulegen. Die Vorschrift ist – wenngleich auch mit einer konkreten Fristsetzung – ähnlich dem § 15a Abs 5.

§ 20 b
Einsatz technischer Mittel bei Mobilfunkendgeräten

¹Die Polizei darf unter den Voraussetzungen des § 20 a auch technische Mittel zur Ermittlung des Standortes eines aktiv geschalteten Mobilfunkendgerätes und zur Ermittlung der Geräte- und Kartennummern einsetzen. ²Die Maßnahme ist nur zulässig, wenn ohne die Ermittlung die Erreichung des Zwecks nach Satz 1 aussichtslos oder wesentlich erschwert wäre. ³Personenbezogene Daten einer dritten Person dürfen anlässlich solcher Maßnahmen nur erhoben werden, wenn dies aus technischen Gründen zur Erreichung des Zwecks nach Satz 1 unvermeidbar ist. ⁴Sie unterliegen einem absoluten Verwendungsverbot und sind nach Beendigung der Maßnahme unverzüglich zu löschen. ⁵§ 20 a Absatz 4, 6 und 7 gelten entsprechend.

Erläuterungen:

1 § 20 b Satz 1 stellt klar, dass Maßnahmen nach dieser Vorschrift nur unter den **Voraussetzungen** vorgenommen werden dürfen, die auch für Maßnahmen nach § 20 a gelten. Warum dann nochmals in § 20 b Satz 2 das wiederholt wird, was bereits im zweiten Halbsatz in § 20 a Abs. 1 Satz 2 geregelt ist, kann nur so verstanden werden, dass der Gesetzgeber angesichts der komplizierten Regelungen besonderen Wert auf die Beachtung des Verhältnismäßigkeitsgrundsatzes bei Maßnahmen nach § 20 b gelegt hat. Unklar ist, warum es eine sprachliche Differenzierung bei den inhaltsgleichen Regelungen des § 20 a Abs. 2 Satz 1 und des § 20 b Satz 3 gibt (personenbezogene Daten Dritter bzw. personenbezogene Daten einer dritten Person). Wegen der Einzelheiten wird insoweit auf die Erläuterungen zu § 20 a, RN 6 verwiesen.

Soweit § 20 b Satz 5 eine entsprechende Anwendung des § 20 a Abs. 4, 6 und 7 vorsieht, wird auf die Erläuterungen zu § 20 a, RN 8 und RN 10 und 11 verwiesen.

2 Zweck der Maßnahme ist zum einen die **Standortermittlung** eines aktiv geschalteten Mobilfunkendgerätes (z. B. eines „**Handys**"). Das kann erforderlich sein zur Verhinderung eines angekündigten Suizids, zum Auffinden von vermissten oder hilflosen Personen oder zur Verhinderung oder zur Beendigung von angedrohten Straftaten gegen Leben, Gesundheit oder Freiheit einer Person. Die Ermittlungen müssen sich nicht ausschließlich auf einen Standort beziehen. Sie können auch lageabhängig auf mehrere nacheinander festgestellte Standorte ausgerichtet sein, sodass sich ein Bewegungsbild des Besitzers des Mobiltelefons ergibt.

Beispiel: Die Polizei wird in die Lage versetzt, sich einem Geiselnehmer, der von seinem Fahrzeug aus per Handy Anweisungen für die Übergabe des Lösegeldes gibt, zu nähern, um seine Observation oder Festnahme durchzuführen.

Die andere gemäß § 20 b zulässige Maßnahme dient der **Ermittlung von Ge-** 3
räte- und Kartennummer des Mobilfunkendgerätes Mit den so gewonnenen
Daten können Anfragen gemäß § 20 a an Telekommunikations- und Telemedienanbieter
gerichtet werden, um z. B. Namen und Anschrift des Nutzers des Mobilfunkendgerätes
zu erfahren.

Technisch erfolgt die Gewinnung der Daten durch den Einsatz eines **IMSI-Cat-** 4
chers, wodurch die auf der Mobilfunkkarte eines Mobilfunkendgerätes gespeicherte
International Mobile Subscriber Identity (IMSI) in Erfahrung gebracht
wird. Eingeschaltete Mobilfunkendgeräte versuchen bauartbedingt,
ständig mit der am stärksten wirkenden Funkzelle des Netzbetreibers Kontakt zu
halten. Da ein IMSI-Catcher stärkere Signale aussendet als eine Funkzelle, loggt
sich das Mobilfunkgerät bei dem IMSI-Catcher ein, ohne dass der Besitzer das
merkt. Allerdings betrifft das auch eingeschaltete Handys von Dritten im Bereich
der Funkzelle (s. dazu § 20 b Satz 3). Diese Daten unterliegen nach § 20 b
Satz 4 einem absoluten **Verwendungsverbot** und sind nach Beendigung der
Maßnahme unverzüglich zu löschen. Dieses Verwendungsverbot ist konsequent,
weil die Daten von Dritten beim Einsatz eines IMST-Catchers zufällig bekannt
werden und für die polizeiliche Aufgabenerfüllung nicht erforderlich sind.

Für den **repressiven** Bereich enthält § 100 i StPO eine Ermächtigungsgrundlage 5
zur Ermittlung sowohl der Gerätenummer eines Mobilfunkendgerätes und der
Kartennummer der darin verwendeten Karte als auch des Standortes des Mobilfunkendgerätes.

§ 21
Polizeiliche Beobachtung

**(1) Die Polizei kann personenbezogene Daten, insbesondere die Personalien
einer Person sowie Kennzeichen des von ihr benutzten oder eingesetzten
Kraftfahrzeuges, zur Polizeilichen Beobachtung in einer Datei speichern
(Ausschreibung zur Polizeilichen Beobachtung), wenn**

1. **die Gesamtwürdigung der Person und der von ihr bisher begangenen
Straftaten erwarten lässt, dass sie auch künftig Straftaten von erheblicher
Bedeutung begehen wird,**
2. **Tatsachen die Annahme rechtfertigen, dass die Person Straftaten von
erheblicher Bedeutung begehen wird,**

und dies zur vorbeugenden Bekämpfung dieser Straftaten erforderlich ist.

**(2) Im Falle eines Antreffens der Person oder des von ihr benutzten oder
eingesetzten Kraftfahrzeuges können Erkenntnisse über das Antreffen sowie
über Kontakt- und Begleitpersonen und mitgeführte Sachen an die ausschreibende
Polizeibehörde übermittelt werden.**

§ 21 Polizeiliche Beobachtung

(3) ¹Die Ausschreibung zur Polizeilichen Beobachtung darf nur durch den Richter angeordnet werden. ²Zuständig ist das Amtsgericht, in dessen Bezirk die Polizeibehörde ihren Sitz hat. ³Für das Verfahren gelten die Vorschriften des Gesetzes über das Verfahren in Familiensachen und in den Angelegenheiten der freiwilligen Gerichtsbarkeit entsprechend. ⁴Die Anordnung ist auf höchstens ein Jahr zu befristen. ⁵Eine Verlängerung um nicht mehr als jeweils ein Jahr ist zulässig, soweit die Voraussetzungen des Absatzes 1 weiterhin vorliegen. ⁶Spätestens nach Ablauf von jeweils sechs Monaten ist von der ausschreibenden Polizeibehörde zu prüfen, ob die Voraussetzungen für die Anordnung noch bestehen. ⁷Das Ergebnis dieser Prüfung ist aktenkundig zu machen.

(4) ¹Für gemäß Absatz 1 und 2 erhobene personenbezogene Daten gilt § 16a Absatz 2 Satz 2 und 3 entsprechend. ²Die betroffene Person ist nach Beendigung der Ausschreibung zur Polizeilichen Beobachtung durch die Polizei über die Ausschreibung und die Löschung zu unterrichten, sobald dies ohne Gefährdung des Zwecks der Maßnahme erfolgen kann. ³Im Übrigen gilt § 17 Absatz 5 und 6 entsprechend.

VVPolG NRW zu § 21
Polizeiliche Beobachtung (zu § 21)
21.1 (zu Absatz 1)
21.11
Bei Kraftfahrzeugen hat die ausschreibende Polizeibehörde vierteljährlich zu prüfen, ob das zur Polizeilichen Beobachtung ausgeschriebene Kraftfahrzeug noch für den bisherigen Halter zugelassen ist.
21.12
Bei der Gesamtwürdigung i. S. d. § 21 Abs. 1 Nr. 1 sind insbesondere die in Planung, Ausführung oder zeitlicher Folge gezeigte kriminelle Energie bei früheren Straftaten, die rücksichtslose Durchsetzung des verbrecherischen Willens oder die offensichtliche Wirkungslosigkeit von Straf- und Resozialisierungsmaßnahmen zu berücksichtigen.
21.2 (zu Absatz 2)
Die feststellende Behörde darf keine Ergänzungen in der Datei vornehmen, in der die Ausschreibung erfolgt ist. Die Ausschreibung zur Polizeilichen Beobachtung stellt keine Ermächtigung für sonstige Maßnahmen gegen Personen dar.
21.3 (zu Absatz 3)
Das Gericht, das die Anordnung getroffen hat, braucht nicht unterrichtet zu werden, wenn die Dauer der Ausschreibung nicht voll ausgeschöpft wird.
21.4 (zu Absatz 4)
Auf RdNr. 16a.13 wird verwiesen.

Polizeiliche Beobachtung § 21

Erläuterungen:

1. Allgemeines

§ 21 bildet die Rechtsgrundlage der **Polizeilichen Beobachtung**. Es handelt sich um eine Befugnis, die zu unterschiedlichen (Teil-)Maßnahmen berechtigt. Absatz 1 ist eine Speicherungsvorschrift und enthält die Voraussetzungen, unter denen die **Ausschreibung** zur Polizeilichen Beobachtung vorgenommen werden kann. Absatz 2 berechtigt, **beim Antreffen der Person oder des Fahrzeuges personenbezogene Daten zu erheben und an die ausschreibende Polizeibehörde zu übermitteln.**

Ziel der Maßnahme ist es, **Erkenntnisse über Reisebewegungen und Aufenthaltsorte** der ausgeschriebenen Person zu erhalten. § 21 gibt der Polizei allerdings nicht die Befugnis, eine Person anzuhalten, nach ihren Identitätsdaten usw. zu fragen oder die Daten mit dem Inhalt der Datei, in der die Ausschreibung gespeichert ist, abzugleichen. Angesichts des Abbaus der Grenzkontrollen und der relativ geringen Kontrolldichte im Inland sind die Ergebnisse der Polizeilichen Beobachtung eher zufällig und führen in der Praxis höchst selten dazu, ein auch nur einigermaßen lückenloses Bewegungsbild über die ausgeschriebene Person zu bekommen.

2. Ausschreibung

Nach § 21 Abs. 1 dürfen zwei Personengruppen ausgeschrieben werden, wobei im Einzelfall die unterschiedlichen Voraussetzungen der Nummern 1 und 2 auf eine Person zutreffen können. **Nummer 1** zielt auf den sog. **gefährlichen Intensivtäter** ab, d. h. die **Gesamtwürdigung** seiner Person und der von ihm in der Vergangenheit begangenen Straftaten muss erwarten lassen, dass er **auch künftig Straftaten von erheblicher Bedeutung** begehen wird. Zudem muss die Maßnahme zur vorbeugenden Bekämpfung von Straftaten i. S. d. § 8 Abs. 3 erforderlich sein.

Für die Prognose i. S. d. Nummer 1 sind insbesondere die bislang gezeigte kriminelle Energie bei der Planung und Ausführung der früheren Straftaten maßgebend sowie die zeitliche Folge der begangenen Straftaten, zumal wenn sie durch Straf- und Resozialisierungsmaßnahmen unterbrochen wurde, welche offensichtlich erfolglos geblieben sind. Da es sich aber um Straftaten von erheblicher Bedeutung handeln muss, ist die Polizeiliche Beobachtung gegenüber Personen selbst dann nicht zulässig, wenn diese ihren Lebensunterhalt ganz oder überwiegend aus Straftaten wie Ladendiebstahl, kleineren Betrügereien oder Gelegenheitstaten bestreiten.

Nach **Nummer 2** können Personen zur Polizeilichen Beobachtung ausgeschrieben werden, wenn **Tatsachen die Annahme rechtfertigen,** dass sie eine Straftat von erheblicher Bedeutung begehen wollen. Hierbei ist ebenfalls Vorausset-

225

zung, dass die Ausschreibung zur vorbeugenden Bekämpfung dieser Straftaten notwendig ist. Ausgeschrieben werden können demnach auch Personen, die bisher nicht in Verdacht standen, eine Straftat begangen zu haben, allerdings müssen Fakten darauf hindeuten, dass sie nun entsprechende Delikte begehen wollen.

6   In der Datei gespeichert werden dürfen die **Identitätsdaten der betroffenen Personen** und – ggf. zusätzlich – das amtliche Kennzeichen der von ihr **benutzten oder eingesetzten Kraftfahrzeuge**. Voraussetzung ist dabei nicht, dass der Benutzer des Fahrzeuges auch dessen Halter ist. Jedoch ist eine Ausschreibung nur dann statthaft, wenn die Nutzungsmöglichkeit über einen längeren Zeitraum besteht und der Benutzer die Gelegenheit hat, das Fahrzeug zur Begehung von Straftaten zu gebrauchen. In solchen Fällen ist nicht notwendig, dass der Halter das Fahrzeug in Kenntnis dieser Sachlage überlässt. Die andere Alternative, nämlich ein Einsatz des Fahrzeuges, liegt dann vor, wenn der Halter oder eine andere Person das Fahrzeug einem Dritten zur Vorbereitung oder Ausführung der Straftaten übergibt.

7   § 21 Abs. 1 bestimmt nicht, in welcher **Datei** die Speicherungen zu erfolgen haben. Deshalb ist es zulässig, die Personalien in der INPOL-Datei „Personenfahndung" und die Fahrzeugdaten in der INPOL-Datei „Sachfahndung" zu führen. Diese Handhabung entspricht auch praktischen Erfordernissen.

3. Datenerhebung und Datenübermittlung

8   § 21 Abs. 2 berechtigt die Polizei, im Falle des **Antreffens** der betroffenen Person bzw. des von ihr benutzten oder eingesetzten Kraftfahrzeuges personenbezogene Daten zu erheben. Das Gesetz spricht insoweit von Erkenntnissen, die beim Antreffen über die betroffene Person bzw. das Kraftfahrzeug (das auch von einem Dritten geführt werden kann) sowie über mögliche Kontakt- oder Begleitpersonen oder über die mitgeführten Sachen gewonnen werden.

9   Die feststellende Behörde teilt diese Erkenntnisse der ausschreibenden Behörde mit, wobei die Übermittlungsart nicht entscheidend ist. Es ist jedoch darauf zu achten, dass gemäß § 21 Abs. 4 Satz 1 bereits für diese Übermittlung die Daten i. S. d. § 16a Abs. 2 Satz 2 und 3 besonders zu kennzeichnen sind. Die feststellende Behörde darf **keinerlei Zuspeicherungen in der Datei vornehmen, in der die Ausschreibung erfolgt ist**. In diesen Dateien finden auch keinerlei Datenspeicherungen über etwaige Kontakt- und Begleitpersonen statt, die nicht ihrerseits zur Polizeilichen Beobachtung ausgeschrieben sind.

10 Bei den INPOL-Dateien „Personenfahndung" und „Sachfahndung" sind die Personalien bzw. die Kraftfahrzeugkennzeichen Suchkriterien, d. h. das System gibt nur Auskunft darüber, ob Fahndungsnotierungen bzw. Ausschreibungen zur Polizeilichen Beobachtung zu bestimmten Personalien bzw. Kraftfahrzeugkennzeichen vorliegen. Die örtlichen Dienststellen können sich beispielsweise keine

Liste ausdrucken lassen über sämtliche Personen, die zur Polizeilichen Beobachtung ausgeschrieben worden sind. Insofern erfolgt ein „Antreffen" der Person bzw. des Kraftfahrzeuges zufällig. Die personenbezogenen Daten erhebt oder erhält die Polizei regelmäßig aus anderem Anlass, etwa bei einer Identitätsfeststellung nach § 12, bei einer Verkehrskontrolle nach § 36 Abs. 5 StVO oder im Rahmen von strafprozessualen Ermittlungen. Zusätzlich muss hinzukommen, dass diese Daten z. B. gemäß § 25 mit dem Fahndungsbestand abgeglichen werden, denn nur dann wird die Ausschreibung zur Polizeilichen Beobachtung offenbar.

Die Feststellung, dass eine Person oder ein Kennzeichen zur Polizeilichen Beobachtung ausgeschrieben ist, berechtigt zu **keinen weiteren Maßnahmen als zu der Datenerhebung** i. S. d. § 21 Abs. 2 und zu deren Übermittlung an die ausschreibende Behörde. Die Datenerhebung hat so zu erfolgen, dass der Betroffene keinen Hinweis auf die erfolgte Ausschreibung zur Polizeilichen Beobachtung erhält. 11

4. Anordnungskompetenz

Gemäß § 21 Abs. 3 Satz 1 ist für jede Ausschreibung zur Polizeilichen Beobachtung eine **richterliche Entscheidung** erforderlich. Ein entsprechender Antrag der Polizei muss nicht vom Behördenleiter unterschrieben werden. Eine Anordnungskompetenz für Fälle von Gefahr im Verzug ist nicht vorgesehen, da angesichts der Zufälligkeit von zu gewinnenden Erkenntnissen eine besondere Eilbedürftigkeit für die Ausschreibung nicht gegeben ist. 12

5. Ausschreibungsdauer

Die Ausschreibung ist auf **höchstens ein Jahr** zu befristen (§ 21 Abs. 3 Satz 3), allerdings dürfte eine wesentlich kürzere Dauer nur selten angemessen sein, denn die auf Zufallsergebnissen basierende Erkenntnisgewinnung ist dann kaum möglich. Liegen die Voraussetzungen des Absatzes 1 weiterhin vor, kann nach Ablauf der zuerst festgelegten Dauer die Ausschreibung verlängert werden, allerdings um nicht mehr als jeweils ein Jahr. Das Gesetz hat damit kein oberes Limit für die Ausschreibung gesetzt, doch dürfte eine zweite oder gar dritte Verlängerung nur dann statthaft sein, wenn zwischenzeitlich neue Verdachtsmomente hinzu kommen. 13

§ 21 Abs. 3 Satz 6 sieht eine **interne Prüfung** durch die ausschreibende Polizeibehörde vor, ob die Voraussetzungen für die Anordnung noch bestehen. Diese Prüfung ist spätestens **alle sechs Monate** während der (gesamten) Ausschreibungsdauer zu wiederholen und **aktenkundig** zu machen. Kommt die ausschreibende Polizeibehörde zu dem Ergebnis, dass die Voraussetzungen für die Ausschreibung nicht mehr vorliegen, ist diese zu löschen. Dem Gericht, das die 14

Anordnung getroffen hat, muss nicht mitgeteilt werden, wenn die Ausschreibung vorzeitig beendet wird.

6. Nachträgliche Unterrichtung

15   Die Unterrichtungsverpflichtung betrifft nur die **ausschreibende Behörde**, da die feststellende Behörde den bei ihr entstandenen Vorgang nach der Übermittlung an die ausschreibende Behörde alsbald vernichtet. Die Unterrichtung erfolgt gegenüber den betroffenen Personen, die zur Polizeilichen Beobachtung ausgeschrieben waren. Hinsichtlich der Kraftfahrzeuge, die ausgeschrieben waren, erfolgt eine Unterrichtung der Personen, die das Fahrzeug benutzt oder eingesetzt haben. Nach § 21 Abs. 4 Satz 2 umfasst die Unterrichtung die Tatsache der Ausschreibung und die der Löschung.

16   Nicht vorgesehen ist, dass Kontakt- oder Begleitpersonen unterrichtet werden, deren Daten im Zusammenhang mit dem Antreffen der ausgeschriebenen Person erhoben worden sind. Für diese gesetzgeberische Entscheidung spricht, dass andernfalls gegenüber Kontakt- und Begleitpersonen zwangsläufig ein Hinweis gegeben werden müsste auf die Ausschreibung der betroffenen Person. Dieser Umstand könnte nun wieder schwerwiegende Folgen für diese haben. Darüber hinaus wäre eine Unterrichtung der Kontakt- und Begleitpersonen oftmals nur dann möglich, wenn zusätzliche Daten (z. B. die Wohnanschrift) erhoben würden, was wiederum einen weitergehenden Eingriff gegenüber jenen erforderlich machen würde.

17   Wegen der Einzelheiten der Unterrichtungsverpflichtung wird auf die Erläuterungen zu § 17, RN 17 verwiesen.

ZWEITER TITEL

Datenspeicherung, Datenveränderung und Datennutzung

§ 22
Allgemeine Regeln über die Dauer der Datenspeicherung

¹Die Dauer der Speicherung ist auf das erforderliche Maß zu beschränken. ²Für automatisierte Dateien sind Termine festzulegen, zu denen spätestens überprüft werden muss, ob die suchfähige Speicherung von Daten weiterhin erforderlich ist (Prüfungstermine). ³Für nichtautomatisierte Dateien und Akten sind Prüfungstermine oder Aufbewahrungsfristen festzulegen. ⁴Dabei sind der Speicherungszweck sowie Art und Bedeutung des Anlasses der Speicherung zu berücksichtigen. ⁵Prüfungstermine oder Aufbewahrungsfristen für die in Dateien oder Akten suchfähig gespeicherten perso-

Allgemeine Regeln über die Dauer der Datenspeicherung § 22

nenbezogenen Daten von Kindern dürfen zwei Jahre nicht überschreiten; die Frist beginnt mit dem Tag der ersten Speicherung.

VVPolG NRW zu § 22
Allgemeine Regeln über die Dauer der Datenspeicherung (zu § 22)
22.0
Prüfungstermine und Aufbewahrungsfristen sind festzulegen, wenn sie sich nicht bereits aus dem Gesetz ergeben (vgl. z. B. § 15 Abs. 1, § 15 a Abs. 2, § 15 b Satz 3, § 22 Satz 5 sowie § 24 Abs. 2 und 4). Soweit gesetzliche Vorschriften nicht entgegenstehen, gelten die KpS-RL, die AktOPol sowie einschlägige andere Runderlasse und regionale oder örtliche Verfügungen weiter. Eine kalendermäßige Wiedervorlage ist einzurichten. Ist die suchfähige Speicherung (vgl. RdNr. 32.22) von Daten weiterhin erforderlich, ist das Prüfungsergebnis aktenkundig zu machen.

Erläuterungen:

1. Allgemeines

Über § 22 soll eine sachgerechte zeitliche Begrenzung der Datenspeicherung erreicht werden. Wenngleich auch generelle Lösungen möglich sind, zielt § 22 darauf ab, für bestimmte Fälle oder Personengruppen **Fristen über die Speicherungsdauer** festzulegen. Demgegenüber ist nach § 33 in allen geeigneten Fällen für Dateien von vornherein eine Laufzeit zu bestimmen und im Übrigen in regelmäßigen Zeitabständen zu prüfen, ob die anderen Dateien in der bisher praktizierten Weise überhaupt noch notwendig sind. 1

§ 22 Satz 1 enthält eine allgemeine Verpflichtung der Polizei, in Anwendung des Verhältnismäßigkeitsgrundsatzes bei allen allgemeinen Regelungen sowie bei jeder Einzelfallentscheidung stets kritisch zu fragen, ob die generell oder im Wege der Einzelfallprüfung festgesetzte Speicherungsdauer angemessen ist. 2

2. Prüfungstermine und Aufbewahrungsfristen

§ 22 Satz 2 bis 4 regelt Einzelheiten über die Festsetzung von Prüfungsterminen oder Aufbewahrungsfristen hinsichtlich der Dauer der Datenspeicherung. Satz 4 stellt dabei heraus, dass der **Verhältnismäßigkeitsgrundsatz** bei diesen Festlegungen zu berücksichtigen ist. Pauschale, für die gesamte Datenverarbeitung der Polizei geltende Regelungen sind danach unzulässig, weil sie die verschiedenen Speicherungszwecke sowie die meist unterschiedlichen Speicherungsanlässe in Bezug auf Art und Bedeutung nicht hinreichend berücksichtigen. 3

Prüfungstermine und Aufbewahrungsfristen unterscheiden sich dadurch, dass bei Prüfungsterminen **im Wege der Einzelfallprüfung** entschieden werden muss, ob eine weitere Datenspeicherung erfolgen kann, während bei Ablauf der 4

§ 22   Allgemeine Regeln über die Dauer der Datenspeicherung

Aufbewahrungsfrist **ohne weitere Prüfung** die Vernichtung der Unterlagen erfolgt. Nach § 22 Satz 2 sind für die suchfähig in Dateien gespeicherten personenbezogenen Daten Prüfungstermine festzulegen. § 22 Satz 3 ermöglicht eine Verwaltungsentscheidung, ob für nicht automatisierte Dateien und Akten Prüfungstermine oder Aufbewahrungsfristen bestimmt werden sollen. Insoweit spielen Praktikabilitätsgründe eine Rolle.

5   Prüfungstermine und Aufbewahrungsfristen sind selbstverständlich nur soweit festzulegen, **als nicht bereits durch das Gesetz oder auf Grund des Gesetzes entsprechende Regelungen über die Speicherungsdauer vorgesehen sind.** Für die suchfähig in Dateien gespeicherten Daten und die suchfähig zur Person angelegten Akten schreibt beispielsweise § 15 Abs. 1 Satz 3 eine Löschungs- bzw. Vernichtungsfrist vor. Nach § 21 Abs. 3 ergibt sich die Speicherungsdauer aus der richterlichen Anordnung, wobei für die ausschreibende Polizeibehörde gemäß § 21 Abs. 3 Satz 6 zusätzliche Prüfungstermine vorgegeben sind. Auch § 22 Satz 5 sowie § 24 Abs. 2 und 4 enthalten entsprechende Regelungen.

6   An Prüfungsterminen ist zu entscheiden, **ob die weitere Datenspeicherung erforderlich ist.** Um diese Prüfungstermine einhalten zu können, muss eine kalendermäßige Wiedervorlage eingerichtet werden. Bei automatisierten Systemen kann das dergestalt erfolgen, dass die speichernde Stelle eine bestimmte Zeit vor dem Prüfungstermin darauf aufmerksam gemacht wird, es erfolge eine Löschung der Daten, falls nicht auf Grund der Prüfung ein neues Prüfungsdatum eingegeben wird. Bei nicht automatisierten Dateien können verschiedenfarbige Karteikarten oder sog. Reiter verwendet werden, damit die Überprüfung termingerecht erfolgt. Akten können entsprechende Markierungen erhalten.

7   Prüfungstermine können – und das gilt im Prinzip auch für Aufbewahrungsfristen – zur Verwaltungsvereinfachung auf **bestimmte Zeitpunkte** (Jahresende, Quartalsende, Monatsende) festgelegt werden, solange das nicht im Hinblick auf den Verhältnismäßigkeitsgrundsatz zu unvertretbaren Verzögerungen führt. Dabei ist auf die längstmögliche Speicherungsdauer abzustellen, d. h. einige Betroffene, deren Daten nun für eine kürzere Frist gespeichert werden, erhalten hierdurch eine Vergünstigung. Anhaltspunkte für entsprechende Regelungen bieten z. B. § 31 Abs. 3 Satz 4 MG NRW oder § 36 Abs. 8 Satz 2 StVG.

8   Zulässig ist es aber auch, **variable** Prüfungstermine bzw. Aufbewahrungsfristen festzulegen, wobei eine Zuspeicherung automatisch oder manuell einen neuen Zeitpunkt ergibt (vgl. z. B. § 24 Abs. 2 Satz 4). Eine solche Handhabung ist jedoch nur möglich, wenn keine anderweitigen Regelungen bestehen (vgl. z. B. § 22 Satz 5).

9   Soweit gesetzliche Vorschriften nicht entgegenstehen, gelten die Bestimmungen der KpS-RL und die AktOPol sowie einschlägige andere Runderlasse und regionale bzw. örtliche Verfügungen zunächst weiter, bis eine neue Regelung erfolgt.

§ 23
Zweckbindung bei der Datenspeicherung, Datenveränderung und Datennutzung

(1) ¹Die Speicherung, Veränderung und Nutzung darf nur zu dem Zweck erfolgen, zu dem die Daten erlangt worden sind. ²Die Nutzung sowie die weitere Speicherung und Veränderung zu einem anderen Zweck sind jedoch zulässig, soweit die Polizei die Daten auch zu diesem Zweck erheben darf. ³Satz 2 gilt nicht für die nach § 11 erhobenen Daten.

(2) ¹Werden wertende Angaben über eine Person in Dateien gespeichert, muss feststellbar sein, bei welcher Stelle die den Angaben zugrundeliegenden Informationen vorhanden sind. ²Wertende Angaben dürfen nicht allein auf Informationen gestützt werden, die unmittelbar durch automatisierte Datenverarbeitung gewonnen wurden.

VVPolG NRW zu § 23
Zweckbindung bei der Datenspeicherung, Datenveränderung und Datennutzung (zu § 23)
23.0
Speichern ist das Erfassen, Aufnehmen oder Aufbewahren von Daten auf einem Datenträger zum Zwecke ihrer weiteren Verarbeitung (§ 3 Abs. 2 Nr. 2 DSG NRW). Verändern ist das inhaltliche Umgestalten gespeicherter Daten (§ 3 Abs. 2 Nr. 3 DSG NRW). Nutzung ist jede sonstige Verwendung personenbezogener Daten i. S. d. § 3 Abs. 2 Nr. 7 DSG NRW, die nicht Erhebung, Speicherung, Veränderung, Übermittlung, Berichtigung, Sperrung, Löschung oder Vernichtung ist.
23.1 (zu Absatz 1)
23.11
§ 23 Abs. 1 geht als Spezialvorschrift dem § 13 DSG NRW vor. § 14 Abs. 4 DSG NRW ist nicht anzuwenden.
23.12
§ 23 Abs. 1 Satz 1 bildet keine rechtliche Grundlage für die Speicherung, Veränderung oder Nutzung von Daten, sondern schreibt das aus der Verfassung abgeleitete Gebot der Zweckbindung fest. Die Rechtsgrundlage für die Speicherung, Veränderung und Nutzung ist § 24. § 23 Abs. 1 Satz 2 bietet nur eine Rechtsgrundlage für die Zweckänderung bei der Übernahme von gespeicherten Daten innerhalb der Polizeibehörde, soweit die Voraussetzungen für die Erhebung gegeben wären.
23.2 (zu Absatz 2)
Wertende Angaben beinhalten eine auf Tatsachen basierende Einschätzung und

§ 23 Zweckbindung bei der Datenspeicherung, -veränderung, -nutzung

geben somit auch in Zukunft erwartete Verhaltensweisen oder bestimmte Charaktereigenschaften der betroffenen Person wieder.

Erläuterungen:

1. Grundsatz der Zweckbindung

1 Als Ausfluss des Rechts auf informationelle Selbstbestimmung soll für den Bürger transparent sein, zu welchem Zweck seine Daten erhoben und (weiter-)verarbeitet werden dürfen. Das **Zweckbindungsgebot** stellt daher sicher, dass personenbezogene Daten im Prinzip nur zur Erreichung eines bestimmten Zieles – nämlich desjenigen, welches der Datenerhebung durch die Polizei bzw. der Datenübermittlung an die Polizei zu Grunde lag – gespeichert, verändert oder genutzt werden dürfen. Die Zweckbindung bewirkt damit eine Begrenzung des Eingriffs in das Recht auf informationelle Selbstbestimmung. Wer bereit ist, seine personenbezogenen Daten der Polizei zur Erfüllung einer polizeilichen Aufgabe zu offenbaren bzw. wer sich gefallen lassen muss, dass diese Daten hierzu ohne sein Wissen durch die Polizei z. B. durch Befragung eines Dritten oder durch Auskunftsersuchen an eine Behörde erhoben werden, soll vor zweckentfremdeter Verwendung seiner Daten geschützt sein. Die erneute Verwendung der Daten bei Zweckgleichheit bedeutet schon einen weiteren Eingriff, und selbstverständlich erhöht sich die Eingriffsintensität, wenn die Daten für einen anderen Zweck verwendet werden.

2 § 23 Abs. 1 enthält zwar ein Zweckbindungsgebot sowie Regelungen über die Nutzung und die weitere Speicherung zu anderen Zwecken, ohne allerdings zu definieren, was unter Zweck zu verstehen ist. Für die polizeiliche Praxis sind unterschiedliche Fallgestaltungen zu betrachten:

– Es gibt Fälle, in denen personenbezogene Daten von vornherein nicht zur Erreichung eines einzelnen Zieles erhoben werden. Beispielsweise werden nach einem schweren Verkehrsunfall mit Toten, Verletzten und hohem Sachschaden eine Vielzahl von personenbezogenen Daten **nur einmal erhoben,** aber **mehrfach genutzt,** nämlich um die Angehörigen der Unfallopfer zu unterrichten, um zu einem späteren Zeitpunkt die strafprozessualen Vernehmungen des Beschuldigten und der Zeugen durchzuführen, um Daten teilanonymisiert für Unfalluntersuchungen und -statistiken zu verwenden usw. Dasselbe gilt bei allen Dauerdelikten, bei denen die Daten sowohl zur Abwehr der Gefahr (Störung) für die öffentliche Sicherheit als auch zur Strafverfolgung benötigt werden.

– Bei bestimmten Fallkonstellationen werden **Daten nur einmal erhoben,** jedoch mit dem erklärten Ziel, sie **unter Zweckwahrung laufend** bei (erwarteten) gleichgelagerten Sachverhalten **zu verwenden.** Der Zweck ist möglichst genau zu bezeichnen. Er darf keine sehr allgemeine Zielsetzung (z. B. Wahrnehmung der Gefahrenabwehraufgabe) aufweisen. Er muss sich allerdings nicht auf einen konkreten Vorgang oder auf einen ganz bestimmten polizeilichen Einsatzanlass, sondern kann sich auch auf bestimmte Ereignisse beziehen. Hierzu zählen insbesondere die Datenerhebungen gemäß § 11, die teilweise eine langfristige Datenspeicherung auslösen.

– In besonders gelagerten Fällen muss es **Ausnahmen vom Zweckbindungsgebot** geben, damit die Behörde eine ihr obliegende Aufgabe erfüllen kann. Zulässig ist die weitere Verarbeitung zu anderen Zwecken immer dann, wenn die betroffene Person einwilligt. Ansonsten bedarf es einer entsprechenden Rechtsvorschrift, d. h. bereits der Gesetzgeber hat die Abwägung zu treffen, unter welchen Voraussetzungen eine Zweckänderung bei der Speicherung, Veränderung oder Nutzung der erhobenen Daten zulässig sein soll. Die gesetzgeberische Entscheidung muss sich dabei auch an der Art der Aufgabe orientieren. Je bedeutender sie für den Schutz wesentlicher Rechtsgüter ist und je häufiger bei der Aufgabenwahrnehmung schnelle Entscheidungen oder Maßnahmen notwendig werden, umso eher ist eine gesetzliche Regelung denkbar, die eine Zweckdurchbrechung vorsieht.

§ 23 enthält Grundsätze über die **Zweckbindung** der von der Polizei **erlangten personenbezogenen Daten** im Hinblick auf deren Speicherung, Veränderung und Nutzung. Es wird demnach kein Unterschied gemacht, ob die Polizei die Daten selbst erhoben hat oder ob sie ihr übermittelt worden sind. Voraussetzung ist allerdings mit Blick auf § 24 Abs. 1, dass die Daten **rechtmäßig erlangt** sind. Anderenfalls ist schon ihre Speicherung unzulässig, weil gemäß § 32 Abs. 2 Satz 1 Nr. 2 die Löschung bzw. Vernichtung erfolgen muss, sodass sich die Frage der zweckändernden Nutzung nicht stellt. 3

Das Gesetz benutzt die Begriffe „Speichern", „Verändern" und „Nutzen" **in Übereinstimmung mit den von § 3 Abs. 2 DSG NRW** gegebenen Definitionen. In Bezug auf die Zweckbindung der Daten wird grundsätzlich nicht unterschieden, ob sie in Dateien, Karteien, Akten oder sonstigen Unterlagen aufgenommen werden. Besonderheiten können sich aber aus dem Gesetz selbst ergeben. Bei der Datenübermittlung nach den §§ 26 ff. bestehen hinsichtlich der Zweckbindung ähnliche Probleme wie bei der Datenspeicherung. 4

2. Zweckbindung bei der Datennutzung

§ 14 Abs. 4 DSG NRW sieht vor, dass für einen Datentransfer innerhalb einer Behörde dieselben Grundsätze gelten wie für die Datenübermittlung zwischen Behörden. Diese Regelung ist für Behörden mit vielfältigen, sehr unterschiedlichen Aufgaben sicher angemessen. Selbst wenn es bei einem Oberbürgermeister in Nordrhein-Westfalen gelegentlich Informationsbeziehungen zwischen dem Stadtsteueramt und dem Passamt oder zwischen dem Straßenbauamt und dem Jugendamt geben mag, sind die jeweiligen Aufgaben so verschiedenartig, dass generell kein wechselseitiger Zugriff auf die anderen Datenbestände notwendig ist. Hinzu kommt, dass für die Datenverarbeitung einzelner Ämter besondere 5

§ 23 Zweckbindung bei der Datenspeicherung, -veränderung, -nutzung

Kodifikationen gelten (z. B. MG NRW, SGB X, StVG, AO, PassG), die gemäß § 2 Abs. 3 DSG NRW dem § 14 Abs. 4 DSG NRW vorgehen.

6 § 23 Abs. 1 i. V. m. § 24 Abs. 1 und § 27 Abs. 1 ist eine bereichsspezifische Regelung i. S. d. § 2 Abs. 3 DSG NRW, sodass § 14 Abs. 4 DSG NRW – bezüglich der Weitergabe personenbezogener Daten innerhalb einer Behörde – im Polizeibereich keine Anwendung findet. Eine vergleichbare Bestimmung ist hier nicht vorhanden.

7 Bezüglich § 23 Abs. 1 i. V. m. § 24 Abs. 1 ist die gesetzgeberische Entscheidung zu begrüßen, denn sie ist sachgerecht. Sie resultiert aus der Tatsache, dass trotz aller Unterschiede bei den der Polizei übertragenen Aufgaben im hohen Maße eine Gleichartigkeit vorhanden ist und sich innerhalb der Aufgabenbereiche vielfache Überschneidungen ergeben können. Sämtliche Aufgaben, die in § 1 PolG NRW sowie in den §§ 10 bis 13 b POG NRW angesprochen werden, sind zumeist dermaßen verzahnt, dass sie nur sachgerecht wahrgenommen werden können, wenn ein **Informationsfluss** innerhalb der Polizeibehörde im **notwendigen,** von § 23 Abs. 1 festgelegten **Umfang** der Zweckbindung stattfinden kann.

8 § 23 Abs. 1 Satz 1 schreibt das Zweckbindungsgebot zunächst einmal für alle von der Polizei erlangten Daten fest. Die drei in dieser Vorschrift genannten Phasen der Datenverarbeitung, nämlich das Speichern, Verändern und Nutzen der personenbezogenen Daten, sind nur bei Zweckwahrung zulässig, d. h. es muss insbesondere zwischen der Datenerhebung und der weiteren Verarbeitung dieser Daten Zweckidentität bestehen. Das gilt selbstverständlich auch für die der Polizei übermittelten Daten, obwohl beispielsweise nicht aus jedem Schreiben von Bürgern sogleich klar erkennbar wird, warum sie über sich oder Dritte personenbezogene Daten mitteilen. Insoweit erfolgt dann durch die Polizei – spätestens nach weiteren Feststellungen – inzident eine Zweckfestlegung.

9 Von der Zweckbindung gibt es nach Satz 2 Ausnahmen in Bezug auf die anderweitige Nutzung gespeicherter Daten bzw. für deren weitere Speicherung oder Veränderung zu einem anderen Zweck, **falls die Daten auch zu dem neuen Zweck von der Polizei erhoben werden dürfen.** Anstelle einer nochmaligen Erhebung tritt hier die Verwendung der bereits bei der Polizei vorhandenen Daten, womit allerdings eine Zweckänderung verbunden ist. Hierdurch kann sogar eine Situation entstehen, die dem Interesse der betroffenen Person entgegenkommt. Das ist der Fall, wenn die erneute Datenerhebung für sie belastender wäre als die zweckändernde Verwendung der bei der Polizei gespeicherten Daten. Es kommt aber nicht auf solche eher spekulativen Ergebnisse an; denn Sinn der Regelung ist es, eine effektive polizeiliche Aufgabenerfüllung unter gebührender Berücksichtigung des Rechts auf informationelle Selbstbestimmung zu gewährleisten.

10 Satz 3 untersagt die zweckändernde Verwendung der gemäß § 11 erhobenen Daten, d. h. durch diese Ausnahme von der Möglichkeit, eine Zweckänderung nach

Satz 2 zu erreichen, genießen die zur Vorbereitung auf die Hilfeleistung und das Handeln in Gefahrenfällen erhobenen Daten einen hohen Schutz (s. dazu auch die Erläuterungen zu § 27, RN 8).

Wie oben bereits angedeutet, ist nochmals klarzustellen, dass § 23 Abs. 1 Satz 1 nicht die rechtliche Grundlage für eine Speicherung, Veränderung oder Nutzung von Daten bildet. Diese muss sich aus anderen Vorschriften, z. B. aus § 24 ergeben. § 23 Abs. 1 Satz 2 enthält keine Befugnis für das Einrichten einer (neuen) Datei. Wenn für eine solche Maßnahme eine Rechtsgrundlage vorhanden ist, dürfen allerdings gemäß § 23 Abs. 1 Satz 2 die anderweitig gespeicherten Daten innerhalb der Behörde übernommen werden anstelle einer erneuten Datenerhebung. **11**

3. Bedeutung des Absatzes 2

Absatz 2 enthält zwei inhaltlich nur lose in Beziehung stehende Regelungen über **wertende Angaben** zu einer Person. Zu der Frage, wann eine „Wertung" vorliegt, ist Folgendes festzustellen: Stets wird die – objektive – Speicherung eines Sachverhalts mit personenbezogenen Daten in Dateien und Akten nicht nur für die betroffene Person, sondern auch für den Datennutzer eine entsprechende Bewertung zur Folge haben. Darauf kommt es aber nicht an, denn die Wiedergabe von Tatsachen enthält keine Wertung i. S. d. Vorschrift. **12**

> **Beispiel:** In einer Datei wird über A vermerkt, dass er dreimal aus polizeilichem Gewahrsam entwichen sei.

Erforderlich ist vielmehr eine **Einschätzung**. Diese muss auf Tatsachen basieren, die eine entsprechende Annahme rechtfertigen. Von einer Speicherung wertender Angaben kann man deshalb nur dann sprechen, wenn auch in Zukunft erwartete Verhaltensweisen oder bestimmte Charaktereigenschaften der betroffenen Person – insbesondere verkürzt oder rubriziert dargestellt – gespeichert werden. **13**

> **Beispiel:** Im vorstehenden Fall wird zur Person des A der Hinweis „Ausbrecher" gespeichert.

Falls wertende Angaben über eine Person **in Dateien** gespeichert werden, muss sich gemäß Satz 1 **aus der Datei** ergeben, bei welcher Stelle die Informationen vorhanden sind, die zu der getroffenen Einschätzung geführt haben. Dabei genügt es, wenn sich diese Stelle aus dem allgemein vorgegebenen sog. Behördenschlüssel erkennen lässt. Für Akten war eine besondere Regelung nicht notwendig, denn nur bei Dateien kann es aus Kapazitätsgründen zu solchen verkürzten Darstellungen kommen. **14**

Wertende Hinweise können sich selbstverständlich auch in Akten befinden, z. B. an markanter Stelle auf dem Aktendeckel. Aus dem Grundsatz der Aktenklarheit folgt jedoch, dass sich die den wertenden Angaben zu Grunde liegenden In- **15** formationen aus der Akte ergeben müssen, d. h. in der Akte selbst müssen entweder die Einzelheiten aufgeführt werden oder Verweisungen auf andere Akten enthalten sein. Hierdurch wird der Rechtssicherheit Genüge getan.

16 Satz 2 untersagt, wertende Angaben allein auf Informationen zu stützen, die **unmittelbar** durch die automatisierte Datenverarbeitung erlangt werden. Es wäre daher unzulässig, ein ADV-System dergestalt zu programmieren, dass zu dem Datensatz einer Person, die innerhalb eines bestimmten Zeitraumes eine bestimmte Anzahl von Straftaten begeht, etwa der Hinweis „Gefährlicher Intensivtäter" automatisch zugespeichert wird. Allerdings ist statthaft, dass das ADV-System die Tatsache des mehrmaligen Auftretens der sachbearbeitenden Dienststelle anzeigt. Diese kann sodann prüfen, ob eine entsprechende Wertung vorzunehmen und ggf. zu speichern ist. Wertende Angaben **in Dateien und Akten** sind demnach nur auf Grund einer Sachbearbeitung möglich, wobei das grundsätzlich vorhandene Ermessen für die Aufnahme solcher Hinweise durch Richtlinien begrenzt werden kann.

§ 24
Speicherung, Veränderung und Nutzung von Daten

(1) Die Polizei kann rechtmäßig erlangte personenbezogene Daten in Akten oder Dateien speichern, verändern und nutzen, soweit dies zur Erfüllung ihrer Aufgaben, zu einer zeitlich befristeten Dokumentation oder zur Vorgangsverwaltung erforderlich ist.

(2) ¹Dabei kann die Polizei auch die im Rahmen der Verfolgung von Straftaten gewonnenen personenbezogenen Daten zum Zwecke der Gefahrenabwehr (§ 1 Abs. 1) speichern, verändern und nutzen. ²Eine suchfähige Speicherung dieser Daten in Dateien und Akten ist nur über Personen zulässig, gegen die ein strafrechtliches Ermittlungsverfahren eingeleitet worden ist. ³Die nach § 22 festzulegenden Prüfungstermine dürfen für Daten nach Satz 1 bei Erwachsenen zehn Jahre und bei Jugendlichen fünf Jahre nicht überschreiten. ⁴Die Frist beginnt mit dem Tag, an dem das letzte Ereignis eingetreten ist, das zur Speicherung der Daten geführt hat, jedoch nicht vor Entlassung der betroffenen Person aus einer Justizvollzugsanstalt oder Beendigung einer mit Freiheitsentziehung verbundenen Maßregel der Besserung und Sicherung. ⁵Ist der Verdacht der Straftat gegen die Person entfallen, sind ihre in diesem Zusammenhang in Dateien suchfähig gespeicherten personenbezogenen Daten zu löschen sowie die zu ihrer Person suchfähig angelegten Akten zu vernichten.

(3) ¹Werden personenbezogene Daten von Kindern, die ohne Kenntnis der Sorgeberechtigten erhoben worden sind, gespeichert, sind die Sorgeberechtigten durch die Polizei zu unterrichten, sobald dies ohne Gefährdung des Zwecks der Maßnahme erfolgen kann. ²Von der Unterrichtung kann abge-

Speicherung, Veränderung und Nutzung von Daten § 24

sehen werden, solange zu besorgen ist, dass die Unterrichtung zu erheblichen Nachteilen für das Kind führt.

(4) ¹Über Kontakt- oder Begleitpersonen einer Person, bei der Tatsachen die Annahme rechtfertigen, dass sie künftig Straftaten begehen wird, sowie über Auskunftspersonen kann die Polizei personenbezogene Daten suchfähig in Dateien speichern, verändern und nutzen, soweit dies zur vorbeugenden Bekämpfung von Straftaten von erheblicher Bedeutung erforderlich ist. ²Die Daten dürfen nur für die Dauer eines Jahres gespeichert werden. ³Die Speicherung für jeweils ein weiteres Jahr ist zulässig, soweit die Voraussetzungen des Satzes 1 weiterhin vorliegen, jedoch darf die Speicherungsdauer insgesamt drei Jahre nicht überschreiten. ⁴Die Entscheidung über die jeweilige Verlängerung trifft die Behördenleiterin oder der Behördenleiter oder ein von ihnen beauftragter Beamter.

(5) ¹Die Polizei kann Anrufe über Notrufeinrichtungen auf Tonträger aufzeichnen. ²Eine Aufzeichnung von Anrufen im Übrigen ist nur zulässig, soweit die Aufzeichnung zur polizeilichen Aufgabenerfüllung erforderlich ist. ³Die Aufzeichnungen sind spätestens nach einem Monat zu löschen, es sei denn, sie werden zur Verfolgung von Straftaten benötigt oder Tatsachen rechtfertigen die Annahme, dass die anrufende Person Straftaten begehen wird, und die Aufbewahrung ist zur vorbeugenden Bekämpfung von Straftaten erforderlich.

(6) Die Polizei kann gespeicherte personenbezogene Daten zu statistischen Zwecken nutzen; die Daten sind zum frühestmöglichen Zeitpunkt zu anonymisieren.

(7) ¹Die Polizei kann personenbezogene Daten zur polizeilichen Aus- und Fortbildung nutzen. ²Die personenbezogenen Daten sind zu anonymisieren. ³Einer Anonymisierung bedarf es nicht, wenn diese dem Aus- und Fortbildungszweck entgegensteht und die berechtigten Interessen der betroffenen Person an der Geheimhaltung der Daten nicht offensichtlich überwiegen.

VVPolG NRW zu § 24

Speicherung, Veränderung und Nutzung von Daten (zu § 24)
24.01
Eine Akte ist jede der Aufgabenerfüllung dienende Unterlage, die nicht Teil der automatisierten Datenverarbeitung ist (§ 3 Abs. 6 DSG NRW). Polizeiliche Notizbücher, Einsatzbefehle und sonstige Einsatzunterlagen sind Akten im Sinne dieser Definition.
24.02
Datei ist eine Sammlung von Daten, die ohne Rücksicht auf die Art der Speicherung durch automatisierte Verfahren ausgewertet werden kann, oder eine

§ 24 Speicherung, Veränderung und Nutzung von Daten

gleichartig aufgebaute Sammlung von Daten, die nach bestimmten Merkmalen geordnet und ausgewertet werden kann.

24.1 (zu Absatz 1)

24.11
Voraussetzung für die Verarbeitung von Daten in den unter RdNr. 23.0 genannten Phasen ist, dass die Daten rechtmäßig erlangt wurden, und zwar unabhängig davon, ob die Polizei die Daten selbst erhoben hat oder ob sie ihr übermittelt worden sind. § 24 ist also nur die Rechtsgrundlage für die weitere Speicherung, Veränderung und Nutzung der bereits erhobenen Daten. Für die Datenerhebung ist eine eigenständige Rechtsgrundlage erforderlich, z. B. §§ 8 ff., § 27, § 30 oder eine Eingriffsnorm aus einem Spezialgesetz (StPO).

24.12
Die Verwendung dieser Daten für eine Dokumentation ist nur zulässig, wenn Tatsachen die Annahme rechtfertigen, dass das polizeiliche Handeln in einem bestimmten Fall auf seine Recht- und Zweckmäßigkeit überprüft werden wird. Die Dokumentation ist zu vernichten, sobald die Überprüfung abgeschlossen ist oder sobald feststeht, dass eine Überprüfung nicht stattfinden wird. § 24 Abs. 7 bleibt unberührt.

24.2 (zu Absatz 2)

24.21
Hinsichtlich des Begriffes „suchfähig" vgl. RdNr. 32.22.

24.22
Der Verdacht der Straftat gegen eine Person ist i. S. d. § 24 Abs. 2 Satz 5 insbesondere entfallen, wenn keine Straftat vorlag, der Beschuldigte nicht als Täter in Betracht kommt bzw. unter den Voraussetzungen der §§ 32 bis 37 StGB gehandelt hat oder eine Einstellung nach § 206 b StPO erfolgte. In den Fällen einer Einstellung nach den §§ 153 ff., 205 oder 206 a StPO sowie bei Vorliegen der §§ 24 und 31 StGB oder tätiger Reue entfällt der Verdacht in der Regel nicht.

24.23
Rechtsgrundlage für die Speicherung und Nutzung der nach § 81 b, 2. Alternative StPO erhobenen erkennungsdienstlichen Daten ist § 24 Abs. 2.

24.4 (zu Absatz 4)
Nach § 24 Abs. 4 Satz 1 ist es nicht zulässig, über die dort genannten Personengruppen personenbezogene Daten in Dateien, welche nicht zur Bekämpfung von Straftaten von erheblicher Bedeutung erforderlich sind, suchfähig zu verarbeiten. Durch Satz 1 wird die Verarbeitung der Daten dieser Personengruppe in Akten und in nicht suchfähiger Form in Dateien nicht beschränkt.

24.6 (zu Absatz 6)
§ 24 Abs. 6 ist eine gesetzliche Regelung zur Nutzungsänderung, die im Verhältnis zu besonderen Regelungen im Bundes- und Landesrecht nachrangig ist.

24.7 (zu Absatz 7)
RdNr. 24.6 gilt entsprechend.

Speicherung, Veränderung und Nutzung von Daten § 24

Erläuterungen:

1. Allgemeines

§ 24 ist die grundlegende Bestimmung des Gesetzes über die **Speicherung, Veränderung und Nutzung** personenbezogener Daten; daneben gibt es noch weitere Vorschriften (z. B. § 21), die Spezialfälle regeln. Das PolG NRW folgt bei den Begriffen „personenbezogene Daten", „Akte", „Speichern", „Verändern" und „Nutzen" den Definitionen des allgemeinen Datenschutzrechts (§ 3 DSG NRW). 1

In § 24 Abs. 1 wird von **rechtmäßig erlangten personenbezogenen Daten** gesprochen. Erlangt worden sind sämtliche Daten, die die Polizei selbst erhoben hat oder die ihr übermittelt worden sind. Der letztgenannte Fall liegt vor, wenn die Übermittlung ohne Zutun der Polizei vorgenommen wird (sog. Spontanübermittlung s. § 30 Abs. 1). Ging ein Ersuchen der Polizei voraus, erfolgt aus ihrer Sicht eine Datenerhebung (s. dazu die Erläuterungen zu § 28, RN 6). Dabei kann es vorkommen, dass die ersuchte Behörde mehr mitteilt, als die Polizei erfragt. Insoweit würde es sich dann wiederum um eine Datenübermittlung handeln. 2

Wenngleich nur in § 24 Abs. 1 von den **rechtmäßig erlangten Daten** die Rede ist, gilt **diese Voraussetzung** für jede anderweitige **Speicherung, Veränderung und Nutzung** von personenbezogenen Daten im präventiven Bereich, weil anderenfalls die Löschung bzw. Vernichtung gemäß § 32 Abs. 2 Satz 1 Nr. 2 erfolgen muss. Verstöße gegen Formvorschriften – es wird beispielsweise eine längerfristige Observation ohne die Behördenleiteranordnung gemäß § 16a Abs. 2 Satz 1 vorgenommen – führen dazu, dass solchermaßen erhobene Daten nicht – **jedenfalls nicht in der eigentlich vorgesehenen Weise** – verarbeitet werden dürfen. Zu prüfen bleibt allerdings, ob rechtswidrig erhobene Daten ggf. zu Beweiszwecken für Strafverfahren, Schadensersatzprozesse, dienstrechtliche Maßnahmen usw. noch eine Zeit lang benötigt werden und solange in entsprechenden Vorgängen aufzubewahren sind (s. dazu die Erläuterungen zu § 32, RN 24). 3

2. Datenverarbeitung nach Absatz 1

§ 24 Abs. 1 führt **alternativ** drei Voraussetzungen auf, unter denen personenbezogene Daten gespeichert, verändert oder genutzt werden können. Die in den nachfolgenden Absätzen enthaltenen Regelungen gehen als Spezialvorschriften denen des Absatzes 1 vor. 4

Zulässig ist demnach nach § 24 Abs. 1 eine Datenverarbeitung in den drei genannten Bereichen **zur Erfüllung polizeilicher Aufgaben**. Abgestellt wird dabei auf die in § 1 aufgeführten Aufgaben. Aus § 8 Abs. 2 folgt jedoch, dass spezialgesetzliche Bestimmungen über die Speicherung, Veränderung und Nutzung von Daten vorrangig sind. 5

6 Darüber hinaus ermöglicht § 24 Abs. 1 eine Datenspeicherung, -veränderung und -nutzung zu einer **zeitlich befristeten Dokumentation.** Sinn der Regelung ist es, bei Aufsehen erregenden Ereignissen, die insbesondere im Nachhinein in der öffentlichen Diskussion einen breiten Raum einnehmen, eine Überprüfung des polizeilichen Handelns vornehmen zu können. Hierzu verwendet werden dürfen nur Daten, die **aus anderem Anlass** erhoben worden sind. Es gibt – abgesehen von § 15b – **keine Vorschrift zur Datenerhebung, um polizeiliches Handeln zu dokumentieren.** Nur wenn die Daten vorhanden sind, können sie auch entsprechend benutzt werden, wobei die zulässige Dauer der Nutzung von dem Ereignis und der sich anschließenden Überprüfung abhängt. Die Dokumentation i. S. d. § 24 Abs. 1 ermöglicht eine **zweckändernde Verwendung** der Daten nur **unter den Voraussetzungen des § 23,** jedoch entsteht sogleich eine neue Zweckbindung, denn die der Dokumentation dienenden Daten dürfen grundsätzlich zu keinem weiteren Zweck benutzt werden. Zulässig ist aber z. B., sie – ggf. zu einem späteren Zeitpunkt – unter den Voraussetzungen des § 24 Abs. 6 und 7 zu statistischen Zwecken bzw. zur polizeilichen Aus- und Fortbildung zu nutzen.

7 Die in § 24 Abs. 1 angesprochene **Vorgangsverwaltung** enthält dann einen besonderen eigenständigen Eingriff in die Rechtsposition der betroffenen Personen, wenn sie nicht mehr mit dem Tagebuch, sondern insbesondere in automatisierter Form oder zumindest über zentral geführte Karteien erfolgt. Fraglos gehört es zu einer geordneten Verwaltung, dass die Behörde die bei ihr entstandenen Vorgänge jederzeit wiederfindet und weitere Eingänge richtig und schnell zuordnen kann. Die Vergabe eines **allgemeinen Aktenzeichens** für einen Vorgang enthält noch keinen Eingriff, denn daraus ergibt sich lediglich, welche Stelle innerhalb der Behörde den Vorgang bearbeitet und in welchem Aktenband er aufbewahrt wird und ggf. aufzufinden ist. Anders wird das, wenn es sich um fortlaufende oder mit einer speziellen Kennung versehene Aktenzeichen bzw. Tagebuchnummern handelt, unter denen jeweils nur ein bestimmter Vorgang oder ein Teil davon zu finden ist. Hier entsteht bereits ein Bezug zu einer Person. Besondere Bedeutung enthält die Angelegenheit, wenn ein zentrales Tagebuch nicht mehr in konventioneller Weise, sondern in Form von Karteien und insbesondere in automatisierter Form geführt wird, und nicht nur deshalb, weil die früher mühselige Suche entfällt.

8 Durch die computergestützte **Vorgangsverwaltung (VVW)** bei der Polizei soll gerade erreicht werden, dass bei einer Polizeibehörde schnell und sicher festgestellt werden kann, ob es zu einer Person oder einem Fall bereits einen Vorgang gibt, sodass weitere Eingaben, Anfragen und Zuschriften zugeordnet werden können. § 24 Abs. 1 enthält die Ermächtigung für die Polizei zur Einrichtung solcher Systeme, allerdings müssen durch Anwendung der §§ 22 und 33 Verwaltungsregelungen über Speicherungsdauer, Zugriffsschutz, Abfrageberechtigung usw. erlassen werden, um das Recht auf informationelle Selbstbestimmung der betroffenen Person ausreichend zu sichern.

3. Kriminalaktenhaltung

§ 24 Abs. 2 stellt klar, dass **die im Rahmen der Strafverfolgung gewonnenen** (d. h. von der Polizei erhobenen oder ihr übermittelten) **personenbezogenen Daten von der Polizei gespeichert, verändert und genutzt werden dürfen, um Gefahren abzuwehren und um Straftaten vorbeugend zu bekämpfen.** Für den Bereich der StPO ist § 481 die korrespondierende Regelung. 9

Die Verwendung dieser Daten darf nicht zu Nachteilen bei der Strafverfolgung führen, d. h. bei laufenden Strafverfahren ist ggf. durch Absprache mit der Staatsanwaltschaft sicherzustellen, dass Unbefugte nicht zur Unzeit entsprechende Kenntnis erlangen, die das Ermittlungsverfahren gefährden. 10

§ 24 Abs. 2 Satz 1 enthält u. a. die **Befugnis zur Übernahme von Daten** aus einem Strafverfahren in präventiv-polizeiliche Akten. Die Anlegung von **Kriminalakten** ist nach Satz 2 nur über Beschuldigte zulässig, jedoch dürfen in eine solche Akte auch Daten von anderen Personen aufgenommen werden, soweit es für Zwecke der Gefahrenabwehr erforderlich ist. Daneben bildet § 24 Abs. 2 Satz 2 die Rechtsgrundlage für eine Vielzahl von Dateien im Bereich der vorbeugenden Bekämpfung von Straftaten, z. B. für den Kriminalaktennachweis auf Landesebene. Zulässig wäre danach auch eine landesweite (Nachweis-)Datei über die zu Zwecken des Erkennungsdienstes gespeicherten erkennungsdienstlichen Unterlagen. Je nach Art und Aufbau der örtlichen, regionalen oder landesweiten Datei kann sich die Rechtsgrundlage aus § 24 Abs. 2 und Abs. 4 ergeben. Die auf Bund-Länder-Ebene geführten Dateien finden ihre Rechtsgrundlage im BKAG. 11

§ 24 Abs. 2 Satz 3 legt die Prüfungstermine i. S. d. § 22 für die Datenspeicherung über die in Satz 2 umschriebenen Dateien und Akten fest. Eine Verkürzung der vom Gesetz vorgesehenen Höchstfristen ist durch Verwaltungsvorschriften oder auf Grund von Einzelfallentscheidungen zulässig. 12

In § 24 Abs. 2 Satz 5 wird ein besonderer Fall der Löschung für die in Dateien **suchfähig** gespeicherten personenbezogenen Daten bzw. der Vernichtung einer **suchfähig** angelegten Akte einer betroffenen Person geregelt. Löschung bzw. Vernichtung haben zu erfolgen, **wenn der Verdacht der Straftat gegen die Person entfallen ist.** 13

Regelmäßig ist davon auszugehen, dass der **Verdacht einer Straftat entfallen** ist, wenn durch die Staatsanwaltschaft oder das erkennende (Straf-)Gericht festgestellt wird, dass überhaupt **keine Straftat vorlag** oder dass **der Beschuldigte nicht als Täter in Betracht kommt** bzw. dass **er unter den Voraussetzungen der §§ 32 bis 37 StGB gehandelt hat** und deshalb nicht zu bestrafen ist. Dabei spielt es keine Rolle, ob die Staatsanwaltschaft das Verfahren gemäß § 170 Abs. 2 StPO einstellt oder ob eine Einstellung durch das Gericht erfolgt bzw. der Angeklagte freigesprochen wird. Maßgeblich für die Frage, ob der Verdacht einer Straftat entfallen ist, ist jedoch nur die das Verfahren abschließende Entscheidung. Diese wird nie von der Polizei getroffen, denn sie hat die bei ihr ent- 14 standenen strafprozessualen Ermittlungsvorgänge gemäß § 163 Abs. 2 Satz 1 StPO der Staatsanwaltschaft zu übersenden.

15 Stellt sich nach den polizeilichen Ermittlungen heraus, dass entgegen der ursprünglichen Annahme keine Straftat vorliegt, muss dieses Ergebnis zwar nicht von der Staatsanwaltschaft oder vom Gericht geteilt werden. Dennoch sollte die Polizei in solch einem Fall keine Kriminalakte anlegen und die Entscheidung der Justiz abwarten. Da die Polizei nicht befugt ist, die materielle Richtigkeit der von der Staatsanwaltschaft oder dem Gericht getroffenen Entscheidung zu überprüfen, wirkt ein sog. Justizirrtum nicht nur begünstigend bzw. belastend für die betroffene Person hinsichtlich der strafrechtlichen Relevanz, sondern auch hinsichtlich der Frage, ob der Verdacht einer Straftat entfallen ist und mithin die KpS-Unterlagen über sie weiterzuführen oder zu vernichten sind.

16 Voraussetzung für das Anlegen einer Kriminalakte ist nicht, dass gegenüber der betroffenen Person eine Maßnahme nach dem Dritten Abschnitt des Allgemeinen Teils des StGB verhängt wird. Wenn das allerdings erfolgt, kann der Verdacht der Straftat nicht entfallen sein, und zwar auch nicht in Fällen des § 60 StGB. Tritt der Täter mit strafbefreiender Wirkung vom Versuch (§ 24 StGB) oder vom Versuch der Beteiligung (§ 31 StGB) zurück oder sieht das Gericht wegen der gezeigten „tätigen Reue" von einer Bestrafung ab, entfällt der Verdacht der Straftat i. S. d. § 24 Abs. 2 Satz 5 keineswegs, obwohl die betroffene Person nicht bestraft wird. Dasselbe gilt bei Verfahrenshindernissen aller Art. Auch Verfahrenseinstellungen der Staatsanwaltschaft (ggf. mit Zustimmung des Gerichts und der betroffenen Person) nach den §§ 153 ff. StPO bzw. des Gerichts nach § 205 oder nach § 206a StPO führen in der Regel nicht dazu, dass der Verdacht der Straftat hinfällig wird.

17 Anders ist das bei der Einstellung des Verfahrens nach § 206b StPO. **Entfällt durch eine Gesetzesänderung ein Straftatbestand, hat das auch Auswirkungen auf die wegen der bisherigen Strafbarkeit der Tat angelegten Kriminalakten.**

18 Schwierigkeiten bereiten die Fälle, in denen die Staatsanwaltschaft ein Verfahren nach § 170 Abs. 2 StPO einstellt, weil nicht genügend Anlass zur Erhebung der öffentlichen Klage besteht, aber dennoch ein **„Restverdacht"** bleibt. Etwas Ähnliches gilt, falls das Gericht die Eröffnung des Hauptverfahrens gemäß § 199 StPO ablehnt oder falls der Angeklagte „mangels Beweises" freigesprochen wird, weil ihm nach Überzeugung des Gerichts die Tat nicht mit einer für eine strafrechtliche Verurteilung notwendigen Weise nachgewiesen werden kann. In diesen Fällen hat die Polizei die Beschlüsse gemäß den §§ 170 Abs. 2 oder 204 StPO bzw. das Urteil zu Grunde zu legen bei der Prüfung, ob der Verdacht der Straftat i. S. d. § 24 Abs. 2 Satz 5 entfallen ist. Die tatsächlichen Feststellungen und die rechtliche Bewertung dürfen dabei von der Polizei nicht in Frage gestellt werden, sodass sie lediglich zu prüfen hat, wie der verbleibende Restverdacht zu bewerten ist. Bei einem Freispruch, der ausweislich der Urteilsgründe aus Man-

gel an Beweisen erfolgt, ist der Straftatverdacht nicht notwendig ausgeräumt. Der weiteren Verwendung der Daten in Kriminalakten steht die Unschuldsvermutung nicht entgegen (BVerfG, NJW 2002, S. 3231). Bei einer Verfahrenseinstellung nach § 170 Abs. 2 StPO lediglich mangels öffentlichen Interesses an der Strafverfolgung und Verweisung auf den Privatklageweg ist regelmäßig von einem relevanten Restverdacht auszugehen (VGH Mannheim, NVwZ 2001, S. 1289).

Alle Entscheidungen der Staatsanwaltschaft und des Gerichts können – auch wenn der Verdacht der Straftat gemäß § 24 Abs. 2 Satz 5 nicht entfällt – Auswirkungen für die Vergabe von Prüfungsterminen haben, soweit diese nach allgemeinen Regeln oder auf Grund von Sachbearbeiterentscheidungen festgelegt werden. 19

4. Unterrichtung der Sorgeberechtigten

Nach § 24 Abs. 3 Satz 1 hat die Polizei die Sorgeberechtigten zu unterrichten, wenn sie personenbezogene Daten von Kindern speichert, die **sie ohne Kenntnis der Eltern erhoben** hat. Demnach sind die Sorgeberechtigten nicht zu unterrichten über Speicherungen von Daten, die der Polizei von Behörden übermittelt oder von Dritten mitgeteilt worden sind, ohne dass die Polizei die Daten erfragt hat. 20

Die Unterrichtungsverpflichtung besteht solange nicht, als hierdurch der Zweck der Maßnahmen gefährdet wird (Satz 1) oder erhebliche Nachteile für das Kind zu erwarten sind (Satz 2), jedoch dürften solche Konstellationen relativ selten eintreten. Der erstgenannte Fall liegt beispielsweise vor, wenn die Polizei Informationen darüber hat, dass von einem Kind oder einer Gruppe von Kindern im Auftrag der Eltern strafbare Handlungen begangen werden sollen und zur Verifizierung des Sachverhalts sich noch weitere Abklärungen als notwendig erweisen. 21

Für den letztgenannten Fall ist es schwierig, Beispiele zu finden. Denkbar ist allenfalls, dass die Polizei personenbezogene Daten von Kindern erhebt, nicht um die Kinder als Zeugen in einem Bußgeldverfahren gegen einen Dritten wegen Verstoßes gegen § 28 JuSchG zu benennen, sondern um die zuständige Behörde auf andauernde Verstöße des Dritten gegen das JuSchG hinzuweisen. Sind der Polizei die Verhältnisse vor Ort bekannt und steht zu erwarten, dass die Unterrichtung der Eltern eines Kindes exorbitante „erzieherische Maßnahmen" zur Folge hätte (die vielleicht ein Einschreiten der Polizei bedingen würden), ist nach Satz 2 die Unterrichtung zu unterlassen. Hierdurch kann die Polizei jedoch in eine missliche Lage kommen, denn wenn bei dem Kind bereits eine gewisse Alkoholabhängigkeit festzustellen ist, sind Maßnahmen zum Wohle des Kindes erforderlich. Diese kann die Polizei aber nicht treffen. Wenn jedoch in solchen Fällen die Eltern nicht zu unterrichten sind, empfiehlt es sich, das Jugendamt einzuschalten (vgl. § 8 Satz 3 JuSchG). 22

23 Abgesehen von diesen Ausnahmefällen setzt die Unterrichtung der Sorgeberechtigten angesichts der Begriffsbestimmung des § 3 Abs. 2 Nr. 2 DSG NRW sehr früh ein. Sie bezieht sich nicht nur auf Fälle, in denen eine dateimäßige Datenverarbeitung erfolgt.

5. Bedeutung des Absatzes 4

24 § 24 Abs. 4 enthält besondere Einschränkungen für die **dateimäßige** Verarbeitung von Daten **in suchfähiger Form** über **Kontakt- und Begleitpersonen,** die insbesondere nach den §§ 16a bis 21 erhoben worden sind, sowie über **Auskunftspersonen,** soweit sich die Aufnahme der Daten in Dateien bezieht, die zur vorbeugenden Bekämpfung von Straftaten i. S. d. § 8 Abs. 3 erforderlich und eben zu diesem Zweck eingerichtet worden sind. Dabei kann es sich um örtliche, regionale oder landesweite Falldateien oder Arbeitsdateien handeln.

25 Im Umkehrschluss ist aus § 24 Abs. 4 abzuleiten, dass seine Beschränkungen nicht gelten, falls beispielsweise Daten von einer Auskunftsperson (Zeugen) in eine Datei zur Vorgangsverwaltung (VVW) eingestellt werden oder falls Daten über Kontakt- und Begleitpersonen in Akten, die über eine andere Person angelegt worden sind, verarbeitet werden. Die zeitliche Befristung der Datenverarbeitung gilt für diese Personengruppen nur für die speziell mit dem Ziel der vorbeugenden Bekämpfung von Straftaten von erheblicher Bedeutung eingerichteten Dateien, soweit die Daten **suchfähig** gespeichert worden sind. Daraus folgt, dass die Einschränkungen bei der Datenübermittlung nach § 26 Abs. 1 Satz 2 ebenfalls nur insoweit gelten, als Daten **aus diesen Dateien** mitgeteilt werden.

26 Die Speicherungsdauer ist gemäß § 24 Abs. 4 Satz 2 auf ein Jahr befristet, jedoch ist eine zweimalige Verlängerung um jeweils höchstens ein Jahr bei gleichbleibenden Voraussetzungen zulässig. Solange eine Verlängerung möglich ist, legt das Gesetz Prüfungstermine, danach eine Aufbewahrungsfrist i. S. d. § 22 fest. Sinn der Regelung ist es, dass die Polizei spätestens innerhalb von drei Jahren darüber eine Entscheidung trifft, ob eine Kontakt- oder Begleitperson „zum harten Kern" gehört. Ergeben sich dafür innerhalb der längstmöglichen Frist keine Anhaltspunkte, hat die Löschung der Daten in der Datei zu erfolgen.

27 Wegen der Entscheidung des Behördenleiters oder des von ihm beauftragten Beamten s. die grundlegenden Erläuterungen zu § 15a, RN 11 bis 13.

6. Aufzeichnung von Anrufen

§ 24 Abs. 5 Satz 1 ist eine bereichsspezifische Bestimmung für die Aufzeichnung von Anrufen über **Notrufeinrichtungen** der Polizei auf Tonträger. Hierbei handelt es sich in erster Linie um den telefonischen Notruf 110, daneben auch um Notrufe, die z. B. über Notrufsäulen erfolgen. Unter den Voraussetzungen des Satzes 2 können auch **andere Anrufe** bei der Polizei aufgezeichnet werden. Neu ist nicht, dass ein solcher Mitschnitt vorgenommen wird – das geschah bisher im Rahmen des § 24 Abs. 1 –, neu sind die vom Gesetz festgelegte Löschungsfrist sowie die Möglichkeiten, die aufgezeichneten Daten u. U. zu nutzen. Die **Notwendigkeit der Aufzeichnung gerade des Notrufes steht außer Zweifel,** denn nicht jeder Anrufer drückt sich so klar aus oder kann so verstanden werden, dass erforderliche polizeiliche Maßnahmen eingeleitet werden können. Vielfach gelingt das erst, nachdem das aufgezeichnete Gespräch nochmals abgehört worden ist. Durch technische Einrichtungen kann erreicht werden, dass der Polizeibeamte, der den Anruf entgegennimmt, die Aufzeichnung unterbindet, falls sich ergibt, dass es sich bei dem Anruf nicht um einen Notruf handelt.

7. Statistik

Nach § 24 Abs. 6 ist der Polizei die Nutzung der erhobenen Daten **zu statistischen Zwecken** gestattet. Insoweit erfolgt eine vom Gesetz zugelassene Nutzungsänderung. Selbstverständlich ist, dass diese Daten zum frühestmöglichen Zeitpunkt anonymisiert werden müssen, sodass ihre Reanonymisierung nicht mehr möglich ist. 28

Besondere Regelungen im Bundes- oder Landesrecht über die Führung von Statistiken und die Anlieferung von Daten durch die Polizei gehen § 24 Abs. 6 vor. Diese Bestimmung ermöglicht es aber der Polizei, darüber hinaus Statistiken zu präventiv-polizeilichen Zwecken zu erstellen. 29

8. Aus- und Fortbildung

§ 24 Abs. 7 erlaubt, (gespeicherte) personenbezogene Daten zur **polizeilichen Aus- und Fortbildung** zu nutzen, damit diese praxisnah gestaltet werden kann. Die Daten sind zu anonymisieren; allerdings lässt Satz 3 eine Ausnahme zu. Eine Anonymisierung kann dann unterbleiben, wenn sie dem Aus- und Fortbildungszweck entgegensteht und die berechtigten Interessen des Betroffenen an der Geheimhaltung der Daten nicht offensichtlich überwiegen. Die allgemeine Unterrichtung von Mitarbeitern der Polizei über die Nutzung von Dateien kann oftmals mittels „Spielmaterial" erfolgen, aber für diejenigen, die nach der Aus- oder Fortbildung an den Terminals eingesetzt werden sollen, also demnächst auch eine Abfrageberechtigung erhalten, ist von einem bestimmten Zeitpunkt an die Arbeit mit dem Echtmaterial notwendig. Auch die Nutzung von Videoaufnahmen, die beispielsweise gemäß § 15 erstellt worden sind, kann nicht dergestalt erfolgen, dass die Abbildungen von Personen oder Polizeibeamten gelöscht werden. Im Wege der Abwägung ist zu prüfen, wie ihr Geheimhaltungsinteresse zu bewerten ist. Das überwiegt z. B. nicht, wenn die Medien über das Ereignis in breiter Form berichtet haben oder wenn es kaum möglich ist, beim Abspielen der Videobänder einzelne Personen zu erkennen. 30

§ 25
Datenabgleich

(1) ¹Die Polizei kann personenbezogene Daten der in den §§ 4 und 5 genannten Personen mit dem Inhalt polizeilicher Dateien abgleichen. ²Personenbezogene Daten anderer Personen kann die Polizei nur abgleichen, wenn Tatsachen die Annahme rechtfertigen, dass dies zur Erfüllung einer bestimmten polizeilichen Aufgabe erforderlich ist. ³Die Polizei kann ferner rechtmäßig erlangte personenbezogene Daten mit dem Fahndungsbestand abgleichen.

(2) Wird die betroffene Person zur Durchführung einer nach einer anderen Rechtsvorschrift zulässigen Maßnahme angehalten und kann der Datenabgleich mit dem Fahndungsbestand nicht bis zum Abschluss dieser Maßnahme vorgenommen werden, darf die betroffene Person weiterhin für den Zeitraum angehalten werden, der regelmäßig für die Durchführung eines Datenabgleichs notwendig ist.

VVPolG NRW zu § 25
Datenabgleich (zu § 25)
25.0
§ 25 ist keine Rechtsgrundlage zur Erhebung der Daten, die abgeglichen werden sollen. Obwohl nur § 25 Abs. 1 Satz 3 von rechtmäßig erlangten Daten spricht, kann auch der Datenabgleich nach § 25 Abs. 1 Sätze 1 und 2 gemäß § 24 Abs. 1 nur mit rechtmäßig erlangten Daten vorgenommen werden.
25.1 (zu Absatz 1)
25.11
Es muss eine hinreichende Wahrscheinlichkeit bestehen, dass durch den Abgleich nach § 25 Abs. 1 Satz 1 sachdienliche Hinweise zu erhalten sind, die zur Abwehr der Gefahr genutzt werden können.
25.12
Die Voraussetzungen für den Datenabgleich nach § 25 Abs. 1 Satz 2 sind enger als die für die Befragung nach § 9.
25.2 (zu Absatz 2)
§ 25 Abs. 2 gibt nicht die Befugnis, eine betroffene Person, die bisher nicht angehalten worden ist, zum Zwecke der Durchführung des Datenabgleichs anzuhalten.

Erläuterungen:

1. Allgemeines

1 Unter dem Begriff **„Datenabgleich"** ist die Feststellung zu verstehen, ob zu einer bestimmten Person bereits Notierungen in einer Datei gespeichert sind. Ge-

Datenabgleich § 25

meint ist hier ein automatisiertes Verfahren, mit dem diese Feststellung getroffen wird, denn darauf deutet der vom Gesetz benutzte terminus technicus des Abgleichs hin. Daneben ist es zulässig, manuell zu vergleichen, ob es über eine bestimmte Person Akten gibt oder ob ihre Daten auf Karteikarten verzeichnet sind, doch wird hierin kein Eingriff gesehen.

Ein Datenabgleich i. S. d. Vorschrift ist technisch nur möglich, wenn bestimmte 2
personenbezogene Daten, die für die jeweilige Datei Suchkriterien sein müssen, kurzfristig gespeichert und zum Datenabgleich genutzt werden. In der Datei selbst erfolgt hierdurch keine Zuspeicherung. Ob die personenbezogenen Daten der betroffenen Person zur Protokollierung des durchgeführten Datenabgleichs auf einem Protokollband festgehalten werden, d. h. insoweit eine weitere Datenspeicherung vorgenommen wird, richtet sich nach den gemäß § 10 DSG NRW erfolgten Festlegungen.

§ 25 enthält selbst **keine Rechtsgrundlage zur Erhebung** der Daten, die abge- 3
glichen werden sollen. Die Vorschrift gibt der Polizei lediglich die Befugnis, **rechtmäßig erlangte Daten** unter den genannten Voraussetzungen für den Datenabgleich zu nutzen (vgl. dazu die Erläuterungen zu § 24, RN 2). Schon aus diesem Grund ist die automatisierte Erkennung von Kraftfahrzeugkennzeichen und deren Abgleich mit einer Sachfahndungsdatei nicht zulässig. Polizeirechtliche Regelungen aus Hessen und Schleswig-Holstein zur automatisierten Erfassung von Kraftfahrzeugkennzeichen hat das BVerfG (DVBl. 2008, S. 575) für verfassungswidrig erklärt. Zur Gesetzgebungszuständigkeit für solche Maßnahmen s. *Arzt*, DÖV 2005, S. 56.

2. Regelungen des Absatzes 1

Gemäß § 25 Abs. 1 Satz 1 darf die Polizei personenbezogene Daten von **Hand-** 4
lungs- und Zustandsstörern mit dem Inhalt **polizeilicher Dateien** abgleichen. Es handelt sich dabei um eine Abfrage, ob zu einer bestimmten Person bereits eine Speicherung in einer Datei erfolgt ist, nicht um einen Abgleich zweier oder mehrere Dateien gegeneinander (vgl. dazu § 31). Eine **ungeschriebene Voraussetzung** nach § 25 Abs. 1 besteht darin, dass eine gewisse Wahrscheinlichkeit gegeben sein muss, durch den Abgleich sachdienliche Hinweise zu erhalten, die zur Abwehr einer Gefahr genutzt werden können.

Die Daten **anderer Personen** dürfen nach Satz 2 unter den dort aufgeführten 5
Voraussetzungen abgeglichen werden. Betroffen sein kann somit jede Person, jedoch müssen bestimmte Fakten die Prognose zulassen, dass sich gerade durch den Datenabgleich und somit durch das gewonnene Ergebnis Erkenntnisse ergeben, die benötigt werden, **um eine konkrete polizeiliche Aufgabe** erfüllen zu können. Wenngleich die Vorschrift eine gewisse Ähnlichkeit mit § 9 Abs. 1 aufweist, sind die Voraussetzungen des § 25 Abs. 1 Satz 2 doch enger mit der Folge,

dass nicht die Daten jeder Person abgeglichen werden dürfen, die die Polizei befragen kann (vgl. im Übrigen die Erläuterungen zu § 9, RN 13 ff.).

6   § 25 Abs. 1 Satz 3 regelt den sog. **Fahndungsabgleich,** d. h. die **Nutzung rechtmäßig erlangter Daten** zur Prüfung, ob eine Person oder eine Sache zur Fahndung ausgeschrieben ist. Dabei ist zu berücksichtigen, dass beispielsweise das Kennzeichen eines Kraftfahrzeuges, seine Fahrzeug-Identifizierungsnummer und die Fahrzeugbriefnummer gemäß § 45 Satz 2 StVG einen Personenbezug aufweisen, jedenfalls soweit das Fahrzeug für eine bestimmte oder bestimmbare Person zugelassen ist.

7   Der Abgleich darf mit dem Bestand der **INPOL-Dateien** „Personenfahndung" und „Sachfahndung" stattfinden. Die Befugnis findet ihre Begrenzung durch den Verhältnismäßigkeitsgrundsatz (vgl. im Übrigen die Erläuterung zu § 21, RN 7 und 10).

3. Anhalterecht

8   § 25 Abs. 2 enthält **keine** eigenständige Befugnis der Polizei, eine betroffene Person erstmals anzuhalten. Nur dann, wenn sie nach anderen Rechtsvorschriften bereits angehalten worden ist (z. B. zur Verkehrskontrolle nach § 36 Abs. 5 StVO), darf der Zeitraum des Anhaltens verlängert werden. Das ist jedoch nur kurzfristig zulässig, denn die Verlängerung erstreckt sich höchstens auf die Zeitspanne, die **regelmäßig** für die Durchführung des Datenabgleichs benötigt wird. Es ist selbstverständlich, dass der Datenabgleich zügig durchzuführen ist. Im Übrigen wird auf die Erläuterungen zu § 9, RN 18 verwiesen.

DRITTER TITEL

Datenübermittlung

I. Allgemeine Regeln der Datenübermittlung

§ 26

Allgemeine Regeln der Datenübermittlung

(1) ¹**Personenbezogene Daten dürfen nur zu dem Zweck übermittelt werden, zu dem sie erlangt oder gespeichert worden sind.** ²**Abweichend hiervon kann die Polizei personenbezogene Daten übermitteln, soweit dies**
   1. **durch Gesetz zugelassen ist,**
   2. **zur Abwehr einer Gefahr erforderlich ist und der Empfänger die Daten auf andere Weise nicht oder nicht rechtzeitig oder nur mit unverhältnismäßig hohem Aufwand erlangen kann.**

Allgemeine Regeln der Datenübermittlung § 26

³Die nach § 24 Abs. 4 gespeicherten Daten dürfen nur an Polizeibehörden übermittelt werden.

(2) Unterliegen die personenbezogenen Daten einem Berufs- oder besonderen Amtsgeheimnis und sind sie der Polizei von der zur Verschwiegenheit verpflichteten Person in Ausübung ihrer Berufs- oder Amtspflicht übermittelt worden, ist die Datenübermittlung durch die Polizei nur zulässig, wenn der Empfänger die Daten zur Erfüllung des gleichen Zwecks benötigt, zu dem sie die Polizei erlangt hat.

(3) ¹Die Verantwortung für die Übermittlung trägt die übermittelnde Polizeibehörde. ²Sie prüft die Zulässigkeit der Datenübermittlung. ³Erfolgt die Datenübermittlung auf Grund eines Ersuchens des Empfängers, hat dieser der übermittelnden Polizeibehörde die zur Prüfung erforderlichen Angaben zu machen. ⁴Bei Ersuchen von Polizeibehörden sowie anderen öffentlichen Stellen prüft die übermittelnde Polizeibehörde nur, ob das Ersuchen im Rahmen der Aufgaben des Empfängers liegt, es sei denn, im Einzelfall besteht Anlass zur Prüfung der Rechtmäßigkeit des Ersuchens. ⁵Erfolgt die Datenübermittlung durch automatisierten Abruf, trägt die Verantwortung für die Rechtmäßigkeit des Abrufs der Empfänger.

(4) ¹Der Empfänger darf die übermittelten personenbezogenen Daten, soweit gesetzlich nichts anderes bestimmt ist, nur zu dem Zweck nutzen, zu dem sie ihm übermittelt worden sind. ²Ausländische öffentliche Stellen, über- und zwischenstaatliche Stellen sowie Personen und Stellen außerhalb des öffentlichen Bereichs sind bei der Datenübermittlung darauf hinzuweisen.

VVPolG NRW zu § 26
Allgemeine Regeln der Datenübermittlung (zu § 26)
26.0
Durch § 26 wird die verfassungsrechtlich gebotene Zweckidentität der gespeicherten personenbezogenen Daten im Hinblick auf ihre Übermittlung sichergestellt. Die Befugnis zur Datenübermittlung richtet sich nach §§ 27 bis 29. Übermitteln ist das Bekanntgeben gespeicherter oder durch Datenverarbeitung gewonnener Daten an Dritte in der Weise, dass die Daten durch die verantwortliche Stelle weitergegeben oder zur Einsichtnahme bereitgehalten werden oder dass Dritte zum Abruf in einem automatisierten Verfahren bereitgehaltene Daten abrufen (§ 3 Abs. 2 Nr. 4 DSG NRW).
26.2 (zu Absatz 2)
Dem Berufsgeheimnis unterliegen diejenigen Informationen, die insbesondere über § 203 Abs. 1 StGB geschützt sind oder für die die Träger von Berufsgeheimnissen ein Zeugnisverweigerungsrecht nach den §§ 53 und 53a StPO geltend machen können. Besondere Amtsgeheimnisse sind z. B. das Sozial- oder Steuer-

§ 26 Allgemeine Regeln der Datenübermittlung

geheimnis; nicht hierunter fällt die allgemeine beamten- und verwaltungsverfahrensrechtliche Geheimhaltungspflicht.
26.3 (zu Absatz 3)
Unter den Begriff „Ersuchen des Empfängers" i. S. d. § 26 Abs. 3 Satz 3 fällt auch ein Antrag nach § 29 Abs. 2. Ob eine Datenübermittlung im Einzelfall zulässig ist, richtet sich nach den §§ 27 bis 29. In den Fällen des § 26 Abs. 3 Satz 5 ist § 33 Abs. 5 und 6 zu beachten.

Erläuterungen:

1. Allgemeines

1 § 26 enthält Grundsätze für die **Datenübermittlung durch die Polizei,** und zwar sowohl für den Datentransfer zwischen Polizeibehörden als auch für die Datenweitergabe von der Polizei an andere Behörden und an Personen oder Stellen außerhalb des öffentlichen Bereichs. Die Vorschrift richtet sich nicht ausschließlich an die Polizei, denn den anderen Stellen werden ebenfalls gewisse Verpflichtungen auferlegt (s. § 26 Abs. 3 Satz 3 sowie Abs. 4).

2 Der Begriff der Datenübermittlung ergibt sich aus § 3 Abs. 2 Nr. 4 DSG NRW, d. h. Übermitteln bedeutet das Bekanntgeben gespeicherter oder durch Datenverarbeitung gewonnener Daten an einen Dritten in der Weise, dass die Daten weitergegeben oder zur Einsichtnahme bereitgehalten werden oder dass der Dritte die Daten im Wege eines automatisierten Verfahrens abruft. Die Frage, ob die Polizei im Rahmen der Datenerhebung auch Daten beispielsweise an das Einwohnermeldeamt übermittelt, wenn sie die neue Anschrift einer Person erfragt, stellt nur ein Scheinproblem dar, denn insoweit gilt § 30 Abs. 2.

2. Zweckbindung nach Absatz 1

3 Die Erläuterungen zu § 23 über das **Zweckbindungsgebot** gelten auch für § 26, sodass hierauf verwiesen werden kann. § 26 Abs. 1 Satz 2 gestattet eine Datenübermittlung in **Durchbrechung der Zweckbindung** in zwei Fällen, nämlich wenn **dies durch Gesetz zugelassen** oder unter den Voraussetzungen der Nummer 2 **zur Abwehr einer Gefahr** erforderlich ist. Wie sich aus § 8 Abs. 1 ergibt, muss es sich dabei um eine konkrete Gefahr handeln.

4 Zweckänderungen bei der Datenübermittlung können sich demnach auf Grund des Polizeigesetzes selbst (z. B. nach den §§ 27 bis 29) ergeben, aber auch auf Grund des sonstigen Bundes- oder Landesrechts, soweit die darin enthaltenen Regelungen als Spezialvorschriften i. S. d. § 26 Abs. 1 Satz 2 Nr. 1 anzuerkennen sind. Das ist z. B. bei § 16 VSG NRW der Fall. Hingegen reichen allgemeine Vorschriften über die Amtshilfe (z. B. Art. 35 Abs. 1 GG oder die §§ 4 ff. VwVfG NRW) nicht aus, denn sie schreiben nur vor, unter welchen Voraussetzungen eine ersuchte Behörde tätig werden muss oder das Ersuchen ablehnen

darf, besagen aber nichts darüber, ob ein durch die Amtshilfeleistung erfolgender Eingriff in das Recht auf informationelle Selbstbestimmung auch zulässig ist. In dem Volkszählungsgesetzurteil hat das BVerfG (NJW 1984, S. 419) für personenbezogene Daten einen **amtshilfefesten Schutz gegen Zweckentfremdung** gefordert. Die Amtshilfe – gelegentlich in diesem Zusammenhang als Informationshilfe bezeichnet – kann nicht das Zauberwort sein, mit dem sich fremde Datenbestände erschließen lassen. Die **Zulässigkeit** der Datenübermittlung als Eingriff in das Recht auf informationelle Selbstbestimmung muss sich aus speziellen Befugnissen ergeben, die **Durchführung** eines statthaften Datentransfers richtet sich in erster Linie ebenfalls nach spezialgesetzlichen Vorschriften und hilfsweise nach Amtshilferegelung.

§ 26 Abs. 1 Satz 1 Nr. 2 ist im Wesentlichen ein Programmsatz und wird als Datenübermittlungsvorschrift kaum eigenständige Bedeutung erhalten. Aus § 8 Abs. 1 ist zu folgern, dass es um die Abwehr einer **konkreten** Gefahr geht. Ist eine Polizeibehörde selbst mit der Abwehr dieser Gefahr befasst, wird die Datenübermittlung an andere (Polizei-)Behörden oder an Personen oder Stellen außerhalb des öffentlichen Bereichs sich nach den §§ 27 Abs. 1, 28 Abs. 2 und 3 oder 29 Abs. 1 Nr. 1 richten. Sind andere Behörden für die Gefahrenabwehr zuständig, können sie im Rahmen des § 28 Abs. 3 Nr. 1 oder Abs. 4 Übermittlungsersuchen an die Polizei stellen. 5

Gemäß § 26 Abs. 1 Satz 2 dürfen die nach § 24 Abs. 4 **gespeicherten Daten** nur an Polizeibehörden übermittelt werden. Der Adressatenkreis ist demnach auf **Polizeidienststellen des Bundes und der Länder** begrenzt. Polizeidienststellen des Auslands können allerdings einbezogen werden, soweit das Innenministerium von der Rechtsverordnungsermächtigung des § 27 Abs. 2 Gebrauch macht. § 26 Abs. 1 Satz 2 gilt allerdings nur im präventiv-polizeilichen Bereich, d. h. die Übermittlungsregelungen der StPO bleiben hiervon unberührt. Ergibt sich z. B. auf Grund weiterer Ermittlungen, dass eine sog. Kontaktperson als Teilnehmer einer Straftat bzw. als Zeuge für ein Strafverfahren in Betracht kommt, können die gespeicherten Daten zu strafprozessualen Zwecken genutzt werden. Eine Ausnahme von der strengen Zweckbindung des § 26 Abs. 1 Satz 2 ist nach § 33 Abs. 6 für Verbunddateien nach dem ATDG oder dem RED-G möglich (s. § 33, RN 15). 6

3. Erhöhte Zweckbindung nach Absatz 2

Für personenbezogene Daten, die einem **Berufs- oder besonderen Amtsgeheimnis** unterliegen, sieht § 26 Abs. 2 eine erhöhte Zweckbindung vor, falls die Daten der Polizei von den zur Verschwiegenheit verpflichteten Personen in Ausübung ihrer **Berufs- oder Amtspflicht** mitgeteilt worden sind. Unter diesen Voraussetzungen darf eine Weitergabe der Daten durch die Polizei nur bei Zweckwahrung erfolgen. Hinsichtlich der zu schützenden Interessen ist eine Übereinstimmung mit dem allgemeinen Datenschutzrecht festzustellen, hinsichtlich der 7

§ 26   Allgemeine Regeln der Datenübermittlung

Ausgestaltung der Zweckbindung trifft § 26 Abs. 2 eine bereichsspezifische Regelung (s. dazu § 14 Abs. 3 i. V. m. § 13 Abs. 2 Satz 3 DSG NRW).

8   Dem **Berufsgeheimnis** unterfallen diejenigen Informationen, die über § 203 Abs. 1 StGB geschützt sind oder für die die Träger von Berufsgeheimnissen (z. b. Geistliche, Rechtsanwälte, Ärzte und deren Helfer) ein Zeugnisverweigerungsrecht nach den §§ 53 und 53a StPO geltend machen können. **Besondere Amtsgeheimnisse** sind z. B. das Sozial-, Steuer-, Statistik- oder das Brief-, Post- und Fernmeldegeheimnis, d. h. es müssen besondere Rechtsvorschriften weit über das normale Maß hinausgehende Geheimhaltungspflichten begründen. Die allgemein gebotene Pflicht der Amtsverschwiegenheit im öffentlichen Dienst (§ 37 BeamtStG, § 3 Abs. 2 TV-L) reicht insoweit nicht aus, denn sie soll nicht in erster Linie Geheimhaltungsinteressen einzelner betroffener Personen sichern, sondern dient dem Vertrauen in die öffentliche Verwaltung. Deshalb stellen auch die Geheimhaltungsvorschriften des § 6 DSG NRW und des § 3b VwVfG NRW keine besonderen Amtsgeheimnisse i. S. d. § 26 Abs. 2 PolG NRW bzw. des § 13 Abs. 2 Satz 3 DSG NRW dar, denn andernfalls wären die beiden letztgenannten Vorschriften sinnlos, weil ohnehin sämtliche gespeicherten Daten dem besonderen Amtsgeheimnis unterfallen würden.

9   Die erhöhte Zweckbindung nach § 26 Abs. 2 tritt allerdings nur ein, wenn die besonders zu schützenden Daten der Polizei **von dem Träger des Berufsgeheimnisses oder des besonderen Amtsgeheimnisses in Ausübung seiner Berufs- oder Amtspflicht mitgeteilt** worden sind. Eine solche Datenübermittlung kann auf Grund besonderer Vorschriften erfolgen (z. B. § 73 SGB X) oder im Einzelfall, wenn sich der Geheimnisträger entschließt, das Geheimnis der Polizei zu offenbaren, weil ein übergesetzlicher Notstand vorliegt und ihm die Mitteilung zur Abwehr von Gefahren für wesentliche Rechtsgüter notwendig erscheint.

> **Beispiel:** Teilt ein Arzt der Polizei mit, dass einer seiner Patienten auf Grund einer schweren, andauernden Krankheit ein Kraftfahrzeug nicht mehr sicher führen kann, aber weiterhin entgegen allen ärztlichen Vorhaltungen das Kfz steuert, kann die Polizei – da insoweit Zweckidentität vorliegt – die Mitteilung an das Straßenverkehrsamt weiterleiten.

10   Das besondere Zweckbindungsgebot gilt nicht für die Daten, die die Polizei auf andere Weise feststellt oder in Erfahrung bringt als durch Mitteilung der Geheimnisträger. Im Ergebnis mag dabei der Polizei derselbe Sachverhalt bekannt werden, aber wenn Daten über eine Krankheit des Betroffenen durch Angehörige mitgeteilt werden, greift der Schutz des § 26 Abs. 2 nicht, denn die Vorschrift schützt die besonders sensiblen Daten nur insoweit, als sie von den zur Verschwiegenheit verpflichteten Personen in Ausübung ihrer Berufs- oder Amtspflicht übermittelt worden sind. Selbst dabei sind Fallkonstellationen denkbar, dass das Geheimnis durch besondere Umstände allgemein bekannt wird und keinen weiteren Schutz genießt.

Allgemeine Regeln der Datenübermittlung § 26

Beispiel: Wenn in einer Hauptverhandlung das Ergebnis einer Telefonüberwachung eingeführt wird und Medien über den Inhalt eines Telefongesprächs, auf Grund dessen ein Täter überführt wird, breit berichten, kann insoweit die enge Zweckbindung i. S. d. § 26 Abs. 2 nicht mehr gelten.

4. Verantwortlichkeiten bei der Datenübermittlung

§ 26 Abs. 3 enthält Regelungen über die **Verantwortlichkeit bei der Datenübermittlung**. Grundsätzlich ist dafür die übermittelnde Polizeibehörde zuständig, denn aus ihrem Bereich werden die Daten übergeben. Somit muss sie auch für die Rechtmäßigkeit der Maßnahme einstehen. 11

Dieser Grundsatz gilt für die **konventionelle Datenübermittlung**, und zwar in vollem Umfang, soweit eine Polizeibehörde personenbezogene Daten von sich aus an andere (Polizei-)Behörden mitteilt. Dasselbe gilt, wenn die Datenweitergabe von der Polizei an Personen oder Stellen außerhalb des öffentlichen Bereichs gemäß § 29 erfolgt, d. h. insoweit ist ohne Bedeutung, ob die Polizei die Daten von sich aus oder auf Grund eines Antrages übermittelt. Liegt ein Fall des § 29 Abs. 2 vor, ist der Antrag zu begründen, damit die Polizei die zur Prüfung der Rechtmäßigkeit der Datenübermittlung erforderlichen Angaben erhält. § 26 Abs. 3 Satz 3 spricht von dem **Ersuchen** des Empfängers, aber darunter fällt auch ein Antrag nach § 29 Abs. 2. 12

Soll eine Datenübermittlung auf Grund eines **Auskunftsersuchens einer anderen (Polizei-)Behörde** stattfinden, verlagert sich die Verantwortlichkeit etwas. Die ersuchte Polizeibehörde hat grundsätzlich nicht die Recht- und Zweckmäßigkeit der Aufgabenwahrnehmung der ersuchenden Behörde zu beurteilen. Teilt eine andere Behörde der Polizei mit, sie benötige bestimmte, bei der Polizei vorhandene personenbezogene Daten zur Aufgabenerfüllung, hat sich die Prüfung des Ersuchens durch die Polizei nur darauf zu erstrecken, ob es schlüssig ist – es sei denn, im Einzelfall ergeben sich Zweifel gemäß § 26 Abs. 3 Satz 4 an der Rechtmäßigkeit des vorliegenden Auskunftsersuchens. Stets **muss die Polizei allerdings prüfen, ob die nach den Spezialvorschriften oder nach den §§ 27 bis 29 geforderten Voraussetzungen für die Datenübermittlung vorliegen.** 13

Können personenbezogene Daten mittels eines **automatisierten Verfahrens** (insbesondere eines Online-Anschlusses) abgerufen werden, trägt nach § 26 Abs. 3 Satz 5 die abgerufene Stelle die Verantwortung für die Rechtmäßigkeit der Datenübermittlung. In diesem Zusammenhang ist auf § 33 Abs. 5 hinzuweisen, wonach **nur Polizeibehörden** – von der Ausnahme nach § 33 Abs. 6 Satz 3 abgesehen – der Abruf von personenbezogenen Daten aus polizeilichen Dateien gestattet werden darf. Da auf § 9 DSG NRW Bezug genommen wird, ist sichergestellt, dass die Einzelheiten über den Zweck der Abrufe festgelegt werden. 14

5. Zweckbindung der übermittelten Daten

15 Gemäß § 26 Abs. 4 entsteht eine Zweckbindung für die übermittelten Daten, denn diese dürfen von dem Empfänger nur zu dem Zweck genutzt werden, zu dem sie übermittelt worden sind. Das kann zu einem auf den ersten Blick merkwürdigen Ergebnis führen: Personenbezogene Daten werden bei einer Polizeibehörde zu dem Zweck X gespeichert, dürfen aber unter Zweckänderung einer anderen Behörde zum Zweck Y übermittelt werden. Nach der Übermittlung sind sodann dieselben Daten gespeichert. Die neuerliche Zweckbindung bewirkt einen Schutz gegen weitere Zweckdurchbrechungen. Allerdings greift diese Regelung nur insoweit, als gesetzlich nichts anderes bestimmt ist. Bei der Datenübermittlung zwischen Polizeibehörden nach § 27 Abs. 1 kommt dieser Vorschrift im Hinblick auf § 23 Abs. 1 Satz 2 keine Bedeutung zu.

16 Auf das Zweckbindungsgebot nach § 26 Abs. 4 Satz 1 sind **ausländische öffentliche Stellen, über- und zwischenstaatliche Stellen** sowie Personen und Stellen **außerhalb des öffentlichen Bereichs** gemäß Satz 2 bei der Datenübermittlung **hinzuweisen**. Selbstverständlich bietet ein solcher Hinweis keine absolute Gewähr dafür, dass die Zweckbindung von dem Datenempfänger auch beachtet wird. Unabhängig von der Frage, ob eine zweckwidrige Datenverwendung eine Straftat oder eine Ordnungswidrigkeit bedeutet und ob diese Delikte ggf. auch verfolgt werden können, wird bei einem entsprechenden Hinweis ein zweckändernder Datengebrauch nicht mehr „im guten Glauben" vorgenommen werden können mit der Folge, dass weitere Datenübermittlungen unterbleiben.

17 Ein Hinweis gegenüber deutschen Behörden ist nicht vorgesehen, weil davon auszugehen ist, dass diese die Rechtslage und damit § 26 Abs. 4 Satz 1 kennen und beachten.

II. Datenübermittlung durch die Polizei

§ 27
Datenübermittlung zwischen Polizeibehörden

(1) ¹Zwischen Polizeibehörden können personenbezogene Daten übermittelt werden, soweit dies zur Erfüllung ihrer Aufgaben erforderlich ist. ²Eine Übermittlung zu einem anderen Zweck als dem, zu dem die Daten erlangt oder gespeichert worden sind, ist zulässig, soweit die Daten auch zu diesem Zweck erhoben werden dürfen. ³Satz 2 gilt nicht für die nach § 11 erhobenen Daten.

(2) ¹Das Innenministerium wird ermächtigt, durch Rechtsverordnung zu bestimmen, dass die Datenübermittlung gemäß Absatz 1 an Polizeibehörden bestimmter ausländischer Staaten zulässig ist, wenn dies wegen der internationalen polizeilichen Zusammenarbeit oder der polizeilichen Zusam-

menarbeit im Grenzgebiet erforderlich ist und kein Grund zu der Annahme besteht, dass die Daten von den ausländischen Polizeibehörden entgegen dem Zweck eines deutschen Gesetzes, insbesondere entgegen den Vorschriften zur Speicherungs-, Nutzungs- oder Übermittlungsbeschränkung oder zur Löschungsverpflichtung verwandt werden. ²§ 28 bleibt unberührt.

VVPolG NRW zu § 27
Datenübermittlung zwischen Polizeibehörden (zu § 27)
27.1 (zu Absatz 1)
§ 27 Abs. 1 Satz 1 lässt die Datenübermittlung von einer Polizeibehörde an eine andere des Landes Nordrhein-Westfalen, des Bundes oder eines anderen Bundeslandes zu. Datenübermittlungen an eine Polizeieinrichtung sind ebenfalls nach Satz 1 zulässig, wenn diese die Polizeibehörde bei der Erfüllung ihrer Aufgaben unterstützt. Daneben können nach Satz 1 Datenübermittlungen an Polizeieinrichtungen im Einzelfall erfolgen, soweit deren Polizeivollzugsbeamte Maßnahmen im ersten Zugriff nach § 7 Abs. 3 POG NRW getroffen haben. Im Übrigen können Datenübermittlungen von einer Polizeibehörde an Polizeieinrichtungen unter den Voraussetzungen des § 28 erfolgen.
27.2 (zu Absatz 2)
Mit der Verordnung über die Zulassung der Datenübermittlung von der Polizei an ausländische Polizeibehörden (PolDÜV) hat das Innenministerium von der Verordnungsermächtigung in Absatz 2 Gebrauch gemacht. Die Neufassung der PolDÜV ist seit dem 19. Dezember 2008 (SGV. NRW. 205) in Kraft. Die Vorgaben der PolDÜV sind bei der Übermittlung personenbezogener Daten an Polizeibehörden innerhalb der Europäischen Union sowie im Schengenraum vorrangig anzuwenden.

Erläuterungen:

1. Datenübermittlungen zwischen deutschen Polizeibehörden

§ 27 Abs. 1 Satz 1 lässt die Datenübermittlung von einer Polizeibehörde an eine andere Polizeibehörde des Landes Nordrhein-Westfalen, des Bundes oder eines anderen Landes zu, soweit das **zur Erfüllung einer polizeilichen Aufgabe erforderlich** ist. Abgestellt wird hinsichtlich der nordrhein-westfälischen Polizeibehörden auf die Aufgabenzuweisung des § 1 Abs. 1; für die Polizeien des Bundes und der anderen Länder ist die Aufgabenübertragung nach dem Bundes- oder jeweiligen Landesrecht maßgebend. 1

§ 27 bezieht sich seinem Wortlaut nach auf Datenübermittlungen zwischen Polizei**behörden**. Das sind in Nordrhein-Westfalen die in § 2 POG NRW aufgeführten Behörden. Dabei ist nicht entscheidend, unter welchem „Briefkopf" die Behörden auftreten. Beispielsweise ist ein Datentransfer zwischen zwei angrenzen- 2

§ 27   Datenübermittlung zwischen Polizeibehörden

den Polizeiinspektionen unterschiedlicher Kreispolizeibehörden nach § 27 Abs. 1 zulässig.

3   Unter bestimmten Voraussetzungen können in den Datentransfer nach § 27 Abs. 1 auch **Polizeieinrichtungen** einbezogen werden. Das ist zum einen immer dann zulässig, wenn eine Polizeieinrichtung **Polizeibehörden bei der Erfüllung ihrer Aufgaben unterstützt.** Weiterhin ist eine Datenübermittlung statthaft, soweit Polizeieinrichtungen ihre Gebäude und Liegenschaften zu sichern haben und zu diesem Zweck über Informationen verfügen müssen. Solche Fälle werden in Nordrhein-Westfalen derzeit kaum eintreten, denn als Polizeieinrichtung gibt es im Lande nur die Deutsche Hochschule der Polizei in Münster. Schließlich sind auch Datenübermittlungen von den Polizeibehörden zulässig, wenn **Polizeibeamte der Polizeieinrichtungen Maßnahmen im ersten Zugriff** nach § 7 Abs. 4 POG NRW treffen und die Datenübermittlung zur Abwicklung des Falles erforderlich ist. Auch die Weitergabe von Unterlagen mit personenbezogenen Daten, die gemäß § 24 Abs. 6 zu statistischen Zwecken oder gemäß § 24 Abs. 7 zur Aus- und Fortbildung genutzt werden können, darf unter den Voraussetzungen des § 27 Abs. 1 von Polizeibehörden an Polizeieinrichtungen vorgenommen werden.

4   Eine Datenübermittlung von Polizeibehörden an das Innenministerium des Landes Nordrhein-Westfalen kann ebenfalls unter den Voraussetzungen des § 27 Abs. 1 erfolgen. Zwar ist das Innenministerium nicht formell Polizeibehörde i. S. d. § 2 POG NRW, aber soweit nach den Gepflogenheiten im nationalen oder internationalen Bereich der Datentransfer über das Ministerium abzuwickeln ist, richtet sich dieser ebenfalls nach § 27. Bei **Aufsichts- und Kontrolltätigkeiten** des Innenministeriums liegt nach der auch für den Polizeibereich geltenden Fiktion des § 14 Abs. 1 i. V. m. § 13 Abs. 3 Satz 1 DSG NRW keine Zweckänderung bei der Datenverarbeitung vor, sodass eine Datenübermittlung außerhalb des § 27 Abs. 1 zulässig ist.

5   Die Polizeien des Bundes und der anderen Länder haben z. T. eine Behördenorganisation, die zu derjenigen des Landes Nordrhein-Westfalen starke Unterschiede aufweist. Für die Datenübermittlung nach § 27 Abs. 1 ist nicht der formelle, sondern der funktionelle Behördenbegriff maßgebend, d. h. alle Polizeidienststellen mit nach außen wirkenden hoheitlichen Aufgaben haben daher grundsätzlich die Behördeneigenschaft i. S. d. § 27 Abs. 1.

6   Für den polizeiinternen Datentransfer sind die materiellen Anforderungen nicht danach differenziert, ob die Polizeibehörde die Daten von sich aus übermittelt oder ob sie auf ein Ersuchen einer anderen Polizeibehörde reagiert. Selbstverständlich sind Spontanübermittlungen und Übermittlungsersuchen nur unter dem Gesichtspunkt der Erforderlichkeit zulässig, d. h. die Kenntnis der Daten muss für die Aufgabenerfüllung der Behörde notwendig sein, die die Daten erhält. Im Übrigen gilt für die Übermittlungsersuchen § 30 Abs. 2 Satz 1.

Nach § 27 Abs. 1 Satz 2 ist **innerhalb des Polizeibereichs** eine Datenübermittlung **unter Zweckänderung** zulässig, wenn der Datenempfänger die übermittelten Daten auch zu dem Zweck erheben darf, zu dem sie übermittelt werden. Insoweit weist die Regelung Gemeinsamkeiten mit § 23 Abs. 1 Satz 2 auf. Angesichts der oft bestehenden Notwendigkeit, polizeiliche Maßnahmen effektiv und schnell zu treffen, sollen örtliche Zuständigkeitsgrenzen – die manchmal eher zufällig sind und weniger den tatsächlichen polizeilichen einsatz- und kriminalgeographischen Notwendigkeiten entsprechen – nicht die Informationsmöglichkeiten im Polizeibereich beschneiden (s. im Übrigen die Erläuterungen zu § 23, RN 9). 7

Für die gemäß § 11 erhobenen Daten gilt die Ausnahmeregelung des § 27 Abs. 1 Satz 2 – ähnlich wie in § 23 Abs. 1 Satz 3 – nicht, d. h. diese Daten können nur bei Zweckwahrung einer anderen Polizeibehörde mitgeteilt werden. Eine solche Datenübermittlung ist gelegentlich erforderlich, wenn z. B. nach einem Massenunfall auch Abschleppunternehmer aus dem Zuständigkeitsbereich einer angrenzenden Polizeibehörde angefordert werden, um die Unfallstelle möglichst schnell zu räumen. 8

2. Rechtsverordnungsermächtigung

§ 27 Abs. 2 Satz 1 enthält eine Ermächtigung für das Innenministerium, durch **Rechtsverordnung** festzulegen, dass die Datenübermittlung **an Polizeibehörden bestimmter ausländischer Staaten** gemäß § 27 Abs. 1 statthaft ist. Das kann erfolgen, wenn das entweder **wegen der internationalen polizeilichen Zusammenarbeit** oder **wegen der polizeilichen Zusammenarbeit im Grenzgebiet** erforderlich ist. Im erstgenannten Fall können Polizeibehörden der Staaten privilegiert werden, mit denen nordrhein-westfälische Polizeibehörden auf präventiv-polizeilichem Gebiet häufig zusammenarbeiten. Im letztgenannten Fall kann bestimmt werden, dass eine Datenübermittlung nur an die in Grenznähe gelegenen belgischen und niederländischen Polizeibehörden stattfindet und auch nur von den ebenfalls in Grenznähe liegenden nordrhein-westfälischen Polizeibehörden ausgeht bzw. über sie abzuwickeln ist. 9

Voraussetzung für eine solche Rechtsverordnung ist weiterhin, dass der **Datenschutz bei den ausländischen Polizeibehörden etwa dem Standard des innerstaatlichen Rechts entspricht.** Das kann durch die Gesetzgebung im Ausland sichergestellt sein, ausreichend sind jedoch auch entsprechende Zusagen der ausländischen Staaten, die von deutschen Polizeibehörden übermittelten Daten entsprechend den in § 27 Abs. 2 Satz 1 aufgestellten Grundsätzen zu behandeln. 10

Demnach ist eine Rechtsverordnung nicht abhängig von zwischenstaatlichen Vereinbarungen. Für ihren Erlass ist eine Gegenseitigkeit der Datenübermittlung nicht vorgeschrieben, aber doch anzustreben. Auf Grund der Rechtsverord- 11

§ 28   Datenübermittlung an öffentliche Stellen

nung kann der Datentransfer ins Inland ohnehin nicht geregelt werden. Verträge der Bundesrepublik Deutschland über einen Datenaustausch mit Polizeibehörden des Auslandes gehen, wenn sie nationales Recht werden, als Bundesgesetz einer Rechtsverordnung nach § 27 Abs. 2 Satz 1 vor.

12 Von der Verordnungsermächtigung ist Gebrauch gemacht worden durch Erlass der Verordnung über die Zulassung der Datenübermittlung von der Polizei an ausländische Polizeibehörden (PolDÜV NW). Die Verordnung ist im Anhang (nach § 68) dieses Kommentars abgedruckt.

13 Die Verweisung in § 27 Abs. 2 Satz 2 stellt klar, dass auch ohne eine Rechtsverordnung nach Satz 1 bzw. bei den von ihr bewusst ausgesparten Bereichen eine Datenübermittlung an ausländische Polizeibehörden gemäß § 28 Abs. 1 bzw. Abs. 4 stattfinden kann, allerdings müssen dann die darin genannten Voraussetzungen erfüllt werden.

§ 28
Datenübermittlung an öffentliche Stellen, an ausländische öffentliche Stellen sowie an über- und zwischenstaatliche Stellen

(1) Die Polizei kann von sich aus personenbezogene Daten an öffentliche Stellen sowie an ausländische öffentliche und an über- und zwischenstaatliche Stellen übermitteln, soweit dies zur Erfüllung ihrer Aufgaben erforderlich ist.

(2) Die Polizei kann von sich aus anderen für die Gefahrenabwehr zuständigen öffentlichen Stellen bei ihr vorhandene personenbezogene Daten übermitteln, soweit die Kenntnis dieser Daten zur Aufgabenerfüllung des Empfängers für den Bereich der Gefahrenabwehr erforderlich erscheint.

(3) Die Polizei kann auf Ersuchen personenbezogene Daten an öffentliche Stellen übermitteln, soweit dies
1. zur Abwehr einer Gefahr durch den Empfänger,
2. in besonders gelagerten Einzelfällen zur Wahrnehmung einer sonstigen Gefahrenabwehraufgabe durch den Empfänger,
3. zur Abwehr erheblicher Nachteile für das Gemeinwohl oder zur Abwehr einer schwerwiegenden Beeinträchtigung der Rechte einer Person

erforderlich ist.

(4) [1]Die Polizei kann personenbezogene Daten auf Ersuchen an ausländische öffentliche Stellen sowie an über- und zwischenstaatliche Stellen übermitteln, soweit dies zur Abwehr einer erheblichen Gefahr durch den Empfänger erforderlich ist. [2]Die Datenübermittlung unterbleibt, soweit Grund zu der Annahme besteht, dass dadurch gegen den Zweck eines deutschen Gesetzes, insbesondere gegen die Vorschriften zur Speicherungs-, Nutzungs- oder Übermittlungsbeschränkung oder zur Löschungsverpflichtung verstoßen wird, oder schutzwürdige Belange der betroffenen Person beeinträchtigt werden.

VVPolG NRW zu § 28
Datenübermittlung an öffentliche Stellen, an ausländische öffentliche Stellen sowie an über- und zwischenstaatliche Stellen (zu § 28)
28.0
Datenübermittlungen der Polizei an andere Behörden auf Grund spezialgesetzlicher Regelungen gehen der Datenübermittlung nach § 28 vor.
28.1 *(zu Absatz 1)*
Die Aufgaben der Polizei ergeben sich aus § 1. Durch § 28 Abs. 1 wird die Polizei auch ermächtigt, im Zusammenhang mit ihrem Auskunftsersuchen an öffentliche Stellen gemäß § 30 Abs. 2 eine Datenübermittlung vorzunehmen, soweit dies zum Zwecke der Datenerhebung erforderlich ist.
28.2 *(zu Absatz 2)*
§ 28 Abs. 2 gibt der Polizei die Befugnis, in Fällen, in denen die Kenntnis von personenbezogenen Daten für ein Tätigwerden einer öffentlichen Stelle der Gefahrenabwehr Voraussetzung ist, die Daten zu übermitteln. Dies ist regelmäßig der Fall, wenn die Polizei die konkrete Gefahr nicht (endgültig) beseitigen kann und die öffentliche Stelle noch tätig werden muss. Da die Datenübermittlung durch die Polizei ohne Ersuchen einer anderen Behörde erfolgt, genügt es, dass die Übermittlung aus der Sicht der Polizei erforderlich erscheint.
28.3 *(zu Absatz 3)*
Die Datenübermittlung nach § 28 Abs. 3 Nr. 2 ist nicht vom Bestehen einer konkreten Gefahr abhängig. Die Vorschrift zielt vorrangig auf eine Datenübermittlung an Erlaubnisbehörden auf dem Gebiet der Gefahrenabwehr ab. Bei der Entscheidungsvorbereitung benutzen die Erlaubnisbehörden die ihnen zugänglichen Informationsquellen. Die Übermittlung der Daten ist in Nummer 2 deshalb auf besonders gelagerte Einzelfälle begrenzt, deren Besonderheiten von der anfragenden Stelle darzulegen sind. Entsprechende Umstände können sich aus der Person, die die Erlaubnis beantragt, oder aus der besonderen Gefährdung ergeben, die insbesondere von der Lage des Objekts, in oder an dem die erlaubnispflichtige Tätigkeit ausgeübt werden soll, herrühren kann.

Erläuterungen:

1. Allgemeines

§ 28 regelt die Datenübermittlung von Polizeibehörden an **öffentliche Stellen des In- und Auslandes.** Ohne Bedeutung ist insofern, wo die öffentliche Stelle ihren Sitz hat, denn zu den ausländischen Dienststellen gehören z. B. die in der Bundesrepublik Deutschland gemäß dem NATO-Truppenstatut stationierten

Streitkräfte, während Botschaften oder Konsulate der Bundesrepublik Deutschland inländische Dienststellen i. S. d. Vorschrift sind. Zu den inländischen öffentlichen Stellen zählen alle Gerichte sowie Behörden, Körperschaften, Anstalten und Stiftungen des öffentlichen Rechts, und zwar auf Bundes- und Landesebene, wobei Letztere die Kommunalverwaltung und andere Zweige der Selbstverwaltung umfasst. Hierzu rechnen auch alle Einrichtungen des Staates (z. B. Polizeieinrichtungen, vgl. aber die Erläuterungen zu § 27, RN 3) sowie die Eigenbetriebe der Gemeinden, falls für sie eine öffentlich-rechtliche Organisationsform besteht. Zwar sind auch die Polizeibehörden öffentliche Stellen, jedoch gilt für sie – soweit sie Daten von einer anderen Polizeibehörde übermittelt bekommen – § 27 als Spezialvorschrift. Welche Dienststellen des Auslandes zu den öffentlichen Stellen gehören, richtet sich nach den Rechtsvorschriften des jeweiligen Staates. Bei den in § 28 Abs. 1 und Abs. 4 genannten über- und zwischenstaatlichen Stellen muss es sich stets um öffentliche Stellen handeln.

2   Bei den Absätzen 1 und 2 liegen sog. **Spontanübermittlungen** vor, d. h. die Polizei teilt die Daten von sich aus mit. Für die Absätze 3 und 4 geht der Auskunftserteilung ein **Ersuchen** voraus.

3   Bei § 28 handelt es sich zwar um eine bereichsspezifische Regelung, jedoch kann diese wieder verdrängt werden durch spezielle Bestimmungen in anderen Gesetzen, die der Polizei unter bestimmten Voraussetzungen **Übermittlungspflichten** gegenüber anderen Behörden auferlegen (s. auch die Erläuterungen zu § 26, RN 4).

2. Datenübermittlung nach Absatz 1

4   Die Polizei wird durch § 28 Abs. 1 ermächtigt, **von sich aus** personenbezogene Daten an öffentliche Stellen zu übermitteln, wenn dies zur Erfüllung einer polizeilichen Aufgabe erforderlich ist. Absatz 1 unterscheidet im Gegensatz zu den differenzierenden Regelungen für die Datenübermittlung auf Ersuchen in den Absätzen 3 und 4 nicht danach, ob die Daten Dienststellen des In- oder Auslandes mitgeteilt werden sollen. Von der Zielrichtung des Absatzes 1 her gesehen ist das folgerichtig, denn die Datenübermittlung dient der **Aufgabenerfüllung der übermittelnden Polizeibehörden.** Sie hat allerdings in jedem Einzelfall zu prüfen, ob der beabsichtigte Datentransfer verhältnismäßig ist.

5   Die Aufgaben, die (auch) durch die Datenübermittlung, oftmals aber noch durch weitere Maßnahmen erfüllt werden sollen, ergeben sich aus § 1. Für die von § 1 Abs. 4 angesprochenen Aufgaben gilt jedoch § 8 Abs. 2. Deshalb kommt § 28 nur zur Anwendung, wenn es keine speziellen Befugnisnormen gibt.

6   Die Anwendungsbereiche des Absatzes 1 sind unterschiedlich. Hauptsächlich wird es darum gehen, dass die Polizei gemäß § 9 Abs. 3 Satz 2 oder nach anderen Vorschriften personenbezogene Daten erheben will und sie deshalb ein Auskunftsersuchen an öffentliche Stellen gemäß § 30 Abs. 2 richtet, sodass Letztere

Datenübermittlung an öffentliche Stellen § 28

zumindest in einem gewissen Umfang davon Kenntnis erhalten, warum sich die Polizei für die betroffene Person „interessiert". Darüber hinaus kann die Polizei öffentlichen Stellen personenbezogene Daten übermitteln, wenn sie diese Stellen bittet, im Wege der Amtshilfe bestimmte Maßnahmen durchzuführen, insbesondere dann, wenn sog. technische Hilfe geleistet werden soll und die ersuchte öffentliche Stelle dazu die Daten kennen muss. In manchen Fällen geht es lediglich um die Unterrichtung der öffentlichen Stellen, z. B. dann, wenn die Polizei nach einem Verkehrsunfall mit Beschädigung von Verkehrseinrichtungen den Träger dieser Einrichtungen über den Unfall und die Unfallbeteiligten in Kenntnis setzt. Insoweit kann es sich um eine Aufgabe nach § 1 Abs. 2 handeln.

3. Unterrichtung der Gefahrenabwehrbehörden

§ 28 Abs. 2 steht im Zusammenhang mit § 1 Abs. 1 und ergänzt insbesondere dessen Satz 4. Die Aufgabe der Gefahrenabwehr ist nicht allein den Polizeibehörden zugewiesen, vielmehr besteht eine gleichartige Aufgabenzuweisung auch für die Ordnungsbehörden. § 1 Abs. 1 Satz 3 bestimmt für den Fall der **Doppelzuständigkeit** (nämlich von Ordnungsbehörden und Polizeibehörden), dass die Polizei aus eigenem Recht nur tätig wird, wenn ein Handeln der anderen Behörden nicht oder nicht rechtzeitig möglich erscheint. Die Polizei muss zwar außerhalb der normalen Bürodienstzeiten für die eigentlich zuständigen Behörden oft einspringen, jedoch verfügt sie regelmäßig nicht über deren speziellen Sachverstand. Deshalb wird die Polizei bestrebt sein, bei komplizierter Sach- und Rechtslage nur vorläufige Maßnahmen zu treffen, die die Ausweitung der Gefahr verhindern, sodass anschließend durch die zuständigen Behörden die Gefahrenursache dauerhaft beseitigt werden kann. Die Ordnungsbehörden können allerdings nur einschreiten, wenn sie Kenntnis von der Gefahrenlage haben. Deshalb sieht § 1 Abs. 1 Satz 4 auch ihre Unterrichtung vor, jedoch dürfen nach dieser Vorschrift lediglich sachbezogene Daten übermittelt werden. 7

> **Beispiel:** Die Polizei teilt der Straßenverkehrsbehörde und der Straßenbaubehörde mit, dass sie die Kreisstraße vorläufig gesperrt habe, weil umgeknickte Bäume die Fahrbahn versperren.

Gemäß § 28 Abs. 2 kann die Polizei den zuständigen Behörden auch personenbezogene Daten übermitteln, soweit die Kenntnis dieser Daten für die anderen Behörden **aus der Sicht der Polizei** notwendig **erscheint**. Dies ist eine Regelung i. S. d. § 26 Abs. 1 Satz 1 Nr. 1, die nicht die hohen Anforderungen hinsichtlich der Erforderlichkeit stellt wie z. B. § 26 Abs. 1 Satz 1 Nr. 2 oder § 28 Abs. 1. In dem vorstehenden Beispiel könnte die Polizei mitteilen, dass die Bäume von dem Grundstück des G auf die Straße gefallen sind. 8

4. Datenübermittlung auf Ersuchen inländischer öffentlicher Stellen

9   Die Datenübermittlung nach § 28 Abs. 3 setzt in jedem Fall ein **Ersuchen** einer Behörde an die Polizei voraus. Gemeint sind hier nicht Berichtsanforderungen vorgesetzter Dienststellen im Rahmen der Dienst- und Fachaufsicht, denn nach der auch für den Polizeibereich geltenden Reglung des § 14 Abs. 1 i.V.m. § 13 Abs. 3 Satz 1 DSG NRW ist in einer solchen Datenübermittlung keine Zweckänderung zu sehen.

10 **Nummer 1** setzt voraus, dass der Datenempfänger die angeforderten Daten **zur Abwehr einer konkreten Gefahr** i.S.d. § 8 Abs. 1 benötigt. Berechtigte Ersuchen können allgemeine Ordnungsbehörden und Sonderordnungsbehörden stellen, wobei die Bezeichnung der Behörden in Bund und Ländern oft unterschiedlich ist.

11 Eine Datenübermittlung nach **Nummer 2** setzt voraus, dass der Datenempfänger **im Bereich der Gefahrenabwehr** tätig wird, allerdings die ihm zur Verfügung gestellten Daten nicht zur Abwehr einer konkreten Gefahr nutzen will. An Dienststellen mit der Aufgabe der Daseinsvorsorge dürfen daher keine Daten übermittelt werden. Allenfalls könnten sie berechtigt sein, wenn sie z.B. den Auftrag zur Unfalluntersuchung zwecks Minimierung von Unfällen oder entstehenden Schäden haben und kein Fall des § 28 DSG NRW vorliegt. Die Vorschrift zielt in erster Linie auf eine Datenübermittlung an eine **Erlaubnisbehörde auf dem Gebiet der Gefahrenabwehr** ab, die Informationen der Polizei bedarf, um bei der vorgesehenen Prüfung der Zuverlässigkeit eines Antragstellers zu einer sachgerechten Entscheidung kommen zu können. § 28 Abs. 3 Nr. 2 beschränkt die Datenübermittlung jedoch auf **besonders gelagerte Einzelfälle.** Verhindert werden soll, dass alle Führerscheinbewerber oder Pizzabäcker auf Antrag der Konzessionsbehörden von der Polizei „durchgecheckt" werden. Die Erlaubnisbehörden haben die ihr zur Verfügung stehenden Erkenntnisquellen zu nutzen, wozu u.U. auch das Bundeszentralregister, das Gewerbezentralregister und das Verkehrszentralregister gehören. Grundsätzlich nicht dazu gehören die Datenbestände der Polizei, da sie nach ganz anderen Gesichtspunkten als die Register eingerichtet und unterhalten werden.

12 Entsprechende Umstände i.S.d. § 28 Abs. 3 Nr. 2 sind von der anfragenden Behörde darzulegen. Sie können in der Person des Erlaubnisbewerbers oder in der angestrebten Erlaubnis begründet sein, allerdings müssen in jedem Fall bereits erhebliche Zweifel bei der Behörde bestehen, ob die Erlaubnis erteilt werden kann. Der erstgenannte Fall liegt beispielsweise vor, wenn die Person bereits strafrechtlich in Erscheinung getreten ist und weitere Straftaten, die sich (noch) nicht aus den Registern ergeben, zur Ablehnung des Antrages führen würden. Im letztgenannten Fall ist zunächst zu berücksichtigen, welche Gefahren bei Ausnutzung der beantragten Erlaubnis überhaupt entstehen können. Eine Fischereierlaubnis ist weniger „gefahrenträchtig" als eine Jagderlaubnis, denn Letztere erleichtert den Erwerb von Schusswaffen. Im Übrigen kann sich insbe-

sondere aus einer Ortsbezogenheit der Erlaubnis eine besondere Gefahrenlage ergeben (ein in Frankfurt ansässiger Bauherr beantragt, im Vergnügungsviertel einer westdeutschen Großstadt ein Wohnheim für ledige Arbeitnehmerinnen zu errichten).

Nummer 3 enthält Passagen des § 13 Abs. 2 d) DSG NRW, der über § 14 Abs. 1 Satz 1 DSG NRW eine Datenübermittlung im öffentlichen Bereich zulässt. Da § 13 Abs. 2 d) DSG NRW die „Abwehr erheblicher Nachteile für das Gemeinwohl" neben der „Abwehr einer sonst unmittelbar drohenden Gefahr für die öffentliche Sicherheit" und der „Abwehr einer schwerwiegenden Beeinträchtigung der Rechte einer anderen Person" aufführt, muss aus der Regelung des § 28 Abs. 3 geschlossen werden, dass es in dessen Nummer 3 nicht um die Abwehr von Gefahren i. S. d. § 1 geht. Erhebliche Nachteile für das Gemeinwohl können gegeben sein, wenn wichtige staatspolitische Angelegenheiten gefährdet werden. Ob die zweite Alternative in Nummer 3 neben dem Schutz privater Rechte nach § 1 Abs. 2 noch eine Bedeutung haben kann, ist zweifelhaft, aber der Gesetzgeber wollte im § 28 Abs. 3 Nr. 3 auf keinen Fall hinter die Regelung des § 13 Abs. 2 d) DSG NRW zurückgehen.

5. Datenübermittlung auf Ersuchen ausländischer öffentlicher Stellen

§ 28 Abs. 4 setzt ein Übermittlungsersuchen einer **ausländischen öffentlichen Stelle** voraus, wozu auch Polizeibehörden gehören. Eine Datenübermittlung ist nach Satz 1 nur zulässig, wenn die anfragende Dienststelle die personenbezogenen Daten **zur Abwehr einer erheblichen Gefahr** benötigt. Diese Befugnis zur Datenübermittlung wird beim Vorliegen der Voraussetzungen des Satzes 2 ausgeschlossen. Die Daten dürfen dann nicht übermittelt werden, wenn der Datenschutz in dem anderen Staat und speziell dort für die anfragende Behörde nicht dem Standard des inländischen Rechts entspricht oder wenn sonst schutzwürdige Belange der betroffenen Person beeinträchtigt würden.

Zu beachten ist, dass über eine Rechtsverordnung nach § 27 Abs. 2 der Datentransfer an **ausländische Polizeibehörden** erleichtert werden kann. Vgl. dazu die Erläuterungen zu § 27, RN 9 bis 12.

---

§ 29

Datenübermittlung an Personen oder an Stellen außerhalb des öffentlichen Bereichs

(1) Die Polizei kann von sich aus personenbezogene Daten an Personen oder Stellen außerhalb des öffentlichen Bereichs übermitteln, soweit dies

1. zur Erfüllung ihrer Aufgaben,

§ 29 Datenübermittlung an Personen oder an Stellen

    2. zur Abwehr erheblicher Nachteile für das Gemeinwohl oder zur Abwehr einer schwerwiegenden Beeinträchtigung der Rechte einer Person

erforderlich ist.

(2) Die Polizei kann auf Antrag von Personen oder Stellen außerhalb des öffentlichen Bereichs personenbezogene Daten übermitteln, soweit die oder der Auskunftsbegehrende

    1. ein rechtliches Interesse an der Kenntnis der zu übermittelnden Daten glaubhaft macht und kein Grund zu der Annahme besteht, dass das Geheimhaltungsinteresse der betroffenen Person überwiegt,

    2. ein berechtigtes Interesse geltend macht und offensichtlich ist, dass die Datenübermittlung im Interesse der betroffenen Person liegt und sie in Kenntnis der Sachlage ihre Einwilligung hierzu erteilen würde.

VVPolG NRW zu § 29

Datenübermittlung an Personen oder an Stellen außerhalb des öffentlichen Bereichs (zu § 29)
29.01
Personen oder Stellen außerhalb des öffentlichen Bereichs sind natürliche Personen sowie juristische Personen des Privatrechts.
29.02
Bei Ausübung des Ermessens ist zu berücksichtigen, ob personenbezogene Daten in das In- oder Ausland übermittelt werden sollen oder ob der Polizei bekannt ist, dass die Empfängerin oder der Empfänger mit früher übermittelten Daten nicht rechtmäßig verfahren ist.
29.1 *(zu Absatz 1)*
Für die in § 1 Abs. 4 angesprochenen Aufgaben ist § 8 Abs. 2 zu beachten. Die Ausführungen zu RdNr. 28.1 gelten sinngemäß. § 29 Abs. 1 Nr. 1 findet auch Anwendung, wenn die Polizei zum Schutz privater Rechte i. S. d. § 1 Abs. 2 Daten erhoben hat und diese Geschädigten oder Gläubigern mitteilt.
29.2 *(zu Absatz 2)*
29.21
Auskunftsersuchen über die zur eigenen Person gespeicherten Daten richten sich nach § 18 DSG NRW.
29.22
Der Verhältnismäßigkeitsgrundsatz gebietet, dass vor jeder Auskunftserteilung nach § 29 Abs. 2 geprüft wird, ob Auskunftsbegehrende die erbetenen Daten von einer anderen Stelle erhalten können, die von ihrer Aufgabenstellung her zu einer Auskunftserteilung befugt ist.
29.23
Ein rechtliches Interesse der Auskunftsbegehrenden i. S. d. § 29 Abs. 2 Nr. 1 ist gegeben, wenn sie die Daten des Dritten zur eigenen Rechtswahrung brauchen.

Datenübermittlung an Personen oder an Stellen § 29

Dies ist glaubhaft gemacht, wenn ein objektiver Betrachter nach Würdigung der vorzulegenden Beweismittel davon ausgehen kann, dass durch die Datenübermittlung die Rechtswahrung überwiegend wahrscheinlich wird.
29.24
Zielt das Auskunftsbegehren i. S. d. § 29 Abs. 2 Nr. 1 darauf ab, zur Wahrung rechtlicher Interessen den Aufenthalt einer Person zu erfahren, die sich nach den Angaben der Auskunftsbegehrenden in Untersuchungshaft oder zur Vollstreckung einer Freiheitsstrafe in einer Justizvollzugsanstalt befindet oder befinden soll, sind die Auskunftsbegehrenden an die Justizbehörden zu verweisen.
29.25
§ 29 Abs. 2 Nr. 2 setzt voraus, dass mit an Sicherheit grenzender Wahrscheinlichkeit anzunehmen ist, dass die betroffene Person mit der Weitergabe ihrer Daten einverstanden wäre.

Erläuterungen:

1. Allgemeines

§ 29 enthält Regelungen für die Datenübermittlung der Polizei an den sog. privaten Bereich. Dafür sind zwei Fallgruppen vorgesehen. Nach **Absatz 1** kann die Polizei die personenbezogenen Daten **von sich aus** übermitteln; nach **Absatz 2** ist die Datenübermittlung von einem **Antrag** des Datenempfängers abhängig. 1

Personen oder Stellen außerhalb des öffentlichen Bereichs sind **natürliche Personen** sowie **juristische Personen des Privatrechts**. Die komplizierten Maßgaben des § 2 Abs. 2 DSG NRW hinsichtlich der Frage, ob auf öffentlich-rechtliche Betriebe, die am Wirtschaftsleben teilnehmen, das BDSG bzw. DSG NRW Anwendung findet, wird von § 29 nicht aufgegriffen. Für die Datenübermittlung nach § 29 oder nach § 28 ist allein entscheidend, ob es sich bei dem Datenempfänger um eine juristische Person des Privatrechts bzw. um eine des öffentlichen Rechts handelt. 2

Nicht nach dem Wortlaut des § 29, wohl aber bei Anwendung des Verhältnismäßigkeitsgrundsatzes kann es entscheidend sein, ob die personenbezogenen Daten ins In- oder Ausland übermittelt werden sollen. Für juristische Personen des Privatrechts, die den Ort ihrer Niederlassung im Inland haben, gilt das BDSG, sodass die übermittelten Daten nicht nur über § 26 Abs. 4 geschützt werden. Bei der Datenübermittlung an natürliche Personen kann es eine Rolle spielen, ob sie im Ausland wohnen; die Staatsangehörigkeit ist hingegen regelmäßig unbedeutend. Ebenfalls weniger wichtig ist bei juristischen Personen des Privatrechts hinsichtlich der hier anstehenden Frage, was für eine Art von Vereinigung (Stiftung oder Verein) vorliegt, ob es sich um einen wirtschaftlichen Verein oder um einen Idealverein handelt, wie es um die Rechtsfähigkeit bestellt ist oder in welcher Rechtsform eine Gesellschaft betrieben wird (AG, GmbH, KG usw.). Gelegentlich mag es von Bedeutung sein, wer bei einer Kapitalgesellschaft die An- 3 teilseigner sind und ob die Mehrheit der Anteile beispielsweise von der öffentlichen Hand gehalten werden. Weit größere Bedeutung für das auszuübende Ermessen bei einer (erneuten) Datenübermittlung hätten ggf. bei der Polizei vorhandene Erkenntnisse, dass die für die Vereinigung handelnden Personen mit früher übermittelten Daten nicht rechtmäßig verfahren sind oder dass sie sonst Verstöße gegen datenschutzrechtliche Bestimmungen begangen haben.

2. Datenübermittlung nach Absatz 1

4 Nummer 1 ist der Hauptanwendungsfall der Datenübermittlung der Polizei von sich aus an Personen oder Stellen außerhalb des öffentlichen Bereichs. Durch diese Maßnahme muss eine **polizeiliche Aufgabe** i. S. d. § 1 **erfüllt werden**, wobei jedoch für die in § 1 Abs. 4 angesprochenen Aufgaben § 8 Abs. 2 zu beachten ist. Im Wesentlichen wird es sich darum handeln, dass die Polizei Personen oder Stellen außerhalb des öffentlichen Bereichs gemäß § 9 Abs. 3 Satz 2 (oder nach anderen Vorschriften) befragt, um personenbezogene Daten eines Dritten zu erheben. Bei dieser Befragung lässt sich oft nicht vermeiden, dass offenkundig wird, warum die Daten erhoben werden. Im Übrigen umfasst Nummer 1 auch die Fälle, in denen die Polizei personenbezogene Daten zum Schutz privater Rechte i. S. d. § 1 Abs. 2 erhoben hat und diese Daten einem Geschädigten bzw. privatrechtlichen Gläubiger mitteilt.

5 Fraglich ist, ob neben der Nummer 1 die **Nummer 2** noch eine wesentliche Bedeutung hat. Der Gesetzgeber wollte aber keinesfalls hinter § 16 Abs. 1 b) DSG NRW zurückgehen, der für die Datenübermittlung vom öffentlichen an den privaten Bereich § 13 Abs. 2 d) DSG NRW für anwendbar erklärt. Abgesehen von „einer sonst unmittelbar drohenden Gefahr für die öffentliche Sicherheit" des § 13 Abs. 2 d) DSG NRW – dieser Fall ist in § 29 Abs. 1 Nr. 1 geregelt – sind die restlichen Tatbestände in § 29 Abs. 1 Nr. 2 enthalten (s. dazu auch die Erläuterungen zu § 28, RN 13).

3. Datenübermittlung nach Absatz 2

6 Neben den anderen Voraussetzungen des Absatzes 2 ist für eine Datenübermittlung nach dieser Vorschrift Bedingung, dass ein **Antrag** vorliegt. Sollte der „Antrag" das Ziel haben, die Polizei an die Erledigung ihrer Aufgaben zu erinnern (das kann z. B. sein, wenn es um den Schutz privater Rechte geht), richtet sich die Datenübermittlung nach Absatz 1, denn diese Bestimmung geht mit allen ihren Konstellationen dem Absatz 2 vor.

7 Der Auskunftsbegehrende – und nicht die Polizei – muss ein Interesse daran haben, dass die personenbezogenen Daten **eines Dritten** übermittelt werden. Ein Auskunftsersuchen über die zur eigenen Person gespeicherten Daten richtet sich nach § 18 DSG NRW.

Datenübermittlung an Personen oder an Stellen § 29

§ 29 Abs. 2 **Nr. 1** entspricht wörtlich § 16 Abs. 1 c) DSG NRW. Der Auskunftsbegehrende muss ein **rechtliches Interesse** an der Kenntnis der zu übermittelnden Daten glaubhaft machen. Dazu ist notwendig, dass der Auskunftsbegehrende die Daten des Dritten zur **Rechtswahrung** braucht, sei es, dass er Forderungen gegen den Dritten hat, sei es, dass er ihn als Zeugen benennen will. 8

Dieses rechtliche Interesse muss **glaubhaft** gemacht werden. Es sind also keine so hohen Anforderungen zu stellen wie beim Nachweis; keineswegs darf die Polizei zu beurteilen versuchen, wie die Erfolgsaussichten einer zivilrechtlichen Klage des Auskunftsbegehrenden gegen den Dritten sind oder ob eine Aussage des Dritten für einen Rechtsstreit beweiserheblich ist. Das rechtliche Interesse ist dann glaubhaft, wenn bei verständiger Würdigung des Vortrags einschließlich aller beigefügten Belege (Bescheinigungen, insbesondere von öffentlichen Stellen, eidesstattliche Erklärungen des Antragstellers usw.) jeder objektive Betrachter davon ausgehen kann, dass eine überwiegende Wahrscheinlichkeit für das Vorliegen des rechtlichen Interesses an der Kenntnis der Daten spricht. 9

Wenn diese Voraussetzung erfüllt ist, muss weiterhin geprüft werden, ob kein Grund zu der Annahme besteht, dass das **Geheimhaltungsinteresse des Betroffenen** überwiegt. Entsprechende Bewertungen hat das Gesetz z. T. bereits selbst getroffen, indem für bestimmte Daten eine Zweckänderung schon bei der Speicherung untersagt (vgl. § 23 Abs. 1 Satz 3) oder die Zweckgleichheit bei der Datenübermittlung verlangt wird (vgl. z. B. § 26 Abs. 2). Im Übrigen muss eine Abwägung stattfinden. Je sensibler die Daten sind, über die die Polizei verfügt, umso höher ist das Geheimhaltungsinteresse der betroffenen Person. Darüber hinaus ist zu bedenken, dass die Polizei **zur Erfüllung ihrer Aufgaben** eine Vielzahl personenbezogener Daten kennt, von denen die betroffene Person häufig nicht will, dass selbige „an die große Glocke gehängt" werden. Gibt sie diese Daten auf freiwilliger Grundlage an die Polizei oder muss sie dulden, dass die Polizei diese anderweitig erhebt und speichert, muss sie im Prinzip darauf vertrauen können, dass diese Daten jedenfalls nur äußerst selten an den privaten Bereich übergeben werden. Wenn das Verhalten der betroffenen Person nicht im Einklang zur Rechtsordnung steht, sie beispielsweise nicht nach dem MG NRW ordnungsgemäß gemeldet ist, mag das für die Polizei ein Grund sein, die Meldebehörde zu unterrichten oder ein Bußgeldverfahren einzuleiten – die Kenntnis der Daten kann aber regelmäßig nicht dazu führen, dass die Polizei über § 29 Abs. 2 eine Art Ersatzmelderegister wird. 10

Die Datenübermittlung nach § 29 Abs. 2 **Nr. 2** ist nur in sehr engen Grenzen zulässig. Zwar wird kein rechtliches Interesse, sondern nur ein weniger gewichtiges **berechtigtes Interesse** des Auskunftsbegehrenden verlangt, aber dafür muss **offensichtlich** sein, dass die Datenübermittlung **auch im Interesse der betroffenen Person** liegt und sie in Kenntnis der Sachlage ihre Einwilligung hierzu erteilen würde. Es kann sich demnach nur um einige Fälle handeln, in denen die vorherige Zustimmung der betroffenen Person nicht mehr einzuholen ist. Was im Interesse der betroffenen Person liegt und unter welchen Vorausset- 11

267

zungen sie mit der Datenübermittlung einverstanden wäre, kann nie genau gesagt werden. Durch das Wort „offensichtlich" ist jedoch eine Einschätzung dergestalt möglich, dass auf den „Durchschnittsbürger" abgestellt wird. Wenn mit an Sicherheit grenzender Wahrscheinlichkeit anzunehmen ist, dass die betroffene Person mit der Preisgabe ihrer Daten einverstanden wäre, ist die Datenübermittlung zulässig.

Beispiel: Kommt also jemand am Wochenende zur Polizei und trägt vor, er sei auf der Durchreise und wolle einen alten Freund besuchen, der umgezogen sei, und er habe keinen der ehemaligen Nachbarn angetroffen, dann kann, wenn sonst keine Bedenken bestehen, die Polizei dem Auskunftsbegehrenden die neue Anschrift des Freundes mitteilen.

Gegenbeispiel: Keineswegs darf die Polizei die Anschriften der Opfer schwerer Gewalttaten ohne deren Einwilligung an Organisationen weitergeben, die diesen Menschen helfen wollen; jedoch ist es zulässig, dass die Polizei betroffene Personen auf diese Organisationen hinweist und ihnen empfiehlt, sich an sie zu wenden. Ist allerdings eine **sofortige** ärztliche oder anderweitige Betreuung der betroffenen Personen nach Auffassung der Polizei dringend geboten, kann eine Datenübermittlung nach § 28 Abs. 1 oder § 29 Abs. 1 Nr. 1 in Betracht kommen.

III. Datenübermittlung an die Polizei

§ 30
Datenübermittlung an die Polizei

(1) Öffentliche Stellen können, soweit gesetzlich nichts anderes bestimmt ist, von sich aus personenbezogene Daten an die Polizei übermitteln, wenn dies zur Erfüllung polizeilicher Aufgaben erforderlich erscheint.

(2) ¹Die Polizei kann an öffentliche Stellen Ersuchen auf Übermittlung von personenbezogenen Daten stellen, soweit die Voraussetzungen für eine Datenerhebung vorliegen. ²Die ersuchte öffentliche Stelle prüft die Zulässigkeit der Datenübermittlung. ³Wenn gesetzlich nichts anderes bestimmt ist, prüft sie nur, ob das Ersuchen im Rahmen der Aufgaben der Polizei liegt, es sei denn, im Einzelfall besteht Anlass zur Prüfung der Rechtmäßigkeit des Ersuchens. ⁴Die Polizei hat die zur Prüfung erforderlichen Angaben zu machen. ⁵Die ersuchte öffentliche Stelle hat die Daten an die Polizei zu übermitteln, soweit gesetzlich nichts anderes bestimmt ist.

(3) Die Polizei kann an ausländische öffentliche Stellen sowie über- und zwischenstaatliche Stellen Ersuchen auf Übermittlung von personenbezogenen Daten stellen, soweit die Voraussetzungen für eine Datenerhebung vorliegen und gesetzlich nichts anderes bestimmt ist.

Datenübermittlung an die Polizei § 30

VVPolG NRW zu § 30

Datenübermittlung an die Polizei (zu § 30)
30.0
§ 30 findet Anwendung, soweit keine bereichsspezifischen Regelungen vorliegen.
30.1 (zu Absatz 1)
§ 30 Abs. 1 schränkt nicht die Möglichkeit ein, Strafanzeigen und Strafanträge zu stellen.
30.2 (zu Absatz 2)
Normadressaten des § 30 Abs. 2 Satz 5 können unmittelbar nur öffentliche Stellen des Landes Nordrhein-Westfalen sein. Eine Durchsetzung des Ersuchens mit Zwangsmitteln ist unzulässig. Das Verfahren nach § 5 Abs. 5 VwVfG NRW findet Anwendung. Führt dies nicht zum Erfolg, kann in wichtigen Fällen dem Innenministerium berichtet werden, damit dieses ggf. mit den betroffenen Bundes- oder Landesressorts Kontakt aufnehmen kann.

Erläuterungen:

1. Allgemeines

§ 30 regelt die **Datenübermittlung an die Polizei,** soweit ihr die Daten auf 1
Grund eines Entschlusses einer anderen Behörde (Spontanübermittlung) nach
Absatz 1 oder auf ihr Ersuchen hin gemäß den Absätzen 2 und 3 mitgeteilt werden. Findet der Datentransfer zwischen Polizeibehörden statt, richtet er sich
nach § 27. Für ein Übermittlungsersuchen, das eine Polizeibehörde bei einer anderen Polizeibehörde stellt, ist jedoch § 30 Abs. 2 Satz 1 von Bedeutung.

§ 30 ist **subsidiär,** d. h. aus dem Wortlaut der Vorschrift ergibt sich, dass sie nur 2
zur Anwendung kommt, wenn für den Datentransfer keine bereichsspezifischen
Regelungen vorhanden sind. Die §§ 27 und 31 zählen dazu. Im Übrigen ergeben
sie sich z. T. aus alten Rechtsinstituten (z. B. ärztliche Schweigepflicht, die über
§ 203 StGB strafrechtlich abgesichert worden ist und grundsätzlich auch für
Ärzte an Kliniken und bei Gesundheitsämtern gilt), überwiegend aber erst aus
Kodifikationen des Bundes und des Landes aus jüngerer Zeit (vgl. SGB X
i. V. m. § 35 SGB I, §§ 30 und 30a AO, MRRG, PassG, §§ 30a ff. StVG mit der
FRV, MG NRW, PAuswG NRW, ArchivG NRW usw.). Es steht zu erwarten, dass
für weitere Bereiche entsprechende Regelungen erlassen werden. Die Anwendbarkeit des § 30 wird daher zurückgehen.

2. Bedeutung des Absatzes 1

§ 30 Abs. 1 setzt voraus, dass eine spezialgesetzliche Vorschrift für die Daten- 3
übermittlung nicht vorliegt. § 14 DSG NRW ist keine solche Bestimmung. Im
Übrigen darf kein polizeiliches Auskunftsersuchen gestellt worden sein, denn
sonst richtet sich die Datenübermittlung nach § 30 Abs. 2, der für einen Daten-

§ 30   Datenübermittlung an die Polizei

transfer vorrangig gilt. Sind diese formellen Bedingungen erfüllt, können öffentliche Stellen der Polizei personenbezogene Daten von sich aus übermitteln, soweit das zur Erfüllung polizeilicher Aufgaben erforderlich erscheint.

4 Zum Begriff der **öffentlichen Stellen** vgl. § 28, RN 1. Gemeint sein können jedoch nur öffentliche Stellen des Landes Nordrhein-Westfalen, wozu auch die Kommunalbehörden und die Polizeieinrichtungen gehören (die Polizeibehörden nicht, da sie Daten gemäß § 27 übermitteln können). Für Bundesbehörden und Behörden der anderen Länder hat § 30 Abs. 1 keine direkten Auswirkungen. Aus ihm können Bundesdienststellen oder Dienststellen der anderen Länder, soweit es für sie keine speziellen Regelungen gibt, allerdings ersehen, unter welchen Voraussetzungen vergleichbare Behörden des Landes Nordrhein-Westfalen Daten an die Polizei übermitteln dürfen.

5 Die Datenübermittlung **von sich aus** setzt voraus, dass der Entschluss, personenbezogene Daten an die Polizei zu übermitteln, bei der öffentlichen Stelle gefasst wird. Sie muss Kenntnis von einem Sachverhalt haben (der personenbezogene Daten umfasst) und zu dem Ergebnis kommen, dass hierüber die Polizei zu unterrichten ist, da dies zur Erfüllung ihrer Aufgaben erforderlich **erscheint**. Es braucht also keine zwingende Notwendigkeit für die Datenübermittlung gegeben zu sein. Ausreichend ist, wenn eine verständige Würdigung des Falles ergibt, dass die Polizei nach Kenntnis der Sachlage Maßnahmen treffen wird, sie also zuständig ist und auch rechtliche Möglichkeiten zum Einschreiten hat. Strafanzeigen und Strafanträge fallen nicht unter § 30 Abs. 1, weil insoweit im StGB und in der StPO Regelungen enthalten sind.

3. Übermittlungsersuchen der Polizei

6 Gemäß § 30 Abs. 2 und 3 kann die Polizei **öffentliche Stellen des In- und Auslandes um die Übermittlung personenbezogener Daten ersuchen,** sofern die Voraussetzungen für ihre Erhebung vorliegen. Bei Absatz 3 kommt noch hinzu, dass keine andere gesetzliche Regelung bestehen darf. Insoweit ist insbesondere an verfahrensrechtliche Bestimmungen zu denken.

7 Die Vorschrift steht im **Zusammenhang mit den Bestimmungen über die Datenerhebung** nach diesem Gesetz. Zu denken ist aber nicht nur an § 9 Abs. 3 Satz 2, falls die Daten unter den dort genannten Voraussetzungen nicht durch die Befragung der betroffenen Person, sondern über ein Auskunftsersuchen bei einer öffentlichen Stelle erhoben werden (vgl. dazu auch § 28, RN 6). In Betracht kommt ebenso, dass beispielsweise im Rahmen einer Identitätsfeststellung nach § 12 eine Behörde gebeten wird, Angaben des Betroffenen zu bestätigen.

8 Die von der Polizei ersuchte öffentliche Stelle ist gemäß § 30 Abs. 2 Satz 2 verpflichtet, zu prüfen, ob die Übermittlung der Daten zulässig ist. Wenn es hierfür eine bereichsspezifische Regelung gibt, ist diese anzuwenden einschließlich des

darin vorgesehenen Verfahrens. Dann hat § 30 Abs. 2 Satz 2 deklaratorische Bedeutung. Andernfalls wirkt diese Bestimmung konstitutiv mit der Folge, dass der Umfang der Prüfung sich aus Satz 3 ergibt. Auf jeden Fall hat die Polizei nach Satz 4 die erforderlichen Angaben zu machen, die für die jeweilige Art der Prüfung benötigt werden. Rechtsgrundlage für diese Datenübermittlung im Verhältnis zu der betroffenen Person ist § 28 Abs. 1. Ergeben sich im Einzelfall gemäß Satz 3 Zweifel an der Rechtmäßigkeit des Auskunftsersuchens, hat die Polizei auf Nachfrage der ersuchten Behörde die notwendigen Auskünfte zu geben.

Nach § 30 Abs. 2 Satz 5 **muss die öffentliche Stelle die Daten** an die Polizei **weitergeben,** es sei denn, es ist gesetzlich etwas anderes bestimmt. Normadressat können nur Dienststellen des Landes Nordrhein-Westfalen einschließlich der Kommunalbehörden sein. Die Behörden des Bundes, der anderen Länder und auch des Auslandes können aus dieser Vorschrift aber ableiten, wie die Rechtsbeziehungen zwischen den Dienststellen des Landes Nordrhein-Westfalen und den Polizeibehörden ausgestaltet sind. **9**

Selbst wenn die ersuchte Behörde zur Datenermittlung nach anderen Rechtsvorschriften oder nach § 30 Abs. 2 Satz 5 verpflichtet ist, kann die Einhaltung der Verpflichtung nicht mit Zwangsmitteln erreicht werden. In solchen Fällen ist entsprechend § 5 Abs. 5 VwVfG NRW zu verfahren, d. h. die Aufsichtsbehörde zu unterrichten. Ist diese zugleich Aufsichtsbehörde der Polizei und der ersuchten Behörde, obliegt ihr die Entscheidung. In den übrigen Fällen hat die Aufsichtsbehörde der ersuchten Stelle zu entscheiden. In wichtigen Fällen wird das Innenministerium mit dem für die ersuchte Behörde zuständigen Bundes- oder Landesressort Kontakt aufnehmen. **10**

IV. Rasterfahndung

§ 31
Rasterfahndung

(1) ¹Die Polizei kann von öffentlichen Stellen und Stellen außerhalb des öffentlichen Bereichs die Übermittlung von personenbezogenen Daten einer unbestimmten Anzahl von Personen, die bestimmte, auf Verursacher einer Gefahr im Sinne des § 4 vermutlich zutreffende Prüfungsmerkmale erfüllen, zum Zwecke des maschinellen Abgleichs mit anderen Datenbeständen verlangen, soweit dies zur Abwehr einer Gefahr für den Bestand oder die Sicherheit des Bundes oder eines Landes oder für Leib, Leben oder Freiheit einer Person erforderlich ist (Rasterfahndung). ²Der Datenabgleich soll den Ausschluss von Personen bezwecken; er kann auch der Ermittlung eines Verdachts gegen Personen als mögliche Verursacher einer Gefahr sowie der Feststellung gefahrenverstärkender Eigenschaften dieser Personen dienen.

³Die Polizei kann zur Ergänzung unvollständig übermittelter Daten die erforderlichen Datenerhebungen auch bei anderen Stellen durchführen und die übermittelten Datenträger zur Ermöglichung des maschinellen Abgleichs technisch aufbereiten.

(2) ¹Das Übermittlungsersuchen ist auf Namen, Anschrift, Tag und Ort der Geburt sowie andere für den Einzelfall benötigte Daten zu beschränken; es darf sich nicht auf personenbezogene Daten erstrecken, die einem Berufs- oder besonderen Amtsgeheimnis unterliegen. ²Von Übermittlungsersuchen nicht erfasste personenbezogene Daten dürfen übermittelt werden, wenn wegen erheblicher technischer Schwierigkeiten oder wegen eines unangemessenen Zeit- oder Kostenaufwandes eine Beschränkung auf die angeforderten Daten nicht möglich ist; diese Daten dürfen von der Polizei nicht genutzt werden.

(3) ¹Für nach Absatz 1 erlangte personenbezogene Daten gilt § 16a Absatz 2 Satz 2 und 3 entsprechend. ²Ist der Zweck der Maßnahme erreicht oder zeigt sich, dass er nicht erreicht werden kann, sind die übermittelten und im Zusammenhang mit der Maßnahme zusätzlich angefallenen Daten auf den Datenträgern zu löschen und die Akten, soweit sie nicht für ein mit dem Sachverhalt zusammenhängendes Verfahren erforderlich sind, zu vernichten. ³Über die getroffene Maßnahme ist eine Niederschrift anzufertigen. ⁴Diese Niederschrift ist gesondert aufzubewahren, durch technische und organisatorische Maßnahmen zu sichern und am Ende des Kalenderjahres, das dem Jahr der Löschung der Daten oder der Vernichtung der Akten nach Satz 1 folgt, zu vernichten.

(4) ¹Die Maßnahme darf nur auf Antrag der Behördenleiterin oder des Behördenleiters durch den Richter angeordnet werden. ²Zuständig ist das Amtsgericht, in dessen Bezirk die Polizeibehörde ihren Sitz hat. ³Für das Verfahren gelten die Vorschriften des Gesetzes über das Verfahren in Familiensachen und in den Angelegenheiten der freiwilligen Gerichtsbarkeit entsprechend.

(5) ¹Personen, gegen die nach Abschluss der Rasterfahndung weitere Maßnahmen durchgeführt werden, sind hierüber durch die Polizei zu unterrichten, sobald dies ohne Gefährdung des Zwecks der weiteren Datennutzung erfolgen kann. ²Im Übrigen gilt § 17 Absatz 5 und 6 entsprechend.

VVPolG NRW zu § 31

Rasterfahndung (zu § 31)
31.1 (zu Absatz 1)
31.11
Die Vorschrift regelt die Rasterfahndung im präventiven Bereich. Der Befugnis der Polizei, die Übermittlung der Datenbestände zu verlangen, entspricht die Verpflichtung der Stelle zur Übergabe der geforderten Daten. Für die Anord-

Rasterfahndung **§ 31**

nung der Maßnahme ist das Vorliegen einer konkreten Gefahr für die im Gesetzeswortlaut genannten hochrangigen Rechtsgüter erforderlich. Die Übermittlung erfolgt in der Regel entweder durch die Herausgabe von magnetischen, magneto-optischen oder optischen Datenträgern oder durch Überspielen der Daten an die Polizei mittels technischer Einrichtungen zur Datenfernübertragung. Der Datenabgleich ist sowohl mit polizeieigenen Datenbeständen als auch mit denjenigen möglich, die von weiteren Stellen angefordert wurden. Eine Differenzierung zwischen Verdächtigen und Nichtverdächtigen bzw. Störern und Nichtstörern findet nicht statt.

31.12
Gegenüber privaten Stellen kann die Polizei die Verfügung zur Datenübermittlung auf der Grundlage der richterlichen Anordnung nach § 31 Abs. 4 notfalls im Wege des Verwaltungszwanges nach den §§ 50 ff. durchsetzen. Für öffentliche Stellen folgt die Verpflichtung zur Übermittlung aus bereichsspezifischen Regelungen oder aus § 30.

31.13
Die Rasterfahndung ist unter Beachtung des § 7 Abs. 1 Satz 2 POG NRW auch dann zulässig, wenn die Möglichkeit eines Schadenseintritts räumlich auf ein anderes Land oder einen anderen Staat begrenzt oder geografisch nicht einzugrenzen ist, sofern der Schaden vorhersehbar durch dortige Stellen nicht mit vergleichbarer Wirksamkeit abgewendet werden kann.

31.2 (zu Absatz 2)
Das Übermittlungsersuchen darf sich nur auf die Daten beziehen, die notwendig sind, um durch die Rasterfahndung der im Einzelfall vorliegenden Gefahr begegnen zu können. Werden Daten i. S. d. § 31 Abs. 2 Satz 2 übergeben, ist die ersuchte Stelle darauf hinzuweisen, dass die von den Ermittlungsersuchen nicht erfassten Daten von der Polizei nicht genutzt werden.

31.3 (zu Absatz 3)
Die Löschungsverpflichtungen sind gesetzliche Bestimmungen i. S. d. § 32 Abs. 2 Satz 1 Nr. 1. Soweit die Übermittlung durch Herausgabe von Datenträgern erfolgt ist, sind diese zurückzugeben. Rdnr. 16a.25 gilt entsprechend.

31.4 (zu Absatz 4)
31.41
Der Antrag auf richterliche Anordnung muss erkennen lassen, dass die Anzahl der zu erhebenden Daten auf das für die Rasterfahndung erforderliche Maß beschränkt wird. Dazu ist nach Möglichkeit vorher zu ermitteln, welche Daten bei welcher der um Auskunft zu ersuchenden Stellen erfasst sind.

31.42
RdNr. 15a.3 gilt entsprechend.

31.5 (zu Absatz 5)
Die RdNrn. 17.51 ff. gelten entsprechend.

Erläuterungen:

1. Allgemeines

1 § 31 regelt die Rasterfahndung im präventiv-polizeilichen Bereich. Der nordrhein-westfälische Gesetzgeber hat sich in dem Bestreben, ein klares Gesetz zu erlassen, dazu entschlossen, diesen Begriff und nicht eine verharmlosende Umschreibung wie „Besondere Form des Datenabgleichs" zu verwenden, obwohl das Wort „Rasterfahndung" in der öffentlichen Diskussion häufig negativ besetzt ist. Vielfach beruht das auf Unkenntnis oder auf der falschen Annahme, die Polizei habe durch diese Art der Datenverarbeitung ein neuartiges, undurchschaubares Fahndungsmittel erhalten, welches ungeahnte Erkenntnismöglichkeiten bietet und Bewohner ganzer Großstädte zu „gläsernen Objekten" werden lässt.

2 Neu an diesem Fahndungsinstrument ist nicht das Raster, denn seit eh und je betreibt die Polizei die **gezielte Fahndung** mittels Raster. Die Suche nach dem „großen Blonden mit dem schwarzen Schuh" bedeutet bereits die Anlegung eines Rasters. Eine möglichst genaue Personenbeschreibung und insbesondere Fotos oder sog. Montagebilder sollen nicht nur den Blick auf die äußeren Merkmale lenken, an denen die Person zu erkennen ist; hierdurch wird auch erreicht, dass die Fahndung effektiver wird, denn Personen, auf die diese Merkmale nicht zutreffen, bleiben unbehelligt, was mittelbar dem Schutz ihrer Rechte dient.

3 Auch ohne den automatisierten Abgleich kann man theoretisch dieselben Ergebnisse erzielen wie mit der Rasterfahndung, allerdings bedarf es eines großen Personaleinsatzes und erheblicher Zeit, um Zigtausende von Computerausdrucken, Karteikarten, Listen oder Buchungsunterlagen auf bestimmte Merkmale durchzusehen. So unterbleiben solche Maßnahmen zumeist. Bei der manuellen Auswertung fallen den eingesetzten Polizeibeamten zwangsläufig eine Menge von Daten auf, insbesondere auch von Verwandten, Bekannten, Nachbarn, Kollegen usw., ohne dass diese für den beabsichtigten Fahndungserfolg irgendeine Bedeutung haben. Bei der Rasterfahndung sind die jeweiligen Datensätze, die überprüft werden sollen, gemäß § 31 Abs. 2 auf die **benötigten Daten** zu vermindern. Diese verkürzten Datensätze werden im Computer auf das Vorhandensein bestimmter Merkmale abgeglichen, jedoch gibt der Computer nach Beendigung der Rasterfahndung nur die Daten bekannt, auf die die **Merkmale zutreffen**. Das ist ein ganz geringer Teil der verarbeiteten Daten. Durch die Rasterfahndung werden zwar viele Unbeteiligte betroffen, dennoch ist der Eingriff geringfügig, denn dieses Fahndungsmittel ist datenschutzfreundlicher im Vergleich zu vielen herkömmlichen Fahndungsmethoden.

4 Letztlich ist nicht von Bedeutung, wie der Computer für die Feststellung der Merkmale programmiert wird, d.h. ob er die markanten Datensätze zurückhält und die anderen Datensätze durchlaufen lässt oder ob er genau entgegengesetzt arbeitet. So sind auch alle Versuche, in der sog. negativen Rasterfahndung im

Gegensatz zur sog. positiven Rasterfahndung eine unterschiedliche Eingriffsintensität zu sehen, zum Scheitern verurteilt. Entscheidend kommt es nämlich darauf an, dass die nicht benötigten Datensätze nicht weiter verarbeitet, sondern unverzüglich gelöscht werden.

Nach den Terroranschlägen in den USA am 11.9.2001 wurde von den Polizeien aller Länder die Rasterfahndung nach sog. **Schläfern** durchgeführt (*Achenpöhler/Niehaus*, DÖV 2003, S. 49; *Horn*, DÖV 2003, S. 746; *Möller/Warg*, RN 337, S. 254; *Seel*, DIE POLIZEI 2002, S. 192). Die Rechtsgrundlagen hierfür waren in den Polizeigesetzen der Länder nicht einheitlich; schon aus diesem Grund war es nicht erstaunlich, dass die gerichtlichen Überprüfungen der Maßnahmen zu teilweisen divergierenden Entscheidungen führten. Zwar hat das OLG Düsseldorf (DÖV 2002, S. 436) die in Nordrhein-Westfalen vorgenommene Rasterfahndung, soweit Studenten aus islamischen Staaten betroffen waren, als verhältnismäßig gewertet. Dennoch hat sich der nordrhein-westfälische Gesetzgeber veranlasst gesehen, § 31 Abs. 1 zu novellieren. Im Gegensatz zur alten Rechtslage wird insbesondere keine gegenwärtige Gefahr verlangt, sondern nur noch eine **konkrete Gefahr**. 4a

2. Begriff und Voraussetzung

§ 31 Abs. 1 enthält eine Legaldefinition für die Rasterfahndung. Einbezogen in diese Begriffsbestimmung ist aber nicht nur der eigentlich entscheidende **maschinelle Abgleich von personenbezogenen Daten unterschiedlicher Datenbesitzer,** sondern darüber hinaus auch die Befugnis der Polizei, die Datenbestände heraus zu verlangen. Zudem werden noch die Voraussetzungen der Rasterfahndung geregelt. 5

Die Rasterfahndung ist demnach zulässig, wenn sie zur **Abwehr einer konkreten Gefahr** für die einzelnen in der Vorschrift aufgeführten hohen Rechtsgüter **erforderlich** ist. 6

> **Beispiel:** Auf Grund einer sog. Warnmeldung wird bekannt, dass ein Terrorkommando aus dem Ausland anreisen soll, um einen im Ruhrgebiet lebenden Exilpolitiker zu ermorden. Wird weiterhin bekannt, dass das potenzielle Opfer sich häufig in Spielkasinos aufhält, kann über einen Abgleich der Datenbestände der Einwohnermeldeämter und der Spielkasinos versucht werden, auf diese Weise die gefährdete Person zu finden, sodass man sie warnen und wirksam schützen kann.

Die Polizei kann von **Stellen des öffentlichen und privaten Bereichs** die Übermittlung personenbezogener Daten bestimmter Personen verlangen. Insoweit ist § 31 eine Spezialvorschrift auch zur Datenübermittlung öffentlicher Stellen auf Ersuchen der Polizei und verdrängt § 30 Abs. 2 Satz 1 bis 4. Ein Herausgabeverlangen besteht – wie sich aus dem Vergleich zu dem Wortlaut des § 29 ergibt – nicht gegenüber Privatpersonen. Die übermittelten Daten dürfen dann **mit anderen Datenbeständen** maschinell abgeglichen werden. Hierbei kann es sich um 7 polizeieigene Datenbestände handeln oder um solche, die von einer weiteren Stelle gemäß § 31 angefordert worden sind. Die Zielrichtung des bei der Polizei erfolgten Datenabgleichs ergibt sich aus § 31 Abs. 1 Satz 2.

8 Auf welche Personengruppen sich das Übermittlungsersuchen beziehen kann, richtet sich nach den Umständen des Einzelfalles (s. dazu § 31 Abs. 2). Denkbar ist eine Eingrenzung nach Alter, Geschlecht oder Staatsangehörigkeit, aber auch nach bestimmten Verhaltensweisen (z. B. Dauerauftrag oder Abbuchungsermächtigung zur Begleichung der Stromrechnung wurde **nicht** erteilt).

9 Gegenüber **privaten Stellen** kann die Übermittlung im Wege des Verwaltungszwanges durchgesetzt werden. Weigern sich öffentliche Stellen, die Daten zu übermitteln, ist entsprechend § 5 Abs. 5 VwVfG NRW zu verfahren (vgl. auch die Erläuterungen zu § 30, RN 10).

3. Begrenzung der Datenübermittlung

10 Das Übermittlungsersuchen bezieht sich immer auf die **Identitätsdaten** (soweit diese von der ersuchten Stelle überhaupt angegeben werden können), damit die Personen sicher identifiziert werden können, falls es darauf ankommt. Sodann kann verlangt werden, dass weitere Daten übermittelt werden. Das sind solche, die im Falle des Zusammentreffens mit den Daten aus anderen Dateien **bestimmte Merkmale** aufweisen, **auf die sich die Fahndung stützt.** Daten über ein Berufs- oder besonderes Amtsgeheimnis können nicht herausverlangt werden. Ist die Separierung nach benötigten und nicht benötigten Daten nicht oder nicht mit angemessenem Zeit- oder Kostenaufwand möglich, dürfen nach § 31 Abs. 2 Satz 2 auch weitere Daten übermittelt werden, doch besteht insoweit für die Polizei ein Nutzungsverbot.

4. Datenkennzeichnung und Beendigung der Maßnahme

11 Die Pflicht zur besonderen Kennzeichnung der erlangten personenbezogenen Daten beruht auf § 31 Abs. 3 Satz 1 i.V.m. § 16a Abs. 2 Satz 2 und 3. In § 31 Abs. 3 Satz 2 ist der Rechtsgedanke aus § 2 Abs. 3 nochmals normiert worden, um deutlich zu machen, dass die Maßnahme, sobald ihr Zweck erreicht worden ist oder sich herausstellt, dass er nicht erreicht werden kann, unverzüglich zu beenden ist. Die sich anschließenden Löschungsverpflichtungen sind spezielle Bestimmungen i. S. d. § 32 Abs. 2 Satz 1 Nr. 1. Die befristet aufzuhebende Niederschrift dient einer möglichen nachträglichen datenschutzrechtlichen Kontrolle und entspricht etwa § 31 Abs. 3 Satz 3 MG NRW.

5. Richtervorbehalt

§ 31 Abs. 4 enthält einen **absoluten Richtervorbehalt**. Der Antrag auf Erlass einer richterlichen Entscheidung ist vom Behördenleiter zu unterzeichnen; hinsichtlich seiner Vertretung s. die grundlegenden Erläuterungen zu § 15 a, RN 11–13.

6. Nachträgliche Unterrichtung

Die Unterrichtungsverpflichtung der Polizei besteht nicht gegenüber allen Personen, von denen Daten in die Rasterfahndung einbezogen worden sind. Unterrichtet werden nur diejenigen, gegen die nach Abschluss der Rasterfahndung weitere Maßnahmen durchgeführt worden sind. Als solche kommen nicht nur Maßnahmen der Datenverarbeitung in Betracht. Diese Personen sind besonders betroffen, da auf sie nicht nur mehrere Raster zutreffen, sondern sie das „Ergebnis der Rasterfahndung" bilden, was regelmäßig eine weitere Überprüfung nach sich zieht. Im Übrigen wird auf die Erläuterungen zu § 16, RN 11 verwiesen.

Zu Problemen der **Rasterfahndung auf repressivem Gebiet** nach den §§ 98 a und 98 b StPO vgl. *Siebrecht,* CR 1996, S. 545 und *Wittig,* JuS 1997, S. 961.

VIERTER TITEL
Berichtigung, Löschung und Sperrung von Daten

§ 32
Berichtigung, Löschung und Sperrung von Daten

(1) ¹**Personenbezogene Daten sind zu berichtigen, wenn sie unrichtig sind.** ²Sind personenbezogene Daten in Akten zu berichtigen, ist in geeigneter Weise kenntlich zu machen, zu welchem Zeitpunkt und aus welchem Grund diese Daten unrichtig waren oder geworden sind.

(2) ¹In Dateien suchfähig gespeicherte personenbezogene Daten und die dazugehörigen zu den Personen suchfähig angelegten Akten sind zu löschen oder zu vernichten, wenn

1. dies durch dieses Gesetz bestimmt ist,
2. die Speicherung nicht zulässig ist,
3. bei der zu bestimmten Terminen vorzunehmenden Prüfung oder aus Anlass einer Einzelfallbearbeitung festgestellt wird, dass die Daten für die Erfüllung der Aufgaben der speichernden Stelle nicht mehr erforderlich sind.

²In Dateien nicht suchfähig gespeicherte Daten sind unter den Voraussetzungen des Satzes 1 zu löschen, soweit die Speicherung festgestellt wird. ³Die

nach Satz 1 Nr. 3 vorzunehmende Aktenvernichtung ist nur durchzuführen, wenn die gesamte Akte für die Aufgabenerfüllung nicht mehr erforderlich ist, es sei denn, dass die betroffene Person die Vernichtung von Teilen der Akte verlangt und die weitere Speicherung sie in unangemessener Weise beeinträchtigt. ⁴Soweit hiernach eine Vernichtung nicht in Betracht kommt, sind die Daten zu sperren und mit einem Sperrvermerk zu versehen.

(3) Andere als die in Absatz 2 genannten Akten sind nach Ablauf der jeweiligen Aufbewahrungsfrist zu vernichten.

(4) Stellt die Polizei fest, dass unrichtige oder nach Absatz 2 Satz 1 Nr. 2 zu löschende personenbezogene Daten übermittelt worden sind, ist dem Empfänger die Berichtigung oder Löschung mitzuteilen, es sei denn, die Mitteilung ist für die Beurteilung der Person oder des Sachverhalts nicht oder nicht mehr von Bedeutung.

(5) ¹Löschung und Vernichtung unterbleiben, wenn

1. Grund zu der Annahme besteht, dass schutzwürdige Belange der betroffenen Person beeinträchtigt werden,
2. die Daten zur Behebung einer bestehenden Beweisnot unerlässlich sind,
3. die Nutzung der Daten zu wissenschaftlichen Zwecken erforderlich ist.

²In diesen Fällen sind die Daten zu sperren und mit einem Sperrvermerk zu versehen. ³Sie dürfen nur zu den in Satz 1 genannten Zwecken oder sonst mit Einwilligung der betroffenen Person genutzt werden. ⁴Im Falle des Satzes 1 Nr. 3 gilt § 28 des Datenschutzgesetzes Nordrhein-Westfalen.

(6) Anstelle der Löschung oder Vernichtung sind die Datenträger oder die Akten an ein Staatsarchiv abzugeben, soweit archivrechtliche Regelungen dies vorsehen.

VVPolG NRW zu § 32
Berichtigung, Löschung und Sperrung von Daten (zu § 32)
32.1 (zu Absatz 1)
32.11
Berichtigung i. S. d. § 32 Abs. 1 bedeutet, dass die gespeicherten personenbezogenen Daten mit den Tatsachen in Übereinstimmung gebracht werden. Besteht der Verdacht der unrichtigen Datenspeicherung, müssen Ermittlungen in angemessenem Umfang von Amts wegen durchgeführt werden. Bis zum Abschluss der Ermittlungen sind die im Verdacht der Unrichtigkeit stehenden Daten mit einem Sperrvermerk zu versehen.
32.12
Die Berichtigungsbedürftigkeit der gespeicherten Daten kann auf Verarbeitungs-, Eingabe- oder Rechtschreibfehlern beruhen.

Berichtigung, Löschung und Sperrung von Daten § 32

32.13
Zweckmäßigkeitsgesichtspunkte können dazu führen, dass auch bei nichtautomatisierten Dateien entsprechend § 32 Abs. 1 Satz 2 vorgegangen wird. In automatisierten Dateien kann erforderlichenfalls vermerkt werden, wann und aus welchem Grund eine Berichtigung erfolgte.
32.2 (zu Absatz 2)
32.21
Löschung ist das Unkenntlichmachen gespeicherter Daten (§ 3 Abs. 2 Nr. 6 DSG NRW), wobei der Datenträger zur weiteren Verwendung erhalten bleibt. Vernichtung i. S. d. Gesetzes liegt vor, wenn eine weitere Verwendung des Datenträgers wegen seiner Unbrauchbarmachung nicht mehr möglich ist.
32.22
Suchfähigkeit i. S. d. § 32 Abs. 2 Satz 1 liegt vor, wenn anhand bestimmter Suchkriterien gezielt Daten aus Dateien oder Akten aufgefunden werden können.
32.23
Gesetzliche Bestimmungen i. S. d. § 32 Abs. 2 Satz 1 Nr. 1 sind § 15 Abs. 1 Satz 3, § 21 Abs. 3, § 24 Abs. 2 Satz 5 und Abs. 4 sowie § 31 Abs. 3.
32.24
Die Voraussetzungen des § 32 Abs. 2 Satz 1 Nr. 2 sind gegeben, wenn die Speicherung nach § 24 Abs. 2 nicht zulässig war oder die weitere Datenspeicherung auf Grund einer Änderung der Sach- und Rechtslage nicht länger erfolgen darf.
32.25
Bei § 32 Abs. 2 Satz 1 Nr. 3 sind § 21 Abs. 3 Satz 5, § 22 und § 24 zu beachten.
32.26
Aus § 32 Abs. 2 Satz 3 ergibt sich, dass in Fällen des § 32 Abs. 2 Satz 1 Nrn. 1 und 2 die Akten jeweils vollständig zu vernichten sind. § 32 Abs. 2 Satz 3 ermöglicht, nur Teile der Akte zu vernichten, soweit durch die Herausnahme einzelner Blätter oder durch das Fehlen ganzer Unterordner die verbleibende Akte zur Aufgabenerfüllung ausreicht.
32.27
Sperrung ist das Verhindern weiterer Verarbeitung gespeicherter Daten (§ 3 Abs. 2 Nr. 5 DSG NRW).
32.5 (zu Absatz 5)
32.51
Die Frist für die weitere Aufbewahrung ergibt sich aus den Umständen des Einzelfalles.
32.52
Schutzwürdige Belange i. S. d. § 32 Abs. 5 Satz 1 Nr. 1 sind insbesondere gegeben, wenn die betroffene Person den Nachweis der Speicherung zur Rechtswahrung benötigt.
32.53
Eine Einwilligung i. S. d. § 32 Abs. 5 Satz 3 muss die Voraussetzung des § 4 DSG NRW erfüllen.

§ 32 Berichtigung, Löschung und Sperrung von Daten

Erläuterungen:

1. Berichtigung

1   § 32 Abs. 1 Satz 1 ist inhaltsgleich mit § 19 Abs. 1 Satz 1 DSG NRW und enthält die Verpflichtung, gespeicherte personenbezogene Daten, die unrichtig sind, zu **berichtigen.** Beide Bestimmungen beziehen sich auf Datenspeicherungen in automatisierten sowie nichtautomatisierten Dateien und in Akten. Während nach § 19 Abs. 1 Satz 2 DSG NRW die Berichtigung der Daten in nichtautomatisierten Dateien und Akten dergestalt zu erfolgen hat, dass in geeigneter Weise kenntlich zu machen ist, zu welchem Zeitpunkt und aus welchem Grund die Daten unrichtig waren oder geworden sind, schreibt § 32 Abs. 1 Satz 2 dieses Verfahren nur für die Berichtigung der Daten in Akten vor. Sollen Daten in nichtautomatisierten Dateien der Polizei berichtigt werden, ist nach Zweckmäßigkeitsgesichtspunkten zu entscheiden, ob das für die Akten vorgesehene Verfahren angewandt oder eine Berichtigung durch Überschreiben, Schwärzen, Radieren usw. vorgenommen wird. Bei automatisierten Dateien sind die unrichtigen Daten in jedem Fall durch technisches Überschreiben bzw. Löschen zu berichtigen. Soweit es für die Aufgabenerfüllung erforderlich ist, kann in der Datei vermerkt werden, wann und aus welchem Grund die Berichtigung vorgenommen wurde.

2   Die **Berichtigung,** die auch im Interesse der Polizei liegt, **hat zu erfolgen,** sobald feststeht, dass personenbezogene Daten einer betroffenen Person unrichtig sind. Wie die Polizei erfährt, dass die Daten unrichtig sind oder dass hierfür die Möglichkeit besteht, ist gleichgültig. Der Fehler kann der Polizei selbst bei der Datenverarbeitung auffallen, ein entsprechender Hinweis kann nach einer Datenübermittlung von dem Empfänger der Daten kommen. Denkbar ist ebenso, dass die betroffene Person einen Antrag stellt, die zu ihrer Person gespeicherten Daten zu berichtigen. Hat die Behörde lediglich Hinweise auf die Unrichtigkeit von Daten, hat sie – unter Berücksichtigung der Angemessenheit des Aufwandes – zu prüfen, ob die Daten tatsächlich unrichtig sind.

3   Berichtigt werden können nur Daten, die aus **formellen Gründen** unrichtig sind. Dabei ist allerdings nicht nur an Fehler zu denken, die einen Verstoß gegen die Orthografie darstellen. Hierzu zählen insbesondere alle **Verarbeitungsfehler,** sei es, dass sie auf einer falschen Programmierung beruhen, sei es, dass ein Versehen vor der Eingabe in die Datei vorlag (auf dem Beleg wurde ein falsches Datenfeld angekreuzt), sei es, dass ein Eingabefehler gemacht wurde. Dabei spielt es keine Rolle, ob der speichernden Stelle ein unrichtiges Datum, dessen Unrichtigkeit sie nicht erkannte (und auch nicht erkennen konnte), angeliefert worden ist oder ob ihr der Fehler selbst unterläuft. Die Berichtigung muss durchgeführt werden, unabhängig von der Frage eines schuldhaften Verhaltens. Die Ursache für die Unrichtigkeit der Datenspeicherung kann sogar durch ein

Verhalten der betroffenen Person während der Speicherungsdauer hervorgerufen werden (z. B. Änderung des Familienstandes).

Tatsachenfeststellungen und insbesondere **wertende Angaben** i. S. d. § 23 Abs. 2 unterliegen daher nicht der Berichtigung, wenn es darum geht, ob die getroffenen Feststellungen zutreffend sind oder eine Erforderlichkeit für die Speicherung vorliegt. Insoweit kommt eine Löschung oder Aktenvernichtung in Betracht. Eine Berichtigung kann gemäß § 32 Abs. 1 nur ausnahmsweise erfolgen, wenn sich nämlich herausstellt, dass die Speicherung durch einen Eingabefehler bedingt ist oder dass die wertenden Angaben nicht erfolgen durften, weil keinerlei Tatsachen vorliegen, die dieses Ergebnis rechtfertigen.   4

2. Löschung und Vernichtung

Nach der Begriffsbestimmung des § 3 Abs. 2 Nr. 6 DSG NRW bedeutet die Löschung das Unkenntlichmachen gespeicherter Daten. Der Ausdruck „Vernichtung" (von Daten) ist im DSG NRW nicht enthalten. Die vom PolG NRW in § 32 und an anderer Stelle benutzten Begriffe der Löschung und Vernichtung werden für unterschiedliche Arten des Unkenntlichmachens von Daten verwandt. Eine **Löschung** liegt dann vor, wenn der Datenträger erhalten bleibt und weiterverwendet werden kann, die darauf gespeicherten Daten entweder durch einen technischen Vorgang entfallen (z. B. auf Diskette oder Platten) oder ausradiert bzw. geschwärzt werden (z. B. auf Karteikarten und in Akten). Von einer **Vernichtung** spricht man dann, wenn der Datenträger samt den darauf enthaltenen Daten so zerstört wird, dass die gespeicherten Daten nicht mehr zu erkennen und zu verwenden sind. Im Einzelfall kann auch eine Diskette mit den Daten vernichtet werden, wenn aus besonderen Gründen nicht die Datenlöschung vorgenommen wird.   5

Der Löschung bzw. Vernichtung unterfallen nach § 32 Abs. 2 Satz 1 die **suchfähig** in einer Datei gespeicherten personenbezogenen Daten sowie die dazugehörigen **suchfähig** zu der Person angelegten Akten, wenn eine der in den Nummern 1 bis 3 aufgeführten Voraussetzungen vorliegt. Der Begriff der **Suchfähigkeit** ist weitgehend noch ein Spezifikum des Polizeirechts. Eine Vielzahl polizeilicher Dateien – insbesondere diejenigen, die auf den Rechenanlagen des BKA betrieben werden – kann man nur über bestimmte „**Suchkriterien**" nutzen. Das sind z. B. die Personalien (oder nur bestimmte Personalangaben). Für die Polizeibehörden als normale Nutzer der Dateien ist es technisch nicht möglich, sich sämtliche in den Dateien enthaltenen Datensätze nach und nach auf den Bildschirm zu holen. Bei einigen Dateien ist vorgesehen, dass zu einer Notierung zur Person in einem Freitextfeld weitere Angaben erfolgen können, die allerdings nicht Suchkriterien sind.   6

Beispiel: Wird zu einem suchfähigen Datensatz über den P in einem Freitextfeld der Hinweis aufgenommen, dass P regelmäßig nicht in seiner Wohnung, sondern bei seiner Freundin F zu erreichen ist, sind die Daten der F kein Suchkriterium.

7 Dieselbe Problematik – wahrscheinlich noch in viel stärkerem Maße – ergibt sich für Akten. Beispielsweise werden Beschwerdevorgänge üblicherweise in alphabetischer Reihenfolge nach den Familiennamen der Beschwerdeführer abgeheftet. Die in einer Eingabe aufgeführten Namen von Dritten (z. B. Zeugen, Mitbetroffene) sind nicht „suchfähig". Würde auf diese Daten § 32 Abs. 2 Satz 1 Nrn. 1 und 2 anwendbar sein, müssten besondere Index-Dateien (ggf. mit speziellen Wiedervorlagefristen) geführt werden, was nicht nur einen enormen Verwaltungsaufwand bedeutet, sondern auch datenschutzrechtliche Bedenken hervorruft. Für die nicht suchfähig gespeicherten Daten ergeben sich Löschungs- und Vernichtungsverpflichtungen aus § 32 Abs. 2 Satz 2 und 3 (vgl. unten die RN 12 ff.).

8 Die in § 32 Abs. 2 Satz 1 vorgesehenen Voraussetzungen für die **Löschung oder Vernichtung suchfähig gespeicherter Daten** lassen Überschneidungen zu. Das ist unproblematisch, soweit es um die Beendigung der Speicherung geht; Auswirkungen können sich allenfalls für einen Schadensersatzanspruch nach § 20 DSG NRW ergeben.

9 Gemäß **Nummer 1** müssen die Daten gelöscht oder vernichtet werden, wenn das PolG NRW selbst hierfür die entsprechenden Vorgaben enthält. Das ist nach Ablauf der im Gesetz geregelten Fristen für die Speicherungsdauer (vgl. z. B. § 15 Abs. 1 Satz 3, § 21 Abs. 3 oder § 24 Abs. 4) der Fall. Darüber hinaus zählen hierzu alle Fallkonstellationen, in denen das Gesetz beim Eintritt bestimmter Voraussetzungen eine Löschung oder Vernichtung vorschreibt (s. z. B. § 24 Abs. 2 Satz 5 und § 31 Abs. 3).

10 **Nummer 2** greift ein, wenn die Speicherung der Daten unzulässig ist. Es kommt dabei nicht darauf an, ob die Speicherung von Anbeginn rechtswidrig war oder erst im Laufe der Zeit geworden ist. Die erstgenannte Variante ist gegeben, wenn die Polizei die Daten nicht rechtmäßig erlangt hat, denn dann durfte gemäß § 24 Abs. 1 keine Speicherung erfolgen. Insoweit können auch Formverstöße relevant sein (vgl. § 24, RN 2 und 3). Die letztgenannte Variante liegt vor, wenn sich nach der Datenspeicherung die Sach- und Rechtslage ändert, sodass der Rechtsgrund für die weitere Speicherung entfällt. Im Einzelfall kann sich dies auf Grund neuer Erkenntnisse ergeben, die zur Rechtswidrigkeit der weiteren Speicherung führen. Hierzu zählt auch eine erfolgreiche Klage des Betroffenen auf Löschung oder Vernichtung der Daten. Für eine Reihe gleich gelagerter Fälle kann sich die Verpflichtung zur Beendigung der Speicherung aus einer Verwaltungsvorschrift ergeben, wenn hierdurch eine Ermessensbindung erfolgt, sodass die ursprünglich ermessensfehlerfrei zu Stande gekommene Datenspeicherung unzulässig wird.

Berichtigung, Löschung und Sperrung von Daten § 32

Nummer 3 sieht die Löschung und Vernichtung vor auf Grund von Einzelfallentscheidungen. Es muss festgestellt werden, dass eine weitere Datenverarbeitung nicht mehr erforderlich ist zur Erfüllung der Aufgaben der speichernden Stelle. Die Prüfung hat zu den für die einzelnen Dateien **festgelegten Prüfungsterminen** nach § 22 oder § 24 Abs. 2 zu erfolgen. Darüber hinaus muss die Prüfung vorgenommen werden, „**aus Anlass einer Einzelfallbearbeitung**". Hiermit ist nicht die erstmalige Bearbeitung eines Vorganges gemeint, sondern die erneute Nutzung der Daten innerhalb des Zeitraumes bis zu dem Prüfungstermin. Das Gesetz selbst schreibt nur in bestimmten Fällen etwas über das Prüfungsverfahren vor (vgl. § 21 Abs. 3 Satz 6 und 7, § 24 Abs. 4 Satz 4), sodass sich im Übrigen hierzu (insbesondere auch darüber, ob und ggf. wie das Ergebnis der Prüfung aktenkundig zu machen ist) nur etwas aus verwaltungsinternen Regelungen ergeben kann. 11

§ 32 Abs. 2 Satz 2 privilegiert die **in automatisierten sowie nicht automatisierten Dateien nicht suchfähig** gespeicherten Daten hinsichtlich ihrer Löschung gegenüber den nicht suchfähig in Akten gespeicherten Daten. Sie sind unter den in Satz 1 Nrn. 1 bis 3 genannten Voraussetzungen zu löschen, sofern ihre Speicherung festgestellt wird. Solche Feststellungen können sich anlässlich einer erneuten Nutzung **suchfähig** gespeicherter Daten oder aus Anlass eines Prüfungstermins i. S. d. §§ 22 und 24 Abs. 2 ergeben. Die **Löschungsverpflichtung bezieht sich ggf. auf sämtliche nicht suchfähig gespeicherten Daten.** Das können nicht suchfähige Daten der Person sein, zu der eine suchfähige Notierung in der Datei vorhanden ist; das können jedoch auch Daten eines Dritten sein, die zu einer suchfähigen Notierung über die (eigentlich) betroffene Person nicht suchfähig zugespeichert worden sind. 12

Beispiel: Die Personalien des P sind in einer polizeilichen Datei suchfähig gespeichert. Zu diesem Personendatensatz ist in einem Freitext der Hinweis aufgenommen worden, dass P nur selten in der Wohnung anzutreffen ist, für die er gemeldet ist, weil er sich meist bei seiner Freundin F aufhält. Wenn bei einer späteren Dateiabfrage der Polizei die Erkenntnis vorliegt, dass die F mit dem P „Schluss gemacht hat", ist gemäß § 32 Abs. 2 Satz 2 der Hinweis zu löschen, wonach sich P häufig bei der F aufhält. Je nach den Umständen des Falles hat auch der Hinweis zu entfallen, dass P selten in seiner Wohnung anzutreffen ist.

Diese Privilegierung für die nicht suchfähig in Dateien gespeicherten Daten erfolgte mit Blick darauf, dass die dateimäßige Datenverarbeitung generell eine häufigere Nutzung und Übermittlung erwarten lässt, sodass sich eher als bei der aktenmäßigen Verarbeitung der Daten Feststellungen nach Satz 1 ergeben können und sogar ein automatisiertes Abrufverfahren eingerichtet werden kann, das eine erhöhte Datenpflege auch im Hinblick auf die Löschung erforderlich macht. 13

§ 32 Abs. 2 Satz 3 regelt Einzelheiten über Art und Umfang der **Aktenvernichtung** im Falle des Satzes 1 Nr. 3. Hierdurch wird zugleich klargestellt, dass in den Fällen des Satzes 1 Nrn. 1 und 2 die Akten jeweils vollständig zu vernichten 14 sind. Bei einer Aktenvernichtung unter den Voraussetzungen des Satzes 1 Nr. 3 kommt gemäß Satz 3 eine Vernichtung der gesamten Akte nur in Betracht, wenn der vollständige Vorgang für die Aufgabenerfüllung nicht mehr benötigt wird. Möglich ist allerdings auch die Vernichtung von Teilen der Akte, sofern die betroffene Person dies verlangt und die weitere Aufbewahrung dieser Teile sie in unangemessener Weise beeinträchtigen würde. Insoweit ist bei der Entscheidung zu prüfen, ob durch die Herausnahme einzelner Blätter oder durch das Fehlen ganzer Unterordner die verbleibende Akte zur Aufgabenerfüllung ausreicht und sich aus ihr insbesondere noch der notwendige Sinnzusammenhang ergibt, sodass das Prinzip der Aktenwahrheit und Aktenklarheit gewährleistet ist. Das Ergebnis dieser Prüfung hat Auswirkungen auf die Frage der **unangemessenen Beeinträchtigung,** die durch die weitere Aufbewahrung der Teile eines Aktenstückes hervorgerufen wird. Sind Aktenteile entbehrlich, kann die weitere Speicherung der Daten (die in der weiteren Aufbewahrung der Akte zu sehen ist) relativ leicht dazu führen, dass die betroffene Person in unangemessener Weise beeinträchtigt wird. Handelt es sich bei dem umstrittenen Teil der Akte um ein „Kernstück" des Vorganges, wird die betroffene Person die weitere Aufbewahrung der Akte eher hinnehmen müssen. Zur Sperrung von Daten gemäß § 32 Abs. 2 Satz 4 in Fällen, in denen eine Aktenvernichtung nicht vorgenommen wird, s. unten die RN 22 ff.

15 Gemäß § 32 Abs. 3 müssen alle anderen als die in Absatz 2 genannten Akten bei Ablauf der jeweiligen **Aufbewahrungsfrist** vernichtet werden. Eine Einzelfallentscheidung erfolgt nicht mehr (s. dazu auch die Erläuterungen zu § 22).

16 § 32 Abs. 5 Satz 1 enthält **Ausnahmen** von dem Gebot der Löschung und Vernichtung personenbezogener Daten. Diese Ausnahmen bedeuten aber nur, dass die eigentlich zu löschenden oder zu vernichtenden Daten zeitweilig noch aufzuheben sind. Eine bestimmte Frist für die weitere Aufbewahrung ist nicht vorgesehen; sie ergibt sich aus den Umständen des Einzelfalles. Nach **Nummer 1** muss Grund zu der Annahme bestehen, dass durch die Datenlöschung oder -vernichtung **schutzwürdige Belange der betroffenen Person beeinträchtigt** werden. Die Entscheidung ist von Amts wegen zu treffen; es bedarf also keines Antrages der betroffenen Person. Dabei hat die speichernde Stelle alle ihr bekannten Tatsachen abzuwägen. Ein Hinweis auf schutzwürdige Belange, die beeinträchtigt sein können, kann von den betroffenen Personen selbst oder von einem Dritten kommen. Schutzwürdige Belange sind insbesondere dann berührt, wenn die betroffene Person den Nachweis der (ihrer Meinung nach rechtswidrigen) Speicherung zur Rechtswahrung benötigt. Es kann sein, dass sie einen zivil- oder öffentlich-rechtlichen Anspruch geltend macht. Gleiches gilt, wenn sie die Daten zur Rechtsverteidigung (auch in einem Straf- oder Bußgeldverfahren) benötigt. Die Art des Verfahrens (Verwaltungsverfahren, Gerichtsverfahren) sowie der Verfahrensstand spielen dabei keine Rolle.

17 **Nummer 2** lässt die weitere Aufbewahrung der Daten zu, soweit sie **zur Behebung einer bestehenden Beweisnot unerlässlich** sind. Voraussetzung ist dem-

nach, dass in einem nach der Rechtsordnung vorgesehenen Verfahren (Gerichtsverfahren, Verwaltungsverfahren, Strafverfahren usw.) Feststellungen tatsächlicher Art getroffen werden müssen, die für den Verfahrensausgang entscheidungserheblich sind. Hinzu kommen muss, dass diese Tatsachen auf andere Weise nicht festgestellt werden können als durch die Nutzung der gespeicherten Daten. Die Unerlässlichkeit dieser Datennutzung muss von der anfordernden Stelle oder einem Dritten dargelegt werden. Die Beweisnot kann sich aber auch für die speichernde Stelle selbst ergeben. Der Betroffene muss nicht Verfahrensbeteiligter sein; Nummer 2 gilt jedoch auch, wenn ein Verfahren gegen ihn geführt wird. Benötigt er die Daten zur Stärkung seiner Rechtsposition, kann er auf Nummer 1 zurückgreifen, zumal die Voraussetzungen der Datennutzung dann nicht von so hohen Voraussetzungen wie nach Nummer 2 abhängen.

Nummer 3 lässt die Datennutzung zu **wissenschaftlichen Zwecken** zu, soweit dies erforderlich ist. Gemäß § 32 Abs. 5 Satz 3 findet § 28 DSG NRW Anwendung. Bei archivwürdigem Material empfiehlt es sich, dieses möglichst gemäß § 32 Abs. 6 abzugeben, sodass dann die wissenschaftliche Nutzung nach den Vorschriften des ArchivG NRW erfolgen kann (s. RN 20). **18**

Zur Sperrung von Daten gemäß § 32 Abs. 5 Satz 2 s. die RN 21 ff. **19**

§ 32 Abs. 6, der anstelle der Löschung/Vernichtung der Datenträger oder Akten deren Abgabe an ein Staatsarchiv gemäß den archivrechtlichen Regelungen vorsieht, hat deklaratorischen Charakter. Einzelheiten ergeben sich aus dem ArchivG NRW. **20**

3. Sperrung

Nach § 3 Abs. 2 Nr. 5 DSG NRW bedeutet die **Sperrung** von Daten das **Verhindern ihrer weiteren Verarbeitung**. Gesperrte Daten bleiben (zunächst) weiterhin gespeichert, sie dürfen aber nicht mehr genutzt, verändert, übermittelt oder erneut gespeichert werden, es sei denn, eine gesetzliche Regelung erlaubt eine Ausnahme. Die Sperrung ist kein Dauerzustand. In einigen Rechtsbereichen außerhalb des PolG NRW – vgl. z. B. § 7 ArchivG NRW – sind Sperrfristen vorgesehen, die zu Gunsten der betroffenen Person eine Nutzungsbeschränkung auf Zeit vorsehen. In allen übrigen Fällen, also auch bei der Sperrung gemäß § 32 Abs. 2 Satz 4 und Abs. 5 Satz 2, sind nach Wegfall der Voraussetzungen für die Sperrung die Daten zu löschen oder zu vernichten (bzw. an ein Staatsarchiv abzugeben). **21**

Im Datenschutzrecht war früher überwiegend vorgesehen, dass nicht mehr zur Aufgabenerfüllung benötigte Daten in erster Linie zu sperren und nicht zu löschen sind. Im Polizeibereich hatte sich gezeigt, dass betroffene Personen mehr an der Löschung denn an der Sperrung ihrer personenbezogenen Daten interessiert sind. § 10 g Abs. 2 VE ME PolG (vgl. Begründung zu dieser Vorschrift, in: *Kniesel/Vahle*, S. 64) folgte daher dem Prinzip „**Löschung anstelle von Sper-** **22**

rung", das in § 32 Abs. 2 und 3 seinen Niederschlag gefunden hat und auch in der Datenschutzgesetzgebung – vgl. § 19 Abs. 2 und 3 DSG NRW – Einzug hielt.

23 Aus diesem Grund sehen § 32 Abs. 2 Satz 4 und § 32 Abs. 5 Satz 2 die Datensperrung auch nur in Ausnahmefällen vor, in denen eigentlich die Löschung oder Vernichtung der Daten stattzufinden hat, wegen besonderer Umstände aber nicht termingerecht durchzuführen ist. Deshalb sind diese Daten zu sperren und mit einem **Sperrvermerk** zu versehen. Dieser macht die Sperrung der Daten deutlich. Bei einem Rechtsstreit vor den Verwaltungsgerichten, ob gespeicherte Daten zu löschen sind, kann das Verwaltungsgericht auf Antrag des Klägers durch einstweilige Anordnung der Polizeibehörde aufgeben, die Daten bis zur Entscheidung in der Hauptsache zu sperren (VG Frankfurt a. M., NJW 1997, S. 675).

24 Gesperrte Daten dürfen, wie sich aus der Definition des § 3 Abs. 2 Nr. 5 DSG NRW ergibt, nicht weiter verarbeitet werden. Eine Ausnahme besteht immer dann, wenn die betroffene Person einwilligt, wobei die Einwilligung den Anforderungen des § 4 DSG NRW entsprechen muss. Da das Einverständnis der betroffenen Person insoweit einen Grundrechtseingriff ausschließt, ist die Einwilligung in § 32 Abs. 2 nicht ausdrücklich erwähnt worden. In § 32 Abs. 5 Satz 3 ist sie aus Gründen der Klarstellung aufgeführt, weil verhindert werden sollte, dass andernfalls im Wege des Umkehrschlusses gefolgert werden könnte, die Vorschrift habe abschließenden Charakter und untersage somit die weitere Datennutzung trotz formgültiger Einwilligung der betroffenen Person. § 32 Abs. 5 Satz 3 begrenzt im Übrigen die Datennutzung auf die in Satz 1 genannten Zwecke, d. h. die Daten dürfen ohne Einwilligung der betroffenen Person nur verwendet werden aus den aufgeführten Gründen, die zu einem Aufschub hinsichtlich der Löschung oder Vernichtung führten.

4. Nachberichtspflicht

25 Die Polizeibehörde trifft auf Grund des § 32 Abs. 4 nach Datenübermittlungen gemäß den §§ 27 bis 29 gegenüber den jeweiligen Datenempfängern eine **Nachberichtspflicht,** wenn sie feststellt, dass Daten übermittelt worden sind, die unrichtig waren (§ 32 Abs. 1) oder deren Speicherung nicht zulässig ist (§ 32 Abs. 2 Satz 1 Nr. 2). Das gilt aber nur, soweit die **Unterrichtung für die Beurteilung der Person oder des Sachverhalts von Bedeutung** ist. Wann das der Fall ist, kann nicht generell gesagt werden. Je länger die Datenübermittlung zurückliegt, umso eher ist die neue Mitteilung bedeutungslos. Ist anzunehmen, dass der entsprechende Vorgang bei der anderen Behörde bereits abgeschlossen ist und dort keine weitere Datenspeicherung vorliegt, würde die Unterrichtung kontraproduktiv wirken. Im Übrigen kommt es auf die Art der übermittelten Daten und das Ausmaß der Unrichtigkeit an. Dabei bleibt zu berücksichtigen, dass

eine fehlerhafte oder unvollständige Namensangabe bzw. ein falsches Geburtsdatum weitreichende Folgen haben können.

Ungeschriebene Voraussetzung für eine Unterrichtung ist darüber hinaus, dass der Empfänger der Daten bekannt ist bzw. seine (neue) Anschrift ermittelt werden kann. Hinsichtlich erfolgter Datenübermittlungen können sich für nichtautomatisierte Dateien Protokollierungspflichten aus bereichsspezifischen gesetzlichen Bestimmungen oder Verwaltungsvorschriften ergeben. Bei automatisierten Dateien sind technische Vorkehrungen zur Gewährleistung der Übermittlungskontrolle zu treffen, was auch mit Blick auf Auskunftsbegehren Betroffener nach § 18 Abs. 1 Satz 1 Nr. 3 DSG NRW von Bedeutung ist. Zulässig ist es, Protokollbänder, auf denen die im Wege des automatisierten Abrufverfahrens vorgenommenen Anfragen dokumentiert werden, nur für eine bestimmte Frist aufzubewahren. 26

FÜNFTER TITEL

Sicherung des Datenschutzes

§ 33
Errichtung von Dateien, Umfang des Verfahrensverzeichnisses, Freigabe von Programmen, automatisiertes Abrufverfahren

(1) ¹Die Errichtung von Dateien ist auf das erforderliche Maß zu beschränken. ²In angemessenen Abständen ist die Notwendigkeit ihrer Weiterführung oder Änderung zu prüfen.

(2) In dem nach § 8 des Datenschutzgesetzes Nordrhein-Westfalen zu erstellenden Verfahrensverzeichnis sind die durch dieses Gesetz vorgeschriebenen Löschungstermine oder die gemäß den §§ 22 und 24 Abs. 2 festzulegenden Prüfungstermine oder Aufbewahrungsfristen aufzuführen.

(3) Ein Verfahrensverzeichnis nach § 8 des Datenschutzgesetzes Nordrhein-Westfalen ist auch zu erstellen, wenn die Polizei personenbezogene Daten in einer automatisierten polizeilichen Verbunddatei speichert, die über das Land hinausgeht.

(4) Über die Freigabe von Programmen zur Verarbeitung personenbezogener Daten auf zentralen oder dezentralen Datenverarbeitungsanlagen entscheidet das Innenministerium oder eine von diesem beauftragte Stelle.

(5) Die Einrichtung eines automatisierten Verfahrens, das die Übermittlung personenbezogener Daten aus einer von der Polizei geführten Datei durch Abruf ermöglicht, ist unter den Voraussetzungen des § 9 des Daten-

§ 33 Errichtung von Dateien, Umfang des Verfahrensverzeichnisses

schutzgesetzes Nordrhein-Westfalen zulässig; der Abruf darf nur Polizeibehörden gestattet werden.

(6) ¹Das Innenministerium kann zur Erfüllung von Aufgaben der Gefahrenabwehr, die nicht nur von örtlicher Bedeutung sind, mit anderen Ländern und dem Bund eine Verbunddatei der Polizei vereinbaren, die eine automatisierte Datenübermittlung ermöglicht. ²In der Vereinbarung ist festzulegen, welcher Polizeibehörde die nach diesem Gesetz oder nach anderen Rechtsvorschriften bestehenden Pflichten einer speichernden Stelle obliegen. ³Die Einrichtung einer Verbunddatei mit automatisierter Abrufmöglichkeit, an der neben der Polizei auch andere Behörden beteiligt sind, ist nur zulässig nach dem Antiterrordateigesetz vom 22. Dezember 2006 (BGBl. I S. 3409), geändert durch Artikel 5 des Gesetzes vom 26. Februar 2008 (BGBl. I S. 215), und nach dem Rechtsextremismus-Datei-Gesetz vom 20. August 2012 (BGBl. I S. 1798). ⁴In eine Datei gemäß Satz 3 dürfen nur Daten eingegeben werden, die gemäß § 24 suchfähig in einer Datei gespeichert und den beteiligten Behörden gemäß §§ 26 ff. übermittelt werden können; § 26 Absatz 1 Satz 3 findet keine Anwendung.

VVPolG NRW zu § 33

Errichtung von Dateien, Umfang des Verfahrensverzeichnisses, Freigabe von Programmen, automatisiertes Abrufverfahren (zu § 33)
33.2 (zu Absatz 2)
§ 33 Abs. 2 trifft bereichsspezifische Ergänzungen zu § 8 DSG NRW. Im Übrigen ist § 32a DSG NRW zu beachten. Für die Verarbeitung personenbezogener Daten im Auftrag gilt § 11 DSG NRW.
33.4 (zu Absatz 4)
Die Programmfreigabe besteht aus der Anwendungsfreigabe sowie aus der system- und programmtechnischen Freigabe. Meine Erlassregelungen zur Planung und Verwirklichung von IT-Verfahren sowie zur Beschaffung von IT-Technik im Bereich der Polizei sind zu beachten.
33.5 (zu Absatz 5)
Abs. 5 regelt die Befugnis zur Einrichtung eines automatisierten Abrufverfahrens im Sinne von § 9 Abs. 1 DSG NRW. Das automatisierte Abrufverfahren ist eine spezielle Form der Datenübermittlung. Die Einrichtung eines automatisierten Abrufverfahrens ermöglicht Datenübermittlungen in modifizierter Form zwischen derjenigen Polizeibehörde, die personenbezogene Daten als verantwortliche Stelle in einer Datei gespeichert hat, und dem Empfänger der Daten. Beim automatisierten Abrufverfahren entscheidet der Empfänger über die Auslösung des Übermittlungsvorgangs, ohne dass es vor der Übermittlung noch zu einem rechtlichen Prüfungsvorgang seitens der übermittelnden Stelle kommt. Ein nicht automatisierter Abruf ist in der heutigen Praxis eher selten. In Abgrenzung zu Absatz 6 befasst sich die Vorschrift nur mit dem einseitigen Abruf eines Dritten (vgl. Definition § 3 Abs. 4 DSG NRW), der an der Datei selbst nicht beteiligt ist.

Ansonsten würde eine Verbunddatei nach Absatz 6 in Betracht kommen. Soweit es sich umgekehrt um einen Abruf der Polizei aus einer Datei einer anderen Stelle handelt, muss sich die Befugnis zur Einrichtung eines Abrufverfahrens aus dem für diese Stelle geltenden Fachgesetz ergeben (z. B. § 7 MeldDÜV NRW, § 30a StVG).

33.6 (zu Absatz 6)
Im Gegensatz zu Absatz 5, der nur das einseitige Abrufverfahren aus einer fremden Datei regelt, befasst sich Absatz 6 mit Verbunddateien, in denen mehrere Stellen personenbezogene Daten speichern und auch gegenseitig abrufen können. Es handelt sich dabei um eine Ergänzung zu § 4a DSG NRW. Soweit eine Verbunddatei mit anderen Ländern und/oder dem Bund eingerichtet werden soll, ist der Abschluss des Verwaltungsabkommens dem Innenministerium als oberster Landesbehörde vorbehalten. Die Rechtsnatur des Verwaltungsabkommens hängt von deren Inhalt im Einzelfall ab. Grundsätzlich ist nur die Teilnahme an einer Verbunddatei mit anderen Polizeibehörden zugelassen. Eine Ausnahme besteht nach Satz 3 für die Antiterrordatei und die Projektdateien nach dem Gemeinsame-Dateien-Gesetz.

Erläuterungen:

1. Bedeutung der Vorschrift

§ 33 enthält einige grundlegende Regelungen verfahrensrechtlicher Art für die polizeiliche Datenverarbeitung. Sie haben zwar keine direkten Auswirkungen auf den Kontakt der Polizei mit dem Bürger, gewährleisten aber ein hohes Maß an Datenschutz und Datensicherheit. 1

Die Vorschrift bezieht sich überwiegend auf automatisierte Dateien, jedoch gilt ihr Absatz 1 im vollen Umfang und ihr Absatz 2 in einigen Fällen auch für nichtautomatisierte Dateien. 2

Zur Rechtsstellung sowie über Aufgaben und Befugnisse von **Datenschutzbeauftragten** im Polizeibereich s. § 32a DSG NRW und RdErl. d. Innenministeriums „Sonderregelung für den Bereich der behördlichen Datenschutzbeauftragten bei den Polizeibehörden und -einrichtungen (PB/PE) des Landes Nordrhein-Westfalen (DSB-Richtlinie-Polizei)" v. 6.5.2005 (MBl. NRW. S. 632/SMBl. NRW. 20026). 2a

2. Prüfungspflichten nach Absatz 1

§ 33 Abs. 1 Satz 1 besagt, dass die Errichtung von Dateien auf das erforderliche Maß zu beschränken ist. Diese Vorschrift verlangt **vor Errichtung** jeder Datei eine Reihe von Untersuchungen und Festlegungen. Da die dateimäßige Verarbeitung der personenbezogenen Daten im Vergleich zu der aktenmäßigen Datenverarbeitung oftmals die Gefahren für das Recht auf informationelle Selbst- 3 bestimmung erhöht, ist eine Abwägung zu treffen. Zulässig ist danach eine Datei, wenn auf der Grundlage einer auf Fakten beruhenden Prognose zu erwarten steht, dass durch den Betrieb der Datei und der damit verbundenen Datenverarbeitung die **Aufgabenerledigung wesentlich effizienter** (schneller, genauer usw.) vollzogen wird. Deshalb sind die Planungen über Art, Umfang und Dauer der Datei sowie der zu speichernden Daten ebenso zu berücksichtigen wie die Vorgaben für die Datennutzung und -übermittlung. Danach ist zu prüfen, ob die Errichtung der Datei unter dem Gesichtspunkt der Verhältnismäßigkeit angemessen ist, wobei die beabsichtigten Vorkehrungen für die Datensicherung und den Datenschutz sich aus § 10 DSG NRW ergeben.

4 In Fällen, in denen nicht bereits eine zeitliche Befristung für die Datei durch das Gesetz vorgegeben ist, muss auch geprüft werden, ob von vornherein ein fester oder zumindest ein ereignisabhängiger, gleichwohl realistischer Endzeitpunkt für die Datei festgelegt werden kann (s. dazu auch die Erläuterungen zu § 23, RN 1).

5 Nach § 33 Abs. 1 Satz 2 sind in angemessenen Abständen ähnliche Prüfungen für alle Dateien vorzunehmen, die entweder für einen längeren Zeitraum angelegt worden sind oder für die von Beginn an keine Befristung vorgesehen werden konnte. Hier muss von Zeit zu Zeit geprüft werden, ob die Dateien weiterhin notwendig sind, ob sämtliche der gespeicherten Daten ihrer Art nach zur Aufgabenerfüllung gebraucht werden und ob z. B. die zugelassenen Abfragemöglichkeiten erforderlich sind. Hilfreich für solche Entscheidungen können dabei u. a. die Anzahl und die Art der getätigten Abfragen sein. Ist die Weiterführung der Datei notwendig, ist auch zu prüfen, ob die Vorkehrungen zum Datenschutz und zur Datensicherung verbessert werden können.

3. Verfahrensverzeichnis

6 In § 33 Abs. 2 und 3 sind **bereichsspezifische Ergänzungen** für die von der Polizei zu erstellenden Verfahrensverzeichnisse enthalten. Gemäß Nr. 5 DSB-Richtlinie-Polizei (s. RN 2 a) führt der behördliche Datenschutzbeauftragte das Verfahrensverzeichnis.

7 § 33 Abs. 2 sieht vor, dass in das Verfahrensverzeichnis auch die nach dem PolG NRW vorgeschriebenen Löschungstermine (z. B. § 15 Abs. 1 Satz 3 oder § 22 Abs. 4) sowie die gemäß § 22 oder § 24 Abs. 2 festzulegenden Prüftermine für automatisierte oder nichtautomatisierte Dateien bzw. die nach den vorstehenden Vorschriften auch möglichen Aufbewahrungsfristen für nichtautomatisierte Dateien auszuführen sind. § 33 Abs. 2 geht demnach weiter als § 8 Abs. 1 Nr. 9 DSG NRW.

8 Für den Datenschutz hat das Verfahrensverzeichnis eine große Bedeutung, dient es doch der **Selbstkontrolle** der speichernden Stelle. Das ist die Behörde, die die Datenspeicherung auf eigenen Datenverarbeitungsanlagen vornimmt oder

Auftraggeber ist gegenüber einer anderen Stelle, die die Datenverarbeitungsanlage betreibt. Deshalb ist es sinnvoll, das Verfahrensverzeichnis bei einer Auftragsdatenverarbeitung dem Auftragnehmer zu übersenden. Daneben erleichtert das Verfahrensverzeichnis den Aufsichtsbehörden die Kontrolle insbesondere in den Fällen, in denen die Errichtung einer Datei von einer Genehmigung abhängig ist. Dem Landesbeauftragten für den Datenschutz und für Informationsfreiheit ist gemäß § 8 Abs. 2 Satz 4 DSG NRW auf Verlangen Einsicht in das Verfahrensverzeichnis zu gewähren, sodass dieser die Möglichkeit erhält, bei seinen Kontrollen oder Kontrollbesuchen gezielte Nachforschungen anzustellen.

Nach § 33 Abs. 3 ist von einer Polizeibehörde des Landes Nordrhein-Westfalen ein Verfahrensverzeichnis auch dann zu erstellen, wenn sie personenbezogene Daten in einer **automatisierten polizeilichen Verbunddatei** speichert, die über das Land Nordrhein-Westfalen hinausgeht. Gemeint sind nur Dateien, die von Polizeibehörden außerhalb des Landes Nordrhein-Westfalen geführt werden, denn für Dateien der Polizei des Landes Nordrhein-Westfalen gelten die allgemeinen Regelungen auch dann, wenn eine Polizeibehörde außerhalb des Landes Daten darin speichern oder daraus abrufen darf.

Absatz 3 findet insbesondere Anwendung auf Dateien, die vom BKA betrieben werden. In solchen Fällen müssen die nordrhein-westfälischen Polizeibehörden Verfahrensverzeichnisse erstellen, für die dann die allgemeinen Vorschriften gelten. Im Wesentlichen werden sich diese Verfahrensverzeichnisse an den durch das BKA erlassenen Errichtungsanordnungen für die Dateien orientieren.

§ 33 Abs. 3 gilt unabhängig von der Frage, ob neben der Datenspeicherung auf Datenverarbeitungsanlagen von Polizeien außerhalb des Landes Nordrhein-Westfalen zugleich auch noch eine **Parallelspeicherung** auf Datenverarbeitungsanlagen des Landes Nordrhein-Westfalen erfolgt. Die Vorschrift findet allerdings keine Anwendung, wenn beispielsweise auf Grund des BKAG und der dazu ergangenen Meldedienste eine konventionelle Datenübermittlung stattfindet und die Daten durch das BKA in eine von ihm betriebene **Zentraldatei** eingestellt werden. Auch eine Abrufmöglichkeit des Landes Nordrhein-Westfalen würde hieran nichts ändern.

4. Programmfreigabe

Vordem geltende Erlasse über Einzelheiten der Freigabe von Programmen zur Verarbeitung personenbezogener Daten auf zentralen oder dezentralen Datenverarbeitungsanlagen sind aufgehoben worden.

5. Automatisiertes Abrufverfahren

13 § 33 Abs. 5 stellt klar, dass die Einrichtung **automatisierter Abrufverfahren** im Bereich der Polizei nach § 9 DSG NRW möglich ist. Die Bedeutung der Bestimmung liegt in dem zweiten Halbsatz, denn danach darf der Abruf aus einer von der Polizei des Landes Nordrhein-Westfalen betriebenen Datei **nur Polizeibehörden** gestattet werden. Die Eingrenzung bezieht sich nicht auf Polizeibehörden des Landes Nordrhein-Westfalen. Ausländische Polizeibehörden können den Abruf allerdings nur auf Grund einer Regelung in einer Rechtsverordnung nach § 27 Abs. 2 erhalten.

14 § 33 Abs. 6 befasst sich in Satz 1 und 2 mit länderübergreifenden **polizeilichen Verbunddateien zur Gefahrenabwehr.** Dem Innenministerium wird erlaubt, mit den Innenressorts der anderen Länder (oder auch nur mit einigen von ihnen) sowie mit dem Bundesministerium der Innern Verwaltungsabkommen zu schließen, die die Einrichtung entsprechender Verbunddateien ermöglichen. Voraussetzung ist, dass Zweck der Verbunddatei die Abwehr von Gefahren ist, die nicht nur örtliche Bedeutung haben. In einem Verwaltungsabkommen muss festgelegt werden, welche Polizeibehörde **speichernde Stelle ist,** d.h. alle Rechte und Pflichten für die Verbundteilnehmer wahrnimmt, die einer solchen Institution obliegt. Die Polizeibehörden der teilnehmenden Länder und des Bundes können anlassrelevante personenbezogene Daten einschließlich weiterer Hinweise ohne Personenbezug in die Verbunddatei eingeben; diese Daten stehen den beteiligten Polizeibehörden zum automatisierten Abruf zur Verfügung. In Betracht kommen also in erster Linie Verbunddateien, soweit Gefahren durch bundesweit reisende gewalttätige Sportfans oder z.B. bei überregionalen Rockertreffen drohen.

15 Der durch Gesetz vom 18. Dezember 2012 (GV. NRW. S. 670) geänderte § 33 Abs. 6 stellt klar, dass die Errichtung einer **Verbunddatei,** an der nicht nur Polizeibehörden beteiligt sind, nur auf der Grundlage des ATDG oder des RED-G möglich ist. Das BVerfG hat durch Urteil vom 24.4.2013 – 1 BvR 1215/07 (NJW 2013, S. 1499) – entschieden, dass die **Antiterrordatei** in ihrer Grundstruktur mit der Verfassung vereinbar ist, dass einzelne Normen des ATDG jedoch nicht verfassungskonform sind. Bis zu einer Neuregelung, längstens bis zum 31.12.2014 bleiben die meisten der beanstandeten Vorschriften allerdings anwendbar. Voraussetzung für eine Datenübermittlung durch nordrhein-westfälische Polizeibehörden ist, das diese über Erkenntnisse verfügt, die nach den Bestimmungen der genannten Gesetze in eine entsprechende Verbunddatei eingestellt werden dürfen. Dann ist sie zur Datenanlieferung verpflichtet. Es kann sich insoweit allerdings nur um Daten handeln, die gemäß § 24 bereits suchfähig in polizeilichen Dateien des Landes Nordrhein-Westfalen gespeichert sind. Da auch die Nachrichtendienste Zugriff auf die Verbunddateien haben, bedeutet § 33 Abs. 6 eine Ausnahme von § 26 Abs. 1 Satz 3.

Dritter Unterabschnitt
Platzverweisung, Wohnungsverweisung und Rückkehrverbot zum Schutz vor häuslicher Gewalt

§ 34
Platzverweisung

(1) ¹Die Polizei kann zur Abwehr einer Gefahr eine Person vorübergehend von einem Ort verweisen oder ihr vorübergehend das Betreten eines Ortes verbieten. ²Die Platzverweisung kann ferner gegen eine Person angeordnet werden, die den Einsatz der Feuerwehr oder von Hilfs- oder Rettungsdiensten behindert.

(2) ¹Rechtfertigen Tatsachen die Annahme, dass eine Person in einem bestimmten örtlichen Bereich eine Straftat begehen oder zu ihrer Begehung beitragen wird, kann ihr für eine bestimmte Zeit verboten werden, diesen Bereich zu betreten oder sich dort aufzuhalten, es sei denn, sie hat dort ihre Wohnung oder nimmt dort berechtigte Interessen wahr. ²Örtlicher Bereich im Sinne des Satzes 1 ist ein Gemeindegebiet oder ein Gebietsteil innerhalb einer Gemeinde. ³Die Maßnahme ist zeitlich und örtlich auf den zur Verhütung der Straftat erforderlichen Umfang zu beschränken. ⁴Sie darf die Dauer von drei Monaten nicht überschreiten.

VVPolG NRW zu § 34
Platzverweisung (zu § 34)
34.1 (zu Absatz 1)
34.11
Die Platzverweisung ist erforderlichenfalls mit der Anordnung zu verbinden, mitgeführte Sachen (insbesondere Fahrzeuge) oder Tiere zu entfernen. Soll im Zusammenhang mit einer Platzverweisung eine Wohnung betreten oder durchsucht werden, müssen die Voraussetzungen des § 41 erfüllt sein.
34.12
Eine Platzverweisung kann auch gegen Schaulustige angeordnet werden, wenn allein deren Anwesenheit den Einsatz von Feuerwehr, Hilfs- und Rettungsdiensten behindert, insbesondere die Zu- und Abfahrt der Fahrzeuge hierdurch versperrt ist.
34.2 (zu Absatz 2)
34.21
Die Verfügung erfordert eine Prognoseentscheidung, nach der Tatsachen die Annahme rechtfertigen müssen, dass eine Person in einem bestimmten örtlichen Bereich eine Straftat verüben oder zu ihrer Begehung beitragen wird. Bloße Vermutungen reichen nicht aus.

§ 34 Platzverweisung

34.22
Die Aufenthaltsuntersagung darf nicht den Bereich betreffen, in dem die Person ihre Wohnung hat oder in dem sie andere berechtigte Interessen (beispielsweise gerichtliche Ladungen) wahrnimmt.

34.23
§ 34 Abs. 2 ist nicht gegenüber potenziellen Versammlungsteilnehmern anzuwenden, da insoweit die Vorschriften des VersammlG (als fortgeltendes Bundesrecht) vorgehen.

Erläuterungen:

1. Allgemeines

1 Die Platzverweisung ist ein **Eingriff** in die körperliche Bewegungsfreiheit (Art. 2 Abs. 2, Art. 104 Abs. 1 GG). Eine **Freiheitsentziehung** (Art. 104 Abs. 2 GG) liegt nur dann vor, wenn zur Durchsetzung der Platzverweisung die betroffene Person in **Gewahrsam** genommen wird (§ 35 Abs. 1 Nr. 3). Das Grundrecht auf **Freizügigkeit** (Art. 11 GG) ist im PolG NRW erst mit Wirkung vom 1. Januar 2002 in § 7 eingeschränkt worden. Die Einschränkung dieses Grundrechts ist trotz Art. 73 Nr. 3 GG durch einen Landesgesetzgeber zulässig (s. zum Streit hierüber *Hecker*, NVwZ 1999, S. 261 und OVG Bremen, NVwZ 1999, S. 314). Die Rechtsänderung in Nordrhein-Westfalen erfolgte wegen Einfügung des § 34a, weil Wohnungsverweisung und Rückkehrverbot 20 Tage Bestand haben können. Hierdurch wird die Freizügigkeit eingeschränkt (§ 34a, RN 12), denn diese garantiert das Recht, sich überall im Bundesgebiet niederzulassen, seinen Wohnsitz zu wählen und hinzuziehen. Hinsichtlich einer Platzverweisung kann demgegenüber dahinstehen, ob hierdurch Art. 11 GG eingeschränkt wird. Aus dem Wort „vorübergehend" folgt allerdings in jedem Fall, dass nach § 34 Abs. 1 nur relativ kurzfristige Platzverweisungen angeordnet werden dürfen. Der Gesetzgeber hat darauf verzichtet, eine konkrete Zeitspanne festzulegen, sodass die Annahme einer bestimmten „Maximalzeit" willkürlich wäre.

2. Platzverweisung nach § 34 Abs. 1

2 Die Platzverweisung nach § 34 dient ausschließlich der **Gefahrenabwehr.** Als Grad kommt bei § 34 Abs. 1 im Hinblick auf die Legaldefinition in § 8 Abs. 1 nur die konkrete Gefahr in Betracht (vgl. § 8, RN 8). Wegen entsprechender Maßnahmen bei der Störung von Amtshandlungen im Rahmen der **Verfolgung von Straftaten** und Ordnungswidrigkeiten s. RN 9.

3 Die Platzverweisung ist ein **Verwaltungsakt** (*Sadler*, DIE POLIZEI 2004, S. 4), der im Falle des Absatzes 1 mündlich oder durch Zeichen erlassen werden kann. Sie kann gegenüber einzelnen Personen, aber auch als Allgemeinverfügung (Lautsprecherdurchsage) gegenüber einer Menschenmenge ausgesprochen wer-

Platzverweisung § 34

den. Die Inanspruchnahme der Personen richtet sich nach den §§ 4 bis 6. (zum Problem des Adressaten eines Platzverweises s. im Einzelnen *Schloer,* DÖV 1991, S. 955).

Beispiel: Der Anführer einer rechtsradikalen Gruppe in szenetypischer Kleidung kann als Nichtstörer mit einem Platzverweis belegt werden, wenn sein Erscheinen auf einem Schützenfest die Gefahr in sich birgt, dass die Veranstaltung einen unfriedlichen Verlauf nimmt (VG Schleswig, NVwZ 2000, S. 464).

Die **zwangsweise Durchsetzung** der Platzverweisung richtet sich nach den §§ 50 ff. In Betracht kommt regelmäßig nur unmittelbarer Zwang, z. B. in Form des Zurückdrängens einer Menschenmenge durch Polizeibeamte. Die Voraussetzungen des **sofortigen Vollzuges** (§ 50 Abs. 2) werden nur selten erfüllt sein, weil die betroffenen Personen anwesend sind. Ihnen gegenüber kann der Verwaltungsakt ausgesprochen und das Zwangsmittel angedroht werden, sodass § 56 Abs. 1 Satz 3 kaum zur Anwendung kommen dürfte. Bei einer Platzverweisung nach § 34 Abs. 2 wird der Verwaltungsakt grundsätzlich in schriftlicher Form ergehen, da dann Unklarheiten über die Örtlichkeit sowie die Dauer vermieden werden.

Von der zwangsweisen Durchsetzung der Platzverweisung nach den §§ 50 ff. ist 4 die **Ingewahrsamnahme zur Durchsetzung** einer Platzverweisung gemäß § 35 Abs. 1 Nr. 3 zu unterscheiden, welche die Befugnis nach § 34 ergänzt. Der Begriff „Durchsetzung" in § 35 Abs. 1 Nr. 3 kann zu Missverständnissen Anlass geben, weil er den Eindruck erweckt, es handele sich um Zwangsanwendung. Das trifft jedoch nicht zu; allerdings kann das Verbringen der betroffenen Person **in das Gewahrsam** ggf. mittels Zwanges erfolgen.

Die Platzverweisung ermöglicht es der Polizei, von einer betroffenen Person zu 5 verlangen, dass diese sich vorübergehend von einem bestimmten Ort entfernt. Die betroffene Person muss sich bereits an diesem Ort aufhalten oder im Begriff stehen, sich dorthin zu begeben. Oftmals handelt es sich dabei um Stellen unter freiem Himmel, insbesondere um Straßenabschnitte, Plätze oder Straßenseiten. In Betracht kommt auch – z. B. nach dem Fund einer Bombe (Blindgänger) –, dass die Polizei einen begrenzten Raum absperrt und betroffene Personen vorübergehend den Ort zu verlassen haben oder nicht betreten dürfen. Insoweit können auch Gebäude (Wohnungen) erfasst werden.

Die Befugnis des § 34 rechtfertigt aus sich heraus nicht das **Betreten** und die 6 **Durchsuchung von Wohnungen**. Ist es erforderlich, eine Wohnung zu betreten und ggf. anschließend zu durchsuchen, um feststellen zu können, ob sich darin eine betroffene Person aufhält, die eine Platzverweisung nicht verstanden hat oder dieser nicht nachkommen will, müssen zusätzlich die Voraussetzungen des § 41 erfüllt sein. Als Rechtsgrundlage kommt regelmäßig § 41 Abs. 1 Nr. 4 (eventuell i. V. m. Absatz 2) in Betracht, d. h. es muss insbesondere eine gegenwärtige Gefahr für Leib oder Leben einer Person vorliegen. Das Betreten und die Durchsuchung einer Wohnung kann mit dem Ziel erfolgen, eine solche Ge-

§ 34   Platzverweisung

fahr gerade von dem Inhaber einer Wohnung abzuwehren, wenn sich also z. B. die Polizei davon überzeugen muss, dass alle Bewohner eines Hauses in der Nähe eines aufgefundenen Blindgängers die durch Lautsprecherdurchsage bekannt gegebene Platzverweisung verstanden und befolgt haben (s. RN 5). Ob daneben § 41 Abs. 1 Nr. 1 als Ermächtigungsgrundlage dienen kann, ist unerheblich, zumal die Vorschrift zur Nachtzeit nicht greift. Ihre Anwendbarkeit setzt zwei Prognosen voraus: Zum einen muss mit an Sicherheit grenzender Wahrscheinlichkeit Gewissheit darüber bestehen, dass sich in der Wohnung eine betroffene Person aufhält, die der Platzverweisung keine Folge leisten will, und zum anderen muss die Notwendigkeit bestehen, dass die Platzverweisung nur durch Ingewahrsamnahme der betroffenen Person nach § 35 Abs. 1 Nr. 3 durchgesetzt werden kann.

7   **Störungen polizeilicher Amtshandlungen** können ebenfalls eine Gefahr für die öffentliche Sicherheit hervorrufen. Soweit die Polizei Aufgaben der Gefahrenabwehr wahrnimmt, kann der Störer auf der Grundlage des § 34 fortgewiesen werden, wenn eine konkrete Gefahr vorliegt. Die Vorschrift gilt über § 8 Abs. 2 auch für andere Aufgabenbereiche, die keine speziellen Bestimmungen enthalten, nach denen sich die Polizei Störungen ihrer Amtshandlungen erwehren kann (s. aber RN 9).

8   Die Platzverweisung gegen eine betroffene Person, **die den Einsatz der Feuerwehr oder von Hilfs- oder Rettungsdiensten behindert** (§ 34 Abs. 1 Satz 2), ist eine Verdeutlichung der Regelung in Satz 1. Bei solchen Behinderungen liegt immer eine **konkrete** Gefahr i. S. d. Satzes 1 vor. Angesprochen sind insbesondere Behinderungen durch Schaulustige (Beispiel: s. Einführung Nr. 5.2).

9   Werden **Amtshandlungen bei der Strafverfolgung gestört,** ergibt sich die Befugnis zur Platzverweisung und ggf. zur Festnahme aus § 164 StPO. Entsprechendes gilt für die Verfolgung von Ordnungswidrigkeiten über § 46 Abs. 1 OWiG.

> **Beispiel:** Wird bei einer Kontrolle nach einer Trunkenheitsfahrt die Identitätsfeststellung des Beschuldigten nach § 163 b StPO durch einen Dritten behindert, ist die Platzverweisung und das vorübergehende Festhalten des Störers (z. B. im Streifenwagen) gemäß § 164 StPO möglich. Gleiches gilt nach § 46 OWiG, wenn eine Ordnungswidrigkeit zu Grunde liegt.

3. Platzverweisung nach § 34 Abs. 2

10   Das **Aufenthaltsverbot gemäß § 34 Abs. 2** erfordert eine **Prognoseentscheidung** dergestalt, dass die betroffene Person in Zukunft in einem bestimmten örtlichen Bereich Straftaten begehen oder zu ihrer Begehung beitragen wird (z. B. in Form der Beihilfe). Regelmäßig ist das der Fall, wenn die betroffene Person in dem örtlichen Bereich, für den die Platzverweisung greifen soll, bereits (vergleichbare) Straftaten begangen oder zu ihrer Begehung beigetragen hat und

Platzverweisung § 34

Wiederholungsgefahr besteht. Im Einzelfall genügt allerdings die glaubhafte Äußerung der betroffenen Person, sie werde demnächst an diesem Ort Straftaten begehen oder zu ihrer Begehung beitragen. Eine Platzverweisung darf räumlich nicht so weit ausgedehnt werden, dass daraus eine Ausgangssperre wird (*Herzmann*, DÖV 2006, S. 678).

Je größer die Gemeinde ist, umso eher kommt eine **Beschränkung der Platzverweisung auf einen Gebietsteil der Gemeinde** in Betracht. Hinsichtlich der **Dauer der Maßnahme** ist der Verhältnismäßigkeitsgrundsatz zu beachten. Erfolgt das störende Verhalten der betroffenen Person bei zeitlich festliegenden Ereignissen (z. B. „Randale" anlässlich von Heimspielen einer Fußballmannschaft, bei Rockfestivals oder an sog. Chaostagen), kann sich die Platzverweisung i. S. d. § 34 Abs. 2 auf den Zeitablauf des Ereignisses, ggf. mit einem kurzen Zeitraum vor und nach der Veranstaltung erstrecken. Rechtlich zulässig ist es demnach, innerhalb der Höchstdauer der Maßnahme von drei Monaten (§ 34 Abs. 2 Satz 4) beispielsweise das Betreten des Gemeindegebietes, in dem das Fußballstadion oder die Veranstaltungshalle liegen, nur an bestimmten Tagen zu untersagen. Insoweit können Maßnahmen nach § 34 Abs. 2 und ein zivilrechtliches Stadionverbot (vgl. dazu *Breucker*, JR 2005, S. 133), welches z. B. von einem Fußballverein ausgesprochen wird, zeitlich nebeneinander bestehen. 11

§ 34 Abs. 2 ist eine **Standardermächtigung der Polizei**, die Einschränkungen hinsichtlich Dauer und Umfang der Maßnahme enthält. Wegen § 8 Abs. 2 ist ein Rückgriff der Polizei auf die Ermächtigung des § 8 Abs. 1 ausgeschlossen. Problematisch ist die Rechtslage für die **Ordnungsbehörde**, denn § 34 Abs. 2 gilt für sie gemäß § 24 Nr. 13 OBG nicht. Allerdings haben die Ordnungsbehörden früher auf der Grundlage des § 14 OBG entsprechende länger dauernde Platzverweisungen ausgesprochen. Deshalb wurde in der Vorauflage vertreten, ihnen sei diese Befugnis durch die erfolgte Rechtsänderung im PolG NRW 8 (noch) nicht genommen worden (a. A. *Finger*, DVP 2004, S. 367 sowie DIE POLIZEI 2004, S. 82). Grundsätzlich sollten längerfristige Betretungs- und Aufenthaltsverbote – wie nach § 34 Abs. 2 vorgesehen – eher von den Ordnungsbehörden als von der Polizei ausgesprochen werden, weil entsprechende Maßnahmen keine Eilentscheidungen sind. Der nordrhein-westfälische Gesetzgeber, dem die Problematik bekannt war, hat die Angelegenheit jedoch seit Jahren nicht aufgegriffen. In § 44 OBG ist im Gegensatz zu § 7 PolG NRW Art. 11 GG nicht eingeschränkt worden, was darauf hindeutet, dass die Ordnungsbehörden längerfristige Platzverweisungen **nicht** anordnen dürfen. 12

Eine Platzverweisung nach § 34 Abs. 2 kann mit **Zwangsgeld** durchgesetzt werden, und zwar auch dann, wenn der Betroffene beispielsweise „nur" ein Drogenkonsument und kein Drogendealer ist. Zwangsgeld gemäß § 53 ist generell auch dann nicht ausgeschlossen, wenn der Betroffene voraussichtlich zahlungsunfähig ist. In besonders gelagerten Einzelfällen kommt die Anordnung der **Ersatzzwangshaft** in Betracht (s. näher § 53, RN 9).

§ 34 a
Wohnungsverweisung und Rückkehrverbot zum Schutz vor häuslicher Gewalt

(1) ¹Die Polizei kann eine Person zur Abwehr einer von ihr ausgehenden gegenwärtigen Gefahr für Leib, Leben oder Freiheit einer anderen Person aus einer Wohnung, in der die gefährdete Person wohnt, sowie aus deren unmittelbaren Umgebung verweisen und ihr die Rückkehr in diesen Bereich untersagen. ²Der räumliche Bereich, auf den sich Wohnungsverweisung und Rückkehrverbot beziehen, ist nach dem Erfordernis eines wirkungsvollen Schutzes der gefährdeten Person zu bestimmen und genau zu bezeichnen. ³In besonders begründeten Einzelfällen können die Maßnahmen nach Satz 1 auf Wohn- und Nebenräume beschränkt werden.

(2) Der Person, die die Gefahr verursacht und gegen die sich die polizeilichen Maßnahmen nach Absatz 1 richten (betroffene Person), ist Gelegenheit zu geben, dringend benötigte Gegenstände des persönlichen Bedarfs mitzunehmen.

(3) Die Polizei hat die betroffene Person aufzufordern, eine Anschrift oder eine zustellungsbevollmächtigte Person zum Zweck von Zustellungen behördlicher oder gerichtlicher Entscheidungen, die zur Abwehr einer Gefahr im Sinne des Absatzes 1 ergehen, zu benennen.

(4) Die Polizei hat die gefährdete Person auf die Möglichkeit der Beantragung zivilrechtlichen Schutzes hinzuweisen, sie über Beratungsangebote zu informieren, ihr eine Inanspruchnahme geeigneter, für diese Aufgabe qualifizierter Beratungseinrichtungen nahe zu legen und anzubieten, durch Weitergabe ihres Namens, ihrer Anschrift und ihrer Telefonnummer einen Kontakt durch die in der polizeilichen Einsatzdokumentation näher bezeichneten Beratungseinrichtung zu ermöglichen.

(5) ¹Wohnungsverweisung und Rückkehrverbot enden außer in den Fällen des Satzes 2 mit Ablauf des zehnten Tages nach ihrer Anordnung, soweit nicht die Polizei im Einzelfall ausnahmsweise eine kürzere Geltungsdauer festlegt. ²Stellt die gefährdete Person während der Dauer der gemäß Satz 1 verfügten Maßnahmen einen Antrag auf zivilrechtlichen Schutz mit dem Ziel des Erlasses einer einstweiligen Anordnung, enden die Maßnahmen nach Absatz 1 mit dem Tag der gerichtlichen Entscheidung, spätestens jedoch mit Ablauf des zehnten Tages nach Ende der gemäß Satz 1 verfügten Maßnahmen. ³Die §§ 48, 49 des Verwaltungsverfahrensgesetzes bleiben unberührt.

(6) ¹Das Gericht hat der Polizei die Beantragung zivilrechtlichen Schutzes sowie den Tag der gerichtlichen Entscheidung unverzüglich mitzuteilen; die §§ 18 bis 22 des Einführungsgesetzes zum Gerichtsverfassungsgesetz bleiben unberührt. ²Die Polizei hat die gefährdete und die betroffene Person

unverzüglich über die Dauer der Maßnahmen nach Absatz 1 in Kenntnis zu setzen.

(7) Die Einhaltung eines Rückkehrverbotes ist mindestens einmal während seiner Geltung zu überprüfen.

VVPolG NRW zu § 34 a
Wohnungsverweisung und Rückkehrverbot zum Schutz vor häuslicher Gewalt (zu § 34 a)
34a.0
Die Broschüre „Häusliche Gewalt und polizeiliches Handeln – Information für die Polizei und andere Beteiligte" ist als verbindliche Handlungsanweisung zu beachten (RdErl. v. 21.3.2002–42.1–2761).

Erläuterungen:

1. Allgemeines

Am 1. Januar 2002 ist das Gesetz zur Verbesserung des zivilrechtlichen Schutzes bei Gewalttaten und Nachstellungen sowie zur Erleichterung der Überlassung der Ehewohnung bei Trennung vom 11. Dezember 2001 (BGBl. I S. 3513) in Kraft getreten. Hierdurch wurden zahlreiche Bestimmungen des Zivil- und Verfahrensrechts geändert; wesentliche Neuerung ist das **Gesetz zum zivilrechtlichen Schutz vor Gewalttaten und Nachstellungen (Gewaltschutzgesetz – GewSchG)**. Danach kann nach **häuslicher Gewalt** (s. dazu RN 4) die verletzte Person (im PolG NRW: gefährdete Person) beim Familiengericht u. a. beantragen, dass ihr eine mit dem Täter (im PolG NRW: betroffene Person) gemeinsam genutzte Wohnung (ggf. befristet) zur alleinigen Benutzung überlassen wird. Diese Regelung gilt für alle Formen von Lebensgemeinschaften (vgl. dazu RN 6), Voraussetzung ist nur, dass ein auf Dauer angelegter gemeinsamer Haushalt geführt wurde.

§ 34 a, der ebenfalls am 1. Januar 2002 in Kraft getreten ist, enthält eine **polizeirechtliche Ergänzung zum GewSchG.** Hierdurch wird deutlich, dass häusliche Gewalt weder als Kavaliersdelikt noch als „Familienstreitigkeit" abgetan werden kann, welche Staat bzw. Öffentlichkeit nichts angehen (*Kay*, NVwZ 2003, S. 521). Vielmehr ist daran gedacht, dem Opfer häuslicher Gewalt einen weitreichenden Schutz zu bieten. Insoweit kommen auch Maßnahmen der Polizei außerhalb des PolG NRW in Betracht, z. B. die Erstattung einer Strafanzeige von Amts wegen und die Ermutigung des Opfers zur Stellung eines Strafantrages. Laut der Gesetzesbegründung soll einem Opfer häuslicher Gewalt innerhalb einer Frist von maximal zehn Tagen (vgl. dazu RN 23 ff.), ggf. nach Besprechung mit Familienangehörigen und Bekannten bzw. anwaltlicher Beratung oder Inanspruchnahme qualifizierter Beratungseinrichtungen (s. § 34 a Abs. 4), ermöglicht werden, sich zu entscheiden, ob es einen Antrag nach dem GewSchG stellt.

§ 34 a   Wohnungsverweisung und Rückkehrverbot

In jedem Fall soll erreicht werden, dass die betroffene Person innerhalb dieses Zeitraumes das Opfer häuslicher Gewalt nicht beeinflussen, insbesondere nicht belästigen oder gar erneut schädigen kann.

3 Maßnahmen nach § 34 a kann – abweichend vom Subsidiaritätsgrundsatz des § 1 Abs. 1 – **nur die Polizei** verfügen, **nicht jedoch die Ordnungsbehörde**, denn § 34 a PolG NRW ist in § 24 OBG ausgenommen. Hierdurch soll erreicht werden, dass sich im sensiblen Bereich der Bekämpfung häuslicher Gewalt nicht zwei Gefahrenabwehrbehörden um das Opfer kümmern müssen bzw. dem Opfer weitere Behördengänge erspart bleiben. Bitten daher das Opfer häuslicher Gewalt, Familienangehörige oder Nachbarn ausnahmsweise nicht die Polizei, sondern die Ordnungsbehörde um Hilfe, sollte diese sofort die Polizeibehörde verständigen.

2. Häusliche Gewalt

4 Die Bezeichnung „**Häusliche Gewalt**" wird in der Überschrift zu § 34 a verwandt, jedoch gibt die Vorschrift hierzu keine Legaldefinition. Häusliche Gewalt liegt vor, wenn zwei oder mehrere Personen **in einer Wohnung** leben, und zwar **in häuslicher Gemeinschaft**, und es im Rahmen dieser Beziehung von mindestens einer Person gegenüber einer anderen Person **zu gewalttätigen Handlungen kommt**.

5 Der **Wohnungsbegriff** ist etwas anders als in § 41, denn ein **befriedetes Besitztum**, auf dem sich keine Gebäude usw. befindet, wird kaum als Wohnung nach § 34 a in Betracht kommen, kann im Übrigen aber zu dem räumlichen Bereich gehören, auf den sich die Wohnungsverweisung und das Rückkehrverbot generell beziehen. **Wohnung** ist jedes Einfamilienhaus, jede Etagenwohnung, aber auch ein Behelfsheim, ein Wohnmobil und ggf. sogar ein Zelt. Die Wohnung umfasst sämtliche Wohn- und Nebenräume, grundsätzlich ebenso Arbeits-, Betriebs- und Geschäftsräume, doch hierfür können sich bei Maßnahmen nach § 34 a Besonderheiten ergeben (vgl. unten RN 17). Die **Eigentums- und Besitzverhältnisse** an der Wohnung spielen nur für die Frage eine Rolle, unter welchen Voraussetzungen die Polizei eine Wohnung im Falle des § 34 a **betreten darf. Für Maßnahmen nach § 34 a ist es unerheblich, wer Eigentümer oder Mieter ist,** denn selbst der gewalttätige Alleineigentümer eines Einfamilienhauses kann daraus verwiesen und mit einem Rückkehrverbot belegt werden.

6 Die **häusliche Gemeinschaft** muss sich in einer **Lebensgemeinschaft** manifestiert haben, wobei deren rechtliche Begründung, deren rechtlicher Status sowie deren Ausgestaltung unbeachtlich sind. In Betracht kommen deshalb **eheliche und nicht eheliche (verschieden- oder gleichgeschlechtlich orientierte) Lebensgemeinschaften**, daneben Lebensgemeinschaften zwischen Verwandten derselben Generation (Geschwister) oder verschiedener Generationen (z.B. Mutter und Sohn), aber auch solche, die beispielsweise von alten oder für alte

Menschen gegründet werden, um deren Versorgung durch einen gemeinsamen Haushalt zu sichern (*Collin,* DIE POLIZEI 2004, S. 9). Ob durch jede Wohngemeinschaft zugleich eine häusliche Gemeinschaft begründet wird, hängt von den Umständen des Einzelfalles ab. Je enger die partnerschaftlichen Beziehungen sind und je stärker das Zusammenleben „vergemeinschaftet" ist, umso mehr spricht das für eine häusliche Gemeinschaft. In Studenten- oder Lehrlingswohnheimen, in denen es eine gemeinsam genutzte Teeküche gibt, aber sonst jeder Bewohner in seinem Zimmer lebt, dürfte das eher nicht der Fall sein.

Die **Dauer der Lebensgemeinschaft** ist nicht entscheidend. Es kommt darauf an, dass sie (noch) **besteht.** Wenn sich die Lebensgemeinschaft **in Auflösung** befindet (z. B. bei einer Ehe zu Beginn des sog. Trennungsjahres ohne Auszug aus der Wohnung) und sogar dann, falls die Lebensgemeinschaft **weitgehend beendet** ist, aber noch gewisse Gemeinsamkeiten oder Kontakte (z. B. bei gemeinsamer Ausübung des Sorgerechts für Kinder) in der gemeinsamen Wohnung bestehen, können Wohnungsverweisung und Rückkehrverbot ausgesprochen werden. Nicht entscheidend ist hingegen, wie und wann die Lebensgemeinschaft begonnen hat. Demnach kann sein, dass die Partner einer Lebensgemeinschaft eine Wohnung zusammen gemietet oder gekauft haben, möglich ist ebenfalls, dass einer von ihnen später in die Wohnung eingezogen ist. Kein Fall des § 34a liegt deshalb vor, wenn ein Besucher gegenüber dem Gastgeber in dessen Wohnung gewalttätig wird. Zwar kann die Polizei den Gast aus der Wohnung verweisen, aber das geschieht durch Platzverweisung nach § 34, die ebenfalls mit Zwangsmitteln oder durch Ingewahrsamnahme nach § 35 Abs. 1 Nr. 3 durchgesetzt wird. 7

Die häusliche Gewalt erfolgt gegenüber einem Partner oder einem Mitglied der Lebensgemeinschaft. Der Begriff **„Häusliche Gewalt"** darf jedoch **nicht einengend interpretiert** werden. Wenngleich die Gewaltanwendung häufig **in der Wohnung** geschieht, kann sie sich **auch außerhalb** ereignen mit der Folge, dass Maßnahmen nach § 34a zu treffen sind. 8

3. Voraussetzungen des Absatzes 1

Nach § 34a Abs. 1 muss eine **gegenwärtige Gefahr für Leib, Leben oder Freiheit einer Person vorliegen,** d. h. es muss ein Angriff auf die aufgeführten Rechtsgüter stattfinden oder zu befürchten sein (vgl. zur „gegenwärtigen Gefahr" § 8, RN 13). Die Besonderheit besteht in diesem speziellen Fall darin, dass – wie Studien belegen – **häusliche Gewalt häufig keine einmalige Angelegenheit** ist, sondern als **Seriendelikt** auftritt, dem ein sog. **Gewaltkreislauf** zu Grunde liegt. Dabei steigert sich sogar die Gewalteinwirkung vielfach im Laufe der Zeit. 9

Straftaten, die Leib, Leben oder Freiheit einer Person gefährden können, sind u. a. alle einschlägigen Delikte der Körperverletzung sowie des sexuellen Miss- 10 brauchs, Vergewaltigung, aber auch Bedrohung, Freiheitsberaubung, Nötigung und Erpressung. Erklärt jemand, er werde Selbstmord begehen, wenn sein Partner die Lebensgemeinschaft beendet, liegt allerdings keine gegenwärtige Gefahr für Leib oder Leben i. S. d. § 34 a Abs. 1 vor (s. dazu VGH Baden Württemberg, JZ 2005, S. 352 mit zustimmender Anmerkung von *Gusy*).

4. Maßnahmen nach Absatz 1

11 Die insbesondere in RN 9 aufgeführten Gesichtspunkte hat die Polizei bei ihrer **Prognose hinsichtlich der gegenwärtigen Gefahr für Leib, Leben oder Freiheit der gefährdeten Person** zu berücksichtigen. Da § 34 a eine flankierende Maßnahme zu den rechtlichen Möglichkeiten bildet, die das GewSchG hinsichtlich der Nutzung der Wohnung durch die gefährdete Person unter Ausschluss der betroffenen Person vorsieht, sind durch die Polizei gegenüber der betroffenen Person grundsätzlich **regelmäßig eine Wohnungsverweisung und ein Rückkehrverbot** auszusprechen. Durch diese Maßnahmen wird zumindest auch erreicht, dass die gefährdete Person in Abwesenheit der betroffenen Person ausreichend Zeit hat, sich zu überlegen und sich mit Dritten darüber zu beraten, wie es weitergehen soll. Deshalb ist ein ggf. **entgegenstehender Wille der gefährdeten Person gegen eine Wohnungsverweisung und ein Rückkehrverbot der betroffenen Person im Allgemeinen unbeachtlich** (so im Ergebnis auch VG Aachen, NJW 2004, S. 1888).

12 Das OVG Münster (NJW 2002, S. 2195) hat in einem Verfahren, in dem es um die Anordnung der aufschiebenden Wirkung des Widerspruchs gemäß § 80 Abs. 5 VwGO ging, nach summarischer Prüfung entschieden, **auf Grund des § 34a Abs. 1 könne zwar nachhaltig in die Rechtsposition der betroffenen Person aus Art. 11 Abs. 1 sowie Art. 13 Abs. 1 GG eingegriffen werden, aber dies rechtfertige sich aus der Zielrichtung des § 34 a Abs. 1.** Auch der VGH Mannheim (JZ 2005, S. 352) stellt heraus, dass durch einen von der Polizei ausgesprochenen Wohnungsverweis mit Rückkehrverbot in den Schutzbereich des Art. 11 Abs 1 GG eingegriffen werde, allerdings sei ein solcher Eingriff zur Vorbeugung strafbarer Handlungen zulässig. Trotz der Eingriffstiefe hält das BVerfG (NJW 2002, S. 2225; auch die zustimmende Anmerkung von *Vahle*, DVP 2002, S. 300) § 34a für **verfassungsgemäß.** Wenn gewichtige Anhaltspunkte für die Richtigkeit der polizeilichen Gefahrenprognose sprechen, ohne dass sich letztlich Gewissheit über den Wahrheitsgehalt der Vorwürfe gegen die betroffene Person gewinnen lassen, muss die Polizei eine Abwägung treffen. Sind schwere Beeinträchtigungen der gefährdeten Person zu erwarten, tritt das Interesse der betroffenen Person an der Nutzung der Wohnung zurück (OVG Münster, NJW 2002, S. 2195). Dass betroffene Personen innerhalb der maximalen Dauer des Rückkehrverbotes wohl nie eine Entscheidung eines Verwaltungsgerichts in der Hauptsache erhalten werden, macht die Maßnahme nicht rechtswidrig (s. dazu *Collin*, DVBl. 2003, S. 1499).

Wohnungsverweisung und Rückkehrverbot § 34 a

Von den generell gemäß § 34 a Abs. 1 Satz 1 anzuordnenden Maßnahmen kann es – je nach Lage des Einzelfalles – **Ausnahmen** geben. Aus dem Grundsatz der **Verhältnismäßigkeit** folgt die Verpflichtung, nur situationsangemessene Anordnungen zu treffen. Befindet sich die betroffene Person nicht mehr in der Wohnung, erübrigt sich die Wohnungsverweisung. Dann ist, falls nötig, **nur noch das Rückkehrverbot auszusprechen**. An der **Erforderlichkeit** einer Wohnungsverweisung kann es auch dann fehlen, wenn das potenzielle Gewaltopfer über eine weitere (bezugsfertige) Wohnung verfügt (VG Osnabrück, NJW 2011, S. 1244). 13

Obwohl es eigentlich den Intentionen des § 34 a zuwiderläuft, kommen Wohnungsverweisungen dann nicht in Betracht, wenn in der Wohnung ausschließlich Kinder oder Jugendliche bzw. hilflose oder pflegebedürftige Personen zurückbleiben würden und niemand aus der Verwandtschaft oder Bekanntschaft die Sorge übernimmt. Dann muss unter Einschaltung kommunaler oder anderer Stellen für Abhilfe gesorgt werden, ggf. mit der Folge, dass die gefährdeten Personen in Heimen untergebracht werden und die betroffene Person nicht aus der Wohnung verwiesen wird. 14

Der **räumliche Bereich** i. S. d. § 34 a Abs. 1 Satz 2, auf den sich Wohnungsverweisung und Rückkehrverbot beziehen, erstreckt sich – von Ausnahmen gemäß Satz 3 abgesehen – zunächst auf die Wohnung, jedoch können Bereiche **außerhalb der Wohnung** einbezogen werden, um der gefährdeten Person einen wirkungsvollen Schutz zu gewähren. Die Polizei hat die **genaue Bestimmung des räumlichen Bereichs außerhalb der Wohnung** vorzunehmen. In Betracht kommen das Treppenhaus in einem Mehrfamilienhaus, die Zuwegung von der Straße zum Haus sowie gemeinschaftlich genutzte Hof- und Gartenflächen. Liegt das Haus an einer Stichstraße (Sackgasse), kann auch dieser Bereich umfasst sein, solange die betroffene Person hierdurch nicht ihrerseits in wichtigen Rechten verletzt wird (wenn z. B. ihre Eltern im Nachbarhaus wohnen). 15

Wohnungsverweisung und Rückkehrverbot können **mit Zwangsmaßnahmen nach den §§ 50 ff. durchgesetzt werden;** ggf. ist auch eine **Ingewahrsamnahme gemäß § 35 Abs. 1 Nr. 4** zulässig. Zur Abgrenzung zwischen unmittelbarem Zwang und Ingewahrsamnahme s. § 34, RN 3 und 4. Da eine **Unterlassung** der betroffenen Person durchzusetzen ist, kommt auch ein Zwangsgeld (§ 53) in Betracht. Je nach den Umständen des Einzelfalles können zum Schutz der gefährdeten Person der betroffenen Person die Haus- und Wohnungsschlüssel abgenommen werden; u. U. sind das Türschloss bzw. der Schließzylinder auszuwechseln. 16

Nach § 34 a Abs. 1 Satz 3 ist es in besonders begründeten Einzelfällen möglich, **Arbeits-, Betriebs- und Geschäftsräume,** in denen die betroffene Person beruflich tätig ist, von der Wohnungsverweisung und dem Rückkehrverbot auszunehmen, um ihre wirtschaftliche Existenz nicht zu gefährden. Es muss jedoch erforderlich sein, dass die betroffene Person auf die Nutzung dieser Räume an- 17 gewiesen ist. Eine solche räumlich beschränkte Wohnungsverweisung setzt voraus, dass der Schutz der gefährdeten Person dennoch gewährleistet ist. Das kann insbesondere dann der Fall sein, wenn eine deutliche Trennung zwischen den Wohn- und Nebenräumen einerseits und den Arbeits-, Betriebs- und Geschäftsräumen andererseits besteht, sich die jeweiligen Räumlichkeiten z. B. in verschiedenen Etagen befinden.

5. Bedeutung des Absatzes 2

18 Da die Polizei gemäß § 34 a Abs. 2 der betroffenen Person Gelegenheit zu geben hat, **dringend benötigte Gegenstände des persönlichen Bedarfs aus der Wohnung mitzunehmen,** wird hierdurch erreicht, dass sich für die betroffene Person nicht mehr die Notwendigkeit ergibt, während des Rückkehrverbots nochmals die Wohnung zu betreten. Sollte sich im Einzelfall herausstellen, dass die betroffene Person noch weitere Gegenstände benötigt (z. B. Kleidung oder Unterlagen), darf sie dennoch nicht von sich aus die Wohnung aufsuchen. Sie kann jedoch der Polizei gegenüber begründen, dass bestimmte Gegenstände dringend gebraucht werden. Je nach Lage des Falles kann die Polizei die gefährdete Person bitten, diese Gegenstände herauszusuchen und bei Dritten abzugeben, damit die betroffene Person sie dort abholen kann. Ggf. ist auch zu ermöglichen, dass sich die betroffene Person nochmals in Begleitung der Polizei in die Wohnung begibt; die gefährdete Person ist davon vorab zu unterrichten.

6. Bekanntgabe der neuen Anschrift

19 § 34 a Abs. 3 ist eine lex imperfecta, d. h. die Polizei muss die betroffene Person zwar auffordern, eine (neue) Anschrift oder eine zustellungsbevollmächtigte Person zu benennen, kann das jedoch nicht erzwingen. Der Grund hierfür liegt darin, dass die betroffene Person vielfach ihre neue Anschrift im Zeitpunkt der Wohnungsverweisung noch nicht weiß. Es liegt aber auch im Interesse der betroffenen Person, ihre neue Anschrift bzw. eine zustellungsbevollmächtigte Person der Polizei bekannt zu geben, weil sich die Frist des Rückkehrverbotes – verfahrensabhängig – ändern kann und in bestimmten Fällen auch eine Verkürzung des ausgesprochenen Rückkehrverbotes in Betracht kommt. Immer dann, wenn die betroffene Person eine schriftliche Bestätigung der meist mündlich getroffenen Anordnungen verlangt, ist dem zu entsprechen, setzt aber voraus, dass der betroffenen Person der schriftliche Verwaltungsakt zugestellt werden kann.

7. Hinweise und Informationen

20 Bei den **Hinweisen und Informationen,** die die Polizei der gefährdeten Person nach § 34 a Abs. 4 zu geben hat, handelt es sich im Prinzip um einfache Angaben mit überwiegend formalem Inhalt. Der Hinweis auf zivilrechtlichen Schutz kann

sich im Wesentlichen nur darauf erstrecken, dass nach dem GewSchG eine Zuweisung der Wohnung auf längere Zeit möglich ist. Jedoch ist die gefährdete Person nicht über sämtliche Voraussetzungen eines Antrages oder die Erfolgsaussichten eines solchen Verfahrens zu unterrichten. Darüber hinaus ist es der Polizei untersagt, über Personen (Rechtsanwälte, Ärzte, Psychologen usw.) oder Stellen (öffentliche, kirchliche, private), die eine Beratung anbieten, eine Wertung vorzunehmen. Vielmehr muss die Entscheidung von der gefährdeten Person getroffen werden, welche Beratungseinrichtung eingeschaltet wird.

Im Landtag wurde anlässlich der Novelle zur Einführung des § 34a darüber beraten, ob der sog. pro-aktive Ansatz gesetzlich normiert werden soll, den es im österreichischen Recht gibt. Danach ist die Polizei verpflichtet, einer Beratungseinrichtung den Namen und die Anschrift der gefährdeten Person ohne oder gegen deren Willen mitzuteilen. Eine länger andauernde Gewaltbeziehung führt oftmals zu einer Traumatisierung der gefährdeten Person. Dennoch wurde die österreichische Regelung abgelehnt mit der Begründung, eine „aufgedrängte" Beratung komme einer Entmündigung der gefährdeten Person gleich, die mit ihrer selbstbestimmten Entscheidung über die weitere Lebensplanung nicht in Einklang zu bringen sei. Da jedoch Beratung oder Intervention sachkundiger Stellen hilfreich sein können, hat die Polizei der gefährdeten Person **nahezulegen,** die Hilfe einer qualifizierten Beratungseinrichtung in Anspruch zu nehmen. Weiterhin hat die Polizei **anzubieten,** Name, Anschrift und Telefonnummer der gefährdeten Person an die von der gefährdeten Person ausgewählte Beratungseinrichtung zu übermitteln. Die Einwilligung der gefährdeten Person hierzu bedarf ausnahmsweise nicht der Schriftform, denn insoweit liegt eine Ausnahmesituation i.S.d. § 4 Abs. 1 Satz 3 DSG NRW vor (so auch S. 16 der Einzelbegründung zu dem Gesetzentwurf der Landesregierung, LT-Drucks. 13/1525 v. 4.9.2001). Es reicht, wenn in der polizeilichen Einsatzdokumentation festgehalten wird, dass die gefährdete Person eingewilligt hat. 21

Nicht von der Polizei zu entscheiden ist die Frage, ob eine Beratungseinrichtung „qualifiziert" i.S.d. § 34a Abs. 4 ist. Geeignet sind grundsätzlich die Beratungsstellen der Kommunen sowie der Kirchen, private dann, wenn sie eine öffentliche Förderung genießen. Im Zweifelsfall sind die Aufsichtsbehörden der Polizei einzuschalten, um ggf. eine Entscheidung des zuständigen Ressorts zu erhalten. Aus formalen Gründen sind die Beratungseinrichtungen ungeeignet, die weder im Polizeibezirk noch in deren Nähe eine Geschäftsstelle unterhalten, mögen sie auch am Ort der Geschäftsstelle zu den qualifizierten Einrichtungen zählen. 22

8. Fristen

Die vorgesehene **Frist für das Rückkehrverbot**, das die Polizei ausspricht, beträgt nach § 34a Abs. 5 Satz 1 **generell zehn Tage.** In begründeten Einzelfällen kann die Polizei diese Frist bereits bei Anordnung des Rückkehrverbotes verkürzen. Das ist beispielsweise dann möglich, wenn die gefährdete Person defini- 23 tiv erklärt, sie werde an einem bestimmten Tag innerhalb der Zehn-Tages-Frist die Wohnung verlassen haben (s. z. B. VG Osnabrück, NJW 2011, S. 1244: Höchstdauer nicht erforderlich, wenn Umzug des Gewalttopfers unmittelbar bevorsteht). Sollte sich das im Nachhinein ergeben, kann gemäß § 34a Abs. 5 Satz 3 das Rückkehrverbot aufgehoben werden. Demnach handelt es sich bei der Frist i. S. d. § 34a Abs. 5 Satz 1 um eine **Höchstfrist**, die sich durch einen Auszug der gefährdeten Person aus der Wohnung verkürzt.

24 Die **angeordnete Maßnahme**, nämlich **das Rückkehrverbot**, wirkt **sogleich vom Zeitpunkt der Anordnung an** und **gilt bereits für den ersten Tag**, der allerdings bei der Fristberechnung nicht mitgerechnet wird. Gemäß § 31 Abs. 2 VwVfG NRW **beginnt die Frist** von längstens 10 Tagen für das Rückkehrverbot i. S. d. § 34a Abs. 5 Satz 1 jedoch **erst am Tag nach der Anordnung der Maßnahme**. Wird beispielsweise das Rückkehrverbot am 14. Mai um 0.30 Uhr ausgesprochen, endet das Rückkehrverbot am 24. Mai um 24.00 Uhr, d. h. das Rückkehrverbot kann sich im Falle des § 34a Abs. 5 Satz 1 über knapp 11 Tage erstrecken.

25 **Die Verlängerung der Frist** für den Fall, dass der letzte Tag der Frist i. S. d. § 34a Abs. 5 Satz 1 auf einen Sonntag, einen gesetzlichen Feiertag oder einen Sonnabend fällt mit der Folge, dass die Frist dann mit Ablauf des nächstfolgenden Werktages endet, **ist nicht möglich**. Zwar gilt § 193 BGB auch für Prozesshandlungen, z. B. für den Antrag auf Erlass einer einstweiligen Anordnung. Das Verwaltungsverfahrensrecht folgt gemäß § 31 Abs. 1 und Abs. 3 Satz 1 VwVfG NRW grundsätzlich den Regelungen des BGB, allerdings kommt bei der Fristberechnung für den Bereich des § 34a Abs. 5 Satz 1 die Vorschrift des **§ 31 Abs. 3 Satz 2 VwVfG NRW zur Anwendung**. Das Rückkehrverbot wird gegenüber der **betroffenen Person** ausgesprochen; sie ist Betroffener i. S. d. § 31 Abs. 3 Satz 2 VwVfG NRW. Endet die Frist des § 34a Abs. 5 Satz 1 beispielsweise an einem Sonntag und stellt die gefährdete Person erst am darauffolgenden Montag einen Antrag auf zivilrechtlichen Schutz mit dem Ziel des Erlasses einer einstweiligen Anordnung beim Familiengericht, verlängert sich das polizeiliche Rückkehrverbot nicht gemäß § 34a Abs. 5 Satz 2.

26 Wird der Antrag auf zivilrechtlichen Schutz mit dem Ziel einer einstweiligen Anordnung nach dem GewSchG beim Familiengericht **nach Fristablauf** gestellt (vgl. dazu auch RN 25), kommt § 34a Abs. 5 Satz 2 nicht zur Anwendung, d. h. dann verlängert sich das Rückkehrverbot nicht. Die Polizei hat in diesem Fall nicht die Befugnis, Wohnungsverweisung und Rückkehrverbot auszudehnen.

27 Ebenso eindeutig ist, dass die gefährdete Person die Zehn-Tages-Frist des § 34a Abs. 5 Satz 1 in vollem Umfang ausnutzen kann. Stellt sie am zehnten Tag den Antrag beim Familiengericht, verlängert sich das Rückkehrverbot gemäß § 34a Abs. 5 Satz 2. Eine neue Frist um weitere zehn Tage beginnt nach dem Tag der

Antragstellung. Allerdings ist auch diese (zweite) Zehn-Tages-Frist eine **Höchstfrist**, denn sie endet vor Ablauf des zehnten Tages, wenn das Familiengericht vorher entschieden hat. Benötigt das Gericht jedoch mehr als zehn Tage seit der Antragstellung, endet das polizeiliche Rückkehrverbot mit Ablauf des zehnten Tages.

Unklarheiten können sich ergeben, was mit der (ersten) Zehn-Tages-Frist geschieht, wenn die gefährdete Person den Antrag beim Familiengericht vor Ablauf dieser Frist stellt. Fraglich ist, ob die Frist dann endet oder ob sie bestehen bleibt mit der Folge, dass für die Entscheidung des Gerichts nunmehr die neue Zehn-Tages-Frist des § 34a Abs. 5 Satz 2 und die Restfrist des § 34a Abs. 5 Satz 1 verbleiben. 28

Die Auslegung der Vorschrift muss sich an folgenden **Kriterien** ausrichten: Beide Fristen sind **Höchstfristen**. Diese Höchstfristen wurden vom Gesetzgeber festgelegt, damit selbst in Fällen einer ungünstigen Konstellation von Wochenenden und beweglichen Feiertagen innerhalb dieser Fristen sowohl für die gefährdete Person als auch für das Familiengericht genügend Zeit bleibt, eine Entscheidung zu treffen. **Der Sinn des Rückkehrverbots** und der sich daraus ergebende **Rechtsreflex zu Gunsten der gefährdeten Person** besteht darin, ihr Gelegenheit zu geben, in Abwesenheit und ohne direkte Einflussmöglichkeit der betroffenen Person die Situation zu überdenken und z. B. mit Familienangehörigen, Freunden, Beratungseinrichtungen oder Rechtsanwälten zu überlegen, welche Entscheidung zu treffen ist. Das muss nun keineswegs überstürzt erfolgen, denn das Gesetz gewährt für die Überlegungen der gefährdeten Person eine Frist von zehn Tagen. Entschließt sich die gefährdete Person vor Fristablauf zur Antragstellung beim Familiengericht, hat sie damit ihre Überlegungen zum Abschluss gebracht, sodass für eine weitere Aufrechterhaltung des Rückkehrverbotes **gemäß § 34a Abs. 5 Satz 1** kein Raum mehr ist. **Am Tage nach der Antragstellung beginnt deshalb die (zweite) Zehn-Tages-Frist nach § 34a Abs. 5 Satz 2.** Für diese Auslegung sprechen darüber hinaus noch folgende Gesichtspunkte: § 34a enthält flankierende Maßnahmen zum GewSchG. Zielrichtung des § 34a ist keineswegs, die betreffende Person möglichst lange von der Wohnung fernzuhalten. **Wohnungsverweisung und Rückkehrverbot haben keinerlei Strafcharakter.** Wenn gleichwohl die betroffene Person wegen strafrechtlich relevanter Gewalttätigkeiten bestraft werden kann, hat das nichts mit den polizeilichen Maßnahmen zu tun. Letztere bedeuten einen erheblichen Eingriff in Grundrechtspositionen der betroffenen Person, jedoch müssen diese polizeilichen Maßnahmen, die auf einer Gefahrenprognose beruhen, unter gebührender Berücksichtigung des Verhältnismäßigkeitsgrundsatzes zeitlich möglichst gering gehalten werden. § 34a des Gesetzentwurfs der Landesregierung (vgl. LT-Drucks. 13/1525 v. 4.9.2001) hat bei der parlamentarischen Beratung etliche Änderungen erfahren. Obwohl sich das aus den Materialien zur Novelle nicht ganz eindeutig dokumentieren lässt, hat das in Rede stehende Pro- 29 blem eine Rolle gespielt. Zumindest die Mehrheitsmeinung in den beratenden Ausschüssen vertrat die hier wiedergegebene Auffassung.

30 Mit der Entscheidung des Gerichts innerhalb der (zweiten) Zehn-Tages-Frist endet das polizeirechtliche Rückkehrverbot. Wurde dem Antrag der gefährdeten Person auf (befristete) alleinige Benutzung der Wohnung entsprochen, folgt daraus für die betroffene Person ein zivilrechtliches Betretungsverbot. Verstößt die Letztgenannte hiergegen, sind polizeirechtliche Maßnahmen nach § 34 möglich. Eine ablehnende gerichtliche Entscheidung – mögen hingegen eingelegte Rechtsmittel später auch erfolgreich sein – ist von der Polizei zu beachten. Ein Tätigwerden der Polizei kommt daher nur bei erneuter häuslicher Gewalt in Betracht, jedoch sind dann Maßnahmen nach § 34a angezeigt.

31 § 34a Abs. 6 enthält verfahrensrechtliche Regelungen, auf Grund derer eine Unterrichtung der gefährdeten sowie der betroffenen Person über die Dauer des polizeirechtlichen Rückkehrverbots möglich wird.

9. Bedeutung des Absatzes 7

32 Die Gewissheit, dass die Einhaltung des Rückkehrverbotes gemäß § 34a Abs. 7 **überprüft** wird, dient dem Schutz der gefährdeten Person und soll die betroffene Person von einem Verstoß gegen das Rückkehrverbot abhalten. Erfahrungen aus Österreich belegen, dass betroffene Personen, wenn überhaupt, dann vergleichsweise häufig in den ersten Tagen nach der Wohnungsverweisung dazu neigen, das Rückkehrverbot zu missachten. Obwohl starre Fristen für die Überprüfung der Polizei nicht angezeigt sind (betroffene Personen können sich anderenfalls gut darauf einstellen), erscheint es angemessen, möglichst innerhalb der ersten drei Tage nach Beginn des Rückkehrverbots zu prüfen, ob dies eingehalten wird. Welche Organisationseinheit der Polizei die Einhaltung des Rückkehrverbots prüft, wird vom Gesetz nicht bestimmt; das kann vom Bezirksdienst durchgeführt werden.

Vierter Unterabschnitt

Gewahrsam

§ 35

Gewahrsam

(1) **Die Polizei kann eine Person in Gewahrsam nehmen, wenn**
   1. **das zum Schutz der Person gegen eine Gefahr für Leib oder Leben erforderlich ist, insbesondere weil die Person sich erkennbar in einem die freie Willensbestimmung ausschließenden Zustand oder sonst in hilfloser Lage befindet,**

Gewahrsam § 35

2. das unerlässlich ist, um die unmittelbar bevorstehende Begehung oder Fortsetzung einer Straftat oder einer Ordnungswidrigkeit von erheblicher Bedeutung für die Allgemeinheit zu verhindern,
3. das unerlässlich ist, um eine Platzverweisung nach § 34 durchzusetzen,
4. das unerlässlich ist, um eine Wohnungsverweisung oder ein Rückkehrverbot nach § 34 a durchzusetzen,
5. das unerlässlich ist, um private Rechte zu schützen, und eine Festnahme und Vorführung der Person nach den §§ 229, 230 Abs. 3 des Bürgerlichen Gesetzbuches zulässig ist.

(2) Die Polizei kann Minderjährige, die sich der Obhut der Sorgeberechtigten entzogen haben, in Gewahrsam nehmen, um sie den Sorgeberechtigten oder dem Jugendamt zuzuführen.

(3) Die Polizei kann eine Person, die aus dem Vollzug von Untersuchungshaft, Freiheitsstrafen oder freiheitsentziehenden Maßregeln der Besserung und Sicherung entwichen ist oder sich sonst ohne Erlaubnis außerhalb der Justizvollzugsanstalt aufhält, in Gewahrsam nehmen und in die Anstalt zurückbringen.

VVPolG NRW zu § 35
Gewahrsam (zu § 35)
35.0
§ 35 regelt den Entzug der Freiheit zur Gefahrenabwehr. Eine Freiheitsentziehung liegt außerdem in den Fällen der Durchsetzung einer Vorladung gemäß § 10 Abs. 3 oder Durchführung einer Identitätsfeststellung gemäß § 12 Abs. 2 Satz 3 vor. Die Vorschriften über die Freiheitsentziehung in Strafverfahren (Verhaftung und vorläufige Festnahme, insbesondere nach den §§ 112 ff., 127 und 163b StPO) bleiben unberührt.
35.1 (zu Absatz 1)
35.11
Bevor eine hilflose Person in Gewahrsam genommen wird, ist zu prüfen, ob sie – ggf. unter Einschaltung des Rettungsdienstes – unmittelbar einem Angehörigen oder einer anderen geeigneten Stelle (Krankenhaus, Heim o. Ä.) übergeben werden kann. Ebenso ist zu verfahren, wenn eine hilflose Person in Gewahrsam genommen worden ist. Soll eine hilflose Person in das Polizeigewahrsam eingeliefert werden, ist zuvor die Gewahrsamsfähigkeit durch einen Arzt feststellen zu lassen. Hilflosigkeit liegt insbesondere vor, wenn bei einer Person tiefgreifende Störungen des Bewusstseins, der Orientierung, der Wahrnehmung, der Auffassung oder auch des Denkens einzeln oder in Kombination auftreten.
35.12
Wird auf Grund des § 35 Abs. 1 Nr. 4 eine gerichtliche Entscheidung gemäß § 36 herbeigeführt, ist die berechtigte Person unverzüglich zu unterrichten und da-

§ 35 Gewahrsam

rauf hinzuweisen, dass sie die Möglichkeit hat, gemäß § 918 ZPO einen über die Gewahrsamnahme hinausgehenden Sicherheitsarrest beim Arrestgericht (§ 919 ZPO) zu beantragen. Die verpflichtete Person ist im Falle eines Sicherheitsarrestantrages der berechtigten Person durch die Polizei dem Arrestgericht vorzuführen.

35.2 (zu Absatz 2)
Nicht erforderlich ist, dass von den Minderjährigen eine konkrete Gefahr ausgeht oder ihnen eine solche droht.

35.3 (zu Absatz 3)
Die Ingewahrsamnahme ist zulässig, wenn noch kein Vollstreckungshaftbefehl oder noch kein Ersuchen der Justizvollzugsanstalt vorliegt. Die Justizvollzugsanstalt ist unverzüglich zu unterrichten. Für die Zurückbeförderung der betroffenen Person sind möglichst die Sammeltransporteinrichtungen der Justizbehörden in Anspruch zu nehmen.

Erläuterungen:

1. Begriff

1 Von den übrigen polizeilichen Befugnissen, welche die Freiheit der betroffenen Person berühren, z.B. Vorführung (§ 10), Festhalten zur Identitätsfeststellung (§ 12), Durchsuchung der Person (§ 39), unterscheidet sich der Gewahrsam dadurch, dass bei ihm die Freiheitsentziehung angestrebter Zweck der polizeilichen Maßnahme ist, während sie sonst nur das Mittel zur Erreichung des angestrebten Zwecks ist. „Gewahrsam" ist nicht nur das Verbringen in einen Arrestraum („das" Gewahrsam), sondern jedes Festhalten zum Zwecke der Gefahrenabwehr. Der Begriff des „Gewahrsams" ist zu unterscheiden von dem des „amtlichen Gewahrsams" (§ 64 Abs. 1 Nrn. 4 und 5), der jede Verwahrung bei Behörden und Gerichten umfasst und nicht nur den Gewahrsam zur Gefahrenabwehr.

2 Gewahrsam ist eine **Freiheitsentziehung** i.S.d. Art. 2 Abs. 2 Satz 2 GG und Art. 104 Abs. 2 GG. Wegen der durch Art. 104 Abs. 2 GG vorgeschriebenen Beteiligung des Richters s. § 36. **Abzugrenzen sind Freiheitsentziehung und unmittelbarer Zwang,** wobei Fälle außerhalb der Betrachtung bleiben können, in denen zur Durchsetzung der Ingewahrsamnahme gegenüber einer betroffenen Person, die Widerstand leistet, einfache körperliche Gewalt angewendet wird. Von Bedeutung ist eine andere Fallkonstellation: Besteht für jemanden die Verpflichtung, beispielsweise bei einer bestimmten Behörde vorzusprechen, und wird diese Pflicht unter Anwendung einfacher körperlicher Gewalt durchgesetzt, d.h. wird die betroffene Person gegen ihren Willen zu der Behörde gebracht, liegt darin keine Freiheitsentziehung, selbst wenn es einige Zeit in Anspruch nimmt, bis die Strecke überwunden ist (BGH, NJW 1982, S. 753; s. auch BVerwG, NJW 1982, S. 573). Die betroffene Person kann sich in diesem Zeitraum zwar nicht bewegen, wohin sie will; kommt sie jedoch ihrer Verpflichtung

Gewahrsam　　　　　　　　　　　　　　　　　　　　　　　　　　§ 35

freiwillig nach, bedarf es nicht bzw. nicht länger der Anwendung unmittelbaren Zwanges. Dieser Auslegung steht § 36 Abs. 1 i.V.m. § 10 Abs. 3 nicht entgegen, denn der nordrhein-westfälische Gesetzgeber hat die zwangsweise Durchführung der Vorladung nicht etwa aus dogmatischen Gründen, sondern zur weiteren Stärkung der Rechtsposition der betroffenen Person unter grundsätzlichen Richtervorbehalt gestellt. Von einer Freiheitsentziehung ist erst dann auszugehen, wenn die betroffene Person zur Sicherung der Durchführung des Erscheinens vor einer Behörde längere Zeit, bevor das Verbringen stattfinden soll, inhaftiert wird.

2. Voraussetzungen des Gewahrsams

§ 35 Abs. 1 Nr. 1 regelt den sog. **Schutzgewahrsam**. Er dient in erster Linie dem　3
Schutz der betroffenen Person vor einer Gefahr für Leib oder Leben. Wenngleich es sich um individuelle Sicherheitsgüter der betroffenen Person handelt, liegt eine Gefahr für die öffentliche Sicherheit im Sinne von § 1 vor. Die Gefahr muss ihrem Grad nach mindestens konkret sein (§ 8 Abs. 1). Eine Freiheitsentziehung im Sinne von Art. 104 Abs. 2 GG liegt nicht vor, wenn die betroffene Person nicht „gegen" oder „ohne" ihren Willen in Gewahrsam genommen wird. Somit müssen die Voraussetzungen von § 35 nicht gegeben sein, wenn eine gefährdete Person verlangt, in Gewahrsam genommen zu werden.

Beim Schutzgewahrsam kommt es nicht darauf an, ob sich der Gefährdete selbst　4
– schuldhaft oder schuldlos – in Gefahr begeben hat. Die Gefahr kann auch von Dritten ausgehen oder durch Naturereignisse oder sonstige Fälle höherer Gewalt verursacht sein.

Beispiel: Auf einem Bahnhof ist ein mit gefährlichen Gütern beladener Güterzug in Brand geraten. Wegen der damit verbundenen Gesundheitsgefahren muss ein Stadtbezirk für längere Zeit geräumt werden. Einer der Bewohner weigert sich, den Gefahrenbereich zu verlassen, und erklärt, wenn ihn die Polizei zwangsweise wegschaffe, werde er sofort zurückkehren. Die Polizei kann ihn dann in Gewahrsam nehmen (§ 35 Abs. 1 Nr. 1).

Der Schutzgewahrsam ist insbesondere zulässig, wenn sich die gefährdete Per-　5
son erkennbar in einem **die freie Willensbestimmung ausschließenden Zustand** oder sonst in **hilfloser Lage** befindet.

Beispiel: Für Rosenmontag in einer westdeutschen Karnevalshochburg richtet die Polizei vorsorglich Ausnüchterungsräume für Betrunkene ein. Die Ingewahrsamnahme stark Betrunkener ist ein typischer Anwendungsfall des Schutzgewahrsams für Personen, die sich in einem die freie Willensbestimmung ausschließenden Zustand befinden, um Gefahren für Leib oder Leben abzuwehren. Aus Anlass des Rosenmontags richtet die Polizei gleichzeitig eine Sammelstelle für kleine Kinder ein, die im Karnevalstrubel von ihren Eltern getrennt worden sind. Das ist ein typischer Schutzgewahrsam für Personen, die sich in hilfloser Lage befinden.

Wenn es sich – anders als in den genannten Beispielen – nicht gerade um eine Vielzahl von Fällen handelt, empfiehlt es sich, die Hilflosen nach Möglichkeit

311

unmittelbar den Angehörigen zu übergeben, sofern die Identität festgestellt werden kann. Deshalb ist zur Identitätsfeststellung unter den Voraussetzungen des § 12 Abs. 2 Satz 4 auch eine Durchsuchung zulässig.

6   Die Verhinderung der **Selbsttötung** wird im Rahmen des Schutzgewahrsams nicht ausdrücklich erwähnt. Der Schutz gegen Gefahren für das Leben nach § 35 Abs. 1 Nr. 1 umfasst aber auch diesen Tatbestand. S. dazu die zutreffende Betrachtung in Kriminalistik 1989, S. 537 unter Hinweis auf das Urteil des BayObLG (DÖV 1989, S. 273). Danach kann auch derjenige, der zur Verhinderung einer Selbsttötung in Gewahrsam genommen worden ist, eine Widerstandshandlung nach § 113 StGB begehen. Für psychisch Kranke gelten besondere Regelungen (vgl. unten RN 22 ff.).

7   § 35 Abs. 1 Nr. 2 regelt den sog. **Unterbindungsgewahrsam.**

Danach ist die Ingewahrsamnahme zulässig, wenn sie unerlässlich ist, **um die unmittelbar bevorstehende Begehung oder Fortsetzung einer Straftat oder eine Ordnungswidrigkeit von erheblicher Bedeutung für die Allgemeinheit zu verhindern.** Die Regelung ist mit Art. 5 Abs. 1 Satz 2 Buchst. c) EMRK vereinbar (so zur inhaltlich übereinstimmenden Vorschrift des § 18 Abs. 1 Nr. 2 Buchst. a) Nds. SOG: VG Hannover, DVBl. 2012, S. 1323).

Der Gewahrsam ist nicht zur Abwehr jeder gegenwärtigen Gefahr zulässig, sondern nur, wenn es sich um Straftaten oder die genannten Ordnungswidrigkeiten handelt. Unter den Begriffen „Straftat" und „Ordnungswidrigkeit" sind dabei tatbestandsmäßige und rechtswidrige Handlungen zu verstehen. Auf ein Verschulden kommt es wie immer bei der Gefahrenabwehr nicht an. Die Begehung oder Fortsetzung der Zuwiderhandlung muss **unmittelbar bevorstehen;** das entspricht dem Begriff der gegenwärtigen Gefahr (vgl. § 8, RN 13). Bei den Straftaten sind allgemein alle Straftaten gemeint, nicht nur solche nach § 8 Abs. 3. Die Ingewahrsamnahme einer betroffenen Person an mehreren Tagen zur jeweiligen Verhinderung des sog. Hütchenspiels als strafbares Glücksspiel hat das VG Frankfurt (NJW 1994, S. 720) für rechtlich unbedenklich gehalten. Etwas Ähnliches wurde angenommen für die Ingewahrsamnahme eines Drogenhändlers, der schon mehrfach ihn betreffende Platzverweise missachtet hatte und von dem gewiss war, dass er sich sofort neue „Ware" beschaffte, nachdem die Polizei die bei ihm gefundenen Betäubungsmittel beschlagnahmt hatte (OLG Hamburg, DÖV 1997, S. 39). Eine abweichende Meinung vertritt das LG Berlin (NJW 2001, S. 162), das mit Recht darauf hinweist, es könne nicht Aufgabe des Polizeirechts sein, mit Kettenbeschlüssen bis zu jeweils längstens 48 Stunden Kriminelle durch Ingewahrsamnahme von weiteren Taten abzuhalten.

8   Im Einzelfall kann es schwierig sein zu beurteilen, wann bei **Ordnungswidrigkeiten** eine solche von **„erheblicher Bedeutung für die Allgemeinheit"** vorliegt. Diese Einschränkung ist eine besondere Ausgestaltung des Verhältnismäßigkeitsgrundsatzes, denn Ordnungswidrigkeiten sind Verwaltungsunrecht, können aber je nach den Umständen erhebliche Gefahren für die Allgemeinheit

bewirken, so vor allem im **Umweltschutz,** zu dem auch die Lärmbekämpfung gehört (vgl. hierzu auch die Regelung in § 41 Abs. 1 Nr. 3).

Es ist bei Ordnungswidrigkeiten – im Grundsatz aber auch bei Straftaten – besonders sorgfältig zu prüfen, ob **der Gewahrsam** im Sinne des § 35 Abs. 1 Nr. 2 zur Gefahrenabwehr **unerlässlich ist** oder ob eine andere geeignete Maßnahme zur Verfügung steht. **9**

Beispiel: Benützt jemand entgegen dem Verbot in § 10 Abs. 2 des LImschG lautstark ein Kofferradio auf der Straße und folgt der Aufforderung des Polizeibeamten nicht, das Gerät abzustellen, kann der Beamte es nach § 43 sicherstellen. Es wäre dagegen nicht zulässig, den Störer in Gewahrsam zu nehmen.

Anders kann es sein, wenn eine Musikanlage so stark verkabelt ist, dass diese nicht ohne Weiteres sichergestellt werden kann. Dann ist bei wiederholter Störung der Nachtruhe auch eine Ingewahrsamnahme der betroffenen Person zulässig (VG Schleswig, NJW 2000, S. 970).

Wegen des Gewahrsams zur **Durchsetzung der Platzverweisung** (§ 35 Abs. 1 Nr. 3) vgl. die Erläuterungen zu § 34, RN 4. Dieselbe Problematik besteht bei einer Ingewahrsamnahme nach § 35 Abs. 1 Nr. 4 zur **Durchsetzung einer Wohnungsverweisung oder eines Rückkehrverbots** gemäß § 34a, vgl. die Erläuterungen zu § 34a, RN 16. **10**

Die Nummer 5 in § 35 Abs. 1 wird in der Praxis nur selten zur Anwendung kommen. Dennoch ist sie notwendig, denn es sollte verhindert werden, dass beim Vorliegen der übrigen Voraussetzungen des § 229 BGB beispielsweise ein zivilrechtlicher Gläubiger nur deshalb den Verpflichteten im Wege der **Selbsthilfe** festnehmen darf, weil die anwesende oder auf Grund einer Benachrichtigung erscheinende Polizei mangels entsprechender Befugnisse keine „obrigkeitliche Hilfe" leisten kann. **11**

Maßnahmen nach § 35 Abs. 1 Nr. 5 dienen dem **Schutz privater Rechte** i. S. d. § 1 Abs. 2, jedoch soll – letztlich auch zum Schutz der betroffenen Person – gleichfalls erreicht werden, dass Selbsthilfeaktionen nach § 229 BGB möglichst unterbleiben. **12**

Gemäß § 35 Abs. 1 Nr. 5 muss die Ingewahrsamnahme **unerlässlich** sein, d. h. die sonst üblichen Maßnahmen zum Schutz privater Rechte wie Identitätsfeststellung oder Schutzgewährung bei der Ausübung von anderen Selbsthilferechten (s. § 43, RN 16) dürfen nicht ausreichen, um den Anspruch des Gläubigers zu sichern. Vielmehr müssen die Voraussetzungen des § 229 BGB erfüllt sein: Die betroffene Person (Verhaftete) muss der Flucht verdächtig sein und zudem muss die Gefahr bestehen, dass ohne ihre Festnahme die Verwirklichung des Anspruchs des Gläubigers vereitelt oder wesentlich erschwert wird. Der Gläubiger hat gegenüber der Polizei seinen Anspruch und dessen Gefährdung sowie den Fluchtverdacht glaubhaft zu machen (s. dazu § 29, RN 9). Anhaltspunkte dafür, dass sich die betroffene Person bereits auf der Flucht befindet oder im Be- **13**

§ 35   Gewahrsam

griff steht, die Flucht zu ergreifen, können sich zudem aus polizeilichen Erkenntnissen ergeben. Es ist nicht unbedingt erforderlich, dass sich die betroffene Person auf Dauer ins Ausland begeben will, denn möglich ist auch ein Untertauchen im Inland.

14   Die Polizei hat gemäß § 36 unverzüglich die richterliche Entscheidung über die Zulässigkeit und Fortdauer der Freiheitsentziehung herbeizuführen, denn sie hat die betroffene Person gemäß § 35 Abs. 1 Nr. 5 in Gewahrsam genommen. Der Gläubiger ist von der erfolgten Ingewahrsamnahme zu unterrichten. Ihm ist unter Hinweis auf § 38 zu empfehlen, das Arrestgesuch gemäß § 920 ZPO bezüglich des persönlichen Sicherheitsarrestes des Schuldners nach § 918 ZPO bei dem zuständigen Arrestgericht (§ 919 ZPO) zu stellen.

15   Nach § 35 Abs. 2 kann die Polizei **Minderjährige in Gewahrsam nehmen,** die sich der Obhut der Sorgeberechtigten entzogen haben, um sie den Sorgeberechtigten oder dem Jugendamt zuzuführen. Wer sich der Obhut der Sorgeberechtigten entzieht, begeht keine Straftat oder Ordnungswidrigkeit. Um der Polizei die Möglichkeit zu geben, solche Minderjährigen „aufzugreifen", ist § 35 Abs. 2 als Gewahrsamsgrund erforderlich. Minderjährig ist, wer noch nicht 18 Jahre alt ist. Das **Sorgerecht** (Personensorgerecht, §§ 1631 ff. BGB) umfasst das Recht, den Aufenthaltsort des Kindes zu bestimmen und ist Teil der elterlichen Sorge (§ 1626 BGB). Das Sorgerecht haben bei ehelichen Kindern die Eltern (§ 1626 BGB), bei nicht ehelichen Kindern entweder die Eltern gemeinsam oder die Mutter (§ 1626a BGB) und bei Mündeln der Vormund (§§ 1793, 1800 BGB). Ein Minderjähriger hat sich **der Obhut entzogen,** wenn er sich zumindest für eine gewisse Dauer ohne Wissen des Sorgeberechtigten entfernt und diesem sein Aufenthalt unbekannt ist. Es liegt grundsätzlich im Ermessen der Polizei, ob sie Minderjährigen den Sorgeberechtigten – in der Regel den Eltern – oder dem Jugendamt zuführt. Bei Kindern und Jugendlichen, für die Maßnahmen nach dem SGB VIII getroffen sind, empfiehlt sich die Übergabe an das Jugendamt, da der Grund für die Maßnahmen im Elternhaus liegen kann.

16   Unberührt bleibt die Befugnis der Polizei, nach § 8 Satz 2 JuSchG Kinder und Jugendliche, die an **jugendgefährdenden Orten** angetroffen werden, dem Erziehungsberechtigten oder dem Jugendamt zuzuführen.

17   Die Polizei kann ferner eine betroffene Person in Gewahrsam nehmen (§ 35 Abs. 3), die **aus einer Justizvollzugsanstalt entwichen ist** oder sich sonst unerlaubt außerhalb einer solchen Anstalt aufhält. § 87 StVollzG sieht zwar vor, dass ein entwichener Gefangener **auf Veranlassung** der Vollzugsbehörde auch durch die Polizei ergriffen werden kann, trifft aber keine Regelung für den Fall, wenn **kein** entsprechendes Ersuchen der Vollzugsbehörde vorliegt. Diese Lücke schließt § 35 Abs. 3. Voraussetzung ist das Entweichen aus dem Vollzug von **Untersuchungshaft** (Haftbefehl muss vorliegen), oder von **Freiheitsstrafen** und **Maßregeln der Besserung und Sicherung** (§§ 63, 64 oder 66 StGB). Ohne Erlaubnis außerhalb der Anstalt hält sich auf, wer einen **Hafturlaub über-**

Gewahrsam § 35

schreitet. Obwohl in allen Fällen eine richterliche Entscheidung über die Freiheitsentziehung bereits vorliegt, gilt auch hier § 36, der sich auf alle polizeilichen Maßnahmen nach § 35 (auch Abs. 3) bezieht.

3. Besondere Arten des Gewahrsams

Der Gewahrsam beginnt mit der Freiheitsbeschränkung. Er dauert bis zur Entlassung und wird in unterschiedlicher Art vollzogen. So ist das Festhalten am Feststellungsort **im Streifenwagen** ebenso Gewahrsam wie der zwangsweise Aufenthalt **auf der Polizeiwache** (*Köbschall*, DIE POLIZEI 1997, S. 263). Die Unterbringung **im Polizeigewahrsam** (Zelle) ist die intensivste Art des Gewahrsams. Sie ist dann erforderlich, wenn anders die allgemeinen dienstlichen Verrichtungen der Polizei beeinträchtigt werden. Auch die Rechtsprechung hat festgestellt, dass die Ingewahrsamnahme nicht nur beim Verbringen in einen Arrestraum vorliegt (OVG Münster, NJW 1980, S. 138). Somit kann eine Ingewahrsamnahme vorliegen, ohne dass die betroffene Person in das Gewahrsam eingeliefert wird. Das ist bei der Überstellung entwichener Minderjähriger an die Sorgeberechtigten regelmäßig der Fall. Hier werden Personen nach dem Aufgreifen in Gewahrsam genommen und in die Obhut der Sorgeberechtigten verbracht. Mit diesem „Verbringungsgewahrsam" wird am Ende der Grund für die Ingewahrsamnahme beseitigt, die Maßnahme kann beendet werden.

18

Nicht so unproblematisch ist der Verbringungsgewahrsam, um einen Platzverweis durchzusetzen oder eine Straftat zu verhindern. Zur **Durchsetzung des Platzverweises** sieht das OVG Bremen (NVwZ 1987, S. 235 ff.) durchaus die Möglichkeit, die betroffene Person an einen entfernt gelegenen Ort zu bringen (grundsätzlich ablehnend mangels einer speziellen Eingriffsbefugnis: *Schucht*, DÖV 2011, S. 553 ff.). Dabei sind allerdings besondere Kriterien zu berücksichtigen, um die Angemessenheit und Verhältnismäßigkeit der Maßnahme zu gewährleisten. Die Polizei muss bei der Abwägung, ob jemand in das Gewahrsam einzuliefern oder an einen anderen Ort zu verbringen ist, die Jahreszeit, die Tageszeit und die Witterung als objektive Kriterien sowie die Gesundheit, das Alter, die Möglichkeiten und persönlichen Voraussetzungen der betroffenen Person für das Verlassen des Ortes berücksichtigen. Eine derartige Maßnahme kann verhältnismäßiger sein als der zeitlich nicht genau festzulegende Aufenthalt in einem engen Zellenraum (ggf. mit mehreren Personen) einschließlich der Belastung des Eingesperrtseins und die damit verbundene Überwachung. Die Entscheidung des OVG Bremen wurde – wenn auch mit anderer Entscheidungsrichtung – vom BVerwG (NVwZ 1988, S. 250) bestätigt. Der Verbringungsgewahrsam gemäß § 35 Abs. 1 Nr. 3 i.V.m. § 34 ist allerdings nicht in dem Umfang zulässig, als beispielsweise Nichtsesshafte oder Drogenabhängige von der Polizei an den Stadtrand gebracht werden in der Erwartung, es vergehe relativ viel Zeit, bis sie wieder an ihren „Standort" zurückkehren. Selbst wenn die Voraussetzungen des § 34 vorliegen, besteht für betroffene Personen nur die Verpflich-

19

315

tung, einen bestimmten Ort zu verlassen oder ihn nicht zu betreten, nicht jedoch die Pflicht, sich zum Stadtrand zu begeben (s. *Maaß,* NVwZ 1985, S. 151 ff.). Auch unter dem Gesichtspunkt der Verhältnismäßigkeit der Mittel dürfte daher eine solche Maßnahme nicht zu rechtfertigen sein.

20 Zur Verhinderung unmittelbar bevorstehender Straftaten ist der Verbringungsgewahrsam im Einzelfall möglich. Der entgegenstehenden Auffassung (LG Hamburg, NVwZ-RR 1997, S. 537) kann nicht gefolgt werden (s. auch *Leggereit,* NVwZ 1999, S. 263). Jedenfalls sieht das BayObLG (NVwZ 1990, S. 194 ff.) in der Verbringung an einen anderen Ort unter den Voraussetzungen der polizeirechtlichen Ingewahrsamnahme ein Mittel der Gefahrenabwehr, das die betroffene Person weniger beschweren kann als eine länger dauernde Freiheitsentziehung in einem Polizeigewahrsam. Dabei sind im Rahmen der Verhältnismäßigkeit die vorgenannten objektiven und subjektiven Kriterien zu prüfen. Die unter RN 19 dargelegten Gründe, die gegen den Verbringungsgewahrsam sprechen, gelten aber auch insoweit. Deshalb wird diese Maßnahme wohl nur zu rechtfertigen sein, wenn die Polizei den Störer zu seinem Wohnort bringt, der so weit vom Tatort entfernt ist, dass ein zeitnahes Zurückkehren dorthin nicht zu erwarten ist. Das „Aussetzen" am Stadtrand ist hingegen nicht zulässig.

21 Zur Frage, ob eine kurzfristige Ingewahrsamnahme vorliegt, wenn ein Fanblock nach einem Fußballspiel erst dann das Stadion verlassen darf, nachdem ein gegnerischer Fanblock sich aus dem Stadion entfernt hat, s. *Geißler/Haase/Subatzus,* NVwZ 1998, S. 711 sowie *Haase,* NVwZ 2001, S. 164. Bei solchen Überlegungen sollte vordringlich geprüft werden, ob die Polizei diese Maßnahmen verfügt oder ob der Veranstalter entsprechende Anordnungen kraft Hausrechts oder der Allgemeinen Geschäftsbedingungen trifft. Eine länger dauernde Einschließung von betroffenen Personen durch Polizeikräfte ist grundsätzlich rechtswidrig. Sie scheidet als Sonderform der Ingewahrsamnahme aus („Hamburger Kessel", VG Hamburg, NVwZ 1987, S. 829). Unabhängig davon stellt sich die Frage, ob eine **Personengruppe** in Gewahrsam genommen werden kann, wenn die Mehrzahl ihrer Mitglieder z. B. Waffen oder gefährliche bzw. verbotene Gegenstände mitführt, die individuell nicht zuzuordnen sind. Zwar kommt eine Sicherstellung dieser Sachen nach § 43 oder nach strafprozessualen Bestimmungen zum Zwecke der Einziehung in Betracht, aber diese Maßnahmen sind ggf. nicht ausreichend, sodass die Voraussetzungen nach § 35 Abs. 1 Nr. 2 weiterhin vorliegen können. Zur Entscheidung über eine Ingewahrsamnahme sind sämtliche bedeutsamen Tatsachen zu berücksichtigen, beispielsweise wie das Verhältnis der sichergestellten Gegenstände zu der Anzahl der Gruppenmitglieder ist, ob eine „Wiederbewaffnung" der Gruppe schnell möglich erscheint, ob die Gruppe in der Vergangenheit einschlägig in Erscheinung getreten ist, wie ihr organisatorische Zusammenhalt ausgeprägt ist und welche Parolen sie verkündet (s. dazu die Besprechung von OLG Nürnberg, KR 1991, S. 375).

4. Besonders geregelte Fälle der Freiheitsentziehung

Der Gefahrenabwehr dient auch das PsychKG. Nach § 11 Abs. 1 PsychKG ist die **Unterbringung** i. S. d. § 10 Abs. 2 Satz 1 PsychKG einer Person **gegen ihren Willen oder gegen den Willen des Aufenthaltsbestimmungsberechtigten oder im Zustand der Willenlosigkeit** in einem psychiatrischen Fachkrankenhaus, einer psychiatrischen Fachabteilung eines Allgemeinkrankenhauses oder einer Hochschulklinik (Krankenhaus) zulässig, wenn diese Person an einer **psychischen Krankheit** gemäß § 1 Abs. 2 PsychKG leidet. Zu diesen Krankheiten zählen behandlungsbedürftige Psychosen, behandlungsbedürftige psychische Störungen und Abhängigkeitserkrankungen von vergleichbarer Schwere. Zudem muss nach § 11 Abs. 1 Satz 1 PsychKG krankheitsbedingt eine erhebliche **Selbstgefährdung** bzw. eine erhebliche **Gefährdung bedeutender Rechtsgüter anderer** bestehen, die nicht anders abgewendet werden kann. Das PsychKG spricht insoweit in § 11 Abs. 2 von einer „gegenwärtigen Gefahr", benutzt diesen Begriff allerdings etwas anders als das PolG NRW.

Grundsätzlich entscheidet über die Unterbringung das Amtsgericht auf Antrag der örtlichen Ordnungsbehörde (§ 12 PsychKG). Wird jedoch – wie in diesen Fällen häufig – eine sofortige Unterbringung notwendig, kann die örtliche Ordnungsbehörde ohne vorherige richterliche Entscheidung die Unterbringung vornehmen, wenn ein ärztliches Zeugnis über einen Befund vorliegt, der nicht älter als vom Vortage ist (§ 14 Abs. 1 PsychKG).

Bei der **Strafverfolgung** ist für die Polizei § 127 Abs. 2 StPO (vorläufige Festnahme) von besonderer Bedeutung. Danach haben alle Polizeibeamten – nicht nur die Ermittlungspersonen der Staatsanwaltschaft – bei Gefahr im Verzug die Befugnis zur vorläufigen Festnahme, wenn die Voraussetzungen eines Haftbefehls oder eines Unterbringungsbefehls vorliegen (s. die §§ 112 ff. und 126a StPO).

§ 36
Richterliche Entscheidung

(1) ¹Wird eine Person auf Grund von § 10 Abs. 3, § 12 Abs. 2 Satz 3 oder § 35 festgehalten, hat die Polizei unverzüglich eine richterliche Entscheidung über Zulässigkeit und Fortdauer der Freiheitsentziehung herbeizuführen. ²Der Herbeiführung der richterlichen Entscheidung bedarf es nicht, wenn anzunehmen ist, dass die Entscheidung des Richters erst nach Wegfall des Grundes der polizeilichen Maßnahmen ergehen würde.

(2) ¹Für die Entscheidung nach Absatz 1 ist das Amtsgericht zuständig, in dessen Bezirk die Freiheitsentziehung herbeigeführt wurde. ²Das Verfahren richtet sich nach den Vorschriften des 7. Buches (Verfahren in Freiheitsent-

ziehungssachen) des Gesetzes über das Verfahren in Familiensachen und in den Angelegenheiten der freiwilligen Gerichtsbarkeit.

VVPolG NRW zu § 36

Richterliche Entscheidung (zu § 36)
36.1 (zu Absatz 1)
36.11
Die richterliche Entscheidung ist bereits vor der Freiheitsentziehung herbeizuführen, wenn dadurch der Erfolg der Maßnahme nicht gefährdet wird.
36.12
Eine schuldhafte Verzögerung liegt dann nicht vor, wenn der Richter aus Gründen, die nicht von der Polizei zu vertreten sind, nicht tätig werden kann.

Erläuterungen:

1. Bedeutung und Anwendungsbereich

1 Nach Art. 104 Abs. 2 Satz 1 GG hat über die **Zulässigkeit und Fortdauer einer Freiheitsentziehung** nur der **Richter** zu entscheiden. Ähnlich wie bei der Unverletzlichkeit der Wohnung (vgl. Art. 13 Abs. 2 GG) schützt die Verfassung das Freiheitsgrundrecht besonders. Eingriffe in dieses Recht werden grundsätzlich nicht der Verwaltung (Polizei) überlassen, vielmehr ist der unabhängige Richter einzuschalten, obwohl es sich insoweit eigentlich nicht um Rechtsprechung, sondern um den Erlass von Verwaltungsakten handelt. Da Richter jedoch nicht jederzeit erreichbar sind, erkennt auch die Verfassung die Notwendigkeit an, der Verwaltung und insbesondere der Polizei die Befugnis zu vorläufigen Freiheitsentziehungen einzuräumen. Das ergibt sich aus Art. 104 Abs. 2 Satz 2 GG, der vorschreibt, dass bei jeder nicht auf richterlicher Anordnung beruhenden Freiheitsentziehung unverzüglich eine richterliche Entscheidung herbeizuführen ist. Sie muss somit nachgeholt werden. Dem trägt § 36 Abs. 1 Satz 1 Rechnung, also nicht nur für den **Gewahrsam** (§ 35), sondern auch für die Freiheitsentziehung bei der **Identitätsfeststellung** (§ 12 Abs. 2 Satz 3) – darüber hinaus zusätzlich bei der Durchsetzung **der Vorladung** mit unmittelbarem Zwang (Vorführung nach § 10 Abs. 3, s. dazu § 35, RN 2).

2 § 36 Abs. 1 bezieht sich auf das **Festhalten** von betroffenen Personen in den genannten Fällen im Gefahrenabwehrbereich. Gleichzeitig regelt er die richterliche Entscheidung über diese **Freiheitsentziehung.** Die Begriffe Festhalten und Freiheitsentziehung sind rechtlich nicht deckungsgleich. Für die grundrechtsgleichen Rechtspositionen aus Art. 104 GG ist die Unterscheidung zwischen Freiheitsbeschränkung und Freiheitsentziehung wesentlich. Nach § 415 FamFG ist die Definition einer Freiheitsentziehung enger als nach dem PolG NRW, das im Interesse der betroffenen Person die Schutznormen bereits zur Anwendung kommen lässt, wenn in den genannten Fällen mit der Freiheitsentziehung begon-

nen wird. Deshalb gilt im Polizeirecht ein weiterer Begriff der Freiheitsentziehung als nach dem FamFG. Somit muss die Polizei die §§ 36 und 37 nicht erst dann beachten, wenn die Freiheitsentziehung in einem Raum vollzogen wird. Insoweit unterscheidet sich die Freiheitsentziehung im Polizeirecht von der in der Strafprozessordnung. Dort wird hinsichtlich Freiheitsbeschränkung und Freiheitsentziehung anders differenziert (vgl. z. B. die §§ 81 a, 81 b, 111, 127, 163 b und 163 c StPO).

Aus Art. 104 Abs. 2 Satz 1 GG ist die grundsätzliche Verpflichtung abzuleiten, die richterliche Entscheidung schon **vor** der Freiheitsentziehung einzuholen. Das wird aber im Bereich der Gefahrenabwehr, insbesondere wenn es um die Abwehr gegenwärtiger Gefahren geht, selten möglich sein. Dann ist die richterliche Entscheidung **unverzüglich** nach der Freiheitsentziehung herbeizuführen. Was „unverzüglich" bedeutet, hängt von den Umständen des Einzelfalls ab (EGMR, NJW 2001, S. 51), jedoch muss nach dem allgemeinen gesetzlichen Sprachgebrauch „ohne schuldhaftes Zögern" (§ 121 Abs. 1 BGB) gehandelt werden. Die richterliche Entscheidung ist ohne jede Verzögerung, die sich nicht aus sachlichen Gründen rechtfertigen lässt, nachzuholen (VGH Mannheim, DVBl. 2011, S. 626, 627).   3

Die Erreichbarkeit des Richters spielt eine wesentliche Rolle bei der Entscheidung, ob **von der Herbeiführung der richterlichen Entscheidung** nach § 36 Abs. 1 Satz 2 **abgesehen werden darf**. Das ist zulässig, wenn anzunehmen ist, dass die Entscheidung des Richters erst nach Wegfall des Grundes der polizeilichen Maßnahmen ergehen würde. Nach Wegfall des Grundes ist die festgehaltene Person in jedem Falle zu entlassen (§ 38 Abs. 1 Nr. 1). Es ist daher nicht zulässig, eine betroffene Person nur deshalb länger als materiell-rechtlich erlaubt festzuhalten, um der formalen rechtsstaatlichen Garantie des Art. 104 Abs. 2 Satz 2 GG zu genügen. Damit würde der Schutzgedanke des Art. 104 GG ins Gegenteil verkehrt.   4

Von der Polizei wird also hinsichtlich der Notwendigkeit, eine richterliche Entscheidung herbeizuführen, ein geschätzter **Zeitvergleich** verlangt: Wie lange wird voraussichtlich die polizeiliche Maßnahme (Gewahrsam, Identitätsfeststellung, Vorführung) dauern und welche Zeit wird die richterliche Entscheidung benötigen, wobei alle Umstände des Einzelfalles zu berücksichtigen sind. Dazu können hinsichtlich der **Erreichbarkeit des Richters** gehören: Tageszeit, Sonn- und Feiertage, Fahrtdauer, Wartezeit. Die **Unmöglichkeit**, die betroffene Person **persönlich anzuhören**, z. B. infolge **Trunkenheit**, steht einer richterlichen Entscheidung allerdings nicht entgegen (VGH Mannheim, VBlBW 2012, S. 268).   5

Polizeiliche **Freiheitsentziehungen** sind auch häufig ihrer Natur nach so **kurzfristig**, dass bei grundsätzlicher Erreichbarkeit des Richters seine Entscheidung längere Zeit in Anspruch nehmen würde, als der Grund für die polizeiliche Maßnahme besteht.   6

Beispiel: Die Polizei hat einen 10-jährigen Jungen aufgegriffen, der sich seit mehreren Tagen von seinem Elternhaus entfernt hat und in der Stadt herumtreibt (§ 35 Abs. 2). Auf Anruf erklärt sich der Vater sofort bereit, seinen Sohn abzuholen. Eine richterliche Entscheidung würde wahrscheinlich länger dauern als das Abholen durch den Vater. Deshalb ist sie nicht erforderlich.

Nach Aufhebung der freiheitsentziehenden Maßnahmen ist die Herbeiführung einer richterlichen Entscheidung durch die Polizei **nicht** vorgesehen. Die Polizei hat die Richterentscheidung nur vor und während der Freiheitsentziehung (Zulässigkeit und Fortdauer) herbeizuführen.

2. Verfahren

7   Obwohl es sich bei der Entscheidung über die Zulässigkeit und Fortdauer einer Freiheitsentziehung um eine öffentlich-rechtliche Angelegenheit handelt, wird gemäß § 36 Abs. 2 das Amtsgericht für zuständig erklärt. Zu der Voraussetzung, wonach eine solche gesetzliche Regelung möglich ist, und zu den Gründen, dass diese so getroffen worden ist, s. § 14 a, RN 7 bis 9.

Der bisherige Wortlaut des § 36 Abs. 1 Satz 1 hat zu einer divergierenden Rechtsprechung verschiedener OLG in Nordrhein-Westfalen geführt. Nunmehr ist das AG örtlich zuständig, **in dessen Bezirk die Freiheitsentziehung herbeigeführt wurde.** Das muss nicht das AG sein, in dessen Bezirk die Polizeibehörde ihren Sitz hat, denn im Gebiet einiger großer Polizeipräsidien und bei den Landräten als Kreispolizeibehörde gibt es mehrere Amtsgerichtsbezirke. Es kann allerdings durch Rechtsverordnung vorgesehen sein, dass nicht sämtliche AG in Haftsachen zuständig sind.

Herbeiführung einer Freiheitsentziehung kennzeichnet den **tatsächlichen Beginn der Maßnahme.** Dieser beginnt nicht erst mit der Einlieferung des Betroffenen in den Arrestraum, sondern ist bereits gegeben, wenn ein **Festhalten** des Betroffenen vorliegt (s. § 35 RN 1). Allerdings reicht hierzu nicht die Erklärung eines Polizeibeamten gegenüber einer Person, sie werde in Gewahrsam genommen, denn dadurch beginnt nicht der tatsächliche Entzug der Freiheit. Gelingt es einem Betroffenen nach einer solchen Erklärung zunächst, sich der Festnahme durch Flucht zu entziehen und kann seine Flucht erst im Bezirk eines anderen AG beendet werden, dann ist das AG örtlich zuständig, in dessen Bereich die Festnahme tatsächlich vorgenommen wurde. Im Einzelfall kann das sogar ein AG sein, das außerhalb des Bezirks der handelnden Polizeibehörde liegt.

Die Neuregelung des § 36 Abs. 1 Satz 1 hat im Übrigen Auswirkungen für die bisherige polizeiliche Praxis. Zu den polizeilichen Vorbereitungen auf die Gefahrenabwehr für eine Großveranstaltungen, bei der gewalttätige Auseinandersetzungen zu befürchten waren, gehörte die vorsorgliche Einrichtung einer Gefangenensammelstelle (Gesa), gegebenenfalls für das Gebiet mehrerer Polizeibehörden. Eine solche Gesa ist jetzt nur noch zulässig für den Bezirk eines AG.

Richterliche Entscheidung § 36

Außerdem kann die Polizei insbesondere im ländlichen Raum vor erhebliche Probleme gestellt sein, wenn dort plötzlich mehrere Personen in Gewahrsam genommen werden und die Zahl der vorhandenen Gewahrsamszellen nicht ausreicht. Die Unterbringung der Betroffenen in dem Gewahrsam einer benachbarten Polizeibehörde und die Vorführung vor das dort örtlich zuständige AG wird nicht den Anforderungen des § 36 Abs. 2 Satz 1 gerecht.

Das Verfahren richtet sich nach dem 7. Buch „Verfahren in Freiheitsentziehungssachen" des FamFG, also nach dessen §§ 415 bis 432. 8

Die terminologischen Unterschiede zwischen dem PolG NRW und dem FamFG hinsichtlich des Beginns der Freiheitsentziehung (vgl. oben RN 2) bedingen einige verfahrensrechtliche Besonderheiten. Zwar ist das FamFG Bundesrecht, aber da es kraft einer landesrechtlichen Regelung für anwendbar erklärt wird, gilt insoweit nicht Art. 31 GG. Denkbar ist deshalb eine richterliche Entscheidung zur Ingewahrsamnahme der betroffenen Person **vor ihrer Festnahme,** ohne dass sie gemäß § 420 FamFG angehört wird. Dann ist die Anhörung jedoch alsbald nach der Freiheitsentziehung nachzuholen. 9

Gegen die richterliche Entscheidung **vor oder während der Freiheitsentziehung** ist gemäß § 58 i. V. m. § 429 FamFG **Beschwerde** zulässig. Diese steht auch der Polizei zu, falls ein Antrag auf Freiheitsentziehung vom Gericht abgelehnt wird. Eine Entscheidung über die Freiheitsentziehung wird nach § 422 Abs. 1 FamFG erst mit Rechtskraft wirksam. Da die Beschwerdefrist länger ist als die Höchstdauer der Freiheitsentziehung nach § 38, kommt bei eilbedürftigen Maßnahmen der Polizei eine Anordnung des Gerichts über die sofortige Wirksamkeit der Entscheidung gemäß § 422 Abs. 2 FamFG in Betracht, wodurch die Beschwerde der betroffenen Person ihren Suspensiveffekt verliert. 10

Unstreitig ist die Zivilgerichtsbarkeit zuständig für richterliche Entscheidungen vor oder während der Freiheitsentziehung. Das gilt sowohl für die Fälle, in denen vor Beginn der Freiheitsentziehung bereits eine richterliche Anordnung vorliegt, als auch für die Fälle, in denen die richterliche Entscheidung erst nach Beginn des Festhaltens der betroffenen Person herbeigeführt wird. 11

Wird eine Freiheitsentziehung durch die Polizei nach dem PolG NRW ohne vorherige richterliche Entscheidung vorgenommen, ist der Verwaltungsrechtsweg jedenfalls bis zum Ende der polizeirechtlichen Ingewahrsamnahme ausgeschlossen. Aus Art. 19 Abs. 4 GG folgt, dass die betroffene Person während der Dauer des Festhaltens eine Entscheidung des AG beantragen kann, wenn die Polizei es pflichtwidrig unterlässt, diese nach § 36 herbeizuführen. 12

Für eine vorbeugende Unterlassungsklage ist regelmäßig kein Raum, da eine verbindliche Ankündigung der Polizei so gut wie nie ergehen wird, eine Person demnächst in Gewahrsam zu nehmen. 13

Umstritten ist die Frage, welcher Rechtsweg gegeben ist bei einer Freiheitsentziehung **ohne richterliche Entscheidung,** falls die betroffene Person nachträg- 14

§ 36 Richterliche Entscheidung

lich die **Rechtswidrigkeit der Maßnahme festgestellt** wissen will (vgl. dazu auch Einführung Nr. 6.3). Alte, aber noch oft zitierte Entscheidungen (vgl. z. B. BVerwG, NJW 1974, S. 807) und Literaturmeinungen (vgl. z. B. *Olschewski*, JR 1971, S. 89) befassen sich mit landesrechtlichen Regelungen, die vor Übernahme des § 14 ME PolG in das jeweilige Landesrecht bestanden; sie können daher nur noch bedingt für eine Aussage zur heutigen Rechtslage herangezogen werden. Das gilt letztlich auch für eine Vielzahl von Urteilen und Beschlüssen zu Art. 17 BayPAG vom 24. August 1978 (GVBl. S. 561), bei denen aus den in Fachzeitschriften abgedruckten Texten die Sachlage nicht immer eindeutig hervorgeht. Die Verwaltungsgerichtsbarkeit (VG Regensburg, BayVBl. 1987, S. 505; VGH München, BayVBl. 1988, S. 246; BVerwG, NJW 1989, S. 1048) hielt für die nachträgliche Feststellung der Rechtswidrigkeit der Ingewahrsamnahme den Verwaltungsrechtsweg für nicht gegeben, wenn die betroffene Person vor einer Entscheidung des mit der Sache befassten Amtsgerichts über die Zulässigkeit und Fortdauer der Festnahme entlassen worden sei. In dem Parallelfall, in dem das AG die Ingewahrsamnahme bestätigt hatte, hielt das BayObLG (BayVBl. 1986, S. 666) eine sofortige Beschwerde gegen die Entscheidung des AG für unzulässig, falls die betroffene Person inzwischen wieder in Freiheit war. Während das BayObLG in einem späteren Beschluss (DÖV 1989, S. 168) anerkannte, dass bei einer Entscheidung des Amtsgerichts **nach der Entlassung** der betroffenen Person aus dem Gewahrsam die sofortige Beschwerde zulässig sei, verneinte der VGH München (NJW 1989, S. 1754) weiterhin den Verwaltungsrechtsweg auch dann, wenn bis zur Entlassung der betroffenen Person das AG nicht mit der Angelegenheit befasst war. Durch Art. 18 Abs. 2 BayPAG wird nunmehr festgelegt, dass (zunächst) das Amtsgericht **auf Antrag der betroffenen Person** nachträglich über die **Zulässigkeit der Ingewahrsamnahme**. In NRW, wo anders als in Bayern der Gesetzgeber bisher keine solche Klarstellung vorgenommen hat, fragt sich, ob es ebenfalls einer vergleichbaren Vorschrift bedarf. Eine solche Bestimmung ist nicht notwendig, wenn sich die Rechtsprechung von folgenden Gesichtspunkten leiten lässt:

– War das Amtsgericht (vgl. § 36 Abs. 1 Satz 2) **nicht mit der Sache befasst**, steht **der betroffenen Person nach Entlassung aus dem Gewahrsam** der **Verwaltungsrechtsweg** offen (so auch OVG Münster, NWVBl. 2012, S. 364). Je nachdem, ob man in der Ingewahrsamnahme einen **Verwaltungsakt in Form einer Duldungsverfügung** oder aber einen **Realakt** (s. *Finger*, JuS 2005, S. 117) sieht, ist entweder eine Fortsetzungsfeststellungsklage gemäß § 113 Abs. 1 Satz 4 VwGO (so OVG Bremen, NVwZ 1987, S. 235; VG Frankfurt, NVwZ 1994, S. 720; OVG Bremen, NVwZ-RR 1997, S. 474) oder eine Feststellungsklage nach § 43 VwGO statthaft. Die insoweit bestehende Problematik zwischen beiden Klagearten hat sich durch den Wegfall des Widerspruchs praktisch entschärft.

– Liegt hingegen ein **Beschluss des Amtsgerichts** vor – selbst wenn dieser ergangen ist in Unkenntnis des Gerichts, dass die betroffene Person von der Po-

Richterliche Entscheidung § 36

lizei inzwischen entlassen worden ist –, hat diese die Möglichkeit, dagegen die für dieses Verfahren vorgesehenen Rechtsmittel einzulegen. **Der Verwaltungsrechtsweg ist ihr verschlossen.** Dass sich beide Verfahrensarten unterscheiden, bedingt keinen Verstoß gegen Art. 19 Abs. 4 GG (insoweit zutreffend VGH München, NJW 1989, S. 1754 f.).

– Unklar ist nur, wann **das Amtsgericht mit einer Sache befasst** war. Verhindert werden soll, dass die Entscheidung einer Gerichtsbarkeit durch eine andere Gerichtsbarkeit überprüft wird. Der VGH Kassel (NJW 1984, S. 821) stellte darauf ab, ob gewisse **Mindestanforderungen,** die sich aus dem Rechtsstaatsprinzip ergäben, vorliegen, ehe von einer Entscheidung des AG gesprochen werden könne. Hierzu gehöre insbesondere die **Anhörung des Inhaftierten.** Das OVG Münster (NJW 1990, S. 3224) geht folgerichtig noch einen Schritt weiter. Nach dem Wortlaut des § 36 Abs. 1 Satz 1 hat die Polizei eine richterliche Entscheidung **herbeizuführen,** d. h. sie hat ihre aus dieser Bestimmung erwachsene Verpflichtung erfüllt, wenn sie unverzüglich um diese Entscheidung nachsucht. Die Polizei hat allerdings keinen Einfluss darauf, wann das AG entscheidet (s. dazu die Urteilsbesprechung in: KR 1991, S. 337). Hat die Polizei die Herbeiführung der richterlichen Entscheidung bewirkt, die Angelegenheit quasi beim AG „rechtshängig" gemacht, ist der Verwaltungsrechtsweg selbst dann nicht gegeben, falls das AG die ihm obliegende Entscheidung unkorrekt trifft oder ganz unterlässt. Die Rechtswegzuweisung zu den Amtsgerichten entfällt nicht dadurch, dass der Amtsrichter sich mit dem Vorfall befasst, jedoch während der Ingewahrsamnahme des Betroffenen keine richterliche Entscheidung trifft (OVG Berlin-Brandenburg, NJW 2009, S. 2695). Der Entscheidung des OVG Münster (s. o.) ist zuzustimmen, allerdings unter einer ganz wesentlichen Voraussetzung: Einer nachträglichen Entscheidung über die Zulässigkeit der Inhaftierung **auf Antrag der betroffenen Person** dürften sich die Zivilgerichte nicht entziehen unter Hinweis auf die prozessuale Überholung (so noch Kammergericht, NJW 1983, S. 690); ggf. ist einer betroffenen Person noch nachträglich rechtliches Gehör einzuräumen (BayObLG, NJW 1998, S. 2455 und OLG Karlsruhe, DIE POLIZEI 1998, S. 269).

Eine förmliche Belehrung der betroffenen Person durch die Polizei über Möglichkeiten zur Rechtswahrung ist bei Freiheitsentziehungen nach dem PolG NRW nicht vorgesehen. Auf entsprechende Fragen sollte die Polizei aber Auskunft erteilen. Der betroffenen Person ist in jedem Fall gemäß § 37 Abs. 1 der Grund für das Festhalten bekannt zu geben. Da ihr nach § 37 Abs. 2 außerdem Gelegenheit zu geben ist, einen Angehörigen oder eine Vertrauensperson (Rechtsanwalt) zu benachrichtigen, kann sie diese beauftragen, Schritte zu ihrer Rechtswahrung einzuleiten.

15

3. Richterliche Entscheidung bei Freiheitsentziehungen im Rahmen der Strafverfolgung

16 Auch bei polizeilichen Freiheitsentziehungen im Bereich der **Strafverfolgung** gilt Art. 104 Abs. 2 GG. Soweit nicht bereits vor der Freiheitsentziehung eine richterliche Entscheidung vorliegt (z. B. ein Haftbefehl nach § 114 StPO), ist unverzüglich eine Entscheidung des Amtsgerichts einzuholen.

17 Für die **vorläufige Festnahme** gemäß § 127 Abs. 2 StPO (vgl. § 35, RN 24) regelt das § 128 StPO. Bei Maßnahmen gegen **Störungen von Amtshandlungen** nach § 164 StPO (vgl. § 34, RN 9) ist anders als bei der Ingewahrsamnahme nach § 35 Abs. 1 Nr. 3 i. V. m. § 36 nicht ausdrücklich eine richterliche Entscheidung vorgesehen. Insoweit gilt jedoch **Art. 104 Abs. 2 GG unmittelbar**. War die Festnahme gemäß § 164 StPO nur von kurzer Dauer, sodass die Polizei keine richterliche Entscheidung herbeiführen konnte, hat die betroffene Person die Möglichkeit der nachträglichen gerichtlichen Klärung über § 23 EGGVG (vgl. dazu Einführung Nr. 6.6).

§ 37
Behandlung festgehaltener Personen

(1) Wird eine Person auf Grund von § 10 Abs. 3, § 12 Abs. 2 Satz 3 oder § 35 festgehalten, ist ihr unverzüglich der Grund bekanntzugeben.

(2) ¹**Der festgehaltenen Person ist unverzüglich Gelegenheit zu geben, einen Angehörigen oder eine Person ihres Vertrauens zu benachrichtigen, soweit dadurch der Zweck der Freiheitsentziehung nicht gefährdet wird.** ²**Unberührt bleibt die Benachrichtigungspflicht bei einer richterlichen Freiheitsentziehung.** ³**Die Polizei soll die Benachrichtigung übernehmen, wenn die festgehaltene Person nicht in der Lage ist, von dem Recht nach Satz 1 Gebrauch zu machen und die Benachrichtigung ihrem mutmaßlichen Willen nicht widerspricht.** ⁴**Ist die festgehaltene Person minderjährig oder ist für sie zur Besorgung aller ihrer Angelegenheiten ein Betreuer bestellt, so ist in jedem Falle unverzüglich derjenige zu benachrichtigen, dem die Sorge für die Person obliegt.** ⁵**Dies gilt auch, wenn der Aufgabenkreis des Betreuers die in § 1896 Abs. 4 und § 1905 des Bürgerlichen Gesetzbuchs bezeichneten Angelegenheiten nicht erfasst.**

(3) ¹**Die festgehaltene Person soll gesondert, insbesondere ohne ihre Einwilligung nicht in demselben Raum mit Straf- oder Untersuchungsgefangenen untergebracht werden.** ²**Männer und Frauen sind getrennt unterzubringen.** ³**Der festgehaltenen Person dürfen nur solche Beschränkungen auferlegt werden, die der Zweck der Freiheitsentziehung oder die Ordnung im Gewahrsam erfordert.** ⁴**Im Ausnahmefall, wenn dies zum Schutz der Person erforderlich ist, kann die festgehaltene Person mittels Bild- und Tonüber-**

tragung offen beobachtet werden. ⁵Zur Wahrung der Intimsphäre kann der Toilettenbereich durch geeignete Sichtschutzwände abgegrenzt werden.

VVPolG NRW zu § 37
Behandlung festgehaltener Personen (zu § 37)
37.0
Der Vollzug der Freiheitsentziehung im Polizeigewahrsam ist im Einzelnen in der Polizeigewahrsamsordnung für das Land Nordrhein-Westfalen (RdErl. d. Innenministeriums v. 20.3.2009, MBl. NRW. S. 254) geregelt.
37.2 (zu Absatz 2)
Auf RdNr. 4.2 wird verwiesen.
37.3 (zu Absatz 3)
Diese Norm regelt die offene Beobachtung mit technischen Mitteln zur Bild- und Tonübertragung von im Polizeigewahrsam befindlichen Personen. Die Datenaufzeichnung ist nicht zugelassen. Die Beobachtung dient zum Schutz der im Polizeigewahrsam befindlichen Personen (z. B. bei Suizidgefahr, Gefahr von Verletzungen oder Notfällen bei alkoholisierten Personen oder Drogenkonsumenten), soweit zuvor die Gewahrsamsfähigkeit ärztlich festgestellt wurde. Dazu wird auf die mit RdErl. des Innenministeriums vom 6.8.2009 bekanntgegebene Druckschrift „Ärztliche Beurteilung der Gewahrsamsfähigkeit – Handlungsempfehlungen für von der nordrhein-westfälischen Polizei beauftragte (Polizei-)Ärztinnen und (Polizei-)Ärzte" verwiesen."

Erläuterungen:

Die Vorschrift gilt, wie sich aus § 37 Abs. 1 ergibt, **für alle Fälle polizeirechtlicher Freiheitsentziehungen.** 1

Die Verpflichtung zur **Belehrung über den Grund** der Freiheitsentziehung entspricht **Art. 5 MRK;** danach muss jeder Festgenommene unverzüglich über die Gründe seiner Festnahme unterrichtet werden. Unverzüglich bedeutet auch hier ohne schuldhaftes Zögern (§ 121 Abs. 1 BGB). Die betroffene Person ist nach Möglichkeit bereits bei der Ingewahrsamnahme selbst, nicht erst auf der Dienststelle oder im Gewahrsamsraum zu belehren. Die Belehrung setzt naturgemäß voraus, dass die betroffene Person in der Lage ist, sie entgegenzunehmen. Das ist z. B. bei Volltrunkenen nicht der Fall. Die Belehrung ist dann zu geeigneter Zeit nachzuholen. Die Belehrung über den Grund des Gewahrsams muss in rechtlicher Hinsicht nicht in Einzelheiten erfolgen, muss aber die Mitteilung enthalten, aus welchem Sachverhalt die Polizei die Berechtigung zur Freiheitsentziehung herleitet. Eine Rechtsbehelfsbelehrung ist nicht vorgesehen. 2

Eine bestimmte **Form** ist für die Belehrung über den Grund der Ingewahrsamnahme nicht vorgesehen. In aller Regel wird mündlich belehrt. Es empfiehlt sich jedoch, die Belehrung aktenkundig zu machen, um möglichen späteren Be- 3

§ 37 Behandlung festgehaltener Personen

schwerden begegnen zu können. Die Rechtmäßigkeit des Gewahrsams wird durch eine unterlassene Belehrung nicht berührt.

4 Nach Art. 104 Abs. 4 GG ist von jeder **richterlichen Entscheidung** über die Anordnung und Fortdauer einer Freiheitsentziehung unverzüglich ein **Angehöriger** des Festgehaltenen oder **eine Person seines Vertrauens** zu **benachrichtigen** (s. auch § 114b Abs. 1 StPO). Der Begriff „Person seines Vertrauens" ist weit auszulegen. Hierunter fallen nicht nur Freunde oder Bekannte, sondern insbesondere auch Rechtsanwälte, und dies unabhängig davon, ob die betroffene Person den zu benachrichtigenden Rechtsanwalt bereits persönlich kennt. Obwohl die Verfassungsbestimmung des Art. 104 Abs. 4 GG nicht für Freiheitsentziehungen durch eine Verwaltungsbehörde (Polizei), die immer nur kurzfristig sein können, gilt, sieht § 37 Abs. 2 Satz 1 aus rechtsstaatlichen Gründen vor, dass auch beim **polizeilichen Gewahrsam** der betroffenen Person grundsätzlich zu einer solchen Benachrichtigung Gelegenheit zu geben ist. Hierzu gehört auch, dass die betroffenen Personen einen Rechtsanwalt unterrichten und um Beistand bitten können vor der richterlichen Entscheidung. Da der Sinn der Benachrichtigung darin liegt, vor allem Angehörige über den Verbleib der betroffenen Person zu unterrichten, ist die Gelegenheit **unverzüglich** einzuräumen, d. h. möglichst bald nach Beginn der Freiheitsentziehung. Kommt es zu einer richterlichen Entscheidung nach § 36, ergibt sich die Benachrichtigungspflicht aus § 432 FamFG; hier hat § 37 Abs. 2 nur hinweisende Bedeutung.

5 Die Gelegenheit zur Benachrichtigung braucht nicht eingeräumt zu werden, wenn dadurch der **Zweck des Gewahrsams gefährdet** würde.

> **Beispiel:** Die wegen dauernder Belästigung von Straßenpassanten in Gewahrsam genommenen Anführer einer Gruppe von Skinheads wollen andere Skins benachrichtigen. Die Polizei lehnt es ab, weil Störungen vor dem Polizeigebäude und Befreiungsversuche zu befürchten sind. Deshalb kann sie die Benachrichtigung gerade dieser „Vertrauenspersonen" verweigern.

6 In der Wahl der Vertrauensperson ist die betroffene Person sonst grundsätzlich frei. Missbraucht die betroffene Person ihr Auswahlrecht (so z. B. durch Benennung des Bundespräsidenten als Vertrauensperson), braucht die Polizei dem nicht zu folgen. Die Benachrichtigung wird in aller Regel fernmündlich erfolgen, jedoch kommen auch andere Möglichkeiten (z. B. Fax) in Betracht.

7 Ist die betroffene Person nicht in der Lage, von ihrem Benachrichtigungsrecht nach § 37 Abs. 2 Satz 1 Gebrauch zu machen (z. B. wegen Trunkenheit), **soll die Polizei die Benachrichtigung** selbst **übernehmen,** wenn dies nicht dem mutmaßlichen Willen der betroffenen Person widerspricht. Die Polizei wird von einer Benachrichtigung insbesondere dann absehen, wenn damit eine Bloßstellung der betroffenen Person vermieden werden kann und wenn ein Informationsinteresse von Angehörigen nicht vorliegt. So ist bei einem erkennbaren Alleinstehenden, der zur Ausnüchterung eingeliefert wird, eine Benachrichti-

gung von Angehörigen im Regelfall nicht erforderlich, selbst wenn diese bekannt sind.

Bei festgehaltenen **Minderjährigen** oder **Betreuten** (s. § 4, RN 19) ist die **Polizei verpflichtet,** in jedem Falle unverzüglich **den Sorgeberechtigten bzw. den Betreuer zu verständigen.** Wegen des Sorgeberechtigten s. § 35, RN 15. 8

§ 37 Abs. 3 enthält gesetzliche Grundnormen über den **Vollzug der Freiheitsentziehung.** Die Vorschrift des § 37 Abs. 3 Satz 3 ist Grundlage für die ergänzenden und konkretisierenden Regelungen in der **Polizeigewahrsamsordnung für das Land Nordrhein-Westfalen,** RdErl. d. Innenministeriums v. 20.3.2009 (MBl. NRW. S. 254/SMBl. NRW. 20 51). 9

Die Polizeigewahrsamsordnung gilt auch für die Freiheitsentziehungen im Rahmen der **Strafverfolgung** (§ 127 Abs. 2 und § 163 c StPO). Sind Untersuchungshäftlinge vorübergehend in Polizeigewahrsam untergebracht (z. B. zu Vernehmungen), ist § 119 StPO als vorrangige Vorschrift zu beachten. 10

§ 38
Dauer der Freiheitsentziehung

(1) Die festgehaltene Person ist zu entlassen,
1. sobald der Grund für die Maßnahme der Polizei weggefallen ist,
2. wenn die Fortdauer der Freiheitsentziehung durch richterliche Entscheidung für unzulässig erklärt wird,
3. in jedem Falle spätestens bis zum Ende des Tages nach dem Ergreifen, wenn nicht vorher die Fortdauer der Freiheitsentziehung auf Grund eines anderen Gesetzes durch richterliche Entscheidung angeordnet ist.

(2) Eine Freiheitsentziehung zum Zwecke der Feststellung der Identität darf die Dauer von insgesamt zwölf Stunden nicht überschreiten.

VVPolG NRW zu § 38

Dauer der Freiheitsentziehung (zu § 38)
38.1 (zu Absatz 1)
Die Polizei hat von Amts wegen zu prüfen, ob die Voraussetzungen für die Freiheitsentziehung entfallen sind. Sie hat von sich aus darauf hinzuwirken, dass die betroffene Person so bald wie möglich entlassen werden kann.

Erläuterungen:

§ 38 Abs. 1 Nr. 1 enthält den an sich selbstverständlichen Grundsatz, dass **die festgehaltene Person zu entlassen ist,** wenn der Grund für die Freiheitsentziehung weggefallen ist; sie ist dann **nicht mehr notwendig.** 1

§ 38　Dauer der Freiheitsentziehung

2 Das bezieht sich einmal auf den Wegfall der Gewahrsamsgründe nach § 35. Im Falle des in Gewahrsam genommenen **Minderjährigen** (§ 35 Abs. 2) entfällt der Grund mit der Zuführung an den Sorgeberechtigten oder an das Jugendamt; der Minderjährige wird in deren Obhut „entlassen". Bei in Gewahrsam genommenen **Gefangenen** (§ 35 Abs. 3) entfällt der Grund mit der Übergabe an die Justiz; eine „Entlassung" im üblichen Sinne findet hier nicht statt.

3 § 38 Abs. 1 Nr. 1 gilt für die Freiheitsentziehung zum Zwecke der **Identitätsfeststellung** (§ 12 Abs. 2 Satz 3), wenn die Identität festgestellt ist. Im Falle der **Vorführung nach § 10 Abs. 3 Nr. 1** entfällt der Grund, wenn die betroffene Person die zur Gefahrenabwehr notwendigen Angaben gemacht hat oder wenn sich ergibt, dass sie sie nicht machen kann oder will. Im Falle des § 10 Abs. 3 Nr. 2 ist der Grund mit Durchführung der **erkennungsdienstlichen Maßnahmen** entfallen.

4 Bei der **Entlassung nach richterlicher Entscheidung** (§ 38 Abs. 1 Nr. 2), die nach § 38 FamFG durch Beschluss ergeht, ist zu berücksichtigen, dass die Entscheidung erst mit Rechtskraft wirksam wird, wenn nicht das Gericht die sofortige Wirksamkeit anordnet (vgl. § 36, RN 8). Das ist von Bedeutung, wenn die Polizei als antragstellende Behörde Beschwerde gemäß § 429 Abs 1 FamFG einlegen will.

5 Die **absolute Höchstdauer** jeder polizeirechtlichen, **auf Gefahrenabwehr gerichteten Freiheitsentziehung** ergibt sich aus § 38 Abs. 1 Nr. 3. Diese Regelung stimmt mit Art. 104 Abs. 2 Satz 3 GG überein, wonach die Polizei bei jeglichen Freiheitsentziehungen – also nicht nur bei solchen nach dem PolG NRW – aus eigener Machtvollkommenheit niemanden länger als bis zum **Ende des Tages nach dem Ergreifen** in Gewahrsam halten darf. Diese Frist darf auch dann nicht überschritten werden, wenn sich nacheinander mehrere Gründe für eine Freiheitsentziehung ergeben, wobei zu beachten ist, dass die Ermächtigungsgrundlage für die Freiheitsentziehung trotz nach außen einheitlich erscheinenden „Gewahrsams" wechseln kann.

> **Beispiel:** Ein Betrunkener wird Dienstagnacht gegen 1.20 Uhr zum Schutz der eigenen Person in das Polizeigewahrsam eingeliefert (Ermächtigungsgrundlage § 35 Abs. 1 Nr. 1). Als er am nächsten Morgen entlassen werden soll, erkennt ein zufällig anwesender Polizeibeamter in ihm einen ohne festen Wohnsitz umherziehenden Gelegenheitsdieb, der erneut einer Straftat dringend verdächtig ist. Die betroffene Person wird nunmehr auf der Grundlage des § 127 Abs. 2 StPO vorläufig festgenommen. Sie ist spätestens am Mittwoch um 24.00 Uhr zu entlassen, wenn nicht der Richter vorher Haftbefehl erlässt.

Die Polizei muss alles tun, dass die betroffene Person spätestens am Ende der jeweiligen Höchstdauer für die Ingewahrsamnahme **entlassen ist** (*Lisken*, ZRP 1996, S. 332; EGMR, NJW 1999, S. 775), d. h. dass zu diesem Zeitpunkt nicht noch ein länger dauerndes „Entlassungsverfahren" beginnt.

Dauer der Freiheitsentziehung § 38

§ 38 Abs. 1 Nr. 3 beschränkt nicht nur die Befugnis der Polizei. Er gilt auch für **6** den Richter bei Freiheitsentziehungen zur Gefahrenabwehr. Nur wenn durch ein **anderes** Gesetz über diese Frist hinaus Freiheitsentziehungen zulässig sind, kann der anordnende Richter darüber hinausgehen. Als anderes Gesetz kommt insbesondere die StPO mit ihren Vorschriften über die Untersuchungshaft in Betracht (§§ 112 ff. StPO). § 38 Abs. 1 Nr. 3 hat demnach eine Doppelbedeutung: Er begrenzt einmal in Übereinstimmung mit Art. 104 Abs. 2 Satz 3 GG die Dauer für die Polizei ohne Beteiligung des Richters. Die Vorschrift enthält aber zugleich auch die für den Richter verbindlichen zeitlichen Beschränkungen (soweit es um Gefahrenabwehr geht) mit absoluten Grenzen (Ende des nächsten Tages). Anders ist die Regelung z. B. in Bayern, wo seit 1989 gemäß Art. 20 Satz 2 BayPAG die Dauer des polizeirechtlichen Gewahrsams bis zu zwei Wochen ausgedehnt werden kann.

In Übereinstimmung mit § 163 c Abs. 2 StPO wird bei **Freiheitsentziehungen** **7** **zur Identitätsfeststellung** (§ 12 Abs. 2 Satz 3) die Höchstdauer auf **zwölf Stunden** begrenzt. Ergeben sich während dieser Zeit allerdings andere Gründe für eine Freiheitsentziehung (z. B. nach § 127 Abs. 2 StPO), gilt die Frist nach Art. 104 Abs. 2 Satz 3 GG nämlich bis zum Ende des nächsten Tages.

Bei der **Strafverfolgung** gelten die Regeln des § 38 entsprechend, wenn auch **8** z. T. ohne ausdrückliche Regelung in der StPO. Bei **Wegfall des Grundes** für eine strafprozessuale Freiheitsentziehung (z. B. für eine Festnahme nach § 127 Abs. 2 StPO) ist der Verdächtige zu entlassen, ebenso wenn der **Richter** eine entsprechende Entscheidung trifft (vgl. § 128 Abs. 2 StPO). Die verfassungsrechtliche **Höchstgrenze** polizeilicher Freiheitsentziehungen gilt nach Art. 104 Abs. 2 Satz 3 GG nicht nur für die Gefahrenabwehr, sondern auch für die **Strafverfolgung**; auch in diesem Bereich darf die Polizei „aus eigener Machtvollkommenheit niemanden länger als bis zum Ende des Tages nach dem Ergreifen in eigenem Gewahrsam halten". Allerdings kann der Richter – anders als bei der Gefahrenabwehr (vgl. RN 6) – bei der Strafverfolgung die länger dauernde Freiheitsentziehung in Form der Untersuchungshaft anordnen.

Fünfter Unterabschnitt
Durchsuchung

ERSTER TITEL
Durchsuchung von Personen

§ 39
Durchsuchung von Personen

(1) Die Polizei kann außer in den Fällen des § 12 Abs. 2 Satz 4 eine Person durchsuchen, wenn
1. sie nach diesem Gesetz oder anderen Rechtsvorschriften festgehalten werden kann,
2. Tatsachen die Annahme rechtfertigen, dass sie Sachen mit sich führt, die sichergestellt werden dürfen,
3. sie sich erkennbar in einem die freie Willensbestimmung ausschließenden Zustand oder sonst in hilfloser Lage befindet,
4. sie sich an einem der in § 12 Abs. 1 Satz 2 genannten Orte aufhält,
5. sie sich in einem Objekt im Sinne des § 12 Abs. 1 Nr. 3 oder in dessen unmittelbarer Nähe aufhält und Tatsachen die Annahme rechtfertigen, dass in oder an Objekten dieser Art Straftaten begangen werden sollen, durch die Personen oder diese Objekte gefährdet sind.

(2) ¹Die Polizei kann eine Person, deren Identität nach diesem Gesetz oder anderen Rechtsvorschriften festgestellt werden soll, nach Waffen, anderen gefährlichen Werkzeugen und Explosivmitteln durchsuchen, wenn das nach den Umständen zum Schutz des Polizeivollzugsbeamten oder eines Dritten gegen eine Gefahr für Leib oder Leben erforderlich ist. ²Dasselbe gilt, wenn eine Person nach anderen Rechtsvorschriften vorgeführt oder zur Durchführung einer Maßnahme an einen anderen Ort gebracht werden soll.

(3) Personen dürfen nur von Personen gleichen Geschlechts oder Ärzten durchsucht werden; das gilt nicht, wenn die sofortige Durchsuchung zum Schutz gegen eine Gefahr für Leib oder Leben erforderlich ist.

VVPolG NRW zu § 39

Durchsuchung von Personen (zu § 39)
39.01
§ 39 regelt die Durchsuchung von Personen zur Gefahrenabwehr. Die Durchsuchung von Personen in Straf- oder Bußgeldverfahren richtet sich nach den §§ 102 ff. StPO.

Durchsuchung von Personen § 39

39.02
Die Durchsuchung von Personen beschränkt sich auf die Suche nach Sachen, die sich in den Kleidern der Person oder an ihrem Körper befinden können. Zu diesem Zweck kann von der Person ggf. verlangt werden, Kleidungsstücke abzulegen. Auch in der Mundhöhle und in den Ohren kann erforderlichenfalls nachgesehen werden. Die Suche nach Gegenständen im Innern des Körpers einschließlich der nicht ohne weiteres zugänglichen Körperöffnungen stellt eine körperliche Untersuchung dar (vgl. die §§ 81 a und 81 c StPO) und fällt deshalb nicht unter § 39.

39.03
Bei einer Durchsuchung aufgefundene Gegenstände sind der betroffenen Person zu belassen, wenn sie weder nach § 43 sichergestellt noch nach den §§ 94 ff. StPO sichergestellt oder beschlagnahmt oder nach § 37 Abs. 3 Satz 3 einbehalten werden dürfen.
39.1 (zu Absatz 1)
39.11
Die Durchsuchung nach § 39 Abs. 1 Nr. 1 dient der Suche nach Sachen, die zum Angriff auf Personen oder Sachen, zur Flucht oder Selbstgefährdung geeignet sind.
39.12
§ 39 Abs. 1 Nr. 2 dient dem Auffinden von Gegenständen, die nach § 43 sichergestellt werden dürfen. Voraussetzung ist, dass entsprechende Tatsachen vorliegen; bloße Vermutungen reichen nicht aus.
39.13
Die Durchsuchung hilfloser Personen gemäß § 39 Abs. 1 Nr. 3 beschränkt sich auf die Suche nach Identitätspapieren, nach „Unfallausweisen" sowie nach Hinweisen für den Grund der Hilflosigkeit, um Beistand leisten zu können. Vom Zweck der Vorschrift werden auch Durchsuchungen getragen, die dem Auffinden von Gegenständen dienen, durch die eine Gefährdung der Person eintreten kann.
39.2 (zu Absatz 2)
Die Durchsuchung nach § 39 Abs. 2 dient der Eigensicherung und dem Schutz Dritter (z. B. bei gemeinschaftlicher Unterbringung im Gewahrsam).

Erläuterungen:

1. Begriff der Durchsuchung

Unter der **Durchsuchung von betroffenen Personen** ist die Suche nach Gegenständen am Körper oder in den Kleidern dieser Personen zu verstehen. Sie umfasst die Suche an der Körperoberfläche (z. B. in den Haaren), aber auch in den Körperhöhlen wie Mund, Nase, Ohren, soweit sie ohne Weiteres zugänglich sind. Die Durchsuchung ist zu unterscheiden von der **Untersuchung,** die darauf gerichtet ist, den Zustand und die Beschaffenheit des Körpers selbst festzustel- 1 len, z. B. körperliche Merkmale (Narben) oder Krankheitserscheinungen. Das Suchen nach **Gegenständen im Innern des Körpers,** z. B. nach verschluckten Gegenständen, ist wegen des damit verbundenen Eingriffs stets als Untersuchung zu werten. Diese kann für den Bereich der Gefahrenabwehr auf § 8 gestützt werden (vgl. § 8, RN 25).

2   Bei der **Verfolgung von Straftaten und Ordnungswidrigkeiten** ist ebenfalls zwischen Untersuchungen und Durchsuchungen zu unterscheiden. Typische Fälle der Untersuchung sind in den §§ 81 a ff. StPO enthalten. Für die Polizei ist dabei insbesondere die Anordnung einer Blutprobe von Bedeutung, die bei Gefahr im Verzug auch Ermittlungspersonen der Staatsanwaltschaft treffen dürfen (§ 81 a Abs. 2 StPO). Wegen der Durchsuchung bei der Verfolgung von Zuwiderhandlungen s. die RN 18 und 19.

2. Voraussetzungen der Durchsuchung

3   § 39 Abs. 1 erwähnt zunächst hinweisend die Durchsuchungsmöglichkeit zur **Identitätsfeststellung** nach § 12 Abs. 2 Satz 4. Über deren Voraussetzungen und ihr Verhältnis zu den §§ 39 und 40 s. § 12, RN 38 und 47 ff.

4   Die Durchsuchung nach § 39 Abs. 1 Nr. 1 bei **Personen, die nach Polizeirecht oder anderen Rechtsvorschriften festgehalten werden dürfen,** dient dem Schutz dieser Personen (Selbsttötung, Selbstverletzung) und dem Schutz der Polizeibeamten, die eine Freiheitsentziehung vornehmen oder vollziehen. Den Begriff des Festhaltens verwendet das Gesetz immer, wenn es Freiheitsentziehungen meint (vgl. die §§ 36 bis 38). Durch die Einbeziehung von Freiheitsentziehungen nach **anderen Rechtsvorschriften** gilt die Vorschrift auch für Freiheitsentziehungen bei der Strafverfolgung, vor allem bei Festnahmen nach § 127 Abs. 2 StPO. Die innere Rechtfertigung für die Ausdehnung des sachlichen Geltungsbereiches der Vorschrift liegt darin, dass der Schutz der Beteiligten bei Freiheitsentziehungen jedweder Art der Sache nach Gefahrenabwehr ist. Es ist daher folgerichtig, wenn die **Polizeigewahrsamsordnung** (vgl. § 37, RN 9) in ihrem § 6 Abs. 2 bei jedem ins Gewahrsam Eingelieferten eine gründliche Durchsuchung vorsieht. Im Interesse des Schutzes der Polizeibeamten vor Überraschungsangriffen genügt es jedoch, wenn die Voraussetzungen für das Festhalten (d. h. für die Freiheitsentziehung) vorliegen. Die Durchsuchung ist daher nicht erst zulässig, wenn die betroffene Person tatsächlich in das Gewahrsam eingeliefert wird. Sie ist vielmehr mit Beginn der Durchführung der Freiheitsentziehung möglich, damit ihr gefahrenabwehrender Aspekt wirken kann. Einer konkreten Gefahr bedarf es nicht, allerdings ist der Grundsatz der Verhältnismäßigkeit zu beachten. Die im Polizeirecht geregelten Fälle der Freiheitsentziehung sind § 37 Abs. 1 zu entnehmen.

5   Soweit § 39 Abs. 1 Nr. 1 der **Eigensicherung** dient, ergeben sich Abgrenzungsprobleme mit § 39 Abs. 2 (vgl. RN 12).

Durchsuchung von Personen § 39

Nach § 39 Abs. 1 Nr. 2 ist die Durchsuchung zulässig, **wenn Tatsachen die Annahme rechtfertigen, dass die betroffene Person Sachen mit sich führt, die sicherzustellen werden dürfen.** Das bezieht sich ausschließlich auf die Sicherstellung nach § 43, nicht auf strafprozessuale Sicherstellungen. 6

Nach § 43 Nr. 3 ist die Sicherstellung von Gegenständen zulässig, die **den Vollzug einer Freiheitsentziehung** nach dem PolG NRW und anderen Rechtsvorschriften gefährden können. Insoweit ist die Durchsuchungsbefugnis nach § 39 Abs. 1 Nr. 2 kaum von Bedeutung, da § 39 Abs. 1 Nr. 1 schon eine Durchsuchung gestattet (vgl. RN 4). Praktische Bedeutung hat die Durchsuchung nach § 39 Abs. 1 Nr. 2 dagegen für die Sicherstellungen nach § 43 Nrn. 1 und 2. 7

Gemäß § 43 Nr. 1 ist die **Sicherstellung zulässig, um eine gegenwärtige Gefahr abzuwehren.** Liegen Tatsachen vor, aus denen die Polizei schließen darf, dass eine betroffene Person Gegenstände mit sich führt, von denen selbst eine gegenwärtige Gefahr ausgeht oder deren Gebrauch eine solche Gefahr begründet, ist die Durchsuchung mit dem Ziel der Sicherstellung zulässig. Somit sind die Voraussetzungen der Sicherstellung auch Voraussetzung der Durchsuchung. 8

Beispiel: Die Polizei wird zu einer Schlägerei gerufen, bei der einige der Beteiligten Stichverletzungen erlitten haben. § 39 Abs. 1 Nr. 2 erlaubt dann die Durchsuchung zum Zwecke der Sicherstellung der Messer nach § 43 Nr. 1 (Gefahrenabwehr). Wegen der möglichen strafprozessualen Durchsuchung mit dem Ziel der Auffindung der Messer als Beweismittel s. § 102 StPO und RN 19.

Die Durchsuchung nach § 39 Abs. 1 Nr. 2 kann auch dem Ziel der **Sicherstellung** einer Sache im **Interesse des Eigentümers** dienen, um ihn vor Verlust oder Beschädigung der Sache zu schützen (§ 43 Nr. 2). 9

Beispiel: Die Polizei durchsucht einen als Dieb Verdächtigen, um dem Eigentümer das gestohlene Gut zurückzugeben. Wie im Beispiel in RN 8 lässt sich die Durchsuchung in diesem Falle ebenfalls aus § 102 StPO (Suche nach Beweismitteln) begründen. Für die Sicherstellung/Beschlagnahme nach StPO gelten die §§ 94 ff., 111 b ff. StPO.

Die **Durchsuchung einer betroffenen Person,** die sich in einem **die freie Willensbestimmung ausschließenden** Zustand oder sonst in **hilfloser Lage** befindet (§ 39 Abs. 1 Nr. 3), dient in erster Linie ihrem Schutz, um Hilfe und Beistand leisten und vor allem mit Hilfe der Identifizierung Angehörige benachrichtigen zu können. Insoweit können sich Überschneidungen ergeben mit § 12 Abs. 2 Satz 4 und mit § 39 Abs. 1 Nr. 1 i.V.m. § 35 Abs. 1 Nr. 1 (Schutzgewahrsam). 10

Die Durchsuchungsmöglichkeit bei betroffenen Personen, die sich an „**gefährlichen**" Orten (§ 39 Abs. 1 Nr. 4) oder an „**gefährdeten**" Objekten (§ 39 Abs. 1 Nr. 5) aufhalten, ergänzt bei diesem Personenkreis die Befugnis zur **Identitätsfeststellung** nach § 12 Abs. 1 Nrn. 2 und 3. Auf die Erläuterungen dazu wird verwiesen (s. § 12, RN 7 ff.). Da die Durchsuchung ein schwererer Eingriff ist als die Identitätsfeststellung, ist der **Grundsatz der Verhältnismäßigkeit** (§ 2) bei Durchsuchungen nach § 39 Abs. 1 Nrn. 4 und 5 besonders zu beachten, zumal das Gesetz den bloßen Aufenthalt an den genannten Orten als Vorausset- 11 zung für die Durchsuchung genügen lässt. So ist z. B. bei alten und gebrechlichen Personen oder bei Kindern, die mit den Gefahrenlagen nach § 39 Abs. 1 Nrn. 4 oder 5 offensichtlich nichts zu tun haben können, von der Durchsuchung abzusehen. Aber auch bei allen anderen Personen muss der weite Tatbestand, der lediglich das „Sichaufhalten" als reine Ortshaftung (ohne konkrete Gefahr) voraussetzt, über das Prinzip der Verhältnismäßigkeit angemessen eingegrenzt werden (ähnlich VGH München, Beschluss v. 8. 3. 2012 – 10 C 12.141 zur Parallelnorm des Art. 21 Abs. 1 Nr. 3 PAG; s. auch die Besprechung von *Waldhoff*, JA 2013, S. 189). Wegen der Abgrenzung zur Durchsuchungsmöglichkeit nach § 12 Abs. 2 Satz 4 (Durchsuchung zwecks Auffindens von Identitätspapieren) s. § 12, RN 38 und 47 ff.

12 § 39 Abs. 2 lässt die Durchsuchung zum Zweck der **Eigensicherung** zu, wobei „Eigensicherung" ebenso den Schutz von Dritten umfasst, mit denen die zu durchsuchende Person zusammenkommen kann. Auch § 39 Abs. 1 Nr. 1 dient teilweise diesem Zweck (s. RN 3 und 4). Liegen die Voraussetzungen für das Festhalten, also für die Freiheitsentziehung einer betroffenen Person vor, richtet sich die Durchsuchung regelmäßig nach § 39 Abs. 1 Nr. 1, weil sie sich nach dieser Vorschrift nicht auf bestimmte Gegenstände zu erstrecken hat. Entsprechend der Zweckrichtung der Bestimmungen ergibt sich, dass die Maßnahmen bereits frühzeitig zulässig sind. Bei § 39 Abs. 1 Nr. 1 müssen die Voraussetzungen für das Festhalten vorliegen, bei § 39 Abs. 2 müssen die Voraussetzungen für eine Identitätsfeststellung bzw. für eine Vorführung oder das Verbringen der betroffenen Person an einen anderen Ort gegeben sein.

13 Im Vergleich zur Durchsuchung nach § 39 Abs. 1 Nr. 1 ergeben sich für die Durchsuchung nach § 39 Abs. 2 jedoch zwei wesentliche Einschränkungen. Die eine besteht hinsichtlich der Intensität der Durchsuchung, denn diese darf sich nur auf das Auffinden von Waffen, anderen gefährlichen Werkzeugen oder Explosionsmitteln beziehen. Die andere ergibt sich aus der vom Gesetz benutzten Formulierung „wenn das **nach den Umständen** zum Schutz des Polizeivollzugsbeamten oder eines Dritten gegen eine **Gefahr** für Leib oder Leben **erforderlich** ist". Aus den Umständen muss sich eine Gefahrenprognose ergeben, sodass keineswegs vor jeder Identitätsfeststellung eine Durchsuchung gemäß § 39 Abs. 2 zulässig ist. Entscheidend ist die Situation vor Ort.

14 § 39 Abs. 2 Satz 1 gilt für die Identitätsfeststellungen, die nach dem PolG NRW oder nach anderen Rechtsvorschriften durchgeführt werden dürfen (s. RN 18). Satz 2 lässt die Durchsuchung auch zu, soweit die betroffene Person **nach anderen Rechtsvorschriften** vorgeführt oder zur Durchführung einer Maßnahme an einen anderen Ort gebracht werden soll. Die Vorführung i. S. d. § 10 Abs. 3, d. h. die zwangsweise Durchsetzung einer Vorladung, ist – wie sich aus den §§ 36 Abs. 1 und 37 Abs. 1 ergibt – nach der gesetzlichen Fiktion im PolG NRW eine Freiheitsentziehung, wird aber im Übrigen als Freiheitsbeschränkung gewertet (s. § 10, RN 1). Die rechtliche Verbesserung der Rechtsstellung desjenigen, der gemäß § 10 Abs. 3 zwangsweise vorgeführt wird, hat für ihn die Konsequenz,

dass er gemäß § 39 Abs. 1 Nr. 1 durchsucht werden kann, während bei anderen betroffenen Personen, die nach sonstigen Vorschriften vorzuführen sind, eine Durchsuchung lediglich nach § 39 Abs. 2 möglich ist.

Die zweite Alternative des § 39 Abs. 2 Satz 2 bezieht sich nicht auf den sog. Verbringungsgewahrsam (s. § 35, RN 19), denn insoweit liegt eine Festnahme vor, sodass sich eine Durchsuchung auf § 39 Abs. 1 Nr. 1 stützen lässt. In Betracht kommen andere Maßnahmen unterhalb der Freiheitsentziehung, etwa die Fahrt mit Beschuldigten zur Blutentnahme in Fällen des § 81 a StPO. **15**

Die bei der Durchsuchung aufgefundenen Gegenstände können unter den Voraussetzungen des § 43 sichergestellt werden. § 43 Nr. 3 gilt auch für Gegenstände, die bei einer Durchsuchung nach § 39 Abs. 2 gefunden werden (s. § 43, RN 25). **16**

3. Vollzug der Durchsuchung

§ 39 Abs. 3 dient dem Schutz der Menschenwürde (Art. 1 Abs. 1 GG). Die Ausnahme im zweiten Halbsatz berücksichtigt besondere Lagen, in denen sofortiges Handeln auch hinsichtlich der Durchsuchung notwendig ist. Die Gefahr für Leib oder Leben kann sich für die betroffene Person selbst, für Polizeibeamte oder für Dritte ergeben. Hinsichtlich des Gefahrengrades s. oben RN 13. **17**

4. Durchsuchung von Personen bei der Verfolgung von Straftaten und Ordnungswidrigkeiten

§ 39 Abs. 1 Nr. 1 (Durchsuchung bei Freiheitsentziehungen) und § 39 Abs. 2 (Durchsuchung zur Eigensicherung) gelten nach ihrem Wortlaut auch bei der Verfolgung von Zuwiderhandlungen (s. die RN 4 und 12), weil sie der Sache nach Gefahrenabwehr sind. **18**

Im Übrigen sind Durchsuchungen nach den §§ 102 ff. StPO zum Zwecke der **Ergreifung von Verdächtigen oder Beschuldigten und zur Sicherung von Beweismitteln zulässig.** Die Anordnung darf grundsätzlich nur der Richter treffen; **bei Gefahr im Verzug** auch die Staatsanwaltschaft und **die Polizeibeamten, die Ermittlungspersonen der Staatsanwaltschaft sind** (§ 105 Abs. 1 StPO, § 53 Abs. 2 OWiG). Durchsuchungen zur Gefahrenabwehr nach dem PolG NRW kann dagegen jeder Polizeibeamte anordnen. Das kann von Bedeutung sein, wenn Durchsuchungen – wie häufig – polizeirechtlich und strafprozessual zulässig sein können (s. die Beispiele in den RN 8 und 9). **19**

ZWEITER TITEL

Durchsuchung von Sachen

§ 40
Durchsuchung von Sachen

(1) Die Polizei kann außer in den Fällen des § 12 Abs. 2 Satz 4 eine Sache durchsuchen, wenn
1. sie von einer Person mitgeführt wird, die nach § 39 durchsucht werden darf,
2. Tatsachen die Annahme rechtfertigen, dass sich in ihr eine Person befindet, die
   a) in Gewahrsam genommen werden darf,
   b) widerrechtlich festgehalten wird oder
   c) hilflos ist,
3. Tatsachen die Annahme rechtfertigen, dass sich in ihr eine andere Sache befindet, die sichergestellt werden darf,
4. sie sich an einem der in § 12 Abs. 1 Satz 2 genannten Orte befindet,
5. sie sich in einem Objekt im Sinne des § 12 Abs. 1 Nr. 3 oder in dessen unmittelbarer Nähe befindet und Tatsachen die Annahme rechtfertigen, dass in oder an Objekten dieser Art Straftaten begangen werden sollen, durch die Personen oder diese Objekte gefährdet sind,
6. es sich um ein Land-, Wasser- oder Luftfahrzeug handelt, in dem sich eine Person befindet, deren Identität nach § 12 Abs. 1 Nr. 4 festgestellt werden darf; die Durchsuchung kann sich auch auf die in dem Fahrzeug enthaltenen Sachen erstrecken.

(2) ¹Bei der Durchsuchung von Sachen hat der Inhaber der tatsächlichen Gewalt das Recht, anwesend zu sein. ²Ist er abwesend, so sollen sein Vertreter oder ein anderer Zeuge hinzugezogen werden. ³Dem Inhaber der tatsächlichen Gewalt ist auf Verlangen eine Bescheinigung über die Durchsuchung und ihren Grund zu erteilen.

VVPolG NRW zu § 40

Durchsuchung von Sachen (zu § 40)
40.01
§ 40 regelt die Durchsuchung von Sachen zur Gefahrenabwehr. Die Durchsuchung von Sachen in Straf- oder Bußgeldverfahren richtet sich nach den §§ 102 ff. StPO.
40.02
Bei der Durchsuchung der am Körper befindlichen Kleidungsstücke und deren Inhalt handelt es sich nicht um eine Durchsuchung von Sachen i. S. d. Vorschrift, sondern um eine Durchsuchung von Personen (RdNr. 39.02).

Durchsuchung von Sachen § 40

40.03
Für die Durchsuchung von Sachen im befriedeten Besitztum gelten die §§ 41 und 42.
40.04
RdNr. 39.03 gilt entsprechend.
40.1 (zu Absatz 1)
40.11
Nach § 40 Abs. 1 Nr. 1 kann sich unter den Voraussetzungen des § 39 die Durchsuchung der Person auch auf die Sachen erstrecken, die die Person mitführt, d.h. die in ihrem unmittelbaren und sofortigen Zugriff stehen.
40.12
Sollen bewegliche Sachen, die Wohnungen sind (vgl. RdNr. 41.11), betreten oder durchsucht werden, richten sich die Maßnahmen nach § 41.
40.2 (zu Absatz 2)
Der Inhaber der tatsächlichen Gewalt ist auf sein Recht hinzuweisen, bei der Durchsuchung anwesend sein zu können. Polizeivollzugsbeamtinnen und Polizeivollzugsbeamte kommen als Zeuginnen und Zeugen nur in Betracht, wenn andere Personen zu diesem Zwecke nicht hinzugezogen werden können.

Erläuterungen:

1. Begriffe

In erster Linie betrifft die Vorschrift die **Durchsuchung beweglicher Sachen.** 1
Dazu gehören Gepäck (Koffer, Reisetaschen), Aktentaschen, Kraftfahrzeuge und Boote. Bewohnte Wohnwagen (Mobilheime), bewohnte Schiffe und Zelte sind – obwohl i.S.d. BGB bewegliche Sachen – als Wohnungen zu betrachten und dürfen nur unter den Voraussetzungen des § 41 betreten und durchsucht werden (vgl. § 41, RN 6).

Darüber hinaus gehören aber auch **Grundstücke** zu den Sachen des § 40, soweit 2
sie nicht als befriedetes Besitztum den besonderen Schutz des § 41 genießen (vgl. § 41, RN 6).

> **Beispiel:** Ein geistesschwacher Jugendlicher entfernt sich unbemerkt bei einem Gruppenausflug in ein privates Waldgebiet, das die Einrichtung umgibt, in der er untergebracht ist. Sein Fehlen wird erst gegen Abend bemerkt. Es ist anzunehmen, dass er in dem Wald umherirrt. Die Polizei durchsucht daraufhin das unbefriedete Waldgrundstück. Grundlage hierfür ist § 40 Abs. 1 Nr. 2 c). Eingefriedete Wohnungsgrundstücke in dem Gebiet dürfen nur auf der Grundlage und unter den Voraussetzungen des § 41 durchsucht werden. Da hier Lebensgefahr und Gefahr im Verzug besteht, wäre auch die Durchsuchung dieser Grundstücke zulässig (§ 41 Abs. 1 Nr. 4).

2. Voraussetzungen der Durchsuchung

Die Durchsuchung mitgeführter Sachen zur **Identitätsfeststellung** nach § 12 3
Abs. 2 Satz 4 wird in § 40 nur als Hinweis erwähnt.

4 § 40 Abs. 1 Nr. 1 ergänzt § 39, indem die Möglichkeit, eine betroffene Person zu durchsuchen, auf die von ihr **mitgeführten Sachen** ausgedehnt wird. Das ist bei Durchsuchungen im Interesse eines sicheren Vollzugs von Freiheitsentziehungen (§ 39 Abs. 1 Nr. 1) und zur Eigensicherung (§ 39 Abs. 2) von besonderer Bedeutung. Die Durchsuchungsbefugnis für Sachen gilt in allen Fällen des § 39.

5 § 40 Abs. 1 Nr. 2 soll das **Auffinden von betroffenen Personen** ermöglichen, die in Gewahrsam (§ 35) genommen werden dürfen, widerrechtlich festgehalten werden oder hilflos sind. Die Befugnis bezieht sich auf bewegliche Sachen wie auch auf Grundstücke (vgl. das Beispiel in RN 2). Falls es sich bei dem Grundstück um Wohnungen im weiteren Sinne handelt (s. § 41, RN 1 und 8), gilt § 41.

6 § 40 Abs. 1 Nr. 3 ermöglicht die Durchsuchung einer Sache, um darin befindliche **Sachen sicherstellen** zu können. Soweit es sich dabei um eine mitgeführte Sache handelt, gelten die einfacheren Voraussetzungen des § 40 Abs. 1 Nr. 1, wenn die betroffene Person selbst durchsucht werden darf. Aus § 43 ergibt sich nur, welche Sachen sichergestellt werden dürfen.

> **Beispiel:** Die Polizei durchsucht ein Waldgelände (unbefriedetes Grundstück), um ein verstecktes Lager mit Explosivstoffen zu finden und nach § 43 Nr. 1 sicherzustellen. Es müssen jedoch Tatsachen die Annahme rechtfertigen, dass sich die Explosivstoffe auf diesem Grundstück befinden.

Die Voraussetzungen des § 43 sind somit Voraussetzung des § 40 Abs. 1 Nr. 3.

7 § 40 Abs. 1 Nrn. 4 und 5 ergänzen die polizeilichen Möglichkeiten zur Gefahrenabwehr an **„gefährlichen" (verrufenen) Orten** und an **„gefährdeten" Objekten**. Auf § 12 Abs. 1 Nrn. 2 und 3 (Identitätsfeststellung) sowie § 39 Abs. 1 Nrn. 4 und 5 (Durchsuchung von betroffenen Personen) und die Erläuterungen dazu wird hingewiesen. § 40 Abs. 1 erfasst mit seinen Nummern 4 und 5 wiederum Sachen, die nicht mitgeführte Sachen i. S. d. Nummer 1 sind. Deshalb gelten auch engere tatbestandliche Anforderungen gegenüber Nummer 1. Allerdings müssen sich die Tatsachen für die Gefahrenprognose bei Nummer 5 nicht auf die Sachen, sondern auf die betroffenen Personen/Objekte i. S. d. Nummer 5 beziehen.

8 Die Durchsuchung von Fahrzeugen an **Kontrollstellen** hat grundsätzlich nach § 12 Abs. 1 Nr. 4 das Ziel der Identitätsfeststellung. Es geht um das Auffinden von Identifizierungsunterlagen. Das gilt auch für die Durchsuchung von betroffenen Personen an Kontrollstellen. Dient die Durchsuchung von betroffenen Personen oder Sachen an einer Kontrollstelle nicht dem genannten Zweck der Identifizierung, müssen für die Maßnahme die Voraussetzungen des § 39 (für Personen) oder des § 40 (für Sachen) gegeben sein. Im Hinblick auf Mobilheime und Wohnwagen gilt § 41, soweit Maßnahmen zur Identifizierung ausscheiden.

9 Die Verfahrensvorschriften nach § 40 Abs. 2 sind keine zwingenden Formvorschriften. Die Maßnahme wird nicht dadurch rechtswidrig, dass die Formvorschrift nicht beachtet wird.

3. Durchsuchung von Sachen bei der Strafverfolgung

Es gelten die §§ 102 ff. StPO. An einer aus strafprozessualen Gründen eingerichteten **Kontrollstelle** richtet sich die Durchsuchung nach § 111 Abs. 1 Satz 2 StPO. Es müssen sich alle Personen durchsuchen lassen. Die Durchsuchungsbefugnis erstreckt sich auf mitgeführte Sachen, z. B. auch auf das Kfz als Transportmittel. Die Durchsuchung dient dem Auffinden von Beweismitteln oder Tätern.

10

DRITTER TITEL

Betreten und Durchsuchung von Wohnungen

§ 41
Betreten und Durchsuchung von Wohnungen

(1) ¹Die Polizei kann eine Wohnung ohne Einwilligung des Inhabers betreten und durchsuchen, wenn
1. Tatsachen die Annahme rechtfertigen, dass sich in ihr eine Person befindet, die nach § 10 Abs. 3 vorgeführt oder nach § 35 in Gewahrsam genommen werden darf,
2. Tatsachen die Annahme rechtfertigen, dass sich in ihr eine Sache befindet, die nach § 43 Nr. 1 sichergestellt werden darf,
3. von der Wohnung Immissionen ausgehen, die nach Art, Ausmaß oder Dauer zu einer erheblichen Belästigung der Nachbarschaft führen,
4. das zur Abwehr einer gegenwärtigen Gefahr für Leib, Leben oder Freiheit einer Person oder für Sachen von bedeutendem Wert erforderlich ist.

²Die Wohnung umfasst die Wohn- und Nebenräume, Arbeits-, Betriebs- und Geschäftsräume sowie anderes befriedetes Besitztum.

(2) Während der Nachtzeit (§ 104 Abs. 3 der Strafprozessordnung) ist das Betreten und Durchsuchen einer Wohnung nur in den Fällen des Absatzes 1 Satz 1 Nrn. 3 und 4 zulässig.

(3) Wohnungen können jedoch zur Abwehr dringender Gefahren jederzeit betreten werden, wenn
1. Tatsachen die Annahme rechtfertigen, dass
   a) dort Personen Straftaten von erheblicher Bedeutung verabreden, vorbereiten oder verüben,
   b) sich dort Personen treffen, die gegen aufenthaltsrechtliche Strafvorschriften verstoßen,
   c) sich dort gesuchte Straftäter verbergen,
2. sie der Prostitution dienen.

§ 41   Betreten und Durchsuchung von Wohnungen

(4) Arbeits-, Betriebs- und Geschäftsräume sowie andere Räume und Grundstücke, die der Öffentlichkeit zugänglich sind oder zugänglich waren und den Anwesenden zum weiteren Aufenthalt zur Verfügung stehen, können zum Zwecke der Gefahrenabwehr (§ 1 Abs. 1) während der Arbeits-, Geschäfts- oder Aufenthaltszeit betreten werden.

VVPolG NRW zu § 41
Betreten und Durchsuchung von Wohnungen (zu § 41)
41.0
§ 41 regelt das Betreten und die Durchsuchung von Wohnungen zur Gefahrenabwehr. Die Durchsuchung von Wohnungen in Straf- oder Bußgeldverfahren richtet sich nach den §§ 102 ff. StPO.
41.1 (zu Absatz 1)
41.11
Es ist zu beachten: Wohnungen i. S. d. § 41 Abs. 1 Satz 2 sind auch die zu Wohnzwecken genutzten beweglichen Sachen wie Schiffe, Wohnwagen, Wohnmobile und Zelte. Inhaber einer Wohnung ist, wer rechtmäßig die tatsächliche Gewalt über die Räumlichkeit ausübt, somit z. B. auch Mieter, Untermieter oder Hotelgast. Bei Gemeinschaftsunterkünften, Internaten und Obdachlosenasylen sind nur die Leiterinnen und Leiter Inhaber. Die Befugnis zum Betreten einer Wohnung schließt die Befugnis ein, von Personen, Sachen und Zuständen, die ohne weiteres wahrgenommen werden können, Kenntnis zu nehmen. Soweit es für die Erfüllung der polizeilichen Aufgaben erforderlich ist, umfasst das Betretungsrecht bei Grundstücken auch das Recht zum Befahren mit Fahrzeugen.
41.12
§ 41 Abs. 1 Satz 1 Nr. 3 setzt keine Gefahr i. S. d. in § 41 Abs. 1 Satz 1 Nr. 4 genannten Schutzgüter voraus und dient insbesondere dem wirksamen Schutz der Nachtruhe vor erheblichen Ruhestörungen und zur Beendigung einer Ordnungswidrigkeit i. S. d. § 17 Abs. 1d des Landes-Immissionsschutzgesetzes (LImSchG). Von einer erheblichen Belästigung der Nachbarschaft ist in der Regel nur auszugehen, wenn die Polizei um Hilfe gerufen wird und nach Würdigung aller Umstände die Immissionen nicht zumutbar sind.
41.13
Die Durchsuchung einer Wohnung hat sich auf Anlass und Zweck der Durchsuchung zu beschränken. Befinden sich in der Wohnung Personen, die durchsucht werden sollen, ist hierfür § 39 maßgebend. Sollen in einer Wohnung Sachen durchsucht werden, die nicht den Wohnungsinhabern gehören, ist § 40 einschlägig.
41.3 (zu Absatz 3)
Unter den Voraussetzungen des § 41 Abs. 3 können Wohnungen auch zur Verhütung von Straftaten betreten werden, ohne dass bereits eine konkrete Gefahr vorzuliegen braucht. Die Hinweise in den RdNrn. 12.13 und 12.14 sind zu beachten.

Betreten und Durchsuchung von Wohnungen § 41

Erläuterungen:

1. Verfassungsrechtliche Ausgangslage und Begriffe

Die **Wohnung** steht unter **dem besonderen Schutz des Grundgesetzes**. Es garantiert die grundsätzliche Unverletzlichkeit der Wohnung (Art. 13 Abs. 1 GG), sieht für **Durchsuchungen** außer bei Gefahr im Verzug die **Anordnung** durch den **Richter** vor (Art. 13 Abs. 2 GG) und lässt insbesondere **Eingriffe und Beschränkungen zur Abwehr** einer gemeinen Gefahr oder einer Lebensgefahr für einzelne Personen und – auf Grund eines Gesetzes – auch zur **Verhütung dringender Gefahren für die öffentliche Sicherheit und Ordnung** zu (Art. 13 Abs. 7 GG). 1

Die §§ 41 und 42 regeln auf dieser Verfassungsgrundlage das **Betreten und die Durchsuchung** von Wohnungen zur Gefahrenabwehr durch die Polizei, wobei § 42 das Verfahren **bei Durchsuchungen** einschließlich ihrer Anordnung betrifft. Da auch die materiell-rechtlichen Vorschriften für das Betreten und die Durchsuchung in § 41 teilweise unterschiedlich geregelt sind (in § 41 Abs. 3 und 4 wird nur das Betreten erleichtert), ist die **Unterscheidung zwischen Betreten und Durchsuchung von Bedeutung.** 2

Die Befugnis zum **Betreten** einer Wohnung umfasst das Recht, in die Wohnung einzutreten und dort zu verweilen, solange die Voraussetzungen des Betretens vorliegen. Hierbei darf die Polizei selbstverständlich auch von Personen, Sachen und Zuständen in der Wohnung Kenntnis nehmen. 3

Entscheidendes Begriffsmerkmal der **Durchsuchung** ist das ziel- und zweckgerichtete Suchen nach betroffenen Personen oder Sachen oder die Ermittlung eines Sachverhalts (Gefahrenquelle) in einer Wohnung (BVerwG, NJW 1975, S. 130). 4

Die **Wohnung** umfasst nach § 41 Abs. 1 Satz 2 die Wohn- und Nebenräume, aber auch Arbeits-, Betriebs- und Geschäftsräume sowie anderes **befriedetes Besitztum**. Die Ausdehnung des Wohnungsbegriffs über die eigentlichen Wohnräume hinaus stimmt überein mit der Rechtsprechung des BVerfG (NJW 1971, S. 2299). Das Gericht wertet jedoch gleichzeitig bestimmte Betretungs- und Kontrollbefugnisse in Arbeits-, Betriebs- und Geschäftsräumen nicht als „Eingriffe und Beschränkungen" im Sinne von Art. 13 Abs. 7 GG (s. dazu *Voßkuhle*, DVBl. 1994, S. 611); darauf beruht die erleichterte Betretungsmöglichkeit nach § 41 Abs. 4. 5

Zur **Wohnung** rechnen die zum eigentlichen Wohnen bestimmten Räume ebenso wie die Nebenräume von Etagenwohnungen und Einfamilienhäusern, aber auch das Zimmer des Untermieters gehört dazu. Das von einem Hotelgast bewohnte Hotelzimmer ist dessen „Wohnung"; ein nicht vermietetes Hotelzimmer ist Geschäftsraum des Hoteliers. „Wohnung" sind ferner bewohnte Schiffe, 6

Wohnwagen (Mobilheime) und Zelte, auch wenn es sich i. S. d. BGB um bewegliche Sachen handelt (s. § 40, RN 1).

7 **Geschäftsräume** sind Räume, die im weitesten Sinne zum Betrieb eines Gewerbes bestimmt sind. Dazu gehören Fabriken, Büroräume, Verkaufsräume einschließlich der Kioske. Auch Gaststätten fallen hierunter. Soweit es sich dabei um Räume handelt, die jedermann zugänglich sind, ist der Zutritt für die Polizei allerdings erleichtert (s. § 41 Abs. 4). Dennoch ist die Befugnisnorm erforderlich, weil in dem Betreten durch die Polizei ein Rechtseingriff zu sehen ist.

8 Zum **befriedeten Besitztum** gehören eingefriedete Grundstücke, insbesondere wenn sie bebaut sind. Die Bebauung ist jedoch nicht Voraussetzung; auch sonst eingefriedete Grundstücke wie z. B. Lagerplätze zählen dazu. Bei land- und forstwirtschaftlichen Grundstücken (Wiesen, Felder, Schonungen) ist es zweifelhaft, ob sie bei einer einfachen Umzäunung befriedetes Besitztum sind, (s. *Hermann,* KR 1997, S. 377). Unter dem Gesichtspunkt, dass Sinn des Art. 13 GG der Schutz des „Hausrechts" und der damit verbundenen Persönlichkeitssphäre ist, gehören die beschriebenen land- und forstwirtschaftlichen Grundstücke nicht zum befriedeten Besitztum i. S. d. § 41. Für sie sind die sonst für Grundstücke geltenden Regeln anzuwenden, die ein Betreten und eine Durchsuchung auf der Grundlage des § 40 zulassen (s. § 40, RN 2 und das dortige Beispiel).

9 Wohnung, Geschäftsraum und befriedetes Besitztum stehen auch **strafrechtlich** unter besonderem **Schutz** (§ 123 StGB; Hausfriedensbruch). Hinsichtlich des befriedeten Besitztums gilt allerdings strafrechtlich ein weitgefasster Begriff.

10 Die **Einwilligung des Inhabers** der Wohnung, der Geschäftsräume oder des sonstigen befriedeten Besitztums zum Betreten oder zur Durchsuchung führt dazu, dass kein Eingriff vorliegt, sodass es § 41 nicht bedarf. Dies gilt aber nur bei der Einwilligung des Alleininhabers. Soweit mehrere Personen Inhaber sind und nicht alle zugestimmt haben, handelt es sich um einen Rechtseingriff. **Inhaber ist,** wem im Einzelfall das Grundrecht auf Unverletzlichkeit der Wohnung nach Art. 13 GG zusteht. Das Grundrecht schützt die Persönlichkeitsentfaltung in einem bestimmten räumlichen Bereich und daher denjenigen, der unmittelbar über diesen räumlichen Bereich verfügt. Das ist der unmittelbare Besitzer (vgl. die §§ 854 ff. BGB). Inhaber ist also, wer rechtmäßig die tatsächliche Gewalt über die Räumlichkeit hat.

> **Beispiel:** Eine Ehefrau ruft die Polizei gegen den Willen des Ehemannes in die Wohnung, weil sie sich von ihm ernsthaft bedroht fühlt. Die Frau ist – neben ihrem Mann – Inhaberin der Wohnung, da auch sie die Wohnung bewohnt und damit rechtmäßig den unmittelbaren Mitbesitz (§ 866 BGB) ausübt. Da nur die Ehefrau wirksam in das Betreten der Wohnung eingewilligt hat, bedarf es hinsichtlich der Rechtsposition des Mannes der Befugnis nach § 41.

11 Bei **Hausbesetzungen** gibt es unterschiedliche Fallgestaltungen. Grundsätzlich genießen Hausbesetzer nicht den Schutz des Art. 13 GG, da sie den Besitz durch

verbotene Eigenmacht erlangt haben. Beim Vorgehen der Polizei gegen Hausbesetzer kann sie auf die Generalklausel des § 8 zurückgreifen, da lediglich ein Eingriff in Art. 2 Abs. 1 GG in Betracht kommt. Anders ist die Situation, wenn Hausbesetzung durch sog. Duldungsverträge legalisiert wird. Hierdurch entsteht die Grundrechtsposition nach Art. 13 GG, sodass Voraussetzungen des § 41 für Maßnahmen der in Rede stehenden Art vorliegen müssen.

Bei **Mietwohnungen** ist nur der Mieter Inhaber i. S. d. § 41. Der Eigentümer ist zwar mittelbarer Besitzer (§ 868 BGB), kann aber über die Rechtsposition seines Mieters nicht verfügen. Gleiches gilt für den Hotelgast und den Untermieter. Deshalb müssen auch im Falle der Zustimmung von Hauptmieter/Eigentümer oder Hotelier die Voraussetzungen des § 41 vorliegen. Bei Betriebs- und Geschäftsräumen ist in der Regel nur der Betriebs- oder Geschäftsinhaber zu einer Einwilligung befugt, wobei er Angestellte zur Ausübung seiner Rechte bevollmächtigen kann. Sonst sind Angestellte nicht dazu befugt. In Gemeinschaftsunterkünften, Internaten und Obdachlosenasylen sind u. U. – je nach den konkreten Wohnverhältnissen – nur die Leiter „Wohnungsinhaber"; es kommt daher nur auf ihre Einwilligung an. Das gilt nicht für Studentenwohnheime. Auch juristische Personen gemäß Art. 19 Abs. 3 GG sind Träger der Grundrechtsposition aus Art. 13 GG. Einwilligungen können ihre vertretungsberechtigten Organe (z. B. der Vorstand) erteilen. **12**

2. Voraussetzungen für das Betreten und die Durchsuchung von Wohnungen

Art. 13 Abs. 2 GG gilt für **Durchsuchungen** aus strafprozessrechtlichen und gefahrenabwehrenden Gründen. Insofern ist die Bestimmung Spezialvorschrift gegenüber den sonstigen zugelassenen **Eingriffen und Beschränkungen** nach Art. 13 Abs. 7 GG. Zu diesen Eingriffen und Beschränkungen gehört auch das polizeirechtliche **Betreten** von Wohnungen. Obwohl hierfür geringere Anforderungen genügen, hat der Gesetzgeber in § 41 Abs. 1 und 2 für das Betreten **und** die Durchsuchung dieselben Anforderungen aufgestellt. Erleichterungen für das Betreten sind nur in den Fällen von § 41 Abs. 3 und 4 vorgesehen. **13**

Nach § 41 Abs. 1 Nr. 1 dürfen Wohnungen betreten werden, um eine **Vorführung** nach § 10 Abs. 3 oder eine **Ingewahrsamnahme** nach § 35 durchsetzen zu können. Somit ermöglicht die Bestimmung, an betroffene Personen „heranzukommen", die sich in der Wohnung aufhalten. Ohne diese Vorschrift könnten die Vorführung und die Ingewahrsamnahme nicht vollzogen werden gegenüber betroffenen Personen, die sich in ihrer Wohnung oder mit Erlaubnis des Wohnungsinhabers in dessen Wohnung aufhalten. Allerdings müssen die Voraussetzungen des § 10 Abs. 3 oder des § 35 erfüllt sein. Bei der erstgenannten Vorschrift geht es einerseits um Angaben zur Abwehr von Gefahren für Leib, Leben oder Freiheit einer Person, andererseits um die Durchführung einer erkennungsdienstlichen Behandlung. In Bezug auf die zweite Möglichkeit ist dem Prinzip **14** der Verhältnismäßigkeit Beachtung zu schenken, zumal Art. 13 Abs. 2 GG keine besonderen Anforderungen an den Gesetzgeber hinsichtlich der Ausgestaltung der formellen Regelungen stellt. Bei der letztgenannten Vorschrift kommt dem Verhältnismäßigkeitsgrundsatz ebenfalls eine große Bedeutung zu, insbesondere bei dem Betreten und der Durchsuchung zur Durchsetzung eines Platzverweises (§ 35 Abs. 1 Nr. 3), zur Durchsetzung einer Wohnungsverweisung oder eines Rückkehrverbotes (§ 35 Abs. 1 Nr. 4) oder zur Realisierung privater Rechte (§ 35 Abs. 1 Nr. 5). § 41 Abs. 1 Nr. 1 gilt infolge der Verweisung auf den gesamten § 35 auch für das Betreten und die Durchsuchung von Wohnungen, um Minderjährige in die Obhut der Sorgeberechtigten zurückzubringen (§ 35 Abs. 2) oder um betroffene Personen, die sich freiheitsentziehenden Maßnahmen unbefugt entzogen haben, in die Anstalt zurückzubringen (§ 35 Abs. 3). Tatbestandliche Voraussetzung ist in allen genannten Fällen, dass der Polizei **Tatsachen** bekannt sind, auf Grund derer die Prognose für den Aufenthalt und das Antreffen der genannten betroffenen Personen gerechtfertigt ist. Allgemeine Vermutungen oder lediglich berufliches Erfahrungswissen reichen nicht aus. Allerdings kann berufliche Erfahrung in Verbindung mit einer Tatsache die Prognose stützen. Tatsachen sind objektive Umstände, konkrete Hinweise, sichere Informationen oder Erkenntnisse aus optischen oder akustischen Wahrnehmungen. Die Schlussfolgerungen daraus müssen die Annahme des Auffindens rechtfertigen.

15 § 41 Abs. 1 Nr. 2 lässt das Betreten und die Durchsuchung zur **Sicherstellung von Sachen** nur zu, wenn Tatsachen die Annahme des Auffindens tragen (s. RN 14) und dadurch eine gegenwärtige Gefahr (§ 43 Nr. 1) abgewendet werden kann.

16 Nach § 41 Abs. 1 Nr. 3 ist das Betreten und die Durchsuchung von Wohnungen zur **Beendigung einer erheblichen Belästigung der Nachbarschaft** durch Immissionen zugelassen. Dieser in der Praxis häufig vorkommende Fall hat in der Vergangenheit Probleme bereitet, weil durch diese Belästigungen regelmäßig nicht die in der jetzigen Nummer 4 des § 41 geforderten Gefahrenlagen gegeben waren. Die Belästigungen müssen sich auf die Nachbarschaft auswirken. Unter den Begriff „Nachbarschaft" fallen sämtliche Personen, die unter den Immissionen in erheblicher Weise zu leiden haben. Lärmbelästigungen, die tagsüber noch hinzunehmen sind, können zur Nachtzeit zu einer nicht mehr zu tolerierenden Beeinträchtigung führen. Ähnlich zu differenzieren ist bei Belästigungen an Werktagen einerseits und an Sonn- und Feiertagen andererseits.

17 Immissionen sind Einwirkungen auf Menschen durch Licht, Luftverunreinigung, Wärme, Strahlen, Erschütterungen und in der Praxis vor allem durch Geräusche. Bei erheblichen Belästigungen durch Geräusche werden regelmäßig die Voraussetzungen des § 117 OWiG erfüllt sein.

18 Durch § 41 Abs. 1 Nr. 4 sollen **besonders hohe Rechtsgüter** geschützt werden. Leib, Leben und Freiheit sind insoweit eindeutige Rechtspositionen. Was Sa-

Betreten und Durchsuchung von Wohnungen § 41

chen von bedeutendem Wert sind, sagt das Gesetz nicht. Der Wert der Sache muss sich danach bestimmen, dass er zu den anderen genannten Rechtsgütern in einem gewissen Verhältnis steht. Bei der Gefahrenlage muss es sich um den Grad der gegenwärtigen Gefahr handeln (s. § 8, RN 13).

Da beim Vorliegen einer Gemeingefahr regelmäßig Gefahr für Leib oder Leben oder Sachen von bedeutendem Wert gegeben ist, entspricht die Formulierung in Nummer 4 auch derjenigen des Art. 13 Abs. 7 GG, sodass ein Rückgriff auf das Verfassungsrecht nicht erforderlich ist. 19

In bestimmten Situationen kann es erforderlich sein, **mehrere Wohnungen** zu betreten und zu durchsuchen. 20

> **Beispiel:** Der Polizei wird mitgeteilt, dass in einem Mehrfamilienhaus Gasgeruch festgestellt wird. Es kann nicht genau erkannt werden, in welcher Wohnung das Gas austritt. Aus diesem Grunde können zur Abwehr der gegenwärtigen Lebensgefahr bzw. Gemeingefahr mehrere Wohnungen von der Polizei betreten und durchsucht werden.

Die Beschränkungen für das **Betreten und die Durchsuchung zur Nachtzeit** (§ 41 Abs. 2) sind zwar verfassungsrechtlich nicht geboten, galten aber im Prinzip schon im PrPVG und finden eine Entsprechung in § 104 StPO. Die Nachtzeit umfasst vom 1. April bis zum 30. September die Stunden von 21.00 Uhr bis 4.00 Uhr und vom 1. Oktober bis zum 31. März die Stunden von 21.00 Uhr bis 6.00 Uhr. Die Beschränkungen gelten nur für Maßnahmen nach § 41 Abs. 1, nicht für solche nach den Absätzen 3 und 4. Das Betreten und Durchsuchen zur Nachtzeit ist nur zulässig in den Fällen des § 41 Abs. 1 Nr. 3 (Immissionen) und Nr. 4 (gegenwärtige Gefahr). 21

> **Beispiel:** Bei einem Sturm wird das Dach eines Museumsgebäudes beschädigt. Wertvolle Ausstellungsstücke drohen durch Regen beschädigt zu werden. Die Polizei darf zum Schutz dieser Sachen von bedeutendem Wert in der Nacht in das Gebäude eindringen (§ 41 Abs. 1 Nr. 4 i.V.m. Abs. 2).

Absatz 3 erleichtert das Betreten von Wohnungen in bestimmten Einzelfällen. Hierbei geht es um das **reine Betreten** (nicht Durchsuchen) als Beeinträchtigung i.S.d. Art. 13 Abs. 7 GG. Das Betreten bezieht sich auf solche Wohnungen, die als „gefährliche" oder „verrufene" Orte gelten. Absatz 3 ergänzt die in § 12 Abs. 1 genannten Orte um Wohnungen, der **Prostitution** dienen. Es muss nicht feststehen, dass die Wohnungen „gefährliche" oder „verrufene" Orte sind. Es müssen lediglich Tatsachen für eine derartige Annahme vorliegen (vgl. oben RN 14). Soweit Begriffsgleichheit zwischen § 12 Abs. 1 und § 41 Abs. 3 besteht, können Identitätsfeststellungen auch innerhalb der Wohnung vorgenommen werden. 22

Voraussetzung ist eine **dringende Gefahr** i.S.d. Art. 13 Abs. 7 GG. Bei der dringenden Gefahr wird ganz allgemein auf wichtige Rechtsgüter abgestellt, denen die Gefahr droht (BVerwG, NJW 1975, S. 130). Die Gefahrenursache oder das Gefahren auslösende Moment müssen aber noch nicht eingetreten sein (*Drews/Wacke/Vogel/Martens,* § 12, 10.c, S. 205 f.). Die dringende Gefahr bein- 23 haltet keine zeitliche Steigerung (BVerfGE 17, S. 232–252); sie kann – anders als im Bereich des Art. 13 Abs. 4 GG – bereits im Vorfeld der konkreten Gefahr vorliegen (*Kunig,* in: von Münch/Kunig, Art. 13 RN 67). Demgemäß können die genannten Wohnungen auch zur bloßen Verhütung von Gefahren betreten werden. Bei der Verhältnismäßigkeitsprüfung ist dem einschränkenden Schutzgedanken aus Art. 13 Abs. 7 GG besonders Rechnung zu tragen (z. B. Prinzip der Erforderlichkeit). Weitergehende Maßnahmen wie Durchsuchungen von Personen oder Sachen, Sicherstellungen u. Ä. sind nur zulässig, wenn die weitergehenden Voraussetzungen der einschlägigen Befugnisnormen erfüllt sind.

24 § 41 Abs. 4 **erleichtert das Betreten** (nicht die Durchsuchung) von Arbeits-, Betriebs- und Geschäftsräumen sowie von anderen Räumen und Grundstücken, die der Öffentlichkeit zugänglich sind oder waren und den Anwesenden weiter zur Verfügung stehen, während der Arbeits-, Geschäfts- oder Aufenthaltszeit. Solche Räumlichkeiten sind z. B. Gaststätten, Theater, Kinos, Badeanstalten, Ausstellungen, Museen und Kaufhäuser, aber auch eine von einem Verein betriebene öffentlich zugängliche Teestube (BVerwG, JZ 2005, S. 458 mit zustimmender Anmerkung von *Hermes*). Die Erhebung eines Eintrittsgeldes ist ohne Bedeutung. Wie die Beispiele zeigen, handelt es sich häufig um Räume, die zwar zum Begriff der Wohnung i. S. d. Art. 13 GG gehören, aber nicht zum privaten Wohnen dienen. In der grundlegenden Entscheidung des BVerfG (NJW 1971, S. 2299) wird ausdrücklich darauf hingewiesen, dass der weite Wohnungsbegriff es rechtfertigt, bestimmte gesetzliche Überwachungstätigkeiten in diesen Räumen nicht als Eingriffe und Beschränkungen i. S. Art. 13 Abs. 7 GG zu werten, wenn das Betreten und sein Zweck gesetzlich geregelt sind und zu den Zeiten stattfindet, zu denen die Räume normalerweise für die jeweilige geschäftliche oder betriebliche Nutzung zur Verfügung stehen (ggf. nur Eingriff in Art. 2 Abs. 1 GG).

Die Maßnahme setzt – wie die Bezugnahme auf § 1 Abs. 1 PolG NRW zeigt – **keine konkrete Gefahr** voraus.

> **Beispiel:** Eine Polizeistreife betritt gegen 24.00 Uhr eine Spielhalle, um zu kontrollieren, ob die Jugendschutzbestimmungen beachtet werden. Es gibt keine konkreten Anhaltspunkte, dass gerade zu diesem Zeitpunkt in dieser Spielhalle gegen entsprechende Vorschriften verstoßen wird. Gleichwohl ist das Betreten der Räumlichkeit während ihrer allgemeinen Öffnungszeit nach § 41 Abs. 4 zulässig, da die Kontrolle allgemein der Gefahrenabwehr dient. Weitergehende Maßnahmen, wie z. B. die Identitätsfeststellung bei Jugendlichen, dürfen nur unter den besonderen gesetzlichen Voraussetzungen nach § 12 getroffen werden. Das Betreten wäre auch noch nach der „Sperrstunde" (s. insoweit § 17 AG GlüStV NRW) möglich, wenn sich die Gäste nach Schließung der Gaststätte in ihr aufhalten.

Die Ausübung des Betretensrechts muss sich am Maßstab der **Verhältnismäßigkeit** orientieren. Kontrollmaßnahmen in einer „bürgerlichen" Gaststätte ohne jeden tatsächlichen Anhaltspunkt, dass in dem Betrieb in nicht allzu ferner Zukunft Gefahren entstehen – insbesondere Straftaten begangen werden –, wären regelmäßig rechtswidrig.

3. Durchsuchung von Wohnungen bei der Verfolgung von Straftaten

Die Durchsuchung, die notgedrungen das Betreten umfasst, ist auf die **Ergreifung von Tätern** und **die Sicherung von Beweismitteln** gerichtet. Sie ist in den §§ 102 ff. StPO geregelt und unterscheidet zwischen der Durchsuchung bei **Verdächtigen** (§ 102 StPO) und bei **anderen Personen** (§ 103 StPO). Für die **Nachtzeit** gelten Beschränkungen (§ 104 StPO). Die Regelung über die Durchsuchungsmöglichkeit **mehrerer Wohnungen in einem Gebäude** bei bestimmten Straftaten (§ 129 a StGB u. a.) nach § 103 Abs. 1 Satz 2 StPO (s. zu diesem Problem bei der Gefahrenabwehr RN 20) entspricht den praktischen Anforderungen.

25

§ 42
Verfahren bei der Durchsuchung von Wohnungen

(1) ¹Durchsuchungen dürfen außer bei Gefahr im Verzug nur durch den Richter angeordnet werden. ²Zuständig ist das Amtsgericht, in dessen Bezirk die Wohnung liegt. ³Für das Verfahren gelten die Vorschriften des Gesetzes über das Verfahren in Familiensachen und in den Angelegenheiten der freiwilligen Gerichtsbarkeit entsprechend.

(2) ¹Bei der Durchsuchung einer Wohnung hat der Wohnungsinhaber das Recht, anwesend zu sein. ²Ist er abwesend, so ist, wenn möglich, sein Vertreter oder ein erwachsener Angehöriger, Hausgenosse oder Nachbar zuzuziehen.

(3) Dem Wohnungsinhaber oder seinem Vertreter ist der Grund der Durchsuchung unverzüglich bekanntzugeben, soweit dadurch der Zweck der Maßnahmen nicht gefährdet wird.

(4) ¹Über die Durchsuchung ist eine Niederschrift zu fertigen. ²Sie muss die verantwortliche Dienststelle, Grund, Zeit und Ort der Durchsuchung und das Ergebnis der Durchsuchung enthalten. ³Die Niederschrift ist von einem durchsuchenden Beamten und dem Wohnungsinhaber oder der zugezogenen Person zu unterzeichnen. ⁴Wird die Unterschrift verweigert, so ist hierüber ein Vermerk aufzunehmen. ⁵Dem Wohnungsinhaber oder seinem Vertreter ist auf Verlangen eine Abschrift der Niederschrift auszuhändigen.

(5) Ist die Anfertigung der Niederschrift oder die Aushändigung einer Abschrift nach den besonderen Umständen des Falles nicht möglich oder

würde sie den Zweck der Durchsuchung gefährden, so sind der betroffenen Person lediglich die Durchsuchung unter Angabe der verantwortlichen Dienststelle sowie Zeit und Ort der Durchsuchung schriftlich zu bestätigen.

(6) § 14 Abs. 3 gilt entsprechend.

VVPolG NRW zu § 42
Verfahren bei der Durchsuchung von Wohnungen (zu § 42)
42.0
§ 42 regelt das Verfahren bei der Durchsuchung von Wohnungen zur Gefahrenabwehr. Das Verfahren bei der Durchsuchung von Wohnungen in Straf- oder Bußgeldverfahren richtet sich nach den §§ 102 ff. StPO.
42.2 (zu Absatz 2)
Wohnungsinhaber sind auf das Recht hinzuweisen, bei der Durchsuchung anwesend sein zu können.

Erläuterungen:

1. Anordnung der Durchsuchung

1 Für die **Anordnung der Durchsuchung** ist entsprechend Art. 13 Abs. 2 GG (s. § 41, RN 1) grundsätzlich der **Richter zuständig.** Abweichend von der Regelung in § 40 Abs. 1 Satz 1 VwGO bestimmt das PolG NRW nicht das Verwaltungsgericht, sondern das **Amtsgericht** zum zuständigen Gericht (wegen der Gründe s. § 36, RN 7). **Für das Verfahren** gilt das **FamFG**.

2 Die Polizei kann ohne richterliche Entscheidung eine Durchsuchung nur anordnen und durchführen, wenn **Gefahr im Verzug** besteht (zu diesem Begriff s. § 8, RN 23). Das grundlegende Urteil des BVerfG (NJW 2001, S. 1121) zur Wohnungsdurchsuchung bei Gefahr im Verzug betrifft strafprozessuale Maßnahmen, d. h. es wurde ohne richterliche Anordnung gemäß § 105 StPO durch die Polizei bei Annahme von Gefahr im Verzug die Wohnung eines Beschuldigten durchsucht. In der überwiegend zustimmenden Literaturmeinung (vgl. z. B. *Möllers,* NJW 2001, S. 1394; *Amelung,* NStZ 2001, S. 337 und *Krehl,* DIE POLIZEI 2003, S. 337) wird herausgestellt, dass das Regel-/Ausnahmeverhältnis in der Praxis anders gehandhabt wird als vom Gesetzgeber gewollt. Dies hat sicher etwas mit der Gerichtsorganisation zu tun, denn nicht immer kann ein Wohnungsdurchsuchungsbeschluss rechtzeitig erlangt werden. Die vorstehend aufgeführte Entscheidung des BVerfG hat auch Auswirkungen auf polizeirechtliche Durchsuchungen bei Gefahr im Verzug. Dennoch gibt es rechtlich bedeutende Unterschiede, je nachdem, ob strafprozessual wichtige Beweismittel gesichert werden oder ob eine gegenwärtige Gefahr für ein bedeutsames Rechtsgut abgewehrt werden muss. Da die Polizei im Gefahrenabwehrbereich in der Regel eilige Maßnahmen zu treffen hat, ist ein Einschreiten bei Gefahr im Verzug relativ

häufig notwendiger als auf strafprozessualem Gebiet. Allerdings sollten alle entscheidungserheblichen Umstände, die zur Begründung der Gefahr im Verzug führen, sorgfältig **dokumentiert** werden.

Soweit die Polizei für bestimmte Aufgaben (z. B. im Waffen- und Vereinsrecht) allgemein zuständige Verwaltungsbehörde ist, kommt eine richterliche Anordnung eher in Betracht. 3

> **Beispiel:** Die Kreispolizeibehörde hat als zuständige Verwaltungsbehörde einer Person den Besitz von Waffen und Munition untersagt (§ 41 Abs. 1 und 2 WaffG). Gibt die betroffene Person trotzdem die Waffen und die Munition nicht heraus, kann die Polizei diese Sachen nach § 46 Abs. 2 WaffG sicherstellen. Dazu kann eine Durchsuchung der Wohnung der betroffenen Person notwendig werden.

Dafür ist in der Regel eine Durchsuchungsanordnung des Amtsrichters nach § 42 Abs. 1 notwendig, es sei denn, auch in diesem Fall liegt Gefahr im Verzug vor, etwa weil der Betroffene die Waffen kurzfristig beiseiteschaffen will und ein Richter sogar fernmündlich nicht erreichbar ist.

2. Verfahren bei der Durchsuchung

Die **Formvorschrift für die Durchsuchung** gilt für alle geschützten Räumlichkeiten nach § 41 Abs. 1, auch wenn der Gesetzestext in § 42 aus Gründen sprachlicher Kürze nur die Wohnung nennt. Zweck der Formvorschriften ist, der betroffenen Person aus Anlass des schwerwiegenden Eingriffs verfahrensmäßige Sicherungen zu gewährleisten, die auch eine Überprüfung der Rechtmäßigkeit der Maßnahmen erlauben. 4

Bei der **Durchsuchung darf der Wohnungsinhaber anwesend sein;** wegen des Begriffs Inhaber s. § 41, RN 10. Stört der anwesende Inhaber die Durchsuchung, so können diese Störungen in angemessener Weise unterbunden werden, notfalls durch einen kurzfristigen Gewahrsam nach § 35 Abs. 1 Nr. 3. Die Belehrung über das Anwesenheitsrecht ist nicht zwingend, sollte aber erfolgen. Ist der Wohnungsinhaber abwesend, ist sein **Vertreter oder eine der anderen genannten Personen** (§ 42 Abs. 2) hinzuzuziehen, wenn das möglich ist. Vertreter sind gesetzliche Vertreter (z. B. Eltern) oder rechtsgeschäftliche Vertreter (z. B. Verwalter, Rechtsanwalt). Der Zweck der Durchsuchung und ihre regelmäßige Eilbedürftigkeit setzen den Bemühungen der Polizei, einen Dritten hinzuzuziehen, verhältnismäßig enge Grenzen. Ist der Inhaber nicht zu finden oder nicht bereit, hinzuzukommen, kann die Durchsuchung ohne ihn vorgenommen werden. 5

Die **Bekanntgabe des Grundes** der Durchsuchung hat unverzüglich zu erfolgen, also regelmäßig vor Beginn der Durchsuchung. Kommt der Inhaber oder ein Vertreter erst später hinzu, ist sie zu diesem Zeitpunkt nachzuholen. Andere Personen, die bei abwesendem Inhaber oder Vertreter nach Absatz 1 zur Durchsuchung hinzugezogen werden, brauchen nicht belehrt zu werden, da sie nicht befugt sind, für den Inhaber Rechtsbehelfe geltend zu machen. 6

7 Von der Bekanntgabe des Grundes kann abgesehen werden, **wenn dadurch der Zweck der Maßnahme gefährdet würde.** Eine Gefährdung kann z. B. in dem Zeitverzug liegen, der mit der Belehrung verbunden ist und dem Inhaber oder einer anderen Person Gelegenheit gibt, gesuchten Personen zur Flucht zu verhelfen oder gesuchte Gegenstände wegzuschaffen.

8 Die nach § 42 Abs. 4 aufzunehmende **Niederschrift über die Durchsuchung** soll vor allem den Nachweis über die Rechtmäßigkeit der Maßnahme darlegen, zumal der Betroffene wegen der regelmäßigen Eilbedürftigkeit der Durchsuchung in der Praxis nur selten Gelegenheit haben wird, die Rechtmäßigkeit vorher prüfen zu lassen. Den Inhalt der Niederschrift und die damit zusammenhängenden Fragen regelt Absatz 4 im Einzelnen.

9 Von der **Anfertigung einer Niederschrift** oder der Aushändigung einer Abschrift **kann nach § 42 Abs. 5 abgesehen werden,** wenn dies nach den besonderen Umständen des Falles nicht möglich ist oder den Zweck der Durchsuchung gefährden würde. Die Unmöglichkeit kann sich z. B. ergeben, wenn die Polizei plötzlich zu einem anderen, dringenden Einsatz gerufen wird. Eine zeitlich begrenzte Gefährdung des Durchsuchungszwecks liegt beispielsweise vor, wenn die Polizei nach einer erfolglosen Durchsuchung nunmehr an anderer Stelle durchsuchen muss und sie deswegen den Grund der Durchsuchung nicht offenkundig werden lassen will. Wird die Niederschrift aus diesen Gründen nicht ausgefertigt, bleibt es bei der in Absatz 5 näher beschriebenen schriftlichen Bestätigung.

3. Verfahren bei Durchsuchungen zur Strafverfolgung

10 Auf die weitgehend entsprechenden Vorschriften der §§ 105 ff. StPO wird hingewiesen. Sie gelten über § 46 Abs. 1 OWiG auch für die Verfolgung von Ordnungswidrigkeiten; soweit die Polizei nicht selbst Verwaltungsbehörde (Verfolgungsbehörde) ist, dürfen Durchsuchungen bei Gefahr im Verzug – wie auch bei der Strafverfolgung – nur durch Ermittlungspersonen der Staatsanwaltschaft angeordnet werden (§ 53 Abs. 2 OWiG).

Sechster Unterabschnitt
Sicherstellung und Verwahrung

§ 43
Sicherstellung

Die Polizei kann eine Sache sicherstellen,
1. um eine gegenwärtige Gefahr abzuwehren,
2. um den Eigentümer oder den rechtmäßigen Inhaber der tatsächlichen Gewalt vor Verlust oder Beschädigung einer Sache zu schützen,
3. wenn sie von einer Person mitgeführt wird, die nach diesem Gesetz oder anderen Rechtsvorschriften festgehalten wird, und die Sache verwendet werden kann, um
   a) sich zu töten oder zu verletzen,
   b) Leben oder Gesundheit anderer zu schädigen,
   c) fremde Sachen zu beschädigen oder
   d) die Flucht zu ermöglichen oder zu erleichtern.

VVPolG NRW zu § 43

Sicherstellung (zu § 43)
43.01
§ 43 regelt die Sicherstellung zur Gefahrenabwehr. Die Sicherstellung von Gegenständen, die als Beweismittel in Straf- oder Bußgeldverfahren von Bedeutung sein können, richtet sich nach den §§ 94 ff. StPO. Für die Sicherstellung von Gegenständen, die der Einziehung unterliegen, gelten die §§ 111 b ff. StPO.
43.02
Unter § 43 Nr. 1 fällt auch die Sicherstellung von Fahrzeugen. Einzelheiten über die Durchführung ergeben sich aus dem RdErl. v. 25.6.1979 (SMBl. NRW. 2051) „Sicherstellung von Fahrzeugen durch die Polizei" in der aktuellen Fassung.
43.03
Die Durchführung der Sicherstellung von Sachen, die von in Gewahrsam genommenen Personen mitgeführt werden, richtet sich nach der Polizeigewahrsamsordnung für das Land Nordrhein-Westfalen (RdErl. d. Innenministeriums v. 20.3.2009, MBl. NRW. S. 254).

Erläuterungen:

1. Begriff der Sicherstellung

Das PolG NRW kennt den Begriff der Beschlagnahme nicht. Es verwendet abweichend von der StPO (s. insbesondere die §§ 94 und 98) nur den der Sicherstellung.

1

§ 43 Sicherstellung

2 Die Sicherstellung zielt darauf ab, eine Sache in ein **öffentlich-rechtliches Verwahrungsverhältnis** zu nehmen (s. dazu OVG Münster, DVBl. 1991, S. 1373). Hierdurch soll eine Gefahr abgewehrt werden, die **von der Sache ausgeht oder ihr droht**.

Eine polizeirechtliche Sicherstellung liegt auch dann vor, falls der Betroffene trotz entsprechender Aufforderung der Polizei dieser eine Sache nicht überlässt, sodass die Wegnahme der Sache unter Anwendung von Zwang durchgesetzt werden muss.

3 **Herrenlose bewegliche Sachen** (§§ 958 ff. BGB) können zwar durch die Polizei in Verwahrung genommen werden, allerdings liegt insoweit kein Rechtseingriff vor. In Betracht kommt das bei verletzten herrenlosen Tieren (insbesondere Wild), die die Polizei in ein Tierheim oder einen Zoo bringt; dasselbe gilt auch für gefangene wilde Tiere oder gezähmte Tiere, die unter den Voraussetzungen des § 960 BGB herrenlos geworden sind und verletzt wurden.

4 Sichergestellt werden in der polizeilichen Praxis beinahe ausnahmslos **bewegliche Sachen,** jedoch ist auch die Sicherstellung von **Grundstücken, Räumen und Gebäuden** zulässig (OVG Koblenz, DVBl. 2012, S. 1443). Um das öffentlich-rechtliche Verwahrungsverhältnis deutlich zu machen, müssen Wohnungen versiegelt werden. Gegenüber anwesenden Personen, die das Grundstück oder die Wohnung betreten haben bzw. betreten wollen, kann nach § 34 eine Platzverweisung ausgesprochen werden.

5 § 43 ist keine abschließende Bestimmung für die Polizei, um auf eine Sache einzuwirken. Geht es der Polizei darum, eine Sache, der weder eine Gefahr droht, noch von der eine Gefahr an sich oder in der Hand des Eigentümers bzw. Benutzers ausgeht, **vorübergehend zur Gefahrenabwehr zu nutzen,** ist das auf Grund anderer Standardermächtigungen (z. B. § 31) oder der Generalklausel des § 8 Abs. 1 möglich.

2. Voraussetzungen der Sicherstellung

6 Die **gegenwärtige Gefahr** (s. zu diesem Begriff § 8, RN 13) i. S. d. **§ 43 Nr. 1** kann von der **Sache oder dem Tier** (z. B. bissiger Hund: OVG Münster, NWVBl. 2001, S. 97) selbst ausgehen. Dabei spielt keine Rolle, ob lediglich durch Zeitablauf die Gefahr in einen Schaden umzuschlagen droht (Auffinden eines Blindgängers bzw. von Munition aus dem letzten Weltkrieg oder einer von Straftätern angebrachten, mit Zeitzünder versehenen Bombe). Gleiches gilt, wenn der Schaden erst durch weitere Handlungen des Opfers eintritt (Anbringen eines Sprengsatzes in einem Auto, der durch Öffnen der Tür oder Betätigung des Anlassers zündet). In Betracht kommt auch, dass eine Sache sich mit einer anderen Sache chemisch verbindet oder physikalisch vermischt, sodass hierdurch der Schaden verursacht wird (Dieselkraftstoff läuft aus dem Leck eines Tankwagens aus und dringt in das Grundwasser ein).

Sicherstellung § 43

Die Voraussetzungen des § 43 Nr. 1 können auch dadurch erfüllt werden, dass 7
eine an sich nicht gefährliche, gewissermaßen neutrale Sache **im Hinblick auf die Person des Besitzers oder seiner Absichten** zu einer gegenwärtigen Gefahr wird. Ein Küchenmesser ist normalerweise kein gefährlicher Gegenstand; in der Hand eines aggressiven Geisteskranken oder eines Betrunkenen usw. kann dieses Messer jedoch eine Gefahr hervorrufen. Im Übrigen können Sachen aller Art, die generell keine Gefahr verursachen, durch ihren gesetzwidrigen Gebrauch bzw. die erkennbare Absicht der rechtswidrigen Benutzung die von § 43 Nr. 1 geforderte gegenwärtige Gefahr bedingen.

Beispiele:
1. Werkzeuge und Gerätschaften, die dazu benutzt werden sollen, betrügerische Manipulationen an Kraftfahrzeugen vorzunehmen (OVG Hamburg, DÖV 2004, S. 928). Der Gesetzgeber hat den strafbaren Bereich von Vorbereitungshandlungen im Hinblick auf solche „instrumenta sceleris" so stark ausgeweitet, dass vielfach (auch) eine strafprozessuale Beschlagnahme gemäß § 94 StPO zulässig ist (§ 22 b StVG und § 202 c StGB).
2. Die Polizei stellte ein Kraftfahrzeug sicher, weil sowohl der Eigentümer als auch seine Ehefrau – die beide keine Fahrerlaubnis besaßen – erklärt hatten, sie würden auch ohne Führerschein fahren (OVG Koblenz, NPA Nr. 779, Bl. 26). Bei der Beurteilung dieses Falles spielt die offen zur Schau gestellte Uneinsichtigkeit des Betroffenen die entscheidende Rolle. § 43 Nr. 1 ist demgegenüber keine hinreichende Rechtsgrundlage dafür, an Unfallschwerpunkten bei (erheblichen) Verstößen gegen die StVO generell Fahrzeuge vorübergehend sicherzustellen (VGH München, DVP 2009, S. 478).

Bei Geld und Wertsachen kommt unter den Voraussetzungen des § 43 Nr. 1 eine 8
Sicherstellung zwecks „**präventiver Gewinnabschöpfung**" in Betracht (s. hierzu *Hunsicker*, KR 2013, S. 396; der kriminalist 2006, S. 430; *Rohde/Schäfer*, NdsVBl. 2010, S. 41; speziell zur polizeirechtlichen „Vermögensabschöpfung" in NRW: *Veith*, DPolBl 2/2013, S. 5). Voraussetzung ist, dass die sicherzustellenden Gegenstände zur Begehung von (weiteren) Straftaten oder Ordnungswidrigkeiten verwendet werden sollen. Bloße Spekulationen über die Verwendungsmöglichkeit eines aufgespürten hohen Geldbetrages genügen nicht, um den Eingriff zu rechtfertigen. Bei der Gefahrenprognose dürfen andererseits kriminalistische Erkenntnisse – z. B. im Hinblick auf den grenzüberschreitenden Bargeldverkehr – herangezogen werden. Weitere **Indizien** für kriminelle Einsatzabsichten lassen sich aus widersprüchlichen und nicht plausiblen Erklärungen der Beteiligten über den Erwerb der Vermögensgegenstände oder ihre Verwendung sowie aus etwaigen Erkenntnissen (insbesondere Vorstrafen) über die Person des Besitzers gewinnen.

Beispiel: Mitführen eines auffällig gestückelten hohen Geldbetrages, den die Besitzer – Personen mit Kontakten zur Drogenszene – angeblich für den Kauf von mehreren Autos verwenden wollten (OVG Lüneburg, Urt. v. 7. 3. 2013 – 11 LB 438/10; NdsVBl. 2009, S. 283). Das Gericht hat die Sicherstellung des Geldes als präventiv-polizeiliche Maßnahme gebilligt, weil es auf Grund der vorliegenden Erkenntnisse aller Wahrscheinlichkeit nach aus Drogengeschäften stamme und im Fall einer Herausgabe dafür unmittelbar wieder eingesetzt werden sollte. Nach Ansicht des OVG darf auch nach anderen Vorschriften (z. B. StPO) vereinnahmtes und auf ein Konto eingezahltes (Buch-)Geld polizeirechtlich sichergestellt werden (s. hierzu die Anmerkung von *Söllner*, DVBl. 2013, S. 598).

Die Sicherstellung von Geld, das für illegale Zwecke (z. B. Erwerb von Drogen) verwendet werden soll, kann sogar zulässig sein, wenn der Besitzer des Geldes wegen dieses Sachverhalts in einem Strafverfahren freigesprochen worden ist (VG Berlin, Urteil v. 28. 2. 2008 – VG 1 A 137/06).

9   Mit der Sicherstellung von **Foto- und Filmmaterial** kann insbesondere der Verletzung von Persönlichkeitsrechten sowie der Strafnorm des § 33 KUG vorgebeugt werden.

Beispiele:
1. Polizeibeamte finden im Rahmen einer Durchsuchung bei einem sog. Geländebesetzer – einem Autobahnbau-Gegner – zahlreiche Fotos sowie eine Reihe von Videoaufnahmen verschiedener Polizeieinsätze, darunter auch Porträtaufnahmen von Polizeibeamten. Hier bestehen konkrete Anhaltspunkte, dass die Fotos/Filme dafür dienen, sich gezielt auf Polizeieinsätze „vorzubereiten". Die Verbreitung der Fotos ermöglicht zudem eine Identifizierung von in Zivil eingesetzten Polizeibeamten als auch eine Ausspähung von Polizeitaktiken anlässlich von Haus- und Geländebesetzungen (OVG Münster, DÖV 2001, S. 476).
2. Eine Fotoreporterin macht von einem uniformierten Polizeibeamten, der bei einer öffentlichkeitswirksamen „Abholzaktion" eingesetzt ist, trotz seines Widerspruchs Porträtaufnahmen. Der Beamte befürchtet eine unzulässige Veröffentlichung seiner Porträtaufnahme(n) und stellt den Fotoapparat der Reporterin sowie den in der Kamera befindlichen Film sicher. Nach Ansicht des OVG Koblenz (DVP 1998, S. 262) durfte der Beamte davon ausgehen, dass die ihn betreffenden Fotos verbreitet würden, ohne dass seine Einwilligung (§ 22 KUG) oder eine Ausnahme vom Einwilligungserfordernis (z. B. bei Personen der Zeitgeschichte gemäß § 23 Abs. 1 Nr. 1 KUG; dazu zählen auch bloß „relative Personen der Zeitgeschichte, die nur in Bezug auf ein bestimmtes Geschehen in den Blickpunkt der Öffentlichkeit geraten) vorlag (s. zum Recht am eigenen Bild allgemein *Schulz/Jürgens*, JuS 1999, S. 664 und 770). Speziell bei Pressefotografen kommt es – mit Blick auf die grundgesetzlich geschützte Pressefreiheit – stets auf eine sorgfältige Abwägung der gesamten Umstände an (vgl. z. B. VGH Baden-Württemberg, VBlBW 2011, S. 23). Nach Möglichkeit ist vor einer Sicherstellung bzw. einem Fotografierverbot zu untersuchen, ob eine Kooperation mit den Pressevertretern möglich ist (BVerwG, NJW 2012, S. 2676 = KR 2012, S. 487).

Bereits in der Herstellung eines nicht genehmigten Fotos kann im Übrigen eine Verletzung des Persönlichkeitsrechts liegen, zu deren Abwehr eine Sicherstellung der Kamera bzw. des Films nach § 43 Nr. 1 in Betracht kommt (s. das Beispiel Nr. 3 zu § 1, RN 29).

10 Für das häufig im polizeilichen Alltag vorkommende **Abschleppen von Fahrzeugen** (s. Merten, DIE POLIZEI 2005, S. 208) sind mehrere Fallgruppen (s. die Übersicht RN 17) zu betrachten. Als sicherzustellende Gegenstände kommt

Sicherstellung § 43

auch **Fahrzeugzubehör** in Betracht, dessen Benutzung oder (betriebsbereites) Mitführen **verboten** ist, z. B. **Radarwarngeräte** (§ 23 Abs. 1 b StVO). Die polizeirechtliche Sicherstellung eines solchen Gerätes ist daher zur Abwehr einer Störung der öffentlichen Sicherheit rechtmäßig (VGH München, NJW 2008, S. 1549; VG Aachen, NVwZ-RR 2003, S. 684; s. auch VGH Mannheim, NVwZ-RR 2003, S. 117 unter Hinweis, dass EU-Recht dieser Maßnahme nicht entgegenstehe).

Die Gefahr kann von dem Fahrzeug selbst ausgehen. 11

> **Beispiel:** An einer abschüssigen Straße steht offensichtlich schon längere Zeit ein Pkw, dessen Türverriegelung defekt ist. Die Polizei stellt fest, dass Kinder in dem Fahrzeug spielen. Der Halter ist nicht zu erreichen.

Die Polizei kann das Fahrzeug nach § 43 Nr. 1 sicherstellen, denn es besteht die gegenwärtige Gefahr, dass die Kinder beim Spielen die Handbremse lösen bzw. den Gang herausnehmen und der Wagen sich in Bewegung setzt. Eine Platzverweisung gegenüber den Kindern ist zwar zulässig, jedoch auf Dauer gesehen eine ungeeignete Maßnahme.

Die gegenwärtige Gefahr kann darin liegen, dass ein **Fahrzeug verbotswidrig** 12
abgestellt wird. Insbesondere in dem Verstoß gegen § 12 StVO (Halten und Parken) oder § 13 StVO („Parkuhren") liegt eine gegenwärtige Gefahr für die öffentliche Sicherheit. Das Parken bzw. Halten wird vielfach durch Verkehrsschilder eingeschränkt oder sogar verboten (vgl. z. B. die Zeichen 283 der Anlage zu § 41 Abs. 1 StVO). Hierbei handelt es sich um Allgemeinverfügungen i. S. d. § 35 Satz 2 VwVfG NRW. Entsprechendes gilt für ein von einem privaten Bauunternehmer – auf behördliche Anordnung – aufgestelltes Verkehrszeichen; es ist wirksam und von den Verkehrsteilnehmern auch dann zu beachten, wenn nur eine unwesentliche Abweichung von dem behördlich genehmigten Verkehrszeichenplan vorliegt (OVG Münster, NWVBl. 2001, S. 184).

Unzulässig abgestellte Fahrzeuge dürfen behördlich abgeschleppt und notfalls sichergestellt werden. Die **Rechtsnatur** eines **Abschleppvorganges** ist umstritten (s. den Überblick in *Möller/Warg*, RN 409 ff., S. 288 ff.; s. als Beispiel für eine Fallbearbeitung: *Hong*, JURA 2012, S. 473). Nach der „Verkehrszeichenrechtsprechung" stellt das jeweilige **Ge- oder Verbotszeichen den zwangsweise durchzusetzenden bzw. durchgesetzten (Grund-)Verwaltungsakt** i. S. d. § 50 Abs. 1 PolG NRW dar, wenn ein falsch abgestelltes Fahrzeug durch die Behörde entfernt wird. Diese Konstruktion passt freilich nur in den Fällen, in denen die Behörde vollstreckt, die das Verkehrszeichen angeordnet hat. Denn ein Verwaltungsakt wird von der Behörde vollzogen, die ihn erlassen hat (§ 56 Abs. 1 VwVG NRW, der hier mindestens entsprechend gilt). Hat die Straßenverkehrsbehörde ein Verkehrszeichen aufstellen lassen, so ist sie insoweit zuständige Vollzugsbehörde. Wird die Polizei tätig, so ist sie gar nicht befugt, diesen Verwaltungsakt zu vollziehen; sie handelt vielmehr – weil regelmäßig ein „Notfall" vorliegt – im Wege des **Sofortvollzuges** zur Abwehr einer gegenwärtigen

§ 43 Sicherstellung

Gefahr (§ 50 Abs. 2 PolG NRW). Wegen der Struktur des § 50 Abs. 2 s. näher § 50, RN 10.

Es kann zur Gefahrenabwehr genügen, dass ein falsch geparktes Fahrzeug lediglich **umgesetzt** wird. Ist in unmittelbarer Nähe des Fahrzeuges eine geeignete Abstellfläche vorhanden, so genügt es, das Fahrzeug dorthin zu verbringen (s. auch RN 13). Es wäre unverhältnismäßig, es mit höherem Zeit- und Kostenaufwand auf den Hof eines Abschleppunternehmers oder der Polizeibehörde zu schaffen. Wäre der Fahrer erreichbar gewesen, so hätte ihn die Polizei aufgefordert, sein Fahrzeug zu entfernen. Diese Verfügung findet ihre Rechtsgrundlage in § 8 Abs. 1. Besteht diese Möglichkeit nicht, so kann die Polizei unter den Voraussetzungen des § 50 Abs. 2 das Fahrzeug im Wege des Sofortvollzuges umsetzen. Hierbei wird das Zwangsmittel der Ersatzvornahme (§ 52) angewendet, weil das Wegfahren bzw. Entfernen des Fahrzeuges eine vertretbare Handlung (s. § 52 Abs. 1) ist.

Schwieriger liegen die Dinge, wenn das Fahrzeug auf eine behördliche Abstellfläche oder auf den Hof eines von der Polizei beauftragten Unternehmers gebracht wird. Denn es lässt sich schwerlich bestreiten, dass damit ein **amtliches Obhutsverhältnis** entstanden ist. Freilich ist dies nicht der Hauptzweck der Maßnahme, sondern eine zwangsläufige Nebenfolge der Gefahrenbeseitigung. Dies spricht dagegen, den Gesamtvorgang ausschließlich als Realakt in Form der Sicherstellung zu bewerten (so aber z.B. *Schwabe*, NJW 1983, S. 369, 370 f.). Aber auch die vollstreckungsrechtliche Konstruktion einer Ersatzvornahme ist nicht lupenrein möglich, wenn die Maßnahme (insgesamt) als Sicherstellung qualifiziert wird. In den Fällen des – hier regelmäßig vorliegenden – Sofortvollzuges (§ 50 Abs. 2) fällt es nämlich schwer, die „**hypothetische Grundverfügung**" (bei unterstellter Anwesenheit des Falschparkers) zu formulieren. Schwerlich kann sie in einem Gebot gesehen werden, das Fahrzeug in amtliche Verwahrung zu geben, weil diese Handlung zur Gefahrenbeseitigung zumindest in vielen Fällen gar nicht geboten ist; es genügt bei falsch geparkten Fahrzeugen in aller Regel, es wegzufahren. Die Annahme einer Duldungspflicht kollidiert mit § 52 Abs. 1, der eine (vertretbare) Handlung voraussetzt.

Diese Konstruktionsschwierigkeiten sprechen dafür, eine **Abschleppmaßnahme als Ersatzvornahme einer Beseitigungsmaßnahme** anzusehen (§ 50 Abs. 2, § 52, § 8 Abs. 1). Die sich **anschließende Inverwahrungnahme** kann hiernach **als Verwaltungsrealhandeln ohne eigenständige Regelungsqualität** eingestuft werden. Sie lässt sich damit rechtfertigen, dass die Polizei das störende Fahrzeug ja nicht „irgendwo" stehen lassen kann, sondern gehalten ist, dem Störer das „Wiederfinden" seines Fahrzeuges möglichst zu erleichtern.

Angesichts dieser dogmatischen Probleme spricht einiges für den pragmatischen Standpunkt des OVG Münster, das die Frage der rechtlichen Einordnung von Abschleppmaßnahmen (Ersatzvornahme oder Sicherstellung) regelmäßig **offen lässt**. In der Tat ist die genaue Zuordnung letztlich überflüssig. Die zu prü-

Sicherstellung § 43

fenden Voraussetzungen sind identisch; die Maßnahme muss in der Regel zur Abwehr einer gegenwärtigen Gefahr notwendig sein (s. § 50 Abs. 2 und § 43 Nr. 1 PolG), des Weiteren ist der Grundsatz der Verhältnismäßigkeit ohnehin stets zu beachten.

Auch unterschiedliche Kostenfolgen ergeben sich **nicht**. Nach allen denkbaren Alternativen ist die VO VwVG NRW anwendbar: entweder kraft Verweisung in § 46 Abs. 3 Satz 3 oder in § 52 Abs. 1 Satz 2. Dies gilt auch für die Erhebung von **Verwaltungsgebühren** für eine Abschleppmaßnahme gemäß § 15 Abs. 1 Nr. 7 VO VwVG NRW (OVG Münster, NVwZ 2001, S. 934 zu der Vorläuferregelung in § 7a Kostenordnung NRW).

Insbesondere in innerstädtischen Bereichen fehlt es oft an geeigneten Abstellflächen für Fahrzeuge, die umzusetzen sind. Eine **Umsetzung** ist nur dann zulässig, wenn das störende Fahrzeug **in der Nähe des ursprünglichen Abstellortes** belassen wird. Der neue Abstellplatz muss auch im Übrigen **geeignet** sein, denn das Fahrzeug darf dort keinen weiteren Gefahren ausgesetzt sein. Beispielsweise wäre es unzulässig, ein Auto auf einem Platz abzustellen, auf dem es besonders häufig zu Kraftfahrzeugaufbrüchen und Beschädigungen kommt. Etwas Ähnliches gilt, wenn ein gestohlenes Fahrzeug aufgefunden wird und dem Berechtigten nicht sofort übergeben werden kann. Weiterhin ist nach dieser Bestimmung eine Sicherstellung möglich bei Unfallfahrzeugen, falls der Fahrzeugführer infolge seiner Verletzung nicht für den Abtransport des Wagens sorgen kann (s. dazu § 52, RN 6). 13

Bei der Sicherstellung nach **§ 43 Nr. 2** zur **Eigentumssicherung** spielt der Grundsatz der Verhältnismäßigkeit eine wichtige Rolle, insbesondere auch wegen der für den Berechtigten entstehenden Kosten. Ihrem Wesen nach ist diese (Schutz-)Sicherstellung einer **Geschäftsführung ohne Auftrag** i. S. d. §§ 677 ff. BGB vergleichbar. Es kommt hauptsächlich auf die Frage an, ob die Maßnahme **im objektiven Interesse des Berechtigten** liegt. 14

Die Polizei ist also gehalten, eine Prognose darüber anzustellen, ob der Eintritt eines Schadens zu Lasten des Eigentümers wahrscheinlich ist. Eine gegenwärtige Gefahr wird – im Gegensatz zu § 43 Nr. 1 – nicht vorausgesetzt.

Beispiel: Ein hochwertiges Kraftfahrzeug wird mit geöffnetem Fenster in einer Großgarage abgestellt. Das Fahrzeug darf zum Schutz gegen einen möglichen Diebstahl (evtl. auch bloß von Gegenständen im Fahrzeug) sichergestellt werden, wenn das Fahrzeug nicht auf andere Weise effektiv gesichert werden kann. Die Beamten müssen sich in dieser Hinsicht jedoch nicht bei Fachwerkstätten kundig machen (VGH München, NPA Nr. 779 Bl. 18).
Nicht zu rechtfertigen wäre hiernach andererseits die Sicherstellung eines Kraftfahrzeuges nur deshalb, weil es in einem übel beleumdeten Stadtteil abgestellt worden ist. Die bloße Möglichkeit des Diebstahls oder anderer Delikte am Fahrzeug stellt kein wesentlich erhöhtes Schadensrisiko dar.

Diese Alternative kommt weiterhin in Fällen in Betracht, in denen sich **nicht zuordbares Diebesgut oder Bargeld im Besitz des Täters** befindet (s. auch RN 8). Die zu Gunsten des Besitzers streitende **Eigentumsvermutung** des § 1006 Abs. 1 Satz 1 BGB muss allerdings **widerlegt** werden (s. hierzu BVerfG, NVwZ 2012, S. 2 39). Die Tatsache, dass die „wahren" Eigentümer noch unbekannt sind und möglicherweise nur unter erheblichen Schwierigkeiten zu ermitteln sind, macht die Sicherstellung im Übrigen nicht unverhältnismäßig (VG Karlsruhe, NPA Nr. 779 Bl. 22).

15 § 43 Nr. 2 dient dem Schutz privater Rechte i. S. d. § 1 Abs. 2 nur insoweit, als der **Eigentümer oder der rechtmäßige Inhaber der tatsächlichen Gewalt** (das ist der rechtmäßige unmittelbare Besitzer) **vor Verlust oder Beschädigung der Sache** geschützt wird. Eine Sicherstellung kann daher nicht zum Schutz von Rechtsansprüchen (Forderungen) erfolgen. Das ist zwar mit Blick auf § 35 Abs. 1 Nr. 5 nicht ganz konsequent, aber ein Selbsthilferecht zur Wegnahme einer Sache nach den §§ 229 und 230 Abs. 2 BGB ist ohnehin ein ganz seltener Ausnahmefall angesichts sonstiger Selbsthilfe- oder Zurückbehaltungsrechte im BGB, die nicht davon abhängig sind, dass keine obrigkeitliche Hilfe zu erlangen ist.

16 Hierbei handelt es sich um folgende Fälle:

– Selbsthilferecht des Vermieters im Hinblick auf sein Vermieterpfandrecht (§ 562 b i. V. m. § 562 BGB)
– Unternehmerpfandrecht (§ 647 BGB)
– Pfandrecht des Gastwirts (§ 704 BGB)
– Selbsthilferecht des Besitzers oder des Besitzdieners gegen verbotene Eigenmacht (§§ 859 f. BGB).

Gibt es zwischen den Betroffenen Streit, kann die hinzukommende Polizei diesen durch entsprechende Maßnahmen ggf. unter Einsatz von Zwangsmitteln beenden. Einer Sicherstellung der Sachen bedarf es in der Regel nicht. Zum Schutz einer Notstandsmaßnahme nach § 904 BGB dürfte es nie kommen, denn tritt bei einem Streit über die Berechtigung zur Vornahme dieser Maßnahme die Polizei hinzu, obliegt ihr es, die gegenwärtige Gefahr abzuwehren bzw. den drohenden Schaden zu verhindern.

17 Die nachfolgende „**Checkliste**" gibt einen Überblick über typische Abschleppsituationen im Zusammenhang mit (Kraft-)Fahrzeugen und ihre rechtliche Bewertung in der Rechtsprechung. Jeder Fall kann freilich anders liegen und atypische Besonderheiten aufweisen. Die Liste liefert deshalb nur einen Anhalt und erspart nicht die Prüfung der näheren Umstände des Einzelfalls, insbesondere im Hinblick auf den Verhältnismäßigkeitsgrundsatz.

Örtlichkeit	Zulässigkeit	Begründung
Anwohnerparkplatz	**ja:** VGH Mannheim, DÖV 1996, S. 85	Durchsetzung des Wegfahrgebots, Sicherung der Verfügbarkeit von Parkraum
Behindertenparkplatz	**ja:** VGH Mannheim, NVwZ-RR 2003, S. 558; OVG Münster, NJW 1986, S. 447; VG Berlin, NZV 1996, S. 48; OVG Münster, NZV 2000, S. 310	Sicherung der jederzeitigen Verfügbarkeit von Sonderparkplätzen
Busparkplatz	**ja:** OVG Münster, NWVBl. 1999, S. 311	Funktionsbeeinträchtigung
Einmündungs- und Kreuzungsbereich ohne 5 m Abstand	**ja:** OVG Münster, NJW 2001, S. 172	Verstoß gegen § 12 Abs. 3 Nr. 1 StVO erhöht Gefahr von Unfällen
Ein- und Ausfahrten	grundsätzlich **ja:** OVG Koblenz, NJW 1986, S. 1369 (Versperren einer Parkplatzausfahrt); ebenso für Behinderung von Grundstückszufahrt: OVG Koblenz, NJW 1999, S. 3573	Verstoß gegen § 12 Abs. 3 Nr. 3 StVO und Beeinträchtigung der Nutzung des Grundstücks, ggf. auch des Fahrzeugs, Beeinträchtigung der Sicherheit und Leichtigkeit des Verkehrs auch bei Einfahrtsbehinderung
Feuerwehranfahrtszone	**ja:** OVG Münster, VRS 48, S. 478	Sicherung eines unverzüglichen Zugangs zum Brandherd
Fußgängerzone	**ja:** VGH Mannheim, VBlBW 1990, S. 25; VGH München, NJW 1984, S. 2962; OVG Münster, NJW 1982, S. 2277	Erhaltung der Lebensqualität; Ruhezone für Passanten, konkrete Behinderung nicht erforderlich; Ausnahme denkbar in Nachtstunden ohne Fußgängerverkehr
Gehsteig/-weg	**ja: wenn konkrete Behinderung:** BVerwG, Beschluss v. 14.5.1992 – 3 C 3/90, zitiert nach *Klenke* (NWVBl. 1994, S. 292); VGH München, NJW 1984, S. 1196; OVG Münster, NJW 1981, S. 478; VG Leipzig, Urteil v. 17.2.1994 – 1 K 1945/93	Gefahrensituation für Fußgänger, die auf Fahrbahn ausweichen müssen, und für fließenden Verkehr

§ 43 Sicherstellung

Örtlichkeit	Zulässigkeit	Begründung
gestohlener bzw. diebstahlsgefährdeter Pkw	**grundsätzlich ja:** OLG Hamm, NZV 1998, S. 374; OVG Münster, Urteil v. 12.5.1981–4 A 244/80; **nein,** wenn mildere Maßnahmen ausreichen: OVG Münster, NJW 1978, S. 720, ebenso, wenn Abschleppkosten (nur) etwa die Hälfte des Restwertes betragen: VGH Kassel, NJW 1999, S. 3793; im Übrigen nur bei konkreter Eigentumsgefährdung, wenn Maßnahme dem mutmaßlichen Willen des Berechtigten entspricht: VG München, NZV 1999, S. 487	Eigentumssicherung, Gefahr der Benutzung durch Dritte, weiterbestehende Diebstahlsgefahr durch erneuten Zugriff Dritter
Grünanlage	**ja:** VG Frankfurt, NVwZ-RR 1993, S. 28	Schutz der Umwelt, negative Vorbildfunktion
Haltebucht (Ladezone) Haltverbot (eingeschränkt) – jeweils mit Zeichen 286	**ja:** OVG Münster, NJW 1998, S. 2465 **ja:** OVG Münster, NWVBl. 1990, S. 387	Funktionsbeeinträchtigung Beseitigung eines Rechtsverstoßes von nicht unerheblicher Intensität, negative Vorbildwirkung verbotswidrigen Parkens
Nachträgliche Einrichtung einer Haltverbotszone	**nach Ablauf einer Vorlaufzeit ja:** BVerwGE 102, 316, 320 (am vierten Tag nach Aufstellung; so auch OVG Bautzen, NJW 2009, S. 2551); VGH München, DÖV 2008, S. 732; OVG Münster, DVBl. 1996, S. 575 (innerhalb von 48 Std. nach Aufstellen des Schildes) Hinweis: **keine Geldbuße:** OLG Jena, NZV 1995, S. 289	Parkender Verkehrsteilnehmer darf nicht darauf vertrauen, dass ein zunächst rechtmäßiges Langzeitparken im öffentlichen Straßenraum unbegrenzt erlaubt ist.
Parkuhr (abgelaufen)	**ja:** BVerwG, NVwZ 1988, S. 623; VGH Kassel, DIE POLIZEI 1998, S. 63 (1 Std. nach Zeitablauf)	Verhinderung des Parksuchverkehrs; Sicherung des knappen Kurzzeitparkraums
privater Parkplatz	**grundsätzlich ja:** OVG Saarlouis, NZV 1993, S. 366	Schutz privater Rechte; Verdacht der Nötigung (§ 240 StGB)

Sicherstellung   § 43

Örtlichkeit	Zulässigkeit	Begründung
Radweg	**ja:** OVG Münster, NWVBl. 2012, S. 69; OVG Hamburg, NJW 2001, S. 168; VG Berlin, NZV 1993, S. 368; VG Münster, DÖV 1988, S. 87	Abwehr von Gefahren für Fußgänger und Radfahrer; bei mehr als nur unwesentlicher Einengung des Radwegs
rechte Fahrspur der Fahrbahn ohne Kenntlichmachung	**ja:** OVG Münster, Urt. v. 5.1.1982 – 4 A 963/81	besondere Stör- und Gefahrensituation für nachfolgenden Verkehr, der Fahrspur wechseln muss; erhöhtes Unfallrisiko
Sicherheitszone/ (z. B. für Objektschutz)	**ja:** BVerwG, NJW 1993, S. 870	Abwehr auch verkehrsfremder Gefahren (z. B. Gebäudesicherung)
Taxistand ja:	OVG Hamburg, Beschl. v. 7. 3. 2006 – 3 Bf 392/05	Funktion von Taxenständen erfordert Freihaltung; es ist unerheblich, ob ein betriebsbereites Taxi konkret an der Benutzung dieser Fläche behindert wird
Verkehrsberuhigter Bereich	**ja:** OVG Münster, DÖV 1997, S. 886	spezifische Funktion der Zone
Zuparken eines anderen (insbesondere rechtswidrig auf Privatparkplatz abgestellten) Fahrzeuges	**ja:** OVG Saarlouis, NZV 1993, S. 366; VG Minden, Urt. v. 3.4.1986 – 2 K 1616/85; a. A. offenbar OLG Düsseldorf, NZV 1994, S. 288	Verdacht einer strafbaren Nötigung (§ 240 StGB); Blockade hindert bzw. verlängert nur Störung; keine erlaubte Selbsthilfe

Presseerzeugnisse können nur nach § 43 Nr. 2 sichergestellt werden; eine Sicherstellung nach § 43 Nr. 1 ist hingegen ausgeschlossen, denn das Presserecht ist insoweit „polizeifest". Soweit Schriften (§ 11 Abs. 3 StGB) nach § 74 d StGB eingezogen werden dürfen, kommt ihre Beschlagnahme nur nach den §§ 111 m und 111 n StPO in Betracht. Eine Beschlagnahme nach dem PresseG ist ebenfalls ausgeschlossen. Unberücksichtigt bleibt, zu **Beweiszwecken** einige wenige Exemplare gemäß den §§ 94 und 98 StPO sicherzustellen bzw. zu beschlagnahmen. 18

Eine Sicherstellung nach § **43 Nr. 3** dient dem **Schutz der betroffenen Person sowie eines Dritten einschließlich von Polizeibeamten** und darüber hinaus dem Sachgüterschutz. Schließlich soll über diese Vorschrift die Flucht von Festgenommenen verhindert werden. 19

Voraussetzung für die Sicherstellung ist, dass eine Person **festgehalten** wird. Sie muss die sicherzustellende Sache mitführen und zu Handlungen i. S. d. § 43 Nr. 3 20 nutzen können, die es durch die Sicherstellung zu unterbinden gilt. Bedingung ist nicht, dass die Person durchsucht wird. Es kann sein, dass sie die sicherzustellende Sache in der Hand hält oder für jeden sichtbar am Hosengürtel stecken hat. Meist werden die Sachen jedoch erst auf Grund einer Durchsuchung der Person oder der von ihr mitgeführten Gegenstände gefunden.

21 Als **Durchsuchungsnormen** dienen § 39 Abs. 1 Nr. 1 und § 40 Abs. 1 Nr. 1, je nachdem, ob die Person oder eine von ihr mitgeführte Sache durchsucht wird. Beide Bestimmungen stellen darauf ab, dass die Person nach dem PolG NRW oder anderen Rechtsvorschriften **festgehalten** werden kann. Damit ist die Verbindung zu § 43 Nr. 3 hergestellt.

22 Zwar stellt § 41 Abs. 1 Nr. 1 hinsichtlich des Betretens und der Durchsuchung einer Wohnung ebenfalls darauf ab, dass eine Person in Gewahrsam genommen werden kann, jedoch handelt es sich hierbei um die **Suche nach der Person**. Wird sie gefunden, kann sie gemäß § 39 Abs. 1 Nr. 1 durchsucht werden. Die in der Wohnung anlässlich der Suche nach der Person aufgefundenen Gegenstände, die sicherzustellen wären, wenn sie bei der festzunehmenden Person gefunden würden, sind grundsätzlich in der Wohnung zu belassen, weil die Person sie für die Zeit der Ingewahrsamnahme nicht benutzen kann.

23 Die Durchsuchung nach § 12 Abs. 2 Satz 4 ist zwar auf das Auffinden von Identitätspapieren gerichtet. Wird aber dabei eine Sache gefunden, die gemäß § 43 Nr. 3 sichergestellt werden darf, kann die Sicherstellung auch erfolgen. Das ergibt sich daraus, dass hier eine **festgehaltene Person** durchsucht wird (s. § 12, RN 38). Insoweit wäre auch die umfangreichere Durchsuchung nach § 39 Abs. 1 Nr. 1 zulässig gewesen.

24 Schwierigkeiten bereitet die Frage der Sicherstellung, wenn eine Durchsuchung nach **§ 39 Abs. 2** erfolgt und dabei Waffen, andere gefährliche Werkzeuge oder Explosivmittel gefunden werden. Durchsucht wird eine Person, deren Identität festgestellt werden oder die vorgeführt werden soll. Eine Sicherstellung ist dem Wortlaut des § 43 Nr. 3 nach nicht vorgesehen. Soweit die betroffene Person Waffen ohne Erlaubnis oder verbotene Gegenstände mitführt, kommt eine Sicherstellung und Beschlagnahme zu Beweiszwecken oder zu Zwecken der Einziehung im Strafverfahren in Betracht (s. die §§ 94, 98 und 111b StPO). Damit mag man zwar ein Ergebnis haben, mit dem man in der Praxis auskommt. Anders ist das jedoch, wenn z.B. festgestellt wird, dass die durchsuchte Person einen großen angefeilten Schraubenzieher im Stiefel mitführt. Einerseits handelt es sich nicht um einen verbotenen Gegenstand, andererseits liegt beim Auffinden des Schraubenziehers normalerweise keine gegenwärtige Gefahr für die öffentliche Sicherheit vor, denn es wäre weit hergeholt, würde man ohne weitere Anhaltspunkte unterstellen, dass die betroffene Person die Sache alsbald gegen Polizeibeamte oder gegen Dritte einsetzen würde.

25 § 39 Abs. 2 **Satz 2** und § 62 **Satz 2** sind angefügt worden, ohne dass es eine Ergänzung in § 43 Nr. 3 gegeben hat. Unvorstellbar ist, dass der Gesetzgeber nur

Verwahrung § 44

die Durchsuchungsmöglichkeit zur Eigensicherung erweitern, aber nicht zugleich erlauben wollte, dass **gefahrenträchtige Gegenstände** wie Waffen, andere gefährliche Werkzeuge oder Explosivmittel – werden sie bei der Durchsuchung nach § 39 Abs. 2 aufgefunden – den betroffenen Personen belassen werden sollen.

§ 43 Nr. 3 ist daher bei sachgemäßer Auslegung auch im Geltungsbereich des § 39 Abs. 2 anwendbar. Der betroffenen Person ist nach Beendigung der polizeilichen Maßnahme die Sache aber unverzüglich wieder auszuhändigen. Wird die betroffene Person einer anderen Behörde vorgeführt, ist dieser der Gegenstand zu übergeben mit der Maßgabe, dass sie nach Abschluss ihrer Maßnahmen den Gegenstand sogleich aushändigt. 26

§ 44
Verwahrung

(1) ¹Sichergestellte Sachen sind in Verwahrung zu nehmen. ²Läßt die Beschaffenheit der Sachen das nicht zu oder erscheint die Verwahrung bei der Polizei unzweckmäßig, sind die Sachen auf andere geeignete Weise aufzubewahren oder zu sichern. ³In diesem Falle kann die Verwahrung auch einem Dritten übertragen werden.

(2) ¹Der betroffenen Person ist eine Bescheinigung auszustellen, die den Grund der Sicherstellung erkennen lässt und die sichergestellten Sachen bezeichnet. ²Kann nach den Umständen des Falles eine Bescheinigung nicht ausgestellt werden, so ist über die Sicherstellung eine Niederschrift aufzunehmen, die auch erkennen lässt, warum eine Bescheinigung nicht ausgestellt worden ist. ³Der Eigentümer oder der rechtmäßige Inhaber der tatsächlichen Gewalt ist unverzüglich zu unterrichten.

(3) ¹Wird eine sichergestellte Sache verwahrt, so hat die Polizei nach Möglichkeit Wertminderungen vorzubeugen. ²Das gilt nicht, wenn die Sache durch den Dritten auf Verlangen einer berechtigten Person verwahrt wird.

(4) Die verwahrten Sachen sind zu verzeichnen und so zu kennzeichnen, dass Verwechslungen vermieden werden.

VVPolG NRW zu § 44
Verwahrung (zu § 44)
44.0
Verwahrung i. S. d. § 44 ist die Aufbewahrung einer Sache oder eines Tieres bei der Polizei oder bei Dritten im Auftrag der Polizei. Als Verwahrung gilt auch die Sicherstellung einer Sache auf andere Art (z. B. durch Versiegelung). Ist die Sicherstellung im Straf- oder Bußgeldverfahren erfolgt, richtet sich die Verwah-

§ 44 Verwahrung

rung nach § 109 StPO. Einzelheiten ergeben sich aus dem RdErl. v. 24.10.1983 (SMBl. NRW. 2051) Behandlung von Verwahrstücken im Bereich der Polizei.
44.1 (zu Absatz 1)
44.11
Die Beschaffenheit einer Sache lässt deren Aufbewahrung bei der Polizei insbesondere dann nicht zu, wenn wegen der Größe oder des Gewichts des Gegenstandes ein Transport undurchführbar ist oder wenn die Sache nur unter besonderen technischen Sicherungsmaßnahmen, die der Polizei nicht möglich sind, gelagert werden kann.
44.12
Die Aufbewahrung von Sachen oder Tieren bei der Polizei ist unzweckmäßig, wenn nach den Umständen zu erwarten ist, dass die erforderliche Art und Weise der Aufbewahrung und die notwendigen Maßnahmen zu deren Erhaltung Dritten ohne Gefährdung des Sicherstellungszweckes eher möglich sind als der Polizei. Dies gilt insbesondere für die Verwahrung von Kraftfahrzeugen.
44.3 (zu Absatz 3)
Die Sorgfaltspflicht nach § 44 Abs. 3 Satz 1 gilt auch dann, wenn die Polizei eine dritte Person mit der Verwahrung beauftragt, es sei denn, dass diese von der berechtigten Person gemäß § 44 Abs. 3 Satz 2 benannt wird. Die Pflicht, Wertminderungen vorzubeugen, erstreckt sich insbesondere auf sachgerechte Lagerung, Wartung und nötige Pflege sowie auf den Schutz gegen Beeinträchtigungen durch Dritte. Außergewöhnliche Schutzmaßnahmen und Maßnahmen, deren Kosten den Wert der Sache übersteigen, sind nicht erforderlich. Die Pflege der Sache oder des Tieres kann der betroffenen Person selbst oder einer von ihr beauftragten Person überlassen werden, wenn der Zweck der Sicherstellung dadurch nicht gefährdet wird.

Erläuterungen:

1. Öffentlich-rechtliches Verwahrungsverhältnis

1 Durch die Verwahrung der sichergestellten Sachen entsteht zwischen der Polizeibehörde und der betroffenen Person ein **öffentlich-rechtliches Verwahrungsverhältnis,** das der Polizei besondere Pflichten auferlegt, damit eine Wertminderung der Sache vermieden wird. Dieses Verwahrungsverhältnis besteht auch dann unmittelbar zwischen Polizeibehörde und der betroffenen Person, wenn die Verwahrung einem Dritten übertragen wird. Ist ein Unternehmer mit der Verwahrung sichergestellter Kraftfahrzeuge beauftragt, hat das nur Bedeutung für das Innenverhältnis zwischen Polizei und Unternehmer. Es entstehen dadurch keine Rechtsbeziehungen zwischen dem Unternehmer und der betroffenen Person. Der Unternehmer hat daher auch hinsichtlich der Kosten für die Aufbewahrung keinen Anspruch gegen die betroffene Person, selbst wenn er diese Kosten aus Gründen eines einfacheren Verfahrens einzieht. Er tut das dann für die sicherstellende Polizeibehörde. Die Kosten, die durch die Verwahrung entstehen, sind Auslagen i. S. d. § 20 Abs. 1 Nr. 8 VO VwVG NRW. Macht die betroffene Person Ansprüche aus dem Verwahrungsverhältnis geltend, z. B. wegen unsachgemäßer Pflege, sind sie gegen die Polizeibehörde zu richten, nicht gegen den Unternehmer. Die Polizei kann dann ggf. Regressansprüche gegen den Unternehmer erheben.

2. Verwahrung sichergestellter Sachen

Sichergestellte Sachen sollen in erster Linie **bei der Polizei verwahrt** werden. **Ausnahmen** hiervon sind vorgesehen, wenn die Beschaffenheit der Sache die Verwahrung nicht zulässt oder wenn diese Art der Verwahrung unzweckmäßig erscheint. In beiden Fällen darf die Verwahrung einem Dritten übertragen werden (§ 44 Abs. 1). Die Beschaffenheit der Sache lässt die amtliche Verwahrung z. b. dann nicht zu, wenn wegen der Größe oder des Gewichts des sichergestellten Gegenstandes ein Transport nicht möglich ist. 2

Unzweckmäßig ist die amtliche Verwahrung u. a. dann, wenn wegen der beschränkten eigenen Räumlichkeit und der Vielzahl der sichergestellten Gegenstände eine nicht vertretbare Belastung der Polizeibehörde eintreten würde, die möglicherweise sogar die Erfüllung der eigentlichen Aufgaben gefährdet. In dieser Lage sind die Polizeibehörden im Hinblick auf sichergestellte Kraftfahrzeuge, denn sie verfügen nicht über genügend Abstellplätze, ganz abgesehen von dem Arbeitsaufwand, der mit der Aufbewahrung und insbesondere der Pflege der sichergestellten Fahrzeuge verbunden ist. 3

Ist die amtliche Verwahrung nicht möglich oder unzweckmäßig, sind die Sachen auf andere geeignete Weise zu verwahren. Handelt es sich um schwere, kaum zu transportierende Sachen, kann der Raum, in dem sie stehen, versiegelt werden. 4

In der Mehrzahl der Fälle wird einem **Dritten** die Verwahrung übertragen. So kann ein ausgebrochenes Haustier im Tierheim untergebracht werden. Hinsichtlich der Kraftfahrzeuge wird ein Vertrag mit einem privaten Unternehmer abgeschlossen, der die Aufbewahrung, Pflege usw. übernimmt.

3. Bescheinigung über die Sicherstellung

Die **Bescheinigung** oder die an ihre Stelle tretende Niederschrift soll vor allem der Nachprüfbarkeit der polizeilichen Maßnahme dienen und ungerechtfertigten Sicherstellungen vorbeugen. Die Bescheinigung muss daher den **Grund der Sicherstellung** erkennen lassen. Dazu gehört eine – wenn auch nur stichwortartige – Kennzeichnung des Sachverhalts und ein Hinweis auf § 43 als gesetzliche Grundlage der Maßnahme. 5

In der Bescheinigung müssen ferner die sichergestellten Sachen einzeln bezeichnet sein, damit späteren Ansprüchen wegen verlorengegangener oder beschädigter Sachen begegnet werden kann. Wird ein Kfz sichergestellt, sind auch 6 die Ladung und sonstige Gegenstände, die sich im Fahrzeug befinden, in das Verzeichnis aufzunehmen. Die Bezeichnung der sichergestellten Sachen muss so genau sein, dass Verwechslungen ausgeschlossen sind.

7 Findet die Sicherstellung im Zusammenhang mit einer Durchsuchung einer Wohnung i. S. d. § 41 statt, empfiehlt es sich, die für die Bescheinigung vorgeschriebenen Angaben in der Niederschrift nach § 42 Abs. 4 aufzunehmen. Die nach § 44 vorgeschriebene Bescheinigung erhält die betroffene Person dann in Form der Abschrift der Niederschrift (§ 42 Abs. 4 Satz 5).

8 Kann nach den Umständen des Falles die vorgeschriebene Bescheinigung nicht ausgestellt werden, ist eine **Niederschrift** aufzunehmen, die auch erkennen lässt, warum die Bescheinigung nicht ausgestellt worden ist. Eine Bescheinigung kann insbesondere dann nicht ausgestellt werden, wenn der Verfügungsberechtigte nicht zu ermitteln ist. Die Niederschrift muss die gleichen Angaben enthalten wie die Bescheinigung.

9 Über den **Zeitpunkt**, in dem die Bescheinigung auszustellen oder die Niederschrift anzufertigen ist, sagt § 44 nichts. Dem Sinn der Vorschrift entspricht es, dies unmittelbar nach der Sicherstellung zu tun. Bei Vorliegen besonderer Gründe, z. B. Dringlichkeit weiterer Maßnahmen, kann die Bescheinigung oder Niederschrift auch später erstellt werden. Die Rechtmäßigkeit der Sicherstellung wird durch das Fehlen der Bescheinigung oder der Niederschrift nicht berührt.

4. Pflichten zur Verhütung der Wertminderung

10 **Der Begriff der Wertminderung** umfasst nur solche Beeinträchtigungen, die die Substanz der Sache betreffen. Andere Änderungen, z. B. verminderter Geldwert der Sache als Folge veränderter Marktverhältnisse, sind keine Wertminderung i. S. d. § 44.

11 Die Maßnahmen, die zur Verhinderung einer Wertminderung getroffen werden müssen, richten sich nach den Umständen des Falles, insbesondere nach der **Beschaffenheit** der sichergestellten Sache. In einem strengen Winter kann es z. B. erforderlich sein, bei einem (älteren) Fahrzeug ein Frostschutzmittel nachzufüllen.

Gegenstände, die im Fahrzeug gefunden werden, sind gesondert verschlossen aufzubewahren.

12 Auf Verlangen kann die Pflege der **betroffenen Person selbst oder einem Beauftragten** überlassen werden, wenn dadurch der Zweck der Sicherstellung nicht gefährdet wird.

13 Die sicherstellende Polizeibehörde ist ausnahmsweise von der Verpflichtung, Wertminderungen vorzubeugen, befreit, wenn der Gewahrsam eines Dritten auf Verlangen der betroffenen Person begründet worden ist. Diese Regelung findet ihren Grund in der Überlegung, dass die Polizei keine Verantwortung für die Auswahl des Verwahrers trifft. Einem solchen Wunsch kann daher die Polizeibehörde nur entsprechen, wenn diese Art der Verwahrung mit dem Zweck der Sicherstellung vereinbar erscheint.

§ 45
Verwertung, Vernichtung

(1) Die Verwertung einer sichergestellten Sache ist zulässig, wenn
1. ihr Verderb oder eine wesentliche Wertminderung droht,
2. ihre Verwahrung, Pflege oder Erhaltung mit unverhältnismäßig hohen Kosten oder Schwierigkeiten verbunden ist,
3. sie infolge ihrer Beschaffenheit nicht so verwahrt werden kann, dass weitere Gefahren für die öffentliche Sicherheit ausgeschlossen sind,
4. sie nach einer Frist von einem Jahr nicht an eine berechtigte Person herausgegeben werden kann, ohne dass die Voraussetzungen der Sicherstellung erneut eintreten würden,
5. die berechtigte Person sie nicht innerhalb einer ausreichend bemessenen Frist abholt, obwohl ihr eine Mitteilung über die Frist mit dem Hinweis zugestellt worden ist, dass die Sache verwertet wird, wenn sie nicht innerhalb der Frist abgeholt wird.

(2) ¹Die betroffene Person, der Eigentümer und andere Personen, denen ein Recht an der Sache zusteht, sollen vor der Verwertung gehört werden. ²Die Anordnung der Verwertung ist ihnen bekannt zu geben. ³Zeit und Ort der Verwertung sind ihnen mitzuteilen, soweit die Umstände und der Zweck der Maßnahme es erlauben.

(3) ¹Die Sache wird durch öffentliche Versteigerung verwertet; § 979 Abs. 1 des Bürgerlichen Gesetzbuches gilt entsprechend. ²Bleibt die Versteigerung erfolglos, erscheint sie von vornherein aussichtslos oder würden die Kosten der Versteigerung voraussichtlich den zu erwartenden Erlös übersteigen, so kann die Sache freihändig verkauft werden. ³Der Erlös tritt an die Stelle der verwerteten Sache. ⁴Lässt sich innerhalb angemessener Frist kein Käufer finden, so kann die Sache einem gemeinnützigen Zweck zugeführt werden.

(4) ¹Sichergestellte Sachen können unbrauchbar gemacht oder vernichtet werden, wenn
1. im Falle einer Verwertung die Gründe, die zu ihrer Sicherstellung berechtigten, fortbestehen oder Sicherstellungsgründe erneut entstehen würden,
2. die Verwertung aus anderen Gründen nicht möglich ist.

²Absatz 2 gilt sinngemäß.

VVPolG NRW zu § 45
Verwertung, Vernichtung (zu § 45)
45.0
Ist die Sicherstellung im Straf- oder Bußgeldverfahren erfolgt, richtet sich die Verwertung der Sache nach § 111 l StPO oder nach Maßgabe eines Gerichtsbeschlusses.
45.1 (zu Absatz 1)
45.11
Unverhältnismäßig hoch sind Kosten, die den Wert der Sache übersteigen. Übernimmt die betroffene Person die Kosten, kommt eine Verwertung nach § 45 Abs. 1 Nr. 2 nicht in Betracht. Unverhältnismäßig hohe Schwierigkeiten können sich aus dem Umfang oder der Beschaffenheit der Sache ergeben, so z. B. bei Sachen, für die sich kein Aufbewahrungsort oder keine Betreuung finden lässt.
45.12
Berechtigte Person i. S. d. § 45 Abs. 1 Nr. 4 ist außer dem Eigentümer jede Person, die ein Recht zum Besitz der Sache hat (z. B. als Mieter, Pächter, Entleiher, Pfandgläubiger). Die Jahresfrist beginnt mit dem Zeitpunkt der Sicherstellung.
45.13
§ 45 Abs. 1 Nr. 5 setzt voraus, dass die Sicherstellungsgründe endgültig entfallen sind und die berechtigte Person und deren Aufenthaltsort der Polizei bekannt sind. Der Begriff der berechtigten Person stimmt mit dem in § 45 Abs. 1 Nr. 4 überein. Sind der Polizei mehrere berechtigte Personen bekannt, soll die Mitteilung jeder dieser Personen zugestellt werden. Die Frist ist so zu bemessen, dass die berechtigte Person in der Lage ist, der Aufforderung nachzukommen. Dabei ist vor allem auf die Entfernung zwischen dem Wohnort der berechtigten Person und dem Verwahrungsort und auf sonst bekannte Umstände (z. B. Krankheit, Urlaub) Rücksicht zu nehmen. Werden solche Umstände später bekannt, ist die Frist ggf. neu zu bemessen. Kann die berechtigte Person nur mit unverhältnismäßigem Aufwand ermittelt werden, ist eine Verwertung nach § 45 Abs. 1 Nr. 2 zulässig.
45.2 (zu Absatz 2)
Die Anhörung kann schriftlich oder mündlich durchgeführt werden. Sie kann unterbleiben, wenn sich die berechtigte Person nur mit unverhältnismäßigem Aufwand ermitteln lässt.
45.3 (zu Absatz 3)
Die Anordnung des freihändigen Verkaufs sowie dessen Zeit und Ort sind der berechtigten Person mitzuteilen, soweit Umstände und Zweck der Maßnahme es erlauben.
45.4 (zu Absatz 4)
Nach der Unbrauchbarmachung ist die Sache gemäß § 46 Abs. 1 an die Person herauszugeben, bei der sie sichergestellt worden ist.

Verwertung, Vernichtung § 45

Erläuterungen:

1. Begriff und Voraussetzung der Verwertung

Lässt der Zweck der Sicherstellung z. B. die alsbaldige Rückgabe der Sache nicht zu oder will der Berechtigte die Sache nicht zurücknehmen, können sich triftige Gründe ergeben, die eine weitere Verwahrung unmöglich machen oder sie zumindest unzumutbar erscheinen lassen. Dann gestattet das Gesetz unter bestimmten materiell- und verfahrensrechtlichen Voraussetzungen die **Verwertung der Sache**. Verwertung bedeutet, dass die Sache im Wege der Versteigerung oder des freihändigen Verkaufs veräußert wird; der Erlös tritt dann an die Stelle der Sache. Die Verwertung ist dementsprechend von der Vernichtung und Unbrauchbarmachung sichergestellter Sachen zu unterscheiden. 1

Das Rechtsinstitut der Verwertung findet sich auch in anderen Gesetzen, z. B. in § 111 l StPO (Notveräußerung). 2

Sichergestellte Sachen dürfen verwertet werden, wenn ihr **Verderb oder eine wesentliche Minderung ihres Wertes droht**. Diese Voraussetzung kann vor allem bei Lebensmitteln (Früchten, Gemüse) eintreten. Das kann bei der Sicherstellung von Lastkraftwagen praktisch werden, wenn die betroffene Person nicht bereit oder nicht in der Lage ist, die Ladung des Fahrzeugs zu übernehmen. Die Vorschrift dient dem Interesse der betroffenen Person, um ihn vor vermeidbarem Schaden zu schützen. 3

Die Verwertung einer Sache ist ferner zulässig, **wenn ihre Aufbewahrung, Pflege oder Erhaltung mit unverhältnismäßig hohen Kosten oder Schwierigkeiten verbunden ist**. Ob solche Kosten entstehen, ist vor allem am Wert der sichergestellten Sache zu messen. Unter diesem Gesichtspunkt kann z. B. ein schrottreifes Auto verwertet werden, vor allem dann, wenn die Polizeibehörde mangels geeigneter eigener Räumlichkeiten die Aufbewahrung sichergestellter Fahrzeuge einem Unternehmer übertragen hat. Die Verwertung kann in einem solchen Fall auch im Interesse der berechtigten Person liegen, z. B. dann, wenn er von der Sicherstellung nicht unterrichtet werden kann, weil sein Aufenthaltsort unbekannt ist. Da er grundsätzlich die Kosten tragen muss, könnten sie zu einer ganz erheblichen Belastung für ihn werden, wenn sie auch aus seiner Sicht in keinem Verhältnis zum Wert der Sache stehen. Erklärt sich allerdings die berechtigte Person bereit, die unverhältnismäßig hohen Kosten einer Sicherstellung zu tragen, und zahlt sie auch tatsächlich die laufenden Kosten, kommt eine Verwertung nicht in Betracht. 4

Unverhältnismäßig große Schwierigkeiten können sich für die Aufbewahrung aus dem Umfang oder der Beschaffenheit der sichergestellten Sache ergeben. Diese Voraussetzungen können z. B. bei sichergestellten radioaktiven oder sonstigen gefährlichen Stoffen gegeben sein, für die sich ein geeigneter Aufbewahrungsort nicht finden lässt. 5

6 Die Verwertung ist auch zulässig, wenn **nach einer Frist von einem Jahr** die sichergestellte Sache nicht an eine berechtigte Person herausgegeben werden kann, ohne dass die Voraussetzungen der Sicherstellung erneut eintreten würden. Ist z. B. bei einem Geisteskranken ein gefährliches Werkzeug sichergestellt worden, ist nach Ablauf von einem Jahr die Verwertung zulässig, es sei denn, dass die Sache gefahrlos an eine andere berechtigte Person ausgehändigt werden kann.

7 Schließlich ist die Verwertung zulässig, **wenn die berechtigte Person die Sache binnen einer angemessenen Frist nicht abholt.** Anders als bei den unter § 45 Abs. 1 Nrn. 1 bis 4 genannten Fällen liegen bei Nummer 5 die Voraussetzungen für eine Sicherstellung nicht mehr vor. Die Sache müsste daher nach § 46 Abs. 1 Satz 1 an die berechtigte Person herausgegeben werden. Oftmals sind die berechtigten Personen jedoch nicht bereit, die Sache abzuholen, insbesondere dann nicht, wenn sie nur noch einen geringen Wert hat, z. B. bei Unfallkraftfahrzeugen. Die Behörde muss in solchen Fällen die Möglichkeit erhalten, die Sachen zu verwerten, weil sie sonst schon aus Raumgründen zu neuen Sicherstellungen nicht mehr in der Lage wäre.

8 Eine Verwertung nach § 45 Abs. 1 Nr. 5 setzt voraus, dass der berechtigten Person eine **Mitteilung** mit dem in dieser Vorschrift umschriebenen Inhalt **zugestellt** worden ist. Die **Zustellung** richtet sich nach dem LZG NRW (z. B. durch Zustellungsurkunde). Die **Frist** ist so zu bemessen, dass der Berechtigte in der Lage ist, der Aufforderung nachzukommen. Die Polizeibehörde hat also vor allem auf die Entfernung vom Wohnort der berechtigten Person zum Verwahrungsort und ihr sonst bekannte Umstände (z. B. Auslandsaufenthalt) Rücksicht zu nehmen. Werden solche Umstände später bekannt, ist die Frist ggf. neu zu berechnen.

9 **Ist die berechtigte Person oder ihr Aufenthalt unbekannt,** kommt eine Verwertung gemäß § 983 BGB in Betracht, auf den § 46 Abs. 4 ausdrücklich verweist. Ist danach eine öffentliche Behörde im Besitz einer Sache, zu deren Herausgabe sie verpflichtet ist, ohne dass die Verpflichtung auf Vertrag beruht, finden, wenn der Behörde die empfangsberechtigte Person oder deren Aufenthalt unbekannt ist, die Vorschriften der §§ 979 bis 982 BGB entsprechende Anwendung. In diesem Falle ist also eine öffentliche Versteigerung nach § 979 BGB durchzuführen (s. RN 15). Nach § 980 BGB ist jedoch die Versteigerung erst zulässig, nachdem die empfangsberechtigte Person in einer öffentlichen Bekanntmachung (§ 982 BGB) zur Anmeldung ihrer Rechte unter Bestimmung einer Frist aufgefordert worden ist und die Frist verstrichen ist. Die Bekanntmachung kann hiernach insbesondere in Lokalzeitungen erfolgen. Die Versteigerung ist unzulässig, wenn sich eine empfangsberechtigte Person rechtzeitig meldet. Die Bekanntmachung ist nicht erforderlich, wenn der Verderb der Sache zu besorgen oder die Aufbewahrung mit unverhältnismäßigen Kosten verbunden ist. Meldet sich eine empfangsberechtigte Person nicht, fließt der Versteigerungserlös unter den in § 981 BGB näher genannten Voraussetzungen dem Land zu.

2. Verfahrensvorschriften

Die Personen, denen ein Recht an der Sache zusteht, sollen vor der Verwertung gehört werden. Dazu gehören der Eigentümer und sonstige dinglich Berechtigte wie Sicherungseigentümer und Pfandgläubiger. Angehört werden soll ferner die **betroffene Person,** also diejenige, in deren Besitz sich die Sache im Zeitpunkt der Sicherstellung befand. 10

Der Sinn der Anhörung liegt darin, denjenigen, denen ein Recht an der Sache zusteht, Gelegenheit zu geben, auf die weitere Entwicklung Einfluss zu nehmen, insbesondere Einwendungen gegen die Verwertung der Sache zu erheben. Es kann vorgebracht werden, die gesetzlichen Voraussetzungen für eine Verwertung lägen nicht vor. Der Angehörte hat aber ggf. auch die Möglichkeit, die Voraussetzungen für die Sicherstellung zu beseitigen und so die Voraussetzung für die Herausgabe nach § 46 Abs. 1 Satz 1 zu schaffen. Im Falle des § 45 Abs. 1 Nr. 5 kann er unter Umständen die betroffene Person zur Abholung der sichergestellten Sache veranlassen oder sie selbst abholen. 11

Eine **Form** ist für die Anhörung nicht vorgeschrieben. Sie wird in der Regel schriftlich erfolgen. Bei Eilbedürftigkeit, z.B. drohendem Verderb der Sache, kann die Anhörung auch fernmündlich durchgeführt werden. Bei der Anhörung ist der berechtigten Person eine **angemessene Frist** einzuräumen, damit sie in der Lage ist, ggf. Maßnahmen zur Verhinderung der Verwertung einzuleiten. Die Bemessung der Frist im Einzelnen hängt jedoch von den Umständen des Einzelfalles ab. So kann die Frist bei drohendem Verderb der Sache sehr kurz sein, wenn nicht in solchen Fällen auf die Anhörung sogar verzichtet werden muss (s. RN 13). 12

Die Anhörung ist eine **Sollvorschrift.** Sie lässt sich nur durchführen, wenn die Personen, denen ein Recht an der Sache zusteht, bekannt sind oder sich ermitteln lassen. Ermittlungen können unterbleiben, wenn der Ermittlungsaufwand außer Verhältnis zu dem Wert der Sache steht. Die entsprechende Anwendung des § 980 Abs. 2 BGB gemäß § 46 Abs. 4 PolG NRW i. V.m. § 983 BGB bedeutet, dass von der Anhörung abgesehen werden kann, wenn dadurch die Verwertung bei rascher Verderblichkeit der Ware vereitelt werden würde. Die unterbliebene Anhörung macht die Verwertung nicht rechtswidrig, und zwar auch dann nicht, wenn sie hätte durchgeführt werden können. 13

Die **Anordnung der Verwertung** i.S.d. § 45 Abs. 2 Satz 2 ist ein Verwaltungsakt (OVG Münster, DVBl. 1991, S. 1375). Dieser ist gegenüber den in Satz 1 aufgeführten Personen zu erlassen und ihnen gemäß § 41 VwVfG NRW **bekannt zu geben.** Ist deren Aufenthaltsort unbekannt, kommt eine **öffentliche Zustellung** in Betracht (s. Einführung Nr. 4.4). Hingegen ist die in Satz 3 vorgeschriebene **Mitteilung über Zeit und Ort der Verwertung** kein Verwaltungsakt, weil hierdurch die Rechtsstellung der betroffenen Person nicht geregelt wird; es handelt sich nur um Hinweise in dem von § 45 Abs. 2 Satz 3 gesetzten Rahmen. Die Verwertung ist eine selbständige Maßnahme ohne vollstre- 14 ckungsrechtlichen Charakter (OVG Münster, a. a. O.) Eine **Klage gegen die Anordnung der Verwertung** hat daher grundsätzlich aufschiebende Wirkung (§ 80 Abs. 1 VwGO), denn § 112 JustG NRW findet insoweit keine Anwendung. Durchgeführt werden kann die Verwertung demnach erst, wenn die Anordnung hierüber unanfechtbar geworden ist. Allerdings bleibt es der Behörde unbenommen, die Anordnung der Verwertung mit der **sofortigen Vollziehung** gemäß § 80 Abs. 2 Nr. 4 VwGO zu verbinden. Das ist insbesondere dann begründet, wenn von der sichergestellten Sache weiterhin eine Gefahr ausgeht, die Sache zu verderben droht oder die Sicherstellungsräumlichkeiten der Behörde erschöpft sind.

3. Verwertung

15 Die Verwertung erfolgt grundsätzlich durch **öffentliche Versteigerung**. § 45 Abs. 3 Satz 1 verweist dazu auf § 979 Abs. 1 BGB, der die öffentliche Versteigerung gefundener Sachen regelt. Der Begriff der öffentlichen Versteigerung ist in § 383 Abs. 3 BGB definiert. Danach ist Voraussetzung, dass die Versteigerung durch einen für den Versteigerungsort bestellten Gerichtsvollzieher oder andere zu Versteigerungen befugte Beamte oder öffentlich angestellte Versteigerer erfolgt. Zeit und Ort der Versteigerung sind unter allgemeiner Bezeichnung der Sache öffentlich bekannt zu geben. Ein zur Versteigerung „befugter anderer Beamter" i. S. d. § 383 Abs. 3 BGB ist nach § 979 Abs. 1 Satz 2 BGB bei öffentlichen Versteigerungen durch Landesbehörden auch ein Landesbeamter. Die Polizeibehörden brauchen also nicht unbedingt einen Gerichtsvollzieher oder öffentlich angestellten Versteigerer mit der Versteigerung zu beauftragen, sondern können einen ihrer Beamten dazu heranziehen. Das kommt vor allem bei solchen Polizeibehörden in Betracht, die häufig Versteigerungen durchzuführen haben.

16 Bleibt die Versteigerung erfolglos oder ist sie von vornherein aussichtslos, findet die Verwertung durch **freihändigen Verkauf statt** (§ 45 Abs. 3 Satz 2). Die Versteigerung kann z. B. bei Autowracks von vornherein aussichtslos sein. Der freihändige Verkauf kann durch die gleichen Personen erfolgen wie die Versteigerung (s. RN 15). Die für die Versteigerung erforderliche öffentliche Bekanntmachung entfällt beim freihändigen Verkauf. § 45 Abs. 1 Nr. 5 und § 45 Abs. 2 sind jedoch zu beachten.

17 Der durch die Versteigerung oder den freihändigen Verkauf erzielte **Erlös** tritt an die Stelle der sichergestellten Sache (§ 45 Abs. 3 Satz 3). Wegen der Herausgabe oder der Hinterlegung des Erlöses s. § 46 Abs. 2.

4. Vernichtung, Unbrauchbarmachung

18 Sichergestellte Sachen können zum einen vernichtet oder unbrauchbar gemacht werden, **wenn im Falle einer Verwertung die Gründe, die zu ihrer Sicherstellung berechtigen, fortbestehen würden** (§ 45 Abs. 4 Satz 1 Nr. 1). Es müs-

sen also zunächst die Voraussetzungen für eine Verwertung nach § 45 vorliegen, ehe eine Vernichtung in Betracht kommt. Zusätzlich wird verlangt, dass auch im Falle einer Verwertung – Versteigerung oder freihändiger Verkauf – die **Gründe der Sicherstellung fortbestehen oder neu entstehen** würden. Diese Voraussetzung ist regelmäßig erfüllt, wenn die **Gefahr in der Sache selbst** liegt oder durch **ihre Verwendung** entstehen würde, z. B. bei waffenrechtlich verbotenen Gegenständen, Einbruchswerkzeugen oder toxischen Stoffen. Nach der zweiten Alternative (§ 45 Abs. 4 Satz 1 Nr. 2) kommt es zum anderen darauf an, ob die Verwertung aus **anderen Gründen nicht möglich ist.** Das kann z. B. bei Wertlosigkeit der Sache der Fall sein, aber auch bei höchstpersönlichen Gegenständen (z. B. Tagebuch). Ebenso wie die Verwertungsanordnung (s. RN 14) ist die **Anordnung der Vernichtung bzw. Unbrauchbarmachung** – z. B. eine Tötungsanordnung bezüglich eines sichergestellten und nicht vermittelbaren gefährlichen Hundes – ein **Verwaltungsakt** (OVG Münster, NWVBl. 2001, S. 97, 98). Durch eine solche Anordnung stellt die (Polizei-)Behörde fest, dass die Voraussetzungen für die Vernichtung/Unbrauchbarmachung vorliegen, und sie regelt gegenüber dem Adressaten verbindlich, dass sie von dieser Befugnis Gebrauch machen wird.

Gemäß § 45 Abs. 4 Satz 2 gilt Absatz 2 dieser Vorschrift sinngemäß bei der Unbrauchbarmachung und Vernichtung sichergestellter Sachen; insoweit wird auf die RN 10 bis 14 verwiesen. 19

In der Vernichtung oder Unbrauchbarmachung liegt keine entschädigungspflichtige Enteignung, weil die Normen des PolG NRW den Inhalt des Grundrechts nach Art. 14 GG bestimmen (s. auch § 7, RN 7). 20

§ 46
Herausgabe sichergestellter Sachen oder des Erlöses, Kosten

(1) ¹Sobald die Voraussetzungen für die Sicherstellung weggefallen sind, sind die Sachen an diejenige Person herauszugeben, bei der sie sichergestellt worden sind. ²Ist die Herausgabe an sie nicht möglich, können die Sachen an eine andere Person herausgegeben werden, die ihre Berechtigung glaubhaft macht. ³Die Herausgabe ist ausgeschlossen, wenn dadurch erneut die Voraussetzungen für eine Sicherstellung eintreten würden.

(2) ¹Sind die Sachen verwertet worden, ist der Erlös herauszugeben. ²Ist eine berechtigte Person nicht vorhanden oder nicht zu ermitteln, ist der Erlös nach den Vorschriften des Bürgerlichen Gesetzbuches zu hinterlegen. ³Der Anspruch auf Herausgabe des Erlöses erlischt drei Jahre nach Ablauf des Jahres, in dem die Sache verwertet worden ist.

(3) ¹Die Kosten der Sicherstellung und Verwahrung fallen den nach den §§ 4 oder 5 Verantwortlichen zur Last. ²Mehrere Verantwortliche haften als

Gesamtschuldner. ³§ 77 des Verwaltungsvollstreckungsgesetzes findet Anwendung. ⁴Die Herausgabe der Sache kann von der Zahlung der Kosten abhängig gemacht werden. ⁵Ist eine Sache verwertet worden, können die Kosten aus dem Erlös gedeckt werden.

(4) § 983 des Bürgerlichen Gesetzbuches bleibt unberührt.

VVPolG NRW zu § 46

Herausgabe sichergestellter Sachen oder des Erlöses, Kosten (zu § 46)
46.0
Ist die Sicherstellung im Straf- oder Bußgeldverfahren erfolgt, richtet sich die Herausgabe der Sache nach § 111 k StPO oder nach Maßgabe eines Gerichtsbeschlusses.
46.1 (zu Absatz 1)
Die Herausgabe nach § 46 Abs. 1 Satz 1 ist dann nicht möglich, wenn die Sache nicht bei einer bestimmten Person sichergestellt worden ist und weder die berechtigte Person noch ihr Aufenthaltsort mit angemessenem Aufwand zu ermitteln sind. Machen mehrere Personen ihre Berechtigung i. S. d. § 46 Abs. 1 Satz 2 glaubhaft, ist die Sache unter Benachrichtigung der übrigen Personen an diejenige herauszugeben, deren Recht am stärksten erscheint.
46.4 (zu Absatz 4)
Ist die berechtigte Person i. S. d. § 46 Abs. 1 oder ihr Aufenthaltsort nicht bekannt oder nicht mit angemessenem Aufwand zu ermitteln, kommt eine Verwertung nur über § 983 BGB in Betracht.

Erläuterungen:

1. Herausgabe der Sachen oder des Erlöses

1 Die **Herausgabepflicht** nach § 46 Abs. 1 Satz 1 ist an sich eine Selbstverständlichkeit. Weil eine Sache nur sichergestellt werden darf, wenn die gesetzlichen Voraussetzungen vorliegen, ist sie herauszugeben, sobald diese Voraussetzungen nicht mehr vorliegen. Ausnahmen gelten nur insoweit, als das Gesetz die Verwertung oder die Vernichtung (§ 45) zulässt. Ist die Sache verwertet worden, ist der **Erlös** unverzüglich herauszugeben.

2 Die Herausgabepflicht besteht gegenüber **demjenigen, bei dem die Sache sichergestellt worden ist.** Eine Ausnahme gilt nur dann, wenn sich inzwischen die Nichtberechtigung desjenigen herausgestellt hat, bei dem die Sache sichergestellt worden ist, z. B. bei einem Dieb.

3 Ist eine **berechtigte Person nicht vorhanden oder nicht zu ermitteln,** gilt § 983 BGB, wenn es sich um die Herausgabe der Sache selbst handelt (s. § 45, RN 9). Die Sache kann dann versteigert werden. Kann der Erlös nicht herausgegeben werden, weil eine berechtigte Person nicht vorhanden oder nicht zu ermit-

teln ist, ist der Erlös nach den §§ 372 ff. BGB zu hinterlegen. Die Hinterlegung erfolgt bei der Polizeibehörde.

2. Kosten, Zurückbehaltungsrecht

Bei der Sicherstellung können unterschiedliche Kosten entstehen, z. B. für die Verwahrung der Sache durch einen privaten Unternehmer (**Auslagen**). § 46 Abs. 3 Satz 3 verweist auf § 77 VwVG NRW, sodass damit auch die VO VwVG NRW anwendbar ist. § 15 Abs. 1 VO VwVG NRW sieht für die Sicherstellung und Verwahrung einer sichergestellten Sache neben Auslagen auch **Gebühren** vor (lfd. Nrn. 13 und 14). In der Praxis besonders bedeutsam ist die Kostenerhebung für das **Abschleppen von Kraftfahrzeugen** (s. hierzu OVG Münster, NWVBl. 2001, S. 181; s. auch zur Rechtsnatur des „Abschleppens" und zu den fehlenden Auswirkungen auf die Kostenpflicht § 43, RN 12). 4

Kostenpflichtig ist die für die Gefahr verantwortliche Person i. S. d. §§ 4 und 5 PolG NRW. Bei der Auswahl, **welchen von mehreren Verantwortlichen** die Polizei zu den Kosten heranzieht, steht der Behörde ein **Ermessen** zu. Für den in der Praxis wichtigen Fall des Abschleppens von Kraftfahrzeugen ist der Fahrer des Fahrzeuges vorrangig vor dem Halter in Anspruch zu nehmen (s. z. B. VG Oldenburg, Urteil v. 27. 2. 2009 – 7 A 35/09). Nur wenn der Fahrer unbekannt ist oder von ihm aus anderen Gründen keine Zahlung erlangt werden kann, darf die Behörde den Halter heranziehen.

Die Herausgabe der Sache kann von der **Zahlung der Kosten abhängig** gemacht werden (§ 46 Abs. 3 Satz 4). Das durch § 46 Abs. 3 Satz 4 begründete Zurückbehaltungsrecht steht nur der **Polizei** zu. Ein Abschleppunternehmen kann diese öffentlich-rechtliche Befugnis auch nicht im Wege der Abtretung (§ 398 BGB) erhalten. Der Abschleppunternehmer übt das Zurückbehaltungsrecht vielmehr **im Auftrage und namens der Polizeibehörde** aus und zieht ggf. für diese die Kosten ein. Gegen diese Praxis bestehen weder unter dem Gesichtspunkt unerlaubter Rechtsdienstleistung noch des Wettbewerbsrechts Bedenken (BGH, NJW 2006, S. 1804; so bereits *Haurand*, DVP 1999, S. 341 in seiner Besprechung einer Entscheidung des OLG Düsseldorf, das einen entgegengesetzten Standpunkt vertrat).

Die Polizeibehörde kann die Kosten in jedem Fall durch einen öffentlich-rechtlichen **Leistungsbescheid** erheben. 5

Bei Sicherstellungen nach § 43 **Nr. 1** haften gemäß § 46 Abs. 3 Satz 1 die Verantwortlichen nach den §§ 4 und 5. Dies folgt aus der Anwendbarkeit der allgemeinen Störervorschriften auf diese Alternative. Stützt die Polizei die Maßnahme auf § 43 **Nr. 2** oder **3**, so gehen die dortigen Adressatenregelungen (geschützte bzw. mitführende Person) den §§ 4 und 5 vor, sodass die in diesen Alternativen genannten Personen kostenpflichtig sind. (s. im Übrigen zur Kostenerhebung § 52, RN 11 ff.). 6

DRITTER ABSCHNITT
Vollzugshilfe

§ 47
Vollzugshilfe

(1) Die Polizei leistet anderen Behörden auf Ersuchen Vollzugshilfe, wenn unmittelbarer Zwang anzuwenden ist und die anderen Behörden nicht über die hierzu erforderlichen Dienstkräfte verfügen oder ihre Maßnahmen nicht auf andere Weise selbst durchsetzen können.

(2) ¹Die Polizei ist nur für die Art und Weise der Durchführung verantwortlich. ²Im Übrigen gelten die Grundsätze der Amtshilfe entsprechend.

(3) Die Verpflichtung zur Amtshilfe bleibt unberührt.

VVPolG NRW zu § 47

Vollzugshilfe (zu § 47)
47.1 (zu Absatz 1)
47.11
Behörden i. S. d. § 47 Abs. 1 sind insbesondere
a) alle Stellen, die Aufgaben der öffentlichen Verwaltung wahrnehmen,
b) Gerichte,
c) Parlamentspräsidentinnen und Parlamentspräsidenten.
47.12
Vollzugshilfe liegt nicht vor, wenn
die Polizei innerhalb eines bestehenden Weisungsverhältnisses Hilfe leistet,
die Hilfeleistung in einer Handlung besteht, die der Polizei als eigene Aufgabe obliegt,
die Hilfeleistung in einer Handlung besteht, durch die nicht in die Rechte von Personen eingegriffen wird.
47.2 (zu Absatz 2)
47.21
Die Zulässigkeit der Maßnahme, die durch die Vollzugshilfe verwirklicht werden soll, richtet sich nach dem für die ersuchende Behörde geltenden Recht. Diese Behörde trägt daher die Verantwortung für die Rechtmäßigkeit der durchzusetzenden Maßnahme. Deshalb ist die Polizei grundsätzlich nicht verpflichtet, die Rechtmäßigkeit dieser Maßnahme zu prüfen (vgl. aber die RdNrn. 49.2 und 49.3).
47.22
Hält die Polizei ein an sie gerichtetes Ersuchen für nicht zulässig, teilt sie das der ersuchenden Behörde mit. Besteht diese auf der Vollzugshilfe, entscheidet über die Verpflichtung zur Vollzugshilfe die gemeinsame Aufsichtsbehörde oder,

Vollzugshilfe § 47

sofern eine solche nicht besteht, die für die Polizei zuständige Aufsichtsbehörde. Dulden die Gesamtumstände nach Auffassung der ersuchenden Behörde keinen Aufschub bis zur Entscheidung der Aufsichtsbehörde, hat die Polizei dem Ersuchen zu entsprechen und unverzüglich ihrer Aufsichtsbehörde zu berichten.
47.23
Die Polizei darf die Vollzugshilfe nicht deshalb verweigern, weil sie die beabsichtigte Maßnahme für unzweckmäßig hält.
47.24
Die Durchführung der Vollzugshilfe richtet sich nach dem für die Polizei geltenden Recht. Die Polizei trägt die Verantwortung für die Art und Weise der Anwendung des unmittelbaren Zwanges. Im Übrigen sind Beanstandungen an die ersuchende Behörde weiterzuleiten; hiervon ist die betroffene Person zu unterrichten.
47.25
Wird die Polizei auf Grund eines Vollzugshilfeersuchens tätig, soll sie das nach außen zu erkennen geben, sofern es nicht offensichtlich ist.
47.3 *(zu Absatz 3)*
Die Verpflichtung zur Amtshilfe ergibt sich aus Artikel 35 Abs. 1 GG und den §§ 4 ff. VwVfG NRW. Wegen der Gewährung des erforderlichen persönlichen Schutzes anderer Vollzugsdienstkräfte und des Schutzes ihrer Vollstreckungsmaßnahmen vgl. § 65 Abs. 2 des Verwaltungsvollstreckungsgesetzes für das Land Nordrhein-Westfalen (VwVG NRW). Vergleichbare Regelungen enthalten z. B. die §§ 758 Abs. 3 und 759 ZPO.

Erläuterungen:

1. Begriff der Vollzugshilfe

Die Vollzugshilfe ist begrifflich auf die **Anwendung unmittelbaren Zwanges** 1 **beschränkt.** Sie gilt gegenüber allen Behörden, nicht nur im Verhältnis zu den Ordnungsbehörden. Ob auch die Hilfe gegenüber den Gerichten dazu gehört, ist zweifelhaft, weil die Behördeneigenschaft der Gerichte umstritten ist. In der Praxis geht es insbesondere um Vorführungen (§§ 115, 128, 129 und 134 StPO). Werden polizeiliche Maßnahmen aus Anlass von Gerichtsverfahren durchgeführt, ist Folgendes zu unterscheiden: Absperrungen und Überwachungstätigkeiten außerhalb des Gerichtsgebäudes sind eigene Maßnahmen der Polizei zur Gefahrenabwehr; die Rechtsgrundlage hierfür muss sich außerhalb der §§ 47 ff. aus dem PolG NRW ergeben. Bei der Zugangskontrolle zum Gerichtsgebäude und der Überwachung der Flure usw. im Gerichtsgebäude handelt es sich um Amtshilfeleistungen der Polizei, die zur Durchsetzung des öffentlich-rechtlichen Hausrechts, z. B. des Gerichtspräsidenten, dienen. Die im Gerichtssaal und in dessen unmittelbarer Umgebung vorgenommenen Maßnahmen der Polizei sind Unterstützungsleistungen für den Vorsitzenden Richter, dem die Sitzungspolizei gemäß § 176 GVG zusteht.

2   Sinn der Vorschrift ist es, die Inanspruchnahme der Polizei durch andere Behörden zu beschränken, soweit das im Rahmen der verfassungsrechtlichen Gegebenheiten (Art. 35 GG) möglich ist. Insbesondere **sollen die Ordnungsbehörden ihre Aufgaben mit eigenen Dienstkräften wahrnehmen.** Daraus zieht das OBG die Konsequenzen. Nach § 2 OBG leistet die Polizei auch den Ordnungsbehörden Vollzugshilfe „nur" nach den §§ 47 und 49 PolG NRW. Ferner haben die Ordnungsbehörden gemäß § 13 OBG die ihnen obliegenden Aufgaben mit eigenen Dienstkräften durchzuführen.

3   Ergänzend ist auf Vorschriften hinzuweisen, die in erster Linie den **Schutz von Vollzugsorganen** durch die Polizei bezwecken (z.B. § 65 Abs. 2 VwVG NRW, § 87 Abs. 3 FamFG oder § 758 Abs. 3 ZPO). Diese Vorschriften verpflichten die Polizei, den Vollzugs- bzw. Vollstreckungskräften im Falle von Widerstand Schutz zu gewähren. Bei der Schutzgewährung werden Straftaten verhütet und Leben und Gesundheit geschützt. Es handelt sich um Gefahrenabwehr i.S. d. § 1 PolG NRW. Erst wenn unmittelbarer Zwang zur direkten Durchsetzung der Vollzugs- oder Vollstreckungshandlung angewandt wird, handelt es sich um Vollzugshilfe i.S. d. § 47. Zu weiteren Fällen spezialgesetzlicher Amtshilfe s. *Sadler,* DIE POLIZEI 2003, S. 194.

2. Voraussetzungen der Vollzugshilfe

4   Grundsätzlich ist **jede Behörde verpflichtet, die ihr gesetzlich übertragenen Aufgaben mit eigenen persönlichen und sachlichen Mitteln zu erfüllen** (s. besonders § 13 Satz 1 OBG). Das gilt auch für die zwangsweise Durchsetzung behördlicher Maßnahmen einschließlich der Anwendung unmittelbaren Zwanges. Dieser Grundsatz kommt in § 56 Abs. 1 VwVG NRW zum Ausdruck, wonach ein Verwaltungsakt von der Behörde zu vollziehen ist, die ihn erlassen hat. Es ist daher folgerichtig, wenn die Polizei **Vollzugshilfe** (i.S. d. Gesetzes **also Hilfe zur Anwendung unmittelbaren Zwanges**) nur leistet, **wenn die andere Behörde nicht über die hierzu erforderlichen Dienstkräfte verfügt oder ihre Maßnahmen nicht auf andere Weise selbst durchsetzen kann.**

5   **Unmittelbarer Zwang** ist die Einwirkung auf Personen oder Sachen durch körperliche Gewalt, ihre Hilfsmittel und durch Waffen (§ 58 Abs. 1 und 2; für die Verwaltung außerhalb der Polizei ergibt sich die wörtlich übereinstimmende Begriffsbestimmung aus § 67 VwVG NRW). Dabei ist zu beachten, dass die sog. **Selbstvornahme** bei vertretbaren Handlungen gemäß § 52 Abs. 1 PolG NRW bzw. § 59 Abs. 1 VwVG NRW Ersatzvornahme ist. Bei Verwaltungsakten, die mittels Ersatzvornahme bzw. Selbstvornahme durchgesetzt werden, scheidet deshalb Vollzugshilfe der Polizei aus. In Betracht kommt allenfalls Amtshilfe (s. die RN 14 ff.).

6   Abgesehen von den Ordnungsbehörden verfügen nur wenige Behörden über die für die Anwendung unmittelbaren Zwanges erforderlichen Dienstkräfte. Aber

selbst wenn Außendienstmitarbeiter vorhanden sind (vgl. z.B. § 13 OBG), sind sie je nach der Schwierigkeit des Vollzugs nicht stets die „erforderlichen" Dienstkräfte im Sinne des § 47.

> **Beispiel:** Weigert sich ein Kraftfahrzeughalter, dem die Zulassung nach § 17 StVZO entzogen ist, hartnäckig, die Zulassungsbescheinigung (§ 11 FZV) herauszugeben und das Kennzeichen entstempeln zu lassen, und leistet er sogar körperlichen Widerstand, sind Außendienstkräfte der Straßenverkehrsbehörde vielfach nicht in der Lage, einen solchen Widerstand zu überwinden. Die Polizei ist dann zur Vollzugshilfe nach § 47 verpflichtet.

Im vorgenannten Beispiel kann auch davon ausgegangen werden, **dass die Behörde ihre Maßnahme nicht auf andere Weise selbst durchsetzen kann.** Denn das andere Zwangsmittel, nämlich Zwangsgeld, führt in Fällen hartnäckiger Verweigerung häufig nicht zum Erfolg. Die andere Behörde muss dazu im Vollzugshilfeersuchen Erläuterungen geben, da sie verpflichtet ist, den Grund für das Ersuchen anzugeben (§ 48 Abs. 1).

3. Verantwortlichkeit und Pflichten der Polizei bei der Vollzugshilfe

Die Zulässigkeit der Maßnahme, die im Rahmen der Vollzugshilfe durch unmittelbaren Zwang durchgesetzt werden soll, hat die ersuchende Behörde nach dem für sie geltenden Recht zu beurteilen und zu verantworten. Die Polizei ist also nicht verpflichtet, die Rechtmäßigkeit der durchzusetzenden Maßnahme zu prüfen. Hat sie gleichwohl Bedenken, teilt sie dies der ersuchenden Behörde mit. Die Entscheidung trifft die gemeinsame Aufsichtsbehörde oder die Aufsichtsbehörde der Polizei. Bei Gefahr im Verzug entspricht die Polizei dem Ersuchen und erstattet ihrer Aufsichtsbehörde Bericht.

Die Polizei ist jedoch für die **Art und Weise der Durchführung** der Vollzugshilfe verantwortlich (§ 47 Abs. 2 Satz 1). Sie hat also insbesondere die Vorschriften über die Anwendung unmittelbaren Zwanges nach dem für sie geltenden Recht zu beachten (§§ 57 ff.).

Aus der unterschiedlichen Verantwortung für die Maßnahme einerseits und die Art und Weise ihrer Durchsetzung andererseits ergeben sich auch unterschiedliche **Zuständigkeiten bei Rechtsbehelfen.** Rechtsbehelfe gegen die Maßnahme an sich sind gegen die ersuchende Behörde, Rechtsbehelfe gegen die Art der Anwendung unmittelbaren Zwanges gegen die Polizei zu richten.

Liegen die Voraussetzungen für die Vollzugshilfe vor (§ 47 Abs. 1), ist die Polizei in **der Regel zur Hilfe verpflichtet.** Nach den entsprechend anwendbaren Grundsätzen der Amtshilfe (§ 47 Abs. 2 Satz 2) **darf die Polizei die Hilfe nicht leisten,** wenn sie hierzu rechtlich nicht in der Lage ist oder durch die Hilfeleistung dem Wohl des Bundes oder eines Landes erhebliche Nachteile bereitet würden (vgl. § 5 Abs. 2 VwVfG NRW). Die Polizei ist insbesondere dann zur

Hilfe rechtlich nicht in der Lage, wenn das PolG NRW die Anwendung unmittelbaren Zwanges entweder überhaupt nicht oder im Einzelfall nicht gestattet.

Beispiel: Hat die Straßenverkehrsbehörde einem Kraftfahrer die Fahrerlaubnis wegen Ungeeignetheit nach § 46 FeV entzogen und liefert er entgegen § 47 Abs. 1 FeV seinen Führerschein nicht unverzüglich ab, kann er nicht mit unmittelbarem Zwang zu Angaben über den Verbleib des Führerscheins veranlasst werden, weil § 55 Abs. 2 dies ausdrücklich untersagt.

Im Einzelfall darf die Polizei das Ersuchen z. B. dann ablehnen, wenn gegen den Grundsatz der Verhältnismäßigkeit (§ 2) verstoßen würde.

12   Die Polizei **braucht Hilfe nicht zu leisten,** wenn die Voraussetzungen des § 5 Abs. 3 VwVfG NRW vorliegen, wenn sie insbesondere die Hilfe nur mit unverhältnismäßig großem Aufwand leisten könnte oder wenn die Erfüllung ihrer eigenen Aufgaben ernstlich gefährdet würde. Aus anderen Zweckmäßigkeitsgründen darf die Polizei die Vollzugshilfe nicht verweigern.

13   Die entsprechende Anwendbarkeit der Vorschriften über die Amtshilfe (§ 47 Abs. 2 Satz 2) gilt auch für **die Kosten der Vollzugshilfe.** Sie richten sich nach § 8 VwVfG NRW.

4. Amtshilfe

14   Gemäß § 47 Abs. 3 bleibt die Pflicht zur Amtshilfe unberührt. Im Hinblick auf Art. 35 GG hat die Regelung deklaratorische Bedeutung. Das bedeutet aber zugleich, dass die §§ 4 ff. VwVfG NRW anwendbar sind, wenn die Polizeibehörden des Landes Nordrhein-Westfalen um Amtshilfe ersucht werden. Ihre Amtshilfeleistungen richten sich auch dann nach diesen Bestimmungen, wenn das Ersuchen von einer Bundesbehörde oder der Behörde eines anderen Landes kommt.

15   Amtshilfe liegt **nicht** vor, wenn die Aufforderung zu einer bestimmten Handlung im Rahmen eines bestehenden Weisungsverhältnisses ergeht oder wenn das Ersuchen sich darauf bezieht, die ersuchte Behörde an die Erledigung eigener Aufgaben zu erinnern. Weisungen können die Aufsichtsbehörden erteilen, im Bereich der Strafverfolgung ist auch die Staatsanwaltschaft gegenüber der Polizei gemäß § 161 StPO weisungsbefugt.

16   Der **Anwendungsbereich** des VwVfG NRW (Gleiches gilt für die entsprechenden Gesetze des Bundes und der Länder) ist gemäß § 1 Abs. 1 VwVfG NRW begrenzt auf die öffentlich-rechtliche **Verwaltungstätigkeit** der Behörden. Nach § 2 Abs. 2 VwVfG NRW unterfallen bestimmte Bereiche diesem Gesetz nicht, da es dafür besondere Verfahrensregelungen gibt. Zu nennen sind insbesondere die **Verfolgung von Straftaten und Ordnungswidrigkeiten** sowie Verwaltungsverfahren nach der AO. Dennoch gibt es auch im Strafverfahren Amtshilfeleistungen, z. B. die Bitte einer Polizeibehörde gegenüber einer anderen Polizeibehörde, bestimmte Feststellungen vor Ort vorzunehmen.

Verfahren § 48

Amtshilfe umfasst regelmäßig Leistungen der ersuchten Behörde, die über die 17
Vollzugshilfe hinausgehen. In Betracht kommen in erster Linie Handlungen, die
die ersuchende Behörde wegen zu großer Entfernung vom Ort des Geschehens
nicht selbst vornehmen kann. Hilfeleistungen sind auch denkbar, wenn die ersuchende Behörde für bestimmte Maßnahmen nicht über das geeignete Personal
oder die sachliche Ausstattung verfügt. In solchen Fällen ist Amtshilfe jedoch
nur für einen vorübergehenden Zeitraum zu gewähren. Sie darf **kein Dauerzustand** werden, denn jede Behörde muss auch beim Anfall neuer Aufgaben in die
Lage versetzt werden, diese mit eigenen Kräften wahrzunehmen. Ausnahme von
diesem Grundsatz gibt es für den Schutz von Vollzugskräften (s. RN 3).

Über die Rechtsfigur der Amtshilfe kann sich die ersuchende Behörde keine Befugnisse der ersuchten Behörde verschaffen, die sie, die ersuchende Behörde, 18
nicht bereits hat. Amtshilfe ist deshalb nicht das „Zauberwort", um etwas mit
Mitteln durchzusetzen, die der Behörde nicht zustehen. Ausnahmen von diesem
Grundsatz gibt es lediglich bei der Vollzugshilfe, wenn es zur Anwendung von
Schusswaffen kommt, denn der Schusswaffengebrauch ist bei der Zwangsanwendung im Prinzip allein der Polizei vorbehalten.

Für den Bereich der **Datenerhebung** kann die Amtshilfe zwar das Verfahren 19
sein, um personenbezogene Daten über ein Auskunftsersuchen von der anderen
Behörde zu erhalten. Voraussetzung ist aber (s. § 9 Abs. 3 und § 30 Abs. 2 für die
Datenerhebung **durch** die Polizei), dass die Polizeibehörde die Daten nach einer
eigenen Befugnisnorm erheben darf. Denkbar ist jedoch auch, dass es zu den
Aufgaben der Auskunft erteilenden Stelle gehört, die erbetenen Daten auf Anfrage mitzuteilen.

§ 48
Verfahren

(1) **Vollzugshilfeersuchen sind schriftlich zu stellen; sie haben den Grund und die Rechtsgrundlage der Maßnahme anzugeben.**

(2) ¹**In Eilfällen kann das Ersuchen formlos gestellt werden.** ²**Es ist jedoch auf Verlangen unverzüglich schriftlich zu bestätigen.**

(3) **Die ersuchende Behörde ist von der Ausführung des Ersuchens zu verständigen.**

Erläuterungen:

Gegenüber den Vorschriften über die Amtshilfe (§§ 4 ff. VwVfG NRW) werden 1
an das **Vollzugshilfeersuchen** im Interesse der Rechtssicherheit verschärfte Anforderungen gestellt. Das rechtfertigt sich aus dem schwerwiegenden Eingriff,
der regelmäßig mit der Anwendung unmittelbaren Zwanges verbunden ist. Die
Vorschrift dient damit der nachprüfbaren Abgrenzung der Verantwortlichkeiten

zwischen ersuchender Behörde und Polizei. Sie kann auch dazu beitragen, voreilige und unbegründete Ersuchen zu vermeiden.

2   Das grundsätzlich **schriftlich** zu stellende Ersuchen muss den **Grund** und die **Rechtsgrundlage** der Maßnahme angeben, die mit Hilfe der Polizei durch unmittelbaren Zwang durchgesetzt werden soll. Unter **Grund** sind die Voraussetzungen für das Ersuchen nach § 47 Abs. 1 zu verstehen. Die **Rechtsgrundlage** umfasst die Vorschrift, auf die sich der durchzusetzende Verwaltungsakt stützt, und die Vorschriften, aus denen sich seine Vollstreckbarkeit ergibt (Unanfechtbarkeit, sofortige Vollziehbarkeit, Rechtsbehelfe haben keine aufschiebende Wirkung).

3   Ausnahmen von der Schriftlichkeit sieht § 48 Abs. 2 für **Eilfälle** vor. Auch bei mündlichen Ersuchen sollte die Polizei sich in diesen Fällen zumindest stichwortartig über Grund und Rechtsgrundlage unterrichten lassen, um die Tragweite ihres Handelns abschätzen und angemessene Maßnahmen vorbereiten zu können. Es empfiehlt sich, Namen und Dienststellung des verantwortlichen Mitarbeiters der anrufenden Behörde festzuhalten und über den Inhalt des Ersuchens einen Vermerk zu den Akten zu nehmen.

4   Das PolG NRW enthält keine § 6 VwVfG NRW entsprechende ausdrückliche Vorschrift, nach der bei mehreren in Betracht kommenden Behörden möglichst eine Behörde der untersten Verwaltungsstufe ersucht werden soll. In sinngemäßer Anwendung dieser Vorschrift sollten jedoch Vollzugshilfeersuchen im Interesse der Verwaltungsvereinfachung an die unterste in Betracht kommende Polizeidienststelle gerichtet werden. Diese hat, wenn sie der Angelegenheit besondere Bedeutung beimisst, die vorgesetzte Dienststelle zu unterrichten.

5   Die **Verständigung** der ersuchenden Behörde über die Ausführung des Ersuchens (§ 48 Abs. 3) ist anders als das Ersuchen an keine Form gebunden und kann z. B. auch fernmündlich geschehen.

§ 49
Vollzugshilfe bei Freiheitsentziehung

(1) Hat das Vollzugshilfeersuchen eine Freiheitsentziehung zum Inhalt, ist auch die richterliche Entscheidung über die Zulässigkeit der Freiheitsentziehung vorzulegen oder in dem Ersuchen zu bezeichnen.

(2) Ist eine vorherige richterliche Entscheidung nicht ergangen, hat die Polizei die festgehaltene Person zu entlassen, wenn die ersuchende Behörde diese nicht übernimmt oder die richterliche Entscheidung nicht unverzüglich nachträglich beantragt.

(3) Die §§ 37 und 38 gelten entsprechend.

Vollzugshilfe bei Freiheitsentziehung § 49

VVPolG NRW zu § 49
Vollzugshilfe bei Freiheitsentziehung (zu § 49)
49.1 (zu Absatz 1)
Die ersuchende Behörde trägt gegenüber der Polizei die Verantwortung für die Zulässigkeit der in Vollzugshilfe durchgeführten Freiheitsentziehung. Daher hat die ersuchende Behörde grundsätzlich die richterliche Entscheidung herbeizuführen.
49.2 (zu Absatz 2)
Übersendet die ersuchende Behörde die richterliche Entscheidung über die Zulässigkeit der Freiheitsentziehung nicht oder bezeichnet sie den Rechtsgrund für diese Freiheitsentziehung nicht im Vollzugshilfeersuchen, hat die Polizei die Vollzugshilfe zu verweigern. Das gilt nicht, wenn die ersuchende Behörde darlegt, dass eine Freiheitsentziehung ohne vorherige richterliche Entscheidung zulässig ist und diese wegen der Dringlichkeit der Maßnahmen sofort durchgeführt werden muss.
49.3 (zu Absatz 3)
Die Prüfung nach § 38 Abs. 1 Nr. 1 obliegt der ersuchenden Behörde. Die Polizei hat der ersuchenden Behörde unverzüglich alle Anhaltspunkte mitzuteilen, die für einen Wegfall des Grundes der Freiheitsentziehung sprechen. Erhält die Polizei sichere Kenntnis vom Wegfall des Grundes und ist die ersuchende Behörde nicht erreichbar, hat die Polizei die festgehaltene Person zu entlassen.

Erläuterungen:

1 Wegen des besonderen grundrechtlichen Schutzes bei **Freiheitsentziehungen** (Art. 104 i.V.m. Art. 2 Abs. 2 Satz 2 GG) sieht § 49 über die in § 48 enthaltenen allgemeinen Verfahrensvorschriften hinaus besondere Sicherungen vor.

2 Entsprechend den allgemeinen Grundsätzen bei der Vollzugshilfe (vgl. § 47, RN 8) ist die Freiheitsentziehung eine Maßnahme der ersuchenden Behörde, für die sie die Verantwortung trägt. Die Polizei ist für die Art und Weise der Durchführung der Vollzugshilfe verantwortlich (§ 47 Abs. 2 Satz 1), wozu allerdings auch die Überwachung der Dauer der Freiheitsentziehung gehört.

3 Nach Art. 104 Abs. 2 Satz 1 GG hat über die Zulässigkeit und Fortdauer einer Freiheitsentziehung nur der Richter zu entscheiden. Daher ist mit dem Vollzugshilfeersuchen grundsätzlich diese **richterliche Entscheidung** vorzulegen (§ 49 Abs. 1).

> **Beispiel:** Die Ausländerbehörde hat einen Abschiebehaftbefehl beim Amtsgericht erwirkt. Der Ausländer konnte nach mehreren Tagen in seiner Wohnung festgestellt werden. Beim Versuch des Vollzuges wurden zwei Beamte des Ausländeramtes erheblich verletzt. Nunmehr ersucht die Ausländerbehörde um Vollzugshilfe. Dazu hat sie die gerichtliche Anordnung vorzulegen. In Eilfällen bei Gefahr im Verzug gilt § 48 Abs. 2 entsprechend.

4 Ist die Vorlage der richterlichen Entscheidung z. B. aus Gründen der Eilbedürftigkeit (s. Beispiel RN 3) nicht möglich, ist die Entscheidung zumindest zu bezeichnen. Das wird vor allem in Eilfällen i. S. d. § 48 Abs. 2 in Betracht kommen (vgl. § 48, RN 3).

5 Ausnahmsweise können Behörden **ohne vorherige richterliche Entscheidung Freiheitsentziehungen anordnen;** dann ist jedoch nach Art. 104 Abs. 2 Satz 2 GG unverzüglich eine richterliche Entscheidung herbeizuführen. Auch in solchen Fällen kann die Polizei vor der richterlichen Entscheidung zur Vollzugshilfe verpflichtet sein (§ 47 Abs. 1).

> **Beispiel:** Die örtliche Ordnungsbehörde muss einen Geisteskranken im Wege der sofortigen Unterbringung (§ 17 PsychKG) wegen der besonderen Gefahrenlage ohne vorherige richterliche Entscheidung unterbringen. Wegen der Gefährlichkeit des Betroffenen bittet die Ordnungsbehörde die Polizei um Vollzugshilfe, zu der diese nach § 47 Abs. 1 verpflichtet ist. Die Ordnungsbehörde muss ihr allerdings Grund und Rechtsgrundlage ihres Handelns im Sinne des § 48 Abs. 1 mitteilen, das gilt auch in Bezug auf die fehlende richterliche Entscheidung bei Gefahr im Verzug.

6 Fehlt es bei Freiheitsentziehungen an der vorherigen richterlichen Entscheidung, hat die Polizei den im Wege der Vollzugshilfe Ergriffenen zu entlassen, wenn ihn die ersuchende Behörde nicht **übernimmt** oder die richterliche Entscheidung nicht unverzüglich nachträglich beantragt. Die Übernahme kann z. B. im Fall der RN 5 dadurch erfolgen, dass die Polizei den Geisteskranken in die Anstalt einliefert und nun die Ordnungsbehörde für das weitere Verfahren verantwortlich wird.

7 Für die im Rahmen der Vollzugshilfe festgehaltenen Personen gelten § 37 **(Behandlung festgehaltener Personen)** und § 38 **(Dauer der Freiheitsentziehung)** entsprechend (§ 49 Abs. 3). Die Vorschriften über die Behandlung der betroffenen Personen (§ 37) hat die Polizei zu beachten, solange sie sich im „Gewahrsam" der Polizei befinden. Nach § 38 Abs. 1 Nr. 1 ist der **Festgehaltene zu entlassen,** wenn der Grund für die Freiheitsentziehung entfallen ist. Die entsprechende Anwendung dieser Vorschrift im Rahmen der Vollzugshilfe bedeutet, dass die ersuchende Behörde diese Voraussetzung laufend zu überprüfen hat, da sie die Verantwortung für die Rechtmäßigkeit der zu Grunde liegenden Maßnahme trägt. Erhält die Polizei sichere Kenntnis vom Wegfall des Grundes und ist die ersuchende Behörde nicht zu erreichen, hat die Polizei den bei ihr Festgehaltenen zu entlassen. Ebenso hat sie in den Fällen des § 38 Abs. 1 Nr. 2 (richterliche Entscheidung in Bezug auf die Unzulässigkeit der Freiheitsentziehung) und des § 38 Abs. 1 Nr. 3 (Ablauf des Tages nach dem Ergreifen) zu verfahren.

VIERTER ABSCHNITT
Zwang

Erster Unterabschnitt
Erzwingung von Handlungen, Duldungen und Unterlassungen

§ 50
Zulässigkeit des Verwaltungszwanges

(1) Der Verwaltungsakt, der auf die Vornahme einer Handlung oder auf Duldung oder Unterlassung gerichtet ist, kann mit Zwangsmitteln durchgesetzt werden, wenn er unanfechtbar ist oder wenn ein Rechtsmittel keine aufschiebende Wirkung hat.

(2) Der Verwaltungszwang kann ohne vorausgehenden Verwaltungsakt angewendet werden, wenn das zur Abwehr einer gegenwärtigen Gefahr notwendig ist, insbesondere weil Maßnahmen gegen Personen nach den §§ 4 bis 6 nicht oder nicht rechtzeitig möglich sind oder keinen Erfolg versprechen, und die Polizei hierbei innerhalb ihrer Befugnisse handelt.

VVPolG NRW zu § 50
Zulässigkeit des Verwaltungszwanges (zu § 50)
50.1 (zu Absatz 1)
Rechtsmittel gegen Verwaltungsakte haben u.a. keine aufschiebende Wirkung, wenn es sich um unaufschiebbare Anordnungen und Maßnahmen von Polizeivollzugsbeamten gemäß § 80 Abs. 2 Satz 1 Nr. 2 der Verwaltungsgerichtsordnung (VwGO) handelt und das Verwaltungsgericht nicht gemäß § 80 Abs. 5 VwGO die aufschiebende Wirkung des Rechtsmittels angeordnet hat.
50.2 (zu Absatz 2)
Die Anwendung des Verwaltungszwanges ohne vorausgehenden Verwaltungsakt (sofortiger Vollzug) ist nur zulässig, wenn ein fiktiver Verwaltungsakt rechtmäßig wäre.

Erläuterungen:

1. Allgemeines

Das PolG NRW unterscheidet nicht nur deutlich zwischen **Aufgaben** und **Befugnissen** der Polizei; ebenso konsequent wird zwischen den Befugnissen der Polizei (§§ 8 ff.) und der **zwangsweisen Durchsetzung** der auf eine Befugnis gestützten Maßnahme unterschieden (§§ 50 ff. und Einführung Nr. 5). Dies gilt   1

§ 50 Zulässigkeit des Verwaltungszwanges

allerdings nur für den Bereich der Gefahrenabwehr. Im Bereich der **Strafverfolgung** und der **Verfolgung von Ordnungswidrigkeiten besteht dagegen der Grundsatz, dass die Befugnisnorm auch die Ermächtigung zur zwangsweisen Durchsetzung der zugelassenen Maßnahme beinhaltet.** Deshalb gelten die §§ 50 bis 56 nur für den Bereich der Gefahrenabwehr. Die Vorschriften über die Art und Weise der **Anwendung unmittelbaren Zwanges** (§§ 57 bis 66) gelten dagegen sowohl im Gefahrenabwehrrecht wie auch für alle anderen Rechtsgebiete (s. § 57, RN 2 und Einführung Nr. 5.3).

2. Voraussetzungen der Zwangsanwendung

2   **Grundsätzlich wird für eine Zwangsanwendung nach dem PolG NRW ein Verwaltungsakt vorausgesetzt,** der auf die Vornahme einer Handlung, Duldung oder Unterlassung gerichtet ist; dieser Verwaltungsakt muss also ein **Verbot** oder **Gebot zum Zwecke der Gefahrenabwehr** enthalten (s. zum Begriff des Verwaltungsaktes Einführung Nr. 4 und § 35 VwVfG NRW). Zum **Handeln** gehört z. B. das Vorzeigen von Ausweispapieren bei einer Identitätsfeststellung (§ 12) und das Erscheinen bei der Polizei auf Vorladung (§ 10). **Duldungsverwaltungsakte** sind beispielsweise die Anordnung erkennungsdienstlicher Maßnahmen (§ 14) und die Anordnung, eine Wohnung durchsuchen zu lassen (§ 41).

Auf **Unterlassung** sind insbesondere auf § 8 gestützte Verfügungen gerichtet, ein als Straftat oder als Ordnungswidrigkeit qualifiziertes Tun, z. B. ruhestörenden Lärm, einzustellen.

3   **Die zwangsweise Durchsetzung eines erlassenen Verwaltungsaktes** ist nur zulässig, wenn er **unanfechtbar** ist oder wenn **ein Rechtsmittel keine aufschiebende Wirkung hat.** Hier wird eine Verbindung hergestellt zwischen den Vorschriften über die Zwangsanwendung im PolG NRW und denen über den verwaltungsgerichtlichen Rechtsschutz in der VwGO (s. zum Rechtsschutz gegen Maßnahmen der Polizei Einführung Nr. 6).

4   Ein Verwaltungsakt ist **unanfechtbar,** wenn er mit **förmlichen Rechtsbehelfen** nicht mehr angefochten werden kann. Zu den förmlichen Rechtsmitteln gehört vor allem die **Anfechtungsklage** (§§ 42 und 74 ff. VwGO). Die Voraussetzung der Unanfechtbarkeit ist erfüllt, wenn die Rechtsmittel der Berufung (§§ 124 ff. VwGO) und der Revision (§§ 132 ff. VwGO) nicht (mehr) eingelegt werden können. Die **Frist** für die Anfechtungsklage beträgt bei Verwaltungsakten mit schriftlicher Rechtsbehelfsbelehrung einen Monat; fehlt die Belehrung, so läuft eine einjährige Ausschlussfrist (§ 58 Abs. 2 VwGO).

5   Außer im Falle der Unanfechtbarkeit können **Verwaltungsakte zwangsweise durchgesetzt werden, wenn Rechtsmittel keine aufschiebende Wirkung haben.** Eine Anfechtungsklage hat grundsätzlich aufschiebende Wirkung (§ 80 Abs. 1 VwGO); der Sinn dieser Regelung liegt gerade darin, den Vollzug des Verwaltungsaktes „auszusetzen", bis auf Grund eines Rechtsbehelfs über die

Zulässigkeit des Verwaltungszwanges § 50

Rechtmäßigkeit des Verwaltungsaktes entscheiden ist. Auf Grund der aufschiebenden Wirkung darf der Verwaltungsakt weder zwangsweise durchgesetzt, noch dürfen sonstige Folgerungen aus ihm gezogen werden; er ist zwar auf Grund der Bekanntgabe wirksam (§ 43 Abs. 1 VwVfG NRW), jedoch **nicht vollziehbar in einem umfassenden Sinne.**

Die grundsätzlich **aufschiebende Wirkung der Rechtsmittel** ist jedoch aus Gründen des vorrangigen öffentlichen Interesses am alsbaldigen Vollzug des Verwaltungsaktes in den Fällen des **§ 80 Abs. 2 VwGO** ausgeschlossen. Die aufschiebende Wirkung entfällt u. a. **bei unaufschiebbaren Anordnungen und Maßnahmen von Polizeivollzugsbeamten** (§ 80 Abs. 2 Nr. 2 VwGO). In diesen Fällen geht das öffentliche Interesse an effektiver Gefahrenabwehr dem Interesse der betroffenen Person an nochmaliger rechtlicher Überprüfung des Verwaltungsaktes **vor seiner Durchsetzung** vor. Unaufschiebbare Anordnungen und Maßnahmen der Polizei in diesem Sinne liegen vor allem dann vor, wenn die Polizei konkrete Gefahren abwehrt. Das **sofortige Einschreiten** des Vollzugsbeamten muss **erforderlich** sein, wie es regelmäßig bei Maßnahmen „auf der Straße" – etwa zur Regelung des Straßenverkehrs – der Fall ist. Kann die Gefahr hingegen „vom Schreibtisch aus" durch Verwaltungsakt geregelt werden (RN 7), so scheidet diese Alternative regelmäßig aus. 6

> **Beispiel**: Ein Polizeipräsidium verbietet durch schriftliche Verfügung einem (aus der Haft entlassenen) hochaggressiven Mann den Umgang mit Alkohol und Drogen und droht ein Zwangsgeld für jeden Fall der Zuwiderhandlung an. Die Klage gegen die Festsetzung des Zwangsgeldes hatte Erfolg, weil das – mit einer Klage angefochtene – Verbot weder kraft Gesetzes noch auf Grund behördlicher Anordnung sofort vollziehbar war (VG Minden, Urteil v. 25. 1. 2010 – 11 K 2614/09).

Eine Besonderheit besteht in diesem Zusammenhang, soweit Polizeibehörden durch Rechtsverordnungen des Bundes oder des Landes besondere Aufgaben übertragen bekommen haben, z. B. im Versammlungs- und Waffenwesen. Falls die Polizeibehörde in diesen Bereichen gleichsam als Verwaltungsbehörde **schriftliche Verfügungen** erlässt, handelt es sich nicht um unaufschiebbare Maßnahmen i. S. d. § 80 Abs. 2 Nr. 2 VwGO. Deshalb muss i. d. R. die sofortige Vollziehung des Verwaltungsaktes im öffentlichen Interesse (oder im überwiegenden Interesse eines Beteiligten) angeordnet und begründet werden (§ 80 Abs. 2 Nr. 4 VwGO); wegen eines Beispiels aus Anlass eines Versammlungsverbots s. Einführung Nr. 6.2). Ist die **sofortige Vollziehung** angeordnet und wird weder durch die Behörde noch durch das Gericht (§ 80 Abs. 4 und 5 VwGO) die aufschiebende Wirkung wiederhergestellt, ist die zwangsweise Durchsetzung des Verwaltungsaktes zulässig. Die Anordnung der **sofortigen Vollziehung** betrifft immer einen bereits ergangenen Verwaltungsakt (auch wenn sie mit ihm verbunden wird) und erlaubt die Zwangsanwendung nach § 50 Abs. 1. Sie darf nicht verwechselt werden mit dem **sofortigen Vollzug** nach § 50 Abs. 2, der die Zwangsanwendung **ohne vorhergehenden Verwaltungsakt** zulässt (s. die nachfolgenden Erläuterungen). 7

3. Sofortiger Vollzug (§ 50 Abs. 2)

8 § 50 Abs. 2 erlaubt ausnahmsweise die Zwangsanwendung ohne vorhergehenden Verwaltungsakt. Der **„sofortige Vollzug"** darf nicht mit der „sofortigen Vollziehung" nach § 80 Abs. 2 Nr. 4 VwGO verwechselt werden (RN 7).

9 Im polizeilichen Alltag sind meistens Sofortentscheidungen zu treffen. Da regelmäßig zeitliche Dringlichkeit bei der polizeilichen Gefahrenabwehr vorherrscht, müssen die Maßnahmen auch häufig sofort zwangsweise durchgesetzt werden. Das gilt besonders dann, wenn die verantwortlichen Personen nicht erreichbar sind und deshalb Zwang ohne vorangegangenen Verwaltungsakt angewendet werden muss.

> **Beispiel:** An einem Wochenende wird bei einem Sturm der 15 m hohe Baukran auf einer Baustelle aus der Verankerung gerissen und droht umzustürzen. Die Baufirma und sonstige Verantwortliche sind nicht zu erreichen. Der Baukran muss durch eine Spezialfirma geborgen und demontiert werden, um die Gefahr zu beseitigen.

Hier wird über eine Ersatzvornahme (§ 52) im Wege des sofortigen Vollzugs eingeschritten. Ein Verwaltungsakt konnte aus Zeitgründen nicht mehr ergehen, wäre aber auf der Grundlage des § 8 möglich gewesen.

10 **Voraussetzung** für die Zwangsanwendung ohne vorausgegangenen Verwaltungsakt ist zum einen eine **gegenwärtige Gefahr** (zum Begriff s. § 8, RN 13). Im Beispiel zu RN 9 liegt eine solche Gefahr vor.

Die Polizei muss weiterhin **innerhalb ihrer Befugnisse handeln.** Selbstverständlich darf die Polizei nur diejenigen Maßnahmen treffen, die sie auch auf Grund eines Verwaltungsaktes hätte treffen dürfen.

> **Beispiel:** Ein Fahrzeug darf nur dann abgeschleppt werden, wenn es tatsächlich eine Gefahr verursacht, etwa an einer unübersichtlichen Stelle abgestellt ist. Der verantwortlichen Person hätte im Falle ihrer Erreichbarkeit aufgegeben werden können, das Fahrzeug zu entfernen. Ist das Fahrzeug rechtmäßig geparkt, so scheiden sowohl Polizeiverfügung als auch Sofortvollzug aus.

Beim Sofortvollzug ist also die Rechtmäßigkeit eines nur **hypothetischen** Verwaltungsakts zu prüfen. Die Kontrollfrage lautet demgemäß: Wäre die Polizei berechtigt gewesen, einen Verwaltungsakt zu erlassen, wenn hierfür Zeit und Gelegenheit bestanden hätte?

Die Rechtmäßigkeitsprüfung beschränkt sich angesichts des bloß hypothetischen Charakters des Verwaltungsaktes in **formeller Hinsicht** auf die **Zuständigkeit** der handelnden Polizeibehörde.

In **materieller Hinsicht** müssen die **Voraussetzungen einer Befugnisnorm** und die **allgemeinen Rechtmäßigkeitsvoraussetzungen** erfüllt sein (s. das Aufbauschema in der Einführung Nr. 4.5.1). Die **Adressatenfrage** ist allerdings zunächst vielfach unerheblich; es geht hauptsächlich darum, die konkrete Gefahr abzuwehren oder die bereits eingetretene Störung zu beseitigen, und zwar ohne Rücksicht darauf, wer die Gefahr verursacht hat. Allerdings muss die Ver-

Zulässigkeit des Verwaltungszwanges § 50

antwortlichkeit spätestens dann geprüft werden, wenn es um die Heranziehung zu den **Kosten** der Vollstreckung geht.

Schließlich darf der Sofortvollzug nur angewendet werden, wenn dies **notwendig** ist. Die Notwendigkeit besteht nur dann, wenn der Erfolg der Maßnahme vereitelt oder erheblich gefährdet würde, falls die Behörde im Normalverfahren – Erlass eines Verwaltungsaktes, Androhung eines Zwangsmittels, Anwendung – vorginge (s. unten RN 12).

Beim **Abschleppen eines Fahrzeuges** sind unterschiedliche Fallkonstellationen denkbar. Danach ist zu entscheiden, welcher Verwaltungsakt (u. U. nur hypothetisch) geprüft werden muss (s. speziell zur Abgrenzung von Zwangsmaßnahmen und Sicherstellung beim Abschleppen von Fahrzeugen die Erläuterungen zu § 43, RN 12 und zu § 52, RN 7 und 8). **11**

Beim Abschleppen von Fahrzeugen im Wege des sofortigen Vollzuges kommt der **Pflicht zur Nachforschung nach dem Pflichtigen** besondere Bedeutung zu. Die Nachforschung zur Ermittlung des Pflichtigen kann dazu beitragen, dass der Störer sein Fahrzeug entfernt und damit Zwangsmaßnahmen entbehrlich sind. In diesem Fall wäre die Notwendigkeit des Sofortvollzugs nicht gegeben. **12**

Die Pflicht und der Umfang zur Nachforschung beurteilt sich nach dem Grundsatz der Verhältnismäßigkeit. Dabei kommt es auf die jeweiligen Umstände des Einzelfalles an, ob die Polizei eine Wartefrist vor dem Auftrag zum Abschleppen trifft oder ob sie noch anderweitige Nachforschungen an Ort und Stelle zu treffen hat (OVG Koblenz, NJW 1999, S. 3573, 3574; OVG Münster, NJW 1981, S. 478). Die Wartefrist ist dann entbehrlich, wenn andere Verkehrsteilnehmer bereits behindert werden (OVG Koblenz, NJW 1986, S. 1369, 1370). Die Polizei braucht weitere Nachforschungen ferner nicht anzustellen, wenn es **keine Anhaltspunkte für erfolgreiche Feststellungen im Nahbereich** gibt. Solche Anhaltspunkte können sich aus einem **im Auto gut sichtbar ausgelegten Zettel** ergeben, der konkrete Angaben zur Erreichbarkeit des Fahrers bzw. Halters enthält. Allerdings muss der Beamte anhand dieser Angaben ohne Weiteres beurteilen können, ob ein Verantwortlicher **leicht, kurzfristig und zuverlässig** erreicht werden kann. Vage Hinweise wie etwa „Komme gleich wieder" oder „Bin gerade einkaufen" dürfen regelmäßig ignoriert werden. Der Polizeibeamte muss sachgerecht entscheiden können, ob und welche Verzögerungen im Hinblick auf das Ausmaß der Störung noch hinnehmbar sind. Diese Grundsätze gelten auch bei Hinterlassung einer **(Mobil-)Telefonnummer,** unter welcher der Fahrer/Halter erreichbar ist. Dieser Hinweis ist nur dann zu beachten, wenn er einen Bezug zu der konkreten Parksituation aufweist, die dem Beamten den Rückschluss darauf erlaubt, ob und ggf. wie schnell der Verwender zur Beseitigung der Störung bereit und im Stande ist (OVG Hamburg, DVP 2002, S. 35). Fehlen solche situationsbezogenen Angaben (z. B. das Datum), macht der Zettel vielmehr einen „formularmäßigen" Eindruck, so ist ein Anruf nicht geboten. Das Risiko der

§ 50 Zulässigkeit des Verwaltungszwanges

Nichterreichbarkeit – etwa infolge eines Funklochs – trägt im Übrigen stets der Störer.

Noch strengere Maßstäbe hat das BVerwG angelegt (NZV 2002, S. 285, 286): Danach stehen einem durch die am Fahrzeug hinterlassene Telefonnummer veranlassten Nachforschungsversuch „regelmäßig" schon die ungewissen Erfolgsaussichten und nicht abzusehende weitere Verzögerungen entgegen. Auch dürfe eine rechtmäßige Abschlepppraxis **spezial- und generalpräventive Zwecke** verfolgen. Ob sich – wie vom Gericht befürchtet – unter Falschparkern die Praxis einbürgern könnte, sich durch „Telefonzettel" vor Abschleppmaßnahmen zu schützen, ist schwer einzuschätzen. Sicher gibt es einen „Nachzieher-Effekt" derart, dass sich Fahrzeugführer einem Falschparker anschließen. Insoweit wird der negative Vorbildeffekt jedoch durch das falsch geparkte Fahrzeug ausgelöst, nicht durch Hinweise am Fahrzeug. Vorzugswürdig ist daher die vom OVG Hamburg vorgezeichnete Linie. Sie ermöglicht ein flexibles, dem Gebot der Verhältnismäßigkeit angepasstes Vorgehen und verhindert auch den formularmäßigen Missbrauch von Telefonzetteln durch notorische Falschparker.

Handelt es sich bei einem vorschriftswidrig abgestellten Fahrzeug um ein **Liefer- oder Handwerkerfahrzeug** und befindet sich in unmittelbarer Nähe eine Baustelle, so spricht einiges dafür, dass das Fahrzeug einem der dort beschäftigten Personen gehört; hier kann sich eine Nachfrage auf der Baustelle anbieten, bevor das Fahrzeug abgeschleppt wird (OVG Koblenz, NJW 1999, S. 3573, 3574).

Bei der Beurteilung der Fragen nach der Wartepflicht und weiterer Nachforschungen kommt es auf den **Erkenntnisstand** der beteiligten Beamten **im Zeitpunkt der Anordnung der Maßnahme** an (BVerwG, NJW 1975, S. 2158). Somit ist die sich nachträglich ergebende objektive Lage nicht Kriterium für die Prüfung der Rechtmäßigkeit der polizeilichen Maßnahme (vgl. zur Problematik der Datenerhebung die Erläuterungen zu § 9, RN 5 ff.). Bei der Frage, ob ein Zuwarten möglich ist, kann auch die sog. **negative Vorbildfunktion** des verbotswidrig abgestellten Kraftfahrzeuges eine Rolle spielen (BVerwG, NJW 1990, S. 931 und OVG Münster, NJW 1990, S. 2835).

Des Weiteren kann der Gesichtspunkt **terroristischer Anschläge** (z. B. Bombenanschlag mittels eines vor einem sicherheitsempfindlichen Dienstgebäude rechtswidrig auf dem Bürgersteig geparkten Fahrzeuges) den Sofortvollzug durch Abschleppen legitimieren (BVerwG, NJW 1993, S. 870).

13 Für den sofortigen Vollzug ist typisch, dass (auch) von einer **Androhung abgesehen** wird. Die Zwangsmittel sind zwar grundsätzlich anzudrohen (§ 56). Nach § 56 Abs. 1 Satz 3 kann jedoch von der Androhung abgesehen werden, wenn die Umstände sie nicht zulassen, insbesondere wenn es zur Abwendung einer **gegenwärtigen Gefahr erforderlich** ist. Diese Voraussetzung korrespondiert mit der Voraussetzung des sofortigen Vollzuges nach § 50 Abs. 2. Deshalb ist eine Androhung beim sofortigen Vollzug nur dann denkbar, wenn der Pflichtige an-

wesend ist, eine Maßnahme gegen ihn aber nicht zur Abwendung der Gefahr führt. Ansonsten müsste er durch eine Verfügung in Anspruch genommen werden. Wäre danach Zwang erforderlich, käme § 50 Abs. 1 als Befugnisnorm in Betracht.

4. Begriffe

Der **sofortige Vollzug** ist Zwangsanwendung ohne vorhergehenden Verwaltungsakt. Die Ermächtigung hierfür ergibt sich aus § 50 Abs. 2.

Die **sofortige Vollziehung** kann nach § 80 Abs. 2 Nrn. 1 bis 3 VwGO kraft Gesetzes eintreten oder nach § 80 Abs. 2 Nr. 4 VwGO für einen Verwaltungsakt angeordnet werden, damit Rechtsbehelfe keine aufschiebende Wirkung (Suspensiveffekt nach § 80 Abs. 1 VwGO) haben.

§ 51
Zwangsmittel

(1) Zwangsmittel sind
1. Ersatzvornahme (§ 52),
2. Zwangsgeld (§ 53),
3. unmittelbarer Zwang (§ 55).

(2) Sie sind nach Maßgabe der §§ 56 und 61 anzudrohen.

(3) ¹Die Zwangsmittel können auch neben einer Strafe oder Geldbuße angewandt und solange wiederholt und gewechselt werden, bis der Verwaltungsakt befolgt worden ist oder sich auf andere Weise erledigt hat. ²Bei Erzwingung einer Duldung oder Unterlassung kann das Zwangsgeld für jeden Fall der Nichtbefolgung festgesetzt werden.

VVPolG NRW zu § 51
Zwangsmittel (zu § 51)
51.1 (zu Absatz 1)
Die zulässigen Zwangsmittel sind in § 51 Abs. 1 abschließend aufgezählt. Mit anderen Zwangsmaßnahmen dürfen Verwaltungsakte nicht durchgesetzt werden.

Erläuterungen:

Die **Aufzählung** der Zwangsmittel in Absatz 1 ist **abschließend.** Mit anderen Mitteln dürfen Maßnahmen der Polizei nicht durchgesetzt werden. Die **Ersatzzwangshaft** (§ 54) ist kein selbständiges Zwangsmittel, sondern Teil der Zwangsgeldregelung.

§ 51 Zwangsmittel

2 Liegen die gesetzlichen Voraussetzungen für mehrere Zwangsmittel vor, wählt die Polizei das geeignete nach **pflichtgemäßem Ermessen** (§ 3) aus. Das Ermessen wird durch den Grundsatz der **Verhältnismäßigkeit** eingeschränkt (§ 2); die Reihenfolge der Aufzählung der Zwangsmittel gibt Anhaltspunkte dafür, was der Gesetzgeber für den Regelfall als schwereren Eingriff ansieht. Beim unmittelbaren Zwang ist § 55 Abs. 1 zu beachten. Gerade bei der Anwendung des unmittelbaren Zwanges kommt es auf die Beachtung des Grundsatzes der Verhältnismäßigkeit an.

3 Wegen der Verpflichtung der Polizei zur Androhung der Zwangsmittel s. § 56. § 51 Abs. 3 Satz 2 regelt (systemwidrig) die Befugnis zur **„Festsetzung"** eines Zwangsgeldes (s. hierzu § 53) zur Erzwingung einer Duldung oder Unterlassung **„für jeden Fall der Nichtbefolgung"** (s. zur Neuregelung des Verwaltungsvollstreckungsrechts *Haurand*, DVP 2003, S. 301).

> **Beispiel:** Der Adressat eines Aufenthaltsverbots (§ 34 Abs. 2) verstößt mehrfach gegen die – auf eine Unterlassung – gerichtete Verfügung. Die Polizei kann das Zwangsgeld wiederholt festsetzen bzw. kumulieren (s. auch RN 6 und § 53, RN 9).

Zumindest aus Gründen der Klarstellung ist es auch zulässig, eine entsprechende **Androhung in den Verwaltungsakt** aufzunehmen.

4 § 51 Abs. 3 Satz 1 verdeutlicht das Wesen des Verwaltungszwanges. Er ist ein ausschließliches **Beugemittel** und darauf gerichtet, Handlungen, Duldungen oder Unterlassungen durchzusetzen, wodurch die öffentliche Sicherheit oder Ordnung gewährleistet wird. Verwaltungszwang ist deshalb niemals Strafe oder Geldbuße. Das gilt besonders für das Zwangsmittel des Zwangsgeldes. Strafe und Geldbuße sind Sanktion für vorangegangenes Tun, sie setzen den Nachweis individueller Schuld voraus. Die Zwangsmittel zielen dagegen darauf ab, eine Gefahrensituation zu beseitigen; sie sind gegenwarts- und zukunftsorientiert.

5 Auswirkungen hat das insbesondere bei den sog. **Dauerdelikten.** Hier kann einerseits für die begangene Handlung eine Sanktion (Strafe oder Geldbuße) verhängt werden, andererseits kann zur Unterbindung des Dauerdelikts eines der Zwangsmittel eingesetzt werden.

> **Beispiel:** Wegen eines Verkehrsverstoßes mit Behinderung des Verkehrs wird ein Pkw abgeschleppt. Damit wird der andauernde Verkehrsverstoß durch Ersatzvornahme (s. § 52, RN 11) kostenpflichtig beendet. Außerdem wird eine Ordnungswidrigkeitenanzeige erstattet, der Fahrer erhält einen Bußgeldbescheid wegen des verkehrswidrigen Verhaltens. Gegen die Abschleppkosten kann nicht erfolgreich eingewandt werden, sie seien ein Mehrfaches höher als das Bußgeld (bzw. die Parkgebühr). Die Abschleppkosten dienen nicht wie das Bußgeld der Ahndung eines schuldhaft begangenen ordnungswidrigen Verhaltens, sondern es handelt sich um Kosten, die zur (Wieder-)Herstellung der öffentlichen Sicherheit angefallen sind (VGH München, DÖV 1999, S. 306).

6 Zwangsmittel können **solange und so oft eingesetzt werden, bis die Gefahr beseitigt** ist. Bei wiederholter Zwangsanwendung können die Zwangsmittel gewechselt werden. Insbesondere kann das Zwangsgeld für dieselbe Situation

Ersatzvornahme § 52

mehrfach und jeweils in größerer Höhe festgesetzt werden. Auch bei der kumulativen Androhung von Zwangsmitteln gemäß § 56 Abs. 3 Satz 2 muss das erste vorgesehene Zwangsmittel ergebnislos geblieben sein, ehe das nächste (nächststärkere) zur Anwendung kommen kann.

Sobald der Verwaltungsakt befolgt wird oder die Gefahr (auch auf andere Weise) beseitigt ist, darf ein Zwangsmittel nicht mehr angewendet werden (s. aber § 53, RN 9). Die Verhängung einer Strafe oder Geldbuße als Sanktion bleibt davon unberührt, weil diese sich auf das vorangegangene straf- oder bußgeldbedrohte Verhalten bezieht. 7

Beispiel: Bevor der Abschleppunternehmer im Beispiel RN 5 eintrifft, erscheint der Kraftfahrer und entfernt sein Fahrzeug selbst. Die Fortsetzung der bereits begonnenen Ersatzvornahme – also das Abschleppen – wäre hier unzulässig, weil sie nicht mehr erforderlich ist. Dennoch hat der Kraftfahrer die Kosten für die Anfahrt zu tragen (s. § 52, RN 11). Wegen der begangenen Verkehrsordnungswidrigkeit kann eine Verwarnung mit Verwarnungsgeld erteilt oder eine Anzeige erstattet werden.

§ 52
Ersatzvornahme

(1) ¹Wird die Verpflichtung, eine Handlung vorzunehmen, deren Vornahme durch einen anderen möglich ist (vertretbare Handlung), nicht erfüllt, so kann die Polizei auf Kosten der betroffenen Person die Handlung selbst ausführen oder einen anderen mit der Ausführung beauftragen. ²§ 77 des Verwaltungsvollstreckungsgesetzes findet Anwendung.

(2) ¹Es kann bestimmt werden, dass die betroffene Person die voraussichtlichen Kosten der Ersatzvornahme im voraus zu zahlen hat. ²Zahlt die betroffene Person die Kosten der Ersatzvornahme oder die voraussichtlich entstehenden Kosten der Ersatzvornahme nicht fristgerecht, so können sie im Verwaltungszwangsverfahren beigetrieben werden. ³Die Beitreibung der voraussichtlichen Kosten unterbleibt, sobald die betroffene Person die gebotene Handlung ausführt.

VVPolG NRW zu § 52

Ersatzvornahme (zu § 52)
52.1 (zu Absatz 1)
Eine Ersatzvornahme liegt auch vor, wenn die Polizei die vertretbare Handlung selbst ausführt. Vertretbar ist eine Handlung, wenn sie nicht nur von der betroffenen Person persönlich (z. B. durch Abgabe einer Erklärung), sondern ohne Änderung ihres Inhalts auch von einer anderen vorgenommen werden kann. Die Vorschrift ermächtigt die Polizei nicht, eine andere Person hoheitlich zur Ausführung der Ersatzvornahme zu verpflichten; eine solche Befugnis kann sich im Ausnahmefall aus § 8 in Verbindung mit § 6 ergeben.

§ 52 Ersatzvornahme

Erläuterungen:

1. Begriff

1   Die Ersatzvornahme i. S. d. § 52 bedeutet, dass eine **vertretbare Handlung** zwangsweise durchgesetzt wird, indem anstelle des eigentlich Verpflichteten ein anderer handelt. Das Wort „vertretbar" wird hier nicht im Sinne von verhältnismäßig oder angemessen verwandt. Eine vertretbare Handlung ist immer dann gegeben, wenn sie **nicht ausschließlich von dem Pflichtigen selbst,** sondern auch von einem anderen vorgenommen werden kann. Die Ersatzvornahme ist demnach für unvertretbare Handlungen ausgeschlossen; diese können nur mit Zwangsgeld (z. B. Auskunftspflicht nach § 9 Abs. 2) oder mit unmittelbarem Zwang (z. B. Vorführung zur erkennungsdienstlichen Behandlung nach § 10 Abs. 3) durchgesetzt werden. Zur Erzwingung einer vertretbaren Handlung sind hingegen **sämtliche Zwangsmittel** des § 51 möglich.

2   Wird eine vertretbare Handlung, zu der der Betroffene verpflichtet ist, von diesem nicht vorgenommen, kann die **Polizei** auf Kosten des Pflichtigen diese Handlung **selbst ausführen** oder damit **einen Dritten beauftragen.** Darüber hinaus kann die Polizei auch eine andere Behörde ersuchen, im Wege der Amtshilfe tätig zu werden. Die Ersatzvornahme **beginnt** – entsprechend dem Wortlaut – mit der **Beauftragung des Dritten.** Diese Zeitpunktfestlegung hat Auswirkungen auf die Kostenfrage (s. RN 11).

3   Auf das Rechtsverhältnis der Polizei zu den Dritten kommt es in diesem Zusammenhang nicht an. Dabei kann es sich um ein **zivilrechtliches Vertragsverhältnis zwischen der Polizei und einem Unternehmer** handeln, das entweder für einen speziellen Fall abgeschlossen wird oder das zumindest in den Grundlagen für längere Zeit besteht (Abschleppunternehmer). Möglich ist jedoch auch, dass die Polizei unter den Voraussetzungen des § 6 einen **Nichtstörer in Anspruch nimmt** und ihn zur Durchführung der vertretbaren Handlung verpflichtet. Auswirkungen hat das vor allem für die Frage der Entschädigung des tatsächlich Ausführenden (s. RN 11). Zwischen dem Betroffenen, auf dessen Kosten die Ersatzvornahme ausgeführt wird, und dem von der Polizei zur Durchführung der Maßnahme eingeschalteten Dritten entstehen jedenfalls aus der Ersatzvornahme selbst keine Rechtsbeziehungen.

4   Die Polizei entscheidet **nach pflichtgemäßem Ermessen,** ob sie die **Ersatzvornahme selbst ausführt oder durch einen Dritten ausführen lässt.** In Fällen, in denen die Polizei nicht über die notwendigen personellen und materiellen Ressourcen verfügt, kommt immer die Beauftragung eines Unternehmers in Betracht. Keineswegs ist die Polizei verpflichtet, für sämtliche Fallgestaltungen die erforderlichen Mittel vorzuhalten. Im Übrigen spielen nicht nur die Umstände des Einzelfalles eine Rolle, sondern insbesondere die Frage, wieweit Kräfte der Polizei bei einer Eigenvornahme gebunden sind, die anderweitig benötigt werden. Kostengesichtspunkte, die sich aus der Eigenvornahme oder der Fremdvor-

nahme ergeben, müssen im Rahmen der Prüfung des Verhältnismäßigkeitsgrundsatzes ebenfalls berücksichtigt werden.

2. Voraussetzungen

Um eine Ersatzvornahme durchführen zu können, müssen zunächst die allgemeinen Voraussetzungen für die Anwendung von Zwang (s. §§ 50 und 56) vorliegen. Hinzu kommen muss, dass die betroffene Person zur Vornahme einer vertretbaren Handlung verpflichtet ist. Nach allgemeinen Grundsätzen des Verwaltungsrechts **muss diese Handlung rechtlich und tatsächlich möglich** sein. Nicht notwendig ist, dass die betroffene Person die geforderte Handlung auch in Person vornehmen kann. Es genügt, wenn sie damit einen Dritten zu beauftragen vermag.

> **Beispiel:** Nach einem Unfall versperrt ein beschädigtes Fahrzeug eine Kreuzung. Der unverletzt gebliebene Fahrer wird von der Polizei aufgefordert, das Fahrzeug zu entfernen. Falls er selbst nicht dazu in der Lage ist, kann er einen Abschleppunternehmer beauftragen.

Wenn die Polizei auf Bitten des Fahrers einen Abschleppunternehmer bestellt, übermittelt sie nur den Auftrag des Betroffenen, d. h. der Vertrag kommt zwischen ihm und dem Abschleppunternehmer zustande.

Voraussetzung für die Ersatzvornahme ist zum einen, dass der Pflichtige sich **weigert**, die Handlung auszuführen bzw. hierzu einen Auftrag zu erteilen. Zum anderen ist eine Ersatzvornahme möglich, wenn der Pflichtige entweder **noch nicht bekannt ist oder aus tatsächlichen Gründen nicht tätig werden kann.** Das ist der Fall bei einem Fahrzeugführer, der nach einem Verkehrsunfall schwer verletzt in ein Krankenhaus gebracht wird und dessen Fahrzeug zwecks Räumung der Kreuzung abgeschleppt werden muss. Es kann allerdings auch so sein, dass kein Abschleppunternehmer bereit ist, mit einem offensichtlich zahlungsunfähigen Störer angesichts außergewöhnlich hoher Bergungskosten einen Vertrag zu schließen.

3. Abgrenzung zur Sicherstellung

Eine Sicherstellung ist die Begründung eines öffentlich-rechtlichen Verwahrungsverhältnisses. Ein solches kann auch **ohne Zwangsanwendung** hergestellt werden, wenn die betroffene Person damit einverstanden ist oder es sich um herrenlose Sachen handelt, bei denen kein der Maßnahme entgegenstehender Wille überwunden werden muss.

Ersatzvornahme – als Zwangsmittel – ist auf die Ausschaltung eines wirklichen oder zumindest möglichen **Widerstandes** gerichtet (s. speziell zur Rechtskonstruktion bei Abschleppvorgängen § 43, RN 12).

8 Eine Ersatzvornahme – und keine Sicherstellung – liegt in den Fällen vor, in denen die Polizei **nur vorübergehend (zwangsweise)** von einer Sache Besitz ergreift und deshalb **keine Verwahrung** i. S. d. § 44 begründet. Dies gilt insbesondere bei der bloßen **Umsetzung** eines Fahrzeuges (s. hierzu auch § 43, RN 13).

4. Abgrenzung zum unmittelbaren Zwang

9 Schwierigkeiten bereitet in manchen Fällen die Abgrenzung zwischen Ersatzvornahme und **unmittelbarem Zwang**, soweit mit der letztgenannten Maßnahme auf **Sachen** eingewirkt wird. Dazu trägt nicht zuletzt die (sehr weite, wenn nicht gar teilweise inhaltsleere) Definition des unmittelbaren Zwanges in § 58 Abs. 1 und 2 bei.

Beispiele:
1. Beim Abschleppen eines Fahrzeuges wird unmittelbar und körperlich auf eine Sache eingewirkt, sodass es sich begrifflich um unmittelbaren Zwang handeln kann.
2. Eine Person, die nach § 35 in Gewahrsam genommen werden soll, hat sich in einem Zimmer eingeschlossen. Die Polizei verlangt von ihr, die Tür zu öffnen. Als das nicht geschieht, tritt ein Polizeibeamter nach vorheriger Androhung die Tür ein.

Das **Abschleppen eines Fahrzeuges** (Beispiel 1) wird in der Regel als **Ersatzvornahme** qualifiziert. Entsprechendes gilt sogar für den zwangsweisen Abbruch eines einsturzgefährdeten Bauwerks (s. auch § 58, RN 3). Ein Abgrenzungskriterium ist, ob der **Gefahrenabwehrzweck** durch die Zwangsmaßnahme **unmittelbar** erreicht wird, die Zwangsanwendung also nicht Voraussetzung für einen weitergehenden Zweck ist. Dieser Umstand spricht für Ersatzvornahme. Zwar ist zuzugeben, dass das Merkmal der „Unmittelbarkeit" Unschärfen aufweist, es ermöglicht indessen in den meisten Fällen eine halbwegs sichere Abgrenzung. Die Ersatzvornahme ist – im Gegensatz zum unmittelbaren Zwang – weiterhin dadurch gekennzeichnet, dass die Polizei bei ihr nur **stellvertretend** für die verantwortliche Person handelt. Maßgebend ist damit, ob die Polizei so vorgeht, wie der Störer vorgeht bzw. vorgehen würde oder sie in einer Art und Weise gewaltsam auf den Gegenstand einwirkt, wie die verantwortliche Person dies nicht tun müsste (VGH München, JA 2009, S. 911 mit Anm. von *Durner*).

10 Auch der Beispielsfall 2 lässt sich mit beiden Kriterien lösen. Das Aufbrechen hat den (Hilfs-)Zweck, die eigentliche Maßnahme (Ingewahrsamnahme) durchzusetzen. Die Einwirkung auf die Tür ist zudem nicht notwendigerweise zur Durchsetzung der Ingewahrsamnahme erforderlich. Der Pflichtige muss nur die Tür öffnen, sie aber keinesfalls beschädigen. Das Eintreten der Tür ist demnach Anwendung unmittelbaren Zwanges.

Setzt die Polizei typische **Hilfsmittel der körperlichen Gewalt** oder **Waffen** ein (s. § 58 Abs. 3 und 4), um eine vertretbare Handlung zu erzwingen, so spricht dies regelmäßig für die Annahme **unmittelbaren Zwanges.** Da diese

Ersatzvornahme **§ 52**

Mittel gemäß § 57 Abs. 1 nur unter besonderen Voraussetzungen angewandt werden dürfen, würde man anderenfalls – insbesondere beim Schusswaffengebrauch gegen Sachen – den Schutzzweck der §§ 58 bis 66 unterlaufen.

Beispiel: Ein Polizeibeamter erschießt einen gefährlichen Hund, weil die Beauftragung eines Hundefängers (ggf. Ersatzvornahme) nicht rechtzeitig möglich war, um die von dem Tier ausgehende Gefahr wirksam abzuwehren.

5. Kosten der Ersatzvornahme

Die Kosten der Ersatzvornahme hat letztlich derjenige zu tragen, den die Polizei rechtmäßig (insbesondere durch Verwaltungsakt) in Anspruch genommen hat. Der Umfang der von der Polizei durch Leistungsbescheid zu erhebenden Kosten ergibt sich aus den §§ 15 und 20 VO VwVG NRW, die über die in § 52 Abs. 1 Satz 2 enthaltene Verweisung auf § 77 VwVG NRW für Amtshandlungen der Polizei entsprechend gilt. Die Regelung über die Ersatzvornahme einschließlich der dazu gehörenden Bestimmungen über die Kostenerhebung (Auslagen und Gebühren) schließt (Erstattungs-)Ansprüche des Trägers der Polizei unter dem Gesichtspunkt der Geschäftsführung ohne Auftrag (§§ 683, 670 BGB) aus (BGH, NJW 2004, S. 513). **11**

Zu den Kosten gehören insbesondere die Beträge, die die Polizei einem beauftragten **Unternehmer** nach dem zivilrechtlichen Vertrag zu zahlen hat. Zum Kreis dieser Verwaltungshelfer gehören insbesondere die Abschleppunternehmer. Auch sog. **abgebrochene Abschleppversuche** (z.B. bei rechtzeitigem Eintreffen des Fahrers) sind kostenpflichtig. Demgemäß muss die verantwortliche Person die Kosten einer Leerfahrt – die der Behörde durch den Unternehmer in Rechnung gestellt werden – tragen (OVG Münster, NWVBl. 2001, S. 181). Wird allerdings – bei mehreren falsch geparkten – Fahrzeugen ein unmittelbar benachbartes Fahrzeug abgeschleppt, so entspricht es dem Gebot der Verhältnismäßigkeit, dass für den abgebrochenen Abschleppvorgang keine Kosten erhoben werden (OVG Hamburg, NJW 2001, S. 168).

Bei **mehreren Verantwortlichen** muss sich die Heranziehung zu den Kosten an dem Gebot einer gerechten Lastenverteilung orientieren. Die Grundsätze für die Störerauswahl bei der Gefahrenabwehr (§ 4, RN 10) sind damit nicht automatisch deckungsgleich. Sind mehrere Verantwortliche in Anspruch genommen worden, so kann es dem Gebot der Lastengerechtigkeit widersprechen, dass einem allein die Kosten auferlegt werden; ggf. sind die Kosten vielmehr aufzuteilen (VGH Mannheim, JuS 2012, S. 863).

Ungeschriebene Voraussetzung für den vollstreckungsrechtlichen Kostenerstattungsanspruch ist die **Rechtmäßigkeit** der Ersatzvornahme. Ist die Maßnahme rechtswidrig, so kommt allenfalls ein (gewohnheitsrechtlich anerkannter) **öffentlich-rechtlicher Erstattungsanspruch** in Betracht, der dem Bereicherungsanspruch des bürgerlichen Rechts nachgebildet ist (§§ 812 ff. BGB). Vo- **12** raussetzung ist, dass dem Betroffenen durch die behördliche Maßnahme ein konkreter Vermögensvorteil zugeflossen ist.

> **Beispiel:** Die Polizei lässt im Wege des Sofortvollzugs (§ 50 Abs. 2) nach einem Einbruchsversuch eine beschädigte Haustür zur Eigentumssicherung reparieren, obwohl der Hauseigentümer ohne Weiteres hätte informiert werden und den entsprechenden Auftrag selbst hätte vergeben können. Den hierdurch entstandenen subjektiven Vermögensvorteil muss der Eigentümer herausgeben, d. h. Wertsatz leisten (§ 818 Abs. 2 BGB in entsprechender Anwendung). Kann der Eigentümer allerdings z. B. nachweisen, dass er das fragliche Haus abreißen lassen wollte und daher keinen Nutzen aus der Reparatur gezogen hat, entfällt dieser Anspruch. Hätte der Eigentümer die Reparatur selbst oder mit Hilfe von Verwandten vornehmen können, kann der Erstattungsanspruch sich ggf. auf die Materialkosten beschränken.

13 Besonders gelagert in kostenrechtlicher Hinsicht sind die Fälle der **Anscheinsgefahr** und des **Gefahrenverdachts** (s. zu diesen Begriffen § 8, RN 19 und 21). Die Kosten für eine polizeirechtliche Ersatzvornahme können einem Anscheins- oder Verdachtsstörer dann nicht auferlegt werden, wenn der vermeintliche Störer die den Anschein/Verdacht begründenden Umstände **nicht zu verantworten hat**.

> **Beispiel:** Autofahrer A stellt sein Fahrzeug ohne Verstoß gegen straßenverkehrsrechtliche Vorschriften auf einer Straßenseite so ab, dass eine ausreichende Restfahrbahnbreite von mehr als fünf Metern verbleibt. Später parken andere Autofahrer auf der gegenüberliegenden Straßenseite mit der Folge, dass die Durchfahrt für Linienbusse versperrt wird. Wird nun das Fahrzeug des A – rechtmäßigerweise – zur Beseitigung der Blockadelage abgeschleppt, so steht der Behörde ein Kostenerstattungsanspruch gegen A nicht zu. Denn A ist objektiv nicht Verantwortlicher gemäß § 4 oder § 5, weil weder sein Verhalten noch sein Fahrzeug unmittelbare Ursache für den Eintritt der Störung war (s. § 4, RN 15). Verantwortlich für die Verkehrsbehinderung sind nur die Fahrer der zuletzt abgestellten Fahrzeuge auf der gegenüberliegenden Straßenseite. A ist damit als bloßer Anscheinsstörer in Anspruch genommen worden. Einem Anscheinsstörer, der sich objektiv rechtens verhält, aber steht in analoger Anwendung des § 39 Abs. 1 a) OBG i. V. m. § 67 PolG NRW selbst ein Entschädigungsanspruch zu (vgl. RN 6 zu § 39 OBG – hinter § 67). Entsprechend kann er auch nicht für die Kosten in Anspruch genommen werden, die der Behörde im Rahmen der Vollstreckung entstanden sind (OVG Münster, NWVBl. 2001, S. 142).

Entsprechendes gilt, wenn es sogar an einer **wirklichen Gefahr ermangelt.**

> **Beispiel:** Die Polizei vermutet, dass der Junggeselle B Selbstmord begehen will. Polizeibeamte suchen die Wohnung des B auf und lassen – nachdem auf die Betätigung der Türklingel und auf Anklopfen niemand geöffnet hat – die Wohnungstür durch einen Schlüsseldienst öffnen. In Wirklichkeit war B gar nicht suizidgefährdet; die Befürchtung der Polizei beruhte lediglich auf Aussagen der (überängstlichen) Ex-Freundin des B (nach LG Köln, NJW 1998, S. 317; vgl. auch OVG Berlin, NVwZ-RR 2002, S. 623). Da B den Anschein bzw. den Verdacht der Suizidgefahr nicht durch ein ihm zurechenbares Verhalten gesetzt hat, können ihm die Kosten für die Beauftragung des Schlüsseldienstes nicht auferlegt werden.

Die Möglichkeit, die **voraussichtlichen Kosten** der Ersatzvornahme vor ihrer Ausführung gemäß § 52 Abs. 2 Satz 1 von der betroffenen Person zu verlangen, hat für die Polizei kaum praktische Bedeutung. 14

Falls die betroffene Person die Kosten – ggf. auch die voraussichtlichen Kosten – nicht innerhalb der in dem Leistungsbescheid angegebenen Frist zahlt, können sie im Wege des Verwaltungszwangsverfahrens beigetrieben werden; insoweit findet das VwVG NRW Anwendung. Auch bei der Ersatzvornahme kann die **Herausgabe einer Sache von der Zahlung der voraussichtlichen** – noch festzusetzenden – **Kosten** abhängig gemacht werden (§ 20 Abs. 4 Satz 2 VO VwVG i. V. m. § 77 Abs. 5 VwVG NRW i. V. m. § 52 Abs. 1 Satz 2 PolG NRW). 15

Der Hinweis in § 52 Abs. 2 Satz 3, wonach die Beitreibung der voraussichtlichen Kosten zu unterbleiben hat, sobald der Pflichtige die Handlung ausgeführt hat, verdeutlicht das Wesen der Ersatzvornahme als Beugemittel (s. § 51, RN 4). 16

§ 53
Zwangsgeld

(1) Das Zwangsgeld wird auf mindestens fünf und höchstens zweitausendfünfhundert Euro schriftlich festgesetzt.

(2) Mit der Festsetzung des Zwangsgeldes ist der betroffenen Person eine angemessene Frist zur Zahlung einzuräumen.

(3) ¹Zahlt die betroffene Person das Zwangsgeld nicht fristgerecht, so wird es im Verwaltungszwangsverfahren beigetrieben. ²Die Beitreibung unterbleibt, sobald die betroffene Person die gebotene Handlung ausführt oder die zu duldende Maßnahme gestattet. ³Ein Zwangsgeld ist jedoch beizutreiben, wenn der Duldungs- oder Unterlassungspflicht zuwidergehandelt worden ist, deren Erfüllung durch die Androhung des Zwangsgeldes erreicht werden sollte; sind weitere Zuwiderhandlungen nicht mehr zu befürchten, so kann von der Beitreibung abgesehen werden, wenn diese eine besondere Härte darstellen würde.

VVPolG NRW zu § 53
Zwangsgeld (zu § 53)
53.0
Die Festsetzung eines Zwangsgeldes durch die Polizei kommt, außer zur Durchsetzung eines Rückkehrverbotes gemäß § 34a und ggf. zur Durchsetzung einer Platzverweisung gemäß § 34 Abs. 2, nur in seltenen Fällen in Betracht, da mit diesem Zwangsmittel die Gefahr von der Polizei in aller Regel nicht rechtzeitig abgewehrt werden kann.
53.1 (zu Absatz 1)
Das Zwangsgeld muss in bestimmter Höhe festgesetzt werden (also nicht z. B.

„bis zu 300 Euro"). *Dabei sind Dauer und Umfang des pflichtwidrigen Verhaltens (erster Verstoß oder Wiederholungsfall), die finanzielle Leistungsfähigkeit der betroffenen Person und die Bedeutung der Angelegenheit zu berücksichtigen.*
53.3 (zu Absatz 3)
§ 53 Abs. 3 Satz 3 verdeutlicht die einschränkende Auslegung des Grundsatzes des Satzes 2 in Anlehnung an § 60 Abs. 3 Satz 2 VwVG NRW, so dass eine nachträgliche Beitreibung des Zwangsgeldes bei dem Zuwiderhandeln gegen eine Duldungs- oder Unterlassungspflicht durchführbar ist.

Erläuterungen:

1. Anwendungsbereich des Zwangsgeldes

1 Der praktische Anwendungsbereich des Zwangsgeldes ist bei der polizeilichen im Vergleich zur ordnungsbehördlichen Gefahrenabwehr relativ gering, weil die Polizei ganz überwiegend akute Gefahrensituationen bereinigen muss (s. aber RN 3). Dafür ist das Zwangsgeld nicht geeignet, weil mit der Festsetzung eine **angemessene Frist zur Zahlung** eingeräumt werden muss (§ 53 Abs. 2). Das Zwangsgeld ist das typische Zwangsmittel zur Durchsetzung von **Verwaltungsakten der allgemeinen Verwaltung**, z. B. der Ordnungsbehörden.

> **Beispiel:** Die Bauaufsichtsbehörde verfügt den Abbruch eines Gebäudes, das ohne die erforderliche Erlaubnis errichtet worden ist, und droht für den Fall der Nichtbefolgung gleichzeitig ein Zwangsgeld an.

2 Für die Polizei kommt die Anwendung des Zwangsgeldes in erster Linie bei den ihr **zugewiesenen Aufgaben** gemäß § 10 POG NRW in Betracht. Auch in diesen Fällen gelten für die Polizei die §§ 50 ff. und nicht das VwVG NRW.

3 Im Bereich der polizeilichen Gefahrenabwehr kommt ein Zwangsgeld z. B. in Betracht, wenn ein **Aufenthaltsverbot** (§ 34 Abs. 2) oder eine **Vorladung zur Durchführung erkennungsdienstlicher Maßnahmen** (§ 10 Abs. 1 Nr. 2, Abs. 3 Nr. 2) durchgesetzt werden soll. Denkbar ist auch die Androhung eines Zwangsgeldes, um die **Erteilung einer Auskunft** (§ 9 Abs. 1 und 2) zu erzwingen; insoweit ist unmittelbarer Zwang ausdrücklich ausgeschlossen (§ 55 Abs. 2).

4 Zwangsgeld dient in erster Linie der Durchsetzung **unvertretbarer Handlungen**, kommt aber **auch bei vertretbaren Handlungen** in Betracht (wegen der Begriffe vertretbare und unvertretbare Handlungen s. § 52, RN 1). Infolge grundsätzlicher Dringlichkeit polizeilicher Maßnahmen sind bei vertretbaren Handlungen im Regelfall Ersatzvornahme nach § 52 oder unmittelbarer Zwang gemäß § 55 anzuwenden.

Zwangsgeld § 53

2. Bemessung des Zwangsgeldes

Innerhalb des durch § 53 Abs. 1 vorgegebenen Rahmens zwischen fünf und 2500 Euro ist die **Höhe des Zwangsgeldes** nach dem Grundsatz der Verhältnismäßigkeit (§ 2) zu bestimmen. Dabei sind die Bedeutung der Sache, die Hartnäckigkeit des Pflichtigen (Wiederholungsfall) und seine finanzielle Leistungsfähigkeit zu berücksichtigen. 5

3. Festsetzung und Beitreibung des Zwangsgeldes

Für die Polizei ist nur beim Zwangsgeld (nicht bei der Ersatzvornahme und beim unmittelbaren Zwang) eine besondere **Festsetzung** vorgesehen, die schriftlich erfolgen muss, nachdem das Zwangsgeld vorher in bestimmter Höhe angedroht worden ist (§ 56 Abs. 5). Das Zwangsgeld wird in Form eines **Leistungsbescheides** (§ 6 VwVG NRW) festgesetzt. 6

Die in § 53 Abs. 2 genannte **Frist** betrifft nur die **Zahlung des Zwangsgeldes**. Die Frist zur Vornahme einer Handlung, die mit dem Zwangsgeld durchgesetzt werden soll, ist dagegen in der Androhung zu bestimmen (§ 56 Abs. 1 Satz 2). Erst nach Ablauf dieser Frist ist die Festsetzung zulässig. 7

Somit ergibt sich folgender **Ablauf:**
– Fristsetzung zur Vornahme der Handlung in Verfügung (Grundverwaltungsakt)
– Gleichzeitig (Regelfall) oder später Androhung des Zwangsgeldes mit der Frist für die Vornahme der Handlung (§ 56 Abs. 1)
– Nach Fristablauf schriftliche Festsetzung des Zwangsgeldes (§ 53 Abs. 1) unter Einräumung einer Zahlungsfrist
– Beitreibung des Zwangsgeldes (§ 53 Abs. 3)
– Wiederholung der Androhung usw.

Die **Beitreibung** des Zwangsgeldes richtet sich nach den allgemeinen Vorschriften über die Vollstreckung öffentlich-rechtlicher Geldforderungen (§§ 1 ff. VwVG NRW). 8

Nach § 53 Abs. 3 Satz 2 **unterbleibt die Beitreibung, sobald der Betroffene seine Verpflichtung erfüllt.** Das verdeutlicht das Wesen des Zwangsgeldes als Beugemittel. Bei **Duldungs- und Unterlassungspflichten** ist insoweit die Sonderregelung in § 53 Abs. 3 Satz 3 zu beachten. Danach kommt es nur darauf an, dass die betroffene Person diesen Pflichten zuwider gehandelt hat. 9

Beispiel: Gegen den Drogenhändler D wird ein auf drei Monate befristetes und für sofort vollziehbar erklärtes (§ 80 Abs. 2 Nr. 4 VwGO) Aufenthaltsverbot (§ 34 Abs. 2) verhängt. Für jeden Fall der Zuwiderhandlung ist ein Zwangsgeld in Höhe von 500 Euro angedroht. Es wird festgestellt, dass D dreimal gegen das Aufenthaltsverbot verstoßen hat.
Das Zwangsgeld kann nunmehr entsprechend der Androhung („für jeden Fall der Zuwiderhandlung") auf insgesamt 1500 Euro festgesetzt werden (§ 51 Abs. 3 Satz 2). Un-

erheblich ist, dass weitere Zuwiderhandlungen gegen das (abgelaufene) Verbot nicht mehr möglich sind. Entscheidend ist, dass D eine vollziehbare Unterlassungspflicht nicht erfüllt hat, sodass der Beugezweck des Zwangsgeldes nicht erreicht worden ist. Sind weitere Zuwiderhandlungen nicht mehr zu befürchten, so **kann** von der Beitreibung in **besonderen Härtefällen** abgesehen werden. In der Regel schließt die fehlende Gefahr eines erneuten Verstoßes die Fortsetzung des Zwangsverfahrens deshalb nicht aus. Allein Gesichtspunkte der Verhältnismäßigkeit können ausnahmsweise der Festsetzung des Zwangsgeldes entgegenstehen, z. B. bei nur geringfügiger Missachtung des Verwaltungsaktes einerseits, einschneidenden persönlichen/beruflichen Folgen für die betroffene Person für den Fall der Vollstreckung andererseits. Mit dieser Regelung ist die Rechtsprechung des OVG Münster (s. z. B. NVwZ-RR 1997, S. 763 und 764) aufgegriffen worden.

§ 54
Ersatzzwangshaft

(1) [1]**Ist das Zwangsgeld uneinbringlich, so kann das Verwaltungsgericht auf Antrag der Polizei die Ersatzzwangshaft anordnen, wenn bei Androhung des Zwangsgeldes hierauf hingewiesen worden ist.** [2]**Die Ersatzzwangshaft beträgt mindestens einen Tag, höchstens zwei Wochen.**

(2) Die Ersatzzwangshaft ist auf Antrag der Polizei von der Justizverwaltung nach den Bestimmungen der §§ 901, 904 bis 910 der Zivilprozessordnung zu vollstrecken.

VVPolG NRW zu § 54
Ersatzzwangshaft (zu § 54)
54.1 (zu Absatz 1)
Das Zwangsgeld ist dann uneinbringlich, wenn die Beitreibung ohne Erfolg versucht worden ist oder wenn offensichtlich ist, dass sie keinen Erfolg haben wird.

Erläuterungen:

1 Die **Ersatzzwangshaft ist kein selbständiges Zwangsmittel.** Sie greift nur, wenn das Zwangsgeld **uneinbringlich** ist, also die Beitreibung nach § 53 Abs. 3 erfolglos war (z. B. weil die betroffene Person mittellos ist und keine pfändbaren Gegenstände besitzt) oder von vornherein fruchtlos erscheint (z. B. bei Abnahme der Vermögensauskunft gemäß § 807 ZPO). Die Ersatzzwangshaft dient nicht etwa der Beitreibung des Zwangsgeldes (die ist in § 53 Abs. 3 geregelt), sondern der Durchsetzung des zu Grunde liegenden Verwaltungsaktes. Somit tritt die Haft ersatzweise an die Stelle des Zwangsgeldes, wenn keine Vermö-

genswerte vorhanden sind. Sie ersetzt das Zwangsgeld, bedeutet aber keine Sanktion i. S. d. StGB. Ersatzzwangshaft ist Beugehaft und nicht Strafe.

Die Bedeutung der Ersatzzwangshaft liegt vor allem in der Tatsache, dass die betroffene Person äußerstenfalls mit ihr rechnen muss. Sie darf allerdings nur unter strikter Beachtung des Grundsatzes der **Verhältnismäßigkeit** verhängt werden. 2

Beispiele:
1. Gegen H ist ein Aufenthaltsverbot erlassen worden, weil er mehrfach in dem betreffenden örtlichen Bereich mit Heroin aufgegriffen worden ist. Trotz eines angedrohten Zwangsgeldes von 1000 Euro missachtet H das Aufenthaltsverbot. Da H nicht in der Lage ist, das Zwangsgeld zu bezahlen, beantragt die Polizeibehörde beim Verwaltungsgericht die Anordnung einer Ersatzzwangshaft. Die Voraussetzungen für eine solche Anordnung sind hier erfüllt; dies gilt auch dann, wenn sich das zu Grunde liegende Aufenthaltsverbot infolge Fristablaufs „erledigt" hat (§ 53 Abs. 3 Satz 3). Auch das Gebot der Verhältnismäßigkeit steht der Maßnahme nicht entgegen, weil das Zwangsmittel der Durchsetzung einer Verfügung dient, die den Schutz von Leben und Gesundheit Dritter bezweckt (vgl. OVG Münster, NVwZ-RR 1997, S. 763).
2. Der Betroffene verstieß mehrfach gegen eine Wohnungsverweisung und ein Rückkehrverbot in die Wohnung gemäß § 34a. Das Zwangsgeld war uneinbringlich, sodass das Verwaltungsgericht antragsgemäß Ersatzzwangshaft anordnete. Das OVG Münster lehnte die hiergegen gerichtete Beschwerde ab: Zwar komme Ersatzzwangshaft nach Erledigung der Grundverfügung (hier: durch Zeitablauf) nur ausnahmsweise in Betracht. Ein solcher Ausnahmefall sei jedoch gegeben (NJW 2006, S. 2569).

Da es sich um eine Freiheitsentziehung handelt, kann nur der **Richter** die Ersatzzwangshaft anordnen (Art. 104 Abs. 2 GG). Anders als bei den Freiheitsentziehungen zur Gefahrenabwehr, die regelmäßig sofortige Entscheidungen verlangen, ist nicht das ortsnahe Amtsgericht (vgl. § 36 Abs. 2) zuständig, sondern das Verwaltungsgericht. Das Verfahren richtet sich nach den in § 54 Abs. 2 genannten Vorschriften der ZPO. 3

§ 55

Unmittelbarer Zwang

(1) ¹**Die Polizei kann unmittelbaren Zwang anwenden, wenn andere Zwangsmittel nicht in Betracht kommen oder keinen Erfolg versprechen oder unzweckmäßig sind.** ²**Für die Art und Weise der Anwendung unmittelbaren Zwanges gelten die §§ 57 ff.**

(2) **Unmittelbarer Zwang zur Abgabe einer Erklärung ist ausgeschlossen.**

(3) **Auf Verlangen der betroffenen Person hat sich der Polizeivollzugsbeamte auszuweisen, sofern der Zweck der Maßnahme nicht beeinträchtigt wird.**

§ 55 Unmittelbarer Zwang

VVPolG NRW zu § 55

Unmittelbarer Zwang (zu § 55)
55.1 (zu Absatz 1)
55.11
Der Begriff des unmittelbaren Zwanges ist in § 58 definiert. Unmittelbarer Zwang kommt vor allem zur Durchsetzung unvertretbarer Handlungen, Duldungen und Unterlassungen in Betracht, erforderlichenfalls auch zum Anhalten von Personen gemäß § 9 Abs. 1 Satz 2, § 12 Abs. 2 Satz 2 oder § 25 Abs. 2.
55.12
Andere Zwangsmittel sind auch dann unzweckmäßig, wenn sie der betroffenen Person einen größeren Nachteil verursachen würden als die Anwendung unmittelbaren Zwanges.
55.2 (zu Absatz 2)
Für die Erzwingung von Angaben kommt nur ein Zwangsgeld in Betracht (vgl. RdNr. 10.3).

Erläuterungen:

1. Begriff des unmittelbaren Zwanges

1 Unmittelbarer Zwang ist die **Einwirkung auf Personen oder Sachen durch körperliche Gewalt, ihre Hilfsmittel und durch Waffen** (§ 58 Abs. 1). Durch die Einwirkung soll der entgegenstehende Wille der betroffenen Person gebrochen oder überwunden werden. Deshalb ist nicht jede Einwirkung auf eine Person, vor allem aber nicht auf eine Sache, unmittelbarer Zwang. Dieser soll als Beugemittel die Vornahme einer Handlung, Duldung oder Unterlassung bewirken. Soweit dieses Ziel nicht verfolgt wird, handelt es sich nicht um unmittelbaren Zwang. Die Bedeutung des § 55 liegt darin, dass hier die grundsätzliche Zulässigkeit der Anwendung unmittelbaren Zwanges für die Polizei im Bereich der Gefahrenabwehr geregelt wird. Die Vorschrift gilt nicht für die Verfolgung von Straftaten und Ordnungswidrigkeiten, für die allerdings der Zweite Unterabschnitt (§§ 57 ff.) anzuwenden ist (s. Einführung Nr. 5, die dort genannten Beispiele und die Beispiele zu den §§ 57 ff., insbesondere zu den Vorschriften über den Schusswaffengebrauch).

2 Die sog. **Selbstvornahme** gehört nicht zwingend zum unmittelbaren Zwang, sondern kann auch Ersatzvornahme sein (wegen der Abgrenzung s. § 52, RN 9 und 10).

2. Voraussetzungen des unmittelbaren Zwanges bei polizeilichen Maßnahmen außerhalb der Verfolgung von Straftaten und Ordnungswidrigkeiten

3 Unmittelbarer Zwang ist das **stärkste staatliche Zwangsmittel**. Beim **Schusswaffengebrauch** wird das besonders deutlich. Es ist daher verständlich, dass

bereits der Gesetzgeber in Anwendung des Verfassungsgrundsatzes der Verhältnismäßigkeit die Zulässigkeit des unmittelbaren Zwanges im Verhältnis zu den anderen Zwangsmitteln (Ersatzvornahme und Zwangsgeld) eingeschränkt. Diese für die gesamte Verwaltung geltenden Grundsätze (vgl. § 62 VwVG NRW) sind für die Polizei von besonderer Bedeutung; sie ist nach ihrer Aufgabenstellung in erster Linie berufen, unmittelbaren Zwang anzuwenden, und zwar auch für andere Behörden. Das wird in den Vorschriften über die **Vollzugshilfe** deutlich, die in § 47 auf die Anwendung unmittelbaren Zwanges beschränkt wird.

Die Polizei darf unmittelbaren Zwang anwenden, wenn entweder **andere Zwangsmittel nicht in Betracht kommen oder keinen Erfolg versprechen oder unzweckmäßig sind.** Hierdurch wird der Grundsatz der Verhältnismäßigkeit (§ 2) konkretisiert. 4

Andere Zwangsmittel (Ersatzvornahme, Zwangsgeld) kommen nicht in Betracht, wenn die gesetzlichen Voraussetzungen fehlen oder wenn sie der Sachlage nicht gerecht werden. So ist die **Ersatzvornahme** nur bei **vertretbaren** Handlungen zulässig (wegen des Begriffs s. § 52, RN 1). **Zwangsgeld** kommt für die Polizei bei der Erfüllung ihrer gesetzlichen Aufgaben nur in beschränktem Umfang in Betracht (s. § 53, RN 1 bis 4). Es verspricht wegen der Eigenart polizeilicher Aufgaben vielfach keinen Erfolg und ist dann unzweckmäßig. 5

Die Abgabe einer Erklärung darf nicht mit unmittelbarem Zwang durchgesetzt werden (§ 55 Abs. 2). Hierzu zählen auch **Angaben,** die der **Identitätsfeststellung** dienen können (§ 12), oder solche i. S. d. § 9 Abs. 2 und § 10 Abs. 1 Nr. 1. In diesen Fällen kommt als Zwangsmittel nur das Zwangsgeld in Betracht. Auch der Hinweis in § 10 Abs. 4 auf die entsprechende Anwendbarkeit des § 136a StPO verdeutlicht das Anliegen des Gesetzes, im Interesse der Menschenwürde (Art. 1 GG) **körperliche Gewalt** (z. B. Folterungen) **zur Erzwingung von Erklärungen für Zwecke der Gefahrenabwehr auszuschließen.** Selbst wenn die Vorladung zwangsweise durchgesetzt wird und die Vorführung nach § 10 Abs. 3 Nr. 1 erfolgt, um eine Gefahr für Leib oder Leben abzuwehren, können die Angaben nicht erzwungen werden. Auch die **Androhung** von körperlichem Zwang zur Durchsetzung von Auskunftspflichten ist verboten (*Rachor,* in Lisken/Denninger, Kap. E Rn. 855, S. 568 f.; OLG Frankfurt, DVP 2008, S. 387; LG Frankfurt a. M., NJW 2005, S. 696; s. auch *Ellbogen,* Jura 2005, S. 339; *Burgi* u. *Teuber,* NWVBl. 2004, S. 401: Fallbearbeitung). 6

Der Einsatz eines unzulässigen Zwangsmittels kann dazu führen, dass die erzwungene Aussage einem **Verwertungsverbot** unterliegt.

3. Ausweispflicht der Polizeibeamten

Polizeibeamte sind verpflichtet, sich **vor Anwendung unmittelbaren Zwanges auf Verlangen der betroffenen Person auszuweisen,** sofern der Zweck der Maßnahme nicht beeinträchtigt wird (§ 55 Abs. 3). 7

8 Darüber hinaus können innerdienstliche Vorschriften bestimmen, dass Polizeibeamte sich **grundsätzlich bei jeder Amtshandlung auf Verlangen – bei Auftreten in Zivil sogar von sich aus** – ausweisen müssen (s. RdErl. v. 12.4.2010 – MBl. NRW S. 578/SMBl. NRW. 20500).

9 Inhaltlich besteht die Ausweispflicht im **Vorzeigen**, nicht im Aushändigen des **Polizei-Dienstausweises**. Das gilt sowohl für uniformierte Polizeibeamte als auch für solche in Zivil.

10 Gesetzlich besteht die Ausweispflicht nur **auf Verlangen der betroffenen Person**. Aus Gründen der Konfliktvermeidung ist jedoch die persönliche Vorstellung und die Übergabe einer Visitenkarte sinnvoll. Beim Einschreiten von Polizeibeamten in Zivil ist dies grundsätzlich angezeigt, damit der Bürger erkennen kann, dass hoheitliche Maßnahmen ergehen. Hierdurch können auch Widerstandshandlungen vermieden werden.

11 Nur die **betroffene Person** kann verlangen, dass sich der Beamte ausweist. Das ist derjenige, gegen den sich die polizeiliche Maßnahme richtet. Eine Ausweispflicht besteht daher z. B. nicht, wenn Beamte im Streifendienst, ohne dass sie überhaupt einschreiten, aufgefordert werden, ihren Ausweis vorzuzeigen. Gleiches gilt bei Verkehrskontrollen in Bezug auf die Mitfahrer, die nicht kontrolliert werden.

12 Die Ausweispflicht besteht, sofern der Zweck der Maßnahme dadurch nicht beeinträchtigt wird. Die Vorschrift versucht die Konfliktlage zu lösen, wenn das Interesse der betroffenen Person mit der Notwendigkeit staatlichen Handelns nicht zu vereinbaren ist. Das ist insbesondere dann der Fall, wenn der Polizeibeamte durch das Vorzeigen des Dienstausweises gefährdet oder die Amtshandlung dadurch verhindert oder erheblich erschwert wird. Insbesondere braucht sich der Polizeibeamte dann nicht zu legitimieren, wenn wegen der Eilbedürftigkeit der Maßnahme der unvermeidliche Zeitverlust nicht ohne Gefährdung des Zwecks der Maßnahme hingenommen werden kann.

> **Beispiel:** Bei einer Schlägerei greifen die eintreffenden Beamten sofort ein und trennen die Beteiligten unter Anwendung körperlicher Gewalt. Das Zeigen des Ausweises vor der Maßnahme beeinträchtigt die Abwehr der Gefahr. Das nachträgliche Vorzeigen des Dienstausweises kann sinnvoll sein.

Besonders beim Einschreiten von Polizeibeamten in Zivil sollte der Ausweis nachträglich auf Verlangen vorgezeigt werden, sobald die Situation dies ohne Beeinträchtigung der Maßnahme zulässt.

§ 56
Androhung der Zwangsmittel

(1) ¹Zwangsmittel sind möglichst schriftlich anzudrohen. ²Der betroffenen Person ist in der Androhung zur Erfüllung der Verpflichtung eine angemessene Frist zu bestimmen; eine Frist braucht nicht bestimmt zu werden, wenn eine Duldung oder Unterlassung erzwungen werden soll. ³Von der Androhung kann abgesehen werden, wenn die Umstände sie nicht zulassen, insbesondere wenn die sofortige Anwendung des Zwangsmittels zur Abwehr einer gegenwärtigen Gefahr notwendig ist.

(2) ¹Die Androhung kann mit dem Verwaltungsakt verbunden werden, durch den die Handlung, Duldung oder Unterlassung aufgegeben wird. ²Sie soll mit ihm verbunden werden, wenn ein Rechtsmittel keine aufschiebende Wirkung hat.

(3) ¹Die Androhung muss sich auf bestimmte Zwangsmittel beziehen. ²Werden mehrere Zwangsmittel angedroht, ist anzugeben, in welcher Reihenfolge sie angewandt werden sollen.

(4) Wird Ersatzvornahme angedroht, so sollen in der Androhung die voraussichtlichen Kosten angegeben werden.

(5) Das Zwangsgeld ist in bestimmter Höhe anzudrohen.

(6) ¹Die Androhung ist zuzustellen. ²Das gilt auch dann, wenn sie mit dem zugrunde liegenden Verwaltungsakt verbunden ist und für ihn keine Zustellung vorgeschrieben ist.

VVPolG NRW zu § 56
Androhung der Zwangsmittel (zu § 56)
56.1 (zu Absatz 1)
Eine schriftliche Androhung ist z. B. dann nicht möglich, wenn durch die dadurch bewirkte Verzögerung der Anwendung des Zwangsmittels die Gefahr nicht rechtzeitig abgewehrt würde.
56.5 (zu Absatz 5)
Bei der Androhung des Zwangsgeldes ist darauf hinzuweisen, dass das Verwaltungsgericht auf Antrag der Polizei Ersatzzwangshaft anordnen kann, wenn das Zwangsgeld uneinbringlich ist.

Erläuterungen:

1. Bedeutung der Vorschrift und ihr Verhältnis zu § 51 Abs. 2 und § 61

Die Verpflichtung zur Androhung der Zwangsmittel ist ein Kernstück des rechtsstaatlich ausgestalteten Verfahrens zur Durchsetzung behördlicher Anordnungen. Der **Sinn der Androhung** liegt darin, der betroffenen Person Gelegen- 1

§ 56 Androhung der Zwangsmittel

heit zu geben, **ohne Anwendung von Zwang** der Anordnung von sich aus zu folgen. Aus diesem Zweck erklären sich die einzelnen Regelungen.

2 Für den **Bereich der Gefahrenabwehr** weist zunächst § 51 Abs. 2 auf die Notwendigkeit der Androhung bei den für diese polizeiliche Aufgabe in Betracht kommenden Zwangsmitteln hin. § 56 regelt dazu die Einzelheiten. Für die Anwendung unmittelbaren Zwanges ergänzt § 61 die Regelung in § 56 insbesondere für den Schusswaffengebrauch.

> **Beispiel:** Soweit die Polizei nach § 64 Abs. 1 Nr. 1 zur Abwehr einer gegenwärtigen Lebensgefahr von der Schusswaffe Gebrauch macht, hat sie für die Androhung § 61 und § 56 zu beachten.

Die Androhung im Bereich der Gefahrenabwehr ist ein **Verwaltungsakt**. Sie kann selbständig mit den Mitteln des Verwaltungsrechts angegriffen werden (s. § 61, RN 11).

3 Darüber hinaus gilt § 61 für die Anwendung unmittelbaren Zwanges, insbesondere für den Schusswaffengebrauch, bei der **Strafverfolgung**. Insoweit ist ein ergänzender Rückgriff auf § 56 weder zulässig noch notwendig. So ist bei der Strafverfolgung der Grundsatz der schriftlichen Androhung der Zwangsmittel (§ 56 Abs. 1) nicht anwendbar.

> **Beispiel:** Macht die Polizei zur Ergreifung eines Straftäters nach § 64 Abs. 1 Nr. 3 von der Schusswaffe Gebrauch, gilt für die Androhung nur § 61.

2. Notwendigkeit, Inhalt und Form der Androhung

4 Inhaltliche Bestimmungen und Formvorschriften sind sorgfältig zu beachten, denn die Rechtmäßigkeit der Androhung ist Voraussetzung für die **Rechtmäßigkeit der Anwendung** des Zwangsmittels. § 56 gilt für alle Zwangsmittel, also für Ersatzvornahme, Zwangsgeld und unmittelbaren Zwang.

5 **Alle Zwangsmittel sind grundsätzlich anzudrohen.** Die Worte „möglichst schriftlich" beinhalten eine Einschränkung hinsichtlich der Form, nicht aber im Hinblick auf die Pflicht der Androhung; eine Ausnahme kann sich aus § 56 Abs. 1 Satz 3 ergeben. Danach kann von der Androhung nur dann abgesehen werden, wenn die Umstände sie nicht zulassen, insbesondere wenn die sofortige Anwendung des Zwangsmittels zur Abwehr einer gegenwärtigen Gefahr notwendig ist. Damit wird vor allem auf die Fälle des sofortigen Vollzugs nach § 50 Abs. 2 hingewiesen, die in der polizeilichen Praxis häufig sind (s. auch § 50, RN 13):

> **Beispiel:** Will die Polizei ein im Haltverbot stehendes Fahrzeug im Wege der Ersatzvornahme abschleppen lassen, hat sie im Regelfall keinen Adressaten, an den sie die Androhung richten könnte, weil – vor allem bei starken Verkehrsbehinderungen – sofort abgeschleppt werden muss. Hier wird die Ersatzvornahme ohne Androhung durchgeführt.

Zwangsmittel sind **möglichst schriftlich anzudrohen** und dann auch förmlich zuzustellen (§ 56 Abs. 1 Satz 1 und Abs. 6). Außerhalb der ihr übertragenen Aufgaben z. B. im Bereich des Waffen- und Versammlungswesens lässt allerdings die Eigenart polizeilicher Gefahrenabwehr schriftliche Androhungen nur selten zu. In Betracht kommt die schriftliche Androhung eines Zwangsgeldes z. B. bei einem Aufenthaltsverbot (§ 34 Abs. 2). Sonst wird die Polizei Zwangsmittel mündlich androhen. 6

> **Beispiel:** Neugierige verursachen an einer Unfallstelle starke Behinderungen des übrigen Verkehrs. Die Polizei fordert durch Lautsprecher zur Räumung auf und droht gleichzeitig für den Fall der Nichtbefolgung dieser Anordnung an, den Platz zwangsweise zu räumen.

In jeder Androhung – auch in der mündlichen – ist für die **Vornahme der Handlung** der betroffenen Person **eine angemessene Frist zu setzen** (§ 56 Abs. 1 Satz 2). Angemessen ist eine Frist, die unter Berücksichtigung der Dringlichkeit, den sicherheitswidrigen Zustand zu beseitigen, der betroffenen Person Gelegenheit gibt, seiner Verpflichtung nachzukommen. Bei Abwägung dieser Gesichtspunkte kann auch die Aufforderung zum **sofortigen Handeln** angemessen sein, so in dem Beispiel in RN 6. 7

Im dortigen Beispiel können **Verwaltungsakt und Androhung miteinander verbunden werden**. Das soll geschehen, wenn ein Rechtsmittel keine aufschiebende Wirkung hat (§ 56 Abs. 2). Auch das ist in dem Beispiel der Fall, da es sich bei der Räumungsaufforderung um eine unaufschiebbare Anordnung eines Polizeivollzugsbeamten i. S. d. § 80 Abs. 2 Nr. 2 VwGO handelt (s. § 50, RN 6). 8

Die Regelungen in § 56 Abs. 3 und Abs. 5 über die **inhaltliche Bestimmtheit der Androhung** sollen dem Betroffenen die genauen Folgen vor Augen führen, die er bei Nichterfüllung seiner Verpflichtung zu gewärtigen hat. Auch die Sollvorschrift, die voraussichtlichen Kosten einer Ersatzvornahme anzugeben (§ 56 Abs. 5), dient diesem Zweck. 9

Zweiter Unterabschnitt
Anwendung unmittelbaren Zwanges

§ 57
Rechtliche Grundlagen

(1) Ist die Polizei nach diesem Gesetz oder anderen Rechtsvorschriften zur Anwendung unmittelbaren Zwanges befugt, gelten für die Art und Weise der Anwendung die §§ 58 bis 66 und, soweit sich aus diesen nicht Abweichendes ergibt, die übrigen Vorschriften dieses Gesetzes.

(2) Die Vorschriften über Notwehr und Notstand bleiben unberührt.

§ 57 Rechtliche Grundlagen

VVPolG NRW zu § 57

Rechtliche Grundlagen (zu § 57)
57.0
Die §§ 57 bis 66 gelten sowohl für die Gefahrenabwehr als auch für die Verfolgung von Straftaten und Ordnungswidrigkeiten, soweit die StPO keine Regelung über unmittelbaren Zwang enthält.
57.1 (zu Absatz 1)
Der Hinweis auf die übrigen Vorschriften dieses Gesetzes gilt insbesondere für die Beachtung des Grundsatzes der Verhältnismäßigkeit und die Ausübung des pflichtgemäßen Ermessens (vgl. die §§ 2 und 3).

Erläuterungen:

1. Systematische und inhaltliche Bedeutung der Vorschrift

1 § 57 enthält weder in Absatz 1 noch in Absatz 2 rechtliche Grundlagen für die Anwendung unmittelbaren Zwanges. In Absatz 1 wird vielmehr **vorausgesetzt,** dass die Polizei **nach diesem Gesetz** (d. h. nach dem PolG NRW) oder **nach anderen Rechtsvorschriften zur Anwendung unmittelbaren Zwanges befugt ist.** Für den **Bereich der Gefahrenabwehr** – einschließlich der besonderen Gefahrenabwehraufgaben wie Versammlungs- und Waffenwesen – ergibt sich die Befugnis, Zwang auszuüben, aus § 50. Für die **Verfolgung von Straftaten und Ordnungswidrigkeiten** folgt die Befugnis zur Anwendung unmittelbaren Zwanges aus den Befugnisnormen der StPO und dem OWiG, das auf die StPO weitgehend verweist (vgl. § 46 OWiG). Im Verfolgungsbereich umfasst die Befugnis zu bestimmten Maßnahmen (z. B. Festnahme nach § 127 StPO, Beschlagnahme nach den §§ 94 und 98 StPO) auch die in § 57 Abs. 1 vorausgesetzte Befugnis zur Anwendung unmittelbaren Zwanges.

2 § 57 bestimmt nur, dass sich für alle polizeilichen Aufgabenbereiche, in denen unmittelbarer Zwang zulässig ist, die **Art und Weise seiner Anwendung** nach den §§ 58 bis 66 richtet. Die Vorschriften für den unmittelbaren Zwang konkretisieren die Grundsätze aus dem Prinzip der **Verhältnismäßigkeit** (§ 2). Das wird besonders für den Schusswaffengebrauch (§§ 63 ff.) deutlich. Dennoch ist nach Prüfung der Vorschriften insgesamt noch einmal der Grundsatz aus § 2 in jedem Einzelfall zu beachten.

3 Von Bedeutung sind außerdem Sonderregelungen für den unmittelbaren Zwang, insbesondere solche der StPO. Eine **Blutentnahme** nach § 81 a StPO darf nur durch einen Arzt nach den Regeln der ärztlichen Kunst vorgenommen werden. Unmittelbarer Zwang kann von der Polizei im Rahmen des § 81 a StPO lediglich angewendet werden, um die Entnahme zu ermöglichen. So kann die beschuldigte Person festgehalten oder festgeschnallt werden. Für Untersuchungsgefangene gilt abweichend von § 62 PolG NRW die Sonderregelung des § 42 UVollzG NRW.

2. Vorschriften über Notwehr und Notstand

Nach § 57 Abs. 2 **bleiben die Vorschriften über Notwehr und Notstand unberührt.** Die Vorschrift hat nur eine klarstellende Bedeutung. Die Länder können schon aus Gründen der verfassungsmäßigen Zuständigkeit das Zivil- und Strafrecht nicht ändern, weil die Gesetzgebung insoweit dem Bund zusteht (Art. 74 Abs. 1 Nr. 1 GG).

4

Die Vorschriften über Notwehr und Notstand (§§ 32, 34 StGB, 227, 228 BGB) sind **keine Ermächtigungsgrundlagen** i. S. d. Vorbehalts des Gesetzes; polizeiliche Eingriffsmaßnahmen zur Gefahrenabwehr bedürfen einer Befugnisnorm im PolG NRW oder in Spezialgesetzen. Die Bestimmungen des StGB und des BGB haben nur **Wirkungen** im Bereich des **Strafrechts bzw. des Zivilrechts.**

Ein Polizeibeamter macht sich demgemäß bei Vorliegen der Notwehr- oder Nothilfevoraussetzungen **nicht strafbar**, und zwar auch dann nicht, wenn sein Verhalten gegen Vorschriften des PolG NRW verstößt. Ebenso wenig kann sich ein **Amtshaftungsanspruch** ergeben, weil die Amtshaftung rechtssystematisch zum Bereich der unerlaubten Handlungen gehört und damit im Zivilrecht verwurzelt ist (§ 839 BGB). Damit müssen auch die Rechtfertigungsgründe des bürgerlichen Rechts „durchschlagen" (§§ 227 ff. BGB). Denkbar ist freilich ein Anspruch aus § 39 Abs. 1 b) OBG i. V. m. § 67 PolG NRW, wenn und soweit die Maßnahme des Beamten polizeirechtlich betrachtet rechtswidrig ist.

Die (haftungsrechtliche) Aufspaltung des Rechtswidrigkeitsurteils in strafrechtlicher, zivilrechtlicher und verwaltungsrechtlicher Hinsicht erscheint juristisch spitzfindig und wird zuweilen als Verletzung der „Einheit der Rechtsordnung" bezeichnet (vgl. z. B. OLG Celle NJW-RR 2001, S. 1033). Strafrecht und Polizeirecht liegen jedoch unterschiedliche Zwecke zu Grunde. Im Strafrecht geht es um die persönliche Verantwortung eines Täters, das PolG NRW regelt die Voraussetzungen und Kontrolle hoheitlichen Handelns. Unter diesem Gesichtspunkt sind unterschiedliche Konsequenzen nicht systemwidrig. Allerdings ist zu bezweifeln, ob der Meinungsstreit erhebliche praktische Auswirkungen hat. Ansprüche eines durch – polizeirechtlich – rechtswidrige Maßnahmen Geschädigten dürften bei Erfüllung der Notwehr- bzw. Nothilfevoraussetzungen vielfach wegen (überwiegenden) Mitverschuldens ausgeschlossen oder zumindest erheblich gemindert sein. Entsprechendes gilt für die **disziplinarrechtliche Ahndung** des (verwaltungsrechtlichen) Fehlverhaltens; insoweit steht der Disziplinarbehörde Ermessen hinsichtlich des Einschreitens zu (§ 13 Abs. 1 LDG NRW). Die Rechtfertigung durch Notwehr oder Nothilfe stellt einen wesentlichen Abwägungsumstand für die Behörde dar, der zu Gunsten des Beamten erhebliche Auswirkungen haben dürfte.

Beispiel: Eine Polizeistreife überrascht einen Einbrecher in einem Juweliergeschäft auf frischer Tat. Der Einbrecher flieht mit seiner Beute. Ein Beamter nimmt die Verfolgung auf, erkennt aber alsbald, dass er den Fliehenden nicht einholen kann. Er fordert den Dieb durch lauten Zuruf auf, stehen zu bleiben, und gibt einen Warnschuss ab. Das

Geschoss prallt an einem Mauervorsprung ab und verletzt den Fliehenden am Oberschenkel. Deshalb kann der Täter festgenommen und das wertvolle Diebesgut zurückgegeben werden. Die Beamten waren nach § 127 StPO – ggf. nach § 163 b StPO – zur Festnahme des Täters befugt. Diese Befugnis umfasst auch die Anwendung unmittelbaren Zwanges i. S. d. § 57 Abs. 1. Unmittelbarer Zwang in Form des Schusswaffengebrauchs war hier jedoch unzulässig, weil die Voraussetzungen des § 64 nicht erfüllt waren. Die Anforderungen dieser Vorschrift gelten auch für Warnschüsse (s. § 61, RN 2). Bei einem „Einbruch" (§ 243 Abs. 1 Nr. 1 StGB) handelt es sich weder um ein Verbrechen (§ 12 StGB) noch um ein qualifiziertes Vergehen. Demnach war der Warnschuss rechtswidrig. Die Tatsache, dass der Dieb auf der Flucht war, d. h. seine Beute noch nicht gesichert hatte und daher die Straftat noch nicht vollendet war, führt zu keiner anderen polizeirechtlichen Beurteilung im Hinblick auf die Zulässigkeit des Schusswaffengebrauchs. Gleichwohl hat sich der Beamte nicht (wegen fahrlässiger Körperverletzung) strafbar gemacht, weil der Warnschuss im Hinblick auf die Bedrohung des Eigentums des Juweliers (auch) als Notwehr in Form der Nothilfe (§ 32 StGB) gewertet werden kann.

§ 58
Begriffsbestimmungen, zugelassene Waffen

(1) Unmittelbarer Zwang ist die Einwirkung auf Personen oder Sachen durch körperliche Gewalt, ihre Hilfsmittel und durch Waffen.

(2) Körperliche Gewalt ist jede unmittelbare körperliche Einwirkung auf Personen oder Sachen.

(3) Hilfsmittel der körperlichen Gewalt sind insbesondere Fesseln, Wasserwerfer, technische Sperren, Diensthunde, Dienstpferde, Dienstfahrzeuge, Reiz- und Betäubungsstoffe sowie zum Sprengen bestimmte explosionsfähige Stoffe (Sprengmittel).

(4) Als Waffen sind Schlagstock, Pistole, Revolver, Gewehr und Maschinenpistole zugelassen.

(5) ¹Wird die Bundespolizei im Lande Nordrhein-Westfalen zur Unterstützung der Polizei in den Fällen des Artikels 35 Abs. 2 Satz 1 oder des Artikels 91 Abs. 1 des Grundgesetzes eingesetzt, so sind für die Bundespolizei auch Maschinengewehre und Handgranaten zugelassen (besondere Waffen). ²Die besonderen Waffen dürfen nur nach den Vorschriften dieses Gesetzes eingesetzt werden.

VVPolG NRW zu § 58

Begriffsbestimmungen, zugelassene Waffen (zu § 58)
58.1 (zu Absatz 1)
Die drei Formen des unmittelbaren Zwanges sind abschließend aufgeführt (vgl. RdNr. 51.1).

§ 58 Begriffsbestimmungen, zugelassene Waffen

58.2 (zu Absatz 2)
Unmittelbare körperliche Einwirkung auf Personen ist z. B. die Anwendung entsprechender Eingriffstechniken. Auf Sachen wird unmittelbar körperlich eingewirkt z. B. bei dem Eintreten einer Tür oder dem Einschlagen einer Fensterscheibe.
58.3 (zu Absatz 3)
58.31
Die Aufzählung ist beispielhaft. Auch andere Gegenstände können als Hilfsmittel der körperlichen Gewalt in Betracht kommen, jedoch muss ihre Wirkung in einem angemessenen Verhältnis zu dem angestrebten Erfolg stehen.
58.32
Sprengmittel dürfen gemäß § 66 Abs. 4 nur gegen Sachen angewendet werden. Zur Ablenkung von Störern bestimmte pyrotechnische Mittel (Irritationsmittel) sind keine Sprengmittel.
58.33
Wegen der Anwendung von Fesseln vgl. § 62.
58.34
Als technische Sperren zum Absperren von Straßen, Plätzen oder anderem Gelände kommen z. B. Fahrzeuge, Container, Sperrgitter, Sperrzäune, Seile, Stacheldraht und Nagelböden in Betracht.
58.35
Diensthunde müssen für ihre Verwendung besonders abgerichtet sein. Der Einsatz darf nur durch dafür ausgebildete Polizeivollzugsbeamtinnen oder -beamte erfolgen.
58.36
Reiz- und Betäubungsstoffe dürfen nur gebraucht werden, wenn der Einsatz körperlicher Gewalt oder anderer Hilfsmittel keinen Erfolg verspricht und wenn durch den Einsatz dieser Stoffe die Anwendung von Waffen vermieden werden kann. Zu dem Gebrauch von Reiz- und Betäubungsstoffen gehört auch die Verwendung von Tränengas- und Nebelkörpern. Der Einsatz barrikadebrechender Reizstoffwurfkörper oder barrikadebrechender pyrotechnischer Mittel i. S. d. RdNr. 58.32 Satz 2 ist nur unter den Voraussetzungen des Gebrauchs von Schusswaffen gegen Personen zulässig.
58.4 (zu Absatz 4)
58.41
Die Aufzählung der zugelassenen Waffen ist abschließend.
58.42
Schläge mit Schlagstöcken sollen gegen Arme oder Beine gerichtet werden, um schwerwiegende Verletzungen zu vermeiden.
58.43
Wegen des Gebrauchs von Schusswaffen vgl. § 61 und die §§ 63 ff.

Erläuterungen:

1. Geltungsbereich und Bedeutung der Vorschrift

1   Die Vorschrift gilt für den gesamten Zweiten Unterabschnitt „Anwendung unmittelbaren Zwanges". Deshalb gelten die Bestimmungen sowohl bei der Zwangsanwendung im Bereich der Gefahrenabwehr als auch im Bereich der Verfolgung von Straftaten und Ordnungswidrigkeiten. Absatz 1 definiert die Möglichkeit der **Einwirkung auf Personen oder Sachen**. Er ist – insbesondere auch bei der Einwirkung auf Sachen – darauf gerichtet, einen entgegenstehenden Willen zu beugen oder zu überwinden (vgl. auch § 55, RN 1).

2   Absatz 2 definiert die **körperliche Gewalt** als jede unmittelbare körperliche Einwirkung auf Personen oder Sachen. Dieser Definition muss der Zweck – nämlich die **Beugung und Überwindung eines entgegenstehenden Willens** – hinzugedacht werden. Nur unter dieser Prämisse kann es sich um unmittelbaren Zwang handeln, der in der Gefahrenabwehr auf die Vornahme einer Handlung, Duldung oder Unterlassung gerichtet ist (§ 55, RN 1) und im Verfolgungsbereich die Durchsetzung prozessual vorgesehener Maßnahmen ermöglicht.

3   Die Beseitigung einer gefährlichen Sache (z. B. eines umgestürzten Baumes) ist unmittelbare Einwirkung auf die Sache, gleichwohl kein unmittelbarer Zwang. Bei herrenlosen Sachen liegt eine schlicht-hoheitliche Maßnahme vor. Besteht in Bezug auf die Sache eine Beseitigungspflicht (Handlungspflicht) des Verantwortlichen und stellt die polizeiliche Einwirkung gleichzeitig die Vornahme der Handlung dar, kann es sich um eine Ersatzvornahme in der Form der Selbstvornahme handeln (s. § 52, RN 9 und 10).

4   Im Bereich der **Verfolgung von Straftaten und Ordnungswidrigkeiten** ist Zwang **nur in der Form des unmittelbaren Zwanges** vorgesehen; damit unterscheiden sich die Zwangsarten der Gefahrenabwehr von den Zwangsarten im Bereich der Verfolgungstätigkeit. Für beide Bereiche ist hinsichtlich des unmittelbaren Zwanges die Aufzählung in Absatz 1 (körperliche Gewalt, ihre Hilfsmittel und Waffen) abschließend.

2. Körperliche Gewalt

5   Sie ist gegeben, wenn körperliche Kraft **gegen eine Person aufgewandt wird,** um ihren entgegenstehenden Willen zu überwinden und das polizeiliche Ziel zu erreichen. Das ist der Fall, wenn bei einer Festnahme der Verdächtige in den Streifenwagen „gedrückt" werden muss oder Neugierige an einer Unfallstelle zurückgedrängt werden müssen. Auch die Anwendung von Polizeigriffen zur Durchsetzung einer Mitnahme zur Wache ist körperliche Gewalt. Sie liegt ebenfalls vor, wenn **auf eine Sache eingewirkt wird,** um einen entgegenstehenden Willen zu überwinden. Zur Abgrenzung gegenüber der Ersatzvornahme s. oben RN 3 mit Hinweis auf § 52.

Die Anwendung körperlicher Gewalt kann im Einzelfall eine **doppelfunktionale Maßnahme** sein, wenn dadurch sowohl die weitere Begehung einer Straftat verhindert als auch die Festnahme des Täters nach § 127 StPO ermöglicht wird. 6

3. Hilfsmittel der körperliche Gewalt

Die Aufzählung in § 58 Abs. 3 ist nur **beispielhaft**. Deshalb sind nicht nur dienstlich gelieferte Ausrüstungsgegenstände Hilfsmittel in diesem Sinne. Diese hat der Gesetzgeber als besonders geeignete Beispiele genannt. Die Polizei kann sich auch anderer Hilfsmittel bedienen, sie muss es sogar, wenn das polizeiliche Ziel mit den dienstlichen Ausrüstungsgegenständen nicht erreicht werden kann (z. B. ein Gegenstand als Hebel, um eine Tür zu öffnen). Dabei ist allerdings der Grundsatz der Verhältnismäßigkeit zu beachten und die Wirkung des Hilfsmittels in der konkreten Situation ins Verhältnis zum angestrebten Ziel zu setzen. 7

Reiz- und Betäubungsmittel sind Hilfsmittel der körperlichen Gewalt. Soweit durch die technische Entwicklung von Reizstoffen ein Schusswaffengebrauch vermieden werden kann, entspricht das der Differenzierung durch den Gesetzgeber und dem Grundsatz der Verhältnismäßigkeit. Letzterem kommt besondere Bedeutung zu, wenn beim **Wasserwerfereinsatz** hinsichtlich der Beimischung von Tränengas abgestuft Gebrauch gemacht wird. 8

Werden Tränen- und Nebelwurfkörper mit Waffen (z. B. einem Gewehr) verschossen, so handelt es sich auch dann lediglich um den Einsatz von Hilfsmitteln körperlicher Gewalt, wenn die (Reiz- und Betäubungs-)Stoffe nur in einen bestimmten „Verbreitungsraum" verbracht werden sollen. Etwas anderes gilt, wenn eine barrikadebrechende Wirkung eintreten kann oder sogar beabsichtigt ist; insoweit gelten die Vorschriften über den Schusswaffengebrauch. 9

Sprengmittel sind Hilfsmittel der körperlichen Gewalt und keine Waffen; sie dürfen gegen Personen nicht eingesetzt werden, sondern nur gegen Sachen (§ 66 Abs. 4). Wenn z. B. ein Sprengrahmen so eingesetzt wird, dass durch die Druckwelle oder herausgesprengte Einzelteile Personen gefährdet werden, handelt es sich um die Einwirkung auf Personen, die unzulässig ist. 10

4. Waffen

Waffen werden ausschließlich durch das Gesetz selbst zugelassen und nicht durch Verwaltungsvorschrift. Die Aufzählung in § 58 Abs. 4 und 5 ist abschließend. Dem Ministerium bleibt es aber überlassen, den genauen Typ der genannten Waffenarten festzulegen. 11

Besondere Waffen (Maschinengewehre und Handgranaten, § 58 Abs. 5) sind abweichend vom ME PolG nur zugelassen, wenn die **Bundespolizei zur Unterstützung der Polizei des Landes Nordrhein-Westfalen** in den Fällen des 12

Art. 35 Abs. 2 Satz 1 oder des Art. 91 Abs. 1 GG eingesetzt wird. Nach Art. 35 Abs. 2 Satz 1 GG kann zur Aufrechterhaltung oder Wiederherstellung der öffentlichen Sicherheit ein Land in Fällen von besonderer Bedeutung Kräfte und Einrichtungen der Bundespolizei zur Unterstützung seiner Polizei anfordern, wenn die Polizei des Landes ohne diese Unterstützung die Aufgabe nicht oder nur unter erheblichen Schwierigkeiten erfüllen kann. Nach Art. 91 Abs. 1 GG kann das Land Kräfte und Einrichtungen der Bundespolizei zur Abwehr einer drohenden Gefahr für den Bestand oder die freiheitliche demokratische Grundordnung des Bundes oder eines Landes anfordern.

13 In § 11 BPolG werden die näheren Voraussetzungen der Verwendung der Bundespolizei zur Unterstützung der Polizei eines Landes geregelt. Da nach § 11 Abs. 2 BPolG in den genannten Fällen sich die Befugnisse der Bundespolizei nach Landesrecht richten, können die besonderen Waffen nur eingesetzt werden, soweit sie durch § 58 Abs. 5 ausnahmsweise zugelassen sind. Die Ausnahme gilt nur für die Bundespolizei, nicht für die Polizei des Landes Nordrhein-Westfalen. Die entsprechenden Landesvorschriften, die sowohl die Anforderung als auch die Befugnisse der Bundespolizei regeln, sind in § 9 Abs. 1 Nrn. 1 und 2 i. V. m. Abs. 3 POG NRW enthalten.

14 Wird die Bundespolizei nicht zur Unterstützung des Landes, sondern aus eigenem Recht im Lande tätig (vgl. z. B. Art. 91 Abs. 2 GG), richten sich seine Befugnisse nach dem BPolG. Für den unmittelbaren Zwang gilt dann das UZwG.

15 Wegen der Voraussetzungen des Einsatzes besonderer Waffen s. § 66, RN 1 bis 7.

§ 59
Handeln auf Anordnung

(1) [1]**Die Polizeivollzugsbeamten sind verpflichtet, unmittelbaren Zwang anzuwenden, der von einem Weisungsberechtigten angeordnet wird.** [2]**Das gilt nicht, wenn die Anordnung die Menschenwürde verletzt oder nicht zu dienstlichen Zwecken erteilt worden ist.**

(2) [1]**Eine Anordnung darf nicht befolgt werden, wenn dadurch eine Straftat begangen würde.** [2]**Befolgt der Polizeivollzugsbeamte die Anordnung trotzdem, so trifft ihn eine Schuld nur, wenn er erkennt oder wenn es nach den ihm bekannten Umständen offensichtlich ist, dass dadurch eine Straftat begangen wird.**

(3) Bedenken gegen die Rechtmäßigkeit der Anordnung hat der Polizeivollzugsbeamte dem Anordnenden gegenüber vorzubringen, soweit das nach den Umständen möglich ist.

(4) § 36 Absatz 2 und 3 des Beamtenstatusgesetzes ist nicht anzuwenden.

Handeln auf Anordnung § 59

VVPolG NRW zu § 59
Handeln auf Anordnung (zu § 59)
59.0
Die Vorschrift ist eine Sonderregelung gegenüber § 59 des Landesbeamtengesetzes (LBG). Die Verpflichtung, die Anordnung zu befolgen, wird nur eingeschränkt durch § 59 Abs. 1 Satz 2 und Abs. 2. Bedenken gegen die Zweckmäßigkeit der Anordnung berühren die Gehorsamspflicht nicht. Diese Regelung wird nun durch § 36 Abs. 2 und 3 Beamtenstatusgesetz getroffen.
59.1 *(zu Absatz 1)*
59.11
Bei einem Einsatz von mehreren Polizeivollzugsbeamten und -beamtinnen ist die Einsatzleiterin oder der Einsatzleiter befugt, unmittelbaren Zwang anzuordnen, einzuschränken oder zu untersagen. Ist nicht bestimmt, wer den Einsatz leitet, oder fällt die Einsatzleitung aus, ohne dass eine Vertretung bestellt ist, tritt die anwesende Polizeivollzugsbeamtin oder der anwesende Polizeivollzugsbeamte mit dem höchsten Dienstrang an seine Stelle. Ist nicht sofort feststellbar, wer das ist, darf jede anwesende Polizeivollzugsbeamtin und jeder anwesende Polizeivollzugsbeamte die Führung einstweilen übernehmen. Dies ist bekannt zu geben.
59.12
Vor Beginn eines Einsatzes sind die Polizeivollzugsbeamtinnen und Polizeivollzugsbeamten über die sie betreffenden Weisungsverhältnisse zu unterrichten. Insbesondere muss jeder eingesetzten Polizeivollzugsbeamtin und jedem -beamten bekannt sein, wer den Einsatz leitet, wer die Vertretung ausübt und wer sonst zu Weisungen befugt ist.
59.13
Die Befugnis höherer Vorgesetzter oder einer sonst dazu berechtigten Person (z. B. eines Staatsanwalts), die Anwendung unmittelbaren Zwanges anzuordnen, einzuschränken oder zu untersagen, bleibt unberührt. Hinsichtlich der Anordnung unmittelbaren Zwanges durch die Staatsanwaltschaft sind die Gemeinsamen Richtlinien der Justizminister/-senatoren und der Innenminister/-senatoren des Bundes und der Länder über die Anwendung unmittelbaren Zwanges durch Polizeibeamte auf Anordnung des Staatsanwalts (RiStBV Anlage A) zu beachten.
59.14
Befinden sich die Anordnenden nicht am Ort des Vollzugs, dürfen sie unmittelbaren Zwang nur anordnen, wenn sie sich ein so genaues Bild von den am Ort des Vollzugs herrschenden Verhältnissen verschafft haben, dass ein Irrtum über die Voraussetzungen der Anwendung unmittelbaren Zwanges nicht zu befürchten ist. Ändern sich zwischen der Anordnung und ihrer Ausführung die tatsächlichen Verhältnisse und können die Anordnenden vor der Ausführung nicht mehr verständigt werden, entscheiden die am Ort leitenden Polizeivollzugsbeamtinnen und Polizeivollzugsbeamten über die Anwendung unmittelbaren Zwanges. Die Anordnenden sind unverzüglich hierüber zu verständigen.

Erläuterungen:

1. Inhalt der Weisungsgebundenheit, Begriff der Weisungsberechtigten

1 Es handelt sich um eine **beamtenrechtliche Vorschrift,** die Sonderregelungen gegenüber dem – bundeseinheitlich in allen Bundesländern geltenden – BeamtStG und dem (nur ergänzenden) LBG NRW enthält, weil insbesondere bei eilbedürftigen Entscheidungen am Einsatzort die allgemeinen beamtenrechtlichen Regeln nicht genügen.

2 Nach § 35 Satz 2 BeamtStG sind Beamtinnen und Beamte verpflichtet, die Anordnungen ihrer Vorgesetzten auszuführen. Das gilt auch für die Polizei. Bei der Anwendung unmittelbaren Zwanges enthält allerdings § 59 Abs. 1 und 2 PolG NRW eine vorrangige Spezialregelung.

3 **Weisungsberechtigt** sind in erster Linie die **Vorgesetzten** des Polizeivollzugsbeamten. Vorgesetzter ist, wer einem Beamten für dessen dienstliche Tätigkeit Anordnungen erteilen kann (§ 2 Abs. 5 Satz 1 LBG NRW). Die Anordnungsbefugnis ergibt sich wiederum aus dem Aufbau der öffentlichen Verwaltung (§ 2 Abs. 5 Satz 2 LBG NRW). Hinweise darauf sind den Geschäftsverteilungsplänen und Dienstanweisungen zu entnehmen. Auch ein Streifenführer kann i. S. d. § 59 PolG NRW Vorgesetzter sein und ist dementsprechend befugt, unmittelbaren Zwang anzuordnen. Die dienstvorgesetzte Stelle (§ 2 Abs. 2 bis Abs. 4 LBG NRW), umgangssprachlich noch gelegentlich als „Dienstvorgesetzter" bezeichnet, ist nicht in jedem Fall Weisungsberechtigter nach § 59 PolG NRW.

4 Weisungsberechtigt i. S. d. § 59 PolG NRW ist auch der **Staatsanwalt.** Inhalt und Umfang des Weisungsrechts ergeben sich aus dem Gemeinsamen RdErl. des Justizministers und des Innenministers über die **Anwendung unmittelbaren Zwanges durch Polizeibeamte auf Anordnung des Staatsanwalts** vom 15.12.1973 (MBl. NRW. S. 150/SMBl. NRW. 20510). Die Weisungsbefugnis des Staatsanwalts ist auf die **Strafverfolgung beschränkt,** gilt also nicht für die Gefahrenabwehr. Der Erlass trifft aber auch Regelungen für den Fall, dass sich aus einem einheitlichen Lebenssachverhalt gleichzeitig Aufgaben der Strafverfolgung und der Gefahrenabwehr ergeben, wie z. B. bei der Geiselnahme. In einem solchen Fall ist nach dem Grundsatz der Güter- und Pflichtenabwägung jeweils für die konkrete Lage zu entscheiden, ob die Strafverfolgung oder die Gefahrenabwehr das höherwertige Rechtsgut ist. In Eilfällen und bei fehlendem Einvernehmen darüber, welche Aufgabe Priorität genießt, entscheidet allein die Polizei über die Anwendung unmittelbaren Zwangs.

2. Ausnahmen von der Weisungsgebundenheit

5 Nach § 59 Abs. 1 Satz 2 gilt die Weisungsgebundenheit nicht, wenn die Anordnung die Menschenwürde verletzt oder nicht zu dienstlichen Zwecken erteilt worden ist. Denkbar ist, dass **Verletzungen der Menschenwürde** beim Polizei-

vollzugsbeamten, dem eine solche Anwendung unmittelbaren Zwanges zugemutet wird, oder beim Betroffenen eintreten. Darunter würde z. B. eine Zwangsanordnung fallen, die den Betroffenen in erster Linie lächerlich machen soll oder das Schamgefühl grob verletzt. **Nicht zu dienstlichen Zwecken** wird eine Anordnung vor allem dann erteilt, wenn Ermessensmissbrauch vorliegt, wenn also vor allem aus persönlichen Gründen, z. B. wegen privater Streitigkeiten, eine bestimmte Art unmittelbaren Zwanges angeordnet wird.

Eine Anordnung darf nicht befolgt werden, wenn dadurch eine **Straftat** begangen würde (§ 59 Abs. 2 Satz 1). Abweichend von § 36 Abs. 2 Satz 4 BeamtStG genügt eine Ordnungswidrigkeit nicht. Eine Straftat (z. B. Körperverletzung oder Sachbeschädigung) droht dann, wenn die Rechtmäßigkeitsvoraussetzungen für die Grundmaßnahme oder für den Zwang, insbesondere die tatbestandlichen Voraussetzungen der Befugnisnorm, nicht gegeben sind. Das ist im Einzelfall schwierig zu beurteilen. Daher trifft nach § 59 Abs. 2 Satz 2 den Beamten eine Schuld nur, wenn er erkennt oder wenn das nach den ihm bekannten Umständen zur Zeit der Anordnung offensichtlich ist, dass er eine Straftat begehen würde. 6

3. Bedenken gegen die Rechtmäßigkeit von Anordnungen

§ 59 Abs. 3 verpflichtet den Beamten, **Bedenken gegen die Rechtmäßigkeit** der Anordnung vorzubringen, soweit das den Umständen nach möglich ist. Bleibt der Anordnende bei seiner Entscheidung, ist der Beamte mit Ausnahme der unter RN 5 und 6 behandelten Fälle zur Befolgung der Anordnung verpflichtet. Darin liegt eine wesentliche Abweichung von den allgemeinen Regelungen des § 36 Abs. 2 und 3 BeamtStG; insbesondere ist eine Anrufung des nächsthöheren Vorgesetzten nicht vorgesehen. 7

§ 60
Hilfeleistung für Verletzte

Wird unmittelbarer Zwang angewendet, ist Verletzten, soweit es nötig ist und die Lage es zulässt, Beistand zu leisten und ärztliche Hilfe zu verschaffen.

VVPolG NRW zu § 60

Hilfeleistung für Verletzte (zu § 60)
60.0
Die Verpflichtung, Verletzten Beistand zu leisten und ärztliche Hilfe zu verschaffen, ist vordringlicher als die Beweissicherung und geht auch Berichtspflichten vor.

§ 61 — Androhung unmittelbaren Zwanges

Erläuterungen:

1 Es gehört zu den allgemeinen **Aufgaben der Gefahrenabwehr** (§ 1 Abs. 1), **Verletzten Hilfe zu leisten** und notfalls ärztliche Hilfe zu verschaffen, soweit ein Handeln anderer Behörden (Rettungsdienste, Feuerwehr) nicht oder nicht rechtzeitig möglich ist. § 60 betont diese polizeiliche Verpflichtung für den Fall, dass die Verletzung durch die Polizei bei Anwendung unmittelbaren Zwanges verursacht worden ist.

2 Die Vorschrift gilt – wie alle Vorschriften im Zweiten Unterabschnitt – sowohl für den Fall, dass die Polizei unmittelbaren Zwang zur **Gefahrenabwehr** anwendet, als auch für Sachverhalte, in denen die Zwangsanwendung der **Verfolgung** von Straftaten oder Ordnungswidrigkeiten dient.

3 Die Hilfeleistungspflicht gilt, **soweit die Lage die Beistandsleistung zulässt.** Der Gesetzgeber umschreibt damit die notwendige Güterabwägung, wenn die Pflicht zur Aufgabenerfüllung (Gefahrenabwehr, Strafverfolgung) mit der Pflicht zur Hilfeleistung in Konflikt gerät. Diese hängt von den Umständen des Einzelfalles ab, z. B. von der Schwere der Verletzung und den in der konkreten Situation weiter drohenden Gefahren. Interessen der Strafverfolgung können eher zurücktreten als solche der Abwehr von Gefahren, insbesondere wenn es um den Schutz von Menschenleben geht. Bei Einsätzen, bei denen mit Verletzungen gerechnet werden muss, sind vorsorglich die für den Rettungsdienst zuständigen Stellen zu unterrichten; ggf. sind Rettungsfahrzeuge einzusetzen und Notärzte hinzuzuziehen.

§ 61
Androhung unmittelbaren Zwanges

(1) ¹**Unmittelbarer Zwang ist vor seiner Anwendung anzudrohen.** ²**Von der Androhung kann abgesehen werden, wenn die Umstände sie nicht zulassen, insbesondere wenn die sofortige Anwendung des Zwangsmittels zur Abwehr einer gegenwärtigen Gefahr notwendig ist.** ³**Als Androhung des Schusswaffengebrauchs gilt auch die Abgabe eines Warnschusses.**

(2) **Schusswaffen und Handgranaten dürfen nur dann ohne Androhung gebraucht werden, wenn das zur Abwehr einer gegenwärtigen Gefahr für Leib oder Leben erforderlich ist.**

(3) ¹**Gegenüber einer Menschenmenge ist die Anwendung unmittelbaren Zwanges möglichst so rechtzeitig anzudrohen, dass sich Unbeteiligte noch entfernen können.** ²**Der Gebrauch von Schusswaffen gegen Personen in einer Menschenmenge ist stets anzudrohen; die Androhung ist vor dem Gebrauch zu wiederholen.** ³**Bei dem Gebrauch von technischen Sperren und dem Einsatz von Dienstpferden kann von der Androhung abgesehen werden.**

§ 61 Androhung unmittelbaren Zwanges

VVPolG NRW zu § 61

Androhung unmittelbaren Zwanges (zu § 61)
61.1 (zu Absatz 1)
61.11
Unmittelbarer Zwang darf nur angedroht werden, wenn die Zulässigkeitsvoraussetzungen für seine Anwendung gegeben sind. Die Androhung kann grundsätzlich in jeder Form erfolgen; sie muss unmissverständlich sein. Die im Leitfaden 371 (Eigensicherung) empfohlenen Sicherungshaltungen reichen allein nicht aus.
61.12
Der Schusswaffengebrauch wird in der Regel mündlich angedroht durch den vernehmlichen Ruf: „Polizei! Keine Bewegung – oder ich schieße!" oder vor allem gegenüber Fliehenden: „Polizei! Halt! – oder ich schieße!" oder eine ähnliche Aufforderung. Das Wort „Polizei" kann im Anruf unterbleiben, wenn ohne weiteres erkennbar ist, dass es sich um den Einsatz von Polizeivollzugsbeamtinnen oder Polizeivollzugsbeamten handelt. Wenn die Umstände es zulassen oder wenn Zweifel bestehen, ob die Person den Anruf verstanden hat, ist er zu wiederholen. Der Schusswaffengebrauch kann auch durch Lautsprecher angedroht werden.
61.13
Ist eine mündliche Androhung des Schusswaffengebrauchs nicht möglich, weil z. B. die Entfernung zu groß ist oder weil aus sonstigen Gründen anzunehmen ist, dass der Anruf nicht verstanden wird oder verstanden worden ist, können ein oder mehrere Warnschüsse abgegeben werden. Warnschüsse sind so abzugeben, dass eine Gefährdung Dritter ausgeschlossen ist.
61.14
Zwischen der Androhung der Zwangsmaßnahme und ihrer Anwendung soll eine den Umständen nach angemessene Zeitspanne liegen.
61.15
Personen, gegen die nach Begründung des amtlichen Gewahrsams unter den in § 64 Abs. 1 Nr. 4 genannten Voraussetzungen von der Schusswaffe Gebrauch gemacht werden darf, sollen zu Beginn des Gewahrsams darauf hingewiesen werden. Um einen Schusswaffengebrauch zu vermeiden, ist auf eine sorgfältige Sicherung dieser Personen zu achten. Das gilt vor allem bei Transporten. Die Belehrung ersetzt nicht die Androhung des Schusswaffengebrauchs im Einzelfall.
61.3 (zu Absatz 3)
61.31
Zwischen der wiederholten Androhung des Schusswaffengebrauchs gegen Personen in einer Menschenmenge und dem Gebrauch der Schusswaffe soll so viel Zeit verstreichen, dass sich insbesondere Unbeteiligte aus der Menge entfernen können; vgl. auch RdNr. 65.2.

§ 61 Androhung unmittelbaren Zwanges

61.32
Die Androhung hat grundsätzlich durch Lautsprecher zu erfolgen. Ihr soll alsdann durch Warnschüsse oder auf andere unmissverständliche Weise Nachdruck mit dem Ziel verliehen werden, letztlich den Schusswaffengebrauch auf Personen in der Menschenmenge zu vermeiden.

Erläuterungen:

1. Bedeutung und Anwendungsbereich der Vorschrift

1 Wegen der grundsätzlichen Bedeutung der Androhung und wegen des Verhältnisses von § 51 Abs. 2, § 56 und § 61 zueinander vgl. die Erläuterungen zu § 56 und die dort genannten Beispiele. § 61 gilt sowohl für die **Gefahrenabwehr** als auch für die **Strafverfolgung**.

2 **Die Androhung** ist nur zulässig, wenn die **Anwendung** unmittelbaren Zwanges zulässig ist. Umgekehrt macht das Fehlen der Androhung oder ihre Fehlerhaftigkeit die Anwendung unmittelbaren Zwanges **rechtswidrig**, wenn nicht ausnahmsweise von **der Androhung abgesehen** werden kann. § 61 Abs. 1 Satz 2 sieht das vor, wenn die Umstände die Androhung nicht zulassen, insbesondere wenn die sofortige Anwendung des Zwangsmittels zur **Abwehr einer gegenwärtigen Gefahr** notwendig ist. Das ist regelmäßig beim sofortigen Vollzug nach § 50 Abs. 2 der Fall.

> **Beispiel:** Ein Polizeibeamter reißt einen Fußgänger zurück, der unachtsam auf die Fahrbahn tritt und von einem Fahrzeug erfasst zu werden droht. Hier wird zur Abwehr einer gegenwärtigen Gefahr unmittelbarer Zwang angewendet; eine Androhung ist praktisch nicht möglich und deshalb rechtlich nicht erforderlich.

Fehlt dagegen die Androhung, ohne dass die Voraussetzungen der Ausnahme gegeben sind, wird die Anwendung des Zwanges rechtswidrig.

3 Auch im Rahmen der **Strafverfolgung** lassen die Umstände bisweilen eine Androhung nicht zu.

> **Beispiel:** Ein Polizeibeamter beobachtet einen Taschendieb auf frischer Tat und hält ihn sofort fest, bevor er in der Menschenmenge untertauchen kann.

2. Androhung beim Gebrauch von Schusswaffen und Handgranaten

4 Der Schusswaffengebrauch kann auch durch **Warnschüsse** als eine **besondere Form** der Androhung gemäß § 61 Abs. 1 Satz 3 angedroht werden. Der Warnschuss hat die Funktion, der betroffenen Person den „Ernst der Lage" klarzumachen und ihr zu verdeutlichen, dass notfalls eine Schusswaffe eingesetzt werden kann, um das polizeilich verlangte Verhalten zu erzwingen. Ein sog. **Signalschuss**, der lediglich dem Zweck dient, den Standort des Schützen für ebenfalls im Einsatz befindliche Dienstkräfte klarzustellen bzw. Kollegen zu alarmieren,

ist kein „echter" Warnschuss. Soweit ein solcher Schuss (auch) einer betroffenen Person gilt (z. B. in Richtung eines Flüchtigen abgegeben wird), kollidiert er mit dem in § 63 Abs. 2 festgelegten Zweck des Schusswaffengebrauchs. Angesichts moderner Kommunikationsmittel (insbesondere Funksprechgeräte) dürften „Signalschüsse" nur in Extremlagen in Betracht kommen (s. hierzu näher *Planert*, DIE POLIZEI 2012, S. 334).

Schusswaffen und Handgranaten dürfen abweichend von § 61 Abs. 1 Satz 2 5
nur dann **ohne Androhung** gebraucht werden, wenn das zur **Abwehr einer gegenwärtigen Gefahr für Leib oder Leben** erforderlich ist. Die Androhung ist also nur in diesen Notsituationen entbehrlich. Auf die Androhung kann nur zu den genannten Zwecken der **Gefahrenabwehr** verzichtet werden.

> **Beispiel:** Ein Polizeibeamter kann sich gegen einen überraschenden Angriff eines auf frischer Tat betroffenen Rechtsbrechers nur durch sofortige Anwendung der Schusswaffe wehren. Hier kann zur Abwehr der Gefahr die Androhung unterbleiben.

Für Zwecke der **Strafverfolgung** (Ergreifen eines Täters) dürfen **Handgrana-** 6
ten überhaupt nicht eingesetzt werden, weil besondere Waffen (§ 58 Abs. 5) nur zur Abwehr eines Angriffs gebraucht werden dürfen (§ 66 Abs. 2 Satz 1). Das gilt dementsprechend auch für Maschinengewehre. Andere Schusswaffen dürfen bei der Strafverfolgung **in keinem Falle ohne Androhung** gebraucht werden, weil die Ergreifung des Täters oder die Vereitelung der Flucht nicht der Abwehr einer gegenwärtigen Gefahr für Leib oder Leben dient. Bezweckt der Schusswaffengebrauch die Ergreifung des Täters oder die Verhinderung seiner Flucht nach § 64 Abs. 1 Nrn. 3 oder 4, ist stets die vorherige Androhung erforderlich. Fehlt sie, ist der Schusswaffengebrauch rechtswidrig. Allerdings genügt die Abgabe eines Warnschusses als Androhung.

3. Androhung der Anwendung unmittelbaren Zwanges gegen eine Menschenmenge

Wegen der **besonderen Voraussetzungen** für den **Schusswaffengebrauch** ge- 7
gen Personen in einer Menschenmenge s. § 65. **Handgranaten** dürfen nicht gebraucht werden (§ 66 Abs. 2 Satz 2).

Der **Schusswaffengebrauch** gegen **Personen in einer Menschenmenge ist** 8
stets anzudrohen, auch wenn es sich um die Abwehr einer gegenwärtigen Gefahr für Leib oder Leben handelt. Die Ausnahmeregelung des § 61 Abs. 2 gilt für diesen Fall nicht. Das hat seinen Grund in der besonderen Gefährdung Unbeteiligter, der § 61 Abs. 3 Satz 2 ebenso Rechnung trägt wie die Verpflichtung, die **Androhung zu wiederholen.**

Die Anwendung unmittelbaren Zwanges unterhalb des Gebrauchs von Schuss- 9
waffen **(gegen eine Menschenmenge)** ist ebenfalls rechtzeitig anzudrohen. Das bedeutet, dass nach § 61 Abs. 3 eine angemessene Frist einzuräumen ist, damit sich Personen aus der Menge entfernen können.

§ 62   Fesselung von Personen

10   Bei dem Gebrauch von **technischen Sperren** (z. B. Absperrgittern) und **Dienstpferden** (z. B. Zurückdrängen von Zuschauern bei Großveranstaltungen) ist der Gefahrengrad gering. Das rechtfertigt die Regelung in § 61 Abs. 3 Satz 3, wonach von einer Androhung abgesehen werden kann.

11   Die Androhung des unmittelbaren Zwanges ist gegenüber dem Grundverwaltungsakt und gegenüber der Zwangsmaßnahme eine selbständige Maßnahme (s. hierzu auch § 56, RN 2).

§ 62
Fesselung von Personen

¹**Eine Person, die nach diesem Gesetz oder anderen Rechtsvorschriften festgehalten wird, kann gefesselt werden, wenn Tatsachen die Annahme rechtfertigen, dass sie**
1. **Polizeivollzugsbeamte oder Dritte angreifen, Widerstand leisten oder Sachen von nicht geringem Wert beschädigen wird,**
2. **fliehen wird oder befreit werden soll oder**
3. **sich töten oder verletzen wird.**

²**Dasselbe gilt, wenn eine Person nach anderen Rechtsvorschriften vorgeführt oder zur Durchführung einer Maßnahme an einen anderen Ort gebracht wird.**

VVPolG NRW zu § 62

Fesselung von Personen (zu § 62)
62.01
Widerstand leistet i. S. d. § 62 Satz 1 Nr. 1, wer sich einer polizeilichen Anordnung aktiv widersetzt; passives Verhalten (z. B. Stehenbleiben, Fallenlassen) reicht hierfür nicht aus.
62.02
Für die Fesselung sollen die hierfür vorgesehenen Hilfsmittel der körperlichen Gewalt verwendet werden. Sind diese nicht vorhanden oder reichen sie nicht aus, sind andere Maßnahmen zu treffen, die eine ähnliche Behinderung wie Fesseln gewährleisten. Es ist darauf zu achten, dass gesundheitliche Schäden (z. B. durch Blutstauung oder extreme Temperaturen) nicht eintreten.
62.03
Mehrere Personen sollen nicht zusammengeschlossen werden, wenn ein Nachteil für Ermittlungen in einer Strafsache zu befürchten ist, durch die Zusammenschließung die Gesundheit eines der Betroffenen gefährdet wird oder dies eine erniedrigende Behandlung bedeutet. Männer und Frauen sind möglichst nicht zusammenzuschließen.

Allgemeine Vorschriften für den Schusswaffengebrauch § 63

Erläuterungen:

§ 62 Satz 1 setzt voraus, dass eine Person **von der Polizei festgehalten** wird. Die Festhaltung muss nicht auf einer Vorschrift zur Gefahrenabwehr beruhen, Grundlage kann vielmehr jede andere Rechtsvorschrift sein, z. B. auf dem Gebiet der Strafverfolgung (s. die §§ 127 Abs. 2, 163 b und 163 c StPO). 1

§ 62 Satz 2 dehnt den Anwendungsbereich **auf Vorführungen** (z. B. zu einer erkennungsdienstlichen Behandlung) oder auf **Verbringungen an einen anderen Ort** (z. B. Verlegung in Gewahrsamsräume einer anderen Polizeibehörde) aus.

Für die **Strafverfolgung** ist § 42 Abs. 2 Nr. 6 und Abs. 5 UVollzG NRW zu beachten, der als Spezialvorschrift vorgeht, inhaltlich aber weitgehend mit § 62 übereinstimmt (s. § 57, RN 3). Die Vorschrift gilt jedoch nur für Verhaftete, d. h. es muss ein Untersuchungshaftbefehl oder ein Unterbringungsbefehl (§ 126 a StPO) vorliegen. § 42 UVollzG NRW ist besonders zu beachten, wenn Untersuchungshäftlinge vorübergehend in polizeilichem Gewahrsam untergebracht sind (z. B. im Rahmen polizeilicher Vernehmungen). 2

Tatsachen müssen die **Annahme rechtfertigen,** dass die Person eine der in § 62 beschriebenen Handlungen begehen wird. Vermutungen reichen nicht aus. Es ist somit keine konkrete Gefahr erforderlich, aber eine auf Tatsachen gestützte Gefahrenprognose. 3

Beispiele:
1. Die betroffene Person hat bereits bei früheren Gelegenheiten versucht zu fliehen oder glaubhaft angedroht, sie werde in der Zelle alles zusammenschlagen.
2. Eine Selbsttötungs- oder Selbstverletzungsgefahr kann sich aus entsprechenden Erklärungen, früherem Verhalten oder aus einer der Polizei bekannten depressiven Veranlagung ergeben.

Da insbesondere eine länger andauernde Fesselung einen erheblichen Eingriff bedeutet und von der betroffenen Person häufig auch als entwürdigend empfunden wird, ist der Grundsatz der **Verhältnismäßigkeit** (§ 2) besonders zu beachten. Dieser wird insbesondere durch § 27 der Polizeigewahrsamsordnung (s. § 37, RN 9) konkretisiert (zu auch praktischen Problemen der Fesselung von Personen *Hansen,* DIE POLIZEI 1990, S. 137). 4

§ 63
Allgemeine Vorschriften für den Schusswaffengebrauch

(1) ¹Schusswaffen dürfen nur gebraucht werden, wenn andere Maßnahmen des unmittelbaren Zwanges erfolglos angewendet sind oder offensichtlich keinen Erfolg versprechen. ²Gegen Personen ist ihr Gebrauch nur zulässig, wenn der Zweck nicht durch Schusswaffengebrauch gegen Sachen erreicht werden kann.

§ 63 Allgemeine Vorschriften für den Schusswaffengebrauch

(2) ¹Schusswaffen dürfen gegen Personen nur gebraucht werden, um angriffs- oder fluchtunfähig zu machen. ²Ein Schuss, der mit an Sicherheit grenzender Wahrscheinlichkeit tödlich wirken wird, ist nur zulässig, wenn er das einzige Mittel zur Abwehr einer gegenwärtigen Lebensgefahr oder der gegenwärtigen Gefahr einer schwerwiegenden Verletzung der körperlichen Unversehrtheit ist.

(3) ¹Gegen Personen, die dem äußeren Eindruck nach noch nicht 14 Jahre alt sind, dürfen Schusswaffen nicht gebraucht werden. ²Das gilt nicht, wenn der Schusswaffengebrauch das einzige Mittel zur Abwehr einer gegenwärtigen Gefahr für Leib oder Leben ist.

(4) ¹Der Schusswaffengebrauch ist unzulässig, wenn für den Polizeivollzugsbeamten erkennbar Unbeteiligte mit hoher Wahrscheinlichkeit gefährdet werden. ²Das gilt nicht, wenn der Schusswaffengebrauch das einzige Mittel zur Abwehr einer gegenwärtigen Lebensgefahr ist.

VVPolG NRW zu § 63
Allgemeine Vorschriften für den Schusswaffengebrauch (zu § 63)
63.1 (zu Absatz 1)
63.11
Der Schusswaffengebrauch gegen Personen ist die schwerwiegendste Maßnahme des unmittelbaren Zwanges. Daher sind vorher Rechtmäßigkeit und Verhältnismäßigkeit besonders sorgfältig zu prüfen. Bestehen rechtliche oder tatsächliche Zweifel, ob die Voraussetzungen für den Schusswaffengebrauch vorliegen, ist von der Schusswaffe kein Gebrauch zu machen.
63.12
Auch der Schusswaffengebrauch gegen Sachen ist auf das erforderliche Mindestmaß zu beschränken. Ein Schusswaffengebrauch gegen Sachen liegt nicht vor, wenn mit Wahrscheinlichkeit damit gerechnet werden muss, dass hierdurch Personen verletzt werden. Der Schusswaffengebrauch gegen Kraftfahrzeuge ist daher in der Regel nur unter den Voraussetzungen des Schusswaffengebrauchs gegen Personen zulässig. Diese müssen gegenüber jeder im Fahrzeug befindlichen Person vorliegen, es sei denn, dass ein Fall des § 63 Abs. 4 Satz 2 vorliegt. Beim Schusswaffengebrauch gegen ein Kraftfahrzeug ist anzustreben, das Fahrzeug fahrunfähig zu machen, weil hierdurch in der Regel der Zweck der Maßnahme erreicht werden kann. Vom Schusswaffengebrauch ist abzusehen, wenn das Fahrzeug erkennbar explosive oder ähnliche gefährliche Güter befördert oder nach seiner Kennzeichnung zur Beförderung solcher Güter bestimmt ist. Diese Einschränkung gilt nicht, wenn durch die Weiterfahrt größere Gefahren zu entstehen drohen als durch den Schusswaffengebrauch.
63.13
Der Schusswaffengebrauch gegen Tiere ist zulässig, wenn von ihnen eine Gefahr ausgeht (sie insbesondere Menschen bedrohen) und die Gefahr nicht auf andere

Allgemeine Vorschriften für den Schusswaffengebrauch § 63

Weise zu beseitigen ist. Verletzte oder kranke Tiere dürfen nur getötet werden, wenn die Befürchtung besteht, dass sie sonst unter Qualen verenden würden, und weder Eigentümer bzw. Tierhalter noch ein Tierarzt oder Jagdausübungsberechtigte kurzfristig zu erreichen sind.
63.2 (zu Absatz 2)
63.21
Um angriffs- oder fluchtunfähig zu machen, ist, wenn die Umstände es zulassen, auf die Beine zu zielen, vor allem bei Fliehenden.
63.22
Absatz 2 Satz 2 regelt den finalen Rettungsschuss. Ein derartiger Schuss ist bei unmittelbar drohender Gewaltanwendung nur bei Lebensgefahr oder der Gefahr schwerwiegender körperlicher Verletzungen zulässig; eine geringfügige Körperverletzung berechtigt keinesfalls zur Abgabe eines Rettungsschusses.
63.3 (zu Absatz 3)
Bestehen Zweifel, ob jemand noch im Kindesalter ist, ist davon auszugehen, dass es sich um ein Kind handelt.
63.4 (zu Absatz 4)
Der Schusswaffengebrauch ist grundsätzlich verboten, wenn durch ihn eine unbeteiligte Person mit hoher Wahrscheinlichkeit gefährdet wird. Es ist nicht nur auf Fußgänger, sondern auch auf fahrende und haltende Fahrzeuge mit Insassen sowie auf Wohnungen und Geschäfte zu achten. Kann die Schussrichtung wegen der örtlichen Verhältnisse (insbesondere Dunkelheit oder sonstige Sichtbehinderungen) nicht überblickt werden, sind besondere Vorsicht und Zurückhaltung geboten.

Erläuterungen:

1. Schusswaffengebrauch als äußerstes Mittel des unmittelbaren Zwanges

Die Vorschriften über den Schusswaffengebrauch (§§ 63 ff.) lassen das Bemühen erkennen, den **Grundsatz der Verhältnismäßigkeit** über den für jeden Einzelfall geltenden § 2 hinaus bereits in der Gesetzgebung zu berücksichtigen. Entsprechend dieser restriktiven Tendenz ist der Schusswaffengebrauch auf unvermeidliche Fälle zu beschränken. 1

§ 63 Abs. 1 Satz 1 beschränkt die Zulässigkeit des Schusswaffengebrauchs folgerichtig auf die Fälle, in denen **andere Mittel des unmittelbaren Zwanges erfolglos angewendet** worden sind oder **offensichtlich keinen Erfolg versprechen**. Körperliche Gewalt, der Einsatz ihrer Hilfsmittel (einschließlich der Reiz- und Betäubungsmittel) und die Anwendung des Schlagstocks als Waffe müssen also entweder bereits erfolglos versucht worden sein oder nach der Lage des Falles nicht Erfolg versprechend sein. 2

Beispiel: Kann gegen einen fliehenden Räuber ein Diensthund als Hilfsmittel der körperlichen Gewalt zum Zwecke des Ergreifens eingesetzt werden, ist der Schusswaf-

427

fengebrauch trotz seiner grundsätzlichen Zulässigkeit nach § 64 Abs. 1 Nr. 3 rechtswidrig.

3 **Gegen Personen** ist der Schusswaffengebrauch unzulässig, wenn der Zweck durch einen **Schusswaffengebrauch gegen Sachen** erreicht werden kann.

Beispiel: Ein Bankräuber wird auf frischer Tat gestellt. Sein Motorrad ist in unmittelbarer Nähe der Bank abgestellt. Obwohl der Schusswaffengebrauch gegen den Täter selbst grundsätzlich zulässig wäre (§ 64 Abs. 1 Nr. 3), besteht hier die vorrangige Möglichkeit, die Flucht dadurch zu vereiteln, dass das Motorrad fahrunfähig geschossen wird. Der Schusswaffengebrauch gegen den Täter wäre nach § 63 Abs. 1 Satz 2 rechtswidrig, wenn durch den Einsatz der Schusswaffe gegen die Sache das polizeiliche Ziel erreicht werden kann.

4 § 63 Abs. 1 Satz 2 ist die einzige Bestimmung, die den Schusswaffengebrauch und damit den unmittelbaren Zwang gegen Sachen ausdrücklich anspricht. **Unmittelbarer Zwang** und somit auch der **Schusswaffengebrauch gegen Sachen** richtet sich nach den Vorschriften des PolG NRW, die nicht ausdrücklich für die Zwangsanwendung gegen Personen gelten.

5 Muss bei einem Schusswaffengebrauch gegen Sachen mit Wahrscheinlichkeit damit gerechnet werden, dass Personen verletzt werden, darf nur geschossen werden, wenn der Schusswaffengebrauch gegen **diese Personen** zulässig ist (s. auch § 66, RN 7).

Beispiel: Nach einem Einbruch in ein Juweliergeschäft (§ 243 Abs. 1 Nr. 1 StGB) fliehen die Täter mit einem Pkw. Es darf zur Ergreifung der Täter nicht auf den Pkw (Reifen, Motor) geschossen werden, weil die Voraussetzungen des Schusswaffengebrauchs nach § 64 Abs. 1 Nr. 3 nicht vorliegen (kein Verbrechen oder qualifiziertes Vergehen i. S. d. Vorschrift; anders bei einem schweren Bandendiebstahl: § 244a StGB; s. in diesem Zusammenhang das Beispiel zu § 57, RN 4). Der Schusswaffengebrauch gegen fahrende Fahrzeuge ist wegen der hohen Gefahr für die Insassen grundsätzlich Schusswaffengebrauch gegen diese Personen selbst (auf unbeteiligte Insassen ist besonders zu achten!).

2. Zweck des Schusswaffengebrauchs

6 Nach § 63 Abs. 2 Satz 1 dürfen Schusswaffen gegen Personen nur gebraucht werden, um **angriffs- oder fluchtunfähig** zu machen. Auch diese Regelung ist eine gesetzliche Ausformung des Grundsatzes der Verhältnismäßigkeit, der vor allem die Tötung des Betroffenen als Zweck (Ziel) des polizeilichen Schusswaffengebrauchs grundsätzlich ausschließt.

Angriffsunfähigkeit ist gegeben, wenn der Störer außer Stande ist, fremde Rechtsgüter – insbesondere Leib und Leben – zu gefährden. In der Regel muss er mindestens unfähig sein, Arme und Beine, ausnahmsweise auch Beine und Füße (z. B. bei einem Kampfsportler), zu gebrauchen.

Fluchtunfähigkeit liegt vor, wenn der Störer sich nicht mehr fortbewegen und dem unmittelbaren Zugriff der Polizei entziehen kann, z. B. ein Bein nicht mehr gebrauchen kann. Mit dem legitimen Ziel der Herbeiführung der Fluchtunfähigkeit ist es nicht vereinbar, wenn gezielt auf zentrale Bereiche des Menschen geschossen wird. Daher sind wegen ihrer besonderen Gefährlichkeit **gezielte Schüsse auf Rumpf oder Kopf eines Fliehenden unzulässig** (BGH, NJW 1999, S. 2533, 2534). Ein auf periphere Körperteile (insbesondere Beine) gerichteter Schuss verliert jedoch nicht deshalb seine Rechtmäßigkeit, weil er fehlgeht und auf diese Weise eine tödliche Verletzung ungewollt und nicht vermeidbar hervorruft.

Beispiel: Der tödliche Schuss bei der Verfolgung eines flüchtigen Bankräubers kann gerechtfertigt sein, wenn der Polizeibeamte die Vorstellung hatte, auf die Beine zu schießen, um die Fluchtunfähigkeit des Täters herbeizuführen. Entsprechendes gilt – erst recht –, wenn der Beamte seiner Absicht gemäß nur die Beine des Täters getroffen hat, dieser aber später infolge einer Infektion im Krankenhaus stirbt. Nicht zuletzt wegen möglicher Todesfolgen ist das Grundrecht auf Leben in § 7 zitiert.

3. Finaler Rettungsschuss

Zwar ist der Begriff der **Angriffsunfähigkeit** (vgl. hierzu auch RN 6) weit ausgelegt worden, sodass auch die Herbeiführung der intensivsten Form – der Tod eines Angreifers – von der Zweckbestimmung des § 63 Abs. 2 erfasst wird. Nach dieser Auslegung war auch nach der alten Rechtslage ein gezielter und tödlich wirkender Schuss mit der Vorschrift vereinbar (s. z. B. *Gintzel*, DIE POLIZEI 2008, S. 333; *Jakobs*, DVBl. 2006, S. 83; *Schöne/Klaes*, DÖV 1996, S. 992, 993; *Götz*, NVwZ 1994, S. 652, 653; *Riotte/Tegtmeyer*, NWVBl. 1990, S. 145; *Gloria/Dischke*, NWVBl. 1989, S. 37). § 63 Abs. 2 Satz 1 legt nur den **Zweck** des Schusswaffengebrauchs fest, beschränkt aber nicht das Mittel, mit dem dieser Zweck erreicht werden darf. Das PolG NRW enthält nunmehr eine **ausdrückliche Regelung** für einen **tödlich wirkenden Schuss** (§ 63 Abs. 2 Satz 2). Sie wird vor allem damit begründet, eine eindeutige Befugnis sei für die Polizeibeamtinnen und -beamten von entscheidender Bedeutung (LT-Drucks. 14/10089, S. 35; eine solche Regelung befürworten z. B. auch *Buschmann* u. *Schiller*, NWVBl. 2007, S. 249). Es ist allerdings nicht bekannt geworden, dass Polizeibeamte mangels einer ausdrücklichen Regelung von der Staatsanwaltschaft zu Unrecht wegen eines solchen Schusses verfolgt worden sind oder – umgekehrt – aus Unsicherheit nicht handlungsfähig waren und daher von einem notwendigen Schusswaffengebrauch abgesehen haben. Da es sich beim „Todesschuss" um einen besonders schwerwiegenden, irreparablen Eingriff handelt, lässt sich die Schaffung einer entsprechenden Befugnisnorm – ungeachtet der mangelnden praktischen Relevanz – durchaus als angemessene gesetzgeberische Maßnahme bewerten.

Europarechtliche Bedenken hiergegen bestehen nicht: Die Anwendung tödlicher Gewalt im Rahmen einer „polizeilichen Operation" ist mit Art. 2 EMRK vereinbar (EGMR, NJW 2005, S. 3405).

8 Die neue Befugnis ist identisch mit § 41 Abs. 1 Satz 2 ME PolG.

9 Sie erlaubt tödlich wirkende Schüsse zum einen zur Abwehr einer **gegenwärtigen Lebensgefahr**. Es handelt sich um Fälle, in denen „Leben gegen Leben" steht, sodass sich die Polizei in einer solchen Konfliktsituation für das Leben des potenziellen Opfers und gegen das Leben des Angreifers entscheiden darf (LT-Drucks. 14/10089, S. 35). Zum Begriff Lebensgefahr s. im Übrigen § 8, RN 16. Auch eine Anscheinsgefahr (§ 8, RN 19) und (ausnahmsweise) ein Gefahrenverdacht (§ 8, RN 21) können einen tödlich wirkenden Schuss rechtfertigen.

10 Die **schwerwiegende Verletzung der körperlichen Unversehrtheit** – als zweite Alternative – schließt es aus, zur Abwehr unmittelbar bevorstehender geringfügiger Körperverletzungen einen Rettungsschuss abzugeben (LT-Drucks. 14/10089, S. 36). Die Grenze zur „schwerwiegenden" Verletzung ist freilich schwer zu ziehen. In den „sicheren" Bereich fallen **schwere Körperverletzungen** i. S. d. § 226 StGB (so auch *Schütte*, in: Schütte/Braun/Keller, § 63 Rn. 10), ohne dass damit Körperverletzungen unterhalb dieser Schwelle stets ausgeschlossen wären. Im Übrigen ist zu bedenken, dass ein Polizeibeamter u. U. kaum Zeit für eine umfassende Sachverhaltsermittlung hat und auf Grund einer mehr oder weniger schmalen Tatsachenbasis entscheiden muss. Wegen der Anscheinsgefahr und des Gefahrenverdachts in diesem Zusammenhang s. RN 9.

4. Besonderer Schutz von Kindern und Unbeteiligten

11 Die Schutzvorschrift für **Kinder** (§ 63 Abs. 3) knüpft den Möglichkeiten der Praxis entsprechend an den **äußeren Eindruck** (Größe, Kleidung, Sprechweise) an. Ein Schusswaffengebrauch wird nicht allein deswegen rechtswidrig, weil eine betroffene Person abweichend vom äußeren Erscheinungsbild noch nicht 14 Jahre alt ist. Bei **Zweifeln** ist allerdings vom Gebrauch der Schusswaffe **abzusehen**. Dies entspricht dem grundsätzlichen Gebot, gegenüber Kindern nur zurückhaltend Zwang anzuwenden.

§ 63 Abs. 3 Satz 2 sieht eine **Ausnahme** von der Schutzvorschrift für Kinder vor, wenn eine **gegenwärtige Gefahr für Leib oder Leben** anders nicht abgewehrt werden kann. Die Ausnahme bezieht sich damit auf Notwehrlagen.

> **Beispiel:** Ein 12-jähriger Junge bedroht einen Polizeibeamten mit einer scharfen Pistole, die der Junge aus dem Waffenschrank seines Vaters entwendet hat. Trotz mehrfacher Aufforderung, die Waffe fallen zu lassen, feuert der 12-jährige auf den Beamten. Dieser kann dem Angriff weder ausweichen noch sich auf andere Weise als durch Gebrauch seiner Dienstwaffe zur Wehr setzen.

Unbeteiligte im Sinne von § 63 Abs. 4 sind diejenigen, bei denen die Voraussetzungen für den konkreten Schusswaffengebrauch nicht vorliegen. Dazu gehört z. B. die **Geisel** bei einer Geiselnahme.   **12**

Beifahrer in einem Kraftwagen bzw. auf einem Motorrad sind dann keine Unbeteiligten, wenn auch ihnen gegenüber der Schusswaffengebrauch zulässig ist. Ob darüber hinaus noch erforderlich ist, dass sie mit dem Handeln des Kraftfahrzeugführers einverstanden sind (vgl. zu dieser Anforderung BGH, NStZ 1989, S. 230 im Hinblick auf den Schusswaffeneinsatz bei einer Grenzkontrolle gegenüber einem fliehenden Motorradfahrer), ist mangels Erkennbarkeit der Polizei fraglich. Stellt man auf den Erkenntnisstand des handelnden Polizeibeamten zum Zeitpunkt der Anwendung des Schusswaffengebrauchs ab – nicht also auf die spätere genaue Prüfung des Sachverhalts –, so verliert diese Einschränkung ohnehin weitgehend ihren Sinn. Bei einer Mehrzahl von Beifahrern müssen im Übrigen bei jedem Einzelnen von ihnen die Voraussetzungen für den Schusswaffengebrauch vorliegen.

Die Gefährdung muss **erkennbar mit hoher Wahrscheinlichkeit** bestehen; damit wird auf die konkrete örtliche Situation und die in dieser Situation objektiv mögliche Prognose des Handlungsablaufs abgestellt.   **13**

Die unzulässige Gefährdung Unbeteiligter macht den Schusswaffengebrauch rechtswidrig. Etwas anderes gilt, wenn der Waffeneinsatz das **einzige Mittel zur Abwehr einer gegenwärtigen Lebensgefahr** ist (§ 63 Abs. 4 Satz 2). Diese Gefahr kann sowohl dem Polizeibeamten selbst als auch unbeteiligten Dritten drohen. Aus einem Verstoß gegen § 63 Abs. 4 Satz 1 kann derjenige, gegen den sich der Schusswaffengebrauch zulässigerweise (gemäß § 64) gerichtet hat, keine Schadensersatzansprüche aus Amtshaftung (§ 839 BGB i. V. m. Art. 34 GG) ableiten. Denn die Vorschrift dient (ausschließlich) dem Schutz der Unbeteiligten, nicht aber soll sie denjenigen vor Verletzungen bewahren, gegen den die Schusswaffe „an sich" rechtmäßig eingesetzt werden darf. Eine Verletzung eines **Unbeteiligten** löst in jedem Fall – gleichgültig, ob gegen § 64 Abs. 4 Satz 1 verstoßen wurde oder nicht – **Entschädigungsansprüche** aus (vgl. RN 5 zu § 39 OBG – hinter § 67).

Wegen der Unbeteiligten in einer **Menschenmenge** vgl. § 65 Abs. 2.   **14**

§ 64
Schusswaffengebrauch gegen Personen

(1) Schusswaffen dürfen gegen Personen nur gebraucht werden,
  1. um eine gegenwärtige Gefahr für Leib oder Leben abzuwehren,
  2. um die unmittelbar bevorstehende Begehung oder Fortsetzung eines Verbrechens oder eines Vergehens unter Anwendung oder Mitführung von Schusswaffen oder Explosivmitteln zu verhindern,

3. um eine Person anzuhalten, die sich der Festnahme oder Identitätsfeststellung durch Flucht zu entziehen versucht, wenn sie
   a) eines Verbrechens dringend verdächtig ist oder
   b) eines Vergehens dringend verdächtig ist und Tatsachen die Annahme rechtfertigen, dass sie Schusswaffen oder Explosivmittel mit sich führt,
4. zur Vereitelung der Flucht oder zur Ergreifung einer Person, die in amtlichem Gewahrsam zu halten oder ihm zuzuführen ist
   a) auf Grund richterlicher Entscheidung wegen eines Verbrechens oder auf Grund des dringenden Verdachts eines Verbrechens oder
   b) auf Grund richterlicher Entscheidung wegen eines Vergehens oder auf Grund des dringenden Verdachts eines Vergehens, sofern Tatsachen die Annahme rechtfertigen, dass sie Schusswaffen oder Explosivmittel mit sich führt,
5. um die gewaltsame Befreiung einer Person aus amtlichem Gewahrsam zu verhindern.

(2) Schusswaffen dürfen nach Absatz 1 Nr. 4 nicht gebraucht werden, wenn es sich um den Vollzug eines Jugendarrestes oder eines Strafarrestes handelt oder wenn die Flucht aus einer offenen Anstalt verhindert werden soll.

VVPolG NRW zu § 64

Schusswaffengebrauch gegen Personen (zu § 64)
64.01
Soweit es für den Schusswaffengebrauch nach § 64 darauf ankommt, ob eine rechtswidrige Tat ein Verbrechen oder ein Vergehen darstellt, richtet sich dies gemäß § 12 StGB nach der für die Straftat angedrohten Mindeststrafe. Hierbei ist nur der Regelstrafrahmen maßgebend. Schärfungen und Milderungen nach dem Allgemeinen Teil des StGB (z. B. bei Versuch, Beihilfe, verminderter Schuldfähigkeit) oder für besonders schwere (vgl. die §§ 243, 263 Abs. 3 oder 266 Abs. 2 StGB) oder minder schwere Fälle (vgl. § 225 Abs. 4 oder § 226 Abs. 3 StGB) bleiben außer Betracht.
64.02
Ein gefährlicher Eingriff in den Straßenverkehr zur Verdeckung einer Straftat gemäß § 315 b Abs. 3 i.V.m. § 315 Abs. 3 StGB stellt ein Verbrechen i.S.d. § 12 Abs. 1 und Abs. 3 StGB dar. Von einer Verdeckungstat kann im Rahmen einer Flucht vor der Polizei in der Regel nur ausgegangen werden, wenn der Verdacht besteht, dass die Person vor der Flucht eine andere Straftat begangen hat. Ein gefährlicher Eingriff in den Straßenverkehr nach § 315 b StGB im Rahmen einer Flucht vor der Polizei stellt regelmäßig keine „andere Straftat" i.S.d. § 315 Abs. 3 StGB dar, es sei denn, es ist zwischen mehreren Eingriffen in den Straßenverkehr zu einer deutlichen zeitlichen Zäsur gekommen.

64.1 (zu Absatz 1)
64.11
Die Berechtigung zum Schusswaffengebrauch nach § 64 Abs. 1 Nr. 1 setzt mindestens die Gefahr einer schwerwiegenden Körperverletzung voraus.
64.12
Die zu verhindernde Straftat i. S. d. § 64 Abs. 1 Nr. 2 muss unmittelbar bevorstehen. Insoweit genügt das bloße Bestehen einer Gefahr i. S. d. § 8 Abs. 1 nicht. Die Verhinderung der Fortsetzung bedeutet insbesondere die Verhinderung weiterer Tathandlungen oder bei Dauerdelikten die Beendigung des strafbaren Zustandes. Die Handlung muss sich den Umständen nach als Verbrechen oder als ein Vergehen der genannten Art darstellen. Es kommt also darauf an, wie die Polizeivollzugsbeamtin oder der Polizeivollzugsbeamte die Situation unter Berücksichtigung aller im Augenblick gegebenen Erkenntnismöglichkeiten beurteilt. Hierbei ist – obwohl die Notwendigkeit zum schnellen Handeln gegeben ist – besonders sorgfältig vorzugehen.
64.13
Auch in § 64 Abs. 1 Nr. 4 b), 1. Alternative, müssen Tatsachen die Annahme rechtfertigen, dass die Person Schusswaffen oder Explosivmittel mit sich führt.

Erläuterungen:

1. Begriffe

Soweit die Zulässigkeit des Schusswaffengebrauchs an strafrechtliche Begriffe anknüpft, ist Folgendes zu beachten: **Verbrechen** sind rechtswidrige Taten, die im Mindestmaß mit einer Freiheitsstrafe von einem Jahr oder darüber bedroht sind (§ 12 Abs. 1 StGB). **Vergehen** sind rechtswidrige Taten, die im Mindestmaß mit einer geringeren Freiheitsstrafe oder mit Geldstrafe bedroht sind (§ 12 Abs. 2 StGB). Auf ein Verschulden kommt es in diesem Zusammenhang nicht an. Die Einstufung eines Verhaltens in die Begriffskategorien richtet sich nach dem Regelstrafrahmen gemäß § 12 Abs. 3 StGB. Strafschärfungen oder -milderungen sind unbedeutend; lediglich Qualifizierungen können den Charakter eines Delikts verändern. 1

2. Voraussetzungen im Einzelnen

§ 64 Abs. 1 **Nr. 1** lässt den Schusswaffengebrauch zu, um eine **gegenwärtige Gefahr für Leib oder Leben** abzuwehren. Zum Begriff Gefahr für Leib oder Leben s. § 8, RN 16. Die Vorschrift dient der **Gefahrenabwehr** und setzt eine entsprechende Ermächtigungsgrundlage (§§ 8 ff.) voraus. Für den Schusswaffengebrauch müssen aber darüber hinaus die Voraussetzungen der §§ 50 ff., insbesondere der §§ 63 ff. erfüllt sein. Soweit die Gefahr einer erheblichen Körperverletzung gegeben ist, sind diese Voraussetzungen bereits erfüllt. Allerdings 2 muss der Grundsatz der Verhältnismäßigkeit besonders beachtet werden. Die Vorschrift gilt auch für die **Eigensicherung** der Beamten in Notwehrsituationen.

3 § 64 Abs. 1 **Nr. 2** dient ebenfalls der **Gefahrenabwehr** und setzt eine entsprechende Befugnisnorm (in der Regel § 8) voraus. Abweichend von Absatz 1 Nr. 1 hängt der Schusswaffengebrauch nicht davon ab, ob die Verhinderung der Straftat dem Schutz von Leib oder Leben dient.

> **Beispiel:** Die Polizei überrascht einen Einbrecher, der eine Schusswaffe bei sich führt, und nimmt ihn nach Androhung des Schusswaffengebrauchs fest. Obwohl es sich bei der Tat um ein Vergehen handelt (§ 244 Abs. 1 Nr. 1 a) StGB), wäre wegen des Mitführens der Schusswaffe der Schusswaffengebrauch zulässig. Damit war auch die Androhung zulässig.

4 Soweit es um die Abwehr von Gefahren für Leib oder Leben geht, können sich § 64 Abs. 1 Nr. 1 und § 64 Abs. 1 Nr. 2 überschneiden. Das gilt vor allem für Verbrechenstatbestände, die ganz überwiegend dem Schutz von Leib oder Leben dienen, z. B. Mord (§ 211 StGB) oder Geiselnahme (§ 239 b StGB). Eine Überschneidung ist auch dann möglich, wenn ein **Vergehen unter Anwendung von Schusswaffen oder Explosivmitteln begangen** wird. Damit ist häufig eine gegenwärtige Gefahr für Leib oder Leben i. S. d. § 64 Abs. 1 Nr. 1 verbunden, während das beim bloßen **Mitführen** dieser gefährlichen Gegenstände nicht der Fall zu sein braucht. Von einem Mitführen kann nur ausgegangen werden, wenn ein innerer Zusammenhang mit der Begehung des Vergehens besteht (vgl. das Beispiel in RN 3). Fehlt es an diesem inneren Zusammenhang, ist ein Schusswaffengebrauch nicht zulässig.

> **Beispiel:** Ein Schießsportler, der den Sieg seines Vereins gefeiert hat, fährt unter offensichtlicher Alkoholeinwirkung (§ 316 StGB) mit umgehängtem Gewehr auf seinem Motorrad nach Hause. Zur Verhinderung dieses Trunkenheitsdelikts (Vergehen) ist der Schusswaffengebrauch unzulässig.

5 Die Begehung oder Fortsetzung des in § 64 Abs. 1 Nr. 2 vorausgesetzten Delikts muss **unmittelbar bevorstehen.** Damit ist ein gesteigerter Gefahrengrad beschrieben, der dem der **gegenwärtigen Gefahr** entspricht (s. § 8, RN 13).

6 § 64 Abs. 1 **Nr. 3** dient der **Strafverfolgung,** indem er den Schusswaffengebrauch zur zwangsweisen **Anhaltung** einer Person erlaubt, die sich der **Festnahme** oder der **Identitätsfeststellung** durch **Flucht** zu entziehen versucht und der genannten Delikte **dringend verdächtig** ist. Dringender Verdacht verlangt eine **große Wahrscheinlichkeit,** allerdings nur im Hinblick auf die Erkenntnismöglichkeiten im Zeitpunkt des Schusswaffengebrauchs. Es soll die Einleitung und Durchführung eines Strafverfahrens gesichert werden, was ohne Identitätsfeststellung und ggf. Festnahme nicht möglich ist. Die Befugnisse, die mit dem Schusswaffengebrauch zwangsweise durchgesetzt werden, ergeben sich hinsichtlich der Identitätsfeststellung aus den §§ 163 b und 163 c StPO und hinsichtlich der Festnahme aus § 127 StPO (s. § 35, RN 24).

Im Rahmen der Strafverfolgung ist der Schusswaffengebrauch mit dem ausschließlichen Ziel, den Verdächtigen fluchtunfähig zu machen (vgl. § 63 Abs. 2) unter dem Gesichtspunkt der **Verhältnismäßigkeit** grundsätzlich nur bei **Verbrechen** gerechtfertigt. Bei **Vergehen müssen zusätzlich konkrete Tatsachen** vorliegen, die auf die genannten besonderen gefahrträchtigen Umstände (Mitführen von Schusswaffen oder Explosivmitteln) hindeuten. Der Schusswaffengebrauch dient dann teilweise auch der Abwehr der davon ausgehenden Gefahren, sodass die Maßnahme doppelfunktional ist. 7

> **Beispiel:** Der Hinweis in einem Fahndungsersuchen, dass der nach einem Einbruch (Vergehen nach § 243 Abs. 1 Nr. 1 StGB) flüchtige Täter bewaffnet sei, rechtfertigt den Schusswaffengebrauch nach § 64 Abs. 1 Nr. 3, wenn sich der nach der Beschreibung erkannte Täter der Festnahme durch die Flucht zu entziehen versucht.

§ 64 Abs. 1 **Nr. 4** dient ebenfalls der **Strafverfolgung,** wenn auch gefahrenabwehrende Zielsetzungen mit enthalten sind (vgl. RN 7). Die Vorschrift regelt folgende Fallgruppen: 8

1. Die Person ist **wegen eines Verbrechens oder eines Vergehens verurteilt und befindet sich im Strafvollzug.** Ihre Flucht soll verhindert oder die geflohene Person soll wieder ergriffen werden. Die Befugnis hierzu ergibt sich aus § 87 StVollzG. Danach kann ein Gefangener auf **Veranlassung** der Vollzugsbehörde festgenommen und in die Anstalt zurückgebracht werden. Liegt ein Ersuchen der Vollzugsbehörde nicht vor, so ergibt sich die Befugnis aus § 35 Abs. 3 PolG NRW (s. § 35, RN 17).
2. Die Person ist **wegen eines Verbrechens oder Vergehens verurteilt** und soll erstmals dem Strafvollzug zugeführt werden. Grundlage dafür sind richterliche Entscheidungen (Verurteilung und Haftbefehl, § 457 StPO).
3. Die Person ist **dringend verdächtig** (s. RN 6) eines **Verbrechens oder eines Vergehens** und – bezogen nur auf das Vergehen – **Tatsachen** rechtfertigen die Annahme, dass sie **Schusswaffen oder Explosivmittel mit sich führt.** Für diese Alternativen wird eine richterliche Entscheidung (z. B. ein Haftbefehl gemäß § 114 StPO) nicht gefordert; eine vorläufige Festnahme (§ 127 StPO) genügt damit.

Der **Schusswaffengebrauch** nach § 64 Abs. 1 Nr. 4 wird durch § 64 Abs. 2 zum einen für die Fälle **ausgeschlossen**, in denen es sich um den Vollzug eines **Jugendarrestes** (§ 16 JGG) oder eines **Strafarrestes** (§§ 9–12 WStG) handelt. Entsprechendes gilt, wenn die **Flucht** aus einer **offenen Anstalt** (vgl. insoweit auch § 100 Abs. 1 Satz 2 StVollzG) verhindert werden soll. In diesen Fällen erscheint der Schusswaffengebrauch von vornherein als unverhältnismäßig. 9

Es dürfen folglich nur die anderen Mittel des unmittelbaren Zwanges angewendet werden.

§ 64 Abs. 1 **Nr. 5** dient dem Schutz des amtlichen Gewahrsams und damit unmittelbar der Gefahrenabwehr. Ermächtigungsgrundlage i. S. d. polizeilichen Befugnis ist regelmäßig § 8. Mittelbar kann die Vorschrift der Strafverfolgung die- 10 nen, soweit es darum geht, Personen, die zu Zwecken der Strafverfolgung festgehalten werden, an der Flucht zu hindern.

11 Unter **amtlichem Gewahrsam** ist jede Art staatlicher **Freiheitsentziehung** zu verstehen, gleichgültig, ob sie sich auf das PolG NRW (§ 36 Abs. 1) oder andere, insbesondere strafprozessuale Bestimmungen (§§ 127, 163 b StPO) stützt. Es kommt auch nicht darauf an, ob die Person aus einem festen Gewahrsam (Zelle) oder an anderer Stelle befreit werden soll.

> **Beispiel:** Die Polizei will mehrere Beteiligte an einer schweren Schlägerei mit zahlreichen Verletzten zur Identitätsfeststellung nach § 163 b Abs. 1 Satz 2 StPO in Kraftfahrzeugen zur Dienststelle bringen. Andere Beteiligte versuchen gewaltsam, die festgehaltenen Personen aus den Fahrzeugen zu befreien. Soweit der Schusswaffengebrauch nicht schon nach § 64 Abs. 1 Nr. 1 zulässig ist, kommt in dieser Situation als Grundlage § 64 Abs. 1 Nr. 5 in Betracht, wenn sonstige Vorschriften, s. § 2 (Verhältnismäßigkeit) oder § 63 Abs. 4 (Gefährdung Unbeteiligter), nach der konkreten Situation nicht entgegenstehen.

§ 64 Abs. 1 Nr. 5 richtet sich nur gegen **diejenigen**, die den Gefangenen **gewaltsam befreien wollen** (so auch *Schütte*, in: Schütte/Braun/Keller, § 65 Rn. 15; vgl. weiterhin § 120 StGB). Gegenüber dem Gefangenen selbst gelten die sonstigen Vorschriften, insbesondere § 64 Abs. 1 Nrn. 3 und 4. Die Einschränkung des § 64 Abs. 2 besteht nicht gegenüber den Personen, die den Gefangenen gewaltsam befreien wollen.

§ 65
Schusswaffengebrauch gegen Personen in einer Menschenmenge

(1) Schusswaffen dürfen gegen Personen in einer Menschenmenge nur gebraucht werden, wenn von ihr oder aus ihr heraus schwerwiegende Gewalttaten begangen werden oder unmittelbar bevorstehen und andere Maßnahmen keinen Erfolg versprechen.

(2) Wer sich aus einer solchen Menschenmenge nach wiederholter Androhung des Schusswaffengebrauchs nicht entfernt, obwohl ihm das möglich ist, ist nicht Unbeteiligter im Sinne des § 63 Abs. 4.

VVPolG NRW zu § 65

Schusswaffengebrauch gegen Personen in einer Menschenmenge (zu § 65)
65.1 (zu Absatz 1)
Schwerwiegende Gewalttaten sind Straftaten, die unter Anwendung von Gewalt begangen werden und besonders hochwertige Rechtsgüter verletzen oder für die Allgemeinheit lebensnotwendige Einrichtungen zerstören. Hierunter fallen insbesondere Tötungsdelikte (§§ 211 und 212 StGB), gefährliche oder schwere

Körperverletzungen (§§ 224 und 226 StGB), gemeingefährliche Straftaten (§§ 306 ff. StGB) oder Nötigung von Verfassungsorganen unter Gewaltanwendung (§§ 105 und 106 StGB).
65.2 (zu Absatz 2)
In der Androhung (vgl. RdNr. 61.3) soll darauf hingewiesen werden, dass nicht Unbeteiligter ist, wer sich nicht aus der Menschenmenge entfernt, obwohl ihm das möglich ist.

Erläuterungen:

1. Allgemeines

Der Schusswaffengebrauch gegen **eine Menschenmenge als solche ist unzulässig.** Er ist aber unter den in § 65 genannten Voraussetzungen zulässig gegen Personen in einer Menschenmenge. Daraus folgt insbesondere, dass nicht blindlings in eine Menschenmenge geschossen werden darf. Der Schusswaffengebrauch muss sich vielmehr gegen **einzelne oder mehrere** Personen in der Menge richten. Daraus folgt ferner, dass die **allgemeinen Voraussetzungen für den Schusswaffengebrauch gegen Personen nach § 64** vorliegen müssen, **eingeschränkt durch die besonderen Voraussetzungen nach § 65.** Besonderheiten für die Androhung ergeben sich aus § 61 Abs. 3. 1

Der Wortlaut des § 65, der auf die **Unterbindung oder Verhinderung** schwerwiegender Gewalttaten abzielt, spricht dafür, dass der Schusswaffengebrauch **nur zur Gefahrenabwehr,** also unter den Voraussetzungen des § 64 Abs. 1 Nrn. 1, 2 und 5, nicht aber zum Zwecke der Fluchtverhinderung und Ergreifung von Tätern i. S. d. § 64 Abs. 1 Nrn. 3 und 4 zulässig ist. Angesichts der besonderen Gefahren, die mit einem Schusswaffengebrauch gegen Personen in einer Menschenmenge verbunden sind, erscheint es mindestens unter dem Gesichtspunkt der **Verhältnismäßigkeit** gerechtfertigt, dass zur Verwirklichung des staatlichen Strafanspruchs auf den Einsatz von Schusswaffen insoweit verzichtet werden muss. 2

Handgranaten dürfen nicht gegen Personen in einer Menschenmenge gebraucht werden (§ 66 Abs. 2 Satz 2). 3

2. Voraussetzungen

Menschenmenge ist eine größere Anzahl von Personen, von der eine Gefahr für die öffentliche Sicherheit ausgehen kann, vgl. auch § 124 StGB (Schwerer Hausfriedensbruch) oder § 125 StGB (Landfriedensbruch). Mehrere Einzelpersonen, die zusammen eine Straftat begehen, vgl. z. B. § 244 Abs. 1 Nr. 2 StGB (Bandendiebstahl), bilden noch keine Menschenmenge. Zahlenangaben sind im Detail nicht möglich. Jedenfalls muss es eine größere Personenansammlung 4 sein, bei der die Möglichkeit der Entstehung massenpsychologischer Phänomene besteht.

5 **Schwerwiegende Gewalttaten** sind Delikte, die unter Anwendung von Gewalt begangen werden und besonders wichtige Rechtsgüter oder für die Allgemeinheit wichtige Einrichtungen verletzten, also z. B. die §§ 105, 106, 124, 125, 211, 212, 224, 226 StGB.

6 **Andere Maßnahmen** als der Schusswaffengebrauch, insbesondere der Einsatz von Hilfsmitteln der körperlichen Gewalt (Wasserwerfer, Dienstpferde, Reiz- und Betäubungsmittel, s. § 58 Abs. 3), **dürfen keinen Erfolg versprechen**. Das Gesetz wiederholt hier wegen der besonderen Gefährlichkeit des Schusswaffengebrauchs den in § 63 Abs. 1 Satz 1 enthaltenen Gedanken.

3. Unbeteiligte

7 Für den Schusswaffengebrauch gegen Personen in einer Menschenmenge gilt § 63 Abs. 4, wonach nicht geschossen werden darf, wenn **Unbeteiligte mit hoher Wahrscheinlichkeit gefährdet** werden, es sei denn, es geht um die Abwehr einer gegenwärtigen Lebensgefahr. Wegen der besonderen Situation, die sich insoweit bei einer Menschenmenge darstellt, wird der **Begriff des Unbeteiligten** in § 65 Abs. 2 **eingeschränkt**. Da sich die Regelung auf solche Personen beschränkt, die sich **aus der Menge entfernen können**, ist es wichtig, polizeiliche Einsätze so zu planen und durchzuführen, dass diese Möglichkeit besteht.

8 Wegen der **Androhung** des Schusswaffengebrauchs s. § 61, RN 8.

§ 66
Besondere Waffen, Sprengmittel

(1) **Besondere Waffen im Sinne des § 58 Abs. 5 dürfen gegen Personen nur in den Fällen des § 64 Abs. 1 Nrn. 1, 2 und 5 von der Bundespolizei, die gemäß den Artikeln 35 Abs. 2 Satz 1 oder 91 Abs. 1 des Grundgesetzes zur Unterstützung der Polizei des Landes Nordrhein-Westfalen eingesetzt wird, und nur mit Zustimmung des Innenministers des Landes Nordrhein-Westfalen oder eines von ihm im Einzelfall Beauftragten angewendet werden, wenn**
   1. **diese Personen von Schusswaffen oder Explosivmitteln Gebrauch gemacht haben und**
   2. **der vorherige Gebrauch anderer Schusswaffen erfolglos geblieben ist.**

(2) ¹**Besondere Waffen dürfen nur gebraucht werden, um einen Angriff abzuwehren.** ²**Handgranaten dürfen gegen Personen in einer Menschenmenge nicht gebraucht werden.**

Besondere Waffen, Sprengmittel § 66

(3) Im Übrigen bleiben die Vorschriften über den Schusswaffengebrauch unberührt.

(4) Sprengmittel dürfen gegen Personen nicht angewendet werden.

VVPolG NRW zu § 66
Besondere Waffen, Sprengmittel (zu § 66)
66.4 (zu Absatz 4)
Sprengmittel sind gemäß § 58 Abs. 3 Hilfsmittel der körperlichen Gewalt und kommen nur als Mittel der Zwangsanwendung gegen Sachen in Betracht, z. B. zur Beseitigung von Hindernissen bei schweren Unglücksfällen.

Erläuterungen:

1. Besondere Waffen

Nach § 58 Abs. 5 sind **besondere Waffen** (Maschinengewehre und Handgranaten) nur für die Bundespolizei zugelassen, wenn sie in den dort genannten Fällen zur Unterstützung der Polizei des Landes Nordrhein-Westfalen eingesetzt wird (s. § 58, RN 12 ff.). 1

Förmliche Voraussetzung für den Einsatz besonderer Waffen ist die **Zustimmung des Innenministers oder** eines von ihm im Einzelfall **Beauftragten.** Der Innenminister kann also nicht generell die Zustimmung auf einen Beauftragten übertragen, sondern nur durch Ermächtigung im Hinblick auf ein konkretes Einsatzbedürfnis. 2

Besondere Waffen dürfen gegen Personen nur zur **Gefahrenabwehr**, nicht jedoch für Zwecke der Strafverfolgung angewandt werden. Das ergibt sich aus dem Hinweis auf die Fälle des § 64 Abs. 1 Nr. 1 (Abwehr einer gegenwärtigen Gefahr für Leib oder Leben), des § 64 Abs. 1 Nr. 2 (Verhinderung eines Verbrechens oder besonders qualifizierten Vergehens) und des § 64 Abs. 1 Nr. 5 (Verhinderung der gewaltsamen Befreiung eines Gefangenen). Die Beschränkung auf die Gefahrenabwehr wird durch die Regelung in § 66 Abs. 2 Satz 1 unterstrichen, wonach besondere Waffen nur gebraucht werden dürfen, um einen **Angriff abzuwehren.** Das ist eine Einschränkung gegenüber § 63 Abs. 2. 3

Im Übrigen sind beim Einsatz besonderer Waffen die Vorschriften über den Schusswaffengebrauch zu beachten, soweit sich aus § 66 nichts Abweichendes ergibt (s. § 66 Abs. 3). Diese Vorschriften gelten also auch für Handgranaten, obwohl sie nicht unter den Begriff der Schusswaffe fallen (s. insbesondere die §§ 63 und 65). 4

Als **besondere Voraussetzung** für den Einsatz von Maschinengewehren und Handgranaten gegen Personen gilt, dass diese Personen selbst von Schusswaffen oder Explosivmitteln (z. B. Handgranaten oder Molotow-Cocktails) Gebrauch 5 gemacht haben **und** der vorherige Gebrauch anderer Schusswaffen (als Maschinengewehre) erfolglos geblieben ist.

6 Gegen Personen in einer **Menschenmenge dürfen Handgranaten überhaupt nicht gebraucht** werden (§ 66 Abs. 2 Satz 2).

7 **Gegen Sachen** dürfen besondere Waffen (Maschinengewehre und Handgranaten) gebraucht werden. Wenn aber davon auszugehen ist, dass dabei mit Wahrscheinlichkeit Personen verletzt werden, handelt es sich um Waffeneinsatz gegen Personen (s. § 63, RN 5).

2. Sprengmittel

8 **Sprengmittel** sind keine Waffen, sondern **Hilfsmittel der körperlichen Gewalt** (§ 58 Abs. 3). Sie dürfen gegen Personen nicht angewendet werden. Ihr Einsatz richtet sich nach den Vorschriften über den unmittelbaren Zwang, die nicht ausschließlich die Zwangsanwendung gegen Personen regeln. Sprengmittel können insbesondere zur Beseitigung von Hindernissen, z. B. bei Katastrophen, eingesetzt werden. Zur Abgrenzung von unmittelbarem Zwang und Ersatzvornahme in diesem Zusammenhang s. § 52, RN 9 und 10.

FÜNFTER ABSCHNITT
Entschädigungsansprüche

§ 67
Entschädigungsansprüche

Die §§ 39 bis 43 des Ordnungsbehördengesetzes finden entsprechende Anwendung.

§ 39 OBG
Zur Entschädigung verpflichtende Maßnahmen

(1) Ein Schaden, den jemand durch Maßnahmen der Ordnungsbehörden erleidet, ist zu ersetzen, wenn er
   a) **infolge einer Inanspruchnahme nach § 19 oder**
   b) **durch rechtswidrige Maßnahmen, gleichgültig, ob die Ordnungsbehörden ein Verschulden trifft oder nicht,**

entstanden ist.

Zur Entschädigung verpflichtende Maßnahmen § 39 OBG

(2) Ein Ersatzanspruch besteht nicht,
 a) soweit der Geschädigte auf andere Weise Ersatz erlangt hat oder
 b) wenn durch die Maßnahme die Person oder das Vermögen des Geschädigten geschützt worden ist.

(3) Soweit die Entschädigungspflicht wegen rechtmäßiger Maßnahmen der Ordnungsbehörden in anderen gesetzlichen Vorschriften geregelt ist, finden diese Anwendung.

Erläuterungen:

1. Voraussetzungen des Entschädigungsanspruchs

Nach § 39 Abs. 1 a) OBG hat einen Entschädigungsanspruch, wer als **Nichtverantwortlicher (Nichtstörer)** in Anspruch genommen worden ist und dadurch einen Schaden erlitten hat. Die Voraussetzungen für die Inanspruchnahme des Nichtstörers sind in § 6 geregelt, der wörtlich mit § 19 OBG übereinstimmt. 1

Bei der Heranziehung des Nichtstörers handelt es sich um eine **rechtmäßige** Maßnahme. Der Anwendungsbereich der Vorschrift ist allerdings dadurch beschränkt, dass die meisten akuten Gefahrenlagen zugleich „Unfälle" i. S. d. § 323 c StGB sind (s. § 6, RN 7 und 8). Die Polizei zieht etwaige Helfer dann unter dem Gesichtspunkt des § 4 Abs. 1 zur Hilfestellung heran. Entschädigungsrechtlich wirkt sich dies allerdings nicht aus. Denn **zur Hilfeleistung herangezogene** Personen haben **unfallversicherungsrechtliche Ansprüche** (§ 2 Abs. 1 Nr. 13 a) SGB VII). 2

Ist die Inanspruchnahme des Nichtstörers **rechtswidrig**, weil die Voraussetzungen des § 6 nicht vorliegen, besteht bei einem Schaden ein Ersatzanspruch nach § 39 Abs. 1 b) OBG. 3

Auch der **freiwillige** Polizeihelfer – dem mangels Inanspruchnahme durch die Polizei kein Entschädigungsanspruch nach § 39 Abs. 1 a) OBG zusteht – ist durch Ansprüche nach dem Unfallversicherungsrecht geschützt. Zudem kann er gegen den Träger der Polizei einen Anspruch unter dem Gesichtspunkt der Geschäftsführung ohne Auftrag (§§ 683, 670 BGB analog) haben. 4

Erleidet jemand durch **rechtswidrige Maßnahmen** der Polizei einen Schaden, entsteht der Ersatzanspruch nach § 39 Abs. 1 b) OBG ohne Rücksicht darauf, ob ein Verschulden des Beamten vorliegt. 5

> **Beispiel:** Die Polizei verfolgt einen flüchtigen Bankräuber. Da keine andere Möglichkeit mehr besteht, den Täter zu ergreifen, zielt ein Beamter auf die Beine des Flüchtigen. Völlig unerwartet und nicht vorhersehbar tritt ein Passant auf die sonst menschenleere Straße und wird von einer der Kugeln verletzt. Gegenüber dem Bankräuber ist der Schusswaffengebrauch rechtmäßig (§ 64 Abs. 1 Nr. 3 a). Die Verletzung des Unbeteiligten ist jedoch rechtswidrig und löst daher den Ersatzanspruch nach § 39 Abs. 1 b) OBG aus. Etwas anderes würde auch dann nicht gelten, wenn man den Schusswaffengebrauch als solchen für rechtmäßig erachtet, also auf die Handlung und nicht auf den

„Erfolg" (Verletzung des Unbeteiligten) abstellt. Soweit Unbeteiligte bei einem rechtmäßigen Polizeieinsatz geschädigt werden und ihnen hierdurch ein unzumutbares „Sonderopfer" auferlegt wird (wie hier anzunehmen ist), haben sie Ansprüche unter dem Gesichtspunkt des Aufopferungsgedankens, der in § 75 des Preußischen Allgemeinen Landrechts (s. Einführung Nr. 1.1) zum Ausdruck gekommen ist (BGH, NJW 2011, S. 3157).

6 Wer als **Störer rechtmäßig** in Anspruch genommen wird, hat **keinen Ersatzanspruch.** Etwas anderes kann sich ergeben, wenn der Betroffene als **Anscheins- oder Verdachtsstörer** in Anspruch genommen wird (vgl. hierzu § 52, RN 13 und § 8, RN 19 und 21).

Beispiel: Polizeibeamte dringen gewaltsam in ein Haus ein, weil sie – auf Grund einer glaubhaft klingenden, aber falschen Anzeige – annehmen dürfen, aus dem Haus heraus seien Schüsse auf Passanten abgefeuert worden. Der Hauseigentümer verlangt Ersatz für die beschädigte Haustür. Da der Geschädigte die den Anschein/Verdacht begründenden Umstände nicht zu verantworten hat, steht er einem Nichtstörer gleich und ist in analoger Anwendung des § 39 Abs. 1 a) OBG zu entschädigen (s. BGH, NJW 1994, S. 2355, 2356). Damit wird ein gerechter Interessenausgleich herbeigeführt: Die Polizei war zwar trotz Nichtvorliegens einer objektiven Gefahr zum Eingreifen berechtigt und der Betroffene muss den Eingriff dulden, erhält jedoch zum Ausgleich eine Entschädigung.

2. Ausschluss des Ersatzanspruchs

7 Ein Ersatzanspruch ist ausgeschlossen, soweit der Geschädigte **auf andere Weise Ersatz erlangt hat** (§ 39 Abs. 2 a) OBG). Es genügt also nicht, dass er einen Ersatzanspruch hat, vielmehr muss er tatsächlich Ersatz erlangt haben, z. B. auf Grund eines Versicherungsvertrages oder eines privatrechtlichen Ersatzanspruchs (z. B. Geschäftsführung ohne Auftrag nach den §§ 677 ff. BGB).

8 Der Ersatzanspruch ist ferner ausgeschlossen, wenn durch die Maßnahme die **Person** oder das **Vermögen des Geschädigten geschützt** worden ist.

Hierbei kommt es darauf an, dass die betroffene Person **tatsächlich** geschützt worden ist; die gute Absicht der Polizei genügt also nicht.

§ 40 OBG
Art, Inhalt und Umfang der Entschädigung

(1) Die Entschädigung nach § 39 Abs. 1 wird nur für Vermögensschäden gewährt. Für entgangenen Gewinn, der über den Ausfall des gewöhnlichen Verdienstes oder Nutzungsentgelts hinausgeht, und für Vermögensnachteile, die nicht in unmittelbarem Zusammenhang mit der zu entschädigenden Maßnahme stehen, ist jedoch eine Entschädigung nur zu leisten, wenn und soweit dies zur Abwendung unbilliger Härten geboten erscheint.

Art, Inhalt und Umfang der Entschädigung § 40 OBG

(2) Die Entschädigung ist in Geld zu gewähren. Hat die zur Entschädigung verpflichtende Maßnahme der Ordnungsbehörde die Aufhebung oder Verminderung der Erwerbsfähigkeit oder eine Vermehrung der Bedürfnisse oder den Verlust oder die Verminderung eines Rechts auf Unterhalt zur Folge, so ist die Entschädigung durch Entrichtung einer Geldrente zu gewähren. Statt der Rente kann eine Abfindung in Kapital verlangt werden, wenn ein wichtiger Grund vorliegt.

(3) Die Entschädigung ist nur gegen Abtretung der Ansprüche zu gewähren, die dem Entschädigungsberechtigten auf Grund der Maßnahme, auf der die Entschädigungsverpflichtung beruht, gegen Dritte zustehen.

(4) Hat bei der Entstehung des Schadens ein Verschulden des von der Maßnahme der Ordnungsbehörde Betroffenen mitgewirkt, so ist das Mitverschulden bei der Bemessung der Entschädigung zu berücksichtigen.

(5) Soweit die zur Entschädigung verpflichtende Maßnahme eine Amtspflichtverletzung darstellt, bleiben die weitergehenden Ersatzansprüche unberührt.

Erläuterungen:

Die Vorschrift macht insbesondere die Unterschiede zwischen dem **Entschädigungsanspruch** nach dem Ordnungs-(Polizei-) recht und dem **Schadensersatzanspruch** wegen **Amtspflichtverletzung** deutlich (§ 839 BGB i.V.m. Art. 34 GG). Beide Ansprüche stehen nebeneinander (§ 40 Abs. 5 OBG). Der Entschädigungsanspruch ist auch keine anderweitige Ersatzmöglichkeit i.S.d. § 839 Abs. 1 Satz 2 BGB. 1

Der Geschädigte hat es danach in der Hand, welchen der Ansprüche er geltend machen will. Er kann auch beide Ansprüche geltend machen, muss sich dann aber das jeweils Erlangte (§ 39 Abs. 1 a) OBG) anrechnen lassen. Dabei wird er Vor- und Nachteile der beiden Regelungen gegeneinander abwägen. Mit dem Amtshaftungsanspruch nach § 839 BGB kann auch der Ersatz des immateriellen Schadens (z.B. Schmerzensgeld, § 253 BGB) verlangt werden. Darüber hinaus ist der mittelbare Schaden selbst dann zu ersetzen, wenn dies nicht nur zur Abwendung einer unbilligen Härte geboten ist. Dagegen ist der **Amtshaftungsanspruch** (s. hierzu *Vahle*, DVP 2008, S. 221) hinsichtlich seiner Voraussetzungen schwieriger als der Entschädigungsanspruch. Er setzt den Nachweis des Verschuldens auf Seiten des ersatzpflichtigen Verwaltungsträgers und die Verletzung der einem Dritten gegenüber obliegenden Amtspflicht voraus (§ 839 Abs. 1 Satz 1 BGB). Er ist ferner bei fahrlässigem Verhalten des Beamten subsidiär, das heißt, in diesem Fall kann der Beamte nur dann in Anspruch genommen werden, wenn der Verletzte nicht auf andere Weise Ersatz zu erlangen vermag (§ 839 Abs. 1 Satz 2 BGB). Die Ersatzpflicht entfällt schließlich in jedem Falle, wenn der Verletzte vorsätzlich oder fahrlässig unterlassen hat, den Schaden durch Gebrauch eines Rechtsmittels abzuwenden (§ 839 Abs. 3 BGB). 2

§ 41 OBG
Verjährung des Entschädigungsanspruchs

Für die Verjährung des Entschädigungsanspruchs gelten die Bestimmungen des Bürgerlichen Gesetzbuches über die Verjährung von Schadensersatzansprüchen entsprechend.

Erläuterungen:

Die Verjährung richtet sich nach den allgemeinen Regeln der §§ 195 ff. BGB. Die **Regelfrist** beträgt **drei Jahre** (§ 195 BGB). Zu beachten ist allerdings weiter die – nach dem betroffenen Schutzgut differenzierende – Regelung des § 199 BGB, sodass andere Verjährungsobergrenzen gelten können.

§ 42 OBG
Entschädigungspflichtiger

(1) Entschädigungspflichtig ist der Träger der ordnungsbehördlichen Kosten (§ 45). Dies gilt auch dann, wenn die Maßnahme auf Ersuchen der Ordnungsbehörde von der Polizei durchgeführt worden ist. Soweit eine Entschädigungspflicht lediglich durch die Art der Durchführung des Ersuchens entsteht, ist der Träger der Polizeikosten dem Träger der ordnungsbehördlichen Kosten erstattungspflichtig.

(2) Wer nach § 39 Abs. 1 Buchstabe a zum Ersatz verpflichtet ist, kann in entsprechender Anwendung der Vorschriften des Bürgerlichen Gesetzbuches über die Geschäftsführung ohne Auftrag den Ersatz seiner Aufwendungen von den nach §§ 17 und 18 ordnungspflichtigen Personen verlangen.

Erläuterungen:

1 Aus der in § 67 PolG NRW geregelten entsprechenden Anwendung der §§ 39 bis 43 OBG ergibt sich, dass bei Maßnahmen, die die Polizei in eigener Zuständigkeit trifft, das **Land** als Träger der Polizei **entschädigungspflichtig** ist.

2 Anderes gilt bei **Vollzugshilfeleistungen**. Die in § 42 Abs. 1 Satz 2 und 3 OBG getroffene Regelung entspricht der in § 47 Abs. 2 Satz 1 PolG NRW; danach ist die Polizei lediglich dafür verantwortlich, **wie** die Vollzugshilfe durchgeführt wird.

3 Der **Rückgriff auf den Störer** ist nach § 42 Abs. 2 OBG möglich (s. dazu VG Berlin, NJW 1991, S. 2854). Hierfür ist gemäß § 43 Abs. 2 OBG der Verwaltungsrechtsweg vorgesehen.

§ 43 OBG
Rechtsweg für Entschädigungs-, Ersatz- und Erstattungsansprüche

(1) Über die Entschädigungsansprüche nach den §§ 39 bis 42 entscheiden im Streitfall die ordentlichen Gerichte.

(2) Über die Erstattungsansprüche nach § 42 Abs. 1 Satz 3 sowie über die Ersatzansprüche nach § 42 Abs. 2 entscheiden im Streitfall die Verwaltungsgerichte.

Erläuterungen:

Sämtliche genannten Ansprüche sind **öffentlich-rechtlicher** Natur. Gleichwohl ist der Rechtsweg nicht einheitlich. Die Unterschiede ergeben sich aus geschichtlichen und verfassungsrechtlichen Gegebenheiten (s. Art. 14 Abs. 3 Satz 4 GG).

SECHSTER ABSCHNITT
Evaluierung

§ 68
Berichtspflicht

Die Landesregierung berichtet dem Landtag bis zum 31. Dezember 2014 und danach alle fünf Jahre über die Notwendigkeit des Fortbestehen dieses Gesetzes.

Erläuterungen:

Im Gegensatz zu der vordem geltenden Bestimmung, nach der der Landtag einen Bericht der Landesregierung über die Notwendigkeit und Zweckmäßigkeit der Regelungen des Polizeigesetzes verlangte, soll sich der Bericht nunmehr auf die Notwendigkeit des Fortbestehens des Gesetzes beziehen. Hierdurch wird überflüssiger bürokratischer Aufwand vermieden.

ANHANG
Verordnung
über die Zulassung der Datenübermittlung von der Polizei an ausländische Polizeibehörden
(Polizeidatenübermittlungsverordnung – PolDÜV NRW)

vom 10. Dezember 2008 (GV. NRW. S. 860/SGV. NRW. 205), geändert durch Artikel 5 der Verordnung vom 16. Juli 2013 (GV. NRW. S. 483)

Aufgrund des § 27 Abs. 2 des Polizeigesetzes des Landes Nordrhein-Westfalen (PolG NRW) in der Fassung der Bekanntmachung vom 25. Juli 2003 (GV. NRW. S. 441), zuletzt geändert durch Artikel 1 des Gesetzes vom 10. Juli 2008 (GV. NRW. S. 473), wird verordnet:

§ 1
Datenübermittlung in der Europäischen Union und im Schengenraum

(1) Die Übermittlung personenbezogener Daten an

1. Polizeibehörden anderer Mitgliedsstaaten der Europäischen Union,
2. Polizeibehörden sonstiger Staaten oder Gebiete, in denen der Schengen-Besitzstand Anwendung findet oder
3. Polizeibehörden der Europäischen Union

ist zum Zwecke der polizeilichen Zusammenarbeit im Bereich der Gefahrenabwehr gemäß § 27 Abs. 1 PolG NRW zulässig.

§ 2
Datenübermittlung im Grenzgebiet

Darüber hinaus können personenbezogene Daten an Polizeibehörden des Königreichs der Niederlande und des Königreichs Belgien gemäß § 27 Abs. 1 PolG NRW übermittelt werden, soweit dies im Rahmen der polizeilichen Zusammenarbeit im Grenzgebiet zum Zwecke der Gefahrenabwehr erforderlich ist. Die Übermittlung personenbezogener Daten kann insbesondere erfolgen im Zusammenhang mit

1. Lagebildern einschließlich Tagesberichten über aktuelle Geschehnisse,
2. Erkenntnissen über Straftaten, soweit sie für die vorbeugende Bekämpfung von Straftaten von Bedeutung sein können,

3. Erkenntnissen über Veranstaltungen, Kundgebungen, Unfälle, Unglücksfälle oder andere gefahrengeeignete Ereignisse,
4. Beobachtungs- und Feststellungsberichten über verdächtige Vorkommnisse und Personen,
5. Fahndungsdaten zu polizeilich gesuchten Personen,
6. Erkenntnissen über in Gewahrsam genommene Personen.

§ 3

Zuständigkeiten

(1) Die Datenübermittlung gemäß § 1 Abs. 1 Nr. 1 und Nr. 2 obliegt der speichernden Polizeibehörde. Das Landeskriminalamt und das Landesamt für Zentrale Polizeiliche Dienste unterstützen die Kreispolizeibehörden.

(2) Die Datenübermittlung gemäß § 1 Abs. 1 Nr. 3 obliegt dem Landeskriminalamt und dem Landesamt für Zentrale Polizeiliche Dienste.

(3) Die Vorschriften des Bundeskriminalamtgesetzes über die Zuständigkeiten für den internationalen Dienstverkehr zur Verhütung und Verfolgung von Straftaten bleiben unberührt.

§ 4

Inkrafttreten, Außerkrafttreten

(1) Die Verordnung tritt mit Wirkung von 19. Dezember 2008 in Kraft. Zeitgleich tritt die Verordnung über die Zulassung der Datenübermittlung von der Polizei an ausländische Polizeibehörden vom 22. Oktober 1994 (GV. NRW. S. 958) außer Kraft.

(2) Diese Verordnung tritt am 31. Dezember 2023 außer Kraft.

Gesetz über die Organisation und die Zuständigkeit der Polizei im Lande Nordrhein-Westfalen – Polizeiorganisationsgesetz (POG NRW) –

in der Fassung der Bekanntmachung vom 5. Juli 2002
(GV. NRW. S. 308, ber. S. 629),
zuletzt geändert durch Gesetz vom 21. Juni 2013
(GV. NRW. S. 375)

Inhaltsübersicht

Erster Abschnitt
Organisation der Polizei

§ 1   Träger der Polizei
§ 2   Polizeibehörden
§ 3   Wasserschutzpolizei
§ 4   Polizeieinrichtungen

Zweiter Abschnitt
Aufsicht

§ 5   Aufsicht (Dienst- und Fachaufsicht)
§ 6   *(weggefallen)*

Dritter Abschnitt
Örtliche Zuständigkeit

§ 7   Örtliche Zuständigkeit der Polizeibehörden und der Polizeivollzugsbeamtinnen und Polizeivollzugsbeamten in Nordrhein-Westfalen
§ 8   Amtshandlungen von Polizeivollzugsbeamtinnen und Polizeivollzugsbeamten außerhalb Nordrhein-Westfalens
§ 9   Amtshandlungen von Polizeivollzugsbeamtinnen und Polizeivollzugsbeamten anderer Länder und des Bundes sowie von Angehörigen des Polizeidienstes anderer Staaten in Nordrhein-Westfalen

Vierter Abschnitt
Sachliche Zuständigkeit

§ 10   Allgemeine sachliche Zuständigkeit der Polizeibehörden
§ 11   Sachliche Zuständigkeit der Kreispolizeibehörden
§ 12   Autobahnpolizei
§ 13   Sachliche Zuständigkeit des Landeskriminalamts
§ 13 a   Sachliche Zuständigkeit des Landesamtes für Zentrale Polizeiliche Dienste

§ 13 b Sachliche Zuständigkeit des Landesamtes für Ausbildung, Fortbildung und Personalangelegenheiten der Polizei
§ 14 Außerordentliche Zuständigkeit

Fünfter Abschnitt
Polizeibeiräte

§ 15 Polizeibeiräte, Mitgliederzahl
§ 16 Aufgaben des Polizeibeirats
§ 17 Wahl der Mitglieder
§ 18 Sitzungen des Polizeibeirats, Vorsitz, Geschäftsordnung und Geschäftsführung
§ 19 Neuwahl der Polizeibeiräte

Sechster Abschnitt
Übergangs- und Schlussvorschriften

§ 20 Verwaltungsvorschriften
§ 21 *(weggefallen)*

ERSTER ABSCHNITT
Organisation der Polizei

§ 1
Träger der Polizei

Die Polizei ist Angelegenheit des Landes.

§ 2
Polizeibehörden

(1) Polizeibehörden sind das Landeskriminalamt, das Landesamt für Zentrale Polizeiliche Dienste, das Landesamt für Ausbildung, Fortbildung und Personalangelegenheiten der Polizei und als Kreispolizeibehörden

1. die Polizeipräsidien in Polizeibezirken mit mindestens einer kreisfreien Stadt,
2. die Landrätinnen oder Landräte, soweit das Kreisgebiet nach Absatz 2 zu einem Polizeibezirk bestimmt wird.

(2) ¹Die Landesregierung wird ermächtigt, durch Rechtsverordnung im Einvernehmen mit dem für Fragen der Inneren Sicherheit zuständigen Ausschuss des Landtags die Polizeipräsidien im Einzelnen einzurichten und zu bestimmen, ob

und inwieweit ein Kreis einen Polizeibezirk bildet. ²Dabei kann sie Kreise, Teile von Kreisen und kreisfreie Städte zusammenfassen.

(3) Das Innenministerium wird ermächtigt,
1. durch Rechtsverordnung Polizeipräsidien zu Kriminalhauptstellen zu bestimmen, indem ihnen im Einzelnen zu bezeichnende Aufgaben der Strafverfolgung und der Gefahrenabwehr anderer Kreispolizeibehörden übertragen werden,
2. durch Rechtsverordnung die polizeilichen Aufgaben auf bestimmten Strecken von Straßen oder auf bestimmten Teilen von Gewässern im Grenzbereich zwischen Kreispolizeibehörden einer Kreispolizeibehörde zu übertragen,

soweit das zur zweckmäßigen Aufgabenerfüllung erforderlich ist.

(4) Durch Vereinbarung mit einem anderen Land kann bestimmt werden, dass Nordrhein-Westfalen für bestimmte Strecken von Bundesautobahnen, anderen Straßen oder schiffbaren Wasserstraßen polizeiliche Aufgaben dem anderen Land überträgt oder von diesem übernimmt.

§ 3
Wasserschutzpolizei

(1) Die Wasserschutzpolizei ist eine Organisationseinheit des für den Standort Duisburg zuständigen Polizeipräsidiums.

(2) Der Polizeibezirk der Wasserschutzpolizei umfasst die schiffbaren Wasserstraßen (Bundeswasserstraßen und für schiffbar erklärte Landesgewässer) einschließlich der mit ihnen unmittelbar in Verbindung stehenden Nebenarme, Altarme, Wehrarme, Hafenbecken, Seen und Baggerlöcher, außerdem die Inseln innerhalb dieser Gewässer sowie die Anlagen und Einrichtungen, die zu den Wasserstraßen gehören oder der Schiffbarkeit der Wasserstraßen, dem Schiffsverkehr oder dem Umschlag dienen.

(3) Das Innenministerium wird ermächtigt, durch Rechtsverordnung Gewässer erster Ordnung im Sinne des § 3 Abs. 1 Satz 1 Nr. 1 des Landeswassergesetzes oder Teilstrecken hiervon dem Polizeibezirk der Wasserschutzpolizei zuzuweisen, soweit das zur zweckmäßigen Aufgabenerfüllung erforderlich ist.

§ 4
Polizeieinrichtungen

¹Polizeieinrichtungen können gem. § 14 des Landesorganisationsgesetzes errichtet werden. ²Dabei kann bestimmt werden, dass Polizeieinrichtungen einer anderen Polizeieinrichtung dienst- und fachaufsichtlich unterstehen.

ZWEITER ABSCHNITT
Aufsicht

§ 5
Aufsicht (Dienst- und Fachaufsicht)

(1) Das Innenministerium führt die Aufsicht über das Landeskriminalamt, das Landesamt für Zentrale Polizeiliche Dienste, das Landesamt für Ausbildung, Fortbildung und Personalangelegenheiten der Polizei sowie über die Kreispolizeibehörden und Polizeieinrichtungen.

(2) Das Innenministerium kann einer Polizeibehörde durch Rechtsverordnung für einen im Einzelnen bestimmten Aufgabenbereich gemäß §§ 13, 13a, 13b die Aufsicht über andere Polizeibehörden oder Polizeieinrichtungen übertragen.

(3) Das Innenministerium kann einer Polizeibehörde für einen im Einzelnen bestimmten Aufgabenbereich die Weisungsbefugnis gegenüber anderen Polizeibehörden übertragen, soweit eine einheitliche Handhabung in diesem Aufgabenbereich erforderlich ist.

(4) Das Landesamt für Ausbildung, Fortbildung und Personalangelegenheiten der Polizei führt die Aufsicht über die Kreispolizeibehörden in dienstrechtlichen Angelegenheiten.

§ 6
Fachaufsicht

(weggefallen)

DRITTER ABSCHNITT
Örtliche Zuständigkeit

§ 7
Örtliche Zuständigkeit der Polizeibehörden und der Polizeivollzugsbeamtinnen und der Polizeivollzugsbeamten in Nordrhein-Westfalen

(1) ¹Örtlich zuständig sind die Polizeibehörden, in deren Polizeibezirk die polizeilich zu schützenden Interessen verletzt oder gefährdet werden. ²Daneben sind sie örtlich zuständig, wenn in ihrem Polizeibezirk Maßnahmen zum Schutz polizeilicher Interessen erforderlich sind, die außerhalb des Geltungsbereiches die-

ses Gesetzes verletzt oder gefährdet werden, sofern die zuständigen Stellen diese selbst nicht hinreichend schützen können.

(2) Die Polizeibehörden können durch ihre Polizeivollzugsbeamtinnen und Polizeivollzugsbeamten auch außerhalb ihres Polizeibezirks tätig werden
1. zur Erforschung und Verfolgung von Straftaten und Ordnungswidrigkeiten,
2. zur Erfüllung polizeilicher Aufgaben bei Gefangenentransporten,
3. zur Erfüllung anderer polizeilicher Aufgaben, wenn einheitliche Maßnahmen erforderlich sind oder die nach Absatz 1 zuständige Polizeibehörde die erforderlichen Maßnahmen nicht rechtzeitig treffen kann.

(3) Jede Polizeivollzugsbeamtin und jeder Polizeivollzugsbeamte darf Amtshandlungen im ganzen Land Nordrhein-Westfalen vornehmen, wenn dies zur Abwehr einer gegenwärtigen Gefahr, zur Erforschung und Verfolgung von Straftaten und Ordnungswidrigkeiten auf frischer Tat sowie zur Verfolgung und Wiederergreifung Entwichener erforderlich ist.

(4) In den Fällen der Absätze 2 und 3 ist die zuständige Polizeibehörde unverzüglich zu unterrichten.

(5) Das Innenministerium und nach Bestimmung des Innenministeriums das Landeskriminalamt und das Landesamt für Zentrale Polizeiliche Dienste können einer Polizeibehörde zeitlich befristet Aufgaben im Bezirk anderer Polizeibehörden übertragen, insbesondere wenn einheitliche polizeiliche Maßnahmen erforderlich werden.

§ 8
Amtshandlungen von Polizeivollzugsbeamtinnen und Polizeivollzugsbeamten außerhalb Nordrhein-Westfalens

(1) Polizeivollzugsbeamtinnen und Polizeivollzugsbeamte dürfen im Zuständigkeitsbereich eines anderen Landes oder des Bundes in den Fällen des § 9 Absatz 1 Satz 1 und des Artikels 91 Absatz 2 des Grundgesetzes tätig werden, wenn das jeweilige Landesrecht oder das Bundesrecht es vorsieht.

(2) [1]Einer Anforderung von Polizeivollzugsbeamtinnen und/oder Polizeivollzugsbeamten durch ein anderes Land oder den Bund ist zu entsprechen, soweit nicht die Verwendung der Polizei im eigenen Lande dringender ist als die Unterstützung der Polizei des anderen Landes oder des Bundes. [2]Die Anforderung soll alle für die Entscheidung wesentlichen Merkmale des Einsatzauftrages enthalten.

(3) Polizeivollzugsbeamtinnen und Polizeivollzugsbeamte können in einem anderen Staat im Rahmen zwischenstaatlicher Vereinbarungen oder nach Maßgabe von Rechtsakten der Europäischen Union tätig werden; sie haben dann die danach vorgesehenen Rechte und Pflichten.

§ 9
Amtshandlungen von Polizeivollzugsbeamtinnen und Polizeivollzugsbeamten anderer Länder und des Bundes sowie von Angehörigen des Polizeidienstes anderer Staaten in Nordrhein-Westfalen

(1) ¹Polizeivollzugsbeamtinnen und Polizeivollzugsbeamte eines anderen Landes können in Nordrhein-Westfalen Amtshandlungen vornehmen

1. auf Anforderung oder mit Zustimmung der zuständigen Behörde,
2. in den Fällen der Artikel 35 Abs. 2 und 3 sowie 91 Abs. 1 des Grundgesetzes,
3. zur Abwehr einer gegenwärtigen erheblichen Gefahr, zur Erforschung und Verfolgung von Straftaten auf frischer Tat sowie zur Verfolgung und Wiederergreifung Entwichener, wenn die zuständige Behörde die erforderlichen Maßnahmen nicht rechtzeitig treffen kann,
4. zur Erfüllung polizeilicher Aufgaben bei Gefangenentransporten,
5. zur Erforschung und Verfolgung von Straftaten und Ordnungswidrigkeiten und zur Gefahrenabwehr in den durch Vereinbarungen mit anderen Ländern geregelten Fällen.

²In den Fällen der Nummern 3 bis 5 ist die zuständige Polizeibehörde unverzüglich zu unterrichten.

(2) ¹Werden Polizeivollzugsbeamtinnen und/oder Polizeivollzugsbeamte eines anderen Landes nach Absatz 1 tätig, haben sie die gleichen Befugnisse wie die des Landes Nordrhein-Westfalen. ²Ihre Amtshandlungen gelten als Maßnahmen derjenigen Polizeibehörden, in deren örtlichem und sachlichem Zuständigkeitsbereich sie tätig geworden sind; sie unterliegen insoweit deren Weisungen.

(3) Die Absätze 1 und 2 gelten für Polizeivollzugsbeamtinnen und Polizeivollzugsbeamte des Bundes entsprechend.

(4) ¹Angehörige des Polizeidienstes anderer Staaten können in Nordrhein-Westfalen im Rahmen zwischenstaatlicher Vereinbarungen tätig werden; sie haben dann die danach vorgesehenen Rechte und Pflichten. ²Angehörige des Polizeidienstes von Mitgliedstaaten der Europäischen Union können auch nach Maßgabe von Rechtsakten der Europäischen Union in Nordrhein-Westfalen tätig werden. ³Sie können nur mit solchen Amtshandlungen betraut werden, die auch von den Polizeivollzugsbeamten des Landes Nordrhein-Westfalen vorgenommen werden dürfen.

VIERTER ABSCHNITT
Sachliche Zuständigkeit

§ 10
Allgemeine sachliche Zuständigkeit der Polizeibehörden

¹Die Polizeibehörden haben die Aufgaben zu erfüllen, die ihnen durch Gesetz oder Rechtsverordnung übertragen sind. ²Wird die Polizei des Landes Nordrhein-Westfalen durch Bundes- oder Landesrecht ohne nähere Bezeichnung von Polizeibehörden für zuständig erklärt und ist keine Ermächtigungsgrundlage zum Erlass einer Zuständigkeitsregelung vorgesehen, sind die Kreispolizeibehörden zuständig.

§ 11
Sachliche Zuständigkeit der Kreispolizeibehörden

(1) Die Kreispolizeibehörden sind zuständig
1. für die Gefahrenabwehr insbesondere nach dem Polizeigesetz des Landes Nordrhein-Westfalen,
2. für die Erforschung und Verfolgung von Straftaten und Ordnungswidrigkeiten; die Wasserschutzpolizei insoweit nach Maßgabe einer vom Innenministerium zu erlassenden Rechtsverordnung,
3. für die Überwachung des Straßenverkehrs.

(2) Die Wasserschutzpolizei ist darüber hinaus zuständig für die Überwachung des Verkehrs auf den schiffbaren Wasserstraßen und Gewässern.

§ 12
Autobahnpolizei

(1) Für die Überwachung des Straßenverkehrs auf Bundesautobahnen einschließlich der Einrichtungen und Anlagen, die zu den Bundesautobahnen gehören, sowie der Zu- und Abfahrten sind
1. das Polizeipräsidium Bielefeld für die im Regierungsbezirk Detmold,
2. das Polizeipräsidium Münster für die im Regierungsbezirk Münster,
3. das Polizeipräsidium Dortmund für die im Regierungsbezirk Arnsberg,
4. das Polizeipräsidium Düsseldorf für die im Regierungsbezirk Düsseldorf,
5. das Polizeipräsidium Köln für die im Regierungsbezirk Köln

gelegenen Bundesautobahnen zuständig, wobei örtliche Zuständigkeitsabgrenzungen nach Absatz 3 erfolgen können. Ihnen kann die Überwachung des Straßenverkehrs auf autobahnähnlichen Straßen mit Anschluss an das Bundesautobahnnetz gemäß Absatz 3 übertragen werden.

(2) ¹Unbeschadet der Zuständigkeit der Kreispolizeibehörden nehmen die Autobahnpolizeien polizeiliche Aufgaben im Sinne des § 11 Abs. 1 Nrn. 1 und 2 wahr, die im Zusammenhang mit dem Straßenverkehr stehen. ²Andere Angelegenheiten, die die Gefahrenabwehr sowie die Erforschung und Verfolgung von Straftaten und Ordnungswidrigkeiten betreffen, sind unverzüglich an die örtlich zuständige Kreispolizeibehörde abzugeben.

(3) Das Innenministerium wird ermächtigt, durch Rechtsverordnung die Überwachungszuständigkeit im Sinne von Absatz 1 für bestimmte Strecken von

1. Bundesautobahnen mit anschließenden autobahnähnlichen Straßen einem anderen in Absatz 1 aufgeführten Polizeipräsidium,
2. Bundesautobahnen, die keinen Anschluss an das Bundesautobahnnetz haben, einer Kreispolizeibehörde,
3. autobahnähnlichen Straßen mit Anschluss an das Bundesautobahnnetz einem in Absatz 1 aufgeführten Polizeipräsidium

zu übertragen, soweit das zur zweckmäßigen Aufgabenerfüllung erforderlich ist.

§ 13
Sachliche Zuständigkeit des Landeskriminalamts

(1) Das Landeskriminalamt ist zentrale Dienststelle nach § 1 Abs. 2 des Bundeskriminalamtgesetzes.

(2) Das Landeskriminalamt hat insbesondere folgende Aufgaben: Es
1. unterstützt das Innenministerium in Angelegenheiten der Kriminalitätsbekämpfung,
2. unterstützt die Kreispolizeibehörden bei der vorbeugenden Bekämpfung sowie bei der Erforschung und Verfolgung von Straftaten,
3. unterhält kriminalwissenschaftliche und -technische Einrichtungen zur Durchführung von Untersuchungen in Strafsachen für Polizei- und Justizbehörden sowie zur Erstattung von Gutachten,
4. unterhält eine Stelle für kriminalistische und kriminologische Forschung,
5. ist zentrale Informationssammel- und -auswertungsstelle in Kriminalitätsangelegenheiten,
6. ist zuständig für die Aufgabenwahrnehmung im Bereich des Waffenrechts,
7. ist zuständig für die Aufgabenwahrnehmung im Bereich des Vereinsrechts.

(3) ¹Das Landeskriminalamt hat eine Straftat selbst zu erforschen und zu verfolgen

1. mit Zustimmung des Innenministeriums im Einvernehmen mit dem Justizministerium,
2. auf Ersuchen des Generalbundesanwalts,
3. auf Ersuchen eines Gerichts oder einer Staatsanwaltschaft innerhalb der vom Innenministerium im Einvernehmen mit dem Justizministerium erlassenen Rechtsverordnung.

²Das Landeskriminalamt ist, wenn es eine Straftat selbst erforscht und verfolgt, unbeschadet der Zuständigkeit der Kreispolizeibehörden auch für die Gefahrenabwehr bis zum Wegfall der Gefahr zuständig. ³Nach Abschluss seiner Ermittlungen kann es diese Aufgabe einer Kreispolizeibehörde überlassen.

(4) ¹Das Innenministerium wird ermächtigt, durch Rechtsverordnung dem Landeskriminalamt weitere polizeiliche Aufgaben der Gefahrenabwehr sowie der Erforschung und Verfolgung von Straftaten zu übertragen, insbesondere in Fällen, in denen

1. eine Tat polizeiliche Maßnahmen in Nordrhein-Westfalen erfordert und die Zuständigkeit einer Kreispolizeibehörde noch nicht erkennbar oder nicht bestimmt ist,
2. eine einheitliche Informationsverarbeitung, -auswertung oder -steuerung durch eine zentrale Dienststelle der Polizei des Landes Nordrhein-Westfalen erforderlich ist,
3. eine zentrale Dienststelle der Polizei des Landes Nordrhein-Westfalen zur Aufgabenwahrnehmung oder zu deren Koordinierung bei der Zusammenarbeit mit anderen Stellen des In- und Auslandes erforderlich ist.

²Soweit Aufgaben der Erforschung und Verfolgung von Straftaten nach Satz 1 übertragen werden, ist die Rechtsverordnung im Einvernehmen mit dem Justizministerium zu erlassen.

§ 13a

Sachliche Zuständigkeit des Landesamtes für Zentrale Polizeiliche Dienste

Das Landesamt für Zentrale Polizeiliche Dienste hat insbesondere folgende Aufgaben: Es

1. unterstützt das Innenministerium in Angelegenheiten der Gefahrenabwehr und der Einsatzbewältigung sowie der polizeilichen Verkehrssicherheitsarbeit,
2. ist zuständig für die Koordinierung von Kräften und Führungs- und Einsatzmitteln in Einsatzangelegenheiten,
3. unterhält die Landesleitstelle,
4. unterstützt das Innenministerium in Angelegenheiten der Führung und Steuerung,

5. berät und unterstützt die Polizeibehörden und führt Inspektionen nach Bestimmung des Innenministeriums durch,
6. ist zuständig in Angelegenheiten des Straßenverkehrsrechts,
7. unterstützt das Innenministerium in Angelegenheiten der Informations- und Kommunikationstechnik sowie der Führungs- und Einsatzmittel,
8. unterstützt die Polizeibehörden in Angelegenheiten der Technik,
9. ist zuständig für die technische Ausstattung der Polizei,
10. übernimmt die Haushalts- und Wirtschaftsangelegenheiten in dem durch das Innenministerium übertragenen Umfang,
11. übernimmt Koordinierungsaufgaben in Liegenschaftsangelegenheiten in dem durch das Innenministerium übertragenen Umfang.

§ 13 b
Sachliche Zuständigkeit des Landesamtes für Ausbildung, Fortbildung und Personalangelegenheiten der Polizei

(1) Das Landesamt für Ausbildung, Fortbildung und Personalangelegenheiten der Polizei ist zuständig für die Ausbildung und Fortbildung in der Polizei, soweit die Ausbildung nicht von der Fachhochschule für öffentliche Verwaltung oder den Kreispolizeibehörden als Ausbildungsbehörden wahrgenommen wird.

(2) Neben den sich aus der Aufsicht (§ 5 Abs. 4) oder aufgrund von gesetzlichen Vorschriften ergebenden Aufgaben führt das Landesamt für Ausbildung, Fortbildung und Personalangelegenheiten nach Bestimmung des Innenministeriums insbesondere

1. das Verfahren zur Einstellung von Bewerberinnen und Bewerbern für den gehobenen Polizeivollzugsdienst,
2. die Auswahl, Vor- und Nachbereitung von Bewerberinnen und Bewerbern zu Auslandsverwendungen einschließlich der Entsendung zu internationalen Organisationen sowie die damit verbundene Betreuung und Personalsachbearbeitung,
3. die Koordinierung von landesweiten Nachersatz- und Versetzungsverfahren,
4. die Koordinierung des Versetzungsverfahrens von und zu anderen Dienstherren,
5. sonstige Auswahlverfahren, Potentialanalysen oder deren Teile,
6. ihm durch das Innenministerium übertragene Arbeiten im Bereich Personalentwicklung

durch und entwickelt Verfahren in den vorgenannten Bereichen weiter.

§ 14
Außerordentliche Zuständigkeit

(1) ¹Bei Gefahr im Verzug kann eine Polizeibehörde Aufgaben einer anderen, an sich zuständigen Polizeibehörde übernehmen. ²Die zuständige Polizeibehörde ist unverzüglich zu unterrichten.

(2) Bei Aufgaben von überörtlicher Bedeutung können die Polizeiaufsichtsbehörden Polizeikräfte mehrerer Polizeibehörden ihres Bezirks einer Polizeibehörde oder sich selbst unterstellen.

FÜNFTER ABSCHNITT
Polizeibeiräte

§ 15
Polizeibeiräte, Mitgliederzahl

(1) Bei den Kreispolizeibehörden und der Wasserschutzpolizei gem. § 3 Abs. 1 bestehen Polizeibeiräte.

(2) Der Polizeibeirat bei der Kreispolizeibehörde hat 11 Mitglieder.

§ 16
Aufgaben des Polizeibeirats

(1) ¹Der Polizeibeirat ist Bindeglied zwischen Bevölkerung, Selbstverwaltung und Polizei. ²Er soll das vertrauensvolle Verhältnis zwischen ihnen fördern, die Tätigkeit der Polizei unterstützen sowie Anregungen und Wünsche der Bevölkerung an die Polizei herantragen.

(2) ¹Der Polizeibeirat berät mit der Leiterin oder dem Leiter der Polizeibehörde polizeiliche Angelegenheiten, die für die Bevölkerung oder für die Selbstverwaltung von Bedeutung sind. ²Dazu gehören auch Angelegenheiten und an die Polizeibehörde gerichtete Beschwerden, deren Bedeutung über den Einzelfall hinausgeht oder an deren Behandlung ein öffentliches Interesse besteht. ³Die Leiterin oder der Leiter der Polizeibehörde unterrichtet den Polizeibeirat so früh wie möglich über das Vorliegen derartiger Angelegenheiten. ⁴Darüber hinaus berichtet die Leiterin oder der Leiter der Polizeibehörde zu den Tagesordnungspunkten und legt den Stand der öffentlichen Sicherheit im Polizeibezirk dar.

(3) Der Polizeibeirat ist vor der Schaffung sozialer Einrichtungen, vor der Planung baulicher Maßnahmen für die Polizei, vor der Errichtung oder Auflösung

von Polizeiinspektionen, Polizeihauptwachen und Polizeiwachen sowie vor der Änderung ihrer Dienstbezirke zu hören.

(4) Der Polizeibeirat ist vor der Besetzung der Stelle der Behördenleitung mit einer Polizeipräsidentin oder einem Polizeipräsidenten zu hören.

§ 17

Wahl der Mitglieder

(1) ¹Die Vertretungen der Kreise und der kreisfreien Städte wählen für die Dauer ihrer Wahlzeit aus ihrer Mitte die Mitglieder des Polizeibeirats und ihre Stellvertreterinnen sowie Stellvertreter im Wege der Listenwahl nach dem Verhältniswahlsystem Hare/Niemeyer. ²In den Polizeibeirat können auch andere Bürgerinnen und Bürger sowie Einwohnerinnen und Einwohner, die einem kommunalen Ausschuss angehören können, als Mitglieder, Stellvertreterinnen und Stellvertreter gewählt werden; ihre Zahl darf die der Mitglieder aus den Vertretungen nicht erreichen. ³Beamtinnen und Beamte, Angestellte sowie Arbeiterinnen und Arbeiter der Polizei können nicht Mitglieder, Stellvertreterinnen oder Stellvertreter in einem Polizeibeirat sein.

(2) Bei einem zusammengefassten Polizeibezirk (§ 2 Abs. 2) wählen die Vertretungen der beteiligten Kreise und kreisfreien Städte die Mitglieder, Stellvertreterinnen und Stellvertreter zum Polizeibeirat nach dem Verhältnis der Einwohnerzahl zur Gesamteinwohnerzahl des Bezirks; jeder Kreis und jede kreisfreie Stadt soll im Polizeibeirat vertreten sein.

(3) ¹Die Polizeibeiräte bei den Polizeipräsidien Bielefeld, Dortmund, Düsseldorf, Köln und Münster wählen aus ihrer Mitte je ein Mitglied und eine Stellvertreterin oder einen Stellvertreter zum Polizeibeirat bei der Wasserschutzpolizei. ²Die übrigen Mitglieder, Stellvertreterinnen und Stellvertreter werden aus den mit der gewerblichen Schifffahrt verbundenen Kreisen der Bevölkerung vom Innenministerium bestimmt.

(4) Die Mitglieder, Stellvertreterinnen und Stellvertreter der Polizeibeiräte bei den Bezirksregierungen werden von den Polizeibeiräten der Kreispolizeibehörden aus ihrer Mitte gewählt.

(5) ¹Die Mitglieder des Polizeibeirats, ihre Stellvertreterinnen und ihre Stellvertreter dürfen an der Übernahme und Ausübung ihrer Tätigkeit nicht gehindert oder hierdurch in ihrem Amt oder Arbeitsverhältnis benachteiligt werden. ²Insbesondere ist es unzulässig, sie aus diesem Grund zu entlassen oder ihnen zu kündigen. ³Stehen sie in einem Dienst- oder Arbeitsverhältnis, ist ihnen die für ihre Tätigkeit erforderliche freie Zeit zu gewähren.

(6) § 86 des Verwaltungsverfahrensgesetzes für das Land Nordrhein-Westfalen gilt entsprechend.

§ 18
Sitzungen des Polizeibeirats, Vorsitz, Geschäftsordnung und Geschäftsführung

(1) ¹Der Polizeibeirat wählt aus seiner Mitte eine Vorsitzende oder einen Vorsitzenden sowie eine Schriftführerin oder einen Schriftführer und für beide Funktionen je eine Stellvertreterin oder einen Stellvertreter. ²Er gibt sich eine Geschäftsordnung. ³Die Sitzungen des Polizeibeirats sind nicht öffentlich; § 84 des Verwaltungsverfahrensgesetzes für das Land Nordrhein-Westfalen gilt entsprechend mit der Maßgabe, dass für die Erteilung der Aussagegenehmigung die jeweilige Polizeiaufsichtsbehörde zuständig ist. ⁴Ein Mitglied des Polizeibeirats kann aus wichtigem Grund mit der Mehrheit von zwei Dritteln der anwesenden Mitglieder von einer Sitzung ausgeschlossen werden.

(2) ¹An den Sitzungen des Polizeibeirats nimmt die Leiterin oder der Leiter der Polizeibehörde teil. ²Auf Verlangen des Polizeibeirats können auch andere Beschäftigte der Polizeibehörde, Vertreterinnen und Vertreter der Verwaltungen der bezirksangehörigen Kreise und kreisfreien Städte sowie in Angelegenheiten des § 16 Abs. 3 auch Vertreterinnen und/oder Vertreter des Personalrats der Polizeibehörde an den Sitzungen teilnehmen. ³Die Vorsitzende oder der Vorsitzende des Jugendhilfeausschusses wird zu allen Sitzungen als beratendes Mitglied eingeladen, in denen Angelegenheiten beraten werden, die in den Zuständigkeitsbereich des betroffenen Jugendhilfeausschusses fallen oder das besondere Verhältnis zwischen Jugend und Polizei berühren.

(3) ¹Der Polizeibeirat wird von der Vorsitzenden oder dem Vorsitzenden unter Bekanntgabe der Tagesordnung einberufen. ²Der Polizeibeirat ist unverzüglich einzuberufen, wenn ein Viertel seiner Mitglieder es verlangt. ³Dies gilt auch für den Antrag, eine bestimmte Angelegenheit auf die Tagesordnung zu setzen.

(4) Die Geschäfte des Polizeibeirats werden von der Polizeibehörde wahrgenommen.

§ 19
Neuwahl der Polizeibeiräte

(1) Die Polizeibeiräte sind, soweit der Bezirk oder die Zahl der Mitglieder sich ändert, innerhalb von drei Monaten neu zu wählen.

(2) ¹Bis zur Wahl der neuen Polizeibeiräte üben die Mitglieder der alten Polizeibeiräte ihre Tätigkeit weiter aus. ²Mitglieder von Polizeibeiräten bei Kreispolizeibehörden, deren Bezirk sich ändert, treten dabei zu den Polizeibeiräten der Kreispolizeibehörden, denen der Kreis oder die kreisfreie Stadt, von denen sie gewählt wurden, angehören.

(3) Die Mitgliederzahl der Polizeibeiräte kann in der Übergangszeit unter- oder überschritten werden.

SECHSTER ABSCHNITT
Übergangs- und Schlussvorschriften

§ 20
Verwaltungsvorschriften

Das Innenministerium erlässt die zur Ausführung dieses Gesetzes erforderlichen Verwaltungsvorschriften.

§ 21
In-Kraft-Treten, Berichtspflicht

(weggefallen)

Sachregister

Die fettgedruckten Zahlen weisen auf die Erläuterungen zu den einzelnen Vorschriften, die mageren Zahlen auf die Randnummern hin. Verweisungen auf die Einführung sind durch die Abkürzung „Einf" und die Gliederungsnummern gekennzeichnet. Auf die entsprechend anwendbaren Vorschriften des Ordnungsbehördengesetzes (§§ 39 bis 43 OBG, abgedruckt und erläutert hinter § 67 PolG NRW) wird durch die Abkürzung „OBG" hingewiesen.

Abgleich von Daten **25**/1 ff.; s. auch Rasterfahndung
Abschleppen von Kfz **43**/10 ff.; **50**/11 f.; **52**/8 f.
Abstrakte Gefahr **8**/12
Adressat s. Polizeipflicht
Aktenvernichtung **32**/14
Allgemeine Gefahr **8**/11
Allgemeinverfügung Einf 4.1
Amtlicher Gewahrsam **35**/1; **64**/10 f.
Amtsgebäude **12**/19
Amtshilfe **47**/14 ff.
– bei erkennungsdienstlichen Maßnahmen **14**/7
Amtspflichtverletzung s. Entschädigung
Androhung von Zwang **56**/1 ff.; **61**/1 ff.; **65**/8
– vor Einsatz von Schusswaffen **61**/4 ff.
– vor sofortigem Vollzug **50**/13
– bei der Strafverfolgung **56**/3; **61**/1
Anfechtungsklage Einf 6.2;
– aufschiebende Wirkung Einf 6.2; **50**/5
Angriffsunfähigkeit als Zweck des Schusswaffengebrauchs **63**/6 ff., 11
Anhalten
– zum Datenabgleich **25**/8
– zur Befragung **9**/18 f.
– zur Identitätsfeststellung **12**/32, 36
– zur Prüfung von Berechtigungsscheinen **13**/16
– zur Strafverfolgung mit Hilfe der Schusswaffe **64**/6 f.
– zur Verkehrskontrolle **12**/11; **13**/10
Anordnung/Handeln auf **59**/1 ff.
Anordnungskompetenz des Behördenleiters
– Allgemeines **15a**/11 ff.
– bei Abfragen von Telekommunikations- und Telemediendaten **20a**/7
– bei Datenerhebung durch den offenen Einsatz optisch-technischer Mittel **15a**/11 ff.
– bei Einsatz von Bildaufzeichnungsgeräten **17**/7 ff.
– bei Einsatz von Tonaufzeichnungsgeräten **18**/1; **17**/7 ff.
– bei Einsatz Verdeckter Ermittler **20**/17; **16a**/8
– bei Einsatz von V-Personen **19**/8 ff.
– bei längerfristiger Observation **16a**/8
Ansammlung **15**/3
Anscheinsgefahr **8**/19; **52**/13; **67**/§ 39 **OBG**/6
Antiterrordatei **33**/15
Arbeitsräume
– bei Wohnungsverweisung und Rückkehrverbot **34a**/17
– Betreten **41**/24
Arzt
– bei der Durchsuchung **39**/17
– bei der Untersuchung **8**/25
Aufbewahrungsfristen **22**/3 ff.; **32**/15
Aufenthaltsverbot **34**/10 ff.; **54**/2
Aufgaben der Polizei **1**/1
– Aufgabenzuweisung **1**/15 ff.
– Zuständigkeiten **1**/3, 16
Aufklärungspflicht **9**/29; s. auch Nachberichtspflicht und Unterrichtspflicht
Aufopferung **67**/39 **OBG**/5
Aufschiebende Wirkung
– von Rechtsmitteln Einf 6.2
– von Rechtsmitteln bei der Zwangsanwendung Einf 6.2; **50**/3 ff., 15
Aufsicht s. Dienst-/Fachaufsichtsbeschwerde
Aufsichtsbeschwerde Einf 6.1
Aufzeichnung des Notrufes **24**/27a
Ausforschungsrazzia **12**/8

Sachregister

Auskunftspflicht **10**/15 ff.; **9**/20 ff.
- Umfang **9**/21
- Zwangsmittel **9**/23

Aussagepflicht
- Umfang **10**/15
- Verweigerungsrecht **10**/18

Austauschmittel **3**/7
Auswahlermessen **3**/1 f.
- bei mehreren Störern **4**/10

Ausweise **12**/35, 47; **13**/10; **14**/8
Ausweispflicht der Polizeibeamten **55**/7 ff.
Automatisiertes Abrufverfahren **33**/13

Bahnpolizei Einf 1.4
Befragung **9**/2 ff.
- Anhalten **9**/18
- Dauer **9**/19

Befriedetes Besitztum **40**/2; **41**/8 f.
Befugnisnorm **1**/1, 4
Befugnisse der Polizei
- Allgemeines **1**/1 ff., 24; **8**/1 ff.
- Befugnisregelungen Einf 1.1; **4**/1; **6**/1
- bei besonders zugewiesenen Aufgaben **8**/30 ff.
- beim Zusammentreffen von Gefahrenabwehr und Strafverfolgung **1**/35–45

Behörde **1**/4 f.
Bekanntgabe Einf 4.4
Belanglose Daten **9**/9
Belehrungspflicht
- bei der Datenerhebung **9**/29 ff.
- bei erkennungsdienstlichen Maßnahmen **14**/20
- bei Freiheitsentziehung **36**/15; **37**/2

Benachrichtigung von Angehörigen/Vertrauenspersonen bei Freiheitsentziehung **37**/4

Berechtigungsscheine
- Kontrolle **13**/5, 13, 15, 16
- Mitführen **13**/8 ff.

Bereitschaftspolizei **1**/11
Berichtigung von Daten **32**/1 ff.
Beschlagnahme **43**/1
Beschwerde s. Dienst-/Fachaufsichtsbeschwerde
Besondere Waffen **58**/12; **66**/1 ff.
Bestimmtheit der Polizeiverfügung Einf 4.4, 4.5.1

Betäubungsstoffe **58**/8
Betreten von Wohnungen s. auch Durchsuchung von Wohnungen
- Begriff **41**/2–4
- erleichtertes Betreten bei bestimmten Räumen **41**/22, 24

Betriebsräume als Wohnung **41**/24
Bildaufnahmen/-aufzeichnungen **15**/7; **17**/1 ff.
Bundeskriminalamt Einf 1.4.2; **33**/10
Bundespolizei Einf 1.4.1
- Einsatz mit besonderen Waffen **58**/12 ff.; **66**/1

Bußgeldbehörde
- Polizei als Verwaltungsbehörde **10**/3

Dateierrichtung **33**/1 ff.
Datenabgleich, -berichtigung usw. s. Abgleich, Berichtigung von Daten usw.
Dauer der Freiheitsentziehung **38**/1 ff.
Dauerobservation **8**/25
Dereliktion (und Polizeipflicht) **5**/7
Dienstaufsichtsbeschwerde Einf 6.1
DNA **14**/23; **14a**/1 ff.
DNA-Identifizierungsmuster **14a**/6
Doppelfunktionalität von Maßnahmen **1**/39 ff.
Dringende Gefahr **8**/18; **41**/23
Durchsuchung von Fahrzeugen **40**/8
Durchsuchung von Grundstücken **40**/2
Durchsuchung von Personen **39**/1 ff.
- Begriff **39**/1 f.
- bei Identitätsfeststellungen **12**/38

Durchsuchung von Sachen **40**/1 ff.
Durchsuchung von Wohnungen s. auch Betreten von Wohnungen
- Anordnung durch den Richter **42**/1
- Anordnung durch die Polizei **42**/2
- Begriffe **40**/1 ff.; **41**/2 ff.
- Begriff der Wohnung **41**/5 ff.
- Formvorschriften **42**/4 ff.
- bei Immissionen **41**/16
- zur Nachtzeit **41**/21, 25
- mehrere Wohnungen **41**/20

Eigensicherung/Durchsuchung von Personen **39**/12
Eigentum

Sachregister

- Aufgabe **5**/7
- Grundrechtseinschränkung **7**/7
- Sicherstellung zum Schutz **43**/12

Eigentümer/Polizeipflicht **5**/4 ff.
Eignung einer Maßnahme **2**/3
Eilkompetenz **1**/16 ff.
Eingriffe der Polizei Einf 1.1, 4.9; **4**/1; **6**/1; **8**/1; s. auch Befugnisse
Eingriffsverwaltung Einf 2
Einrichtung **1**/6
Einschließung **35**/21
Einschränkung von Grundrechten **7**/1 ff.; **8**/1
Elterliche Gewalt **35**/15 f.
Entschädigung Einf 7; **67**/§§ 39–43 OBG
- von Dienstanbietern i. S. d. § 20a **20a**/9
- von Sachverständigen und Zeugen **10**/20

Entschließungsermessen **3**/1, 2
Erforderlichkeit einer Maßnahme **2**/2
Erhebliche Gefahr **6**/2; **8**/14
Erhebung von Daten **9**/1 f.; **11**/4; **15**/2; **16a**/2, 13; **17**/1; **18**/1; **19**/1; **20**/1; **21**/1
- Befragungsrecht **9**/12
- Begriff **9**/2
- Belehrungspflicht **9**/29 ff.; **14**/20
- Mehrfachnutzung **23**/2
- Vorbereitung auf Gefahrenlagen **11**/1

Erkennungsdienstliche Maßnahmen **14**/1 ff.; **10**/8
- Rechtsweg Einf 6.2, 6.6; **14**/20
- Vorführung/Vorladung **10**/4 ff.

Ermächtigungsgrundlage Einf 3, 4.5.1; **1**/4; **8**/1
Ermessen Einf 4.4; **3**/1
Ermessensfehler **3**/4
Ermessensreduzierung **3**/6
Ersatzvornahme Einf 5.2; **52**/1 ff.
- Kosten **52**/11 ff.

Ersatzzwangshaft **54**/1 ff.
Evaluierung **15a**/16; **20a**/11
Explosivmittel **58**/10; **66**/8
- Durchsuchung zur Eigensicherung **39**/12
- Anwenden/Mitführen als Voraussetzung zum Waffengebrauch **64**/4, 6, 7; **66**/5

Exterritoriale/Personen **4**/5

Fachaufsichtsbeschwerde Einf 6.1
Faktisches Verwaltungshandeln s. Realakt
Fernmeldegeheimnis/Grundrechtseinschränkung **7**/4a
Fesseln/Hilfsmittel körperlicher Gewalt **58**/7
Fesselung von Personen **62**/1 ff.
Festhalten **36**/2; **39**/4
Festgehaltene Person s. auch Gewahrsam, Festnahme, Freiheitsentziehung
- Begriff **12**/36 ff.; **36**/2
- Behandlung **37**/1
- Durchsuchung **39**/4
- Fesselung **62**/1 ff.

Festnahme zur Strafverfolgung **35**/24
Festsetzung eines Zwangsgeldes **51**/3
Feststellungsklage Einf 6.3
Feuerwehr
- bei polizeilichem Notstand **6**/9
- Platzverweisung **34**/8

Finaler Rettungsschuss s. Rettungsschuss
Fischereischein **13**/10
Fiskalische Verwaltung Einf 2
Fluchtunfähigkeit als Zweck des Schusswaffengebrauchs **63**/6
Fluchtverhinderung
- Fesselung **62**/1 ff.
- Schusswaffengebrauch **64**/6 ff.

Form des Verwaltungsakts (Polizeiverfügung) Einf 4.4
Fortsetzungsfeststellungsklage s. Feststellungsklage
Fotografie/Sicherstellung **43**/9
Freiheit der Person/Grundrechtseinschränkung **7**/4
Freiheitsentziehung s. auch Festgehaltene Person, Festnahme, Gewahrsam
- amtlicher Gewahrsam **64**/11
- Behandlung Festgehaltener **37**/1
- bei psychisch Kranken **35**/22 f.
- Dauer **38**/1 ff.
- richterliche Entscheidung **36**/1 ff.

Freizügigkeit/Grundrechtseinschränkung **7**/5
Fristen bei Wohnungsverweisung und Rückkehrverbot **34a**/23 ff.

465

Sachregister

Geeignetheit polizeilicher Maßnahmen **2/3**
- als Rechtmäßigkeitsvoraussetzung bei Verwaltungsakten Einf 4.5.1

Gefahr
- Begriffe **8**/10 ff.
- im Verzug **8**/23; **4**/7

Gefahrenart **8**/10
Gefahrengrad **8**/10
Gefahrenabwehr
- als Aufgabe, allgemeine Gefahrenabwehr **1**/12 ff.
- und Strafverfolgung **1**/32 ff.
- Doppelfunktionalität **1**/38 f.
- Befugnisse **8**/1 ff.
- Prävention **1**/2, 24
- Schusswaffengebrauch **63**/6; **64**/2 ff.
- Vorfeldmaßnahmen **8**/11, 30; **12**/4
- Zielrichtung der Maßnahme **1**/44
- Zwangsanwendung Einf 5.1, 5.2; **50**/1 ff.

Gefahrenlagen, Vorbereitung auf **11**/1
Gefahrerforschungseingriff **8**/24
Gefahrenverdacht **8**/21, 24; **52**/11 b
Gefährderanschreiben s. Gefährderansprache
Gefährderansprache **8**/26
Gefangenenbefreiung/Schusswaffengebrauch **64**/11
Gefangenensammelstelle **36**/7
Gegenvorstellung (Rechtsbehelf) Einf 6.1
Gegenwärtige erhebliche Gefahr **8**/15
Geisel als Unbeteiligte beim Schusswaffengebrauch **63**/12
Geisteskranke/Unterbringung **35**/22
Gemeine Gefahr (Gemeingefahr) **8**/17; **20a**/4
Gemengelage **1**/37
Generalklausel **8**/2
Genomanalyse **14a**/22
Gewahrsam s. auch festgehaltene Person, Festnahmen, Freiheitsentziehung
- amtlicher Gewahrsam **64**/8, 10 f.
- Begriff **35**/1 ff.
- Bekanntgabe des Grundes **37**/2
- Belehrung **36**/15; **37**/2
- Benachrichtigung von Angehörigen **37**/4

- Dauer **36**/4; **38**/1 ff.
- Entlassung **38**/4
- Minderjährige **35**/15
- Platzverweisung **34**/4; **35**/10
- Psychisch Kranke **35**/22 f.
- Rechtsmittel Einf 6.3, 6.4; **36**/10 ff.
- richterliche Entscheidung **36**/1 ff.
- zum Schutz privater Rechte **35**/11 ff.
- bei versuchtem Selbstmord **35**/6
- zur Verhinderung von Straftaten und Ordnungswidrigkeiten **35**/7
- Verbringungsgewahrsam **35**/19 f.
- Vollzug (Behandlung) **37**/1 ff.
- Entweichen aus dem Strafvollzug **35**/17

Gewahrsamsordnung **37**/9; **39**/4
Gewalt, körperliche **58**/2, 5
Gewaltenteilung Einf 1.1
Gewaltschutzgesetz **34a**/1 f.
Gewehre **58**/12
Gleichbehandlungsgrundsatz **3**/5
Grenzpolizeiliche Kontrollen **1**/10
Grundrechte
- unmittelbar geltendes Recht Einf 3.1
- Einschränkung **7**/1 ff.

Grundstücke
- Betreten und Durchsuchung **40**/2; **41**/8
- Sicherstellung **43**/4

Halterfeststellung **50**/12
Handgranaten
- zugelassene Waffen **58**/12 ff.
- Androhung **61**/5
- Gebrauch **66**/1, 6, 7

Handlungshaftung **4**/14 ff.
Häusliche Gemeinschaft **34a**/6
Häusliche Gewalt **34a**/4 ff.
Herrenlose Sachen **43**/3 f.
Hilfsmittel der körperlichen Gewalt **58**/7
Hoheitliche Verwaltung Einf 2

Identitätsfeststellung **12**/1 ff.
- erkennungsdienstliche Maßnahmen **14**/3 ff.
- molekulargenetische Untersuchungen **14a**/1 ff.
- Schusswaffengebrauch **64**/6

Immunität/Polizeipflicht **4**/6
IMSI-Catcher **20b**/4

Informationelles Selbstbestimmungsrecht
- Allgemeines/Einführung 1.3.2; **1**/25
- Grundrechtseinschränkung **7**/2
- keine Einschränkung durch Aufgabenzuweisung **1**/1
Inhaber der tatsächlichen Gewalt/Polizeipflicht **5**/3
INPOL **25**/7
Internet **8**/29

Jagdschein **13**/11
Jugendschutz
- bei Datenspeicherung **24**/20 ff.
- bei Gewahrsam **35**/15 f.
Juristische Personen/Polizeipflicht **4**/3, 7
Justizverwaltungsakte bei Maßnahmen der Polizei zur Strafverfolgung Einf 4.7, 6.6

Kernbereich privater Lebensgestaltung **16**/3
Kinder
- Polizeipflicht **4**/14
- Schusswaffengebrauch **63**/11 f.
Kinder- und Jugendhilfe **35**/15
Körperliche Gewalt **58**/5 ff.
Körperliche Unversehrtheit/Grundrechtseinschränkung **7**/3
Konkrete Gefahr **8**/8
Kontrolle von Berechtigungsscheinen **13**/4 ff.
Kontrollstelle **12**/24 ff.
- Durchsuchung **12**/38; **40**/8, 10
Kosten der Ersatzvornahme **52**/11 ff.
Kraftfahrzeuge
- Abschleppen, Sicherstellung **43**/10 ff.
- Ersatzvornahme (Abschleppen) **52**
- Durchsuchung an Kontrollstellen **40**/8, 10
Kreuzbergurteil Einf 1.1
Kriminalakte **1**/24; **24**/9 ff.
Kurzfristige Observation **16a**/13 ff.

Längerfristige Observation **16a**/1 ff.
Lärmbekämpfung
- Betreten und Durchsuchen von Wohnungen **41**/16–18
- Gewahrsam **35**/8
Laserdrome **1**/14

Latente Gefahr **8**/22
Leben/Grundrechtseinschränkung **7**/3
Lebensgefahr **8**/16
Leerfahrt **52**/11
Legalitätsprinzip **3**/1
Löschung von Daten **32**/5 ff.
- bei Ansammlung erhobener Daten **15**/12 ff.
- bei der Rasterfahndung **31**/11

Maschinengewehre
- Gebrauch **66**/1 ff.
- Zulassung als besondere Waffen **58**/12
Maschinenpistole **58**/12
Menschenmenge s. auch Ansammlung
- Androhung unmittelbaren Zwanges **61**/7 ff.; **66**/6
- Begriff **65**/4
Minderjährige
- Gewahrsam **35**/15
- Polizeipflicht **4**/4
Mitwirkungsbedürftiger Verwaltungsakt (Verwarnung) Einf 4.8
Mobilfunkendgeräte
- Ermittlung der Geräte- und Kartennummern **20b**/3
- IMSI-Catcher **20b**/4
- Standortermittlung **20b**/2
Molekulargenetische Untersuchung **14a**/1 ff.
Musterentwurf Polizeigesetz Einf 1.3

Nachberichtspflicht **32**/25 f.
Nachtzeit/Betreten und Durchsuchung von Wohnungen **41**/21
Nebenbestimmungen Einf 4.3
Nichtstörer s. auch polizeilicher Notstand
- Entschädigung Einf 7; **67**/§ **39 OBG**
- Inanspruchnahme **6**/1 ff.
Nichtverantwortlicher s. Nichtstörer
Notruf (Aufzeichnung) **24**/27a
Notstand
- polizeilicher **6**/1
- unmittelbarer Zwang **57**/4
Notwehr
- keine Ermächtigung **8**/6; **57**/4
Null-Toleranz **1**/14
Nutzung von Daten **24**/1 ff.

467

Sachregister

- zur Aus- und Fortbildung **24**/30
- Mehrfachnutzung **14**/18; **23**/2
- zur Statistik **24**/28
- aus Strafermittlungsakten **24**/9 ff.
- Zweckbindung **23**/1 ff.

Objektschutz
- Durchsuchung von Personen **39**/11
- Durchsuchung von Sachen **12**/50; **40**/1 ff.
- Identitätsfeststellung **12**/14 ff.

Observation **16a**/1 ff.
Öffentliche Sicherheit **1**/12, 13 ff.
Öffentliche Ordnung **1**/14
Öffentlich-rechtlicher Erstattungsanspruch **52**/12
Online-Anschluss **33**/14
Opportunitätsprinzip s. auch Ermessen
- bei Gefahrenabwehr **3**/1
- bei Ordnungswidrigkeiten **3**/4

Ordnungsbehörden
- Zuständigkeitsabgrenzung bei der Gefahrenabwehr **1**/15 ff.
- Vollzugshilfe der Polizei **47**/2, 4

Ordnungsbehördliche Verordnung **8**/12
Ordnungswidrigkeiten
- Verhinderung durch Gewahrsam **35**/7 ff.
- Verwarnung Einf 4.8
- Rechtsschutz bei Verwarnungen Einf 4.7
- Ordnungswidrigkeiten von erheblicher Bedeutung **8**/36; **35**/8

Personalausweis/bei der Identitätsfeststellung **12**/34
Personalienerfragung **9**/21
- bei der Identitätsfeststellung **12**/30

Personenfeststellung s. Identitätsfeststellung
Personenschutzsender **18**/7 f.
Platzverweisung **34**/1 ff.
- Gewahrsam **34**/4; **35**/10
- kurzfristige **34**/2 ff.
- längerfristige **34**/10 ff.

Polizeibegriff Einf 1, 1.1, 1.2
Polizeibehörden **1**/2, 5, 7–10
Polizeieinrichtungen **1**/6; **27**/3

- Bereitschaftspolizei **1**/6, 11
Polizeihelfer **67**/§ 39 OBG/2, 4
Polizeiliche Beobachtung **21**/1 ff.
Polizeilicher Notstand **6**/1
Polizeipflicht **4**/1 ff.; **5**/1 ff.; **6**/1 ff.
- Sonderregelung **8**/4

Polizeistaat Einf 1.1
Polizeiverfügung/Verwaltungsakt Einf. 4.1; **8**/5
Presseerzeugnisse/Sicherstellung **43**/18
Private Rechte/Schutz **1**/27–30; **35**/11–14; **43**/15
Prostitution/Betreten von Wohnungen **1**/13; **41**/22
Prüfung von Berichtigungsscheinen **13**/3 ff.
Prüfungspflichten für Dateien **33**/3 ff.
Prüfungstermine für Dateilöschung **22**/3 ff.; **24**/12; **32**/11
Psychisch Kranke/Unterbringung **35**/22 f.
Putativ- oder Scheingefahr **8**/20

Rasterfahndung **31**/1 ff.
Razzia **12**/7 ff.
„Rebel-Clown" **1**/14
Recht am eigenen Bild **43**/9
Rechtsbehelfe s. Rechtsschutz
Rechtsgüterschutz/Teil der öffentlichen Sicherheit **1**/13
Rechtsordnung/Teil der öffentlichen Sicherheit **1**/13
Rechtsmittel s. Rechtsschutz
Rechtsquellen Einf 3
Rechtsschutz
- allgemein gegen Maßnahmen der Polizei Einf 6
- Durchsuchung von Wohnungen **42**/1 ff.
- bei Freiheitsentziehung **36**/7–14
- gegen Justizverwaltungsakte Einf 4.7
- bei der Strafverfolgung Einf 6.6; **36**/16
- bei Vollzugshilfe **47**/10; **49**/7

Rechtsstaatsprinzip Einf 3
Rechtswidrige Verursachung **4**/15
Reizstoffe **58**/8 f.
Remonstration Einf 6.1; **59**/7
Rettungsschuss **63**/7 ff.
Richtervorbehalt s. Rechtsschutz oder richterliche Anordnung

Richterliche Anordnung
- Allgemeines **14a/**7 bis 9
- bei Durchsuchungen **42**/1
- bei Freiheitsentziehungen **12**/40; **36**/7 ff.
- bei molekulargenetischen Untersuchungen **14a**/7 – 9
- bei verdecktem Einsatz von Tonaufzeichnungsgeräten **17**/7 ff.
- bei verdeckten Maßnahmen aus Wohnungen **18**/1; **18**/10
- bei Polizeilicher Beobachtung **21**/12
- bei Rasterfahndung **31**/12
- bei Zurückstellung nachträglicher Unterrichtung **17**/12
- örtliche Zuständigkeit bei Freiheitsentziehung **36**/7

Rückkehrverbot nach Wohnungsverweisung **34a**/13
- Fristen **34a**/23 ff.
- Überprüfung **34a**/32

Sachen
- Durchsuchung **40**/1 ff.
- Sicherstellung **43**/1 ff.

Sachverständige
- Vorladung **10**/1 ff.
- Entschädigung **10**/19

Sammelkontrolle s. Razzia
Schaden für öffentliche Sicherheit **8**/8 f.
Schadensersatz Einf 7.2; **67**/§§ 39–43 OBG
Schein- oder Putativgefahr **8**/20
Schengener Durchführungsübereinkommen **1**/10
Schlicht-hoheitliche Tätigkeit **1**/25
Schmerzensgeld **67**/§ **40 OBG**
Schusswaffengebrauch
- Androhung **61**/4 ff.
- Angriffsunfähigkeit als Ziel **63**/6
- Anhalten zur Identitätsfeststellung **64**/6
- finaler Rettungsschuss **63**/7 ff.
- Fluchtunfähigkeit als Ziel **63**/6; **64**/7
- Fluchtverhinderung **64**/7 ff.
- Gewahrsamsbefreiung **64**/9, 11
- Unzulässigkeit gegen Kinder **63**/11
- gegen Personen **63**/1; **64**/1 ff.
- gegen Personen in einer Menschenmenge **65**/1 f.
- gegen Sachen **63**/4, 5; **66**/7
- mit Todesfolge **63**/7 ff.
- Signalschuss **61**/4
- Verhinderung von Straftaten **64**/3 f.
- Verfolgung von Straftaten **64**/6 f.
- Zweck **63**/6
- tödlich wirkender Schuss **63**/7 ff.

Schutzgewahrsam **35**/3 ff.
Schutz privater Rechte **1**/27 ff.
- Sicherstellung **43**/15 f.
- Ingewahrsamnahme **35**/11–14

Selbsttötung/Verhinderung **35**/6
Sicherstellung von Sachen **43**/1 ff.; **52**/7 f.
- Bescheinigung **44**/5 ff.
- Herausgabe **43**/36; **46**/1
- Verhütung von Wertminderung **44**/1, 10 ff.
- Vernichtung **45**/18
- Verwahrung **44**/1 ff.
- Verwertung **45**/1, 15
- Zurückbehaltungsrecht **46**/4

Signalschuss **61**/4
Sofortige Vollziehung Einf 6.2; **50**/7, 15
Sofortiger Vollzug Einf 5.2; **50**/8 ff., 14
Speicherung von Daten **24**/1 ff.
- Dauer **22**/1 ff.
- Zweckbindung **23**/1 ff.

Sperrerklärung **19**/10
Sperrung von Daten **32**/21–24
Spezialermächtigungen **8**/2
Sprengmittel **58**/10; **66**/8
Staatsanwaltschaft/Weisungsrecht beim unmittelbaren Zwang **59**/4
Staatshaftung Einf 7.2
Störer s. Polizeipflicht
Störung
- als polizeiliche Gefahr **8**/12
- von Amtshandlungen **34**/8, 9; **12**/38

Straftat
- Begriff **8**/28; **35**/7; **64**/1
- Verhinderung als Gefahrenabwehr **8**/28
- Verhinderung durch Gewahrsam **35**/7
- Verhinderung durch Schusswaffengebrauch **64**/3 f.
- Verhütung von Straftaten **1**/22
- Vorbeugende Bekämpfung **1**/22 ff.; **8**/11; **14**/9 f.
- Vorsorge für die Verfolgung **1**/23

469

Sachregister

- Vorfeld der konkreten Gefahr **8**/11 f.
- Verfolgung vgl. Strafverfolgung
- von erheblicher Bedeutung **8**/34 ff.

Strafverfolgung
- Aufgabe der Polizei **1**/32 ff.
- Abgrenzung zur Gefahrenabwehr **1**/34
- Befugnisse **8**/28; **50**/1
- Gewahrsam **35**/24
- Durchsuchung von Personen **40**/10
- Durchsuchung von Wohnungen **41**/25
- Rechtsschutz Einf 6.6; **36**/16
- Zwang Einf 5.1 bis 5.3; **50**/1
- Zusammentreffen mit Gefahrenabwehr **1**/35 ff.; **59**/4; **64**/8
- unmittelbarer Zwang **57**/1

Subsidiarität **1**/16 ff.
Suchfähigkeit von Daten **15**/12; **24**/25; **32**/6
Suspensiveffekt Einf 6.1, 6.2; **50**/15

Tatsächliches Verwaltungshandeln
  s. Realakt
Teledienste **8**/29
Telekommunikations- und Telemediendaten
- Abfrage von Daten **20a**/2
- Voraussetzungen der Datenabfrage **20a**/3 ff.

Tiere
- Polizeipflicht bei Tieren **5**/1
- Sicherstellung **43**/6
- Tötung **52**/9

Tonaufzeichnungsgeräte **15**/7, **18**/1 f.
Tödlich wirkender Schuss **63**/7 ff.
Tränengas **58**/8 f.

Übermaßverbot **2**/5
Übermittlung von Daten
- an öffentliche Stellen **28**/1 ff.
- von öffentlichen Stellen **30**/1 ff.
- personenbezogene **28**/8
- zwischen Polizeibehörden **27**/1 ff.
- an Private **29**/1 ff.
- sachbezogene **1**/20; **28**/7 f.
- Spontanübermittlung **28**/2
- Zweckbindung **26**/1 ff.

Ultimate Fighting **1**/14
Umsetzung **43**/12; **52**/8

Unanfechtbarkeit eines Verwaltungsaktes bei Zwang Einf 5.2; **50**/3 f.
Unbeteiligte beim Schusswaffengebrauch **63**/12–14; **65**/7
Unbrauchbarmachung sichergestellter Sachen **45**/18
Unmittelbarer Zwang **55**/1 ff.; **57**/1
- Abgrenzung zur Ersatzvornahme **52**/9 f.
- Androhung **56**/2 bis 4; **61**/1 ff.
- Art und Weise der Anwendung **57**/2 ff.
- Ausweispflicht vor der Anwendung **55**/7
- Begriff **55**/1; **58**/2 ff.
- besondere Waffen **58**/12; **61**/6; **66**/1 ff.
- Handeln auf Anordnung **59**/1 ff.
- Handgranaten **65**/3; **66**/3 ff.
- Hilfeleistung für Verletzte **60**/1 ff.
- Hilfsmittel der körperlichen Gewalt **58**/7 ff.
- körperliche Gewalt **58**/5
- Reizstoffe **58**/8
- Schusswaffen **56**/3; **58**/12; **63**/1 ff.
- Sprengmittel **58**/10; **66**/8
- Verhältnismäßigkeit **57**/2; **58**/7
- Verhältnis zur Ersatzvornahme **52**/9
- Verfolgung von Straftaten und Ordnungswidrigkeiten Einf 5.1, 5.3; **50**/1; **57**/1; **61**/6
- Vollzugshilfe **47** ff.
- Waffen **58**/11 ff.

Unmittelbare Verursachung **4**/15
Unterbindungsgewahrsam **35**/7
Unterbringung psychisch Kranker **35**/22 ff.
Unterlassene Hilfeleistung **6**/7 f.
Unterrichtung anderer Behörden **1**/20; **28**/7 f.
Unterrichtungspflicht
- der Sorgeberechtigten **24**/20
- bei der Datenerhebung **9**/30 f.
- nach Einsatz technischer Geräte **17**/12
- nach Einsatz Verdeckter Ermittler **20**/17; **16a**/11
- nach Einsatz von V-Personen **19**/10
- nach Erhebung von Telekommunikations- und Telemediendaten **20a**/8
- nach Observationen **16a**/11
- nach Polizeilicher Beobachtung **21**/15

– nach Rasterfahndung **31**/13
– zum Datenabgleich **25**/8
Untersuchung von Personen **8**/25; **39**/1
Unverletzlichkeit der Wohnung **7**/3; **41**/1
Unvertretbare Handlung **52**/1; **53**/4

Veränderungen von Daten **24**/1 ff.
Veranstaltungen/Datenerhebung **15**/1 ff.
Verarbeitung von Daten **24**/1 ff.
Verdeckter Ermittler **20**/1 ff.
Verfahrensverzeichnis **33**/6 ff.
Verhältnismäßigkeit Einf 3.1; **2**/1 ff.
– bei der Datenerhebung **9**/6, 17
– beim Zwang **51**/2
– beim unmittelbaren Zwang **57**/2; **64**/7
– im engeren Sinne **2**/5
Verhaltenshaftung **4**/14
Verkehrsanlagen und -einrichtungen **12**/17
Verkehrszeichen/Abschleppen von Fahrzeugen **43**/10
Vernichtung
– sichergestellter Sachen **45**/18
– erkennungsdienstlicher Unterlagen **14**/15 ff.
– von Daten **32**/5
Verrichtungsgehilfe **4**/20
Versorgungsanlagen und -einrichtungen **12**/18
Versteigerung sichergestellter Sachen **45**/15 ff.
Vertraulichkeitszusage **19**/10
Vertretbare Handlung **52**/1
Verursachung (Polizeipflicht) **4**/14 f.
Verwahrung sichergestellter Sachen **44**/1 ff.
Verwaltungsakt Einf 4.1 ff., **8**/5
– Rechtsschutz Einf 6
– zwangsweise Durchsetzung Einf 5; **50**/2 ff.
– Verfügung **8**/3
– Verwarnung Einf 4.8
Verwarnung
– bei Ordnungswidrigkeiten Einf 4.8
– Rechtsschutz Einf 6.7
Verwertung sichergestellter Sachen **45**/1 ff.
Volkszählungsgesetz Einf 1.3.2
Vollzugshilfe
– Begriff und Voraussetzung **1**/30; **47**/1 ff.

– bei Freiheitsentziehungen **49**/1
– Verantwortlichkeit der Polizei **47**/8
– Verfahren **48**/1 ff.
Vorbehalt des Gesetzes Einf 1.1, 3; **8**/1
Vorbereitung für Gefahrenlagen **11**/1
Vorbeugende Bekämpfung von Straftaten **1**/22 ff.; **8**/11; **14**/9
– Verhütung von Straftaten **1**/22
– Vorsorge für die Verfolgung **1**/23
Vorführung
– zur Durchsetzung der Vorladung **10**/14
– vor den Richter **36**/5, 8
Vorfeldmaßnahmen **1**/22; **8**/11; **12**/4
Vorladung
– Voraussetzung **10**/4 ff.
– zur Befragung **9**/19
– Durchsetzung **10**/10 ff.
V-Personen **19**/1 ff.

Waffen **58**/11
– besondere **58**/12
Waffenbesitzkarte/Waffenschein **13**/10
Warnschuss **61**/4, 6, 8; **65**/8
Warnung Einf 4.9; **8**/26
Wasserwerfer **58**/8
Weisungsberechtigter beim unmittelbaren Zwang **59**/3 f.
Widerspruch gegen Verwaltungsakte Einf 6.2
Wohnung s. Betreten und Durchsuchung von Wohnungen
Wohnungsbegriff bei Wohnungsverweisung und Rückkehrverbot **34a**/5
Wohnungsverweisung **34a**/1 ff.
– Fristen **34a**/23 ff.
– Umfang **34a**/17

Zeugen
– Aussagepflicht **9**/20 ff.
– Entschädigung **10**/19
– Vorladung **10**/1 ff.; **10**/6
Zurückbehaltungsrecht bei sichergestellten Sachen **46**/4; **52**/15
Zuständigkeit s. auch Aufgaben der Polizei
– sachliche **1**/3
– originäre **1**/21 f.
– subsidiäre **1**/16 ff.
Zustandshaftung **5**/1 ff.

471

Sachregister

Zwang s. auch unmittelbarer Zwang, Zwangsmittel
– bei Gefahrenabwehr Einf 5.2; **50**/2; **57**/1 f.
– bei der Verfolgung von Straftaten und Ordnungswidrigkeiten Einf 5.3; **50**/1; **57**/1
Zwangsgeld **53**/1 ff.
– bei Auskunftspflicht **9**/23
– bei Wohnungsverweisung und Rückkehrverbot **34a**/16
– Ersatzzwangshaft **54**/1 ff.

Zwangsmittel **51**/1 ff.; s. auch unmittelbaren Zwang, Zwang
– Androhung **51**/3; **56**/1 ff.; **61**/1 ff.
– Ersatzvornahme **52**/1 ff.
– Ersatzzwangshaft **51**/1; **54**/1 ff.
– unmittelbarer Zwang **55**/1 ff.; **57**/1 ff.
– Zwangsgeld **53**/1
Zweckveranlasser **4**/17
Zweckbindung **14a**/5; **23**/1 ff.
„Zwergenweitwerfen" **1**/14

Ministerium für Inneres und Kommunales

- Landeskriminalamt (LKA)
- Landesamt für Zentrale Polizeiliche Dienste (LZPD)
- Landesamt für Ausbildung, Fortbildung und Personalangelegenheiten der Polizei (LAFP)

Kreispolizeibehörden

PP Aachen	PP Bielefeld	PP Bochum	PP Bonn
LR Borken	LR Coesfeld	PP Dortmund	LR Düren
PP Düsseldorf	PP Duisburg	LR Ennepe-Ruhr-Kreis	PP Essen
LR Euskirchen	PP Gelsenkirchen	LR Gütersloh	PP Hagen
PP Hamm	LR Heinsberg	LR Herford	LR Hochsauerlandkreis
LR Höxter	LR Kleve	PP Köln	PP Krefeld
LR Lippe	LR Märkischer Kreis	LR Mettmann	LR Minden-Lübbecke
PP Mönchengladbach	PP Münster	LR Oberbergischer Kreis	PP Oberhausen
LR Olpe	LR Paderborn	PP Recklinghausen	LR Rhein-Erft-Kreis
LR Rheinisch-Bergischer-Kreis	LR Rhein-Kreis Neuss	LR Rhein-Sieg-Kreis	LR Siegen-Wittgenstein
LR'in Soest	LR Steinfurt	LR Unna	LR Viersen
LR Warendorf	LR Wesel	PP Wuppertal	

Stand: September 2013

»Streifenfahrten« im Internet
Die verdachtsunabhängigen Ermittlungen der Polizei im virtuellen Raum

von Dr. Jens Biemann

2013, 208 Seiten, € 29,–

Schriften zum Recht der Inneren Sicherheit, Band 22

ISBN 978-3-415-05104-1

Leseprobe unter
www.boorberg.de/alias/923499

Online-Durchsuchung, Vorratsdatenspeicherung oder sonstige staatliche Internet-Überwachungen schüren die allgemeinen Ängste vor Grundrechtseingriffen. Seit über 15 Jahren ermitteln Polizisten **verdachtsunabhängig** im virtuellen Raum.

Der Autor untersucht die möglichen **Grundrechtseingriffe** und die in Betracht kommenden **Ermächtigungsgrundlagen** von polizeilichen Maßnahmen mit Internetbezug. Er geht dabei von den verdachtsunabhängigen Ermittlungen mit ihren verschiedenen Maßnahmen aus. Das Recht auf informationelle Selbstbestimmung kann in der virtuellen Welt nicht mehr umfassend dem Selbstbestimmungsprinzip des Einzelnen gerecht werden. Die Darstellung schließt infolgedessen mit einer Weiterentwicklung dieses Grundrechts zu einem Recht auf virtuelle Selbstbestimmung.

BOORBERG

RICHARD BOORBERG VERLAG   FAX 0711/7385-100 · 089/4361564
TEL 0711/7385-343 · 089/436000-20   BESTELLUNG@BOORBERG.DE

Anschauliche Darstellung.

WWW.BOORBERG.DE

Europa und Polizei
Lehrbuch zum Europarecht
Auswirkungen auf die Gefahrenabwehr und Strafverfolgung

von Professor Dr. Guido Kirchhoff, Ostfalia Hochschule für angewandte Wissenschaften (Hochschule Braunschweig/Wolfenbüttel)

2012, 270 Seiten, € 28,80

ISBN 978-3-415-04772-3

Leseprobe unter
www.boorberg.de/alias/443950

Europäisches Recht kann auf unterschiedliche Weise in die Polizeipraxis hineinwirken: Einerseits kann es kompetenzausweitend und kompetenzbeschränkend sein. Andererseits kann es aber auch verpflichtend wirken. Diese europäischen Einflüsse verdichten sich nach und nach zu einem europäischen Polizei- und Strafprozessrecht.

Das Buch ermöglicht es, sich einen **Überblick über das europäische Recht** zu verschaffen, soweit dies für polizeiliche Sachverhalte relevant ist. Dargestellt ist grundsätzlich nur das derzeit geltende Europarecht. Ausgewählte Fragen sowie besonders prüfungsrelevante Bereiche behandelt der Autor ausführlicher. Um den Lesern eine Kontrolle des erlernten Stoffes zu erleichtern, sind zahlreiche »Lernkontrollfragen« eingefügt.

BOORBERG
RICHARD BOORBERG VERLAG   FAX 0711/7385-100 · 089/4361564
TEL 0711/7385-343 · 089/436000-20   BESTELLUNG@BOORBERG.DE